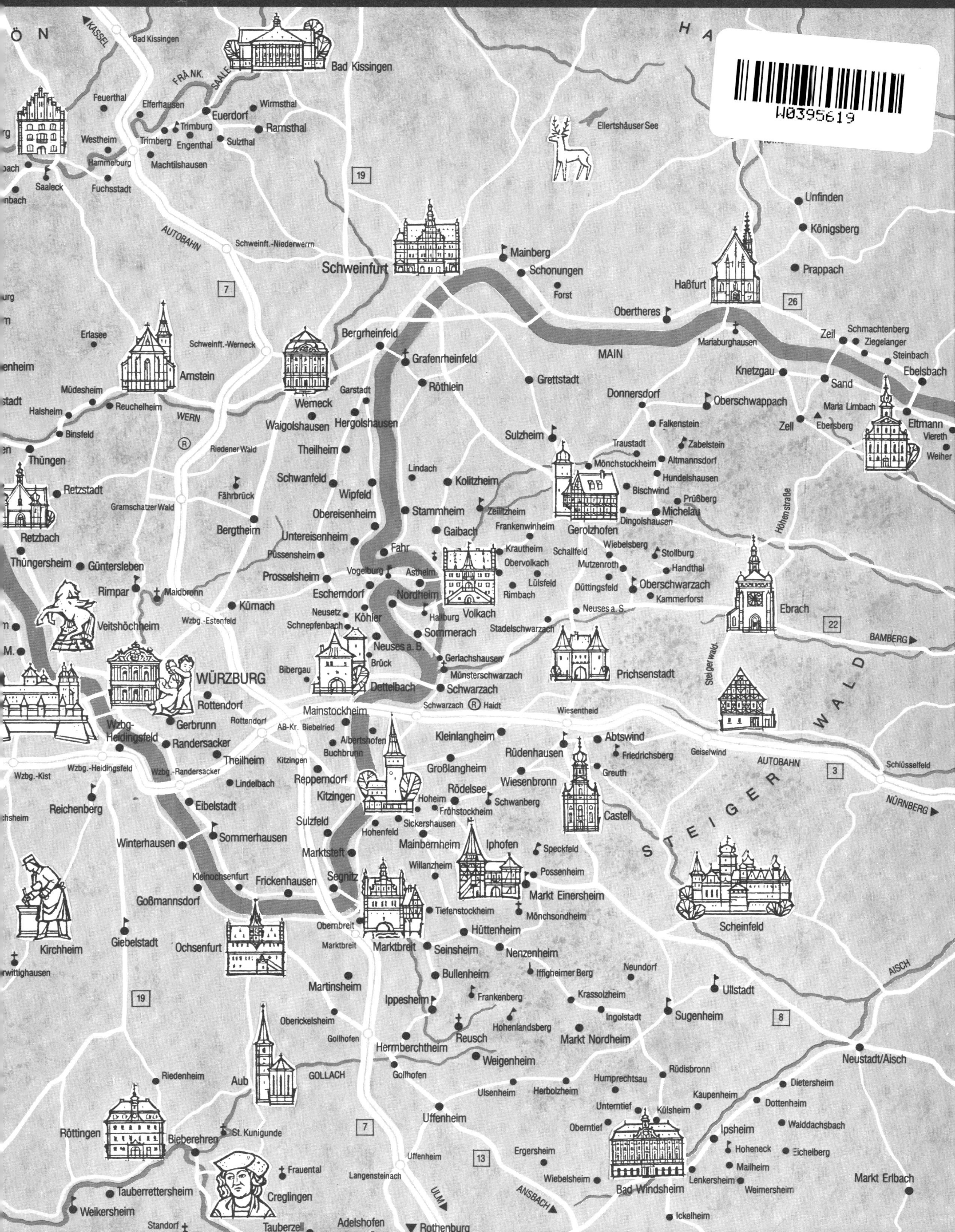

Ö N
KASSEL
Bad Kissingen
Bad Kissingen
H A
FRÄNK. SAALE
Feuerthal
Elferhausen
Euerdorf
Wirmsthal
Trimburg
Ramsthal
Westheim
Trimberg
Engenthal
Sulzthal
Ellertshäuser See
Hammelburg
Machtilshausen
Saaleck
Fuchsstadt
19
Unfinden
Königsberg
AUTOBAHN
Schweinft.-Niederwerrn
Mainberg
Schweinfurt
Schonungen
Prappach
Forst
Haßfurt
7
26
Obertheres
Erlasee
Bergrheinfeld
Zeil
Schmachtenberg
Ziegelanger
Schweinft.-Werneck
Mariaburghausen
Steinbach
Grafenrheinfeld
MAIN
Ebelsbach
Knetzgau
Arnstein
Grettstadt
Sand
Müdesheim
Garstadt
Röthlein
Donnersdorf
Oberschwappach
Maria Limbach
Reuchelheim
Werneck
Eltmann
Halsheim
WERN
Hergolshausen
Falkenstein
Zell
Ebersberg
Viereth
Waigolshausen
Sulzheim
Binsfeld
Traustadt
Zabelstein
Riedener Wald
Theilheim
Weiher
Thüngen
Mönchstockheim
Altmannsdorf
Lindach
Hundelshausen
Schwanfeld
Kolitzheim
Retzstadt
Wipfeld
Bischwind
Fährbrück
Prüßberg
Zeilitzheim
Höhenstraße
Gramschatzer Wald
Stammheim
Michelau
Obereisenheim
Dingolshausen
Frankenwinheim
Gerolzhofen
Bergtheim
Gaibach
Retzbach
Untereisenheim
Wiebelsberg
Fahr
Krautheim
Schallfeld
Stollburg
Püssensheim
Obervolkach
Mutzenroth
Handthal
Thüngersheim
Güntersleben
Vogelburg
Astheim
Prosselsheim
Lülsfeld
Oberschwarzach
Düttingsfeld
Rimpar
Maidbronn
Escherndorf
Nordheim
Rimbach
Kammerforst
Kürnach
Neusetz
Köhler
Hallburg
Volkach
Neuses a. S.
Ebrach
Veitshöchheim
Wzbg.-Estenfeld
Schnepfenbach
Sommerach
Stadelschwarzach
22
Neuses a. B.
BAMBERG
Brück
Gerlachshausen
Bibergau
WÜRZBURG
Münsterschwarzach
Prichsenstadt
Steigerwald
Dettelbach
Schwarzach
Rottendorf
Schwarzach
Haidt
Mainstockheim
Wiesentheid
Gerbrunn
Rottendorf
Wzbg-Heidingsfeld
AB-Kr. Biebelried
Kleinlangheim
Abtswind
Albertshofen
Randersacker
Buchbrunn
Rüdenhausen
Friedrichsberg
Geiselwind
AUTOBAHN
Theilheim
Kitzingen
Schlüsselfeld
Wzbg.-Kist
Wzbg.-Heidingsfeld
Wzbg.-Randersacker
Großlangheim
Greuth
3
Repperndorf
Lindelbach
Wiesenbronn
Kitzingen
Rödelsee
Reichenberg
Hoheim
Schwanberg
NÜRNBERG
Eibelstadt
Fröhstockheim
Castell
Sulzfeld
Sickershausen
Hohenfeld
Sommerhausen
STEIGER WALD
Winterhausen
Mainbernheim
Iphofen
Speckfeld
Marktsteft
Willanzheim
Possenheim
Kleinochsenfurt
Frickenhausen
Segnitz
Markt Einersheim
Goßmannsdorf
Tiefenstockheim
Mönchsondheim
Scheinfeld
Obernbreit
Hüttenheim
Giebelstadt
Kirchheim
Ochsenfurt
Marktbreit
Marktbreit
Seinsheim
Nenzenheim
Neundorf
Iffigheimer Berg
AISCH
Bullenheim
Ullstadt
Martinsheim
Krassolzheim
19
Ippesheim
Frankenberg
Sugenheim
Ingolstadt
Hohenlandsberg
8
Oberickelsheim
Reusch
Markt Nordheim
Gollhofen
Herrnberchtheim
Neustadt/Aisch
Weigenheim
Rüdisbronn
Riedenheim
GOLLACH
Gollhofen
Aub
Humprechtsau
Dietersheim
Ulsenheim
Herbolzheim
Kaupenheim
Dottenheim
Unterntief
Külsheim
Uffenheim
Walddachsbach
Obertief
Ipsheim
Röttingen
Bieberehren
St. Kunigunde
7
Hoheneck
Eichelberg
Ergersheim
Uffenheim
13
Mailheim
Frauental
Langensteinach
Lenkersheim
Markt Erlbach
Tauberrettersheim
Wiebelsheim
Weimersheim
ULM
ANSBACH
Bad Windsheim
Creglingen
Weikersheim
Ickelheim
Standorf
Adelshofen
Tauberzell
Rothenburg

Weinland Franken

Reinhard Worschech / Bernhard Weisensee

Weinland Franken

Eine Begegnung mit Städten, Dörfern
und ihrem Wein

Mit 355 Abbildungen

Herausgegeben vom Bezirk Unterfranken

echter

CIP-Kurztitelaufnahme der Deutschen Bibliothek

Worschech, Reinhard:
Weinland Franken : e. Begegnung mit Städten, Dörfern u. ihrem Wein / Reinhard Worschech ; Bernhard Weisensee. Hrsg. vom Bezirk Unterfranken. – Würzburg : Echter, 1985.
(Kostbares Unterfranken)
ISBN 3-429-00949-9
NE: Weisensee, Bernhard:

Herausgegeben vom Bezirk Unterfranken
in der Reihe „Kostbares Unterfranken“
Die statistischen Angaben dieses Buches
beziehen sich auf das Jahr 1985.
Gestaltung des Schutzumschlags: Josef Langhans
Gesamtherstellung: Echter Würzburg
Fränkische Gesellschaftsdruckerei und Verlag GmbH
Printed in Germany
ISBN 3 429 00949 9

Vorwort

Was wäre das Frankenland ohne seinen Wein? Die rebenbepflanzten Hänge haben dieses Stückchen Erde im Norden Bayerns und im Herzen Europas in eine liebliche Landschaft verwandelt, in der es sich zu leben lohnt. Wer aber als Gast in dieses Weinland kommt, der ist immer wieder beglückt von den vielen schmucken Dörfern, von den Städten mit ihrer reichen Kultur, von den Menschen, die mit den Reben und für ihren Wein leben und arbeiten. Der Bocksbeutel ist ein Kennzeichen dieser Landschaft und ihres Weines. Die fränkischen Winzer sind stolz auf diese besondere Flaschenform, und sie verstehen es, ihren Wein nicht nur gut und sortentypisch auszubauen, sondern auch selbst zu genießen. Eine Weinprobe in Franken ist schon etwas Besonderes.

„Man sollte einmal alle fränkischen Weinorte vorstellen!" Dieser Wunsch wurde in der Vergangenheit immer wieder einmal laut, und die beiden Autoren dieses Buches hatten ihn auch. Bernhard Weisensee, ein echter „Franke", der seine Winzer von Kindheit erlebte und beobachtete, der mitten unter ihnen lebte, ihre Gewohnheiten kennt und Weinfachmann wurde, ist heute Fachberater für Kellerwirtschaft des Bezirks Unterfranken. In seiner bescheidenen Art schreibt er dem Franken sozusagen aus der Seele. Wenn es um das Thema „Wein" geht, dann ist er einer der kompetentesten Gesprächspartner.

Dr. Reinhard Worschech hat die Franken von außen und innen kennengelernt, ihre Sitten und Bräuche studiert. Er sorgt sich als Bezirksheimatpfleger von Unterfranken um die Erhaltung alten Kulturguts, um das rechte Maß bei vielen Bräuchen. Als Volkskundler erforscht er die fränkische Geschichte, geht Seltenem, manchmal auch dem Abstrusen nach. „Der Wein und die Franken" ist ein Thema, das ihn besonders ansprach.

Sehr viel Mühe steckt in diesem Buch. Die beiden Autoren, denen wir zu großem Dank verpflichtet sind, haben einige Jahre daran gearbeitet, haben gesammelt, gesichtet, geforscht. Dieses Buch war auch deshalb notwendig, weil in unserer schnellebigen Zeit so vieles verloren geht. Das Sammeln historischer Fakten bedeutet die Bewahrung unserer Vergangenheit für die Zukunft. Mehrere Fotografen lieferten die Fotos. Besondere Verdienste bei der Erstellung der vielen Weinortebilder hat sich Herr Dieter Moser erworben. Ohne seine Mitwirkung wäre es wohl nicht gegangen. Auch er kennt Land und Leute, konzentrierte sich auf das Wesentliche, übersah das Auffällige, war nicht auf Affekthascherei aus.

So präsentiert sich uns nun ein Werk, das jeden Freund Frankens und seines Weines begeistern sollte. Ein Buch, das nicht mehr, aber auch nicht weniger bietet, als sein Titel verspricht: Eine Darstellung des Weinlandes Franken. Es informiert kurz und dennoch umfassend über die einzelnen Weinorte, über ihre Geschichte, ihre Weinlagen, ihren Wein.

Wie schön wäre es, wenn wir die verschiedenen Sorten und Lagen einmal miteinander verkosten könnten. Das gäbe eine Probe! Nehmen wir uns Zeit dafür: Das Jahr ist lang, der Weine sind viele. Und wenn wir dann noch jeden Weinort aufsuchen und kennenlernen möchten, dann werden wir wohl noch ein wenig länger unterwegs sein. Beginnen wir mit einem Ausflug – von Seite zu Seite, von Ort zu Ort, von Wein zu Wein –, und lassen Sie uns dann gemeinsam ein wenig schwärmen von unserem schönen Weinland Franken.

Heinz Otremba

Weinland Franken

Wenn ich an fränkisches Land denke, fällt mir immer zuerst der Wein ein, dann erst sehe ich Apfel- und Zwetschgenbäume, Spargel, Zuckerrüben oder Weizen- und Gerstenäcker. Der Main mit seinen Nebenflüssen hat das Weinland Franken geformt und als eine einprägsame Landschaft gebildet.
Gäbe es in Franken keine Wengert und keine Winzer, müßte man noch heute Reben anpflanzen. Wein und Brot sind für uns Menschen höchste, kostbarste Nahrung. In den Gauen wogen die Ährenfelder, und an den Talhängen reifen die Trauben. Franken ist gottgesegnetes, begnadetes Land. Möge es so bleiben!
Johann Christian Fischer mahnt in der Vorrede seines Büchleins „Der fränkische Weinbau" (Marktbreit, 1782): „Ein guter Hausvatter begnüge sich mit wenigen Weinbergen, er wird reichern Nutzen ziehen, als von vielen ..." – Welch weise Erkenntnis!
Die fränkischen Winzer sind ein ganz besonderer Menschenschlag: etwas verschmitzt, schlitzohrig, gar oft überschlau, aber auch aufgeweckt, hellhörig, rege und lebhaft; daneben sehr fortschrittlich, modisch und leicht verleitbar, wenn auch am Alten hängend, und bisweilen konservativ. Die Bauern und Häcker müssen hart schaffen und können sich nicht allzuviel gönnen. Sie müssen gleichsam in Gegensätzen leben, um zurecht- und auszukommen.
Das Leben in den eng zusammengebauten Dörfern und zahlreichen Kleinstädten hat die Menschen in langer, heftiger Geschichte geprägt. Das eng aneinandergepferchte Zusammensein macht duldsam, genügsam, jedoch gleichzeitig rechthaberisch und streitsüchtig. Man will alles wissen, oft besser wissen, wird neugierig und vigilant; man präsentiert sich gerne einmal, läßt sich ästimieren und braucht den Nachbarn, um leben zu können. Geschicklichkeit und rasch einen Vorteil („Vordel") finden wollen, reizt zum Handeln und Feilschen; als Handwerker haben es viele geniale Franken zu hohem Ruhm gebracht. Über allem aber verstand man es, das rechte Maß der Mitte zu halten. So ist man bislang einigermaßen in Zufriedenheit ausgekommen.
An allem hat der Wein sein gerüttelt Maß beigetragen. Der Wein heilt, macht gelassen, seine heilsamen Kräfte und Mächte weiß jeder Liebhaber zu schätzen. Er schmeckt, ist bekömmlich und läßt nicht mehr los. Aber der Frankenwein muß ehrlich sein und dem Land und dem Menschenschlag treu bleiben. Kaum woanders findet man so viele Unterschiede im Geschmack, in den Lagen, in der Bodenbeschaffenheit oder im Klima. Im Mittelmaß liegt das Geheimnis verborgen: Der Frankenwein darf nicht zu süß und zu schwer, zu feurig, sauer und teuer sein; denn schwere Weine machen kränklich, dumpf und verdicken die Sinne und das Gemüt. Ein feuriger Wein soll allzusehr zur Begierlichkeit und Wildheit anreizen und Kopfweh verursachen, saure Weine dagegen lassen die Menschen wütend und zornig werden, ziehen alles zusammen und machen die Zähne und den Geist stumpf.
Den Wein aus fränkischen Landen soll man zum Vergnügen, zur Freude, bei Festen und Feiern, ab und zu auch einmal in Trauer und Sorge trinken. Es wird schon stimmen, daß Weintrinker weniger herzinfarktgefährdet und sicherer vor Krebs jeglicher Art seien.
Der Wein ist ja heute reiner denn je. In alten Quellen findet man verschiedenerlei Behandlungsweisen des Weins, die heute längst nicht mehr erlaubt sind. Da erfahren wir z.B., wie man den Wein „durch Spezereien, Gewürze und Kräuter" zur „Arnei und für die Gesundheit dienlich gemacht hatte".
Um ein Fuder (das sind etwa 800 bis 900 Liter) „trüben Weins wieder klar zu machen", brauchte man das Weiße von 24 Eiern, bestes Semmelmehl und „geläuterten" Sand, wie es in einem „Traktat von der Bereitung und dem Gebrauch der Weine" aus dem Jahre 1510 beschrieben wird.
Weder die Reblaus noch die Peronospora oder andere Schädlinge und Krankheiten, Mißernten und Kriegszeiten brachten es fertig, den Wein aus dem fränkischen Land zu vertreiben, obwohl nach dem Zweiten Weltkrieg der Bestand an Rebflächen in Franken auf etwa 2200 ha zurückschnellte. Nun sind wieder etwa 5000 ha mit Rebstöcken bepflanzt.
Der Mittelpunkt des Frankenweins ist die Mainmetropole Würzburg. Sie liegt in einer weitausladenden Weinschale. Hunderte von alten Weinlagenamen bekunden den Reichtum der Rebenhänge. Allein aus den Rentamtsbüchern der Stadt in den Jahren 1815 bis 1821 erfahren wir, wie zahlreich Wengertslagen aufgeführt wurden. Als Beispiel seien nur einige Namen auf linksmainischem Gebiet genannt, wie Mainleiten, Judenbühl, Spittelberg, Kleßberg, Nikolausgrund, Johannesberg, Steinbach, Feuerberg, Alteberg, Neueberg, Hasensprung, Maas, Geißsteige, Am Geißpfad, Winterleite, Roethen, Am Kühbach, Felsen, Leistengrund, Inneres Roth. Wie viele Häuser stehen heute auf altem Weinbergsgrund!

Dennoch gingen und gehen noch immer die Würzburger auch gerne in die benachbarten Weindörfer, um dort einen guten Schoppen zu trinken, nach Randersacker, Eibelstadt, Heidingsfeld oder nach Unterdürrbach hinüber. Zwischen Steinberg und Roßberg ins Tal hineingedrückt und an den Berg hingeklebt, liegt das für viele Würzburger so geliebte Unterdürrbach.

Der kürzeste Weg führt durch die Weinberge über den Steinberg. Der „Dürrbacher Kaviar" hat seine lange Tradition. Es sollte die alte Sitte wieder lebendig werden, daß Studenten genauso wie die Rentner hin und wieder einen Ausflug in die Weinnester um Würzburg machen.

Alte Würzburger erinnern sich noch gern an die Zeiten, als sie nach Randersacker am Main entlang hinausspazierten, wenn die Heckenwirtschaften ihre Türen geöffnet hielten, und wenn es den Süßen, Federweißen, Bremser gab, dazu einen Kuhkäse, ein Stück Preßsack und ein paar Scheiben Schwarzbrot.

Die Verbindungen zwischen der Hauptstadt und dem Land draußen waren stets enggeknüpft. So war z. B. auch Sulzfeld am Main immer würzburgisch; noch heute hocken besonders die Studenten zahlreich und lange beim romantischen Straßenweinfest vor dem hochaufragenden Rathaus.

Mit über 2200 ha Rebfläche ist der Landkreis Kitzingen der eigentliche fränkische Weinlandkreis. Auf 46 Prozent der gesamten Rebfläche Bayerns werden hier jährlich etwa 18 Millionen Liter Most geerntet.

Die fränkischen Winzer haben es verstanden, sich in geschickter Weise genossenschaftlich zu verbinden. Aus der Notlage heraus entwickelte sich eine fränkische Gebietswinzergenossenschaft.

Erwähnenswert ist an dieser Stelle die von Sebastian Englerth aus Randersacker ins Leben gerufene Weinbauschule, die nach seinem Tod an den „Landwirtschaftlichen Kreisverein von Unterfranken und Aschaffenburg" überging. Im Jahre 1875 ist der „Unterfränkische Weinbauverein" gegründet worden. (40 Jahre vorher gab es bereits einen solchen, aber er zerfiel wieder.) Dieser rührige Verein errichtete 1876 eine „Weinbau-Versuchsanstalt", die sich darum bemühte, Krankheiten des Weinstocks zu bekämpfen.

Hauptorte für den Weinhandel vor 100 Jahren (1885) waren: Würzburg, Kitzingen, Buchbrunn, Rödelsee, Marktbreit, Aschaffenburg, Wertheim, Marktsteft, Dettelbach, Hammelburg, Volkach und Schweinfurt.

Auf der Londoner Weltausstellung 1862 wurden die Würzburger Stein- und Leistenweine, in Bocksbeutel gefüllt, mit einer Preismedaille ausgezeichnet.

Der Bocksbeutel – Symbol des Frankenweines

Mainfranken ist trotz der nördlichen Lage klimatisch begünstigt. Recht milde Winter sind für den Weinbau besonders geeignet, daher finden die leider oft einsetzenden kalten Winternächte aufmerksame Beachtung. Das Zudecken der Reben ist aufgrund langer Erfahrungen notwendig gewesen.

Man hört alle Jahre das Aufatmen der Winzer, wenn die „Eisheiligen" vorüber sind. Besondere Gebete, Prozessionen und Wallfahrten und ausgewählte Heilige als Schutzbefohlene für das Gedeihen des Weins spielen eine wichtige Rolle.

Zu den Eisheiligen zählen St. Mamertus, Pankratius und Servatius (11. bis 13. Mai), hinzu kommen der hl. Bonifatius (14. Mai) und die „kalte" Sophie (15. Mai). Diese Heiligen kamen zu ihrem seltsamen Ruhm, weil der nahezu regelmäßige Kälteeinbruch im Monat Mai gar allzuhäufig auf ihre Festtage fiel und immer noch fällt.

Die Winzer haben zur Natur ohnedies ein enges Verhältnis, vor allem die Tierwelt steht ihnen nahe. Wenn

z. B. die Grasmücke vor dem Ausschlagen des Weinstocks singt, sollen die Trauben in diesem Jahr üppig wachsen und gedeihen. Die Escherndorfer nannten die Singzikade den Blütenkäfer. Wenn man im Juni sein Gezirpe hört, meinen die Escherndorfer Winzer: Der Lauer schreit, es geit an guaten Herbst! Diese eigentlich in tropischen Ländern heimische Zirpe hält sich auch in den steilen Wänden des Muschelkalks, wo die Sonne hinbrennt, auf.
Wenn sich erst in unseren Tagen eine Weinbruderschaft Franken gegründet hat, nahm sie sich zum Ziel, das Wissen um den Wein zu vertiefen und die Weinkultur in Franken zu pflegen und zu fördern. Es sollte für alle gelten, daß der Dienst am Wein als heimatliches Kulturgut an vorderer Stelle stehen müßte.
Sitte und Brauch sollten immer in hohen Ehren gehalten werden und lebendig bleiben! Als Kinder gingen wir gerne nach der Weinlese, wenn Nebel in den welken Blättern klebte, hinauf in die Großlangheimer Wengert am Schwanberghang zum Träubelesstupfeln. Diese Beeren in unseren klebrigen Fingern schmeckten weitaus köstlicher als die prallen Träubel bei der Weinlese. Herrliche Herbsttage sind in Erinnerung geblieben.
O, du herrliches Weinland Franken! R. W.

„Freund! Versäume nicht zu leben,
Denn die Jahre fliehen,
Und es wird der Saft der Reben
Uns nicht lange glühen.

Frankenwein, der Sorgenbrecher,
Schafft gesundes Blut:
Trink aus dem bekränzten Becher
Glück und frohen Mut.“
(Johann Christian Fischer, 1782)

Die Grenzen des Weinanbaugebietes Franken

Von Rothenburg ob der Tauber, das Aischtal abwärts bis zur Regnitz, diese abwärts bis zum Main, das Maintal aufwärts bis Staffelstein, von dort Richtung Westen, entlang der Staatsstraße 2278 bis Ebern, entlang der B 279 und der Staatsstraße 2266 bis Hofheim, entlang der Staatsstraße 2281 über Stadtlauringen nach Münnerstadt, entlang der B 19 und der B 287 nach Bad Kissingen, entlang der B 286 über Brückenau nach Westen bis zur Staatsgrenze des Freistaates Bayern, diese entlang nach Süden bis Rothenburg ob der Tauber.

Die Bereiche

Das bestimmte Anbaugebiet Franken ist in drei Bereiche eingeteilt: Im Westen liegt der Bereich „Mainviereck“, in der Mitte der Bereich „Maindreieck“ und im Osten der Bereich „Steigerwald“.
Bereich ist eine Zusammenfassung mehrerer Lagen, aus deren Erträgen Weine *gleichartiger* Geschmacksrichtung hergestellt zu werden pflegen, und die in nahe beieinanderliegenden Gemeinden desselben bestimmten Anbaugebietes gelegen sind; eine Rebfläche, die keiner Lage angehört, kann einbezogen werden, wenn die sonstigen Voraussetzungen erfüllt sind.
Die Bereichseinteilungen haben besondere Bedeutung bei der Herstellung von Prädikatswein. Ein Prädikatswein darf nur aus Trauben hergestellt werden, die innerhalb eines *bestimmten* Bereiches geerntet worden sind.
Tafelweine dürfen als engste Herkunftsangabe den Bereichsnamen tragen.
Für die Abgrenzung der fränkischen Bereiche waren insbesondere die Bodenformationen maßgeblich. Der Boden ist als Standortfaktor für den Rebbau, insbesondere im Hinblick auf die für die Bildung eines Bereiches geforderte Gleichartigkeit der Weine, von beachtlicher Bedeutung.

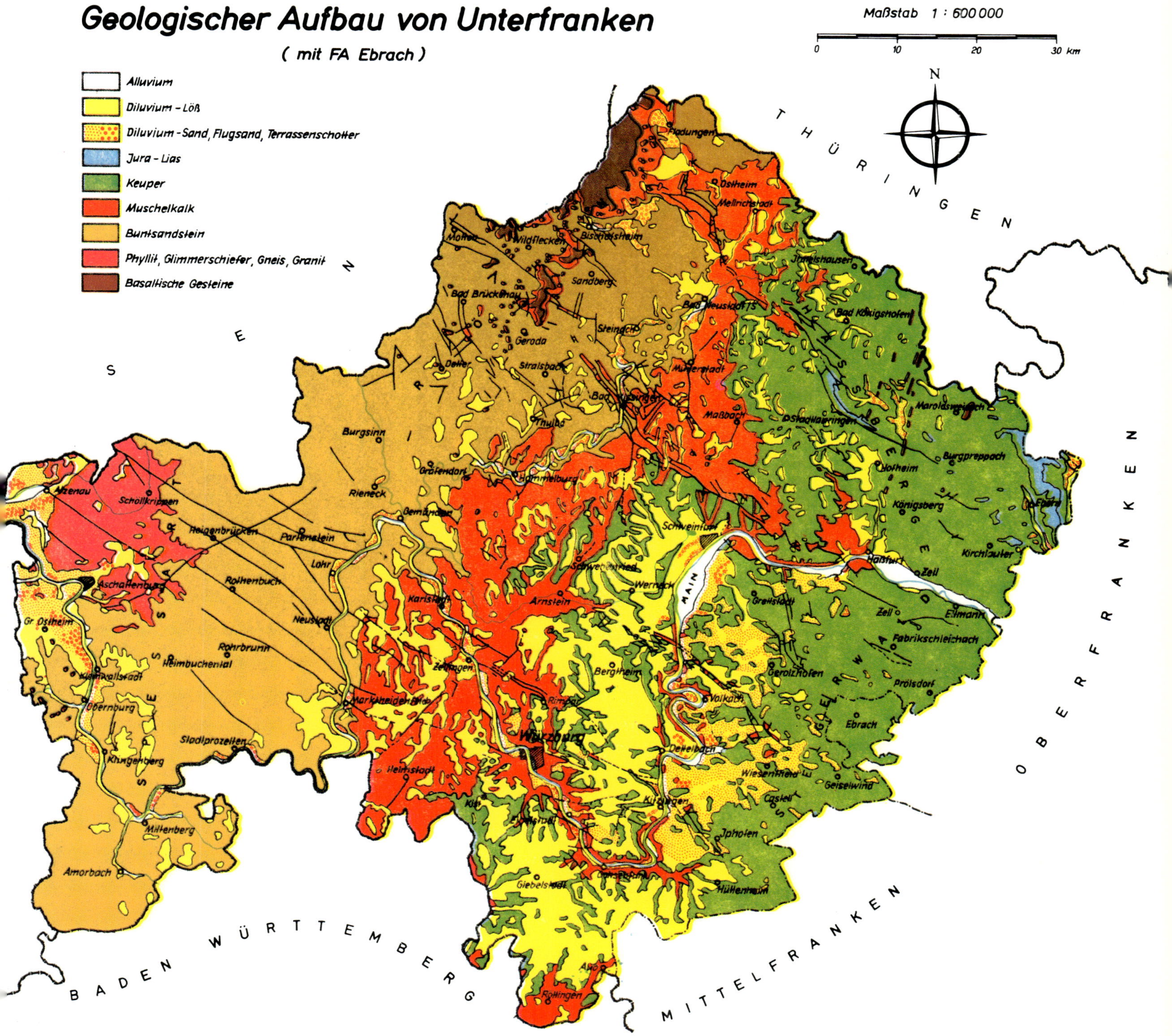

Informationskarte über die verschiedenen Bodenarten Unterfrankens (abgedruckt mit Genehmigung der Flurbereinigungsdirektion in Würzburg).

Der Bereich Mainviereck

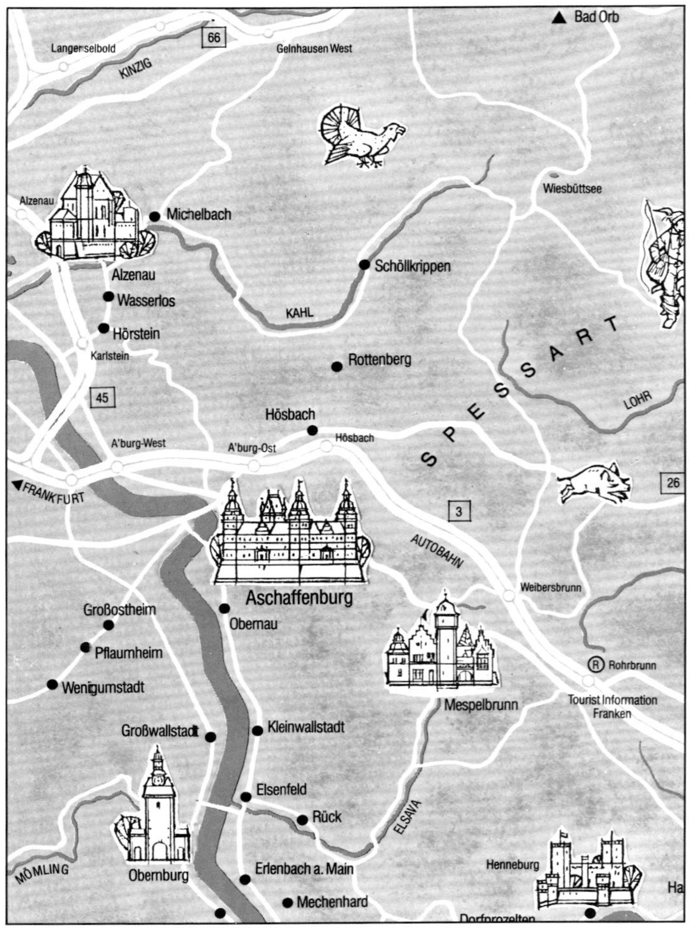

Dort, wo man mainhessisch spricht und der Main nach vielen Kurven schließlich den Freistaat Bayern verläßt, und dort, wo der Weinbergsboden hauptsächlich eine rote Farbe zeigt, liegen die Weinberge des Mainvierecks.

Man spricht allgemein vom Weinbau des Untermains. Mit diesem Begriff ist vornehmlich der fränkische Rotweinanbau verbunden, obwohl in einigen Jahren in den beiden anderen Bereichen flächenmäßig mehr Rotwein angebaut wird als hier. Der Bereich Mainviereck, beginnend an der Landesgrenze nach Hessen, ist in sich wiederum dreigeteilt. Da ist das Freigericht mit den Orten Michelbach im Kahlgrund, Wasserlos und Hörstein. Die Böden sind aus den geologisch ältesten Materialien entstanden. Gneis und Glimmerschiefer mit Lößbeimengungen geben den Müller-Thurgau- und Bacchus-Weinen ihren unverwechselbaren fruchtigen und pikanten Geschmack. Der Riesling von diesen Lagen ist in guten Jahren ein Erlebnis; Frucht und Rasse zeigen typische Ausprägung. Auch ein neues Rebgelände in Rottenberg bringt ähnliche Weine hervor.

In den Lagen von Großostheim und Großwallstadt wird der Wein auf Löß gebaut. Hier fühlt sich neben Müller-Thurgau, Perle und Ruländer insbesondere der Silvaner wohl. Allen Weinen ist eine gewisse Mächtigkeit zu eigen. Gut gelagert, zeigen sie erst ihr wahres Gesicht. Als Jungweine können sie etwas spröde sein.

Die Gegend von Erlenbach/Main, Klingenberg, Großheubach und von Miltenberg bis Bürgstadt ist wegen der guten Rotweine in aller Munde (aber auch die Weißweine sind nicht zu verachten), neuerdings tritt auch wieder der Ort Rück ins Blickfeld. Flußaufwärts sind noch Dorfprozelten und Kreuzwertheim zu nennen.

Der Bereich Maindreieck hat mit 250–300 ha Rebfläche zwar gerade die Größe von so mancher Gemarkung im Maindreieck, aber die Weine und die Landschaft sind von beeindruckender Vielgestaltigkeit. Nicht vergessen darf man die Untermain-Metropole Aschaffenburg mit dem Schloß und ihrem „Pompejaner".

Wegen der guten Arbeitsverhältnisse hat man hier genau wie im Schweinfurter Raum nicht so viel Wert auf einen planmäßigen Wiederaufbau gelegt (Rück und Bürgstadt ausgenommen). Doch die Liebe der „Wengerter" zu ihrem Wein, die meist im Nebenerwerb den Wein bauen und mit Hingabe pflegen, ist bewundernswert. Es gibt hier allerdings auch alte Winzergenossenschaften, wie in Hörstein und Großostheim. Es sind Privatweingüter von gutem Ruf und Weinbaubetriebe von Kommunen, wie in Klingenberg und Elsenfeld-Rück, zu nennen. In diesen Tagen will sich auch die Stadt Erlenbach ein Weingut zulegen, um den heimischen Weinbau zu erhalten. Nicht vergessen darf man die Weingüter des Staatlichen Hofkellers und des Juliusspitales.

Eine Besonderheit dieses Bereiches ist die jährlich einmal stattfindende „Untermain-Weinprobe". Daß jeder Ort „seine sorgsam bewahrte Ehre" hat, kann man erleben, wenn die Weine für diese Repräsentativ-Schau ausgewählt werden.

Der Bereich Mainviereck hat mit dem Gesamtfränkischen vieles gemeinsam, aber auch viele Besonderheiten und Eigenheiten. So ist das Klima etwas gemäßigter. Es gibt hier nicht so extrem tiefe Temperaturen im Winter, auch kommt der Frühling etwas früher.

Völlig zu Unrecht fühlen sich manche Untermain-Winzer aber unterrepräsentiert und als unverstanden oder ungenügend gewürdigte Minderheit im fränkischen Weinland. Im übrigen sind diese sympathischen, selbstbewußten und temperamentvollen Menschen westlich des Spessarts beharrliche Bewahrer fränkischer Weintradition.

Michelbach

Um die Wende vom 15. zum 16. Jahrhundert wurde wie überall in Franken an jedem nur geeigneten Flecken Wein angebaut, u.a. auch auf dem Goldberg mit dem Haagskippel (= Waldhügel). Georg Teller weiß in seiner Geschichte von Michelbach von Wengerten an einem Hang vor der Streumühle zu erzählen, wo er alte, verkümmerte Rebstöcke sah. An jene Zeiten, in denen üppiger Weinbau betrieben wurde, erinnern noch heute Reste eines Zehntkellers in der Krämerstraße.

Aber in der Mitte des 18. Jahrhunderts ging es auch in Michelbach mit dem Anbau von Wengerten rapide bergab. Hier im Ort war es der letzte Schloßherr, der Frankfurter Ratsherr David Domer, der in kluger Voraussicht die meisten weinbaufähigen Flächen aufkaufte und sie neu anlegte. Mitten hinein in seinen Besitz stellte er das „Steinerne Häuschen". Alle Wege und Pfade führten zu diesem Wahrzeichen der Michelbacher Weinberge.
Das tief in die Geschichte des Weinbaus eingreifende Ereignis war die frühe Gründung des Weinbauvereins im Jahre 1902. Das königliche Bezirksamt Alzenau lud damals alle Interessenten in das Johann Wegsteinsche Gasthaus. 15 Michelbacher Winzer zählten zu den Gründungsmitgliedern, als ersten Vorstand wählten sie Jakob Neun jun. Voller Begeisterung ging man an die Arbeit; so stellte z. B. Friedrich Sickenberg anfangs für die erste Ernte seine eigenen Fässer und seinen Keller zur Verfügung. Jahr

Wanderer genießen hier die ursprüngliche Weinbergslandschaft um Michelbach im Kahlgrund.

für Jahr erhöhte sich die Mitgliedschaft. Gute und üppige Weinjahre lösten magere, karge ab.
Das Auftreten der gefürchteten Peronospora brachte ab 1906 vielerlei Rückschläge; außerdem öffneten mehrere Zigarrenfabriken im Kahlgrund ihre Tore und lockten viele kleinere Winzer zum leichteren Geldverdienen aus dem Ort heraus. Wie knapp die Einnahmen waren, beweist u.a. ein Antrag des Weinbauvereins an den landwirtschaftlichen Kreisausschuß mit der Bitte, kostenlos eine Weinbergspritze zur Verfügung zu stellen. Im gleichen Jahr konnte man den Mitgliedern nur 5,50 Mark für 10 Liter Traubenmaische zahlen, 1908 nur durchschnittlich 4,– Mark für dasselbe Quantum. Ein neuerrichteter genossenschaftseigener Weinkeller konnte im Jahre 1937 eingeweiht werden. Immer stärker bekommt der Michelbacher Wein einen guten Ruf. Der 1946er Wein ist von hoher Qualität, so bekömmlich, daß er als „Krankenwein" bezeichnet werden kann. Die Weinbergsanlagen werden vergrößert, auf dem Blasbalgen holzt man hierfür ein größeres Stück Wald ab. So konnte man den Kriegsheimkehrern vorrechtlich Weinbergsgrundstücke zu einem günstigen Preis anbieten. Die Zeiten wurden besser. Das erste Winzerfest kann im Jahre 1951 abgehalten werden. Die Genossenschaftswinzer sind auf ihre Erträge stolz: Am Steinberg ernten sie 1959 12220 kg Müller-Thurgau und im selben Jahr im Apostelgarten 33280 kg Rieslingtrauben. Ab 1968 verhandelten die Michelbacher mit der Gebietswinzergenossenschaft Repperndorf wegen eines Anschlusses, ein Jahr später schon erfolgte der Zusammenschluß. Seither verfügt diese mächtige Genossenschaft über den begehrten Riesling, der auf hartem Urgestein wächst, und zahlreiche Medaillen bei Prämierungen sind der Qualitätsbeweis für diesen fruchtigen, rassigen, säurebetonten und doch reifen Wein.
Etliche Winzerfamilien besitzen ihre eigene Traubenpresse und vermarkten den Wein selbst. Es gibt hier schon seit Jahrzehnten auch angesehene Selbstvermarkter, die bei Prämierungen gute Erfolge erzielen. Die Bocksbeuteletiketten stellen Michelbach mit Bach, Ortschaft, Weinbergen und dem „Michel am Bach" dar.
Durch die Glimmerschiefer- und Quarzböden erhält der Michelbacher Wein sein würziges Nelkenbukett. Die vielen Weinbergshäuschen geben den Weinhängen ein malerisches Aussehen.

Einzellagen:
Steinberg und Apostelgarten
Früher: Apostelgarten, Ickelhaus, Vor den Mauern, Zwischen den Mauern, Dauserad, Hinter der Hütte, Teich, Killing = Kühling, Obere Rödern, Untere Rödern, Markacker

Gesamtrebfläche:
In den letzten 30 Jahren zwischen 8,5 und 18 ha schwankend

Haupthimmelsrichtung der Lagen:
nach Süd-West

Höhe über dem Meeresspiegel:
180 bis 280 m

Haupthangneigung der Lagen in Prozent:
30 bis 40

Boden:
Urgestein, Glimmerschiefer und Löß

Rebsorten:
Müller-Thurgau und Riesling

Wein:
duftig, kernig bis rassig, nachhaltig.
Michelbacher Riesling aus guten Jahren kann sich sehen lassen.

Wasserlos

Es gehört mit zur Geschichte des Weinbaus in den meisten Orten, daß die Ursprünge häufig im dunkeln liegen. Oft klammert man sich an kuriose Geschichten und hält sich an den Daten der großen Historie fest. Doch Wasserlos feierte am 13. April 1985 700 Jahre Weinbau. Eine im Original vorhandene Urkunde, die im Bayerischen Hauptstaatsarchiv München aufbewahrt wird, gilt als Beweis. Die Abtei Seligenstadt erbte sechs Morgen Weinberge in Wasserlos. Angeblich hatten hier in Wasserlos die Hofgutbesitzer Mung von Schwarzenstein die ersten Reben an die Hänge des Steinweinbergs, den sogenannten Steinwingert, gesetzt. Die Südhänge des Schloßberges liefern noch heute einen fruchtigen, pikanten, ja herrschaftlichen Wein mit einem besonderen, unverkennbaren Geschmack. Bis zum Jahre 1504 lebten die Herren von Schelriß auf dem Schloß. Das jetzige, in einfachem klassizistischem Stil erbaute Schloß wurde 1790 erbaut.
Zwischen den beiden Weltkriegen kam der Weinanbau fast zum Erliegen. Der Grobe (Elbling), Rheinriesling, Gutedel und Silvaner wurden in dieser Zeit nicht mehr geerntet. Aber immer wieder hatten einzelne Persönlichkeiten, wie der Baumeister Richard

Becker, den Mut, von neuem zu beginnen. In den 40er Jahren fing er an, die alten Weinberge zu roden, eingefallene Mauern aufzurichten und neue Weinsorten anzupflanzen: Riesling, Rieslaner und Müller-Thurgau wachsen nun wieder in den Weinbergen, in die sich Richard Becker mitten hinein ein Häuschen baute und seinen Eigenbau lustigen Zechern kredenzte. Bald folgten ihm andere Winzer, wie z. B. die Gebrüder Simon, später der Gastwirt H. Englert und selbst der Schauspieler Günter Strack.

Mühselig schuftete man früher mit dem zweizinkigen Karst in den steinigen Böden, in Huckelkörben aus Weide schleppte man Stallmist und Mineraldünger auf die Berge hinauf. Bei einem Krug Haustrunk, bei Hausmacherwurst und -brot wurden kurze Arbeitspausen eingelegt. Noch heute helfen bei der Lese zum Großteil Wasserloser Frauen. Nach altem Brauch bekommen sie schon zum Frühstück ihren Kaffee und die Buttenträger einen Schnaps und einen Schoppen Wein. Am Ende der Weinlese feiern alle Beteiligten bei Federweißen und einem warmen, köstlichen Mahl.

Vorbei sind jene Lesetage, wo die Träubelsmühlen klapperten, wenn die Trauben mit der Hand gemaischt wurden und dann die vollen Kufen mit einem Pferdefuhrwerk ins Kelterhaus gebracht worden sind. In Eimern wurde die Maische in die Presse geschöpft, den gekelterten Most füllte man dann in eichene Stückfässer (mit 1200 Liter Inhalt), in denen er gären konnte. Dabei saß ein Gärtopf aus Steingut auf dem Faß. Es kullerte und gurrte in den Kellern. Das Dorf roch nach gärendem Saft, es war eine besondere Zeit. Ohne brennende Kerze wagte sich kein Winzer in seinen Keller; denn die Gärgase vertreiben den Luftsauerstoff. Heute hat Wasserlos einen mustergültigen Weinbau.

Noch gibt es keine Genossenschaft in Wasserlos. Der Winzer vermarktet allein auf eigene Faust, und dies mit Erfolg. Anstelle des Beckerschen Weinberghäuschens steht jetzt das Schloßberghotel in den Weinbergen. Im Juli 1956 konnte Richard Becker seinen 70. Geburtstag feiern. Einige Freunde haben ihm ein Gedicht gewidmet:

Wer ist der beste Wirt im Land?
Der reinen Wein verschenkt
und der mit Liebe und Verstand
an unser Wohlsein denkt,
bei dem jede Flasche hält,
was uns ihr Schild verspricht.
Der eine stille, traute Welt
uns schafft mit warmem Licht.
Der uns berät als guter Freund
und Kenner seines Tranks:
Wer's mit den Gästen ehrlich meint,
ist würdig ihres Danks.

Gibt es einen schöneren Namen für einen Weinort als Wasserlos?

Einzellagen:
Schloßberg, Luhmännchen
Früher noch Steinweinberg.
Der Winzer, Gastwirt und Metzgermeister Heinz Englert hat als erster seinen neuaufgebauten Weinberg als „Luhmännchen“ in die Weinbergsrolle eintragen lassen.

Blick auf den Wasserloser Schloßberg mit Hotel und Weinbergshäuschen.

Die Sage vom Luhmännchen
Einem Wasserloser Mann war – so die Sage – der über sein Grundstück im Luh führende Bachlauf ein Dorn im Auge. Er leitete den Bach kurzerhand auf die Wiese des Nachbarn. Im anschließenden Prozeß schwor er einen Meineid, starb bald darauf und muß nun ob des Meineides zur Strafe – insbesondere zur Abendzeit – sein geisterhaftes Unwesen im Luh treiben.

Gesamtrebfläche:
25 ha

Haupthimmelsrichtungen der Lagen:
Süd, Süd-West, West

Höhe über dem Meeresspiegel:
160 bis 280 m

Haupthangneigung der Lagen in Prozent:
10 bis 30

Boden:
Quarzitschiefer, Löß

Rebsorten:
Müller-Thurgau, Bacchus, Kerner, Riesling, Rieslaner, Faberrebe

Wein:
sehr fruchtig und duftig, elegant, pikant, nachhaltig.

Hörstein

Die herausragende Stellung des Marktes Hörstein, im Freigericht gelegen, geht im wesentlichen auf seinen ausgezeichneten Weinbau seit der Mitte des 13. Jahrhunderts zurück. In enger Verbindung mit der Abtei Seligenstadt wuchs Hörstein zum Hauptweinort des Kahlgrunds; auf nahezu 40 ha Glimmerschiefer- und Gneisböden gedeiht hier ein exzellenter Tropfen an den Südhängen des Abtsberges und Reuschberges. Die Geschichte um den Wein reicht zurück bis zur Jahrtausendwende, als Abt Behringer von Seligenstadt im Hursten (hurst bedeutet Gesträuch, Dickicht, Hecke, aber auch die Quelle) einen Weinberg erwarb. Im Laufe der Zeit setzte man Rebstöcke am Abtsberg, Käferberg, Reuschberg, Langenberg, Im Steinbusch, Sechsmorgen, Schwalbenwinkel, Im Feld und Wolfswingert.
Seit der Mitte des 13. Jahrhunderts kann man in den Urkunden Hörsteins von Schenkungen und Käufen von Weinbergen lesen. Im Jahr 1255 schenkte Wortwin von Aschaffenburg dem Kloster Seligenstadt einen Hof zu Hörstein mit 4 ½ Morgen Weinberg; 1288 erhielt das Kloster zwei Häuser mit Gütern und halbem Weinberg. Bis zur Säkularisation im Jahre 1802 war die Abtei im Besitz von 42 Morgen Wengert. Ein Jahr später kamen alle Klostergüter mitsamt den Weinbergen an Hessen/Darmstadt und 1860 an das Königreich Bayern. Heute verfügt der Bayerische Staat über insgesamt 12 ha Weinbauflächen. Weinbergsbesitz ist kostbar und begehrt. Aus einer alten Karte des Amtskellers Jordan ist zu ersehen, daß im Jahre 1792 die Weinberge das Dorf von drei Seiten her umschlossen. Aber auch schon einige Jahre nach dem 30jährigen Krieg bewirtschafteten in Hörstein allein 47 Weinbauern und nur 25 Ackersleute das Land. In dieser Zeit wurden wie heute die Weinberge sehr hoch eingeschätzt. Ein Fuder Wein kostete 20 Gulden, ein Pferd hingegen nur 10–15 Gulden, oder ein Paar Ochsen 15 Gulden, eine Kuh 5 Gulden. Im Vergleich dazu wurde Ackerland mit 16 Gulden je Morgen (Größe eines fränkischen Morgens = 2000 Quadratmeter) veranschlagt.
An das frühe 18. Jahrhundert erinnert ein mächtiges Steinkreuz, das in den Hörsteiner Weinbergen in der Abteilung Abtsberg zu finden ist. Dieses Kreuz wurde vom Seligenstädter Abt Petrus Schultheiß im Jahre 1724 errichtet. Die lateinische Inschrift lautet in der Übersetzung: „Dem verklärten Bräutigam, dem Erlöser Jesus Christus, der allein die Kelter getreten hat, dem wahren Weinstock, der Sehnsucht der ewigen Hügel, hat dieses Mahnmal in Ehrfurcht errichtet und geweiht Petrus IV. Abt von Seligenstadt".
Es ist interessant zu erfahren, wie vor ca. 200 Jahren die Weinberge von der Abtei Seligenstadt gedüngt worden sind. Im Jahre 1783 wurde gleichsam als Sommersitz am Abtsberg der sogenannte Abtshof errichtet. Die Abtei hielt dort 229 Schafe, und der Schäfer mußte alljährlich 100 Fuhren Mist für die Weinbergsdüngung abliefern. Daneben war der Oberweinbergmann verpflichtet, Vieh zu halten. Auch er mußte 36 Wagen Mist für die Weinberge alljährlich abgeben. Dahinter steckt eine klug durchdachte Wirtschaftsplanung. „Wo nicht Mistus, da nicht Christus", sagen die fränkischen Häcker.
Die Hausnamen einiger Hörsteiner Winzerfamilien erinnern ebenfalls an eine lange Weinbautradition: Namen wie Bott, Büttner, Gräbner, Grebner, Riefner, Noll oder Kern. Leider wurde durch die Einschleppung der Reblaus und anderer gefährlicher Krankheiten allen Winzern eine Grenze gesetzt. Viele Weinberge gingen ein. Kleinere Bauern mußten sich eine andere Arbeit suchen, etliche gingen zur Eisenbahn nach Hanau und Frankfurt oder fort

Hörstein, im alten Freigericht gelegen, streckt sich weit ins Maintal hinaus.

in irgendeine der neu errichteten Fabriken. Manche der Weinbergshänge wurden mit Bäumen bepflanzt (z. B. mit Birnbäumen der Sorte Mollebusch).
An frühere Zeiten, die durch hohe Abgaben z. T. recht schwer und drückend waren, erinnern der alte Zehnthof in der Mainzer Gasse sowie die Zehntscheune und der Zehntkeller nahe bei der Kirche. Beim Neubau der Kirche 1954 wurde zwar die Scheune abgerissen, jedoch der Keller blieb bis heute bestehen. Den Weinzehnt erhoben der Kurfürst von Mainz und das Aschaffenburger Stift St. Peter und Alexander. Zwei Drittel der Abgaben flossen an den Mainzer Erzbischof, ein Drittel holten sich die Stiftsherren (das Stift besaß schon im 12. Jahrhundert einen Hof in Hörstein). Schon bei der Lese warteten die Zehntknechte auf ihren Anteil: Jede zehnte Butte wurde in ihre Bottiche geschüttet. Der kurfürstliche Kellermeister wohnte im Kelterhaus beim Zehnthof in der Mainzer Gasse, und zur Zeit der Lese hielten sich hier auch der Herbstinspektor, die Kalterknechte, Zehntknechte und Schreiber auf.
Daß im Freigericht noch heute ein halber Liter Bier ein Schoppen, ein viertel Liter Wein hingegen ein Schöppchen sind, hängt mit den alten Maßen zusammen: 1 Stück = 7 ½ Ohm, 1 Ohm = 20 Viertel, 1 Viertel = 4 Maß, 1 Maß = 4 Schoppen.
Heute werden folgende Sorten (in der Reihenfolge des Ertrags geordnet) geerntet: Rieslaner, Müller-Thurgau, Ortega, Riesling, Perle, Albalonga, Osiris und Mariensteiner.
Hörstein ist stolz darauf, noch eine selbständige Ortswinzergenossenschaft zu haben.
Der Hörsteiner zählt zu den großen fränkischen Weinen, er ist vornehm, elegant, würzig und soll sogar als Festwein bei der Krönung von Königin Elizabeth II. im Jahre 1952 in London kredenzt worden sein. Der Wein paßt zu dem Ort mit den vielen Fachwerkhäusern, den alten Amtshöfen, den schönen Portalen, Pforten und Hoftoren.

Einzellage:
Abtsberg
Früher: Reuschberg, Steinbusch, Langenberg, Mittelberg, Abtsberg, Schwalbenwinkel, Käferberg, Sechsmorgen, Feldwingert, Wolfswingert, Fischkauf, Königsberg, Langenberg, Schimberg, In der Höll, Steinbruch

Großlage:
Reuschberg

Gesamtrebfläche:
33 ha

Haupthimmelsrichtung der Lage:
West

Höhe über dem Meeresspiegel:
160 bis 290 m

Haupthangneigung der Lage in Prozent:
20 bis 42

Boden: Glimmerschiefer, Gneis, Löß

Rebsorten:
Riesling, Müller-Thurgau u. a.

Wein:
Sowohl Riesling als auch Müller-Thurgau zeigen hier ein besonders feines Bukett, gute Rasse und Art.

Rottenberg

Wenn der Rottenberger Obstbauer Kurt Holler seit 1972 mit Erfolg auf 8 ha löß- und lehmhaltigem Boden einen gehaltvollen, kräftigen Wein züchtet, so setzt er mit Recht eine alte Weinbautradition fort. 1975 konnte der erste Jungfernwein geerntet werden.

Zum einen weist der Flurlagenamen „Wingert" auf frühere Weingärten hin, zum anderen war es üblich, daß im Bereich herrschaftlicher Besitzungen, wo immer nur möglich, Weinreben gesetzt worden sind. Der Burgstall auf der Kuppe des 361 m hohen Gräfenbergs südlich von Rottenberg ist der Rest einer hochmittelalterlichen Burganlage, die einst den Grafen von Rieneck gehörte. Diese Burg lag mitten im Gebiet dieser mächtigen Herren, deren Geschlecht 1559 ausstarb. Am Saum des nordöstlichen Spessarts, zwischen den drei geistlichen Machtblöcken Mainz, Fulda und Würzburg gelegen, übten die Rienecker Herren jahrhundertelang eine Vormachtstellung gegen die Kurfürsten von Mainz aus. Auf der Burg am Gräfenberg wird also auch in früheren Zeiten gerne Wein getrunken worden sein, den man an den Südhängen anbaute. So gedeiht nun Gott sei Dank wieder seit 1972 auf dem Rottenberger Gräfenstein ein trockener Wein der Rebsorten Müller-Thurgau, Bacchus, Perle, Kerner und Riesling.

Es ist einmal interessant zu erfahren, daß im Mittelalter allein in Franken 40 000 ha Weinberge bestanden. Eigenbauwein war ja nahezu das einzige Getränk. Außerdem glaubte man an die erlösende Wirkung des Weins; Wein galt nahezu als Allheilmittel. In alten Urkunden wird immer wieder die Trinkfreudigkeit bewiesen. Wettrinken und üppige Feste, wie z. B. Kirchweihen, an denen auch viel getrunken wurde, waren an der Tagesreihe. Jeder Handel und Kauf wurde durch einen gemeinsamen Weintrunk besiegelt. Man hört von vielerlei Zechgelagen, Willkommtrünken und Abschiedstrunk. Frankenwein war auch im Mittelalter hoch geschätzt.

Einzellage:	*Gesamtrebfläche:*
Gräfenstein	10 ha

Haupthimmelsrichtung der Lage: Süd

Höhe über dem Meeresspiegel: 240 bis 270 m

Haupthangneigung der Lage in Prozent: 10

Boden: Löß, lehmiger Sand

Rebsorten: Müller-Thurgau, Bacchus, Kerner, Perle u. a.

Wein: kräftiges, würziges Bukett, kernig, pikant, gehaltvoll.

Rottenberg liegt vor dem Wald an den Hang hingebreitet. Mitten im Dorf steht die Pfarrkirche, die dem hl. Antonius von Padua geweiht ist.

Der Wein und seine Franken

Es ist nicht einfach, über den Wein etwas Aussagekräftiges schreiben zu wollen, weil er für sich selbst spricht und handelt, so wie es Friedrich Rückert, der den Frankenwein gut kannte, auszudrücken verstand:

„Wein ist der Glättstein des Trübsinns,
der Wetzstein des Stumpfsinns,
der Brettstein des Siegers im Schach.
Ja, Wein ist der Meister der Menschen und Geister,
der Feige macht dreister und stärket, was schwach.
Der Kranke gesund macht, Blaßwangiges bunt macht,
Verborgenes kund macht und Morgen aus Nacht."

Eine schwankhafte Geschichte rafft alles Wichtige über den Wein zusammen:
Ein armer Bauer hatte eine Frau und einen Esel. Er war nicht nur deshalb arm. Eines Tages versprach das leichtsinnige Ehepaar, keinen Wein mehr trinken zu wollen, es sei denn, sie hätten etwas gekauft oder verkauft. Nach einigen Tagen tat ihnen das Versprechen bereits leid. Da verkauften sie den Esel. Nun konnten sie wieder Wein trinken. Nach geraumer Zeit kauften sie ihren lieben Esel wieder, und wiederum war Gelegenheit zum Trinken. Ihr Gelübde brachen sie nicht. Aber der Esel mußte ab und zu verkauft werden.

Selig der Wirt, der das Schenken erdacht,
selig der Mundschenk, der Wein hergebracht,
es müssen alle selig sein, die da trinken gerneWein.

Wie viele große Gelehrte und begabte Künstler könnte man zitieren, die sich mit dem fränkischen Wein vor allem befaßt haben.
Richard Wagner zum Beispiel weilte längere Zeit in Würzburg. Im „Letzten Hieb" war er des öfteren in weinseliger Stimmung anzutreffen. Auch in zwei Würzburger Mädchen soll er verliebt gewesen sein. Einmal schreibt er: „Und der fränkische Wein tat das Seinige, immer steigende Verwirrung hervorzubringen." Die Mädchen schon, den guten Wein jedoch hat Richard Wagner zeitlebens nicht vergessen. Vierzig Jahre später noch heißt es in einem Brief an seinen Neffen in Würzburg: „Ich ersuche dich auf das allerernstlichste, mir einen geeigneten Tischwein unter den Würzburger Gewächsen auszusuchen. Schicke mir zur Probe zwölf Flaschen. Ich bin nämlich zu der Überzeugung gekommen, daß ich seit längerer Zeit unter dem Titel ‚Rheinwein' nur gemanschtes und gefälschtes Zeug trinke ... in Eile und Not ... Dein erhabener Onkel Richard Wagner."

Hock di a weng har zu mir und probier mein' Wein!

Es erfordert schon eine ganz geschmacksfeine Zunge und einen zarten, feinfühligen Gaumen, um die vielen Unterschiede und Feinheiten der verschiedenen Lagen, Gewächse und Jahrgänge zu erschmecken und zu ertasten.
Wer gerne und vielleicht sogar oft Wein trinkt, der sollte auch ab und zu einmal in die Hänge der fränkischen Wengert hineinsteigen, hinauf zum Schwanberg, zur Vogelsburg oder zur Homburg, damit er

ins weite Tal hinabschauen und feststellen kann, wie schön es zwischen Weinberg, Hecke und Steinhalde ist und damit er auch einmal zu spüren bekommt, wie der Letten- und Keuperboden an den Schuhen kleben bleibt und wie schwer er zu bearbeiten ist.
Eine lange, mühsame Wanderung gehört zum Gesundsein oder Wiedergesunden, nicht bloß das Trinken und eine Bauernbrotzeit. Wie viele von uns sind zu Stubenhockern und Autofahrern geworden.
Es gehört zu den Franken und ihrer Landschaft, daß viele fromme, aussagekräftige Bildwerke die religiöse Kraft des Weines bezeugen. Nicht nur der mächtige Schutzpatron der Winzer und Häcker, der hl. Urban, hält die Traube als Attribut in seinen Händen, oft erscheint auch Christus selbst als Kind mit den saftigen Weinbeeren auf dem Schoß seiner Mutter, und man wird zugleich an Christus in der Kelter erinnert, wenn er den Träubeln gleich zerquetscht und gefoltert wird. Was würde die strapaziöse Arbeit im Wengert und in den Kellern drunten nützen ohne Segen? Weinbau ist auch heute noch, trotz der Versicherungen aller Art, etwas Gewagtes. Oder kann jemand unter den Menschen den Frost abhalten und die Süße in den Wein zwingen?
Da denkt man natürlich nicht im Geringsten an die Weinpanscher, die später vielleicht einmal als Strafe die heftigen Kopfschmerzen, die sie verursacht haben, irgendwo im Jenseits erdulden müssen.
Nicht jeder Dahergelaufene kann in rechter Weise Wein trinken. Dazu gehören schon eine lange Praxis und ein feines Gespür.
Weintrinken macht die einen froh erleichtert und heiter gelöst, andere jedoch nachdenklich, grüblerisch; da können Kleinkram und Kümmernisse zu Nebensächlichkeiten werden, wenigstens für kurze Zeit. Zum Weintrinken nimmt man sich klugerweise Zeit, hockt sich am runden Tisch zusammen, es wird diskutiert und geplaudert. Da macht man sich seine Gedanken über das Alte, Vergangene, Vergängliche, Versäumte, auch über die Zukunft. Was wird noch alles auf uns zukommen?
Das sagt man ja den Franken besonders oft nach, daß sie immer im Recht sein wollen. Wer will das nicht? Man wird an die Geschichte von dem Winzer erinnert, der von seinem Nachbarn wegen einer scheinbar geringfügigen Meinungsverschiedenheit nicht zu seinem Recht kam und daher zu einer erheblichen Geldbuße verurteilt wurde. Auch die gesamten Gerichtskosten hatte er zu bezahlen. Ganz zum Schluß fand der Weinbauer nochmals den Mut zu einer wichtigen Aussage:

„Aber Racht hob ich ghot,
und nu drüber nauß!"
Als er älter und bedächtiger wurde, sagte er dann ab und zu noch:
„Ich sog nit sou und sog nit sou;
dann kann später kenner sog,
ich hätt sou oder sou g'sogt!"

Der Wein hat seine Franken wohlweislich merklich mitgeformt und ihnen bestimmte Leitmotive aufgedrückt. Jeder Franke will für seine Plagereien und seine harte Arbeit wenigstens ab und zu gewürdigt, ästimiert werden. Auf der anderen Seite ist er nicht zimperlich und kleinlich. Ich habe da auch etliche Jahre gebraucht, bis ich mich zurechtgefunden habe. So weiß ich z. B. heute, daß man nicht lange herumstehen und herumfragen soll, wenn man etwa gerade zum Mittagessen auf einen Bauernhof kommt. Am klügsten ist es, man setzt sich ohne viel Auflesens und aufgefordert zu werden zum Tisch hinzu und ißt und trinkt mit (R. W.). Die Franken werden hier oft mißverstanden von den Fremden, weil sie eine nicht allzu feine Art haben, wie andere Volksstämme: „Halt dei Maul und hock' di' har und aß mit!"
Frankenwein macht bestimmt auch erfinderisch, stachelt zu meisterhaftem Tun an und zum handwerklichen Ausgestalten. Oft sind es vor allem die Redensarten, die die Wesensart eines Volksstammes sehr deutlich wiedergeben, wie z. B.:

Des sin oft die gsündesta Leut,
dia beim Aßn schwitzn und bei der Arwet friarn.
Oder wie ein Knecht gesagt haben soll:
Bei dan Bauern kannst fraß und fraß
und kriegst kenn Dank.
Höchstes Lob für einen ausgezeichneten Wein kann schon die kurze Feststellung sein:
Man kann na getrink. Ar it nit schlacht. R. W.

Über die fränkischen Winzer und ihren Wein

(Gedanken eines Weintrinkers)

„A guats Tröpfla!" – da steckt mühselige Arbeit dahinter. Wein ist gekelterte Sonne, gepreßte Landschaft. Schon deshalb muß man guten Wein genießen, man darf ihn nicht gedankenlos hineinsaufen. Weintrinker lieben und genießen das Leben; zumindest für eine kurze Zeit sind die Alltagslast und aller Leistungsdruck verschwunden. Weintrinker genießen auch die Dinge dieser Welt. Nur ganz selten sind echte Weintrinker Säufer und Süchtige, die unter der Zeit leiden, oder Wichtigtuer und aufdringliche Menschen.

Hier im fränkischen Land gehen zur Sommer- und Herbstzeit die Uhren langsamer und bedächtiger. Was nützt alles Geraffe und Getue! Der Dialog braucht seine Zeit, seine Winzer, seine Franken.

Man muß den Wein neizüll dürf, man muß a Schöppla pfetz könn. Nu a Schöppla und nu es! Kes zu viel, kes zu weng! Die Zeit weicht zurück. So einen Zustand, besser gesagt, diesen Ausnahmezustand, kann man sich vielleicht alle zwei Monate einmal leisten. Alszu (immerzu) is kee Ackerläng! Diese Weisheiten haben uns fränkische Winzer gelehrt und keine anderen. Hock di a weng har zu mir, bleib a weng da! Sei zufrieden, es könnt nu viel schlimmer komm!

Der Wein ist aus unserer fränkischen Landschaft nicht wegzudenken. Glückselig diejenigen, welche davon existieren können und auch die, welche ihn im rechten Maß genießen, so, daß das Angeheitertsein nicht durch einen hinterherschleichenden Kater gebüßt werden muß. Weintrinken ist Kult und Gehabe. Jeder Weintrinker müßte sich mindestens einmal in seinem Leben seinen Wein selbst erarbeiten, erhacken und ersorgen. Erst der Wein öffnet die Tore und Pforten zu den fränkischen Paradiesen, die immer seltener und unauffindbarer werden.

Wein ist das Blut der Erde und der menschlichen Arbeit, Brot und Wein sind mystische Geheimnisse. Wer denkt schon daran, wenn er in feuchtfröhlicher Runde beim Weinfest vor dem Sulzfelder Rathaus hockt?

Brot und Wein sind letzte Offenbarungen – nur versteht der eingetrübte Mensch das Natürliche nicht mehr recht. Mit Brot und Wein kann man nahezu auskommen, wie uns ältere Winzer hier am Main schon in ihren letzten Lebensjahrzehnten bewiesen haben.

Die Klugheit und Weisheit der Winzer und ihre Erfahrungen sind in langer Tradition entstanden, sie haben sich mühsam herausgekeltert. Dabei wird das schwere Gewicht der Überlieferung zu wenig geachtet. Dieses Mißachten haben wir schon gebüßt.

Weintrinker suchen die Gemeinschaft, die Gesellschaft, den Nachbarn, den Nächsten. Wer Wein trinkt, ist meist feinfühlig, hochsensibilisiert. Ihm genügt ein weniges, oft reicht eine Kleinigkeit, eine Andeutung. Nahe bei ihm lauert die Melancholie, das Sinnieren und Grübeln.

Franken ist das Land des Weins, nur am Rand auch das Land des Obstbaues, des Spargels, des Weizens und der Braugerste, der Zuckerrüben und Kiefernwälder. Die verschiedenen Gesteinsarten und abwechslungsreichen Landschaftsgebiete und die unterschiedlichen Mentalitäten der Winzer lassen auch die Vielfalt der Weinsorten, natürlich auch vielerlei Geschmäcker gedeihen.

Und wie wichtig wären hierzu ergänzend auch heute noch die alten Keller, die Holzfässer, die Kellermeister mit ihren verschiedenartigen Handhabungen. Vieles wird so rapide gleichgeschaltet, gleichgewälzt, plattgehobelt und eingeebnet. Zur Federweißenzeit duftet und gluckert immer seltener der gärende Bremser aus den kühlen Kellerluken. Wo schlurcht man noch mit froher, seliger Stimmung durch die Gäßli heim ins Nest, weil es beim Heckenwirt etwas länger dauerte?

Wenn ein kleiner, schlitzöhriger, dabei sich selbst betrügender Winzer einmal mit Wasser hantiert und panscht, fühlen sich gleich alle Weintrinker hintergangen und betrogen. Das ist das Resultat jeglicher Uniformität.

Daß der eine vielleicht das Kopfweh aller Betrogenen einmal büßen muß, tröstet uns ein wenig.

Zum Wein gehört ein genaues Maß. Da zählt nicht, wer am meisten trinken kann. Damit prahlt man nicht mit sechs, sieben Schoppen. Was soll es! Das Maß bestimmt auch die Arbeit im Wengert und im Keller. Das rechte Maß ist das Geheimnis im Fränkischen. Das Übertriebene zählt nicht viel. Wer ist der Reichste, Stärkste, Schönste? Wozu das? Reichster im Dorf sein, die Schönste zur Frau haben – solche Angebereien haben erst die Fremden hereingeschleppt. Hätten doch die Franken ihr Eigenmaß beibehalten, auch in der Bauweise, in mancher Weinbergsbereinigung, in der Schulreform, der Ge-

Prost! Ma muß mit viela zurachtkomm!

meindereform und all dem neumodischen Zeremoniell, das nichts Wesentliches einbringen wird, außer mächtigem Verlust an Eigenständigem und Gewachsenem.
Beim Wein zählt der Tropfen. Wenn ein Zecher das Glas hebt, scheint er weit hindurchzuschauen. Wenn er schmeckt und kostet, probiert und versucht, dann hört er hinter allem eine zarte Melodie, vielleicht errät er ab und zu sogar das Schweigen weit dahinter.
Ich muß noch einmal auf diese leidigen Reformen zurückkommen. Sie sind ja schließlich der Hauptgrund, der mich zu den Überlegungen über den fränkischen Winzer hinreißen ließ.
Da haben sich viele Wengertsbesitzer zu wenig einfallen lassen, wenn es an die Weinbergsbereinigung ging. Warum tun mir die Winzer und ihre bereinigten Fluren so leid? Beiden wurde etwas vom besonderen Reiz genommen. Der Wengert hat sein markantes Gepräge verloren, sein fränkisches Aussehen. Am Weinbergshang fällt die Gleichmacherei am krassesten auf. Es fehlen die sommerlich glühenden Steinmauern, die ihre Hitze und ihren herben Geruch bis in die Nacht hinein ausstrahlten, die dann von den Rebstöcken aufgesogen worden sind. Vieles mußte aus Rationalisierungsgründen dem Fortschritt weichen. Die Schinderei war in unserer technischen Zeit keinem Menschen mehr zuzumuten, von den Kosten der Weinerzeugung ganz abgesehen. Diese hätten auch nicht im Weinpreis weitergegeben werden können. Im metallisch-glatten Faß kann man zwar auch Wein ausbauen, aus dem man den Keuper- oder Muschelkalkboden erschmeckt oder den herbstlichen Eichenwald, den alten Nußbaum oder die undurchdringliche, geheimnisreiche Heckenfront, aber es fehlt das Anheimelnde eines ehrwürdigen Holzfaßkellers.
Nichts habe ich als junger, neu Hierhergekommener bei den Franken mehr bestaunt als ihr mühseliges Plagen und Schaffen, ihre harte Arbeit in den Wengerten das ganze Jahr hindurch. Noch etwas habe ich in guter Erinnerung. In den Bauernhäusern roch es bei den Winzern vom Keller her nach Most und aus den Kammern duftete das Brot und der Schinken. Aus den Vorgärten mischte sich der würzige Geruch der Kräuter und Sträucher. Diese Gerüche waren immer da, wie eine zarte Melodie, dazu gehörte die Wortkargheit im Haus und das Gespräch am Gartenzaun mit dem Nachbarn. Die Kunst des Zuhörens ist eine Stärke der Franken, man kann ja dabei auch einmal trinken.
Es ist leichter, einen guten Schoppen zu trinken, als über den Wein in Kürze etwas schreiben zu müssen. Diese dürftigen Aussagen über die fränkischen Winzer und ihren Wein sind mir nicht billig gekommen. Ich habe sie mir ertrinken müssen. Dabei wurde meine karge Gedankenwelt beim nächtlichen Schreiben immer dichter, schließlich immer dunkler. Der Wein kann auch schwer, bleiern werden.
Aber ich habe mir vorgenommen: Vergräme die einen nicht, die vom Wein leben; auch jene nicht, die mehr Bier, Wasser oder Säfte trinken müssen oder dürfen! Von Schoppen zu Schoppen war der Wein mehr und mehr mein Helfer und Bereiter. Auf der anderen Seite haben die geläuterten mitternächtlichen Eigengespräche die Welt durch den Wein genauer sehen lassen – beinahe hätte mich der letzte Schoppen erdrückt. Nun verstehe ich plötzlich diejenigen besser, die in unruhigen Nächten und düsteren, dumpfen Zeiten zu einer Flasche Wein greifen. Es wird mir jeder Winzer verzeihen, wenn mir bei diesem Entgleiten die schmackfeine Zunge taub wurde und der sonst zarte, feinfühlige Gaumen abstumpfte, wenn ich die hauchdünnen Unterschiede

und Feinheiten der verschiedenen Lagen, Gewächse und Jahrgänge nicht mehr erschmecken konnte.
Aber die fränkischen Winzer habe ich mit einem Mal deutlicher erkannt und verstanden und sie aufs neue achten und lieben gelernt. R. W.

Von Bräuchen der fränkischen Winzer

Nicht oft liest oder hört man von Bräuchen der Winzer im fränkischen Land. Die Arbeit der Häcker ist hart und langwierig, sie müssen sich schinden und abrackern, zum Feiern bleibt wenig Zeit. Alle Bräuche haben sich auf einzelne Höhepunkte zusammengedrängt: Weinfeste und Weinproben sind übriggeblieben.
Schon mitten in der winterlichen Zeit – im Weinberg herrschen noch Ruhe und Stille – denkt der Winzer an das kommende Jahr, wenn er vor Weihnachten eine Christrose ins Wasser stellt, in der Hoffnung, daß sie in der Heiligen Nacht aufblüht, um ein gutes, fruchtbringendes Weinjahr zu verkünden. Bleibt die Blüte geschlossen, sind die Aussichten mager.
In etlichen fränkischen Weinorten gehörte das Frostläuten in die Gemeindeordnung. Bei drohendem Frost mußte jeder Weinbergsbesitzer ein qualmendes Feuer anzünden, die Weinbergsglocke mahnte ihn dann zu seiner Pflicht.
Noch in den meisten katholischen Ortschaften wird am Festtag des hl. Evangelisten Johannes (27. Dezember) der Johanniswein, die Johannesminne, geweiht.
Am Sankt-Dorothea-Tag (6. Februar) erhielten die Entlaßschüler der Lateinschule von Hammelburg einen dreiviertel Liter Wein, den sogenannten „Dorothenschoppen“. Dieser alte Brauch lebte 1964 wieder auf. Zwischen schriftlichem Abitur und Aushändigung des Zeugnisses spendiert die Stadt Hammelburg bei einer kleinen Feierstunde den Abiturienten umsonst den Wein.
Meist im Februar wurden in früheren Zeiten mancherorts, wie etwa in Wipfeld, die Rüggerichtstage abgehalten, an denen kleinere Delikte, z. B. Diebstähle oder Feuergefährdungen, abgehandelt und bestraft worden sind. Auch Weintraubenraub wurde an diesen Tagen geahndet; für Diebstähle bei Tag wurden ein halber Gulden, nachts fünf Gulden gefordert. Das Gericht endete mit einem Gemeinschaftsumtrunk, mehrere Eimer Most sind kredenzt worden.
Bis in die heutige Zeit hinein wird hier und da der Osterritt gepflegt. Am Ostersonntag werden nach dem Festgottesdienst Reiter und Pferde gesegnet, die an der Kirche ihren Ritt über die Flur bis hin zu den Grenzen beginnen. An den äußersten Grenzsteinen, am Eingang der Weinberge, an Wegkreuzungen oder bei Bildstöcken und Feldkreuzen pflanzt man zum Schutz und Segen geweihte Palmzweige ein. Die Pferde schwinden mehr und mehr, die Bräuche versiegen und vergehen.
Man trifft, Gott sei Dank, auch noch Winzerfrauen an, die gesegnetes Osterwasser vor dem ersten Arbeitsbeginn nach den Feiertagen auf das Ackerland und in ihre Weinberge sprengen.
In Hammelburg war es Brauch, daß man nach absolvierter Osterbeichte im Kloster Altstadt in einer nahegelegenen Wirtschaft zum Schoppentrinken einkehrte.
Bedeutsam im Brauchgeschehen der Winzer sind die Bittgänge und Flurprozessionen; sie sind der beredte Ausdruck echter Volksfrömmigkeit. Hoffentlich bleiben auch in Zukunft die mannigfachen Wallfahrten und Flurgänge lebendiger fränkischer Brauch, wie in Randersacker, wo alljährlich zwei Bittgänge zur Bergkapelle, die von den Winzern errichtet wurde, hinaufführen: Am ersten Sonntag im September und am Bittsonntag kann man die Randersackerer zu ihrer Kapelle wallfahren sehen. Früher wurde die Statue des hl. Stephanus mitgetragen; er ist der Schutzpatron des Ortes. In Hüttenheim und Seinsheim finden Umgänge am St.-Markus-Tag (25. April) statt. In Hüttenheim schloß sich ein Gemeinumtrunk an den Umzug an; im Jahre 1711 z. B. wurden für den spendierten Wein 29 Gulden aufgebracht. Auch die Sulzfelder sieht man am 25. Mai zu Ehren des hl. Urban in der Flur unterwegs, ein zweites Mal ziehen sie am Cyriakustag (8. August) in einer Prozession durch die Flur und bitten um gutes Wetter; die Erstlingstrauben werden in feierlicher Weise in die Kirche gebracht.
Hoher Festtag für alle Winzergemeinden war und ist der Urbanstag am 25. Mai. „Wenn Sankt Urban kein gut Wetter geit, wird er in die Pfützen geleit.“ Dieser Tag soll das Fest für die Weinblüte sein; der hl. Urban ist der eigentliche Schutzpatron des Weins. Seit dem 13. Jahrhundert ist der 25. Mai ein bäuerlicher Lostag. Bittprozessionen, Urbansritte oder gar Kinderumzüge, auch durch die Fluren und Wengert, werden abgehalten. Bekannt war z. B. die Schauerprozession in Eibelstadt.

Vielerorts wurde am Markt oder auf einem anderen öffentlichen Platz die Statue des hl. Urban bei Sonnenschein feierlich geschmückt, mit Wein begossen, verehrt oder durch den Ort getragen. Bei schlechtem Wetter begoß man die Figur mit Wasser, bewarf sie sogar mit Schmutz oder warf sie kurzerhand in den nächsten Bach. Ein Blick in die Chronik von Eibelstadt bringt altes Winzerbrauchtum in Erinnerung. Bereits vor dem 30jährigen Krieg fand ein feierlicher Umzug statt, für die Gemeindebeamteten gab es ein Festmahl auf dem Rathaus, und den Kindern und armen Leuten schenkte man bis zu 900 Eier, wie es etwa 1617 belegt ist: 19 Gulden, 2 Pfund und 12 Pfennige „am tag Urbani uf dem rathhaus verzehrt, wie auch für wein und ayer den kindern und armen leuthen altem herkommen nach gegeben worden". Nach 1650 liest man von einem Flurumgang, an dem die Urbanimeister, Urbaniträger und die Schützengilde teilnahmen, auch eine St.-Urbans-Statue wurde mitgetragen. Eibelstadt besaß auch eine Weinglocke, die zur Polizeistunde jeden Abend geläutet worden ist.

Neben dem hl. Urban, St. Kilian, St. Laurentius oder dem hl. Bartholomäus wird im Fränkischen an oberster Stelle die Muttergottes Maria als Schutzpatronin für das rechte Gedeihen des Weins verehrt.

Wer früher im Herbst die ersten weichen Trauben fand und auf die Gemeinde brachte, erhielt aus der Gemeindekasse 8 Kreuzer als Prämie. Nun beginnt die Zeit der Wengertshüter oder Storawächter. Zur Weinbergswache müssen alle Winzer abwechselnd antreten, wenn nicht gesondert eigene Hüter bestellt sind, die in früheren Zeiten an Martini mit dem Hutgeld entlohnt wurden.

Endlich ist es soweit, die Lese, der Herbst beginnt. Noch immer wird in Frickenhausen die Weinlese mit einer Glocke eingeläutet. Pferde, Kühe und Wagen sind mit Blumen geschmückt. Während es in einigen Weindörfern Brauch war, die erste Fahrt mit Weinbergsbüchsen anzuschießen, geleitete anderswo die Musikkapelle die geschmückten Fuhrwerke zum Dorf hinaus. In Wiesenbronn begleitete am ersten Tag der Lese ein lautes Böllerschießen bei der Abfahrt vom Marktplatz die nahezu 40 Leiterwagen.

In seinem Buch „Weinnester in Franken" schreibt Fenzl (1933), die „Weilas" wäre wie ein großes Fest. Da hat er jedoch ein reiches Erntejahr und eine fröhliche Winzerfamilie gefunden. Es gehört zur guten Gewohnheit, daß bei der Lese, vor allem an recht kühlen oder nassen Tagen, ein Schnaps bereitsteht, auch ein heißer Kaffee und Tee. Bei der wandernden Schnapsflasche und den abwechslungsreichen Gesprächen bei der Arbeit entsteht schon öfters ausgelassene Fröhlichkeit, vor allem bei der gemeinsamen mittäglichen Brotzeit. Erst am Abend gibt es ein warmes Essen. Wenn der Leser heimgeht, bekommt er für die Daheimgebliebenen einen Eimer voller auserlesener Träubel mit.

Dürre, magere Jahre, wie die letzten, lassen das festliche Brauchtum erdrücken. Nur in guten und üppigen Weinjahren flackert der Brauch des Heimleuchtens immer wieder einmal auf. Da hört man vom „Herbstpöpel", dem frohen Abschlußfest. Dann wird die letzte Fuhre geschmückt, dann wird gelacht und gescherzt.

Im Mittelpunkt allen Brauchgeschehens um den Wein steht der feierliche Abschluß der Lese. Bereits vor über 450 Jahren wird uns berichtet, daß jedem Würzburger Winzer ein Beobachter beigegeben wurde, der genau kontrollierte, ob jedes zehnte Gefäß an den Grundherrn abgeliefert wird.

Weiterhin berichtet Johannes Böhm aus Aub im Gollachtal in der ersten fränkischen Volkskunde, wie nach der Lese die jungen Burschen bei einbrechender Dunkelheit mit brennenden Fackeln zusammenkamen und als Heimleuchter durch die Stadt zogen. Nahezu 100 Jahre später heißt es in einem Bericht, daß der Dompropst genau darauf achtgebe, damit der Zehnt in rechter Weise eingebracht wird. Am Schluß wird der Herbst ausgeleuchtet mit Fackeln, Musik, Mahl und Umtrunk.

Auch bei den anderen Winzern beaufsichtigte der Herbstherr die Weinlese. Im Anschluß an die Lese folgte wie als Erntedankfest ein reichliches Festmahl. In Ochsenfurt wurde hierbei die Trinkfestigkeit der Teilnehmer geprüft. Zum erstenmal trank bei einem Wettstreit im Jahre 1611 ein besonders Trinkfreudiger drei Liter Wein in einem Zug. So war der Ochsenfurter Kauz geschaffen. Danach konnten sich noch viele ins Kauzenbuch eintragen, wenn sie dasselbe Quantum schafften, wie man aus den unzähligen Trinksprüchen erfahren kann.

Herbsttrunk und Festmahl bilden fast immer den krönenden Abschluß der Weinlese. Kalterknechte und Fuhrbauern erhielten zumindest den Herbstwecken und etliche Maß Trinkwein. Zum Abschluß holte man sich nach Möglichkeit sogar einige Spielleute zur Unterhaltung herbei. Mit Pauken, Pfeifen, Schalmeien und anderen Instrumenten sorgten sie für fröhliche Stimmung.

Die letzte Fuhre wird fast stets geschmückt, und zu Hause angekommen, beginnt eine Feier. In Eibelstadt verspeist man die Keltergans, wie es bei Kramer um

1650 heißt. In Dettelbach feiert man den Niederfall so, daß beim Verlassen der letzten Herbstfuhre aus den Weinbergen noch einmal mit den Schreckschußpistolen, mit denen die Wengertshüter sonst die Stare zu verscheuchen versuchten, darauflosgeballert wird. Der Wagen ist mit Laub geschmückt, nach dem Abschlußessen werden Wein, Ulmer Kuchen und Muskazinen serviert. Die Randersackerer fahren ihr letztes Gefährt unter den Klängen einer Ziehharmonika heim ins Dorf, und in Frickenhausen schmückt man auf dem Weingut Meintzinger die letzte Fuhre mit bunten Bändern. Bei neuem Wein und einem saftigen Braten feiert man Niederfall. Lediglich ein kleines Fest bildet in Klingenberg den Abschluß der Weinlese.

Auch beim Abschluß von anderen Arbeiten im Wengert, meist verbunden mit Vergütungen, z. B. beim Wenden, hört man vom Brauch des Niederfalls. In einer Ochsenfurter Herbstrechnung vom Jahre 1760 werden überschwengliche Ausgaben einzudämmen versucht: „Zum niederfall wird nicht mehr als 2 pfund brod, dann 1 maas wein für jeden mann passiert."

Es sei noch erwähnt, daß man vielerorts eine besonders schöne Rebe aus dem Stock schneidet und sie in eine dicke Kartoffel steckt, damit sie recht lange frisch bleibt. So läßt man sie bis zum Barbaratag am 4. Dezember in einem Fensterkreuz hängen. Viele prächtige Träubel sieht man auch im Erntekranz.

Übrigens sollte wieder einmal daran erinnert werden, daß es in Franken als althergebrachtes Gewohnheitsrecht gilt, daß man nicht allzu genau lesen darf, um auch den Armen und Kindern bei der Nachlese noch etwas zum Stupfeln zu lassen. Steht doch schon im 3. Buch Moses geschrieben: „Du sollst deinen Weinberg nicht genau lesen, noch die abgefallenen Beeren aufheben, sondern den Armen und Fremdlingen sollst du es lassen."

Das Erntedankfest wird in etlichen Weinbaugemeinden am ersten Sonntag nach der Weinlese gefeiert. Die Statuen des hl. Urban sind an diesem Festtag mit Weintrauben geschmückt. In das Kirchweihbrauchtum haben sich manche Komplexe aus dem Bereich des Winzers eingefügt, wie das Buttenlaufen oder die Weinwerbung bei den Kirchweihumzügen.

Der Bremser kann nun in den Fässern gären. Schade, daß es nicht mehr so häufig aus den Kellerluken gluckert und der Federweiße bis auf die Straßen hinauf riecht. Besonders zu bedauern ist der fast vergessene alte Brauch der Heckenwirtschaften, der Straußen- und Strohwirtschaften, die es etwa in Dettelbach amtlich seit 1591 als „Heckewirtschaft" gab. Vor 1939 beteiligten sich hier noch etwa 20 Winzer, bis 1950 hing noch bei zwei Weinbauern ein Strohwisch oder Wedel vor der Tür, heute ist der Brauch erloschen. Mit beschränktem Schankrecht durfte man bis zu vier Wochen, teilweise auch länger, Eigenbauschoppen ausschenken, dazu einen Gelegten, weißen oder roten Preßsack, Bratwürste, Knäuteli, Griebenwurst, Schinken oder einen Angemachten reichen.

Alle Räume im Erdgeschoß richtete man für die Heckenwirtschaft her, aus der Nachbarschaft borgte man Stühle, Bänke und Tische. In Oberleinach stellte man zur Werbung ein hölzernes Täfelchen mit einem Weinglas ans Hoftor oder an die Hauswand. 1912 kostete ein Schoppen 12 Pfennige; die Zeiten haben sich gehörig geändert. Oft saß am Abend die gesamte Dorfgemeinde beieinander. Warum eigentlich hat man diesen Gemeinschaftsbrauch zum Großteil aufgegeben?

In Wipfeld waren die Heckenwirtschaften besonders an den Markttagen beliebt und gemütlich. Neben der guten Wohnstube und der Küche mußte für die zahlreichen Besucher sogar das Schlafzimmer ausgeräumt werden. Häcker- oder Straßenwirtschaften findet man seit etwa 300 Jahren bis heute in Klingenberg; da hat jeder Winzer das Recht, 14 Tage lang als sog. Strauchwirt seinen eigenen Most auszuschenken. „Ich gäi in die Hecke", heißt es da, wenn man bei dem Nachbarn einkehrt, dort, wo ein Kiefern- oder Fichtenwedel winkt. Jeden Abend sind die Stuben voll besetzt. Da geht es oft lustig her. Gott sei Dank gibt es noch einige Winzer, die den Mut und die Freude an ihren Heckenwirtschaften haben.

Wenn die letzten Heckenwirtschaften ihre Türen schließen, wird es für einige Zeit ruhig um den Wein. Was gut werden will, braucht seine Zeit, das wissen wir alle. So mancher Schoppen wird zu jung getrunken.

Es gäbe aus dem weiten Brauchbereich um den Wein noch so manches zu erzählen. Bei Grundsteinlegungen wurde als altherkömmliches Reichnis der Schluß- oder Grundwein gereicht. Allein beim Schulhausneubau in Marktsteft brauchte man über 100 Maß Wein nur beim Abschlußfest. Etliche Beteiligte waren volltrunken; Streit, Haderei, Raufereien und gerichtliche Nachspiele blieben bisweilen nicht aus.

Verordnungen waren immer wieder notwendig geworden. Die gnädiglichen Herren ließen wiederholt streng verbieten, überflüssig in den Wirtshäusern zu trinken. Das Geläut der Weinglocke mahnte alle Nacht in einigen Orten zum Schließen der Wirtshäuser.

Bei Kellerarbeiten wurde hier und da den Büttnern das sog. Kellerbrot verabreicht. Bei größerem Kauf und Handel schloß sich brauchtümlich gar oft ein Zechgelage an, der sog. Weinverkauf. Erst dann war der Erwerb rechtsgültig. Wenn der Zinsmost zusammengetragen wurde, erhielten die Schröter ihren „Schrodtwein".
Aus den berühmten Weinpredigten des Hammelburger Pfarrers Georg Horn erfährt man, daß um 1570 die Stadt einem Brautpaar einen Eimer Wein spendierte, oder daß den Eltern bei der Geburt eines Kindes ein Viertel Wein aus dem Ratskeller kredenzt worden ist. Das waren noble Gesten einer fränkischen Weinstadt!
Von Sagen um den Wein, Redensarten und Sprüchen kann hier nicht berichtet werden. Für vieles Geheimnisvolle tauchen Sagen auf, die gesamte Arbeit im Weinberg und im Keller wird von vielerlei Sprüchen begleitet, wie z. B. „In Hemdsärmeln geschnitten, in Mützen gebracht" oder „Nachts hell, bei Tage trüb, gibt eine saure Brüh".
Was ist von allem Brauchgeschehen übriggeblieben? Zum Großteil übermäßig aufwendig aufgezogene Weinproben und in allen Orten aufblühende, großangelegte Weinfeste.

*

Zum Abschluß jedoch sei noch auf einen lebendigen Brauch hingewiesen. Wenn ein neuer Weinberg angelegt wird, soll der Besitzer die letzte Rebe einpflanzen und zum rechten Gedeihen mit Wein oder Most begießen. Aus einem Krug gießt er in Form des Kreuzes Wein auf die Rebe. Dabei spricht ein junger Wender den sog. Wendespruch, der so beginnt:

Nun haben wir mit Gottes Hilfe
einen neuen Weinberg angelegt
und hoffen auch durch seine Güte,
daß er gedeiht und auch bald trägt.

Drum segne ich dich, Letzter, ein.
O Herr, laß alle wohlgedeihn!

Nun, ihr Wender tretet her
und bittet unsern Gott den Herrn,
daß er mit seiner starken Hand
beschütze dieses Weinbergsland.

Vor Hagel, Frost und Wassernot
behüte es Du treuer Gott!
auch unserm Bauherrn gib daneben
ein langes und gesundes Leben!

Auch die Familie, Gott bewahr
vor Krankheit und vor jeder G'fahr,
daß sie um ihrer Arbeit willen
vom Weinberg recht viel Geld erzielen!

Euch Wendern, die ihr es gewendet soeben,
mög Gott euch geben ein langes Leben;
denn es heißt ja – hacket hin und ziehet her,
ein jeder wünscht, daß er bald fertig wär.

Und so soll nach altem Brauch
unser Bauherr leben auch!
der Bauherr und seine ganze Familie, sie leben:
Hoch – Hoch – Hoch!

*

Heutzutage wird die letzte Rebe häufig von einer prominenten Persönlichkeit in die Erde gesetzt; z. B. pflanzte 1974 in der Weinlage Kalb in Iphofen der damalige Ministerpräsident Alfons Goppel den letzten Fechser. Es wird nicht offenkundig, ob der dazugegossene Wein für die junge Rebe bekömmlich war beim Anwachsen.
Auf jeden Fall war das Wenden eine äußerst harte, mühselige Arbeit. Die Wender brauchten ein kräftiges Frühstück und täglich drei bis fünf Liter Haustrunk, nicht bloß einen Trester, sonst konnte man den mürrischen Arbeiter hören: „Mächst es leichter, grab mer seichter!"
Seltener ist der Brauch geworden, daß vor dem Pflanzen der letzten Rebe ein Wenderichtbaum aufgestellt wird, den man nach abgeschlossener Arbeit mit bunten Bändern ziert und um den neuangelegten Weinberg trägt, bevor man singend durchs Dorf und schließlich zum Festschmaus zieht.
Weinbergsarbeit ist schwierig, sie kostet viel Schweiß und Ausdauer. Wie rasch ist der Wein, goldgelb im Schoppenglas gereicht, ausgetrunken.
Ist einmal jeglicher Brauch vergessen, wird der Weintrank auch nicht mehr zu den Höhepunkten des Lebens, zu den Festlichkeiten im menschlichen Dasein zählen. Schätzen und achten wir den Wein, wie es gebührt. So soll es guter Brauch bleiben, daß unser Frankenwein zu den besten und bekömmlichsten Weinen zählt!
Im Wein kann Wahrheit, Freiheit und Gesundheit liegen.

R. W.

Aschaffenburg, die Perle am Untermain.

Aschaffenburg

Wie sehr die Aschaffenburger den Wein lieben, beweisen nicht nur die gut besuchten Weinseminare oder die seit 1974 vom Staatsweingut ausgerichteten Weinfeste im Schloßhof, die Ascheberger verstehen etwas von Lebensfreude und Lebenskultur. Obwohl man Aschaffenburg nicht eine Weinstadt nennen kann, geht die Tradition des Weinbaus viele Jahrhunderte zurück. So ließ der Dekan des Kollegialstifts St. Peter und Alexander, Gotebold, um 1220 die ersten Weinberge an diesem nach ihm benannten Berg anlegen. Einer Privatinitiative ist es zu verdanken, daß im Herbst 1981 der erste Jungfernwein vom Godelsberg in Bocksbeuteln abgefüllt werden konnte. So gibt es nun in Aschaffenburg neben den städtischen und staatlichen Weinbergen am Pompejanum diese zweite Weinlage. Übrigens wallfahrteten vom 12. Jahrhundert bis zum 30jährigen Krieg jährlich am 25. Mai die Ascheberger Winzer zum Heiligtum ihres Schutzpatrons, des hl. Urban, auf den Godelsberg hinauf.
Eher zur Zierde als zum Verdienst wächst seit den 60er Jahren auf den gneisverwitterten Hängen des Pompejanums ein fruchtiger, vollmundiger Wein. König Ludwig I. ließ dieses mächtige Gebäude von seinem Baumeister Friedrich von Gärtner in der Zeit von 1840 bis 1848 nach dem Grundriß der ausgegrabenen Casa di Castore e Polluco in Pompeji bauen.

An den Terrassen des Pompejanums gedeiht nach südlicher Manier ein fruchtig-kerniger Wein.

Weinberge gehören zu dieser südländischen Gartenanlage.
Mit 120–130 m über NN ist dieser Weinberg die „tiefste" Stelle im fränkischen Weinbau.
Nach der Eingemeindung gehört auch der Obernauer Sanderberg zur Stadt. Auf einem halben Hektar Fläche wächst auf lehmigem Sand ein duftiger Müller-Thurgau.
Noch vor dem Ersten Weltkrieg werden Lagenamen genannt, wie die Terrassen am Badberg, auch Lagen am Bischberg, Godelsberg und Pfaffenberg. Es ist interessant zu wissen, daß um 1880 18 Weinbergsbesitzer, 40 Jahre vorher sogar über 50 Winzer, in Aschaffenburg lebten. Um 1850 war Aschaffenburg nach Hörstein und Kleinwallstadt im westlichen Franken der drittgrößte Weinbauort.
Wie weit verstreut die Rebflächen im Jahre 1826 in Aschaffenburg gewesen sind, erfährt man aus den Ratsprotokollen dieses Jahres, in denen die Leseordnung bekanntgegeben wurde. Es werden folgende Weingärten genannt: Am Fischertor, Am städtischen Zwingert, Vor dem Sand, Hinter dem Schlachthause, Am Pfaffenmüllersweg, Im Lehmgraben, Vor dem Wermbachtore, In der Schweinheimer Gemarkung, Im ehemaligen Mergelschen Garten, In der Karlstraße, Am Goldbacher Weg, In der Apfelallee,

Vor dem Herstalltore, Gegenüber dem Badberg, Am Mensee, Im Güterberg, Im Schneidmüllerweg; natürlich auch in den altbekannten Weinbergslagen: Am Pfaffenberg, Am Bischberg, Am Godelsberg, Am Badberg, Am Ziegelberg, Am Fachrain und Im Tal.
Aus der Vielzahl dieser Lagenamen wird ersichtlich, wie sehr auch in einer Stadt der Weinbau in früheren Zeiten blühte.
Der hl. Urban sollte als Schutzpatron der Winzer und aller Weinliebhaber wieder mehr geachtet werden. Die längstvergessene Wallfahrt auf den Godelsberg gibt Anlaß, auf alte Bräuche hinzuweisen, die mit dem Festtag der Winzer, dem 25. Mai, eng zusammenhängen. Für den Winzer galt der Urbanstag als Beginn des Sommers: „Den Sommer bringt uns St. Urban. An Urban und Pankratius der Winzer die Ernte bemessen muß. Hat St. Urban Sonnenschein, gibt's im Herbst viel guten Wein.“ Neben Kinderprozessionen und den weithin verbreiteten Brunnentaufen der Statue des hl. Urban waren früher Urbanireiten und Urbanswallfahrten bekannt. Bräuche gehören zum Wein, sie sind die Höhepunkte unseres Lebens.

Einzellage:
Pompejaner, Godelsberg und für Obernau Sanderberg

Gesamtrebfläche:
1 ha

Haupthimmelsrichtung der Lage:
Süd-West

Höhe über dem Meeresspiegel:
am Fuße des Aschaffenburger Schlosses gelegen, 120 bis 130 m

Haupthangneigung der Lagen in Prozent:
30

Boden:
Gneis-Verwitterung

Rebsorten:
Rieslaner und Ortega

Wein:
Die fruchtig-kernig-markanten Weine werden vorzüglich bei Empfängen der Stadt ausgeschenkt.

Großostheim

Nur selten einmal findet man die Familienchronik eines Winzerhauses, welche nahezu 300 Jahre Geschichte in sich birgt, wie sie im Ahnenbuch der Familie Kehrer verankert ist. Ein schlimmes Weinjahr bewog den Großostheimer Winzer Johannes Nikolaus Kehrer, in seine zwei Jahre alte Chronik folgendes einzutragen: „Im Jahr anno 1692, den 20. Mai, sind die Weinberge in zwei Nächten alle erfroren und ist den ganzen Sommer naß gewesen und sind nur einmal gehackt worden die meisten und sind nach Michaeli wieder erfroren und ich habe meinen Herbst in einer Bütte und einem Zuber eingetragen.“
Blättert man in der sehr interessant geschriebenen Chronik weiter, so erfährt man z. B., daß im Jahre 1701 zwar der April sehr kalt war, „hat es anfangs April angefangen zu schneien und zu frieren und hat den ganzen April gewährt und hat noch die zwei letzten Tage geschneit und gefroren, daß man morgens früh nicht hat können hacken...“, daß aber dennoch im selben Jahr ein guter Herbst war. Im Jahre 1708 war es den ganzen Mai hindurch sehr kühl, und in der Pfingstwoche ist es so kalt geworden, daß die Weinberge alle erfroren sind und auch viele Schafe. Der Monat Mai ist für den Winzer von wichtiger Bedeutung. Nicht umsonst hat der große fränkische Weinheilige, der hl. Urban, seinen Festtag am 25. Mai. Wie schlimm wirkt daher die Nachricht, wenn in der Nacht vom 24. zum 25. Mai 1723 die Weinberge und das Korn erfroren sind. Wie hoch ist da die Hilfe des hl. Urban anzusetzen, wenn Kehrer im selben Jahr dennoch anfügt: „Und ist noch ein guter Herbst gewachsen, habe bekommen zwei Ohm und ein halben.“
Der Höhepunkt des Weinanbaus in Großostheim mag um 1770 gewesen sein – ca. 140 Winzer lebten zu dieser Zeit im Ort. Kehrer schließt seine Eintragungen über den Wein mit dem Jahre 1805 ab. Da ist der Herbst so kalt geworden, daß die Krumbieren erfroren, die Trauben erfroren und die Vögel im Wald. Nun ist alles sehr teuer geworden.
Nachdem Großostheim wieder 28 ha Weinbaufläche besitzt, könnte es zur guten Gewohnheit werden, daß der hl. Urban aus dem 16. Jahrhundert, eine Holzfigur in der Pfarrkirche St. Peter und Paul, bei einer feierlichen Prozession am 25. Mai mitgetragen würde, wie es nach alten Gemeinderechnungen bis zum Ende des 18. Jahrhunderts Brauch war.
Zu hohe steuerliche Belastungen, aufeinanderfol-

gende kärgliche Weinjahre, aber auch der vermehrte Biergenuß ließen am Ende des 18. Jahrhunderts den Wein in Großostheim völlig verschwinden. In der Zeit zwischen 1827 und 1845 wurden erneute Versuche gestartet, Weinberge anzulegen, vor allem um das Gebiet um das Altheiligkreuz und an den sogenannten „Holzhallen". Ein weiteres Mal begann man mit dem Weinbau 1911/12; dieser mutige Schritt ist besonders dem ehemaligen Wirt „Zum Ochsen", Otto Kapraun, zu danken, der die Flur „Reischklinge" mit Reben bestockte und gleichzeitig einen Winzerverein gründete. Im Laufe der Jahre wurden weitere alte Weingärten rekultiviert, wie im Harstel, Leister, Sommerhinkel, Heiligental und im Lengtal. Heute wächst der beste Wein auf dem Reischklingeberg, klugerweise sind die Reben von Obstbäumen und Wald umhegt.

Das Weingut und die Weinkellerei Kapraun sind Garanten für den Ausbau eines fruchtigen und rassigen Rieslings, der auf den schweren Lößböden gut wächst.

Die schon sehr alte Winzergenossenschaft hat sich vor einigen Jahren der Gebietswinzergenossenschaft angeschlossen.

Im Großostheimer Bachgaumuseum am Marktplatz, es ist über dem großen Zehntweinkeller erbaut worden, kann man unter vielen anderen Gerätschaften einige alte handgeschmiedete Weinbergshippen bestaunen. Es sind sichelförmige Haumesser, die zum Roden der alten Weinstöcke und des Buschwerks gebraucht wurden. Im selben Museum findet man auch eine Weinkelter aus Sandstein mit einer Eisenspindel (19. Jahrhundert), daneben drei große Rundpressen mit Eisenspindeln und eine Holzspundkelter aus Eichenholz aus dem 17./18. Jahrhundert. Nach einem Museumsbesuch kann man in einer der Weinwirtschaften, im Weinhaus Becker oder in der Weinstube Sommer einkehren.

Einzellagen: Harstall, Reischklingenberg
Früher: Bachgauperle, Haarstell, Heiligenthal (heute als Großlage), Leister, Reischklinge, Sommerhinkel

Großlage: Heiligenthal

Gesamtrebfläche: 31 ha

Haupthimmelsrichtungen der Lagen: Süd, Süd-Ost

Höhe über dem Meeresspiegel: 150–210 m

Haupthangneigung der Lagen in Prozent: 15 bis 30

Boden: meistens Löß

Rebsorten:
Müller-Thurgau, Silvaner, Scheurebe, Perle, Ruländer u. a.

Wein:
Die Weine sind duftig, markig, voll, stoffig und nachhaltig mit gut gepufferter Säure.
Die Weine der Sorten Perle, Silvaner, Scheurebe und Ruländer zeigen eine besondere Ausprägung.

Fachwerkhäuser und die Pfarrkirche St. Peter und Paul zieren den Marktplatz von Großostheim.

Pflaumheim

Drei Weinberge mit ca. 0,7 ha Fläche erinnern an Zeiten, als in Pflaumheim noch vermehrt Weinbau betrieben wurde. Welch bedeutsame Rolle einmal der Wein spielte, beweisen einige alte Flurlagenamen, wie z.B. Weintalshäuschen, -weg, -gewann (1364 heißt diese Lage In der Wintail), oder andere Lagen, die mit Wein in Verbindung gebracht werden: Mühlberg, Eckpfad, Stigelsbaum, Hinter der Mühle, Zwischen den Bergen, Im Holzweg, Im Frontal, Im Langenwingert, Im Steinig. Noch 1726 wurde ein neuer Wengert angelegt; 1786 hingegen wird der Wein in Pflaumheim nicht mehr erwähnt. Immer mehr wurde dem Bier und dem Apfelwein zugesprochen.
Auch *Wenigumstadt* besitzt heute noch 0,79 ha Weinbaufläche. Alte Weinorte waren auch Kleinostheim, Kleinwallstadt, Obernburg, Schweinheim, Soden, Sulzbach, Obernau und Mainaschaff.

Eine reiche Ernte wartet auf ihre Lese.

Großwallstadt

Nahe am Limes gelegen, stößt man in der Gemarkung immer wieder auf römische Besiedlung. Daneben fallen alte Flurnamen, wie „Beim Kloster, Nonnenpfad, Klosterhecke" auf. Diese Kenntnisse lassen auf eine lange Weinbautradition schließen; denn die lehmigen Löß- und Buntsandsteinböden an den Südhängen der Odenwaldausläufer eignen sich vortrefflich für das Anlegen von Weinbergen. Seit urdenklichen Zeiten holte sich das Mainzer Domkapitel seinen Weinzehnt in Großwallstadt, auch das Elisabethen- und Katharinenhospital in Aschaffenburg kauften hier im Herbst ihre Weinvorräte ein. Die älteste auf Wein hindeutende Urkunde berichtet, daß Gottfried von Brauneck Weinberge und Güter in Wallstadt dem Kollegialstift von Aschaffenburg verkaufte. Wie in vielen Weinorten bezog auch der Pfarrer von Großwallstadt 8½ Ohm Wein (ein Ohm sind 80 Liter). Alte Rechnungs- und Zinsbücher, wie z.B. das „Großen Wallstatter Wein Zins der Pfarr- und Frümeß Stiftung", geben von etlichen Weinorten genauen Aufschluß über ihre Geschichte. In dem hier aufgeführten Zinsbuch werden nicht nur Zinspflichtige aufgeführt, auch alte Weinbergslagen werden genannt, wie „Im Pfüßthal, Zu Mainhellen, Im Trißbach, Im Wellenfeld, Auf dem Bühl, Im Dörneßrain, Auf dem Lenfeldsrain, Auf dem Leimberg, oder Im Ehrengrund und Zu Leinthal. Von 1875 bis zum Ende des 1. Weltkrieges ging der Weinbau auf ein Minimum zurück. Als letzter suchte Franz Josef Köhler um Genehmigung zur Abhaltung einer Häkkerwirtschaft nach. Mißjahre, Schädlingsplagen und kaum noch rentable Erträge brachten den Weinbau in Großwallstadt schier zum Erliegen, bis sich am 5. Februar 1922 ein Weinbauverein auf Initiative des Landwirts und Händlers Peter Scherer und des Hauptlehrers Viktor Warmuth gründete. Man begann wieder mit der Neuanlegung eines Weinberges in der Flurabteilung Lützeltal (lützel bedeutet klein), bekannt unter dem Namen „Lützlersberg". Ein paar Jahre später wurden an den Hängen der Flurabteilungen Neubergswingert, Pitztal und Schneckenrain Weinreben angepflanzt.
Wengertsarbeit war und ist zum Teil noch heute eine mühsame Plagerei. Mächtige Steinhalden an den ehemaligen Weinbergslagen zeugen davon. Noch in den Gründerjahren des Weinbauvereins lockerte man den Boden ausschließlich mit dem Wengertskarst und mit dem Spaten. Die sogenannte

fränkische Kopferziehung wurde seit 1950 von der Stammerziehung verdrängt. Höhepunkt im Winzerjahr ist die Traubenlese. Vorher wird die Sperrzeit durch die Gemeinde bekanntgegeben. Auch für die Winzer sind die Weinberge nur jeden Dienstag und Samstag als Arbeitstage auf ihren eigenen Grundstücken begehbar. In den Sperrzeiten wurden in früheren Zeiten Tag- und Nachtwachen aufgestellt. Bei der Lese, meist von Ende September bis Ende Oktober, je nach Reifegrad der Trauben, hilft die ganze Winzerfamilie, auch Freunde, Bekannte und Nachbarn. Am Schluß der Ernte gibt es für alle Helfer eine kräftige Brotzeit und einen Eimer voll Trauben.
Die erste Weinkelter war als Gewichtspresse im Kelterhaus des Zehnthauses, dem alten Feuerwehrgerätehaus, das 1976 abgerissen wurde, aufgestellt. Neben Holzhandpressen verwendete man auch eine Holzspindelpresse im Kelterhaus des Reichhartshäuser Hofes. Seit 1922 nahm die Technik ihren Einzug: Privatwinzer, Genossenschaften und Keltergemeinschaften sind im Besitz von hydraulischen Handdruckpressen, motorisierten Druckpressen, Pack- und Korbschleuderpressen und Horizontalpressen.
Gute, ertragreiche Weinjahre wie 1947, 1959, 1971, 1976 oder 1982 geben Anlaß zu Festen und Feiern. Voller Freude und Dank bringt man dann dem hl. Urban, dem Schutzpatron des Winzerstandes, eine besondere Verehrung. Mit Stolz ging man bis vor ein paar Jahren am zweiten Pfingstfeiertag mit der Urbanusprozession um den nördlichen Teil des Dorfes. Geblieben sind jedoch die vielen Weinfeste. So erinnert sich jeder Großwallstädter an das größte Weinfest 1952 unter der Leitung des Winzers Josef Scherer und der Weinkönigin Irmtrud Suffel. Bekannt geworden sind auch die Weinliederabende des Männergesangvereins Großwallstadt. Es ist auch noch guter alter Brauch, wenn sich die Winzer alle Jahre am Dreikönigstag jeweils in einem anderen Weinbergshäuschen zum sogenannten „Dreikönigstreffen der Winzer“ versammeln, wobei nur selbstgebauter Wein getrunken wird. Schließlich sollte es auch weiterhin gute Gewohnheit bleiben, daß die Weinbergshäuschen bei günstigem Wetter an den Sonn- und Feiertagen der Treffpunkt für viele Familien und die Verwandtschaft sind.
Die Häckerwirtschaften, in denen ein Teil des selbsterzeugten Weines verkauft wird, werden nicht nur von den einheimischen, sondern auch von vielen fremden Gästen gerne besucht. Wenn der Busch oder Strauß, ein meist mit bunten Bändern geschmücktes Tannenbäumchen, vor dem Haus hängt, beginnt die fröhliche Zeit. In der Häckerwirtschaft werden dann Wein, Weinschorle oder Traubensaft ausgeschenkt. Dazu bietet man selbstgebackenes Brot, hausgemachte Wurst, Schinken und Käse. Der Wein wird aus Viertelliter-Römern serviert. Niedrig sind die Preise, um so fröhlicher sind die Stimmung und der Gesang.
Alle Jahre, am Namenstag des Apostels Johannes (27. Dezember), wird der Johanniswein geweiht. Zusammen mit Brot wird dieser besonders gesegnete Wein in den Familien anschließend verzehrt.

Einzellage:
Lützeltalerberg
Früher: Lützeltaler, Neubertswingert, Pitztal, Zinswingert

Gesamtrebfläche:
12 ha

Haupthimmelsrichtungen der Lage:
Süd, Süd-Ost

Höhe über dem Meeresspiegel:
ca. 150 m

Haupthangneigung der Lage in Prozent:
30

Boden:
Lößlehm

Rebsorten:
Müller-Thurgau, Silvaner, Perle, Ortega und auch Rotweinsorten

Wein:
duftig, kernig, nachhaltig.
Die Weine werden von den ortsansässigen Kleinwinzern liebevoll ausgebaut.
Bürgermeister Walter Vogel hat sich in den letzten Jahrzehnten besonders um den heimischen Weinbau verdient gemacht.

WETTERREGELN

Heiligdreikönig (6. 1.) hell und klar,
gibt's viel Wein in diesem Jahr.

Regen an St. Valentin (7. 1.),
macht die halbe Ernte hin.

Wenn an Antoni (17. 1.) die Luft ist klar,
so gibt es sicher ein trockenes Jahr.

Rück

Seit der Gemeindereform gehört der Weinort Rück mit ca. 24 ha Weinfläche zum Markt Elsenfeld. Eine Mainzer Urkunde im Münchner Staatsarchiv vom Jahre 1360 bezeugt die über 600jährige Tradition, die Rück mit seinem Wein verbindet. Der Mainzer Erzbischof Gerlach bestätigt den Verkauf eines Weingartens zu Rück („zu Rucke an dem Schalkberge zwischen Gerhart Vyrerers und Contze Golpen") an die Äbtissin des Klosters Himmelthal.
Bis in das Tal hinab setzte man Rebpflanzen, wie in den Urkunden der Oberer Burgen Frühmeßstiftung aus dem Jahre 1405 belegt ist, wenn von einem „fierteil Wingarten, gelegen uf den gansberge, und ein fierteil Wingarten, gelegen in dem grunde daselbis zu Rück" geschrieben wird. Wenn alljährlich auf dem Gossberg, einer der besten Weinlagen Rücks, am Johannistag das sogenannte Gansfeuer abgebrannt wird, so erinnert dieser Name noch an den alten Ausdruck. Im 14. und 15. Jahrhundert wurde bestimmt mehr Wein angebaut als heute, trotz der Großanlage Johannisberg.
„Der Rücker Wein fließt in die Elsava hinein", sagten die Rücker Winzer, wenn um Antoni (13. Juni) der Schippacher Graben noch Wasser führte. Das paßte ihnen nicht. Nicht immer gab es fette Jahre; gar oft kann man lesen: Starke Regengüsse und Gewitter schwemmten alles in die Elsava!
Mit Stolz präsentiert der Heimat- und Museumsverein im Keller des Elsenfelder Heimatmuseums alte Winzergerätschaften, wie Fässer und Bütten, um zu zeigen, wie früher Weinbau betrieben wurde, reicht doch die Weinkultur dieser Gegend zurück bis an die Jahrtausendwende, obwohl schriftliche Quellen erst seit 1350 vorliegen. In diesem Jahr verpfändet das Erzstift Mainz seinen Weinzehnt und Weinteil in dem Ort Rück an die Herren Wolferam und Conrade von Bickenbach und ihre Erben um 600 Pfund Heller in Frankfurter Währung „zu jeder zeitlichen Wiederkauf durch das Erzstift".
Die Marktgemeinde Elsenfeld hat sich mit ihren Weinbergen der Winzergenossenschaft Thüngersheim angeschlossen, daneben vermarkten etwa 20 Winzer ihren Wein selbst. Der eigen ausgebaute Wein wird zum Teil auch in Häcker- bzw. Straußwirtschaften verkauft. Durch die Erfolgsernte von 1982 angespornt, richtet die Marktgemeinde mehrere Weinfeste aus: Neben einem Weinwochenende unter der Linde am Rathaus in Elsenfeld organisiert der Gesangverein „Liederkranz" ein Sängerweinfest. Auf dem Festplatz in Rück-Schippach konnte man die erste Rücker Schoppenzeche miterleben, auch mehrere Häckerwirtschaften und Hoffeste wurden bei Privatwinzern abgehalten. Fester Bestandteil im Veranstaltungskalender des Marktes ist die jährliche „Festliche Weinprobe". Bei all diesen Festen wird Wein aus den flurbereinigten Weinbergen ausgeschenkt: „Rücker Schalk" (früher Johannisberg im Westen) und „Jesuitenberg" im Osten.
Die Durchführung der Flurbereinigung lag zum Großteil in den Händen des Küfers und Weinbergsbauern Gustav Bohlender, den man den Vater des

Zwischen dem Ort Rück und dem schützenden Wald ziehen sich die bereinigten Weinberge des Jesuitenbergs, des Schalks und des Johannisbergs hin.

Rücker Weinbaus nennt. Bis zu seinem Tod am 17. Januar 1983 war er mit dem Weinbau und mit seinem Heimatort Rück auf das engste verbunden.

Einzellagen:
Jesuitenberg, Schalk, Johannisberg
Früher: Blumenberg, Herrenwingert, Müllerhöhe, Kaisereck, Altenberg, Dürrnagel, Herrenberg, Poppenleite

Gesamtrebfläche:
14 ha

Haupthimmelsrichtungen der Lagen:
Süd, Süd-West

Haupthangneigung der Lagen in Prozent:
10 bis 45

Höhe über dem Meeresspiegel:
160 bis 220 m

Boden:
Buntsandstein

Am sichersten kannst du vom Rebstock sagen,
er werde für dich etwas Gutes tragen.

Johann Wolfgang von Goethe

Rebsorten:
Müller-Thurgau, Silvaner, Kerner, Spätburgunder u. a.

Wein:
Der Weißwein ist duftig, kernig, von pikanter Säure.
Die Rotweine zeigen viel Feuer und Art.

Häckers Leid

(Matthäus Conrad, Kitzingen, im Jahre 1925)

Trauernd steht der müde Häcker
Auf den Karst gestützt und sinnt,
Dürre Reben, welke Träubchen
Wehmut durch die Seele rinnt.

Erntelos das heiße Mühen,
Leer die Kelter, leer das Faß!
Doch das Leben schreitet weiter
Fordernd ohne Unterlaß.

Darum auf Gott vertraut
und weiter gebaut,
dann wirst du schon erfahren,
warum die Fehljahr waren.

Trauernd sitzt der durst'ge Zecher,
Auf dem Humpen schwer die Hand;
Wenn kein Blut quillt aus den Reben,
Flieht die Freude aus dem Land!

Wer soll nun die Sorgen brechen,
Und die Lust leih'n feuchten Grund,
Wenn des Rebstocks Sonnengabe
Füllt das Faß nicht bis zum Spund?

Himmel schenk' dem Häcker Hoffnung,
Gib dem Zecher Mut und Trost
Laß uns reichlich Trauben wachsen,
Reifen sonnenguten Most!

Riesling

Silvaner

Spätburgunder

Müller-Thurgau

Erlenbach/Main

Der ältere Ort lag auf der anderen Seite des Mains, wo bereits ein Römerkastell stand. „Altdorf" ist noch heute eine Flurnamenbezeichnung. Es besteht auch ein enger Zusammenhang zwischen dieser ursprünglichen Siedlung und den Anfängen des Weinbaus. Erste Urkunden über den Wein in Erlenbach liegen jedoch erst seit 1260 vor. Im Jahre 1275 kaufte der Deutsche Orden einen Weinberg in Erlenbach von Diether von Heidebach (= Heubach).

Es mag wohl auch an dem guten, bekömmlichen Wein gelegen haben, daß Kaiser Friedrich Barbarossa zum Schutz einer Geleitstraße seine Reichsministerialien hier niederließ. Um den Wein besser transportieren zu können, entstand in Erlenbach am Spessartrand um 1626 eine erste Schiffswerft. Aus dem harten Holz der Spessarteichen wurden Mainschelche und Lastkähne gebaut.

Weinbau und Weinhandel florierten so lange in Erlenbach, bis durch die Eingliederung in das Königreich Bayern hier am Untermain große Mißstände entstanden. Die allzuhohe steuerliche Belastung für

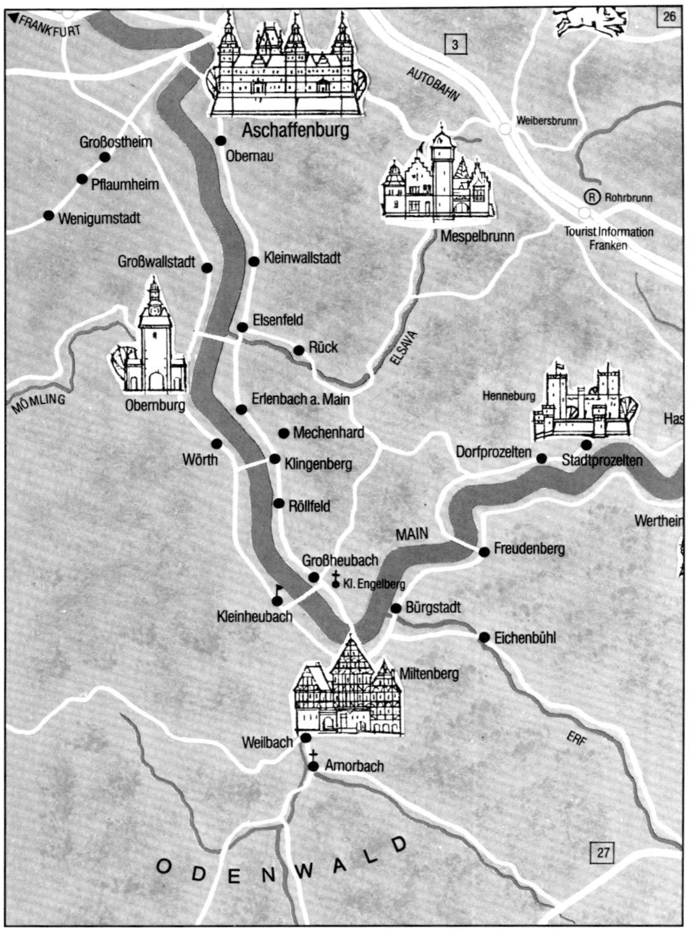

einen bayerischen Eimer Most betrug einen Gulden, 30 Kreuzer, drei Pfennige. Im benachbarten Rheingau dagegen wurden keinerlei Abgaben eingezogen. Diese krassen Gegensätze führten zum Teil zur völligen Aufgabe der Bewirtschaftung von Weinbergen. Plötzlich war der Erlenbacher Rote kein Begriff mehr, jener Wein, der jahrhundertelang als Ehrentrunk für höchste Gäste galt; denn seit 1799 ist der Weißweinanbau abgeschafft worden. Vorher wuchs in den Weingärten um die Schiffswerft, bzw. im südlichen Teil der „Gemeindeäcker" Weißwein, an den Weinbergen hingegen wurde schon immer Rotwein angebaut. Auf sandigem, zum Teil steinigem Lehm wächst heute der Erlenbacher Hochberg auf ca. 7 ha Fläche.

Daß Erlenbach in früheren Zeiten ein bekannter Weinort gewesen ist, das bezeugt u. a. eine Urkunde vom 12. Juni 1868, in der genau beschrieben wird, wie Heckenwirtschaften zu betreiben sind.

Es wird vorgeschrieben, daß jeder Ortseinwohner seinen selbstgebauten Trauben- und Obstwein in seiner Behausung verzapfen dürfe. Hierzu hat sich jeder Winzer beim Gemeindevorsteher zuvor anzumelden, um den Erlaubnisschein zum Anzapfen auf acht Wochen zu bekommen. Zur gleichen Zeit durften nicht mehr als zwei Heckenwirte ihren Wein ausschenken. Weiterhin heißt es in dieser Urkunde wörtlich: „Die sonstigen polizeilichen Vorschriften über richtiges Gemäß, gesunde Getränke und über Einhaltung der Polizeistunde haben die Heckenwirte gleich den übrigen Wirten zu beachten – bei gesetzlichen Strafen." Es war auch Vorschrift, daß jeder Heckenwirt bei der Anmeldung angeben mußte, wieviel Wein oder Most er ausschenken wollte.

Der Winter 1879/80 war für viele Winzer, vor allem auch für die Erlenbacher, eine bittere und harte Zeit. Über 3600 Weinstöcke sind erfroren. Von da an ging es mit dem Weinbau merklich zurück; denn es kommt noch hinzu, daß Krankheiten und tierische Schädlinge, wie die Reblaus, dem Weinbau viel Schaden zufügten. Auch die kalten Winter 1940/41 und 1955/56 sind für die Winzer noch in schlimmer Erinnerung. Nach dem Ersten Weltkrieg haben sich die Erlenbacher wieder stärker dem Weinbau zugewandt, es entstanden etliche Neu- und Wiederanlagen.

Die Ortschronik von Erlenbach hält fest, wie bei Festen und Feiern immer wieder der Wein die Menschen beschwingt und erfreut. Da wurde gezecht, wenn ein neuer Schultheiß ernannt wurde, wenn ein

Das Weinstädtchen Erlenbach am Main wird von Wengerten eingerahmt.

Pfarrer seinen Dienst antrat oder ein neuer Lehrer ins Schulhaus zog, wenn der Kuh- und Schweinehirt, der Schaf- und Gänsehirt wieder für ein Jahr gedungen wurden, oder wenn der Nachtwächter, der Feld- und Waldschütz bestellt worden sind. Man griff auch zum Weinglas, wenn ein neuer Gemeindezuchtstier gekauft oder verkauft wurde, selbstverständlich auch nach jedem Feldumgang und nach den feierlichen Prozessionen, wenn die Feldgeschworenen ihr wichtiges Amt antraten, oder wenn eine Hebamme neu eingestellt wurde. Das sollte auch weiterhin so gute Sitte und althergebrachter Brauch bleiben.

Einzellage:
Hochberg
Früher: Felsenröder, Maien, Hohberg, Hochberg, Rauschenberg, Maueracker, In den Maien, Rauschenröder, Felsenröder, Turmweinberg, Stockenberg, Die Zinken, Hohler Stein, Im Steingrübchen, Im Kirchenzehent

Gesamtrebfläche:
6 ha

Haupthimmelsrichtung der Lage:
Süd-West

Höhe über dem Meeresspiegel:
125 bis 250 m

Haupthangneigung der Lage in Prozent:
50 bis 60

Boden:
Buntsandstein, sandiger Lehm

Rebsorten:
Müller-Thurgau, Silvaner, Kerner, Perle, Portugieser, Spätburgunder u. a.

Wein:
Weißwein: duftig, kernig, ausdrucksvoll;
Rotwein: farbintensiv, feurig, samtig, voll;
die Weine stehen den großen Weinen der Nachbarlagen nicht nach.

Klingenberg/Main

Klingenberg und sein Wein können nicht voneinander getrennt werden. Der Rote, vor allem der Spätburgunder, ist es, der diesen fränkischen Weinort weithin in die Welt hinausgetragen hat.

„Zu Klingenberg am Main,
zu Würzburg an dem Steine,
zu Bacherach am Rhein,
hab ich in meinen Tagen
gar oftmals hören sagen,
solln sein die besten Wein",

so schrieb 1632 Erasmus Wiedmann seinen Vers nieder. In gottgesegneter Landschaft liegt Klingenberg im Schutz der Klingenburg an den Hang hingedrückt. Wer einmal hier war, den wird es immer wieder herziehen, nicht nur zum Wein.
Gerade der fränkische Rotwein wird in den nächsten Jahrzehnten noch seinen Weg machen, vielen ist er bekömmlicher als Weißwein.

Es kostet viel Mühe und Plage, bis man Träubel ernten kann.

Die Geschichte der Stadt und ihres Weins reichen weit zurück. Geheimnisse verbergen sich in der „Alten Schanze" auf der Kuppe des Schloßbergs. Dort, wo sich die Ausläufer des Spessarts und Odenwalds bis zum Main hinschieben, liegt hocherhaben die Klingenburg, im 12./13. Jahrhundert erbaut, mit herrlicher Aussicht ins weite Land. Es ist kein Zufall, daß der Mundschenk von Kaiser Friedrich Barbarossa von dieser Burg kam: Conradus, Pincerna de Clingenburg. In Klingenberger Urkunden wird bereits im Jahre 1261 zum ersten Mal der Wein genannt: Hier übergibt Walter Schenk von Clingenberg und Prozelten u.a. Weingärten am „Hohenberg" dem Deutschen Orden. Außerdem bezeugt das „Älteste Lehenbuch der Grafen von Wertheim" von 1444 den Weinbau in Klingenberg; denn hier heißt es: „Hye heben sich an die lehen der mann der Grafschaft zu Wertheim, als sie die von dem wohlgeborenen graven Jorgen graven zu Wertheim entpfangen haben anno domini MCCCCXLIIII... item sine wingarten zu Clingenberg in der margk gelegen...".
Aus der Zeit des Dreißigjährigen Krieges berichtet die Chronik, wie beliebt der Rote bei Freund und Feind gewesen ist. So nahm 1631 Gustav Adolf einige Fuhren Wein mit nach Aschaffenburg, um sie von dort aus nach Schweden weiterzuschicken. Man erzählt sich heute noch ab und zu, daß nach dem Abzug der Schwedenhorden nicht einmal mehr so viel Wein im Städtchen gewesen sei, daß der Pfarrer die Messe hätte zelebrieren können.
Und dennoch schreibt Matthäus Merian am Ende des 30jährigen Krieges als Erklärung unter seinen Stich von Klingenberg: „Ein gar kleines Staedtlein, so deß herrlichen Weinwachs halber beruehmt, welcher koestliche Wein weit verfuehret wird".
In allen Berichten und Beschreibungen wird der rote Klingenberger hoch gelobt, der Spätburgunder ist eine köstliche Besonderheit. Wenn man am Schloßberg steht, spürt man auch den Übergang hinüber ins Rheinische, ins Fröhliche, Übertriebene und Heitere.
Bereits am Ende des 13. Jahrhunderts legte man die ersten Terrassen für die Weinberge an, nahezu alle Wengert sind quer gezeilt und recht eng. Diese Terrassen, die sog. Gewände, Gewanne oder Gewenne (mhd. Gewande = Acker), verkörpern echte Landschaftspflege. Wie in alten Zeiten muß auch heute noch bei der Lese der Wein in den Butten viele Treppen hinauf- und hinabgeschleppt werden. Der Wein brachte früher auch Arbeit ins Dorf: Wagner,

Weinberge und die Häuser von Klingenberg sind in Jahrhunderten zu einer Einheit zusammengewachsen.

Schmiede, Küfer und Korbmacher verdienten sich ihren Lebensunterhalt. Der Wein stand immer hoch in Kurs. Wie oft mußte sich die Stadt von Landsknechten, Plünderern und Belagerern mit Wein loskaufen. Auf Traubendiebstahl stand eine 15mal höhere Strafe als auf Obstdiebstahl. Pfarrer, Lehrer und Glöckner erhielten z. B. ihren Lohn zum Großteil in Wein. Wegen des Besoldungsweins kam es oft zu Quereleien. Von 1654 ab bis heute wird über die einzelnen Weinjahre und die Qualität des Weins genau Bericht geführt, z. B. 1654 etwas guter, doch viel Wein; 1662 gar schlechter und wenig Wein; 1685 alles erfroren und nichts nutz; 1687 sauer und nicht zeitig geworden; 1719 sehr gut und mehr. Ende September gelesen! 1724 fast besser als 1719, auch ziemlich viel. 1733 wenig und zur Not trinkbar, wegen Regen in der Blüte und starkem Maifrost. 1740 nichts und alles erfroren; 1742 sehr schlecht und wenig und ist sicher alles erfroren. 1783 außerordentlich gut und sehr viel. 1816 die Qualität sehr gering, meist gar nicht gesammelt, so schlecht, daß kein Gebot gefallen. 1885 sehr wenig, mittel; 1886 wenig und gering; 1949 großes Weinjahr.

Zusammenfassend schreibt A. Kaufmann auch über den Klingenberger Wein:

Bei guten deutschen Zungen
bedarf es nicht gar viel,
uns lockt schon Klingenberger
zu süßem Saitenspiel.
Uns weckt der Kallmuth mächtig
der Rede kecken Fluß,
die lieblich spricht in Worten,
doch lieblicher im Kuß,
und klingen gar die Gläser
zu Würzburg auf dem Stein,
sind wir der Welt gestorben
und frisch gehts himmelein.

Der Förderverein „Historisches Klingenberg“ ist um den rechten Erhalt der Altstadt und um das neu errichtete Heimatmuseum, das sich besonders dem Weinbau widmet, sehr bemüht. Dabei hat sich die Heimatforscherin Gudrun Berninger mit Leib und Seele der Geschichte und des Lebens Klingenbergs verschrieben.
In gutgepflegten Gasthäusern kann man sich zum Wein eine Spezialität servieren lassen: „Gebackene Meefisch“, es sind vor allem Aal, Hecht und Zander.
Im Herbst laden grüne Fichtenbuschen zu den Hekkenwirtschaften, den sogenannten Straußwirtschaften, ein. Seit 1950 findet alle Jahre Mitte August das große Winzerfest statt: In den Lauben wird der selbstgebaute Rot- und Weißwein kredenzt.
Mögen der hl. Pankratius, der Schutzpatron der Pfarrkirche, und der hl. Urban, der am Klingenberger Hochberg und an der Straße nach Erlenbach in Bildstöcken zu finden ist, stets dafür sorgen, daß Klingenberg auch weiterhin jene Stadt am Untermain bleibt, die sich dem Rotwein verschrieben hat, wie Friedrich Rückert bekennt:
Und nicht vergessen sei vom Main der Klingenberger Rote!
Dran könnte man, oh süße Pein, sich trinken grad zu Tode.
Auf Bunt- und Feldsandstein wachsen an den Hängen des Schloßbergs (nach Röllfeld hin mainaufwärts) und des Hohbergs (mainabwärts nach Erlenbach zu) der farbtiefe Portugieser, der tiefrote Spätburgunder genauso wie ein kräftiger Müller-Thurgau, Silvaner oder Riesling.

Einzellagen:
Hochberg, Schloßberg, Einsiedel im Ortsteil Trennfurt
Früher: Schenkenweinberg, Michelweinberg, Humertsröder, Galgenröder, Oberer und Unterer Hoben, Felsenröder, Altröder, Willraben, Schloßberg, Burgweinberg, Hägweinberg, Hackbrett, Wiesweinberg, Hohberg

Gesamtrebfläche: 28 ha

Haupthimmelsrichtungen der Lagen:
Süd-West und Süd-Ost

Höhe über dem Meeresspiegel:
125 bis 250 m

Haupthangneigung der Lagen in Prozenten:
10 bis 60 (guterhaltene Terrassenweinberge)

Boden:
Buntsandstein und sandiger Lehm

Rebsorten:
Blauer Spätburgunder, Portugieser, Müller-Thurgau, Traminer

Wein:
Die Rotweine zählen zu den besten in Franken und in Deutschland, sie sind farbtief, artig und gehaltvoll.
Die Weißweine sind fruchtig, lebhaft und gefällig.
Der Traminer wird besonders rosenduftig.

Trennfurt

Von Klingenberg aus über die Mainbrücke kommend, betritt man in Trennfurt geschichtsträchtigen Boden. Hier am linksmainischen Ufer wird wohl ein römisches Kastell gestanden haben. Im 9. Jahrhundert wird der Ort erstmalig als „Trillunford“ genannt; ab 1438 gehört Trennfurt zum Erzbistum Mainz.
Auf der Neuanlage Klingenberger Einsiedel wachsen auf 2 ha sandigem Lehm ein fruchtiger Portugieser und ein kräftiger Müller-Thurgau. Der Flurlagename Einsiedel ist altüberliefert und erinnert an früheste Besiedlung.
Wie besorgt man in früheren Zeiten um das rechte Gedeihen der Weinstöcke und der Feldfrüchte war, beweist ein Blick in das kirchliche Leben um die Jahrhundertwende. Neben der Bittprozession am St.-Markus-Tag pilgerten die Trennfurter in der Bittwoche montags nach Wörth, am Dienstag hielten sie ihren Gottesdienst in der eigenen Pfarrkirche, und am Mittwoch wallfahrteten die Gläubigen in die 14-Nothelfer-Kapelle, in der sie die Heiligenlitanei beteten. Für die Weinbauern von besonderer Wichtigkeit war jeweils der Flurgang an St. Urban am 25. Mai.
Vor allem einige Weindörfer am Untermain waren den Maifrösten extrem ausgesetzt. Maifröste sind die schlimmsten Feinde des Winzers, den ersten zarten und empfindlichen Blättern droht durch Frost schlimmste Gefahr. Merkwürdigerweise treten um die Zeit der Eisheiligen Pankratius, Servatius, Bonifatius und der kalten Sofie diese gefürchteten Maifröste gehäuft auf. Die Eisheiligen werden gefürchtet und sind nicht besonders beliebt:

„Bonifatius, Pankratius, Servatius
bringen oft Kälte und Verdruß,
sie sind die gestrengen Herren.“

Dorfprozelten

Das Mainzer Rad und ein schwarzes Kreuz im Ortswappen erinnern an die Dorfherrschaft des Erzbistums, das seinen Machtbereich bis hierher ausdehnte, und an den Deutschen Ritterorden. In den Dörfern, in denen ein guter Tropfen wuchs, nistete man sich gerne ein, obwohl Dorfprozelten vom Ursprung an hauptsächlich eine alte, bekannte Mainschiffersiedlung gewesen ist, die bereits um das Jahrtausend urkundlich erwähnt wird. Unter den Schiffen auf dem Main taucht der Name Dorfprozelten immer wieder auf.

Nahe beim stillen Friedhof liegt das Wirtshaus „Zur Fröhlichkeit", in dem man einen Ortega bzw. Früh- oder Spätburgunder vom Predigtstuhl trinken kann. Der alte Flurlagenamen erinnert daran, daß vom Erlös des Weins einmal der Prediger entlohnt worden ist. 1938 wurde auf dem Höhberg ein sogenannter Reichsrebschnittgarten angelegt, seit 1964 besteht das Weingut der Bayer. Landesanstalt für Weinbau und Gartenbau Würzburg.

Der katholische Pfarrort liegt am rechten Ufer des Mains, umgeben von den Wäldern des Spessarts; der Kirchenpatron, der hl. Vitus, hängt auch eng mit dem Weinbau zusammen. Um die Zeit seines Festes, am 15. Juni, fällt die Weinblüte. Wie wohl ist es je-

Dorfprozelten, die alte Mainschiffersiedlung, kann seit einigen Jahrzehnten wieder einen blühenden Weinbau aufweisen.

Viele Weinberge zwischen Kreuzwertheim und Bürgstadt mußten in den letzten hundert Jahren aufgelassen werden.

dem Häcker, wenn heiteres und warmes Wetter die Blütezeit des Weins begünstigt. So wird in manchen Weindörfern auch das Fest des hl. Barnabas (11. Juni) besonders gefeiert. Dieser Heilige, der mit dem Evangelisten Markus verwandt war, ist einer der ältesten Schutzpatrone der Winzer, und eine alte Bauernregel lautet:

Regnet's an St. Barnabas,
verderben die Trauben bis ins Faß.

Besonders aber wichtig ist das Wetter am Fest des hl. Vitus. Dieser heilige Märtyrer zählt zu den 14 Nothelfern, und nach altem Glauben soll er die Weinberge vor Unwetter und Unfruchtbarkeit schützen. Nun steht der Hochsommer vor der Tür, daher heißt es auch: Sankt Vit bringt die Fliegen mit.

Zu den Weinheiligen im Monat Juni zählt natürlich auch der heilige Johannes der Täufer, sein Fest ist am 24. Juni. Der Johannistag bringt die Sommersonnenwende, und für den Winzer ist der Wetterkalender an diesem Tag von wichtiger Bedeutung; eine Winzerregel lautet:

Johanniblut (= Blüte) tut immer gut,
Petri Blut tut auch noch gut (29. Juni),
aber Margaretenblut tut selten gut (13. Juli). Eine Ausnahme war 1984.

Eine andere Regel meint:

Vor Johanni bitt um Regen,
nachher kommt er ungelegen.

Um ihr Gelübde zu halten, kamen die Stadtprozeltener auf ihrer Wallfahrt zum hl. Sebastian (um 1490 entstanden) in die Kirche von Dorfprozelten; denn sie versprachen diese Wallfahrt in der Zeit, als in ihrem Ort die Pest wütete.

Einzellage:
Predigtstuhl

Gesamtrebfläche: 11 ha

Haupthimmelsrichtung der Lage: Süd

Höhe über dem Meeresspiegel:
190 bis 280 m

Haupthangneigung der Lage in Prozent:
10 bis 30

Boden:
oberer und mittlerer Buntsandstein

Rebsorten:
Früh- und Spätburgunder, Ortega

Wein:
Rotweine werden sehr ansprechend, in manchen Jahren etwas alkoholarm.
Der Wein aus der Sorte Ortega wächst hier sehr typisch.

Röllfeld

Nur zwei Kilometer von Klingenberg entfernt und seit 1972 eingemeindet, liegt Röllfeld auf der rechten Mainseite, bekannt durch seinen Obst- und Weinbau. Sehenswert ist die Pfarrkirche, vor allem durch ihre kostbare Rokokoausstattung.

Vor dem Ort liegt an der Straße die Kapelle „Hohes Kreuz" mit einem um 1530 geschnitzten Holzkreuz. In früheren Zeiten wallten die Röllfelder jeweils an Mariä Himmelfahrt (15. August) und am Fest Mariä Geburt (8. September) zur „Maria-Schnee-Kapelle" bei Mönchberg (zwischen 1483 und 1521 erbaut), vor allem auch deshalb, um für günstige Witterung ihrer Weinberge zu beten.

Die Monate August und September sind für das Gedeihen des Weins von großer Bedeutung. Der August ist der Reifemonat des Weins; je heißer der Sommer, um so besser wird der Wein. Juli und August sind die Kochmonate:

Was Juli und August im Kochen nicht taten,
das bleibt im September ungebraten.

Die Winzer haben sich im August viele Schutzpatrone für ihren Wein ausgewählt: Der hl. Sixtus (6. August) eröffnet die Reihe dieser Feste. Er wird vor allem als Patron für gutes Gedeihen der Trauben angefleht. Dann folgt der hl. Cyriakus am 8. August. Mehr bekannt und beliebt als Weinpatron ist für das Gedeihen der Trauben der hl. Laurentius zuständig. Nach der Überlieferung wurde er auf einem Rost gebraten; ihm sind viele Wettersprüche gewidmet:

Ist Laurentius ohne Feuer,
gibt's ein kaltes Weinchen heuer.

Oder: St. Laurenz zu St. Barthel spricht:
Schür, Barthel, schür, in 14 Tagen ist's an Dir.

Der hl. Laurentius zählt zu den beliebtesten Weinheiligen (sein Fest ist am 24. August). Höhepunkt der Feste im August ist Mariä Himmelfahrt, das Fest der Traubenmadonna. Auch der nächste Tag, der 16. August, ist einem Weinpatron gewidmet, dem hl. Rochus. Er soll die Träubel vor Pest und Krankheiten schützen. Schließlich fehlt im Reigen der Weinheiligen im August noch der hl. Bartholomäus:

St. Bartholomä braucht Sonnenschein,
soll's geben heuer guten Wein.

In alter Zeit galt der 24. August als Herbstanfang.

670 Stufen führen von Großheubach aus zum Kloster Engelberg, vorbei an den Weinbergsterrassen.

Großheubach

Vom Kloster Engelberg aus hat man einen weiten Blick ins Maintal. Voller Reiz umgeben die Reb- und Waldhänge den Erholungs- und Weinort Großheubach. Das Besondere an diesem Weinort ist sein Spätburgunder; in schwerer Fülle steht er blutrot im Glas, kräftig und würzig ist sein Bukett, leicht nach Mandeln riechend, und dennoch unterscheidet er sich von seinen Namensvettern aus Klingenberg, Bürgstadt oder Erlenbach. Gerade auch der Wein hat den öfteren Herrschaftswechsel bewirkt: Die Herren von Klingenberg, von Bickenbach, der Deutsche Orden, Kloster Himmelthal und besonders die Kurfürsten von Mainz lebten und residierten hier in Grozzenheidbach, das so in dieser Schreibweise seit 1358 urkundlich erwähnt wird.

Großheubach ist jedoch viel älter, eine erste schriftliche Nennung des Ortes findet man bereits in einem Werk Einharts vom Jahre 827 (Translatio et miracula SS. Marcellini et Petri). Am Anfang des 14. Jahrhunderts erscheint in den Quellen ein Erzbischof Heinrich von Mainz als Weinbaubesitzer. Die kurmainzischen Erzbischöfe hatten genauso wie das Kloster Himmelthal und später das Kloster Amorbach größere Weingärten hier in Großheubach. In der zweiten Hälfte des 17. Jahrhunderts kaufte das Kloster Amorbach die „Äußere Mühle“, die sogenannte Lebsche Mühle, und erwarb sich dadurch auch Weinberge. Im Laufe der Jahrhunderte mischten sich unter die Weinbergsbesitzer von Großheubach immer wieder auch kaufkräftige Bürger von auswärts. So kaufte um das Jahr 1584 der Frankfurter Hans Pfeiffer einen Weingarten „Am Trieb“, der noch heute der Pfeifferswengert genannt wird. Daneben tauchen in den Urkunden auch Mainzer und Miltenberger Ober- und Amtmänner auf. In den Pfarrhausakten des Geistlichen Rates Kunzmann von Miltenberg aus dem 18. Jahrhundert stehen immer wieder Eintragungen über den Großheubacher Wein: 1745 wuchs in Großheubach wenig und saurer Wein... an Pfingsten 1748 hatte der Wein noch nicht gegrünt... 1750 war der Wein sehr gut, der Ertrag jedoch weniger befriedigend.

Um 1890 wird hier in der Gegend, d. h. vor allem in Großheubach, Breitendiel und Bürgstadt, eine besondere Rebsorte angebaut, der „Reuschling“, der große, ungleichbeerige und langstielige Trauben trägt, deren Beeren recht spät reifen, dünnhäutig sind, leicht aufspringen und faulen. Sie geben einen eigenartigen, leicht säuerlichen, grünlich schimmernden Wein.

1927 verfügte Großheubach über 50 ha Rebland. Schließlich sei auch aus einem Zeitungsbericht vom Jahre 1937 zitiert: „Die ersten blühenden Weinsamen entdeckte am Samstag H. Otto Straub in seinem Weinbergsgrundstück. Im allgemeinen zeigen die Weinberge bis jetzt einen guten Stand; die Aussichten für einen guten Herbst sind günstig. Zur Zeit ist man mit dem ersten Spritzen beschäftigt, was zu einem erheblichen Teil schon durchgeführt ist. Eine größere Zahl von Neuanlagen beweist, daß der Weinbau in Großheubach fortschrittlich betrieben wird, und daß Großheubach seinem Namen als guter Weinort auch in Zukunft Ehre machen wird.“

Von Großheubach aus gelangt man auf 670 Stufen hinauf zum *Kloster Engelberg*. Beschwingt und heiter thront das Kloster auf dem 277 m hohen Berg. Die Legende erzählt von Engeln, welche die Bausteine für die kleine Kirche selbst hierher gebracht hätten. Anfangs gehörte das Kloster Engelberg den Kapuzinern, ab 1828 den braunen Franziskanern. Der uralte Eselsweg führt am Kloster vorbei, es ist die Salzstraße, die über die Höhen des Spessarts hinüberzieht.

In den kühlen Kellern des Klosters lagern die fruchtigen, markigen Eigenbauweine, die in der eigenen Gastwirtschaft ausgeschenkt werden.

Nach dem Besuch des Klosters wird man gerne wieder hinuntersteigen nach Großheubach, um eines der Winzerfeste zu besuchen oder in eine der 15 Straußwirtschaften oder ca. 10 Gasthäuser einzukehren, in denen Eigenbauweine ausgeschenkt werden.

Einzellagen.

Bischofsberg, Klostergarten (Kloster Engelberg)
Früher: Bischofsberg, Schellhammer, Grönfelder, Apfelberg, Weißes Kreuz, Hohenweinberg, In der Nonne, Unterm Rosenberg, Niederbachäcker, Bischof, Klingen, In der Senne, Heide, Horne, Am Plerrweg, Schellacker, Im Selzersgrund, Dornhecke, In der Nonn, Hüter, Niedernberg Wingert, Giltwingert, Lochweinberg, Brunnwingert

Gesamtrebfläche:
34 ha

Haupthimmelsrichtungen der Lagen:
Süd, West

Höhe über dem Meeresspiegel:
130 bis 170 m

Haupthangneigung der Lagen in Prozent:
10 bis 50

Jahrestrieb mit schwellendem Auge (Knospe). Zwischen Mitte April und Mitte Mai treibt der Rebstock aus.

Boden:
Buntsandstein

Rebsorten:
Silvaner, Müller-Thurgau, Riesling, Rotweinsorten, Perle, Kerner, Bacchus

Wein:
Der Weißwein ist duftig, kernig, ausdrucksvoll.
Die Rotweine sind feurig, warm und herzhaft.
Allen Weinen ist eine ganz typische Rassigkeit eigen.

WETTERREGELN

Gibt's im Januar Regen, bringt's den Früchten keinen Segen.

Ist der Januar naß, bleibt leer das Faß.

Freudenberg

Bereits im Badischen gelegen, verbindet Freudenberg vieles mit dem Fränkischen. Der mittelalterliche Charakter dieses seit 1333 ernannten Städtchens begegnet uns auf Schritt und Tritt. Ab 1195 war Freudenberg Bollwerk und Würzburger Grenzfestung gegen das Kurfürstentum Mainz. Die Freudenburg, die 1631 von den Schweden zerstört worden ist, erinnert mit ihren Resten an längstvergangene mächtige, wehrhafte Zeiten.
Hier bei Freudenberg beginnt das Rotweingebiet; fast alle Weinlagen liegen auf der anderen Seite im Fränkischen. Nördlich der Stadt die Kapelle St. Laurentius aus dem 13. Jahrhundert, in einem ummauerten Friedhof gelegen, hat im Laufe der Jahrhunderte viele Freudenberger Winzer zum Gebet für rechtes Gedeihen des Weins aufgenommen.

Kleinheubach

Seit etwa 100 Jahren wird in Kleinheubach kein Wein mehr angebaut. Die alten Wengert sind ungepflegt und verwildert, sie werden zum Teil als Obstanlagen verwendet. Das ehemalige Weinhaus „Zur Krone" erinnert an selige Weinzeiten. Dabei lag die Hauptanbaufläche in den sogenannten „Steinertsgärten" und an der „Kammerlatte", d.h. drunten in der Ebene. Daß auch an den Hängen zwischen Kleinheubach und Rüdenau Wein gewachsen sein muß, bezeugen die Reste von Weinbergsmauern, genauso wie im südöstlichen Teil des Galgenbergs.
Kleinheubach kann auf eine reiche Geschichte zurückschauen. Die Gemeindeflur ist bereits in karolingischer Zeit besiedelt. Später haben die Grafen von Rieneck ihr Machtfeld bis hierher ausgeweitet. Die Heunesäulen im Wald am Bullauer Berg, 2 km südwestlich von Kleinheubach, verbergen noch heute z.T. ihre Geheimnisse.

Zu beiden Seiten des Mains und bis ins Erftal hinein erstrecken sich die Bürgstädter Weinberge.

Bürgstadt/Main

Vor nahezu 400 Jahren begann man mit dem Bau des Rathauses, einem hochaufragenden, fränkisch beschwingten, stattlichen Renaissancebauwerk. Eine Gedenktafel erinnert noch heute an das Jahr 1590: „... ein heißer Sommer war – wuchs guter Wein, sehr teuer."

Auf dem roten Sandstein, dem „schwarzen Sand" wächst wahrhaftig ein guter Tropfen. Weinkenner wissen vor allem den Spätburgunder, der sich in den zahlreichen gewölbten Steinkellern gut ausbaut und lagert, immer mehr zu schätzen.

Der rührige Bürgstädter Weinbauverein, im Jahre 1947 gegründet, ist um den rechten Ruf seines Weinortes bemüht. Die dominanten Lagen Centgrafenberg und Mainhölle lassen einen markanten, duftenden, ausdrucksstarken Wein gedeihen. Der Zehntgraf stand früher in den Diensten des Kurfürsten, des Erzbischofs von Mainz. In der Mainhölle wächst ein Früh- und Spätburgunder auf Buntsandstein in dunkelstem Rot, besonders geeignet für feierliche Anlässe.

Seit dem Frühjahr 1983 hat man das Weinland aufs Neue bereinigt und kann nun auf 47 ha Anbaufläche guten Wein ernten. Auf einer Gemarkungskarte von 1797 von Mandel aus Dieburg findet man noch Wengert auf etwa 200 ha eingetragen.

Die Bürgstätter Winzer waren stets harte Arbeiter, nicht umsonst nennt man sie im Volksmund ab und zu die „Berscheter Kreuzköpf".

Das ganze Jahr hindurch sah und sieht man sie mit Hauen und dem großen Karst in ihren Weinbergen schaffen. Im Lauf der Zeiten legten sie Weinbergsmauern und Rabatten an; viele Steinablagerungen, sogenannte Steinrasseln, zeugen noch heute von mühseliger Kleinarbeit. Wie anstrengend waren früher die Weinbergsarbeiten!

Bei Neupflanzungen wurde etwa 50 cm tief umgegraben. Im Abstand von etwa 1,10 m und 1,20 m wurden die Stecklinge gepflanzt. Über Lattengerüste führte man die Triebe bis zu einem Meter hoch. (Die erste Latte lag bei etwa 35 cm, die zweite bis 65 cm, die dritte am Ende der Stellen.)

Die Reben band man mit dünnen Korbweidenruten an. Meist im Herbst, nach dem Zudecken der Stöcke, schleppte man in Körben auf dem Kopf den Dünger hinauf in die Wengert. Zur Erleichterung legte man zwischen Kopf und Korb ein kleines Kissen, den sogenannten „Quietsch".

Es klappern keine Träubelsmühlen mehr, modern ist der Transport geworden.

Trotz der schweren, mühevollen Arbeit waren die Brotzeiten meist recht ärmlich. Nur ab und zu nahm man einen Krug voll Wein mit, der beim Fußmarsch am Karst baumelte. Um auskommen zu können, mußte man den meisten Wein direkt oder in Häckerwirtschaften verkaufen. Man konnte sich oft selbst nur Apfelwein leisten.

Höhepunkte in jedem Winzerjahr ist die Weinlese. Mit der Schelle (Ortsglocke) wurde in früheren Zeiten öffentlich bekanntgegeben, wann die Lese beginnen sollte. Vorher waren alle Weinberge gesperrt und die Feldhüter paßten mit Argusaugen auf, daß sich niemand in die Weinberge wagte und sie sorgten auch dafür, daß der festgesetzte Lesezeitpunkt genau eingehalten wurde.

Älteren Bürgstädter Winzern ist noch in Erinnerung, daß bei jeder vollen Butte ein Freudenschuß abgefeuert wurde. Schließlich wurde der letzte geerntete Wagen mit einem Waldstrauß bunt geschmückt. Ein Teil der Traubenmaische wurde oft gleich vom Hof

weg verkauft. Die Händler kamen zum Teil bis von Hardheim und Tauberbischofsheim. Nur ein geringer Teil der geernteten Trauben verblieb im Ort.
Alte Weinbergsanlagen, die noch in der altherkömmlichen Kopferziehung bewirtschaftet werden, sind immer rarer anzutreffen. Hier findet man noch „gemischte Sätze" aus Silvaner, Riesling, Gutedel, Elbling und Traminer. Zu den Neuanpflanzungen zählen heute auf den Lehm- und verwitterten Sandsteinböden vor allem Müller-Thurgau, Silvaner, Riesling, Kerner, Bacchus, Scheurebe, Ortega, Traminer und Optima. Auf etwa einem Fünftel der Anbaufläche wächst der bekannte Rotwein: Portugieser, Früh- und Spätburgunder.
Gute Weinkenner wissen genau, wo eine Häckerwirtschaft geöffnet ist: Dann hockt man eng beieinander und kostet vom neuen Wein. Dazu probiert man hausgemachten Preßkopf, Schwartemagen, Leberwürste und angemachten Käse.
Zum Ende des vorigen Jahrhunderts waren die Häkkerwirtschaften noch weitaus beliebter. 50 von 80 Winzern suchten um Genehmigung an, um ihren eigenen Wein anzubieten.
Alljährlich strömen am Fest Christi Himmelfahrt viele Weinfreunde zum Burgstädter Winzerfest, an dem etliche Winzer in ihren Lauben, die sie mit Tannengrün schmücken, ihren Wein ausschenken.
Schließlich ist noch bemerkenswert, daß zu den ersten neuzeitlichen Weinbergsanlagen sich der Bürgstädter Sternwirt entschloß. Er baute wohl zum ersten Mal als fränkischer Winzer den Müller-Thurgau an.

Möge es auch weiterhin guter Brauch bleiben, daß die Bürgstädter alle Jahre einmal in die Weinberge zum Urbanusbild pilgern.
Alte Bräuche muß man achten und pflegen!

Einzellagen:
Mainhölle, Centgrafenberg
Früher: Höhenhahn, Kriegelgraben, Hohenlinde, Vogelsberg, Manert, Hundsrück, Tiefelthal, Geu, Welsgraben, Kettenäcker, Roter Rain, Taubertspinn, Erf, Steingrube, Walzraum.

Gesamtrebfläche:
47 ha

Haupthimmelsrichtungen der Lagen:
Süd-West, Süd-Ost

Höhe über dem Meeresspiegel:
135 bis 200 m

Haupthangneigung der Lagen in Prozent:
15 bis 50

Boden:
unterer und mittlerer Buntsandstein

Rebsorten:
Blauer Spätburgunder, Blauer Frühburgunder, Portugieser, Müller-Thurgau, Silvaner, Kerner.

Wein:
Der Rotwein ist von guter Farbe, feurig, edelherb und hat viel Stoff. – Bürgstädter Rotweine zählen zu den besten Frankens. Der Weißwein ist fruchtig, mit pikanter Säure und guter Nachhaltigkeit.

„Pflanzeböibel" (Vogelscheuchen) sollen die allzu gefräßigen Stare und Amseln erschrecken und fortjagen.

Es ganza Jahr läßt sich kee Mensch bei der Arwet säh, aber im Harwest (Herbst) wöll'n sie alla ihr'n Täl vom Wengert.

Miltenberg, das Schatzkästlein am Untermain, ist beliebtes Reiseziel für unzählige Gäste.

Miltenberg

Mehr als eine Perle ist Miltenberg das Schatzkästchen am Main. Der Wein mag auch die Baumeister beeinflußt haben, die hier zusammengeballt fränkische Schönheit entstehen ließen. Inmitten von Fachwerk- und Bürgerhäusern werden am Schnatterloch Märchen und kindhafte Träume wach. Über allem thront am Greinberghang die Mildenburg. Voller Ideen, Ornamente, Zierat und Sprüche sind die Fachwerkhäuser. Höhepunkt fränkischer Baukunst ist das Hotel „Zum Riesen“, eines der ältesten Gasthäuser in Deutschland, das bereits 1314 als Fürstenherberge genannt wird und große Persönlichkeiten, wie Kaiser Karl IV., im Jahre 1368 aufnehmen konnte.

Schutzheiliger der Stadtpfarrkirche und zugleich für die Winzer und den Wein ist Jakobus der Ältere.

Der Wein gehört zu dieser freundlichen, heiteren Stadt. Im Kessel gelegen, d. h. wohl immer besiedelt, hat sich Miltenberg bis zur Handelsstadt emporgear-

beitet. Selbstbewußt und stolz präsentiert man das Eigene, und nach der Stadtordnung von 1379 darf ein Fremder in der Stadt keinen Wein verkaufen, er darf ihn nicht einmal hier einkellern. An diese strenge Ordnung hielt man sich Jahrhunderte. Immer wieder einmal mußte der Rat der Stadt gegen die Gastwirte und Häckerwirte einschreiten, wenn sie „auswendige, als Brodzelter, Reistenhäuser, Wallstädter und andere geringe Weine für Miltenbergisch, Heubachisch und dergleichen Weine im gleichen Werth" ausschenken wollten. Den Wirten wurde befohlen, ihren Weinbedarf bis zum nächsten Herbst bereits zwischen Martini und dem 1. Mai zu besorgen. Danach durfte außerhalb Miltenbergs kein Wein mehr gekauft werden.
Bereits 15 Jahre vor dem großen Bauernaufstand organisierten sich die Miltenberger Häcker in einer Häckerzunft. Gestützt auf die Zunftordnung von 1510 führten sie ein strenges Leben. So steht geschrieben, daß „die Zunfft der Hecker in gutten, wesentlichem Standt bleybe und furt vor sie in ire Nachkommen, die allein Hecker und Wingartarbeit treiben und pflegen zu thuon soll gehalten werden ...".
Diese Ordnung gilt nicht für die vielen Miltenberger Weinbergsbesitzer, sondern in erster Linie für die hauptberuflichen Häcker und Weinbergsarbeiter. Vor dem 30jährigen Krieg wird in der Gemarkung von Miltenberg nahezu überall Wein angebaut, wie es überall im fränkischen Land üblich gewesen ist.
Die Miltenberger Zünfte haben in der Wallfahrtskapelle „Maria auf den Staffeln", das ist „Unser Frawen Capellen", ihre Zunftkerzen stehen. Die acht Kerzen der Häcker werden jeweils an Ostern und Fronleichnam neu aufgestellt. Bei der Fronleichnamsprozession bzw. bei der Beerdigung eines Genossen aus der Häckerzunft werden sie mitgetragen.
Während des 30jährigen Krieges ging es den über 100 Miltenberger Winzern in mehrfacher Weise schlecht: Neben den Kriegsgefahren und -wirren kamen mehrere schlechte Weinjahre ins Land, wie von 1626 bis 1629: Grimmige Kälte ließ den 1626er Wein fast erfrieren, der Wein von 1627 konnte erst spät im November gelesen werden und war so miserabel, daß ihn keiner trinken wollte. 1628 erfroren die Trauben am Weinstock. Die karge Ernte war nahezu ungenießbar. Auch der 1629er Wein war nur recht mittelmäßig.
Trotz aller Mißerfolge und unruhiger Zeiten war die Weinbaulandschaft um Miltenberg weitaus größer als heute. Bis an die Stadtmauern heran reichten die Wengert: Der Eisenherd, die Setzgasse oder das Rainlein, auch der Bereich um das alte Römerkastell und die Monbrunner Siedlung waren mit Weinstökken bebaut. Noch heute kann man an einigen Abhängen des Spessarts alte Weinbergsmauern erkennen.
Neben dem Weinbau blühte auch der Weinhandel, Miltenberger Weine wurden bis nach Hanau und Frankfurt verkauft. Neben den rührigen Weinhändlern und den Gastwirten waren auch die Metzger, Bäcker und Gerber und viele andere Handwerker nebenbei mit dem Weinhandel tätig. Unter vielen anderen findet man sogar den Organisten und Hilfslehrer Jörg Dischner, der wegen seiner eifrigen Händeleien vom Rat ausdrücklich wegen der Vernachlässigung seiner Pflichten streng gerügt wurde. Aber wie sollte er von seinem kargen Organistengehalt schon leben, zumal man erfährt, daß er später das Gasthaus zur „Gülden Cron" erbauen ließ.
Die Tradition lebt bis zum heutigen Tage fort, wenn sich der Häckerverein von Miltenberg alljährlich am Pfingstmontag im Gasthof „Anker" zu seiner Jahrestagung trifft.
Nach dem Genuß einiger Miltenberger Steingrübler sollte man sich einmal auf den Weg machen durch die engen Gassen, um die vielen Schönheiten Miltenbergs zu bewundern.
Vielleicht lüftet sich dann auch das Geheimnis der Laurentiuskapelle vor den Toren der Stadt: Malerisch-spätgotische Momente tauchen hier auf, wenn man einige Zeit auf dem Gottesacker zwischen den Grabsteinen der Miltenberger Bürger verweilt.

Einzellage:
Steingrübler
Früher: Helferich, Mainhölle, Rainlein, Steige, Steingrube, Romistein, Schneckenrain

Gesamtrebfläche:
3 ha

Haupthimmelsrichtung der Lage:
Süd-Ost

Höhe über dem Meeresspiegel: 150 bis 220 m

Haupthangneigung der Lage in Prozent:
40 bis 50

Boden:
Buntsandstein

Rebsorten:
Müller-Thurgau, Silvaner, Scheurebe

Wein:
duftig, kernig, ausdrucksvoll.

Nur ganz vereinzelt leuchten zur Herbstzeit die mit blauen Netzen überspannten Weinberge von Eichenbühl aus der Erftallandschaft heraus.

Eichenbühl

Der Weinbau in Eichenbühl, 5 km östlich von Miltenberg im Tal der Erf gelegen, reicht in Zeiten zurück, in denen jeder Hübner seinen eigenen Wengert besaß. Um sich durchzuschlagen, mußten die Bauern einen Teil ihres Mostes selbst verkaufen oder Heckenwirtschaften aufmachen. Daß früher weitaus mehr Wein angebaut wurde, künden allein die vielen Weinbergsnamen, wie z.B.: An der Setz (wurde auch der Finkenwingert genannt), Hinterm Haag (d.h. hinter dem Wald), An der Röde, Im Höller (bedeutet heißes Sonneneck) und andere mehr. Die meisten der alten Wengert sind heute aufgelassen, etliche Weinbergsmauern findet man noch an den Hängen und sogenannte „Wicheli", es sind Pfade und Wege, die sich zu den ehemaligen Weinbergen hinaufschlängeln. In der Ortschronik „Eichenbühl ist meine Heimat" wird beschrieben, wie auf diesen engen Wegen „im Frühjahr der Mist in kleinen Körben auf dem Kopf nach der Schule unter Singen und Pfeifen den Wengert hinauf bis zum Wald und im Herbst der ‚Moscht oder Süße' in Bütten zu Tal getragen" worden ist. Zur Blütezeit des Weinbaus wurde inmitten der Anlagen im Jahre 1733 eine Feldkapelle erbaut, dem hl. Urban zur Ehre und zum Gedächtnis. Alle Jahre am 25. Mai wurde der Urbanstag mit Prozession und Dorffest, an dem die Jugend von der Gemeinde Brot und Wein spendiert bekam, gefeiert. Welch wichtige Rolle der Wein einmal spielte, wird allein daraus ersichtlich, daß im Ort einmal zwölf Kelterhäuser standen. Jedoch die aufblühende Steinindustrie trug rasch zum Auflassen der Weinberge bei. Die Industrie forderte ihren Preis.

Weilbach

Am Rande des bayerischen Odenwaldes gelegen, bietet Weilbach seinen Gästen eine Zone der Ruhe und der Behaglichkeit. Immer mehr öffnet sich der Ort dem Fremdenverkehr. Die Wälder des Odenwalds drücken sich an die Flüßchen Mud und Ohrenbach nahe heran.
In karolingischer Zeit gehörten Weilbach und Weckbach zum sogenannten „wingart-weibagau", dem späteren Weingartengau. Wir wissen längst, daß in der Nähe von Klöstern im fränkischen Raum die ersten Weinstöcke gepflanzt wurden. Auf dem Gotthardsberg steht noch heute die Ruine einer alten Klosterkirche. Von hier aus hat man einen weiten Blick in sieben Täler hinein. Im Mittelalter mag an vielen Hängen Wein gewachsen sein. So zogen vor dem Ende des 30jährigen Krieges, im Jahre 1646, wilde Kriegshorden durch den Ort und versoffen auf einmal ein Fuder und neun Eimer Wein. Die Flur war zur damaligen Zeit zum größten Teil verwüstet und verwildert, einigermaßen ordentlich bestellt waren lediglich die Weinberge. Um diese Zeit hatten die

Der Wald hat mittlerweile die alten Weilbacher Weinberge eingezwängt.

Weilbacher etwa 85 Morgen Weinberge angelegt. Daneben wurde in der Hauptsache Viehzucht und Haferbau betrieben.
Alte Flurlagenamen, die mit dem Wein in enger Beziehung stehen, findet man in der Markung links der Mud und des Ohrenbachs: den Häusleins- und Spitzweinberg, den Brücken- und Rainweinberg; rechts der Mud und des Weilbaches folgende Flurnamen: Schafweinberg und Brunnweinberg. Ein Großteil der Weinberge war von Wäldern umgeben und umhegt. Wie sehr sich die Zeiten geändert haben, sehen wir daran, daß in der Zeit vor dem Ersten Weltkrieg noch 42 Handwerker im Dorfe lebten: Es gab vier Bäcker, einen Glaser, vier Kaufleute, zwei Maurer, zwei Metzger, einen Müller, zwei Schmiede, zwei Schlosser, vier Schneider, drei Schreiner, ja sogar fünf Schuhmacher und drei Tünchner, drei Wagner, vier Wirte und zwei Zimmerleute. Der Weinanbau selbst ist um diese Zeit bis auf 5 Hektar stark zurückgegangen.
1967 wagte sich ein Weilbacher Gastwirt wieder daran, einen Weinberg neu anzulegen, 1975 kam ein zweiter hinzu. Beide Wengert liegen am Weilbachskopf in Südlage, dort, wo alte Weinbergsnamen auf ehemaliges Weinland hindeuten. Angebaut werden Müller-Thurgau, Bacchus, Kerner und Ortega.
Gerade in solchen Gegenden wie hier in Weilbach, wo es die Rebe nicht leicht hat zu gedeihen, halten sich die Winzer genau an Vorboten, die eine gute Weinernte voraussagen könnten. So freute man sich stets, wenn die Kirschen recht üppig blühten, weil dann auch der Wein gut gedeihen sollte. Trägt weiterhin der Efeu viele Blüten und Beeren, werden auch die Weinträubel gut wachsen und gedeihen. Jeder Winzer freute sich, wenn der Hollerstock zur Blütezeit weithin duftete; denn: „Läßt sich die Hollerblüt gut an, nimmt man's auch vom Weinstock an." Dennoch mußte man immer wieder mit schlechten Weinernten rechnen. Ein Blick zurück in den 1000jährigen Weinkalender läßt erkennen, wie sehr der Weinbauer von der Witterung abhängig war. Wenn man vor einem Schoppen 83er Weilbachkopf von einem der beiden Eigenvermarkter hockt, kann man sich leicht an Jahrgänge der gleichen Zeit zurückerinnern: 1883 gab es nach einem trockenen Frühjahr und einem regenreichen Sommer sehr guten Wein. 100 Jahre vorher wuchs sogar ein Jahrhundertwein. Ein heißer Sommer und warme Herbstmonate ließen den größten Wein aller Zeiten gedeihen. Selbst Johann Wolfgang von Goethe bestellte noch jahrelang den guten 1783er fränkischen Wein.
Wald und Wein, Bachtäler und Berge, ruhige Lage und Abgeschiedenheit zeichnen Weilbach am Rande des Odenwalds in besonderem Maße aus. Weilbach ist ein „Vorposten" der fränkischen Weinlandschaft.

Einzellagen:
keine, da nach dem Weinrecht Einzellagen in der Regel mindestens 5 ha groß sein sollen.
Früher: Häusleinsweinberg, Spitzweinberg, Brückenweinberg, Rückwingert, Vorderer Schafweinberg, Brunnweinberg

Gesamtrebfläche: 1 ha

Haupthimmelsrichtung der Lage:
Süd

Höhe über dem Meeresspiegel:
130 bis 140 m

Hauptbangneigung der Lage in Prozent: 35

Boden:
lehmiger Sand (roter Buntsandstein-Verwitterungsboden)

Rebsorten:
Müller-Thurgau, Kerner, Bacchus, Spätburgunder

Wein:
Es wächst hier ein sehr sortentypischer, rassiger, lebhafter Wein.

WETTERREGELN

Wenn der Vinzenz (22. Januar) hat Sonnenschein,
hoffet man viel Korn und Wein.

Schaut im Februar die Ameise heraus,
bleibt der Lenz noch lange aus.

Junger Trieb mit Fruchtansatz. – In diesem Stadium treten nicht selten noch Spätfröste auf und zerstören den Trieb.

Bereich Maindreieck

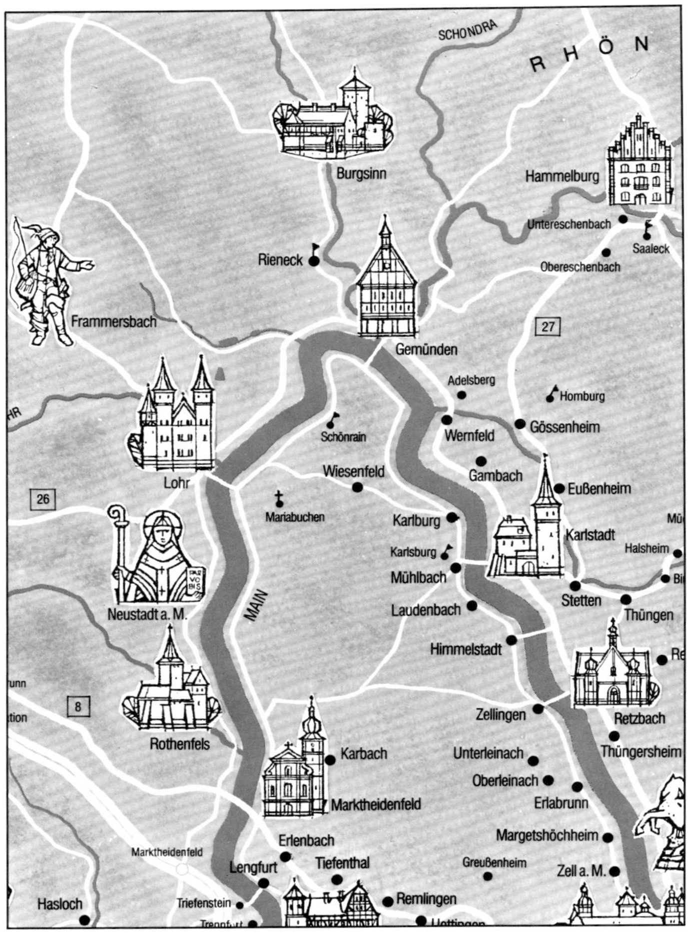

Der Bereich Maindreieck hat wie der Bereich Mainviereck seinen Namen von der markanten Form des Mainlaufes. Hier im Maindreieck sind etwa vier Fünftel der fränkischen Rebfläche konzentriert.
An den Hängen des Flußlaufs des Mains und seiner Nebenflüsse, insbesondere der Tauber, Wern und fränkischen Saale, die mit ihren Drei- und Vierecken, mit ihren Schleifen und Krümmungen die Landschaft stärker hervortreten lassen, liegen die Weinberge des Bereichs Maindreieck. Als man sich bei der Bildung der Bereiche im Jahre 1971 über deren Namen nicht einigen konnte, hat kein geringerer als der damalige Regierungspräsident von Unterfranken, Dr. Robert Meixner, mit der Nennung der heute noch gültigen Namen einen allen nützlichen Schlußstrich gezogen.
Bei der Grenzziehung mußte man auf Straßenführungen und Flußläufe zurückgreifen, deshalb sind manchmal Gebiete mit eingegrenzt, die heute mit dem Weinbau nichts mehr zu tun haben.
Da insbesondere alle Weinlagen mit Muschelkalk-Verwitterung einbezogen werden sollten, kam es auch zu solch kuriosen, sprachlich sich widersprechenden Anschlüssen wie z. B. Homburg, das am Mainviereck liegt, oder Einbeziehung des Saalegebietes um Hammelburg sowie des Tauberraumes bei Röttingen. Die Tauber ist überhaupt ein begehrter Fluß; denn die drei Anbaugebiete Franken, Württemberg und Baden teilen sich dort die Weinberge.
Wie schon erwähnt, wachsen die Rebstöcke des Bereiches Maindreieck vornehmlich auf Weinbergsböden aus Muschelkalk, der in einer mehr als 200 Meter mächtigen Schichtenfolge über dem Buntsandstein liegt (Wittmann).
Neben der Dreiteilung des Muschelkalks in unteren, mittleren und oberen Muschelkalk spielt auch der aufliegende Lettenkeuper eine besondere Rolle im Weinbau; denn jeder Boden gibt dem Wein sein arteigenes Gepräge. Daß dazwischen auch im Bereich des unteren Muschelkalkes Böden aus Rötverwitterungsmaterial vorkommen, zeigt sich schon im Braunrot des Bodens, der sich deutlich vom Braungrau des Muschelkalks unterscheidet. Interessant ist, daß dort, wo diese Böden des oberen Buntsandsteins vorkommen, früher auch Rotwein gebaut wurde; worin sich auch die Vorzüglichkeit des Buntsandsteingebietes am Untermain für den Rotweinanbau begründen dürfte. Die Altvordern wußten schon bewundernswert viel! Natürlich wurden unsere Weinbergsböden im Laufe der Zeit durchgemischt und verlagert, so daß oft die Ausgangsmaterialien nicht mehr im Wurzelbereich der Reben dominierend vorhanden sind. Und doch fußt die Rebe im Urboden und prägt dadurch die Art des Weines. Mancher „Sandweinberg“ hat in weniger als Metertiefe bereits Letten und Gestein („Kippern“). Deshalb ist auch oft das Urteil über manchen Weinbergsboden unrichtig. Man muß sich dort erst einmal schwielige Hände geholt haben, dann kann man mitreden.
Der Bereich Maindreieck liegt im Regenschatten des Spessarts und des Odenwaldes, was geringe Niederschläge bewirkt. Den Weinen des Bereiches Maindreieck haftet allesamt eine besondere Erdhaftigkeit, verbunden mit fülligem, kernigem Geschmack, an. Und doch schmecken die Weine des Hammelburger Gebietes wieder deftiger und erdiger als die fruchtigen, eleganten Tauberweine. Den ausgeprägtesten Erdgeschmack zeigen der Homburger Kallmuth und die Weine von Erlenbach/Marktheidenfeld, interessanterweise kommt hier das Röt durch. Natürlich

prägen neben den bodenmäßigen Besonderheiten auch Hangneigung und Kleinklima (Maintal, bewaldete Höhen, weites oder enges Tal, Hochflächen, etc.) die Qualität und den Charakter des Weines.
Da die Weinberge an Osthängen nicht nur eine etwas spätere Reife, sondern auch meist „fettere" Böden haben, sind die Weine deutlich zu unterscheiden von Süd-, Südwest- und Westhängen mit meist leichteren und schnell erwärmbaren Böden, zumindest im Hangfuß. Der Wein von Hochflächen wird sich nicht nur wegen des meist hier verbreiteten Lettenkeuper-Bodens, sondern auch wegen seiner stärkeren Nachtauskühlung von den Weinen von absoluten Weinbergslagen unterscheiden. Im übrigen gilt aber auch dies: Nachteile können bei bestimmter Jahrgangswitterung oft zum Vorteil umschlagen. Zum Beispiel leiden leichte Böden in trockenen Jahren oft unter Wassermangel, während sie bei regenreicher Witterung den schweren Böden oft überlegen sind.

Diese Beispiele seien nur deswegen angeführt, weil in diesem Buch die Beschreibung des Weincharakters vielleicht zur Mißdeutung führen kann. Unser Frankenwein wird von so vielen Umständen geprägt, insbesondere durch die jährlich sich ändernde Jahreswitterung, so daß eine allgemeingültige Weinbeschreibung nur sehr global erfolgen kann. Aber die Vielfältigkeit des Geschmacksbildes macht Frankenweintrinken so reizvoll.
Die breite Sortenpalette trägt ebenfalls zu unterschiedlicher Geschmacksprägung bei. Beginnt man, von Norden nach Süden, den Bereich Maindreieck zu beschreiben, kann dies nur schwerpunktmäßig geschehen, und zwar nach ökologischen Nischen und Wetterwinkeln gestrafft. Wir beginnen mit Ramsthal und Wirmsthal, wo man den Kurgästen unserer unterfränkischen Heilbäder einen kernigen Schoppen einschenkt, wo man auch nach langem Zögern die Weinberge neu geordnet hat. Das oft genannte Hammelburg und seine Anrainer-Weinbau-

Noch im Jahre 1926 war jeder Hügel bei Hammelburg bis obenhin mit Reben bepflanzt.

gemeinden mit seiner 80 Jahre alten Winzergenossenschaft, seinem Weingut Saaleck, hat durch frühzeitige Weinbergsflurbereinigung den Verfall des Saale-Weinbaues gestoppt. Wenn die Saalewinzer auf ihre Nachbarschaft zu den Rhönbergen angesprochen werden, verweisen sie auf die Höhenlage ihrer Weinberge, die kaum über der von Würzburg liegen würde.
Ungeachtet der bisher guten Erfolge, die der Neuaufbau der Weinberge im Werntal gebracht hat, wird dort die Rebe die Verbreitung wie in den vorigen Jahrhunderten wohl nicht mehr erreichen. Hätte nicht ein Unternehmer die Weinberge um Schloß Mainberg neu aufgebaut, wäre es auch um den Weinbau um Schweinfurt still geworden. Karlstadt und sein Umland hat hingegen wieder mustergültige Anlagen geschaffen, und der Kranz der Weinberge ist bis Würzburg vor allem rechtsmainisch neu erblüht. Aber auch linksmainisch hat Erlabrunn schon sehr früh die Liebe zum Weinbau neu entdeckt. In den letzten Jahren hat sich auch Leinach wieder dem Rebbau verschrieben. Und Orte wie Remlingen und Uettingen bauen wieder Wein. Fährt man von der Metropole Würzburg rechtsmainisch über Randersacker, Eibelstadt, Sommerhausen, Frickenhausen, Segnitz, Sulzfeld nach Kitzingen, dann sieht man überall auf den Sonnenlagen einen modernen Weinbau blühen. In Kitzingen, sich stromaufwärts wendend, erreicht man schließlich über Mainstockheim, Dettelbach nach Sommerach fahrend die Mainschleife mit der größten Konzentration des Rebbaus im Fränkischen. Hier einzelne Orte zu nennen hieße, den anderen Unrecht tun. Fast 30 Ortschaften sind hier zur Großlage „Kirchberg" zusammengefaßt; das reicht von Schwarzenau über Wipfeld bis Hergolshausen und geht herüber nach Zeilitzheim und Frankenwinheim, schließt also die ganze Mainschleife mit ihren Nebenorten ein, und den Namen „Kirchberg" wird meist der Gemeindename Volkach vorangestellt.
Rund 100 Weinbauortschaften sind im Bereich Maindreieck konzentriert.
Mit Ausnahme von Hörstein haben hier sämtliche Winzergenossenschaften ihren Betriebssitz. Neben den Traditionsweingütern, die uns heute noch ein wenig den Glanz der kirchlichen Kellereien vor der Säkularisation erahnen lassen, ist der Bereich Maindreieck Heimat vieler Qualitätsweingüter und ebenso der Qualität verpflichteten Weinbaubetriebe. Alle gängigen Rebsorten gedeihen hier am ausgewählten Standort. So vielgestaltig und nuanciert der Wein aus diesem Gebiet ist, trotz der einheitlichen erdigen Grundgeschmacksrichtung, so unterschiedlich gefärbt ist auch der fränkische Dialekt.
Aber auch hier im Maindreieck führt der Winzer in den meisten Ortschaften nicht mehr das Regiment; zu einschneidend waren die Wandlungen in den letzten hundert Jahren (in Nordheim sind allerdings sämtliche Gemeinderäte und der Bürgermeister Winzer). Mit wieviel Mühe, mit wieviel drückender Sorge der Winzer seine auch heute noch schwere Arbeit im Weinberg tut, trotz aller technischen Fortschritte, das kann nur der wirklich ermessen, der auch mit der Natur verbunden ist, wer z.B. das Frühjahr richtig erlebt, mit seinem bedrohenden Wechsel zwischen treibender Wärme und nächtens jäh einfallenden Minustemperaturen im April und Mai.
Und sieht man heute die Hänge mit neuen Straßen, Wegen, Wasserabschlägen und geordneten Zeilen vital wachsender fruchtbarer Weinstöcke, dann bleibt trotz aller wissenschaftlichen Erfahrungen und moderner Methoden das Wagnis, „des mühevollsten Fleißes zweifelhaft' Gelingen".
Es ist schon so, alle Erfahrung, alle Wissenschaft, ja aller Fleiß und alle Sorge können doch das Entscheidende nicht zwingen: den Segen, das Glück.
Angeblich würde der Winzer heiterer, genießender als der Ackerbauer das Leben bestehen und beweglicher sein, als andere ländliche Berufe. Doch sagt man ihm auch nach, er würde ständig lamentieren. Es ist dies jedoch kein Zweckpessimismus, sondern das Bewußtsein, daß es trotz aller Müh' und Plag letztlich doch nicht an dem Weinbauern liegt, ob der Weinstock viele und gute Trauben bringt. Der jähe Umschwung von Gewinn und Verlust, von Überschuß und drückendem Mangel, macht immer wieder deutlich, daß Weinbau nur langfristig betrieben und gesehen werden kann. Einen Weinberg anlegen heißt, diesen für eine Generation zu pflanzen. Das ist die Philosophie.

Die Lese – Krönung des Winzerjahres. ▷

Nun hat er geschafft in Sorg und Mühn
Ein Jahr lang ohne Klagen
Und hatte gehofft, daß durch Sonnenglühn
Sein Fleiß möcht Früchte tragen. –
Doch all das Schaffen, die Sorge, der Schweiß
Den Segen des Himmels nicht fand,
Nun hält er als Lohn für all den Fleiß
Ein Träublein in zitternder Hand.

Eine Zeichnung von Eulogius Böhler aus der Chronik der Hetzfelder Flößerzunft, einer Vereinigung von Künstlern und Kunstfreunden in Würzburg (gegründet 1905). Böhler trug den Flößernamen „Logi". Die schlechte Weinernte des Herbstes 1926 war Anlaß zu diesem Bild.

Diebach

3 km unterhalb von Hammelburg liegt am rechten Ufer der Saale das katholische Pfarrdorf Diebach. Aufgrund alter Quellen, Urkunden und Überlieferungen kann man annehmen, daß am Sturmiusberg (auch Sturmulusberg genannt) die ersten Weinberge im Saaletal angelegt worden sind. Der ganze Berg soll einmal ein einziger Weingarten gewesen sein. Im 17. Jahrhundert reichten die Weingärten bis hinab zur Bahnstrecke, und auch der Osthang des Römersbergs war mit Reben bepflanzt. Eine Urbansfigur in der Pfarrkirche aus dem 15. Jahrhundert erinnert an die Blütezeit des damaligen Weinbaus. In der ersten Hälfte des 20. Jahrhunderts mußten viele Rebflächen zugunsten des Getreideanbaus aufgegeben werden.
In der Nähe von Obereschenbach, heute ein Stadtteil von Hammelburg, liegen im Waltertal Weinbergsfluren, die neubereinigt und modern angelegt worden sind. Sie gehören zur Weinbergslage Saalekker Schloßberg. Nach Beendigung der mühevollen Arbeiten wurde eine Steinplastik aus Muschelkalk errichtet, die von dem Bildhauer Georg Ruppert aus Hammelburg geschaffen worden ist.
Anhand alter Karten wird deutlich sichtbar, daß der Rückgang des Weinbaus in den Randgebieten des mainfränkischen Weinbaugebietes, wie hier im Saaletal und in den Nebentälern, schon im 16. Jahrhundert spürbar ist. Immer wieder findet man Eintragungen, wie „Öde Weinberge". Es gab aber auch Zeiten, in denen im gesamten Saaletal fast alle Dörfer Weinbergsanlagen besaßen, z. T. in großem Umfang. Die Hänge waren außer den Nordhängen mit Reben bestockt, bis in die Höhe von 300 bis 350 m. Ein weiterer Rückschlag ist dann im 30jährigen Krieg feststellbar.

Hammelburg, im Saaletal gelegen, hat sich an die warmen Südhänge gelehnt;
denn wo guter Wein wächst, läßt es sich wohl leben.

Hammelburg

Mit Stolz präsentiert die Stadt Hammelburg ihre Urkunde vom 7. Januar 777, in der durch Karl den Großen das Königsgut Hammelburg mitsamt seinen Weinbergen dem Kloster Fulda geschenkt wird. Bei dieser Schenkung fallen neben dem Ort „Hamalunpurc“ auch die Ortschaften Obereschenbach, Diebach und Obererthal dem Kloster zu. Hammelburg liegt im Saaletal am Fuß des Heroldsberges, dort, wo die alte Straße Würzburg–Fulda die Saale überquert.

Das „Hamulo castellum“ wird bereits im Jahre 716 schriftlich genannt und zählt somit zu den frühest belegten fränkischen Siedlungen. Die erste Kirche, dem hl. Martin geweiht, mag bereits vor 770 gestanden haben und vom hl. Wilibrord gebaut worden sein.

In seiner Chronik zählt Doell die Hammelburger Fluren um das Jahr 800 auf; neben den Herrschaftsgütern, Huben, Feldern und Wiesen tauchen auch acht Weinberge auf. Man weiß heute, daß an den Hängen von Schloß Saaleck und am Sturmiusberg bei Diebach wohl die ersten Weinberge angepflanzt worden sind. Wie sehr das nördlich gelegene Kloster Fulda mit größter Aufmerksamkeit auf seine Weinbauorte das Augenmerk richtete, bezeugen nicht nur das ehemals fürstliche Schloß Saaleck, sondern auch der wuchtige Rathauskeller in Hammelburg und die zahlreichen Keller unter den Gast- und Bürgerhäusern. Die Bedeutung des Weinbaus in der damaligen Zeit verkörpert vor allem die fürstliche Zehntkellerei, das Rote Schloß. Der weite Weg von Fulda nach Hammelburg verleitet auch zur Bildung von Sagen. Da wartete alljährlich die Bevölkerung auf den Kurierreiter aus Fulda, der die Erlaubnis zum Beginn der Weinlese überbrachte. So sollen z.B. Spätlese und Edelfäule hier ihren Ursprung haben; denn der Bote aus Fulda hielt sich zwei Wochen lang unterwegs auf und kam so viel zu spät auf Saaleck an. Die Winzer bangten schon um ihre Ernte. Wie groß mag daher die Überraschung gewesen sein, als man die teilweise bereits fauligen Beeren ausspreßte! Wie war man verwundert, als nach der Gärung ein äußerst qualitätsvoller und schmackhafter Wein im Fasse lag! Leider handelt es sich hier im Falle Hammelburg nur um eine Erzählung. Schloß Johannisberg im Rheingau, das ebenfalls seit 1716 der Abtei Fulda zugehörte, kann jedoch diese berühmte Edelfäule- und Spätlesegeschichte authentisch belegen. Der Herbstkurier brachte anno 1775 die Leseerlaubnis des Fürstabtes von Fulda verspätet zum Schloß Johannisburg.

Höchste Bedeutung und Blütezeit des Weins lagen im 16. Jahrhundert und in der ersten Hälfte des 17. Jahrhunderts. Für einen Großteil der Hammelburger Bauern war der Wein die Existenzgrundlage. Auf über 1000 Morgen wurde zur damaligen Zeit auf den Hammelburger Fluren Wein gepflanzt. Glücklicherweise ist uns die vom Hammelburger Stadtrat aufgestellte Liste der Beerenhüter aus dem Jahre 1560 überliefert worden, in der folgende Lagenamen genannt werden: Hammelberg, Rod, Röder, Eschenthal, Gomensberg (heute Gommersberg genannt), Offenthal (nun Ofenthal), Herolds- und Geilesberg (jetzt Geißlesberg), Am Viehweg, Theresthal, Uebersala (heute Übersal), Trauterthal (heute Trautlesthal), Fronbuhel, Schweinthal, Heidlos, Gruben, Sinterberg (nun Sindlersberg), Buchen (jetzt Buch), Gansthal, Schneid, Seeberg.

Jenseits der fränkischen Saale wurden genannt: Bronnberg, Steinthal, Liebenthal, Seuberg und Altenberg.

Dazu kam noch der große Weingarten am Südhang des Saaleckberges (Schloß Saaleck), die sog. Hainweinberge. Hier sind folgende Namen bekannt: Walterthal, Schloßberg, Pfaffenberg, Bischofsberg, Fürstenberg, Steinberg, Abtsberg.

Nach Reform und Bereinigung ist uns die Großlagenbezeichnung Hammelburger Burg übriggeblieben. In der Weinbergsrolle jedoch sind folgende Lagen eingetragen: Saalecker Schloßberg, Hammelburger Heroldsberg, Hammelburger Trautlestal, Feuerthaler Kreuz und Westheimer Längberg.

Bereits fünf Jahre nach dem 30jährigen Krieg waren von den 262 in Hammelburg ansässigen Familien 235 im Besitze eigener Weinberge. Die Stadt verfügte über eigenen Wein und konnte ihn in den beiden Ratsschänken verkaufen. Bei feierlichen Gelegenheiten sparte man nicht mit dem Stadtwein. Konkurrenten waren die Heckenwirte, die ihren Eigenbau recht preiswert ausschenkten.

Unter den Weinbräuchen beweist der bekannte Dorotheenschoppen die Freigiebigkeit der Stadt. Alle Jahre werden die Abiturienten und ihre Lehrer zum Dorotheenschoppen in den alten Ratskeller eingeladen. Der Stadtrat läßt ihnen einige gute Schoppen zukommen, und bei Musik und angeregter Unterhaltung kommen sich Lehrer, Schüler und Stadträte rasch näher.

Im weit im nördlichen Franken gelegenen Saaletal

Wallfahrer bitten um das rechte Gedeihen der Feldfrüchte.

sind leider durch klimatische Bedingungen und Veränderungen viele Mißjahre und -ernten zu verzeichnen. Um gerade den kleineren und minderbemittelten Winzern aus ihren wirtschaftlichen Mißlagen zu helfen, gründete ein kluger Kaplan, der spätere Stadtpfarrer Martin, im Jahre 1903 einen Darlehenskassenverein und anschließend den Winzerverein. Nun bewirtschafteten die über 100 Mitglieder der Winzergenossenschaft ca. 22 ha Weinberge. Mit zu den kleinsten Genossenschaften in Franken zählend, lebt der Hammelburger Winzerverein in gesunden Verhältnissen. In kluger Weise wird allwöchentlich am Freitag und Samstag im Winzerkeller der Genossenschaft, im Roten Schloß, ein guter Tropfen ausgeschenkt. Zum Wein gibt es eine echte Hammelburger Spezialität: den „Dätscherkuchen" (dätschen bedeutet im Fränkischen den Teig mit den Fingern breitdrücken). Seit dem Jahre 1964 ist die Stadt im Besitz von Schloß Saaleck und einem Weingut.

Daß der hl. Laurentius mit zu den wichtigsten Weinheiligen im fränkischen Raum zählt, beweist die Statue in der Stadtpfarrkirche, eine Barockfigur, die um 1750 angefertigt wurde und die den Heiligen mit Trauben in der Hand darstellt. Alle Jahre an seinem Namensfest am 10. August wird die Figur mit reifen Trauben aus den Weinbergen geschmückt.

Das 1964 von der Stadt Hammelburg erworbene Weingut Saaleck ist mit gut 30 ha Erfassungsfläche der bedeutendste Weinbaubetrieb in der Stadt. Von der Mächtigkeit und Größe der Burg ist der romanische Bergfried aus dem 12. Jahrhundert erhalten geblieben. Von hier aus konnte man den Saaleübergang der Straße von Würzburg nach Fulda beherrschen, und man hat einen weiten Blick über die Stadt Hammelburg. Bis etwa um 1630 wurde der Most in den weiträumigen Kellern der Saalecker Burg gelagert, bis man ihn später nach dem Neubau des Roten

Schlosses zum Ausreifen in die dortigen großen Kellereianlagen brachte. Zu Schloß Saaleck gehörten alte Flurlagenamen, wie Liebenthal, Waltherthal, Schloßberg und Pfaffenberg. Noch heute erfolgen das Keltern und der Ausbau der Weine auf Schloß Saaleck, nur ein Teil des Weines lagert auch im Ratskeller.

Einzellagen:
Heroldsberg, Kreuz (Ortsteil Feuerthal), Schloßberg (Schloß Saaleck), Trautlestal
Nach einer Liste der vom Hammelburger Stadtrat „aufgestellten Beerhüter" aus dem Jahre 1560 werden folgende Lagenamen genannt: Hammelburg, Rod, Röder, Eschenthal, Gomensberg (heute Gommersberg genannt), Offenthal (heute Ofenthal), Herolds- und Geilesberg (heute Geisslesberg), Am Viehweg, Theresthal, Uebersala (heute Übersal), Trauterthal (heute Trautlesthal), Fronbuhel, Schweinthal, Heidlos, Gruben, Sinterberg (heute Sindlersberg), Buchen (heute Buch), Gansthal, Schneid und Seeberg.
Jenseits der fränkischen Saale wurden genannt: Bronnberg, Steinthal, Liebenthal, Seuberg und Altenberg.
Dazu kam noch der große fürstliche Weingarten am Südhang des Saaleckberges (Schloß Saaleck), die sog. Hainweinberge. Hier sind folgende Namen bekannt: Walterthal, Schlossberg, Pfaffenberg, Bischofsberg, Fürstenberg, Steinberg, Abtsberg.
Diese vorgenannten Namen sind heute noch größtenteils im Volksmund in Gebrauch sowie auch im Grundbuch eingetragen.
Für die Bezeichnung des Weines vor 1971 wurden hauptsächlich die alten Lagenamen verwendet. Haptsächlich im Gebrauch waren Eschenthal, Ofenthal, Heroldsberg, Buch, Trautlestal, Sindlersberg. Das Städt. Weingut Schloß Saaleck verwendete ausschließlich Phantasienamen, wie z. B. bei den Bocksbeuteln Burgherr, Kammerherr, Centgraf, Kurier, Prälat, Cavalier, Fürstabt, Carolus Magnus und bei den Literflaschen Bürgerschoppen, Bischofstrunk, Fürstentrunk und Abtstrunk zur Erinnerung an die 1000jährige Zugehörigkeit zur Fürstabtei Fulda.

Großlage: Burg

Gesamtrebfläche: 76 ha

Haupthimmelsrichtungen der Lagen: Ost bis West

Höhe über dem Meeresspiegel: 240 bis 330 m

Haupthangneigung der Lagen in Prozent: 15 bis 40

Boden: unterer Muschelkalk, Löß

Rebsorten:
Silvaner, Müller-Thurgau, Perle, Bacchus, Morio-Muskat u. a.

Wein:
duftig, kernig, pikant, ausgeprägt, mit langer Nachwirkung auf Zunge und Gaumen.
Der Wein hat ein besonders erdhaftes Gepräge.
Da die Erträge meist nicht sehr hoch sind, zeigt er auch eine gute Fülle. Die Weine des Saalegebietes werden hauptsächlich trocken ausgebaut.

Langendorf

Sehr nahe an der Autobahn gelegen, dringt die schnellebige, laute Zeit allzusehr ins Dorf; auf der anderen Seite, gegen Hammelburg hin, werden durch eine hochmoderne Erdfunkstelle das Tal und die hier lebenden Menschen an das technische Zeitalter erinnert und ermahnt.
Langendorf, früher im Besitze von vier Mühlen, liegt am linken Ufer der Saale, umgeben von fruchtbaren Feldern. Der Ort war durch seinen guten Weinbau bekannt, noch um die Jahrhundertwende betrug die Rebfläche 22 ha, 1920 15 ha, 1955 12 ha. Nun ist der Weinbau stark zurückgegangen. Noch in den 50er Jahren waren die Lagen Am Treppberg, Rödel, Himmelspforte, Grund, Trockenbach und Kuhn mit einer Fläche von 12,38 ha bestockt.
Wenn man in der Dorfchronik blättert, spürt man, welch bedeutsame Rolle der Wein in Langendorf einst gespielt hat. Die Sommerkirchweih wurde in früheren Zeiten am Fest des Kirchenpatrons, des hl. Vitus, am 15. Juni gefeiert. Das waren noch Zeiten, als verordnet wurde: „Unser gnädiger Herr und Fürst hat Macht, auf St. Veit's abends unserer Kirchweih ein Fuder Wein durch seinen Schultheißen auszuschenken und ob er nicht aufginge, so soll 14 Tage davon schenken und hernach jedem Hausgenossen seinen Teil ins Haus schicken."
In der handgeschriebenen Ortsgeschichte von Langendorf, von Nikolaus Müller im Jahre 1934 verfaßt, werden immer wieder Käufe und Verträge genannt, in denen Weinberge in den verschiedenen Flurlagen aufgezeigt werden, wie hinter dem Kirchhof (das Klostergut war vor 1713 im Besitz von 121 Morgen Wengert), Am Fehberg, Im Rödenthal, Am Drögberg, Am Gerstberg, Im Druckenbach, Bei der Weiden, Am neuen Berg, Im Gründlein oder Auf der Röthen.
Langendorfer Weine wurden weit in die Ferne hinaus verkauft; so brachten z. B. Ochsengespanne alle Jahre die Weine bis nach Thüringen und Sachsen, man liebte besonders die berühmten guten Lagen vom Rosenberg. Für die Winzer und die Dorfbewohner von Langendorf allgemein war der 30jährige Krieg eine furchtbare Zeit. Im Jahre 1635 brannte fast das ganze Dorf mitsamt der Kirche ab.

Fuchsstadt

Bei Fuchsstadt weitet sich das Saaletal zu einer fruchtbaren Ebene aus; der um 923 als „Füssestatt" bzw. „Phusestat" erwähnte Ort ist umgeben von Wäldern, saftigen Wiesen und ertragreichen Weinbergen. Dennoch ist der Weinanbau von 18 ha in den zwanziger Jahren, etwa 6 ha um 1955, auf knapp 2 ha im Jahre 1985 zurückgegangen. Fuchsstadt liegt im ehemaligen Saalgau an der Grenze zwischen dem Hochstift und dem Kloster Fulda; hier wurde auch im Jahre 1282 der Friede zwischen diesen beiden geistigen und politischen Mächten geschlossen.

Noch um die Jahrhundertwende waren die Flurlagen Kirchberg, Rübenhöll, Bartenthal, Gräfenberg und Bende mit Weinbergen angelegt. Die Auflassung der meisten Weinberge hat mit sich gebracht, daß auch die altüberlieferte „Urbanusprozession" nicht mehr abgehalten wurde. In den fünfziger Jahren wollten die Fuchsstädter zu Ehren des Schutzpatrons ihrer Weinberge in der Zeit der Traubenfrucht einen Flurgang in ihre Weinberge machen, dabei sollte die Statue des hl. Urban von vier Winzern mitgetragen werden. Der Brauch ist erloschen.

Der Tag des hl. Urban (25. Mai), der in die wichtige Zeit der Traubenblüte und des Fruchtansatzes fällt (dies trifft nur für gute Jahre zu, meist ist die Rebenblüte drei bis vier Wochen später), ist einer der ältesten und wichtigsten Lostage der Winzer. Er wird bereits im „Sachsenspiegel" um 1230 als alte Tradition genannt. Die erste fränkische Beschreibung finden wir bei Johannes Böhm aus Aub in seinem Werk: „Omnium gentium mores, leges et ritus" (1520).

In der Übersetzung von Sebastian Franck heißt es: „Am Sanct Urbanstag richten die Weinhäcker am offnen Marckt oder anderem Platz einen Thisch zu, darauf stellen sie St. Urbansbild. Ist dieser Tag schön, so tun sie dem Bild viel Ehr an, mit krönen und speisen. Ist's aber Regenwetter, so ehren sie ihn

Der Rauhreif („Duft") wird von den Winzern sehr gefürchtet.

nit allein nit, sondern werfen ihn in den Kot, mit viel Schmähworten (und begießen ihn über und über mit Wasser); denn sie meinen, der Wein, der zu dieser Zeit in Blüte steht, soll, so es regnet, übel, aber so es schön ist, wohlgeraten."
Die Erinnerung an die Urbansfeiern klingt noch in einer Spruchweisheit nach: Strahlt Urban im Sonnenschein, gibt's viel guten Wein.

Rieneck

Seit dem 13. Jahrhundert zur Stadt erhoben, ist Rieneck der Stammsitz der 1559 ausgestorbenen mächtigen Grafen von Rieneck. Als „castrum Rienecke" im Jahre 1179 zum ersten Mal genannt, liegt dieses altfränkische, heitere Städtchen am rechten Ufer der Sinn in sandiger Markung, umgeben von guten Wiesen und Äckern, überragt von der stolzen Burg, die bereits 1168 erbaut worden ist. Wein wurde nur für den Eigenbau gepflanzt, selten einmal ist Wein aus Rieneck verkauft worden. Aber er wird auch für den letzten Rienecker Grafen Philipp IV. gereicht haben, von dem man sagt, daß er sehr viel und rasch getrunken habe.
Die Brüder Friedrich und Anton Schnack, hier in Rieneck geboren, haben ihr Städtchen hoch gepriesen und dem Wein gar oft ihre Huldigung gebracht.
An den früheren verstärkten Weinanbau in Rieneck erinnern noch die Weinbergsanlagen: Am Berg (= am Sinnberg), Hergottsburg, Stiebtal, Alter Wengert und Ruhbusch. In der Geschichte des Rienecker Weinbaus zurückgeblättert, findet man erste Aufzeichnungen um 1411 bei der Pfarrgründung. Das Schatzungsbuch vom Jahre 1580 nennt einen Weinberg an der Hergottsburg, einen Weinberg „jenseits der Synna", das ist ein Weinberg auf der anderen Seite der Sinn. Am Ende des 30jährigen Krieges gehörten Weinschank und Wirtshaus der Stadt. Von Martini bis Weihnachten durfte in dieser Zeit jeder Bürger seinen eigenen Wein verzapfen.
Immer wieder findet man in den Urkunden und Quellen Angaben über Rienecker Wein, so in den Stadtakten vom 27. Oktober 1764, nach denen der Rat vom Stadtwirtshausbeständer einen halben Eimer Wein und jeder Bürger eine Maß Wein erhalten. In den gleichen Akten wird auch angeordnet, daß „Hecken- und Straußwirte" keine warmen Speisen abgeben dürften. Um 1790 mag es dem Rienekker Pfarramt nicht besonders gutgegangen sein; denn Pfarrer Korn verkauft einen Weinberg an der Kirche um 100 fl. Mit dem Weinanbau ging es immer mehr bergab, so wurden 1857 die Pfarreiweingärten ausgehauen.

Gemünden

An der Mündung von Sinn und fränkischer Saale in den Main gelegen, ist Gemünden mehr als Dreiflüssestadt, d. h. als Fischer- und Schifferstädtchen und als Eisenbahnknotenpunkt bekannt denn als Weinstädtchen. Die Ruinen der Scherenburg überragen die Stadt, die sich am Fuß des Burgbergs ausgebreitet hat. Graf Ludwig II. von Rieneck gründete diese Stadt (1216–1243) am linken Saaleufer zu einer Zeit, als sich die hochmittelalterliche Scherenburg bereits im Besitze dieser Herren befand.
Hinter den letzten Häusern der Stadt beginnen die Wälder und Hügel von Spessart und Rhön. Seit 1469 sind Burg und Stadt, d.h. auch der Sitz eines Kellers und Amtmanns, zu Würzburg gehörig. Am Südwesthang des Eichberges hatte die Stadt Gemünden ihre Weinberge, die sich von der Burg bis weit über das Krankenhaus hinaus, d.h. etwa 1,5 km, ausdehnten. Noch im 19. Jahrhundert erinnerte auf dem Rathaus der silberne Weinbecher des Johannes Veher vom Jahre 1526 an weinselige Zeiten. Außerdem erinnert das Wirtsbuch vom Jahre 1619 daran, welche Weinumlagen die Stadt Gemünden abzugeben hatte.
Durch das Zapfrecht vom 8. März 1659 weiß man, daß den Gemündener Bürgern gestattet ist, vom Herbst bis Walburgis (Ende Mai) ihren eigenen Wein in den Straußenwirtschaften zu verkaufen. Fremder Wein durfte nur bei Entrichtung eines sogenannten Altumgeldes veräußert werden.
Auf den Weinbau in Gemünden weist noch heute der Bildstock auf dem Marktplatz hin, der dem Winzerschutzpatron St. Urban gewidmet ist. In guter Erinnerung ist auch noch die Prozession an seinem Festtag, dem 25. Mai, die alle Jahre für das gute Gedeihen der Reben abgehalten wurde. Auch auf ihrer Wallfahrt zu Schiff nach Mariabuchen, jeweils am Sonntag nach dem 15. August, werden die Gemündener Winzer ihre Weinberge in das Gebet mit eingeschlossen haben.

Gössenheim im Werntal mit der Ruine Homburg im Hintergrund.

Gössenheim

Reizend und anmutig im Werntal gelegen, hat Gössenheim eine bewegte Geschichte hinter sich. Während vor 1971 die Weinbergslagenamen Angel, Erlbach, Arnberg und Ingolstall jeder Weinkenner genau kannte, kann man sich heute nur noch einen Roßtal oder Homburg servieren lassen.
Als in der Zeit von 1028 bis 1031 die Homburg, einst Burg Hohenberg genannt, als mächtige Anlage im Aschfeldgau erbaut wurde, muß der Weinbau bereits von Bedeutung gewesen sein; denn man errichtete umfangreiche Lager- und Kellerräume unterhalb der Burg.
Der Ort selbst wird bereits im Jahre 788 urkundlich erwähnt. Seit Beginn des Burgbaus gehört auch Gössenheim zum Besitz der Grafen von Hohenburg und ging um 1357 durch Erbfolge in den Besitz der Grafen von Bickenbach über, bis der gesamte Ort im Jahre 1469 an das Hochstift Würzburg verkauft wurde. Bereits vor dem Beginn des 30jährigen Krieges errichtete man die Zehntscheune mit zwei großräumigen Weinkellern. Daneben kann man noch heute den wuchtigen Keller unter den Häusern Nrn. 64, 65 und 74 bewundern, der schon im frühen Mittelalter für Weinlagerung geschaffen wurde. Noch vor 100 Jahren, schriftlich festgehalten in der Beschreibung der Gemarkung von Gössenheim vom 14. Juli 1891, betrug die damalige Weinbergsfläche über 250 Tagwerk bzw. über 80 ha. Idealisten wie der „Schoppen-Franz" hielten am Weinbau auch nach dem letzten Kriege fest.
Seit vielen Jahren sind die meisten Weinbauern der Gebietswinzergenossenschaft Franken angeschlossen, außerdem hat das Bürgerspital zum Hl. Geist in Würzburg hier eine beachtliche Weinbergsanlage. Im übrigen ist noch das Weingut Kurt Feser zu nennen. Die Hauptweinbergslagen befinden sich am Arnberg und Ingolstall und am Mittleren und Oberen Erlbach. Dort gedeihen als Hauptsorten Müller-Thurgau, Silvaner, Kerner und Bacchus. Erst die Weinbergsflurbereinigung in den Jahren um 1979 hat Gössenheim wieder zu einem echten Weinort gemacht.

Einzellage: Homburg

Großlage: Roßtal

Früher: Angel, Erlbach, Arnberg, Ingolstall

Gesamtrebfläche: 20 ha

Haupthimmelsrichtung der Lagen: Süd

Höhe über dem Meeresspiegel: 200 bis 250 m

Hauptkangneigung der Lagen in Prozent: 25 bis 45

Boden: Muschelkalk-Verwitterungsboden

Rebsorten: Müller-Thurgau, Kerner u. a.

Wein: duftig, kernig, ausgeprägt

Der Gambacher Kalbenstein ist eine der letzten ursprünglichen Weinbergslagen.

Gambach

5 km nordöstlich von Karlstadt liegt auf der weiten Hochebene zwischen dem Wern- und Maintal Gambach in einem nach Westen hin offenen Talkessel. Ein Stück ab vom eiligen Verkehrstreiben findet man hier noch ein fränkisches Dorf mit recht anziehenden Straßenbildern. Besonders beachtenswert in der Kirche sind die herrlichen Kreuzwegstationen.
Zur Großlage Roßtal zählt der Gambacher „Kalbenstein", auf dessen Buntsandsteinboden insbesonders ein kräftiger und markiger Riesling wächst, der von unverwechselbarer Art ist. Der Duft der Spessarteichen und Buchen dringt ein in den Rebensaft und bereitet dieses eigenartige Bukett.
Wieviel Mühe und Plage bereiten die vielfältigen Arbeiten im Weinberg! Weit Umherkommenden fallen am fränkischen Winzer vor allem die Genügsamkeit und der Fleiß auf. Auch nach mageren Weinjahren bleibt der Weinbauer zufrieden und geduldig. Beschwerlich waren bislang die Arbeiten mit dem zweizinkigen Karst, bei harten Böden sogar mit dem Pickel. Wie auch in den anderen Weinorten wurden noch um 1890 in Gambach die Rebstöcke vor dem Einbruch der Kälte etwas zugedeckt. Beim Rebenschneiden ließ man auf drei bis vier Schenkeln mit einer Rute und einem Stift zwei Triebe mit 5–6 Augen („Halbreben") zum Ersatz der Schenkel stehen. Bei der üblichen, sogenannten „Kopferziehung" trieb der unter der Erde steckende Teil des Stammes immer neue Knospen und Zweige. Der „Kopf" war Nährstoff- und Knospenspeicher. Die Weinberge hielt man das ganze Jahr hindurch von Unkraut frei. Man war im Glauben, daß jeder Wengert das ganze Jahr hindurch reingehalten werden müsse. Und so hörten die Arbeiten im Wengert niemals auf.

Einzellage: Kalbenstein

Großlage: Roßtal

Gesamtrebfläche: 25 ha

Haupthimmelsrichtung der Lagen:
Süd-West, herrliche Terrassenweinberge

Höhe über dem Meeresspiegel:
170 bis 260 m

Haupthangneigung der Lagen in Prozent:
20 bis 60

Boden:
oberer Buntsandstein, unterer Muschelkalk

Rebsorten:
Silvaner, Riesling, Müller-Thurgau

Wein:
artiges Bukett, unverwechselbarer kräftiger, markiger Körper. Die Weine haben eine ganz besondere Art; vor allem der Riesling.

Eußenheim

Im unteren Werntal gelegen, war Eußenheim durch seine ertragreichen Wiesen, den vorzüglichen Gerstenbau und mäßigen Weinbau bekannt. Anderen Werntalgemeinden gleich, wird Eußenheim wie Halsheim, Stetten oder Binsfeld bereits im 8. und 9. Jahrhundert im Besitz von Weingärten gewesen sein, da auch dieser Ort durch die Abtei Fulda gefördert wurde. Erstmalig findet man eine Urkunde über einen Weinberg im Multal, in der Flurlage Mültlein, die im Volk auch das „Mündla" genannt wird, im Jahre 1150.

Im Zinsbuch der Eußenheimer Frühmeßstiftung werden in nahezu 30 verschiedenen Flurlagen Weinberge aufgeführt. Es ist interessant, einmal alte Eußenheimer Weinbergslagenamen nach ihrem sprachlichen Sinn zu untersuchen, d.h. sie bis zur mittelhochdeutschen (mhd.) Form zurückzuverfolgen:

Multal, Mültlein (im Volksmund „Mündla"): mhd. multer, mulde = die Mulde, der Mehl- bzw. Backtrog; mhd. mûl, mûle = Maul, Mund. Hier wird erkenntlich, wie eng der volkskundliche Ausdruck „Mündla" mit der Schriftform „Multal" zusammenhängt.

First: mhd. virst, verst = die Spitze, der Gebirgskamm.

Hamel: mhd. hamel = eine schroff abgebrochene Anhöhe, die Klippe, der Berg, der abgehauene Stein.

Entsberg: mhd. ende = Ende, Ziel, Richtung, Seite.

Giebel: mhd. gibel = der Giebel.

Winterleite: mhd. legen, leite = legen, gelegen; d.h. an der Winter-, Nordseite gelegen.

Loch: mhd. loch (1) = Gefängnis, Versteck, Höhle; loch (2) = Gebüsch, Wald, Gehölz.

Schleife: mhd. sleifen = dem Erdboden gleichmachen, schleifen, schleppen.

Gerberstal: evtl. zu mhd. geerbe, gerbe = die Erben; aber auch mhd. gerwen, gerben = gar machen, bereiten, zubereiten (oder Eigenname).

Käpflein: Verkleinerung zu mhd. kapf = runde Bergkuppe.

Daneben haben sich jüngere Sprachformen gebildet, wie: Ränert: evtl. von Rain = Rand, schmale Steilwand.

Appental: verwandt zu „apern" = schneefrei werden (es apert = es taut).

Eußenheim war Sitz einer Amtskellerei des Domkapitels von Würzburg. In der Kellerei- und Langgasse befinden sich noch heute eine Reihe geräumiger Weinkeller und Winzerhöfe mit fränkischen Torrundbögen. Hier wurde zum Teil der Zehnt gelagert. Bis zum denkwürdigen Jahr 1803 mußte von der gesamten Träubelernte ein Zehntel dem Grund- und Zehntherren, d.h. dem Würzburger Domkapitel, abgeliefert werden. Für die rechtmäßige Übergabe sorgte die Amtskellerei. Den Beginn des Herbstes mußte ein Bote melden.

Bei der Lese standen dann an allen Wegmündungen die Zehntknechte mit ihren Herbstwägen. Rasch füllte der Zehnt die breiten Kufen. Gemessen wurde zur damaligen Zeit mit Fuder, Eimer und Maß. Ein Fuder betrug 12 Eimer bzw. 624 Maß. In jetzt gültige Maße umgerechnet, würde ein Fuder 8,8 Hektoliter, ein Eimer 73 Liter und 1 Maß etwa 1,15 Liter betragen. So lagen z.B. nach alter Dorfrechnung von 1705 im gemeinen Keller von Eußenheim 8 Fuder und 3 Eimer Wein, das wären 73 Hektoliter.

Vom „Knötschelwein" (mundartlich „knätschen" = zerquetschen, kneten) der Bauern, es war der Saft der mit Stöcken zerquetschten Beeren, wurde der „Za" (Zehnt) entnommen und in die Kufen der Knechte gefüllt. Nach alten Berichten soll es dabei nicht immer so mit rechten Dingen zugegangen sein: Die Knechte entnahmen entweder „Oberes", das waren die Beeren, oder „Unteres", das ist die Brühe gewesen, je nachdem, wie hold sie den Bauern gesonnen waren.

Der Gemeindewein wurde zu verschiedenen Anlässen kredenzt. Wenn ein Rügegericht abgehalten wurde, bekamen das ehrbare Gericht und die ganze Gemeinde Mahl und Trank spendiert. Auch nach je-

Eußenheim im Werntal mit der flurbereinigten Lage „First".

dem Flurgang, wie z. B. in die Oberflur zum Karlburger Bild im Jahre 1672, erhielten die Sänger, die Himmel-, Kreuz- und Fahnenträger, die Schützen und Musikanten, auch der Geistliche, die beteiligten Gerichtspersonen und der Schulmeister eine Zehrung. Beim Andingen, d.h. bei Beginn und Ende einer Gemeindearbeit, wurde den Handwerkern eine Zehrung gereicht. So gab es den Ding-, Lösch- und Schlußwein. Ein Blick in die Dorfrechnung von 1727 bestätigt diese Aussagen: Zehrung für den Maurer, der das Altärlein auf den Berg setzte und die Friedhofsmauer ausbesserte. Schließlich wurde mit Wein auch ein Teil der Besoldung abgegolten; je ein bestimmtes Maß an Wein erhielten die Hebamme, die Hirten, die Torwächter und Feldhüter, der Nachtwächter, auch die Geschworenen und andere mehr. Nicht zuletzt wurde Wein auch an die Armen im Dorfe abgegeben.

Nach dem allgemeinen Niedergang des Weins im 19. Jahrhundert nahm der Weinbau in Eußenheim nach der Flurbereinigung und der Neuanlage von Weinbergen 1972 und 1978 einen beachtenswerten Aufschwung. Die Eußenheimer Winzer haben sich zum größten Teil der GWF angeschlossen. In den Gaststätten des Ortes (Krone, Schwarzer Adler, Linde) wird genauso wie auf dem Straßenweinfest ein fruchtiger, vollmundiger Eußenheimer First und Redhart ausgeschenkt. Für die Wiederbelebung des Eußenheimer Weinanbaus hat sich vor allem Wilhelm Binner, der leider bei der Flurbereinigung 1973 tödlich verunglückte, besonders verdient gemacht. Der Eußenheimer First wurde im Jahre 1982 als Landratsschoppen ausgewählt.

Einzellage:
First

Großlage:
Roßtal
Früher: Kirchberg, Redhart, First, Hamel, Mündla, Gipsgrund, Alten Berg, Neuen Berg, Abigsweinberg, Kirchtalsweinberg, Ostertalsweinberg, Ränert, Entsberg, Giebel

Gesamtrebfläche:
20 ha

Haupthimmelsrichtung der Lagen:
Süd

Höhe über dem Meeresspiegel:
180 bis 220 m

Hauptbangneigung der Lagen in Prozent:
20 bis 40

Boden:
Muschelkalk

Rebsorten:
Müller-Thurgau, Kerner u. a.

Wein:
duftig, kernig, ausgeprägt.
Zu einer besonderen Leistung ist hier der Kerner fähig.
Aber auch der Bacchus gedeiht sehr gut.

Wiesenfeld

Im Herbsttal und Herrgottsweinberg hatten und haben die Wiesenfelder Winzer ihre Wengert angelegt, deren Wein sie früher in Heckenwirtschaften verkauften und der auch jetzt noch hauptsächlich bei Familienfesten und Feiern getrunken wird. Man vertraut auf den eigenen soliden Ausbau; denn in Wiesenfeld gilt der Trinkspruch: Sprich, was wahr ist, trink, was klar ist. Das Jahr über sieht man die Winzer oft mit der zweizinkigen Weinbergshacke, der „Räumhacke", in ihren Weinbergen. Der Höhepunkt eines reichen Arbeitsjahres ist der Herbst. Weinbergsschluß und Beginn der Weinlese werden vom Gemeinderat bestimmt. Noch heute wird den meisten Leserinnen und Buttenträgern als Entlohnung ein Eimer voll Trauben mit nach Hause gegeben. Ab und zu kann man während der Weinlese auch noch Böllerschüsse hören. Wenn gelesen wird, helfen alle zusammen: Familienangehörige, nähere Verwandte und auch Bekannte. Bevor die Winzergenossenschaften die Verarbeitung der Trauben übernahmen, brachte man früher in großen Kufen das Lesegut in die privaten Weinkeltern im Ort, in denen in Nachbarschaftshilfe die Trauben für die ansässigen Winzer gekeltert wurden. Als in Wiesenfeld die Reben noch mit Bindholz gepflanzt wurden, wuchsen zu 80 Prozent Elbling, daneben gediehen auch Silvaner, Gutedel und Welschliner.
Blättert man in der Ortschronik von Sebastian Schaub, so erfährt man, daß noch im Jahre 1880 hier in Wiesenfeld 31 ha Rebanlagen vorhanden waren. Es ist jedoch schon der Zusatz zu finden, daß die Weinberge in schlechtem Zustand und der Wein selbst nur für den eigenen Gebrauch nütze wäre.

Karlburg

Genossenschaftswinzer bauen auf einer 10 ha großen Rebfläche auf Muschelkalk- und Lößböden zum Großteil Müller-Thurgau und Silvaner an.
Karlburg liegt am linken Mainufer an der alten Straße nach Wiesenfeld/Lohr in einer recht fruchtbaren Landschaft mit Obst- und Weinbau. Schon im Jahre 1133 bestand hier eine Pfarrkirche. Die jetzige Kirche wurde am 5. Juni 1701 unter dem Patronat des hl. Johannes konsekriert. Noch um die Jahrhundertwende zählte zu den Pfarreieinkünften auch ein bestimmtes Weinfixum in Höhe von 50 Mark.

Einzellagen: nicht vorhanden

Großlage: Roßtal

Gesamtrebfläche: 6 ha

Haupthimmelsrichtung der Lage: Süd-Ost

Höhe über dem Meeresspiegel: 220 bis 260 m

Haupthangneigung der Lage in Prozent: 20 bis 30

Boden: Muschelkalk

Rebsorten: Müller-Thurgau u. a.

Wein: fruchtig, kernig.

Winterliche Weinbergslandschaft bei Karlburg.

Karlstadt

Karlstadt, eine der ältesten fränkischen Landstädte, ist erlebte Vergangenheit. Die Spuren der ersten Siedlung reichen in die karolingische Zeit zurück, als Stadt jedoch wurde Karlstadt als Bollwerk gegen Mainz und Fulda durch Konrad I. von Querfurt, dem Kanzler Heinrichs IV., der auch vier Jahre Bischof von Würzburg gewesen ist (1198–1202), im Jahre 1200 gegründet. Der Weinbau brachte Wohlstand in die Stadt, und so spielte sie im 14./15. Jahrhundert eine bedeutsame Rolle. Am Ende des 20. Jahrhunderts prallen hier wie nirgend anderswo die Gegensätze aufeinander: Anheimelnd Fränkisches, spitze Türmchen und Mauern, alte Fachwerkhäuser und verzierte Bildstöcke dürfen neben riesenhaften Betonwerken und den Hallen der Eisenindustrie bestehen. Trotz trockenen Zementstaubs und fahler Farben über allem spiegelt sich mittelalterlicher Glanz in den Ufern des Mains wider. Über allem thront die Ruine der Karlburg, einst Sitz der Amtleute der Würzburger Fürstbischöfe. Im Bauernaufstand im Mai 1525 wurde die Burg eingeäschert.

Vor Errichtung der Zementfabrik im Jahre 1887 reichten die Weinberge noch bis an die Mauern der Stadt heran. Bis in den Stadtgraben hinein wurden Weingärten angelegt. Zu den besten Weinlagen im 14./15. Jahrhundert zählten die Wengert am Stein, am Kalbenstein, am Neuen Berg, am Homburgweg, am Mittelsteinlein, am Lönker und am Baggerts. Daneben wuchs Wein am Eußenheimer Steig, am Gern, am Obersberg, am Rotenberg, am Speierberg, an der Holzleite, am Tiefen Weg, am Mittelberg, am Heuweg, am Anger und an vielen anderen Stellen in der Flur. Wein wuchs fast überall; er war die ergiebigste Quelle für Steuereinnahmen. Als Beispiel sei das Jahr 1674 angeführt: Karlstädter Winzer ernteten 627 Fuder, das sind etwa 5500 hl; hinzu kamen noch 400 Fuder fremder Wein, so daß in diesem Jahr insgesamt ca. 9000 hl Wein von den Karlstädter Rebstöcken geerntet werden konnten. In den Quellen wird der Weinbau in Karlstadt seit 1244 erwähnt, wobei die Stadt 2 Fuder Wein als Besoldung für den Burgmann Ludwig von Raueneck spendieren mußte. Immer wieder verkauften auch Karlstädter Bürger ihre Weinberge an Fremde, so wie etwa 1311 einige Wengert am Neuen Berg, an der Holzleite und am Tiefen Weg an das Kloster Schönau veräußert wurden. Noch um 1830 konnten die Karlstädter Schoppenpfetzer in ihrer Stadt etwa 15 Heckenwirtschaften besuchen. In Bernd Tölle hat Karlstadt seit den siebziger Jahren wieder einen qualitätsbewußten Winzer in seinen Mauern, der seinen Wein selbst ausbaut und vermarktet. Jährlich kreiert der Landrat in Karlstadt in Verbindung mit der GWF einen besonderen „Landratsschoppen“.

Einzellage:
Im Stein
Früher: Am Stein, Kalbenstein, Rotenberg
Großlage:
Roßtal

Gesamtrebfläche:
18 ha

Haupthimmelsrichtung der Lagen:
Süd-West

Höhe über dem Meeresspiegel:
200 bis 280 m

Hauptbangneigung der Lagen in Prozent:
20 bis 30

Boden:
Muschelkalk

Rebsorten:
Silvaner, Müller-Thurgau, Bacchus, Kerner, Traminer

Wein:
kräftig duftend (bei Müller-Thurgau und Bacchus); kernig, ausgeprägt ist der Silvaner.

Mühlbach

Der in ersten urkundlichen Aufzeichnungen als „Muhlbach“ genannte Ort liegt am linken Mainufer, am Fuße der Karlburg, Karlstadt gegenüber, mit 5 ha Weinbergsflächen und recht üppigen Wiesen. Der mächtige Steinbruch liefert das Material für die Zementwerke.

Auf 29 Stufen kommt man zur Kirche, auf einer Anhöhe gelegen, in der Mitte des Ortes, 1614 erbaut. Sie steht unter dem Patronat der 14 Nothelfer.

In eigener Verantwortung haben Mühlbacher Winzer ab 1970 ihre Weinberge am Frohnberg bereinigt und die Fläche auf 5 ha erweitert. Um 1976 ist zunächst 1 ha Bacchus neu bestockt worden, hinzu kamen 2 ha Müller-Thurgau und 2 ha Silvaner. Nun besitzen neun Winzer, die sich der Genossenschaft angeschlossen haben, etwa 5 ha Weinberge.

Blick aus einem Fenster der Ruine Karlburg auf Karlstadt, das Zentrum des Landkreises Main-Spessart. Im Hintergrund der „Saupurzel".

Großlage:
Roßtal

Gesamtrebfläche:
5 ha

Hauptbimmelsrichtung der Lage:
Süd

Höhe über dem Meeresspiegel:
250 m

Haupthangneigung der Lage in Prozent:
30 bis 35

Boden:
Muschelkalk

Rebsorte:
Silvaner, Müller-Thurgau, Riesling

Wein:
fruchtig, kernig

Laudenbach

Majestätisch liegt der Ort auf einer Bergnase am linken Ufer des Mains. Über den Häusern trohnt am Abhang eines Bergvorsprungs die Pfarrkirche. Mit 4 ha Rebfläche reiht sich Laudenbach in den Kranz der fränkischen Winzerorte ein.
Die Reste einer alten Burg sind erhalten, die oft ihre Besitzer wechseln mußte; denn hier prallten mehrere Herrschergeschlechter aufeinander.

Einzellagen:
nicht vorhanden

Großlage:
Roßtal

Gesamtrebfläche:
4 ha

Haupthimmelsrichtung der Lage:
Süd

Eng gepfercht drücken sich die Häuser von Laudenbach an den Hang, und in sommerlichen Tagen spürt man hier die Hitze und die Trockenheit der fränkischen Muschelkalklandschaft.

Höhe über dem Meeresspiegel:
230 bis 280 m

Haupthangneigung der Lage in Prozent:
30

Boden:
Muschelkalk

Rebsorten:
Müller-Thurgau, Silvaner u. a.

Wein:
fruchtig, kernig.

Stetten

Unter den fränkischen Muschelkalkweinen hat der Stettener Stein einen besonderen Rang eingenommen. Auf felsigem Boden gedeiht auf alten Flurlagen wie Roßtal, Loch, Rotberg, Brückberg, Glaub, Mehlen und natürlich dem Stein ein Wein von Wohlklang und besonderer Aussage. Stetten liegt in geschichtsträchtigem Land, in günstiger und schöner Lage. Der Ortsname ist leicht zu erklären über das lateinische „status" (= Wohnstätte, Siedlung) zum mittelhochdeutschen „stete" (= Stätte, Platz; auch „stetenen, steten" = befestigen, eine Wohnstätte geben). In der Schenkungsurkunde vom Jahre 788 n. Chr. findet man die Bezeichnung „Steti". In der Mundart wird der Ortsname heute noch so ausgesprochen. Diese Quelle aus dem Kloster Fulda ist für den ersten Weinbau in Franken von wichtigster Bedeutung. Hier werden dem Kloster Fulda Grundstücke aus dem fränkischen Königsgut in Stete und zahlreichen anderen Orten im Werngau vermacht. Stetten gehört zu den ersten fränkischen Weinbauorten, es ist auch die Urpfarrei des gesamten Werngaus. In einem Vertrag vom Jahre 815 zwischen dem Würzburger Bischof und dem Abt von Fulda wird ein Großteil der fuldaischen Güter im Werngau dem Würzburger Domkapitel zugesprochen. Diese Dorfherrschaft über Stetten reicht über tausend Jahre bis zur Säkularisation 1803. Sie hat das Dorf und die Menschen geprägt. Die Pfarrkirche ist dem hl. Albanus geweiht, der bereits in karolingischer Zeit hohe Verehrung genossen hat und dessen Festtag am 21. Juni auch mit dem Weinanbau in enge Verbindung gebracht wird. Der historische Ortskern mit der Pfarrkirche, die zahlreichen Fachwerkhäuser, die Bildstöcke in der Ortsflur und die Vielzahl religiöser Bräuche lassen auf eine reiche geschichtliche Vergangenheit schließen.

Stetten wird im Jahre 1540 bereits als „eines der reichsten Weinnester" im Hochstift Würzburg genannt. Zur damaligen Zeit betrug die Weinbaufläche etwa 200 ha. Die Stettener Winzer schlossen sich in Verehrung zu ihrem Winzerpatron St. Urban in einer Urbanus-Bruderschaft zusammen. Bei einem Flurgang alle Jahre am Sonntag nach Urban, d. h. nach dem 25. Mai, in die Weinberge wird draußen in der Natur die Allerheiligstenlitanei gebetet, anschließend wird in der Pfarrkirche ein feierliches Amt gefeiert. Der Winzer Christoph Heßdörfer stiftete dem hl. Urban im Jahre 1666 einen Bildstock am Brückberg, dem Stettener Weinhang über der Wern. Wie überall brachten Krankheiten zu Beginn des 20. Jahrhunderts auch hier in Stetten den Weinbau fast zum Erliegen. Bevor sich 1937 viele Winzer zu einer Winzergenossenschaft zusammenschließen konnten, haben in den 30er Jahren wagemutige Weinbauern unter der Anführung von Altbürgermeister Anton Gerhard und Hauptlehrer Hermann Braun sich daran gewagt, die alten Lagen wieder mit Reben zu bestocken. Stetten hat sehr bald mit dem planmäßigen Neuaufbau der Weinberge begonnen und fast in der ganzen Weinbergsflur zu Ende geführt. Seit 1959 sind die Stettener an die Gebietswinzergenossenschaft Franken in Repperndorf angegliedert. Daneben hat das Weingut Gerhard einen guten Ruf.

Einzellage:
Stein
Früher: Im Stein, Roßtal, Loch, Brückberg, Glaub, Kaub, Rotberg, Roth, Mehle
Großlage:
Roßberg

Gesamtrebfläche:
45 ha

Haupthimmelsrichtung der Lagen:
Süd

Höhe über dem Meeresspiegel:
200 bis 280 m

Haupthangneigung der Lagen in Prozent:
30 bis 45

Boden:
mittlerer und oberer Muschelkalk, Löß

Rebsorten:
Müller-Thurgau, Silvaner, Perle

Wein:
kräftig duftend, kernig, ausgeprägte Muschelkalkart.

Blick von den Stettener Weinbergen hinab ins weite Maintal.

Thüngen

Längst hat in Thüngen das Bier den Wein verdrängt. Die Schloßbrauerei gehört zu den stattlichen Gebäuden der Freiherrn von Thüngen. Links der Wern gelegen, zählt Thüngen zu altbesiedeltem Land, das schon in früher Zeit von den Franken bewohnt worden ist. Zum ersten Mal taucht der Ort im Jahre 788 als „Tungide" auf. Alte Lagenamen, wie Oberberg und Riedberg, bezeugen, daß auch in früheren Zeiten hier Weinbau betrieben wurde. Bis etwa 1935 hatten einige Besitzer kleinere Parzellen als Wengert angelegt. Durch häufige Fröste, auch die recht ungünstige Lage, und vor allem durch Nichterkennen der verschiedenen Krankheiten und Schädlinge wurden die Ernten immer magerer. Die meisten Rebstöcke wurden gerodet und das Land mit Zwetschgen- und Kirschbäumen bepflanzt. Erst nach dem Zweiten Weltkrieg entschlossen sich einige Landwirte, wieder mit Weinbau zu beginnen. Der Erfolg blieb aus, und die Wengert wurden wieder zu Ödland. Nur wenige Landwirte haben den Mut, neben ihrer Landwirtschaft einige Flächen von je zwei bis drei Ar als Wengert anzulegen, meist für den Eigengebrauch, auch für eine Bäckerei und Weinstube als Ausschank im eigenen Lokal. Das besonders fränkische Gepräge dieses Marktes unterstreicht auch der Schutzpatron, der hl. Kilian.

Rechts:
Stetten im Werntal mit der Weinbergslage „Brückberg".

Im Hintergrund sind am steilen Wernhang noch die Terrassierungen der früheren Weinberge von Thüngen zu sehen.

Himmelstadt

Auf lehmigem Sand – im Lauf der Jahrhunderte hat der Wind eine Lößschicht auf den Muschelkalkboden getragen – wächst auf der rechten Mainseite ein duftender, kräftiger Himmelstädter „Kelter" auf einer Fläche von 42 ha. Himmelstadt liegt am linken Mainufer an der alten Straße von Würzburg/Zell nach Karlburg und Lohr; es wird im Jahre 820 erstmalig erwähnt, nachdem der Ort als Schenkung an das Kloster Fulda übergegangen ist.
Die ersten Reben wurden auf dem Giebelberg angepflanzt, nachdem im Jahre 1233 ein Graf Mangold von Wildberg hier dem Kloster Himmelspforten einen Weinberg übereignet hatte. Erst viele Jahrzehnte später werden auch Wengert in den Lagen Langenforst und an der Kalter genannt. Am 11. Mai 1341 erklären der Schultheiß und die Bauern von Himmelstadt, den großen und kleinen Weinzehnt dem Kloster Himmelspforten zukommen zu lassen. Noch am Ende des 30jährigen Krieges betrug diese Abgabe 5–6 Fuder Wein, das sind etwa 4000 bis 5000 Liter. Wie überall in den kleineren Weinorten schrumpft die Fläche, auf der Reben wachsen, im 18./19. Jahrhundert stark zusammen. In Himmelstadt geht der Anbau von 700 auf 40 Morgen zurück, wie aus den Grundbüchern zu entnehmen ist. Erst durch die Weinbergsbereinigung und die Neuanpflanzungen in den Jahren von 1974 bis 1976 werden die Grundlagen dafür geschaffen, wieder größere Flächen mit verschiedenen Rebsorten zu bepflanzen. Nun werden die alten Weinbergslagen Kelter, Horch, Lerchenberg und Langenforst zur Lage „Himmelstädter Kelter" zusammengelegt, die seither zur Großlage „Karlstädter Roßtal" gehören. Die Bereinigung knüpfte an alte Weinbautraditionen an, und es ist besonders erfreulich, daß trotz Steillagen durch den Fleiß und Ehrgeiz der Winzer Neuanpflanzungen vorgenommen worden sind. In der Hauptsache werden die Rebsorten Müller-Thurgau,Bacchus, Silvaner, Riesling, Kerner und Morio

Durch den Main sind die Himmelstädter Winzer von ihren Weinbergen getrennt.

Muskat angebaut. Zum Abschluß der gesamten Umlegung wurde im Jahre 1982 ein Denkmal gesetzt.
Zum Großteil wandert der Wein in die Genossenschaften, nur ein geringerer Teil wird durch Weingüter abgesetzt. Nicht unbeträchtlich ist der Anteil der Bayer. Landesanstalt, die mit 7 ha Rebfläche eine umfangreiche Versuchsfläche angelegt hat, deren Ertrag dem Staatsweingut zugeführt wird. Auch das Weingut Bürgerspital Würzburg ist hier begütert.
Die Dorfkirche ist Jakobus dem Älteren (Jacobus major) geweiht, der im fränkischen Land auch zu den Weinheiligen zählt und dessen Fest am 25. Juli begangen wird. Nach dem Wunsch der Winzer soll der Juli recht heiß sein, denn in diesem Monat werden die Trauben gekocht. Schon von alters her war auch der heilige Kilian (8. Juli) als Winzerpatron bekannt. An seinem Festtag strömen alle Jahre die fränkischen Winzer und Bauern zu seiner Grabstätte in Würzburg. Mit Inbrunst und Andacht wird auf den Prozessionen und Wallfahrten des Lied des Frankenapostels gesungen:
Wir rufen an, den teuern Mann, St. Kilian.
In früheren Zeiten feierten die Winzer am 22. Juli das Namensfest der hl. Maria Magdalena. Gilt doch gerade sie, die treue Begleiterin von Jesus, auch als beliebte Schutzpatronin der Weinhändler. Am selben Tag feiern die Winzer zwei Weinheilige: den hl. Jakobus den Älteren und den hl. Christopherus (25. Juli). Der Jakobustag gilt als besonderer Lostag, da heißt es: „Wenn's Jakobi regnet, ist der Wein nicht sehr gesegnet“, oder „Ist's Jakobi hell und warm, macht zu Weihnachten den Ofen warm“. Der Bauer denkt weit voraus und glaubt, daß es einen langen und kalten Winter gäbe, wenn es am Fest des hl. Jakobus sehr trocken ist.

Einzellage:
Kelter
Früher: Kelterweinberg, Lerchenberg, Langenfort, Schürzental, Kalter, Horchenberg, Thüngersberg

Großlage:
Roßtal

Gesamtrebfläche:
32 ha

Haupthimmelsrichtungen der Lagen:
Süd-West, West

Höhe über dem Meeresspiegel:
180 bis 290 m

Haupthangneigung der Lagen in Prozent:
20 bis 30

Boden:
mittlerer und oberer Muschelkalk, Löß, Flugsandauflage

Rebsorten:
Silvaner, Müller-Thurgau, Kerner, Bacchus u.a.

Wein:
kräftig duftend, lebhaft, kernig, guter Körper.

Retzbach

An der Ausmündung des Retztals in das weite Maintal liegt Retzbach inmitten seiner Weinberge. Fachwerkhäuser und eine stattliche Zahl geschlossener Bauernhöfe mit Toren und Pforten heben das besondere fränkische Gepräge hervor. Der Winzerheilige und Kirchenpatron St. Laurentius und das Gnadenbild der Mutter Gottes aus spätromanischer Zeit in der Wallfahrtskirche Maria im Grünen Tal sind auch heute noch Zielpunkt vieler besorgter, frommer Winzer, wenn sie um das rechte Gedeihen ihrer Trauben flehen.

Retzbach ist schon immer mit dem Wein auf das engste verbunden. Der starke Einfluß der Abtei Fulda reichte im 9. Jahrhundert bis hierher nach Retzbach. Der frühzeitige Weinanbau machte den Ort begehrt; eine Zeitlang war Retzbach Königsgut, und im hohen Mittelalter nistete sich hier das Würzburger Domkapitel mit einem eigenen Amt ein. Zum erstenmal schriftlich erwähnt wird Weinbau im Jahre 1167, als das Kloster Schlüchtern einen Hof mitsamt Weinberg in Retzbach erwirbt. Im Lauf der Jahrhunderte dehnen sich die Weinflächen soweit aus, daß in einer Weinbergsordnung vom Jahre 1853 die einzelnen Weinbergslagen so beschrieben werden:

1. Der Stein-, Main- und Bergweinberg von der Straße (B 27) bis zur Berghöhe und zur Thüngersheimer Markung.
2. Der Hauenberg vom Retzstädter Weg bis zum Erstberge und zur äußersten Klotzgrenze einschließlich der Bohnleite, des Frickengrundes, dann der linksseitigen Weinberge vom Tierlein, Ziegenloch und der Klingen bis zum Talweg.
3. Rieder, Kleßberg, Hummel und Tal vom Talgraben bis an die Riederheide (heute mit Kiefernwald bepflanzt).

In dieser Verordnung ist alles aufs genaueste geordnet, bis hin zur Festsetzung, wann ein Weinberg betreten werden darf. Die Weinbergsordnung verbietet nicht nur das Grasmachen in fremden Weinbergen, auch Klee konnte z. B. nur zweieinhalb Fuß vom Weinstock des Nachbarn angebaut werden.

Aber schon die Zehntordnung vom Jahre 1582 schreibt genau vor, wie es zur Lesezeit mit der Abgabe des gebührenden Zehnts gehalten werden soll: Bereits drei Tage vor dem Beginn des Herbstes trafen die Zehntherren in Retzbach ein. Alle Butten mußten gleichmäßig mit den Trauben gefüllt werden, die zehnte so gut wie alle anderen neun, damit

Die Retzbacher Pfarrkirche St. Laurentius mit kleinem Weinberg.

der Zehnt auch richtig abgeliefert wurde. Es war für den Bergmeister und die Zehntknechte Pflicht, daß sie während der gesamten Lese die ersten und die letzten in dem Weinberg waren. Kein Winzer durfte versuchen, die Zehntknechte zu bestechen, um etwas weniger abliefern zu müssen. Hohe Strafen waren angesetzt.

Von der Benediktushöhe herab hat man einen weiten Blick auf die Retzbacher Weinberge. 60 ha Rebfläche bedecken die Lage „Retzbacher Benediktusberg", die sich in die Großlage „Thüngersheimer Ravensburg" einreiht.

Vor der Zusammenraffung zu einem einzelnen Namen waren bei den Winzern viele Flurbezeichnungen bekannt: Berg, Rieder, Kleesberg, Dital (auch Tital genannt), Stüblein, Klinge, Sandleite, Bonleite, Am Main, Klotz (mhd. Klotz = klumpige Masse, Knolle), Stein, Türlein (bzw. Tierlein) u. v. a. m.

Auf den Muschelkalkböden gedeiht ein besonders kerniger, markiger, anspruchsvoller Wein; neben einem Müller-Thurgau und Silvaner kann man auch die Scheurebe, den Riesling, Traminer und Portugieser probieren.

Retzbach – Main, Dorf und Rebhänge.

Pfarrer Hettiger gründete bereits 1896 eine Art Winzergenossenschaft am Fuße des Benediktusberges. Das erste Weinlager wurde in einem Felsenkeller unter dem Rathaus eingerichtet. Von den über 100 Winzern haben sich die meisten der Gebietswinzergenossenschaft Franken (GWF) angegliedert, etwa ein Drittel liefert die Trauben an die Winzergenossenschaft Thüngersheim ab. Besonders beachtenswert sind die Bemühungen des rührigen „Winzer- und Weinbauvereins Retzbach e. V.", der sich im Jahre 1979 zusammenschloß. Die Retzbacher Winzer versuchen ihren Benediktusberg werbewirksam anzubieten durch Weinproben, Straßenweinfeste, eine eigene Weinverkaufsstelle und vor allem durch die jährliche Wahl einer hübschen Weinprinzessin. Daneben hat man vor zwei Jahren den Gewölbekeller unter dem Rathaus zu einem großartigen Weinproben-Keller ausgebaut.
In früheren Zeiten legte man auf den Verkauf der eigenen Weine sehr großen Wert. Den Wirten wurde geboten, nur Wein aus der hiesigen Erzeugung auszuschenken. Bierverkauf war den Schildwirten zum „Ochsen" und „Anker" erlaubt. So haben sich die Zeiten geändert. Das Weinpanschen war schon immer verpönt, das beweist schon der Erlaß von Fürstbischof Anselm Franz, der im Jahre 1727 bzw. 1747 das Verbot „des Wein- oder Mostbrauens" herausgab. Die Strafen waren hoch: Man mußte bei jedem Fuder Wein 20 Reichstaler berappen, außerdem wurde der gefälschte Wein ausgeschüttet, und im wiederholten Falle drohte man mit Schanz-Zuchthaus- und noch schärferen Leibesstrafen.

In der Ortschronik von Valentin Rosel steht über das Leben der Retzbacher Winzer geschrieben: „Der Häcker gönnte sich jederzeit einen guten Tropfen in seinem irdenen Topf, dazu ein kräftiges Schwarzbrot mit geräuchertem Schweinefleisch. Bei einfacher Lebensweise erhielt er sich gesund bis ins hohe Alter." Rosel fügt hinzu, daß die Lebensweise der Retzbacher sehr sparsam und einfach gewesen wäre.

Einzellage:
Benediktusberg
Früher: Dietal, Berg, Am Main, Bonleite, Klotz, Stein, Türlein

Großlage:
Ravensburg

Gesamtrebfläche: 60 ha

Haupthimmelsrichtungen der Lagen:
Süd und Süd-West

Höhe über dem Meeresspiegel:
168 bis 300 m

Haupthangneigung der Lagen in Prozent:
10 bis 50

Boden:
unterer und mittlerer Muschelkalk

Rebsorten:
1. Flurbereinigungsverfahren 1966 (10 ha): Riesling, Silvaner, Scheurebe, Traminer, Silvaner, Ruländer u. a.
2. Flurbereinigungsverfahren 1971/77 (33 ha): Müller-Thurgau, Bacchus, Kerner, Silvaner u. a.

Wein:
Die Weine aus der ersten Teilumlegung gehören zu den besten Frankens. Die übrigen Weinberge bringen ebenfalls fruchtige, stoffige, elegante Weine hervor.

Zellingen

Seine ausgelassene Fröhlichkeit hat Zellingen mehr den Fosenächtern zu verdanken als dem Wein, obwohl die Weingärten an der Duttenbrunner Straße auf etwa 8 Morgen die „Zellinger Sonnleite" liefern. Inmitten fruchtbarer Böden liegt der Markt Zellingen am linken Mainufer gegenüber von Retzbach; er zeichnete sich früher nicht nur durch seinen Weinbau, sondern vor allem durch den Anbau von Gemüse, Zwiebeln, Spargel und Obst aus. Die Mächtigkeit der Weinflächen wird deutlich, wenn man erfährt, daß z.B. im Jahre 1834 433 Morgen mit Rebstöcken bepflanzt waren, und daß in dieser Zeit die Obrigkeit allein von über 300 Zellinger Winzern den Weinzehnt forderte. Im Gemeindearchiv sind in den Akten um die Mitte des vorigen Jahrhunderts über 100 alte Weinbergslagenamen zu finden; über 110 Gewanne lagen an der Westseite des Mains, darunter Namen wie Griesberg, Steingraben, Würzberg, Sundleite (davon leitet sich der jetzige Name Sonnleite ab), Steinbühle oder Friedensweinberg.

Einzellage:
Sonnleite (Flurkataster: Sundleite)

Großlage: Ravensburg

Gesamtrebfläche: 3,75 ha

Haupthimmelsrichtung der Lagen: Süd

Höhe über dem Meeresspiegel: 240 bis 270 m

Haupthangneigung der Lagen in Prozent: 20

Boden:
Muschelkalk-Verwitterung

Rebsorten:
Müller-Thurgau, Bacchus u.a.

Wein:
fruchtig, kräftig, nachhaltig.

Jede Jahreszeit hat ihre eigenen Reize.

Thüngersheim

„Düngerscha", das freundliche und besonders geprägte, im schönen Maintal liegende katholische Pfarrdorf – so wird es in der Johann Valentin Hartschen Dorfchronik „Main-Wein Thüngersheim" im Jahre 1933 genannt – hat sich gewaltig geändert, vor allem in seinem äußeren Erscheinungsbild und in seiner Flur. Der Ort jedoch hat seine Madonnen-Schönheit, seinen malerischen Glanz und seinen besonderen fränkischen Charme bewahrt, auch deshalb, weil der unruhige Verkehr an dem Ort vorbeizieht.

Die sichtbarste Veränderung war die 1981 abgeschlossene Weinbergsbereinigung. Von insgesamt 250 ha Rebflächen wurden in drei Abschnitten 222 ha neu angelegt: Ravensburg, Johannisberg, Scharlachberg. Eine Flurbereinigung war notwendig, wußten doch die Thüngersheimer Winzer, daß sie ihre führende Stellung als Weinort zu halten hatten. Thüngersheimer Weine zeichnen sich durch ihre besondere Säure, die auf den Extraktgehalt fein abgestimmt ist, und ein fruchtiges, markantes Bukett aus. Dorfordnungen sind heutzutage nicht mehr üblich und notwendig, wie sie letztmalig in Thüngersheim im Jahre 1750 von Fürstbischof Karl Philipp verordnet wurden, nachdem allzuviele Mißstände eingerissen waren. Unter anderem wurde festgelegt, daß alle

Das einst geschlossene Dorfbild Thüngersheims ist durch Neusiedlungen in die Ebene hinaus aufgeplatzt.

Jahre auf Bartholomä (24. 8.) vom Bürgermeister vier Männer als Feldhüter bestellt wurden, die die Flur bis Martini zu behüten hatten. Nach dieser Dorfordnung wurden Lügen und Verleumdungen recht hoch bestraft, auch wer die Gartenzäune wegriß und mit nach Hause nahm oder sonst mutwillig beschädigte, mußte mit einer Strafe rechnen. Geahndet wurde auch das Schreien nachts im Ort und schließlich wurde das Traubenabschneiden bestraft. Wer Pfähle in dem Weinberg entfernte, zahlte 20 Pfund und hatte den Schaden zu ersetzen. Es war keinem Thüngersheimer Bürger erlaubt, zur Herbstzeit Trauben „buttenvollweiß oder auch überheyt außer unser Markung zu kaufen und in unseren Ort einzuführen, bei einer Strafe von 1 fl die Butte". Die Winzer hatten das Recht, nach altem Brauch vier Wochen lang eine Heckenwirtschaft aufzumachen, um ihren eigenen Wein zu verkaufen. Jeder Heckenwirt hatte vierzig Kreuzer in die Armenkasse zu zahlen.

Immer wieder wird die Gastfreundschaft der Thüngersheimer Winzer gerühmt. Es heißt, daß jeder Gast, ohne viel gefragt zu werden, Wein, Brot, Wurst und Butter vorgesetzt bekäme. Auf Sitten und Bräuche wurde allemal großer Wert gelegt. Den Abschluß schwieriger, bedeutsamer Arbeiten krönen oft Bräuche. Nach dem Wenden eines Weinbergs vergrub man im letzten Wendgraben eine Flasche mit einem Schriftstück, auf dem die Namen der Arbeiter, die Zeit und der Besitzer des Weinbergs festgehalten wurden. Anschließend wurde der Wendgöker aufgestellt, d.h. ein Fichtenbäumchen mit bunten Bändern geschmückt. Inzwischen wurde zu Hause das Festmahl zubereitet, „Beßfleisch mit Klöß“ und einem guten Schoppen; denn im Volksmund heißt es: Wo das nicht gemacht wird, gedeiht der Weinberg nicht. Als Vorspeise zu diesem Abschlußmahl wurde eine Weinsuppe kredenzt.

Merkwürdig ist auch das Zubereiten von Mostpfeffer gewesen. Man kochte Most bis zur völligen Erstarrung ein, wobei nichts anderes beigemischt werden durfte. Wenn der eingekochte Most kalt geworden war, wurde er in Gläser abgefüllt und so soll er einen sehr beliebten Brotaufstrich gebildet haben.

Erwähnens- und merkenswert ist auch die Gewohnheit, daß in Thüngersheim nach dem Keltern der Trauben der frische Most zum Verkauf angeboten wurde. Bei diesem Geschäft konnte man vor allem vier Männer, die hier ortstümlich „Schröder“ hießen, bei ihrer Arbeit beobachten. Bereits eine Gemeinderechnung vom Jahre 1811/12 überliefert uns, daß meist alle vier Jahre diese Schröder bestimmt wurden. Beim Verkauf von Most mußte außerdem je ein Eicher und ein Büttner dabei sein, die vereidigt waren. Wenn Mostkäufer in Thüngersheim auftauchten, läutete das Schulglöckchen, damit die Schröder, Eicher und Büttner zusammenkamen, um ihrer Arbeit nachgehen zu können. Bei jeder Füllung gab es das sogenannte Kellerbrot, dazu durfte jeder trinken, so viel er vertragen konnte.

Durch die Weinbergsumlegung sind viele alte Ausdrücke, Arbeitsweisen, Gerätschaften und auch Flurlagenamen verlorengegangen.

Älteste Namen um die Zeit um 1470 haben sich bis in unsere Zeit gehalten, d.h. über 500 Jahre, z.B.: Wagenwannde – Wagenwand, An der Griß – Gries (mhd. griez = Sandkorn, Kiessand, sandiges Land), Am Weißensannde – Weißen Sannd, Im Studell

Der fränkische Weinbau am Wendepunkt: Die Weinbergsbereinigung zeigt ihre ersten Ansätze.

(mhd. studel = Unterlage, Pfosten, Säule). Vielen noch bekannt könnten Flurbezeichnungen sein, wie z. B. Wellersweg (welle = Stroh- oder Reisigbündel; mundartlich „Rawerwelln" = Rebenwellen), An der Schranne (= Schranke, Gericht, eingefriedeter Raum), Goldbühl (bühel bedeutet Hügel), Etzberg (etzelin zu atzel gehörig; atz = Futter, Gras), Am Scharlach (von schar = steil, schroff; alter Name lautet Scharloch) u. a. m. Den Namen „Scharlachberg" von der Rottönung des Buntsandstein herzuleiten, ist sehr gewagt.

Bis ins 18. Jahrhundert hinein hatte Thüngersheim wohl die größte Rebfläche in Franken aufzuweisen. So ist es leicht erklärbar, daß gerade hier immer wieder die einzelnen Weinernten aufgezeichnet worden sind. Vor nahezu 800 Jahren, im Jahre 1186, blühten bereits im Januar die Bäume und im August waren die Trauben reif. Wein gab es in ausgezeichneter Fülle. Der Kirchen- und Schutzpatron von Thüngersheim ist der hl. Erzengel Michael. Sein Festtag, der 29. September, ist für die Winzer von Thüngersheim ein ganz markanter Lostag. So begann etwa im Jahre 1471 die Weinlese an Michaeli bei großer Hitze, die Leute badeten noch im Main. Im Jahre 1812 hingegen begann es erst an Michaeli warm zu werden. Ein strenger Frost im November ließ die Trauben hart gefrieren. 1874 hat es vor Michaeli gereift, so daß die Trauben klein blieben, ja sogar erfroren sind. Ein Jahr später erfroren die ungedeckten Weinberge, und noch am Karfreitag fiel ein so kalter Reif, daß die Kirschblüte erfroren ist. Trotzdem gab es ziemlich viel Most. Nicht immer kann der Bericht so hervorragend ausfallen, wie z. B. 1975: Große Menge, beste Qualität, hoher Anteil an Spät- und Auslesen, sehr schöner Sommer, heiße Lesewitterung.

Einer der denkwürdigsten Tage für die Winzer von Thüngersheim war der 7. Dezember 1930, als im Gasthaus zur Goldenen Traube die Winzergenossenschaft Thüngersheim gegründet wurde. Daneben

Kleingeschachtelt und vielfach aufgeteilt, liegen die Wengertli wie Handtücher vor der Bereinigung am Hang.

sorgten die Staatliche Lehranstalt für Wein-, Obst- und Gartenbau in Veitshöchheim (jetzt Bayerische Landesanstalt für Weinbau und Gartenbau) und qualitätsbewußte Selbstmarkterbetriebe dafür, daß der Thüngersheimer Wein einen sehr guten Ruf hat.

Einzellagen:
Johannisberg, Scharlachberg
Früher: Altenberg, Goldbühl, Neuberg, Rotlauf, Ravensburg, Scharlach, Nonne, Fischersberg, Hirschberg, Lehmental, Rothmännlein, Im Roth, Wagenwand, Hochfeld, Stockach, Stöckig, Kurchenloch, Freiberg, Fischer, Roter Hügel, Halsberg, Strudel, Kuchen, Gries, Sommerhöll, Mittelweg, Kätzlein, Weißersand, Geißberg

Großlage:
Ravensburg

Gesamtrebfläche:
194 ha

Hauptbimmelsrichtungen der Lagen:
Süd, Süd-West, West

Höhe über dem Meeresspiegel:
170 bis 330 m

Haupthangneigung der Lagen in Prozent:
15 bis 45

Boden:
oberer Buntsandstein, mittlerer und oberer Muschelkalk sowie unterer Muschelkalk, Löß, Lößlehm, Flug- und Terrassensand

Rebsorten:
Silvaner, Müller-Thurgau, Scheurebe, Kerner, Riesling, Ruländer, Morio Muskat, Spätburgunder u. a.

Wein:
Silvaner: arteigenes Bukett, typisch, kernig, nachhaltig
alle anderen Sorten: fruchtig bis würzig, mild bis rassig, stoffig, einprägsam.
Die Thüngersheimer Weine zeigen liebenswerte Vielgestaltigkeit und zählen zu den besten Gewächsen Frankens. Kaum ein anderer Ort gewinnt mehr und bessere Auslesen, Beerenauslesen, Trockenbeerenauslesen und Eisweine.

WETTERREGELN

Ist's an Josephi (19. März) klar,
so folgt ein fruchtbar Jahr.

April windig und trocken,
macht alles Wachstum stocken.

Sind die Reben um Georgi (23. April)
noch blind, so sollen sich freuen:
Mann, Weib und Kind.

Leinach

Im Jahre 1976 konnten Ober- und Unterleinach ein seltenes Fest begehen: Leinach besteht seit 1200 Jahren. Die Chronik liest sich wie ein spannender Roman über die Geschichte eines fränkischen Dorfes. Immer spielt der Wein eine bedeutsame Rolle.
In der zweiten Hälfte des 8. Jahrhunderts vermacht Gozolt seine Landgüter in Leinach dem Kloster Fulda, darunter neben Häusern, Äckern und Obstgärten auch Weinberge. Durch diese Schenkung zählen Ober- und Unterleinach mit zu den ältesten fränkischen Orten, in denen die Anpflanzung von Reben urkundlich so früh genannt wird. Mit Freuden nimmt wohl Bischof Heinrich von Würzburg im Jahre 1000 das Geschenk Otto des Dritten an, der den gesamten Waldsassengau zur Ehre Gottes und der hl. Märtyrer Kilian, Kolonat und Totnan der Bischofsstadt übergibt. Da lange Zeit hindurch das Ritterstift St. Burkard in Würzburg die Leinacher Pfarrer stellt, gebührt dem Kloster auch der Weinzehnt. In guten Jahren heimst das Ritterstift 30 bis 60 Fuder Zehntmost ein. Das erste öffentliche Gasthaus, in dem Leinacher Wein ausgeschenkt werden kann, wird im Jahre 1341 genannt. Neben mageren und kargen Weinjahren stellen sich immer wieder auch sehr üppige und volle Jahre ein; so fehlen im Jahre 1386 die Fässer, um den vielen Wein zu fassen. Der blutige Bauernaufstand im Jahre 1525 kann auch an Leinach nicht vorübergehen. Da rotten sich die Bauern aus dem Leinachtal zusammen, ziehen gegen ihre Hauptstadt und plündern vor allem das Stift St. Burkard. Zum großen Teil zerstören sie die Kirche und versaufen in den Klosterkellern 280 Fuder Wein. Beim Sturm auf die Festung am 15. Mai 1525 fällt der Anführer der Aufständischen aus dem Leinachtal auf: Es ist der Oberleinacher Caspar Cober.
Gesegnete Zeiten erleben die Leinacher während der Regentschaft von Fürstbischof Julius Echter. In der Zeit zwischen 1608 und 1615 werden beide Kirchen großzügig umgebaut und erweitert. Mit Erlaubnis des Fürstbischofs darf im Jahre nach 1580 auch ein Dorfwirtshaus, die „Gemeinde-Schenkstatt", eröffnet werden. Wer zuviel des guten Weines genießt oder sich ungebührlich aufführt, wird im Keller in das Gefängnisloch gesteckt, „zur wohlverdienten Straff 24 Stund lang in wasser und brod eingethürmet". Julius von Gottes Gnaden Bischof zu Würzburg und Herzog zu Franken erläßt im Jahre 1585

Oberleinach

Die Hänge um Ober- und Unterleinach wurden erst vor etwa 15 Jahren wieder für den Weinbau entdeckt.

Unterleinach

für Leinach auch eine Dorfordnung, in der u. a. die Völlerei und das ungebührliche Sitzen in Wirtshäusern gerügt werden. Im 30jährigen Krieg (1618–1648) brennt Oberleinach nicht weniger als zweimal fast völlig ab. Fluren und Weinberge werden verwüstet, und die Menschen verrohen. Vom Jahre 1620 ist überliefert, daß der Schultheiß verbittert ist und resigniert, weil seine Leinacher nicht in die Kirche gehen: „er kent sie nitt nei drag" – er kann sie ja selbst nicht hineintragen, so klagt er, weil sie bis 12 Uhr nachts in den Wirtshäusern trinken würden. Kein Verbot könne dagegen etwas ausrichten.

Das Lagerbuch von Leinach weist aus, daß im Jahre 1698 sechshundertdreiundachtzig Morgen, das sind über 180 ha, Weinberge allein in Unterleinach bebaut werden. Am Ende des 18. Jahrhunderts bringen Kriege böse Zeiten in das Dorf. So muß im Jahre 1793 der Bischof eine eigene Kollekte anordnen, um den Häckern aus ihrer argen Not zu helfen. Noch vor Ausbruch des Zweiten Weltkrieges sind in Leinach über 50 ha mit Weinreben bepflanzt, 1937 werden über 800 Hektoliter Wein geerntet. Seit dieser Zeit geht der Weinanbau stark zurück. In den siebziger Jahren wird nur noch auf einer Fläche von ca. 2 ha Wein gelesen, seit der Weinbergsbereinigung

Eindrucksvolle Muschelkalklandschaft zwischen Thüngersheim und Karlstadt.

im Rahmen der Feldflurbereinigung tragen wieder 20 ha. Viele Auswärtige haben in den letzten Jahren Weinberge angelegt.
Für Sitte und Brauch haben die Leinacher viel übrig; schon vor zweihundert Jahren war es eine alte Tradition, „daß ein jeder Nachbar die von reinen Gütern überkommene Weinheckenwirtschaft zu treiben berechtigt ist". Und so steht in der Chronik geschrieben: „Auf vier Wochen im Jahr ist die Weinheckenwirtschaftsherrlichkeit begrenzt. Zuweilen geht es da bis tief in die Nacht laut und ausgelassen zu, wenn die Leinacher Winzer ihren Eigenbau ausschenken dürfen und die Dorfmusikanten von Heckenwirtschaft zu Heckenwirtschaft aufspielen. Auch der Dorfwirt hat daran teil, denn er kassiert für solchen Weinausschank mit Musik vier Batzen extra; im übrigen macht der Weinausschank 16 bzw. 20 Batzen, zu bezahlen an den Dorfwirt."

Einzellagen: Himmelberg, Weinsteig

Großlage:
Ravensburg
Früher: Kustern, Weidach, Birkenfelderleite, Gründlein, Schäfer, Königsberg, Zellerberg, Fuß, First, Kehlberg, Berg, Winterleiter, Steig, Oberthal, Kiliansberg, Hegerstein, Himmelberg, Bergverleite, Faule Weinberg, Küsterberg

Gesamtrebfläche: 23 ha

Haupthimmelsrichtungen der Lagen: Süd, Süd-West

Höhe über dem Meeresspiegel: 300 bis 350 m

Haupthangneigung der Lagen in Prozent: 10 bis 30

Boden:
Muschelkalk, auch Buntsandstein

Rebsorten:
Portugieser, Schwarzriesling, Optima, Bacchus, Morio Muskat, Müller-Thurgau, Silvaner, Riesling u. a.

Wein:
fruchtig, markant, sehr sortentypisch.

All die Winzer, welche ihre Reben an den Osthängen des Mainlaufs anbauen, werden oft wegen der kürzeren Nachmittagssonne bespöttelt. Aber dort, wo das Wasser vor Zeiten die Seitentäler ausgewaschen hat, gedeihen an diesen Südhängen vorzügliche Weine.

Erlabrunn

Glücklich zu preisen ist ein fränkischer Ort wie Erlabrunn, der im Vorwort seiner Ortschronik bekennen kann: „Anmut im kleinen ist es, die unsere Heimat liebenswert macht." Erlabrunn wird das liebliche Dorf am Main genannt. Die Weinberge am Volkenberg drücken sich nahe an den Ort heran. Der Träubel im Gemeindewappen hebt die Bedeutung des Weins für Erlabrunn besonders hervor.

Knapp 30 Jahre nach der ersten urkundlichen Erwähnung des Ortes im Jahre 1209 ist auch der Weinanbau schriftlich belegt; denn das Stift Neumünster in Würzburg hat bereits im Jahre 1236 Weinberge in Erlabrunn als Besitz. In einer Urkunde, die zwischen Dekan Heinrich und dem Stiftkapitel von Neumünster abgeschlossen wurde, ist angemerkt: „Ihr Mitbruder Dieter hat nach Empfang von 16 Mark Silbers vom Stift ein Talent (= Pfund) Jahresgüld für das Stift festgesetzt von 14 Joch Weinberge in Erlebrunnen, die theils in Geld, theils in Wein an verschiedenen Zahlungsterminen zu entrichten sind." (Vgl. Chronik S. 76.) Im Saalbuch von Erlabrunn, das unter der Herrschaft des Fürstbischofs Echter von Mespelbrunn im Jahre 1596 angelegt worden ist, werden eine Reihe von Bestimmungen und Verordnungen festgehalten. Vor 400 Jahren hatte Erlabrunn eine gemeine Schenkstatt, die von der Gemeinde mit Wein belegt wurde. Mit dem Ertrag wurden der Pfarrherr und der Wirt entlohnt. Das sogenannte Umgeld, das bei den Häckerwirten eingenommen worden ist, ist durch zwei Geschworene eingesammelt und nach Karlstadt geliefert und verrechnet worden. Vom Weinzehnt bekamen die Dompropstei, der Graf von Erbach und die Edelleute von Zellingen ihren Teil. Die Rienecker Herrschaft besaß in Erlabrunn einige Weingärten. Beim Brachen und Hacken nahmen sich die Herren das Recht, jedem Einwohner die Taglöhner zu verbieten, solange, bis die Rieneckschen Weinberge gehackt waren.

Von 1753 bis 1762 war Andreas Warth aus Walldürn als Pfarrer in Erlabrunn tätig. Bis ins einzelne hinein schilderte er genau die Verhältnisse seiner Zeit; leider liegen seine Aufzeichnungen nur vom Jahre 1753 vor. Für die Winzer und Bauern war es ein schlimmes Jahr. Nach Maifrösten, die einen Teil der Erträge vernichteten, folgte ein heißer, regenarmer Sommer. Der Boden trocknete aus, Sommerfrüchte und Futtermittel wurden rar.

Nach dem Brandversicherungs-Grundbuch vom Jahre 1854, in dem die Hauseigentümer von Erlabrunn alle angeführt sind, besaßen nahezu 20 Winzer ein eigenes Kelterhaus. Zwischen den beiden Weltkriegen wandelte sich die Weinbergsflur in eine Obst- und Beerenlandschaft um. Man scheute den Aufwand, die steilen Hanglagen wieder zu bestokken. Vielen Winzern bietet der Weinbau nicht mehr die rechte Lebensgrundlage. Etliche Weinkeller stehen leer, obwohl der Erlabrunner Wein, vor allem an den Südhängen, von vorzüglicher Qualität gewe-

sen ist. Die meisten ortsansässigen Weinbaubetriebe verkaufen den Großteil ihrer Erträgnisse an den Weinhandel. Daneben gibt es aber auch namhafte Selbstvermarkter. 14 ha sind zur Zeit mit Reben bepflanzt.
Seltsamerweise erhielt aufgrund bestimmter Beschlüsse und Regularien, festgehalten im sogenannten Erlabronner Schatzungsbuch von 1690, der Thüngersheimer Pfarrer im 17. und 18. Jahrhundert einen Weinzehnt aus Erlabrunn, genauso wie das geistliche Stift in Lohr.
Die schriftliche Erwähnung alter Weinlagenamen läßt Rückschlüsse zu auf die allmähliche Ausdehnung des Weinbaugebietes: 1245 wird der Neuberg genannt, 1331 werden Weinanlagen an der Rode bzw. Roethe (gerodete Äcker) und am Falkenberg (Volkenberg) aufgezählt. 1342 folgen Weinberge im Loch (2 Morgen) und an der Steige, Richtung Leinach, 1357 Weinberge am Rothenberge (es ist noch die Zeit der Rodungen und der Ausbreitung des Weinanbaus).
Bevor Bier, Kaffee oder schwarzer Tee Alltagsgetränk wurden, war der Wein das Hauptgetränk. Wein ist zu den verschiedensten Anlässen serviert worden. Man war stolz, wenn man eigenen Wein kredenzen konnte. Im Bartel, der Krug faßte bis zu 10 Liter, holte man den Most bzw. den Wein vom Faß aus dem Keller und leerte ihn in das Bartelglas (1 Liter). Am liebsten trank man dann aus Bechergläsern.
Wenn die Heckenwirtschaften geöffnet haben, riechen Federweißer und Kuhkäs aus den Häusern. Dann liegt das Schwarzbrot auf dem Tisch neben der Hausmacherwurst oder der Häckerbrotzeit und den Walnüssen. Während man früher nur den Neuen oder den Alten ausschenken durfte, kann man sich heute fast jede Sorte Wein kaufen.
Bis in die 50er Jahre erhielt der Ortspfarrer von den Winzern das sogenannte Mostachtel. Um 1935 war es auch noch üblich, daß die „Würzburger Kärner" in großen Transportfässern den Wein von hier abholten und verkauften. Der Weinbauverein hat sich nach dem Zweiten Weltkrieg aufgelöst. Nur noch 8 selbstvermarktende Betriebe berechtigen dazu, daß im Ortswappen die grüne Weintraube mit zwei Blättern auf zehnfach in rot-gold verteiltem Schild geführt wird. 1959/60 ist die Weinbergslage „Zum Hüttental" umgelegt worden.
Am Schluß eines alten Erlabrunner Liedes heißt es:
„Mir ham an guten Wein, es liegt so nah der Main
und wer davo drei Seidli trinkt, der is malouch"
(hier wurde das jiddische „Maloche" = schwere Arbeit mit „malad" = krank verwechselt).
Zum Schluß sollen zwei Erlabrunner Weinjahre gegenübergestellt werden: 1878 und 1936. Als großes Weinjahr ist 1878 in Erinnerung. Die Fülle des süßen Mostes konnte nicht untergebracht werden, ein Teil blieb offen in den Kufen, Stüchten und Gelten stehen und soll so zur Gärung gekommen sein.
Sogar die Kühe, Zugochsen und Bullen hätten von diesem gärenden Most zum Saufen bekommen.
1936 dagegen war ein äußerst schlechtes Weinjahr. Der Sommer war kalt und verregnet, die Trauben konnten nicht reif werden, und Frühfröste ließen das Laub vorzeitig abfallen. Dieser Most war kaum zu verkaufen, man bezeichnete ihn als Sauerampfer. Im Volksmund erzählte man sich, daß die Beeren gut geeignet gewesen wären für die Schweinfurter Kugellagerfabriken. (Diese spöttische Aussage hört man in minderen Jahren in Franken öfters.)
Es lohnt sich, nach einem Spaziergang hinauf zum Volkenberg eines der Weinlokale in Erlabrunn zu besuchen. Und es lohnt sich auch heute noch, wie Albin Lorenz meint, daß man sich mit der Natur herumschlägt und den Kampf aufnimmt, damit aus dem großväterlichen Erbe wieder ein neuer Nachkomme hervorgeht und hier im fränkischen Raum der Weinbau auf jeden Fall bestehen bleibt.

Einzellage:
Weinsteig

Großlage:
Ravensburg
Früher: Altenberg, Hüttenthal, Ravensburg, Volkenberg, Böllertal, Mehlen, Neuenberg, Roth, Kerntal, Steinlein, Pfaffenberg, Steig, Ebertsgrund

Gesamtrebfläche:
24 ha

Haupthimmelsrichtungen der Lagen:
Süd, Süd-Ost, Ost

Höhe über dem Meeresspiegel:
200 bis 285 m

Haupthangneigung der Lagen in Prozent:
20 bis 65

Boden:
unterer Muschelkalk und Löß

Rebsorten:
Müller-Thurgau, Silvaner u. a.

Wein:
artiges Bukett, markig, fester Körper.

Zimmern

Vom Glanz von Zimmern als Weinbauort sind ein paar Steinmauern übriggeblieben. Hinter dem Dorf zum Röthertal hin erkennt man an den Hängen die Reste einer ehemaligen Weinkultur. Am Kirchweinberg, Neuen Berg, Steugwengert, In den Köchli und Bödeli wuchs ein recht herber Zimmerer Tropfen.
Um die Jahrhundertwende ging es mit dem Weinbau zu Ende, ein Chronist stellt fest: „Leider sind die Weinberge in südlicher Lage, die einen kräftigen Wein mit einer kräftigen Blume lieferten, stark gelichtet und werden es immer mehr.“ Neben den üblichen, allgemein rückläufigen Tendenzen tragen am Niedergang des Weinanbaues die Winzer aus Zimmern selbst Schuld, weil sie es vorzogen, ihr Geld als Steinhauer in den Brüchen von Bergrothenfels rascher und sicherer zu verdienen als auf den eigenen Feldern. Den Frauen wurde die Weinbergsarbeit zu mühsam und zeitraubend. An die Stelle von Weingärten traten Obstanlagen.
Es ist überliefert, daß man bei der Grundsteinlegung zum Bau der heutigen Kirche im Jahre 1833 auch eine Flasche Zimmerer Wein vom Jahrgang 1832 mit einmauerte. Von diesem Wein heißt es, er wäre ein Hauptwein gewesen, und der bayerische Eimer hätte 10 Gulden gekostet. Zug um Zug sind die brachliegenden Weinberge gerodet und die Stöcke ausgehauen worden. Frostige Winter haben schließlich auch den Obstbau fast zum Erliegen gebracht.

Marktheidenfeld

Marktheidenfeld kann sich wieder wie in früheren Zeiten als Weinstädtchen bezeichnen; denn seit 1977 gedeiht auf den Muschelkalk- und Lößhängen der Marktheidenfelder Kreuzberg. Der erste Rebenanbau ging von den Klöstern der Umgebung aus, vor allem von Holzkirchen, Neustadt/Main, Triefenstein und Bronnbach. Leonhard Scherk weist in seiner Dissertation über das Kloster Bronnbach nach, daß bereits im 11. und 12. Jahrhundert Weinberge in Marktheidenfeld existierten. Am Heubrunnen, an der Karbacher Straße, an der sogenannten Bulleyten und am Hinteren Berg lagen die ersten Weingärten. Das um 1100 gegründete Chorherrenstift Triefenstein führt im Verzeichnis seiner Erstausstattung neben 8 Morgen Weinbergen auch einen Wengert auf Marktheidenfelder Gemarkung an. Anschließend erwarb auch die fünfzig Jahre später gegründete Zisterzienserabtei Bronnbach auf Marktheidenfelder Gemarkung einige Weinberge. Allein in den Jahren 1312/13 gelangten in ihren Besitz 47½ Morgen Weinberge „an den hindern Berg“ und „am Burleberg“. Seit Beginn des 20. Jahrhunderts nahm wie überall auch in Marktheidenfeld der Weinanbau rasch ab. Als in den Jahren zwischen 1934 und 1936 der private Weinbau seinen tiefsten Stand erreichte, legte man zugleich eine staatliche Rebanlage neu an. In diesem Rebschnittgarten kam man zu grundlegenden Erkenntnissen über die Neuentwicklung

Im Main spiegeln sich Stadtpfarrkirche und alte Patrizierhäuser von Marktheidenfeld wider. Die Uferpromenade lädt zu erholsamen Spaziergängen ein.

Marktheidenfeld mit der neuen Weinbergsanlage.

schädlings- und krankheitsresistenter Reben. So wurde hiermit ein Grundstein zum Wiederaufbau des fränkischen Weinbaus gelegt.
Nicht minder machte sich Marktheidenfeld im Laufe vieler Jahrhunderte einen Namen als Weinhandelsstadt. Schon die geschäftstüchtigen Mönche des Klosters Bronnbach wählten die am Main gelegene Stadt als Umschlageplatz für ihre Weine, die sie vor allem in die Reichsstadt Frankfurt verkauften. Später ließ der weithin bekannte Marktheidenfelder Weinhändler Franziskus Valentin Franck (1777 gestorben) das herrliche Flaschhaus errichten. In den zahlreichen Gast- und Häckerwirtschaften ist zum Ende des 19. und zu Beginn des 20. Jahrhunderts vor allem der Grobenschnabel (Krähenschnabel) und der Marktheidenfelder Romberg ausgeschenkt worden. Wie schmeckt ein Schoppen, den man sich aus dem Battele in das Glas einschenkt, zu einer guten Brotzeit mit hausgemachtem Käse, dem Kühkäs, oder einer Scheibe roten bzw. weißen Preßsack!

Einzellage:
Kreuzberg
früher: Stegweinberg und Kochweinberg

Gesamtrebfläche:
14 ha

Haupthimmelsrichtung der Lage:
Süd

Höhe über dem Meeresspiegel:
200 bis 275 m

Haupthangneigung der Lage in Prozent: 30

Boden:
unterer Muschelkalk, Löß

Rebsorten:
Müller-Thurgau und viele Neuzüchtungen (Versuchsweinberg)

Wein:
duftig, kernig, ausgeprägt.

All mei Geld hob ih vertrunka
in der „Goldne Krona",
hoff, 'n Wirt sei Techterla
wärd mersch scha no lohna.

All mei Lust und all mei Freud
liegt im Wirt sein Keller;
heiert mi sei Techterla,
reut mi nit ein Heller.

*

I ho mei Gald in Maßkruag nei,
da kou i nit verderm;
wos hilft mersch, wenn i no sou spor
und endli muß i sterm?

*

I wellt, i wär in Himmel doum
und hätt a Faßla Wei
und hätt mein Schatz in Ärfala,
na könnt i lusti sei.

Die Qualitätsweinprüfung im Freistaat Bayern

Entwicklungsgeschichte

Mit den Unterschriften unter die „Römischen Verträge“ wurde der Beitritt in die Europäische Wirtschaftsgemeinschaft für die Bundesrepublik Deutschland im Jahre 1958 rechtswirksam.
Im Sinne des Vertragswerks wurde damit auch eine gemeinsame Politik auf dem Gebiet des Weinbaues für die Mitgliedstaaten eingeleitet. Diese gemeinsame Politik wurde schließlich durch das Inkrafttreten der beiden Grundsatz-VO Nr. 816/70 und 817/70 am 1. Juni 1970 manifestiert (jetzt: 337/79 und 338/79).
Diese EWG-Weinmarktorganisation ist für alle beteiligten Mitgliedstaaten gleichermaßen verbindlich.
Mit der Einteilung der Weine in „Tafelwein“ und „Qualitätswein b. A.“ wurde eine bis dahin nicht vorhandene exakte Begriffsbestimmung geschaffen.
Während die Vorschriften für den Tafelwein weitgehend einheitlich für alle EWG-Mitgliedstaaten sind, geben die Vorschriften für die „Qualitätsweine bestimmter Anbaugebiete“ den einzelnen weinbautreibenden Mitgliedstaaten die Möglichkeit, ... unter Berücksichtigung der ständigen und der Verkehrssitte entsprechenden Gepflogenheiten zusätzliche Produktionsbestimmungen und Merkmale ... festzulegen! Diese Bestimmungen und die Voraussetzungen für eine Untersuchung und Bewertung der organoleptischen Merkmale wurden schon in der VO Nr. 24 der EWG im Jahre 1962 festgelegt.
In Artikel 11 der VO Nr. 817/70 des Rates vom 28. April 1970 „zur Festlegung besonderer Vorschriften für Qualitätsweine bestimmter Anbaugebiete“ wird der *Erzeuger* verpflichtet, ... Weine, auf welche die Bezeichnung Qualitätswein b. A. angewandt werden soll, einer analytischen und einer organoleptischen Prüfung zu unterwerfen: ... Weiter heißt es, daß die von den einzelnen Mitgliedstaaten benannten zuständigen Stellen die Prüfungen in Form von Stichproben durchführen können, bis der Rat geeignete Bestimmungen über die systematische und allgemeine Durchführung der Prüfung erlassen hat.
Aufgrund der zitierten Vorschriften und aus der Kenntnis heraus, daß in der Bundesrepublik die „Qualität im Glase“ für die Eingruppierung eines Weines entscheidend sein soll, wurde im WeinG vom 16. Juli 1969 – das nie in Kraft trat – die Prüfung der Qualitätsweine und Qualitätsweine mit Prädikat festgelegt. Zwar sollte es hier nach einer Rechts-VO überlassen bleiben, in welchen Fällen und auf welche Weise Sinnenprüfungen vorzunehmen sind – man war sich also noch nicht schlüssig, ob eine fakultative oder obligatorische Sinnenprüfung vorgenommen werden sollte –, doch ließ das Nachfolgegesetz vom *14. Juli 1971* – unser heutiges geltendes Recht – hieran keinen Zweifel mehr bestehen und legte in § 14 WeinG und in § 5 der WeinVO fest, daß eine chemische Untersuchung und eine Sinnenprüfung für jeden Qualitätswein und Qualitätswein mit Prädikat durchzuführen ist.
Mit Ausnahme Luxemburgs und der Bundesrepublik Deutschland bedienen sich bisher alle übrigen Mitgliedstaaten der *Europäischen Gemeinschaft* des Systems der „geborenen Qualität“ – der kontrollierten Herkunft. In der Bundesrepublik Deutschland konnte man wegen der jährlich sich ändernden Jahreswitterung (in einem Jahr kann ein bestimmter Weinberg Spitzenqualität hervorbringen, im anderen Jahr, wenn das Wetter ungünstig ist, nur Tafelwein) das französische System der „geborenen Qualität“ nicht übernehmen. Aus diesem Grunde führte man den Begriff der *„geprüften Qualität im Glase“* ein.
Dieses System zielt hinsichtlich der Qualitätseinstufung nicht in erster Linie darauf hin, auf welchem Teil der Erdoberfläche die Trauben gewachsen sind (geborene Qualität), sondern, ob deren Produkt, der Wein, im gebrauchsfertigen Zustand bestimmten qualitativen Anforderungen entspricht (gekorene Qualität). Hierin liegt der entscheidende Unterschied zum System der Ursprungsbezeichnungen (A.O.C. für

Frankreich und D.O.C. für Italien), obwohl auch in der Bundesrepublik ein Qualitätswein nur von einem abgegrenzten, festgelegten Standort kommen kann. (Unter einem Lagenamen dürfen nur solche Rebflächen zusammengefaßt werden, aus deren Erträgen Weine gleicher Art und gleichen Wertes hergestellt werden können.)
Für unsere Qualitätsweinprüfung wären die Vorschriften der VO (EWG) Nr. 2236/73 mit der stichprobenweisen organoleptischen Prüfung innerhalb von drei Jahren nicht durchgreifend genug.
Wahrheit und Klarheit, Qualität und Spezialität sind die Grundlagen des Weingesetzes. Dem Verbraucher soll durch die Prüfungsnummer auf dem Flaschenetikett der Einkauf von Wein erleichtert werden. Nach §§ 11 und 12 des WeinG darf Wein als Qualitätswein beziehungsweise als Qualitätswein mit Prädikat nur *gekennzeichnet* werden, *wenn für ihn auf Antrag eine Prüfungsnummer und gegebenenfalls das Prädikat* zugeteilt worden ist.
Die Prüfung aller deutschen Qualitätsweine und Qualitätsweine mit Prädikat ist seit dem Weinjahrgang 1971 obligatorisch.
Mit der Festlegung einer amtlichen, dem Einfluß des Herstellers entzogenen Feststellung der Qualität soll aber auch neben dem Verbraucherschutz die Wettbewerbsgleichheit unter den Anbietern am Markt gesichert werden, die eine Voraussetzung für einen fairen Wettbewerb ist. Gerade das im Weingesetz festgelegte Statut qualitativ sich unterscheidender Qualitätsklassen, also insbesondere die Unterteilung in Qualitätswein und Qualitätswein mit Prädikat, verlangt eine Kontrolle und Festlegung außerhalb der persönlichen Interessen des Erzeugers oder Herstellers.

Mit der Einführung einer amtlichen Qualitätskontrolle wurde auf allen Gebieten ab Januar 1972 Neuland betreten.
Zuständig für die Zuteilung der Prüfungsnummer sind die Behörden, in deren Bereich die zur Herstellung des Weines verwendeten Weintrauben geerntet worden sind.
In der ganzen Bundesrepublik werden die chemischen Analysen von anerkannten Fachlaboratorien durchgeführt. In Bayern müssen jedoch alle zu Qualitätswein mit Prädikat geeigneten Weine von dem Landesuntersuchungsamt für das Gesundheitswesen Nordbayern, Würzburg, Theaterstraße 23 (LUA) analysiert werden.
Die Regierung von Unterfranken ist zentral zuständig zur Erteilung von Prüfungsnummern und Prädikaten für Qualitätswein, für dessen Herstellung in Bayern geerntete Weintrauben verwendet worden sind.
Antragsberechtigt ist, wer den Wein abgefüllt oder hergestellt hat. Erstmalig wurde der Jahrgang 1971 einer amtlichen Qualitätsprüfung unterzogen.
Mit der Zuteilung der Qualitätsweinprüfung mußte von der Verwaltung Neuland beschritten werden. Eine umfangreiche Organisationsarbeit war nötig.

Antragstellung

Grundsätzlich dürfen nur Weine zur Prüfung angestellt werden, die bereits *auf Flaschen gefüllt* sind. Ein vorheriges Inverkehrbringen ist verboten. Die Antragstellung unterscheidet sich bei *Prädikatsweinen* in Bayern vom Verfahren der anderen weinbautreibenden Bundesländer.
Mit dem Antrag auf Erteilung einer Prüfungsnummer für „schlichten“ Qualitätswein ist der Untersuchungsbefund eines von der Regierung zugelassenen Fachlabors und drei Probeflaschen, die mit der untersuchten Flasche und der beantragten Gesamtpartie *identisch* sein müssen, vorzulegen.
Die Flaschen sind mit voller Bezeichnung zu versehen, es müssen keine Originaletiketten sein. Die Probeflaschen sollen sauber sein und ohne Kapseln. Auch sollen die Proben in Flaschen angedient werden, die mit dem übrigen Weinbestand in ihrer Form identisch sind.
Bei Qualitätsweinen mit Prädikat führt die Regierung von Unterfranken selbst eine Analyse durch; sie hat hierzu das LUA Würzburg beauftragt. Deshalb müssen bei der Beantragung eines Prädikats vier ganze Flaschen bei der Prüfstelle angeliefert werden.

Bei dieser Analysenerstellung kann der angestellte Wein über die bei sonstigen Laboruntersuchungen allein geprüften Kriterien hinaus mit zusätzlichen wissenschaftlichen Methoden umfassend auf gesetzeswidrige Herstellung überprüft werden.
Ergibt sich hierbei der Verdacht auf gesetzeswidrige Herstellung, unterbricht die Regierung ausnahmslos das Qualitätsweinprüfungsverfahren und läßt durch die zuständigen Lebensmittelüberwachungsbehörden (einschließlich Weinkontrolle) und amtlichen Sachverständigen die erforderlichen weiteren Ermittlungen anstellen.
Es wird daher die Meinung vertreten, daß der bayerische Qualitätswein der zum Schutze der Hersteller bzw. Händler vor unredlicher Konkurrenz strengst geprüfte Qualitätswein ist, daß gesetzwidrig hergestellter bayerischer Qualitätswein nach menschlichem Ermessen ausnahmslos bereits im Qualitätsweinprüfungsverfahren vor dem Inverkehrbringen entdeckt wird und sein Inverkehrbringen damit wirksam verhindert werden kann.
Es besteht hinsichtlich der Proben grundsätzlich Bringschuld, d. h., die Proben müssen mit dem ausgefüllten Antragsformular entweder durch Personen oder durch Post oder Bahn zur Prüfstelle gebracht werden.
Der Antrag ist mit einem von der Regierung ausgearbeiteten Formblatt einzureichen.
Zwei der Probeflaschen werden als „Kontrollflaschen" von der Prüfstelle kenntlich gemacht und mit einer besonders gestalteten Kunststoffkapsel an der Mündung verschlossen (versiegelt).
Diese Kontrollflaschen sind nach Ausstellung des Prüfungsbescheides vom Antragsteller noch zwei Jahre lang sicher aufzubewahren.

Zusammensetzung der Prüfungsnummer

Die amtliche Prüfungsnummer (A.P.-Nr.) setzt sich zusammen aus:

a) Betriebsnummer – diese wird auf Antrag den Betrieben zugeteilt.
   Die Betriebsnummer ist vierstellig und ist über Jahre hinaus gültig.
   Die Betriebsnummer ist eine Registriernummer und aus verwaltungstechnischen Gründen nötig.
b) Antragsnummer – diese ergibt sich aus der fortlaufenden Zählung der Anträge des einzelnen Betriebes (mit 001 beginnend) pro Kalenderjahr. Die Antragsnummer wird aus Gründen der besseren Überschaubarkeit durch einen Bindestrich von der Betriebsnummer getrennt.
c) Jahresziffer – diese letzten beiden Ziffern, die ebenfalls durch einen Bindestrich von der Antragsnummer getrennt werden, geben das Jahr der Antragstellung an. Meist ist die Zahl deshalb nicht identisch mit dem Weinjahrgang.

Chemische Analyse

Wie bereits oben dargetan wurde, werden sämtliche Prädikatsweine von dem LUA Würzburg im Auftrage der Regierung von Unterfranken untersucht. Die Qualitätsweine ohne Prädikat können von eigens hierfür zugelassenen chemischen Labors untersucht werden. Die chemische Analyse wird im Sinne von § 5 Weinverordnung erstellt. Sie muß zumindest folgende Angaben enthalten:

1. Aussteller des Untersuchungsbefundes.
2. Name (Firma) des Antragstellers.
3. Vorgesehene Bezeichnung.
4. Sensorischer Befund über Farbe, Klarheit, Geruch und Geschmack.
5. Die festgestellten analytischen Werte für
   a) Gesamtalkoholgehalt
      Gramm im Liter und Grad
   b) tatsächlichen Alkoholgehalt
      Gramm im Liter und Grad
   c) Gesamtextrakt (indirekt)
      Gramm im Liter
   d) Zucker, berechnet als Invertzucker
      Gramm im Liter
   e) Alkohol-Restzuckerverhältnis
   f) Gesamtsäure, berechnet als Weinsäure
      Gramm im Liter
   g) freie schweflige Säure
      Milligramm im Liter

h) gesamte schweflige Säure
Milligramm im Liter
i) die relative Dichte des Weines.

Sinnenprüfung

Das durch Gesetz vorgeschriebene amtliche Prüfungsverfahren für Qualitätswein soll letzten Endes sicherstellen, daß nur solche Weine in den Verkehr kommen, die zunächst die gesetzlichen Herstellungsvorschriften erfüllen und daneben in Farbe, Klarheit, Geruch und Geschmack frei von Fehlern und typisch für die Herkunft, für die angegebene Rebsorte und die Qualitätsstufe sind. Zum Nachweis der zuletzt genannten Forderungen sind in den einzelnen weinbautreibenden Ländern Prüfungskommissionen eingerichtet worden, welche die Weine unabhängig nach bestem Wissen sachverständig verkosten. Um das Prüfungsverfahren möglichst zeitsparend und praxisgerecht durchführen zu können, stellt die Sinnenbewertung verständlicherweise lediglich auf die Durchschnittsprobe ab, die der Antragsteller selbst anstellt. Allerdings muß er im Antrag versichern, daß die vorgestellte Probe *der tatsächlichen Zusammensetzung* und der Beschaffenheit *der betreffenden Abfüllung* entspricht.
Die Probe muß mit der Gesamtpartie *identisch* sein.
Je nach Anzahl der Anträge auf Zuteilung einer Prüfungsnummer für Qualitätswein mit und ohne Prädikat werden an der Prüfstelle für Qualitätswein wöchentlich eine oder mehrere Sinnenprüfungen durchgeführt. Bei einer Prüfung werden etwa 60 Weine sachverständig beurteilt.
Die Proben werden nach probetechnischen Grundsätzen rangiert.
Vor der Probe werden die Weine in einem geeigneten Kühlschrank auf die erforderliche Temperatur eingestellt.
Der Prüfer erhält auf einem Formblatt folgende Information über jeden einzelnen Wein:
Laufende Nummer der Probe, Jahrgang, Rebsorte, Weinart und beantragte Qualitätsgruppe. Jeder Wein wird *verdeckt* vorgestellt, so daß die genaue Herkunft und insbesondere der Antragsteller unbekannt bleiben. Zur Sinnenprüfung kommen nur analytisch einwandfreie Weine.
Die Weine werden nach dem amtlichten 5-Punkte-Schema in Farbe, Klarheit, Geruch, Geschmack und Harmonie sensorisch beurteilt. Das Sachverständigengutachten wird von jedem einzelnen Prüfer unparteiisch und nach bestem Wissen und Gewissen, ohne Absprache, auf einem Formblatt schriftlich festgelegt.
Erst am Schluß der Probe werden die Gesamtpunkte abgerufen. Extreme Abweichungen vom Mittel werden diskutiert, wobei eine Rückprobe des betreffenden Weines möglich ist.
Von der Regierung von Unterfranken wurden als sachverständige Prüfer 48 Personen verpflichtet (im gesamten Bundesgebiet sind es 700). Die Prüfungskommissionen sind selbständig; sie wählen jeweils einen Vorsitzenden.
Jede Prüfungskommission setzt sich aus sechs Personen zusammen, und zwar aus:
drei Mitgliedern auf Vorschlag des Fränkischen Weinbauverbandes e. V.,
einem Mitglied auf Vorschlag des Landesvereins des Bayer. Weinhandels – Bezirksgruppe Franken – e. V.,
einem Mitglied auf Vorschlag der Verbrauchervereinigung und
einem Mitglied des Landesuntersuchungsamtes für das Gesundheitswesen Nordbayern, Würzburg (Weinüberwachung).
Die Bestellung der Prüfungskommissionen ist eine sehr verantwortungsvolle Aufgabe, damit Unparteilichkeit und Unabhängigkeit der einzelnen Prüfer gewährleistet sind und Beeinflussungsversuche ausgeschlossen werden.
Die Prüfer sind immer für drei Jahre berufen. Es sind

Frauen und Männer aller Altersklassen und der verschiedensten Bildungsschichten. Die Hauswirtschaftsmeisterin prüft neben dem Diplomingenieur und der Kellermeister neben dem Inhaber einer Weinhandelsfirma. Wichtig sind ein lauterer Charakter, das Wissen um das Werden des Weines, seine Fehler, Krankheiten und Mängel und die Kenntnisse, was typisch ist für Herkunft, Rebsorte und Qualitätsstufe. Aber auch der unverbildete Verbrauchergeschmack hat seine Bedeutung. Es darf keine Beliebtheitsprüfung durchgeführt werden. Die Prüfer haben nach bestem Wissen und Gewissen und objektiv zu urteilen.

Laufende Schulungs- und Informationsveranstaltungen über Jahrgangsprobleme und in der bewertenden Beurteilung des Weines stehen bei allen Prüfstellen im Vordergrund der Prüferbetreuung. Dabei sind Lösungen zu erarbeiten, die „Sezierer" und „Absegner" gleichermaßen eliminieren, wie Nivellierung und Beschränkung auf Mindestanforderungen.

Der Erhaltung der Individualität und Originalität müssen Möglichkeiten eingeräumt werden. Ziel sollte auch sein, reproduzierbare Ergebnisse zu erreichen.

Die Kommissionsmitglieder sind ehrenamtlich tätig und erhalten eine Entschädigung. Für die bediensteten Sachverständigen der Gesundheitsbehörde ist die Mitwirkung bei der Sinnenprüfung Dienstaufgabe, somit erhalten diese Sachverständigen keine Vergütung.

Die Bewertung und Einstufung der einzelnen Weine aufgrund der Sinnenprüfung ergibt sich aus der Durchschnittspunktzahl. Kann der als Ablehnungsgrund festgestellte Mangel oder Fehler auf eine Einzelflasche beschränkt sein, oder wird der Mangel oder Fehler durch bloße Lagerung geheilt, dann empfiehlt die Regierung Wiederanstellung nach angemessener Zeit. Auch in strittigen Fällen (wenn zum Beispiel in der Prüfungskommission kein Mehrheitsverhältnis erzielt werden kann) wird der Wein erneut einer anderen Prüfungskommission vorgestellt, ohne daß die andere Kommission erfährt, daß es sich um eine Wiederanstellung handelt. Wird ein Wein aufgrund der Sinnenprüfung auf eine niedrigere Qualitätsstufe herabgestuft oder abgelehnt, so kann der Antragsteller Widerspruch erheben, mit der Folge, daß der Wein erneut einer Sinnenprüfung durch eine andere Prüfungskommission unterzogen wird. Erst wenn im Widerspruchsverfahren der Wein erneut abgelehnt wurde, wird amtlicherseits durch Bescheid, der nur noch am Verwaltungsgericht angefochten werden kann, die Prüfnummer versagt, und der Wein

kann nur noch allenfalls als Tafelwein vermarktet werden.

Wie das Wort „Qualitätsweinprüfung" schon sagt, ist dieser Qualitätstest eine Prüfung, aber keine Prämierung. Jeder Wein muß jedoch frei sein von Fehlern und Krankheiten. Er muß auch typisch sein für die angegebene Herkunft, Rebsorte und Qualitätsstufe. So muß nach Ansicht der Praxis ein Kabinettwein neben den sonstigen Voraussetzungen noch ausreichende Reife und Ausgeglichenheit zeigen. Spätlesen, Auslesen, Beerenauslesen und Trockenbeerenauslesen müssen zusätzlich noch die „typischen Bewertungsmerkmale" aufweisen.

Daß unsere Weine daneben noch den vielzitierten fränkischen Charakter haben müssen, ist wohl selbstverständlich.

Jede Weinart (Weißwein, Rotwein, Roseewein, Rotling) muß eine typische Farbe aufweisen. Ein „schlichter“ Qualitätswein hat nach zwei Monaten Ausbauzeit eine ganz andere Farbe als eine im kleinen Holzfaß ausgebaute Beerenauslese. Ebenso besteht ein großer Unterschied zwischen einem lichtgelblichgrünen Riesling Kabinett und einer reifen Traminer Auslese. Ein Wein muß eben in seinen Eigenschaften und Merkmalen typisch sein, und was typisch ist, ist für den jeweiligen Wein aufgrund sachverständiger Überlegung zu erkennen.

Jeder Prüfer muß so umfassende Produktkenntnisse haben, daß er nicht nur Fehler erkennt, sondern auch bestimmen kann, was für den jeweiligen speziellen Wein typisch ist. Was unter „typisch“ zu verstehen ist, sagt nicht das Weingesetz, sondern hat sich aus der Praxis und dem Verkehr herausgebildet.

Der Geschmack der Weine ist so differenziert, daß es einer außergewöhnlichen Sachkenntnis bedarf, um allen Gegebenheiten gerecht werden zu können. Die Prüfstelle versucht, die Objektivität und Reproduzierbarkeit zu steigern und die Probe möglichst sachverständig zu rangieren. Diesem Zweck dient auch das Ordnen der Weine in eine bestimmte Probefolge.

Nicht nur Weinarten, Rebsorten, Qualitätsgruppen werden unter Berücksichtigung der Analysenwerte getrennt vorgestellt, auch wird noch einmal zwischen trockenen Weinen und solchen mit mehr als vier Gramm Restzucker im Liter unterschieden.

Die Sinnenprüfung ist neben der chemischen Analyse gleichrangig. Die Prüfungskommissionen haben mit den Weinchemikern in den 13 Jahren Qualitätsweinprüfung ein gutes Stück Arbeit geleistet. Wir in Würzburg haben in 1400 Probeterminen rund 100000 Weine geprüft. In der Bundesrepublik Deutschland dürften rund 1,5 Millionen Weine amtlich geprüft worden sein.

Die durchschnittliche Ablehnungsquote schwankt je nach Weinjahrgang und Gebiet zwischen 1,2 und 7 Prozent. Mit diesem Instrumentarium konnten nicht nur fehlerhafte, untypische und mangelhafte Weine weitgehend ausgeschieden werden. Auch den Weinwirtschaftskriminellen wurde das Leben schwer gemacht. Für den Weinansteller ergaben sich viele Informationen, die sich positiv auf die Qualität der nachfolgenden Weine ausgewirkt haben.

Analytische Mängel wurden ebenso kritisch bewertet wie die verbale Beschreibung der Ablehnungsgründe. Daraus werden für den weiteren Betriebsablauf Schlüsse gezogen. So dienen auch die Ablehnungen der Qualitätsverbesserung in der Folgezeit. Qualitätsweinerzeugung ist ohne ein Mindestmaß analytischer Zahlen und neutraler sensorischer Prüfung jeder Weinpartie aus deutscher Sicht nicht vorstellbar.

So optimistisch dieser Bericht auch klingen mag, eines darf man dabei aber nicht übersehen: Die Qualitätsweinprüfung kann niemals ein Nadelöhr für alle möglichen Belange sein. Als flankierende Maßnahmen sind Mengenbegrenzung und Abgrenzung der weinbaugeeigneten Grundstücke erforderlich. Die Fortschreibung der Qualitätspolitik ist nicht allein mit der Sensorik und den zehn chemischen Zahlen zu erreichen.

Qualität ist nicht das Versprochene, sondern das Eingehaltene; Qualität ist immer das Anständige! Wenn auch die Qualitätsweinprüfung das Netz der Anforderungen eng strickt, so wird sie doch nur Stückwerk bleiben, wenn nicht eine redliche Weinwirtschaft dahinter steht und durch freiwillige Selbstkontrolle das Ganze zum Guten führt.

Die Arbeiten im Weinberg in früherer Zeit

Reben rauslassen:
Nach der Winterfrostgefahr, etwa Mitte März, werden die „gedeckten Reben" mit Boden oder Pfählen „rausgelassen".

Stöcke räumen:
Mit einer herzförmigen Räumhaue befreit man die Köpfe kreisförmig von Erde, damit leichter und besser geschnitten werden kann.

Reben schneiden: (fränk. Kopf-Schenkel-Erziehung)
Meist von Frauen werden die Reben geschnitten: Im 1. Jahr zurück auf den Kopf; im 2. Jahr ebenso; im 3. Jahr bleibt ein Stupfer mit 3 Augen; im 4. Jahr wird auf den Stupfer eine Halbrebe mit 4–6 Augen und ein weiterer Stupfer angeschnitten; im 5. Jahr wird auf die Halbrebe eine Tragrebe und auf den Stupfer eine Halbrebe, im 6. und den folgenden Jahren werden nach diesem Schema 2 Langreben, 2 Halbreben und 1 Stupfer angeschnitten. Bei triebigen Weinbergen kann der Ablauf ein Jahr vorverlegt werden.
In manchen Gemeinden und bei schlecht tragenden Sorten werden auch 3 Langreben angeschnitten.

Pfähle vertragen:
Die Pfahlhaufen werden entsprechend im Weinberg verteilt.

Pfähle schlagen:
Am Stock (Haupt) wird auf der Talseite mit dem Pfahlpickel ein Langpfahl eingeschlagen.

Aufbuschen:
Sämtliche Reben werden an dem Pfahl mit Weiden festgebunden und bleiben so aufrecht stehen, bis die Eisheiligen vorüber sind.

Hacken:
Bei schweren Böden wird mit dem zweizinkigen, bei leichteren mit dem dreizinkigen Karst der Boden umgegraben (20 cm), sowohl in den Gassen als auch zwischen den Stöcken.

Pfähle schlagen:
Ein weiterer Langpfahl wird oberhalb des Kopfs eingeschlagen, dazwischen stehen zwei halbe Pfähle.

Niederziehen:
Nach den Eisheiligen werden die Reben, die teilweise schon 20 cm lang getrieben haben (wenn sie erfroren sind auch nicht) mit einem Halbbogen vom langen Pfahl ausgehend an den kurzen Pfählen angebunden. Mit Weiden wird eine kunstvolle Bindung (Klang) angebracht.

Pflanzenschutz:
Wenn die ersten „Tupfen", Peronospora-Flecken auftauchen, wird mit einprozentiger Kupfervitriol-Kalkbrühe (auch Bordolaiser-Brühe genannt) ge-

spritzt; dies wird drei- bis viermal bis Ende Juli wiederholt.
Stäuben mit Schwefelblüte. Der Springwurm wird von Hand abgelesen. Es wird auch mit Nikotin gespritzt.

Brachen:
Unkraut wird mit der Hand abgehackt (je nach Bedarf wiederholt).

Heften, Gipfeln:
Mit nassem Stroh werden die grünen Triebe aufgebunden und schließlich abgeschnitten bzw. eingekürzt.

Nochmaliges Brachen:
Kurz vor der Beerenreife wird noch einmal mit dem Karst flach gehackt. Es wird Zucker in die Beeren gerührt (gebracht, gehackt).

Weinberge werden geschlossen:
Starenhut.

Weinlese:
Trauben werden abgeschnitten und mit Tragbutten aus den Weinbergen auf den Herbstwagen getragen.

Bänder aufschneiden:
Stroh- und Weidenbänder werden mit der Hippe (Happe) aufgeschnitten.

Pfähle ziehen, Pfähle zusammentragen:
Pfähle werden gezogen und auf Haufen getragen.

Decken:
„Bis Martini soll der faulste Häcker einen Morgen (Mörch) Weinberg gedeckt haben."
Dieser Spruch rührt daher, weil es Jahre gab, wie 1513, wo man wegen der früh einsetzenden Kälte nicht zum Decken kam und dann die Reben erfroren sind.
Die Reben werden niedergebückt und zu etwa einem Drittel mit Erde bedeckt; auch auf den Kopf (Haupt) kommt etwas Erde. In manchen Gegenden werden auch die Pfähle zum Decken verwendet. Es werden immer die Reben von zwei Stöcken zusammengeschlagen und mit den 8 Pfählen der 2 Stöcke gedeckt.

Mist eintragen:
Während der Wintermonate wird Mist in die Weinberge getragen. Alle drei Jahre bekommt der Weinberg Mist.

Fußerde tragen oder fahren:
Die Erde, die sich im Laufe des Jahres herunterschafft oder vom Wasser abgeschwemmt wird, muß im Winter wieder nach oben geschafft werden (mit Korb, Schanz oder Schubkarren).

Der Kallmuth bei Homburg am Main ist ein Kulturdenkmal ganz besonderer Art.

Erlenbach bei Marktheidenfeld

Zwischen zwei gekreuzten Pfeilen weist im alten Gemeindewappen von Erlenbach die Traube auf den früheren starken Weinbau hin. Erlenbach ist in die Geschichte des fränkischen Weinbaus eingegangen, nachdem es die erste bayerische Gemeinde gewesen ist, die im Jahre 1954 die Weinbergsflurbereinigung durchgeführt hat.

In einem Seitental des Mains gelegen, sieht man schon von weitem den spitzen Kirchturm aus der Julius-Echter-Zeit, wobei man wissen sollte, daß die erste Kirche bereits um 815 erbaut worden ist. Es war in früheren Zeiten üblich, daß alljährlich am St.-Markus-Tag beim Bittgang nach Homburg möglichst viele Erlenbacher Winzer mitpilgerten, um ihren Ortspatron, den hl. Burkard, anzuflehen, daß die Weinernte gut ausfallen möge.

Von den z. T. imposant klingenden alten Flurlagenamen sind neben dem Aushängeschild des Erlenbacher Krähenschnabels noch die Bezeichnungen Bäuerleinsberg, Bohlleite, Unsberg, Alter Berg und Hermannsberg übriggeblieben. In Vergessenheit geraten sind Namen wie: In der Grübe, Gottvater, Kirtelein, Teufel, Winterleite oder Obertor. Der „Krowaschnoabel", vollmundig und ausgeprägt, ist einer der beliebten Muschelkalkweine.

Für den Wein und seine Geschichte ist es von großem Vorteil, wenn sich in einem Ort wie Erlenbach Persönlichkeiten finden, die sich mit Leib und Seele diesem uralten Getränk widmen: Neben Gretel Sorg sowie Hugo und Hermann Väth sei an dieser Stelle der Marktheidenfelder Buchdrucker Hubert Väth genannt; nicht zu vergessen auch der langjährige Erlenbacher Bürgermeister und Gastwirt „Zum Löwen", Kilian Schneider.

Kleine Notizen bezeugen schon recht früh den Weinanbau in Erlenbach: Im Jahre 1219 läßt ein kalter Winter die Weinstöcke so arg erfrieren, daß sie ausgehauen werden müssen. Dem Kloster Bronnbach fallen im Jahre 1250 zehn Morgen Weinberge auf Erlenbacher Grund zu, auf dem Rinderstreich und dem Bureberg zu Erelbach. Das Kloster versuchte im Laufe der Zeit immer wieder, seinen Weinbedarf in Erlenbach zu decken. In den Urkunden tauchen, wie im Jahre 1474, immer wieder Pfarrweinberge auf. So liegen z. B. 1684 im Amtskeller 57 Flaschen Wein und etliche Eimer Most für den Pfarrer parat.

Bevor um die Jahrhundertwende die verschiedenen Rebkrankheiten auftraten, herrschte im fränkischen

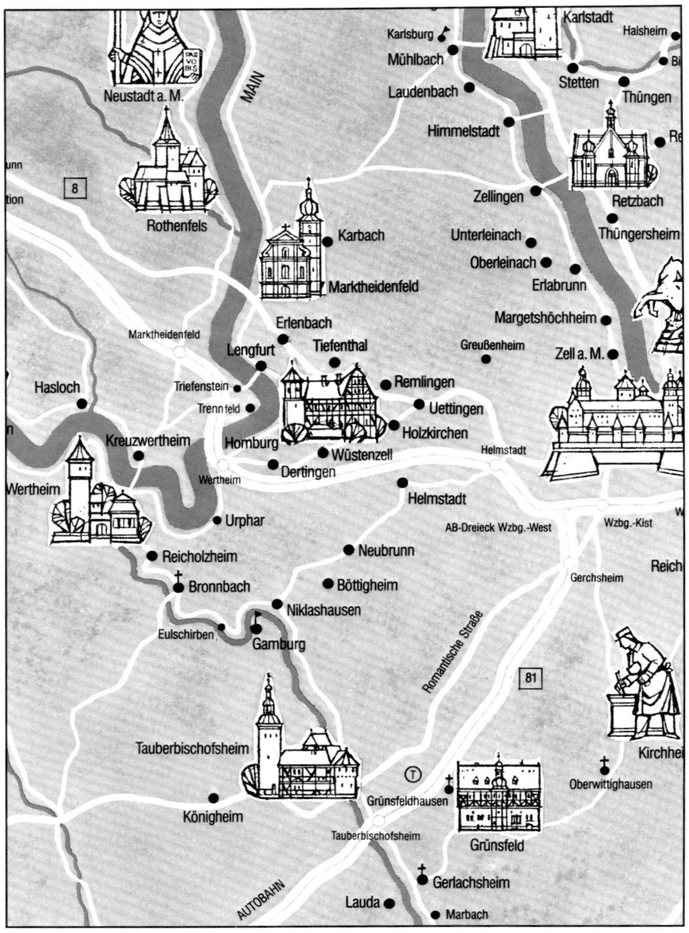

Gebiet die sogenannte Kopferziehung vor, geschnitten wurden zwei Tragruten und zwei Ersatzzapfen. Eine schwere Arbeit war das Einschlagen der Weinbergspfähle und die Bearbeitung der Stöcke mit dem zweizinkigen Weinbergskarst. Die Jungtriebe mußten mit Heftstroh angebunden, die Wengert mehrmals gehackt und gelockert werden. Immer notwendiger wurde die Unkrautbekämpfung. Im späten Sommer wurden die Stöcke gegipfelt. Sobald die Beeren reiften, begann die Hut. Vogelscheuchen wurden aufgestellt, und Windklappen, sogenannte Wengertsklappere, sollten die Vögel vertreiben.

Mit Vorderladern schossen die Weinbergshüter in die Starenschwärme. Wenn der Herbst kam, wurden in den Erlenbacher Weinbergen die Sortengemische Österreicher, Elbling, Gutedel, Traminer, Portugieser und Trollinger gelesen. Überall klapperten die Träubelsmühlen. Bei der letzten Fuhre sind die Kühe um die Hörner, Pferde am Geschirr festlich geschmückt worden. Nach der Lese wurden die Pfähle gezogen (eingelegt) und auf Stapel, sogenannte Pfahlhaufen, gesetzt. Schließlich deckte man die Re-

Erlenbach, etwas abseits vom Main gelegen, ist auf die Gunst des Kleinklimas angewiesen. Der Wald schützt die Weinberge vor Kaltluftströmen wie eine Pelzkappe.

ben mit Erde zu und mischte als Dung alle drei Jahre Stallmist ein. Immer mehr verschwanden die „Wengertshäusli“ aus den Weingärten, in denen man vesperte und aus dem Pempel seinen Apfelmost oder Haustrunk genossen hat. Als Brotzeit nahm man in die Wengert Quark („Matte“) und Schwarzbrot mit. Als Weinbergsgeräte sind neben dem zweizinkigen, schweren Karst auch Pickel und Kreuzhacken verwendet worden. In „Kürzen“ oder „Kerzen“ (Kötze, Kitz), einem Tragkorb aus Weiden und Holz, wurde Mist in die Weinberge geschleppt und in „Schirnzen“ (Schänze), einem flachen, schalenartigen Korb, wurden Steine aufgelesen und auf Halden zusammengetragen (sogenannte Steinrasseln).
Mit Einbruch der Rebkrankheiten und -schädlinge um die Jahrhundertwende ging die Weinbergsbearbeitung zurück. Nur ein Vollerwerbsbetrieb und mehrere Nebenerwerbsbetriebe waren geblieben. Im Mai 1936 wurde eine Winzergenossenschaft Erlenbach gegründet. Vorher verkaufte man den Saft von der Kelter weg oder direkt den Most und Wein an bestimmte Gastwirte bzw. selbst in Heckenwirtschaften. Hier in Erlenbach fand im Jahre 1954 am Altenberg die erste bayerische Weinbergsbereinigung statt.
Nicht oft wird der hl. Kilian als Weinheiliger verehrt. Als Abschluß der Weinbergsbereinigung im Jahre 1974 wurde zu Ehren des Heiligen ein Denkmal aufgestellt mit der Inschrift: „In Gottes Schutz gegeben, Wälder, Flur und Reben.“
Zur Großlage „Krähenschnabel“ zählten die früheren Namen Bäuerleinsberg (Bureberg, Burleberg), Krähenschnabel, Unsberg, Buleite, Alter Berg, Winterleite und Hermannsberg.

Einzellage:
Krähenschnabel

Gesamtrebfläche:
35 ha

Haupthimmelsrichtungen der Lage:
Süd-Ost, Süd, Süd-West

Höhe über dem Meeresspiegel:
210 bis 270 m

Haupthangneigung der Lage in Prozent:
30 bis 50

Boden:
unterer Muschelkalk, kleinflächig oberer Buntsandstein, Röt

Rebsorten:
Müller-Thurgau, Silvaner, Ruländer, Morio-Muskat, Scheurebe, Bacchus, Kerner

Wein:
sehr erdhaft, kernig, markig, langlebig.

WETTERREGELN

St. Georg und St. Marx (25. April),
droht noch viel Args.

Der Mai kühl, der Juni naß,
füllen Scheune und Faß.

Lengfurt, heute zum Markt Triefenstein gehörig, war früher ein bedeutender Weinbauort.

Lengfurt

Obwohl der Weinbau in Franken flächenmäßig weit hinter der Gesamtlandwirtschaft zurückbleibt, hat kein anderer Erwerbszweig die Landschaft um den Main so tief beeinflußt und die Menschen so geprägt wie die Kultur der Rebe.
Noch heute zeugen verfallene Weinbergsmauern von jahrhundertlanger Arbeit und von der Ausdehnung des Weinbaues im Maintal in früheren Jahrhunderten. Diese rückläufige Tendenz ist auch in Lengfurt zu beobachten. Hier trifft man auf Reste verfallener Weinbergsmauern und verwilderte Weinstöcke. Das Zementwerk frißt sich immer tiefer in ehemaliges Weinbergsgelände hinein. Große Weinkeller, die heute längst einen anderen Zweck erfüllen, zeugen vom großen Weinreichtum früherer Zeiten. Lengfurt verdankt seinen Weinbau hauptsächlich den Chorherren des Augustiner-Chorherrenstifts Triefenstein.
Im Urbar (Lagerbuch) des Chorherrenstifts Triefenstein von 1420 werden auf Lengfurter Markung folgende Weinlagen genannt:
An dem alten Berge, Am Bellwege, Am Burgwege, Am Crucze, An dem Erlbacher Wege, An dem Nunnenpfad, Am Heynberg, Zu den Grüben, Am Guldenmunde, Am Hartmannslohe, Am Hungerbrunnen, Uff dem Kallmund, Am Klettenberg, An Kruppenhalten, In den niedern Rudern, In dem obern Rode, An der Röten, Am Schmenklingsberg, Am Wyprechtsberg.
Innerhalb einzelner Lagen haben bestimmte Weinberge noch einen besonderen Namen; dies ist heute noch in jedem Weinbaubetrieb üblich, um die einzelnen Weinberge präzise benennen zu können.
Von den vielen genannten Lagen sind heute noch gebräuchlich:
Alter Berg und Oberrot. Sie werden hauptsächlich vom Fürstl. Weingut in Kreuzwertheim weinbaulich genutzt.
Mit der Gründung des Zementwerkes im Jahre 1899 tauschten immer mehr Bürger Lengfurts ihre durch Mißernten oft unsichere Erwerbsquelle gegen einen Arbeitsplatz ein, an dem sie nicht von der Natur abhängig waren.
Die Rebflächen Lengfurts schmolzen immer mehr, und einst hervorragend gepflegte Weinberge waren ihrem Verfall überlassen. Heute gehören die ehemaligen Weinbergslagen größtenteils dem Zementwerk und liegen in seinem Sprengbereich.
Die Lage „Alter Berg" ist ebenfalls bereits im Besitz des Zementwerkes. Dort wird noch hervorragender Weißwein angebaut. Im „Oberrot" hegt das Fürstl. Löwenstein-Wertheim-Rosenbergsche Weingut in Kreuzwertheim Rotweinsorten, die einen tiefdunklen, samtigen Rotwein zeitigen.
Vielleicht wird schon in einigen Jahrzehnten der Lengfurter Weinbau in das Dunkel der Vergessenheit geraten. Es wäre zu bedauern.

Einzellagen:
Alter Berg, Oberrot
Füher: Alter Berg, Oberrot, Wenzel, Hemmerich, Hörstwingert, Weppersberg, Locksberg. „Hemmerich" und „Wenzel" waren noch bis 1955 auf Weinetiketten zu lesen.

Gesamtrebfläche:
6 ha

Haupthimmelsrichtungen der Lagen:
Süd-Ost, Süd, Süd-West

Höhe über dem Meeresspiegel:
180 bis 250 m

Haupthangneigung der Lagen in Prozent:
30 bis 50

Boden:
Muschelkalk

Rebsorten:
Silvaner, Müller-Thurgau, Spät- und Frühburgunder

Wein:
Die Weißweine haben ein artiges Bukett, sind kernig und voll; die Rotweine zeigen ein dunkles Rot, haben eine samtige, kräftige Art.

Abendstimmung am Kallmuth.

Homburg/Main

Ist literarisch von Homburg die Rede, dann fehlt selten der Hinweis auf seinen berühmten Kallmuth, überhaupt seinen Weinbau. 1303 erhält der Homburger Ritter Hermann Hack sechs Morgen Weinberge am Berg Kalmunt, ein anderer Ritter, „Gotfried" genannt, „Hacker, der Blinde", bekommt zur selben Zeit 12 Morgen Weinberge in der gleichen Lage.
Von der Blütezeit des Weinbaus in Homburg zeugen noch zwei Zehntscheunen mit großen Kellern sowie mehrere, teilweise zugeschüttete Keller im Schloßbereich. Jedoch mit dem Ablauf des 18. Jahrhunderts beginnt hier wie in ganz Franken ein rapider Niedergang des Weinbaus, einhergehend mit völliger Verarmung des „Häcker"-Standes.
Aber schon 1961 ging man hier an die erste Weinbergsbereinigung mit planmäßigem Wiederaufbau. Sie war 1977 mit insgesamt 35 ha abgeschlossen.
1934 gründete man in Homburg eine Winzergenossenschaft; diese ist seit 1963 der GWF in Repperndorf mit über 50 Mitgliedern beigetreten.
Oswald Thoma hat sich als Bürgermeister und Vorstand der Winzergenossenschaft sowie als führender Mann in vielen Gremien des fränkischen Weinbaus um seine Heimatgemeinde und Franken sehr viele Verdienste erworben.
Neben einigen Selbstmarktern und einem Privatweingut verwerten die Trauben Weinhandelsbetriebe aus dem näheren Bereich. Den von den Mönchen des Klosters Triefenstein angelegten Kallmuth bewirtschaftet das Fürstliche Weingut in Kreuzwertheim.
Was ist nicht schon alles über diese einmalige Weinbergslage geschrieben worden! Es ist nicht Aufgabe dieser Veröffentlichung, den etymologischen Streit über die wahre Herkunft des Namens zu beenden.
Ob das Wort Kallmuth unterteilt werden kann in „Kalk" für Hitziges, Durchdringendes, und „muth" für Feuer und Glut, oder aus dem Lateinischen abgeleitet wird „Calmont-calvus mons – kahler Berg" bzw. „calidus mons – heißer Berg", mag tiefgreifenden Untersuchungen überlassen bleiben! (Es ist auch die Ableitung aus dem Mittelhochdeutschen kalmutz = kahlköpfige Haube, Bedeckung möglich,

bzw. der Hinweis auf kalc als Name auf den Muschelkalkboden.) Es steht unstreitig fest, daß die Urlage Kallmuth ein weinbauliches Denkmal ist. Die Weine, welche hier wachsen, sind unverwechselbar und können nicht kopiert werden. Die durch Reichsnährstandsentscheid und spätere Weinbergsrollenregelung einbezogenen Kallmuthweinberge haben zwar auch ihre deftige, erdhafte Art, sind jedoch nicht ganz so ausgeprägt lagenbetont wie der Ur-Kallmuth. Man braucht Zeit, bis man sich an die besondere Nase dieser Weine gewöhnt, d.h., bis einem der breite, langanhaltende Geschmack liegt. Ist man jedoch Kallmuth-Liebhaber geworden, dann schmeckt man ihn unter vielen anderen Weinen heraus. Johann Wolfgang von Goethe bevorzugte vom Kallmuth die drei guten Jahrgänge 1783, 1798 und den Kometenwein von 1811 sowie zwei leichtere, nämlich den 1794er und den 1828er.

Der Chronist schreibt z. B. über den 1828er: „Es gab sehr viel Wein, aber nur von mittlerer Güte." Der Durchschnittsertrag lag damals bei 26,13 hl/ha.

Heute müssen unsere Winzer einen viel höheren Durchschnittsertrag über Jahre hinweg erzielen, um bestehen zu können.

Vom letzten Prior der Kartause Grünau – er starb 1833 – wird berichtet, daß er seinen Gästen den guten Kallmuthwein nur in Schnapsgläschen wegen dessen Stärke und Kostbarkeit kredenzte. In einer Beschreibung des Hochstifts Würzburg von 1802 werden zunächst ausführlich die Würzburger Lagen gelobt und charakterisiert, dann heißt es: „Auf dem Lande sind die besten Weine der Escherndorfer, Eibelstädter, Randersackerer, Sommeracher und der berühmte Callmuth bey Homburg am Mayn, der ohne künstliche Mischung (man süßte damals viele Weine mit Honig oder eingedicktem Süßmost) ganz süß ist und vielen der berühmtesten ungarischen Weine nahe kommt, und gewiß auch in der zweyten Hand unter einem ausländischen Namen verkauft wird. Dieser Wein wächst auf einem Felsen am Mayne nach Aschaffenburg hin und gehört theils dem Kloster Trieffenstein, theils der fürstlichen Hofkammer."

1814 zählt „Homburg am Kallmuth" zu den 17 „vorzüglichsten Orten der Weinerträgnisse" in Franken, wobei außer dem Kallmuth nur für Würzburg die Lagenbezeichnungen genannt werden. 1830 bemerkt ein Handbuch des Untermainkreises, daß „im Mainthale die im nahen und fernen Auslande berühmten Frankenweine erzeugt (werden), von welchen mehrere, z. B. der Stein- und Leistenwein, der Kallmuth und andere, zu den geistreichsten und edelsten in ganz Deutschland gehören".

Der Kallmuth blieb zwar berühmt, aber den Homburger Häckern konnte das Schicksal ihrer fränkischen Standesgenossen nicht erspart werden. Die kriegerischen Einfälle der Franzosen, die Auflösung der Klöster, die Übernahme der Regentschaft der Zweibrücker Wittelsbacher in München, die Verkehrsrevolution, die Industrialisierung, der Aufschwung im Bierbrauwesen, die Einführung von Tee und Kaffee, kurzum die Änderung des Handels und Wandels sowie der Eß- und Trinkgewohnheiten, das Aufkommen von Rebkrankheiten und -schädlingen, dann die beiden Weltkriege mit ihren Folgen, all diese Umstände sind am Niedergang des fränkischen Weinbaues beteiligt. Noch 1835 berichtet ein Zeitgenosse, daß Franken ein Sechstel der deutschen „Weinkonsumtion" stellt.

1793, als nach fünf Mißernten hintereinander (Winter-, Früh- und Spätfröste waren ursächlich) die Not der Winzer sehr groß war, wurde durch die fürstliche Hofkammer eine Spendenaktion für die Häcker eingeleitet.

Die Abgaben durch den Zehnt, Gültwein, Seelzins, Pfarrweinabgabe, Handlohn, Umgeld etc. machten eine Naturalabgabe bis zu einem Viertel oder gar einem Drittel des Bruttoertrages aus.

Während die heutige Besteuerung vom erwirtschafteten Einkommen ausgeht, mußten früher bestimmte Abgaben gezahlt werden, ohne Rücksicht auf die Qualität und Quantität der Ernte.

Auch nach der Säkularisation trat keinerlei Verbesserung ein. Nach einer Berechnung für Randersakker für die Jahre 1831–1835 mußten pro Hektar etwa 81 Goldmark an Steuern abgeführt werden, während der Ertrag an Wein in vielen Jahren nur diese Summe ergab (vgl. Kittel-Breider S. 46 ff).

In Homburg wurden die Zehntverpflichtungen erst 1850 endgültig abgelöst und in feste Geldbeträge umgewandelt.

1894 sollen in Homburg noch 170 ha mit Weinreben bepflanzt gewesen sein. Heute meldet die amtliche Statistik 50 ha.

„Homburg, eine Perle unter den fränkischen Siedlungen am Main. Kallmuth, Nektar unter den Spitzenweinen der gesamten Weinerzeugung deutscher Lande." So sieht sich Homburg selbst in seiner Werbeschrift.

Zu jeder Jahreszeit bietet die Weinlage „Kallmuth" ein eindrucksvolles Bild.

Einzellagen:
Kallmuth, Edelfrau
Früher: neben den genannten noch Lerchenberg, Neuleite, Wolpenberg, Taubental, Hübscher Berg, Guter Berg, Roth, Hakkenberg, Neuleite, Gans, Geis, Bug, Steinerner Weg

Gesamtrebfläche:
49 ha

Haupthimmelsrichtungen der Lagen:
Süd, Süd-West; herrliche Terrassenanlagen (vielleicht steilste Lagen in Franken)

Höhe über dem Meeresspiegel:
145 bis 270 m

Haupthangneigung der Lagen in Prozent:
35 bis 70

Boden:
unterer Muschelkalk, oberer Buntsandstein

Rebsorten:
Silvaner, Müller-Thurgau, Riesling, Scheurebe, Traminer u.a.

Wein:
Der Kallmuth-Wein gehört zu den besonderen Weinen Frankens; er ist meist intensiver in der Farbe als andere Weine, von besonders erdhaftem Bukett, das leicht an Mandeln erinnert, mit mildem und ungewöhnlich stoffigem Körper.
Die Sortenweine der Lage Edelfrau sind duftig, elegant, kernig.

WETTERREGELN

Mariä Lichtmeß hell und klar,
kündet ein recht fruchtbar Jahr.

Ist Romanus (28. Februar) hell und klar,
deutet's auf ein gutes Jahr.

März, nicht trocken und nicht naß,
Scheuern füllt er, Keller und Faß.

Am Eingang des Erlenbachtals liegt Tiefenthal mit seinen neu angelegten Weinbergen und seinem mächtigen Neubaugebiet am Hang.

Tiefenthal

Neben dem im Kataster eingetragenen Lagenamen „Höbrich" kannte man früher noch die Flurbezeichnungen Reifennestlein und Mittlerer Schlag als Weinbergsanlagen. Am Eingang des Erlenbachtals liegt Tiefenthal am Hang hingebreitet, es führt heute ein bescheidenes Leben.
Eine Anzahl von Landwirten verbrachte als Winzer viele Tage des Jahres in mühevoller Arbeit in den Weinbergen. Nach dem Schneiden der Reben im Frühjahr wurde mehrmals im Jahr gehackt und gebracht. Bis zur Ernte hin mußte noch gebunden, gespritzt und gegipfelt, die Jungtriebe abgeschnitten und gegeizt werden. Zu Fuß schleppte man oft den Stallmist in den Weinberg hinauf. Fuhrwerke wurden nur in der Erntezeit verwendet. Dann hockte man auf dem umgerüsteten Leiterwagen, auf dem die Holzkufen mit Ketten befestigt worden sind, nachdem ein Birkenstamm darübergebogen wurde. Zu den ganztägigen Arbeiten nahm man Brot, Käse und hausgemachte Wurst mit, dabei durfte natürlich der Apfelwein nicht fehlen – ein ganz besonderer Wein, der aus dem letzten Kelterrest des Weins, gemischt mit Apfelwein, hergestellt wurde. In den Dörfern um Marktheidenfeld war es Brauch, daß nach dem Schluß der Weinberge vor der Lese die Wengertshüter von den jeweiligen Familien selbst gestellt wurden. Bei guten, ergiebigen Ernten ist die letzte Fuhre mit einem langen Rebzweig geschmückt worden, der um die Butte gelegt wurde. Dann saßen alle Leser und Helfer auf dem geschmückten Wagen und freuten sich auf die abschließende Mahlzeit: auf die Leberklößchensuppe, die Klöße und den Schweinebraten. Familienmitglieder, Nachbarn, Bekannte und Freunde saßen in fröhlicher Stimmung beieinander. Zum Schluß erhielt jeder Helfer einen Eimer mit besonders ausgewählter Trauben. Schöne Träubel, wenn die Schnittstelle mit Wachs versehen war, hielten sich, an ihren Stengeln in der Dachkammer aufgehängt, oft bis Weihnachten.
Als Rebsorten wurden in früheren Zeiten vor allem Silvaner und Gutedel angepflanzt, daneben soll es eine Sorte mit großen, grünen Beeren gegeben haben, die sehr viel Saft ergaben, aber recht säuerlich schmeckten. Der Weinbau hier in Tiefenthal war bis zur Neuordnung der Weinberge mit planmäßigem Wiederaufbau im Jahre 1980 niemals recht rentabel, jedoch als gute Erntejahre waren 1921 und 1927 bekannt, auch 1934, 1937, 1941, 1947 und 1948.

Einzellage:
Krähenschnabel (Teilfläche)

Gesamtrebfläche: 8 ha

Haupthimmelsrichtungen der Lage:
Süd, Süd-Ost, Süd-West

Höhe über dem Meeresspiegel:
ca. 200 m

Haupthangneigung der Lage in Prozent: bis 30

Boden:
Muschelkalk

Rebsorten:
Müller-Thurgau u. a.

Wein:
fruchtig, kernig, fest, bodenbetont.

Remlingen

Bereits zu Beginn des 9. Jahrhunderts stand in Remlingen ein mächtiger, weithin ausgebreiteter, in den südöstlichen Spessart hineinreichender fränkischer Königshof, der 839 an die Abtei Fulda überging. Aus dem Königshof entstand die Zehnt und später das wertheimsche Amt Remlingen. Durch diese nach Osten hin gerichtete Vormachtstellung konnten die Grafen von Wertheim ihre Besitzungen bis vor die Tore der Stadt Würzburg, d. h. bis hin zu der Zeller Steige, ausdehnen. Das Geschlecht derer von Wertheim starb im 16. Jahrhundert aus. Der Besitz ist aufgeteilt worden. Die eine Hälfte der Ortschaft übernahmen die Grafen von Löwenstein-Wertheim, die andere Hälfte kam an die Grafen von Castell. Der Ort Remlingen zeigt anschaulich das im Laufe der Geschichte immer wieder aufgesplitterte fränkische Land und seine Zustände.
Remlingen ist noch heute reich an Sitten und Gebräuchen. Weithin bekannt ist der Brauch des Eierlaufs.
Der Anspruch auf den ältesten Weinberg in Franken wird von vielen Ortschaften erhoben. Um das Kloster Holzkirchen verdichtet sich diese Annahme: So erzählt man sich auch in Remlingen, daß der Höhberg der älteste Weinberg in Franken sei. Bereits im 8. Jahrhundert soll hier Wein angebaut worden sein; denn die Weinberge am Höhberg sollen von Mönchen des Klosters Holzkirchen, die ihre Pfropfreiser zur Veredelung des Obstes und der Schnittreben zur Verbesserung des Weinbaus aus dem Süden brachten, angelegt worden sein. Die ersten Weinberge werden in einer Übergabeurkunde aus dem Jahre 775 genannt. Diese Weinberge sind noch heute mit über 4 ha Rebfläche bebaut.
Nach dem 2. Weltkrieg hat ein vertriebener Bauer aus Siebenbürgen, der in seiner alten Heimat als Winzer tätig war, von neuem einen Weinberg angelegt. Aber schon Jahrhunderte vorher pflanzten die Fürsten von Castell einen recht guten Wein an. Der Höhberg-Wein wurde im sogenannten Rotenbau des Remlinger Schlosses gekeltert und in den darunter befindlichen Kellern ausgebaut und gelagert. Eine dieser Keltern befindet sich nun im Mainfränkischen Museum in Würzburg.
In der Gemarkung von Remlingen sind etliche Weinberge verschwunden, am Alten Berg wird noch eine relativ kleine Fläche angebaut, hinzu kommt die Neuanlage „Am Hain". An alten Lagen sind bekannt: Galgenberg, Neuer Berg, Godeli, Hundsecke, Sonnenhain (erst ab 1982, früher Lagebezeichnung Hain). Welch wichtige Rolle der Weinbau in Remlingen früher spielte, kennt man am Wappen: Es wird ein Rebstock mit zwei üppigen Träubeln gezeigt.

Einzellage:
Sonnenhain, bestimmte Rebflächen = Krähenschnabel
Früher: Galgenberg, Alter Berg, Neuer Berg, Godeli, Hundsecke

Gesamtrebfläche: 7 ha

Haupthimmelsrichtung der Lage:
Süden

Höhe über dem Meeresspiegel:
300 m

Haupthangneigung der Lage in Prozent: 27

Boden:
Muschelkalk

Rebsorten:
Müller-Thurgau, Bacchus u. a.

Wein:
kernig, fest.

Holzkirchen

In bezug auf den Beginn des fränkischen Weinbaus muß Holzkirchen vorrangig genannt werden; denn unter den Stiftungen, die das vom hl. Bonifatius durch seinen Schüler Sturmius am 12. März 744 gegründete Kloster Fulda erhielt, befand sich als besonders lebensfähig das Kloster Holzkirchen.
Um die Mitte des 8. Jahrhunderts baute sich westlich von Würzburg im Waldsassengau der fromme Graf Throand ein Klösterchen, das er der Mutter Gottes weihte. Noch zu Lebzeiten schenkte er sein Kloster nach dem Jahre 768 König Karl dem Großen mit allen

Uettingen mit dem 1866 im Bruderkrieg heiß umkämpften Kirchberg, der nun wieder neuangepflanzte Reben trägt.

seinen Ländereien, Wäldern, Weinbergen, Gebäuden und sonstigem Zubehör. So wurde Holzkirchen ein königliches Eigenkloster (monasterium regium, gen. Holtzchiricha). Bereits im Jahre 775 ist Holzkirchen dem Kloster Fulda übertragen worden.

Holzkirchen liegt auf der linken Seite des Aalbachs (Albbachs). Seit den letzten großen Feierlichkeiten im Jahre 1975 (1200 Jahre Kloster Holzkirchen) präsentiert sich die Kirche und ein Großteil der anliegenden Gebäude in einem neuen, festlichen Glanze.

Ein Blick in verschiedene Urkunden belegt den kontinuierlichen Weinbau um das Benediktinerkloster Holzkirchen. Unter der Führung des sechsten Propstes Berthold von Mackenzell (1289–1300) wird dem Dekan Konrad zu Holzkirchen und dem Pfarrer Albert von Helblinstadt ein Weinberg, die „Katz" genannt, auf Lebenszeit übergeben. Auch in Weindörfern der Umgebung hat das Kloster Weinbergsbesitz. Nach dem Dreißigjährigen Krieg hat das Kloster in etwa 20 Ortschaften das Recht, Zinsen, Gülten, den großen und kleinen Zehnt und den Blutzehnt einzukassieren. Im Jahre 1673 zählen zu den Besitzungen des Klosters u. a. 16½ Morgen Weingärten.

Heute besteht noch ein Weinberg, der „Letzte Weinberg" in der Flur. Der Flurname „Am Weinberg" jedoch und der sogenannte Weinbergspfad, der vom Grasholz zu den Weinbergen führt, geben Hinweise auf den einstmals bedeutenden Weinanbau in dieser Gegend.

Im Nachbarort Wüstenzell wächst noch heute Wein am Höhberg und am Klosterberg. Die Winzer warten darauf, daß ihr „Wüstenzeller Klosterberg" in die Weinbergsrolle eingetragen wird. Zum Großteil befinden sich die Weinberge in der Gemarkung Wertheim/Dertingen, d.h. im Lande Baden-Württemberg. Eigentümer dieser Weinberge sind jedoch fast ausschließlich Einwohner des Ortsteils Wüstenzell. Nur ein geringer Teil befindet sich im Besitz eines Wertheimer Weingutes. Der Most wird teilweise durch das Weingut Deppisch in Erlenbach, teilweise auch von der Winzergenossenschaft Reicholzheim bzw. vom Weingut Nickel in Wertheim verarbeitet.

Uettingen

Fährt man die Bundesstraße 8 von Marktheidenfeld nach Würzburg, dann führt die Straße auch durch den schmucken Ort Uettingen. Seit 1982 kann man am recht steilen Südhang oberhalb der Neubausiedlung und unterhalb einer schützenden Waldkuppe recht ansehnliche neue Weinbergsanlagen erkennen. Das gute Kleinklima hat den Homburger Winzer H. Baumann und weitere Winzer, von denen zwei Mitglieder der GWF in Repperndorf sind, dazu verführt, seit 1977 wieder auf diesem hitzigen, steinigen Boden 12 ha mit Reben zu bepflanzen.

Seit 1920 lebte Uettingen einen weinbaulichen „Dornröschenschlaf". Noch 1864 gab es 36,8 ha Weinberge. Die Mönche des Klosters Holzkirchen schätzten den Uettinger Wein der damaligen Lagen „Kirchberg", „Heßnert" und „Ostnert" als sehr „labsam".

Uettingen, am Eingang des waldreichen Aalbachtales gelegen, kann die Besiedelung seiner Gemarkung bis in die Vorgeschichte zurückverfolgen. In Fuldaer Urkunden wird „Uotinga" bereits 772 erwähnt. Der Weinbau läßt sich seit 1150 nachweisen.
Wie in so vielen fränkischen Orten wechselte auch Uettingen öfters die Zugehörigkeit zu bestimmten Herrschaften.
1625 übernehmen schließlich die Freiherren Wolfskeel von Reichenbach den Ort; das inzwischen gräfliche Haus übt heute noch das Patronat über die evangelische Kirche aus.
Durch die Ereignisse vom 25. und 26. Juli 1866 rückte Uettingen in das Blickfeld militärgeschichtlichen Interesses. Bei der Auseinandersetzung Preußens mit Österreich um die Vormacht im Reiche wurde Uettingen im Verlaufe des Mainfeldzuges zum Schlachtfeld, auf dem sich bayerische und preußische Truppen erbittert um den Besitz des Ortes und den nördlich des Dorfes gelegenen Kirchberg bekämpften. Ein Großteil der Gefallenen dieses Gefechtes ruht auf dem Kriegerfriedhof Uettingen, wo auch die am Kampf beteiligten Truppenteile ihren Toten Gedenksteine und Denkmäler errichteten.
Zu erwähnen bleibt schließlich noch, daß auch die Bevölkerung Uettingens die Lasten und die Folgen dieses Krieges zu spüren bekam. Nicht nur zerschossene Häuser und Gehöfte, verwüstete Fluren und Gärten bildeten ein schmerzliches Andenken. Schlimmer noch war die Cholera, die sich nach Beendigung der Kämpfe ausbreitete und auch die Zivilbevölkerung schrecklich heimsuchte, wie ja auch die Verluste an Soldaten durch die Pest weitaus größer waren als die Zahl der Toten, die in den Gefechten ums Leben kamen.

Einzellage:
Kirchberg
Früher: Kirchberg, Heßnert, Ostnert

Gesamtrebfläche:
17 ha

Haupthimmelsrichtung der Lage:
Süd

Höhe über dem Meeresspiegel:
280 bis 320 m

Haupthangneigung der Lage in Prozent:
30

Boden:
Muschelkalk, Lehm

Rebsorten:
Müller-Thurgau, Bacchus, Kerner

Wein:
gutes Bukett, kernig, pikante Säure.

Gestern bin i bsuffa gwest,
heut, da bin is widder;
wemmer Gott as Laba schenkt,
bin is morga widder.

Die Weinbergslandschaft von Wüstenzell steht in enger Verbindung mit den Anfängen des fränkischen Weinbaus.

Greußenheim

Bei einem großen Fest im Jahre 1977 konnten die Greußenheimer auf ihre 875jährige Geschichte mit Stolz zurückblicken. „Greußa“, wie es in der Mundart heißt, liegt nordwestlich von Würzburg am Abhang einer weiten Senke in dem unterhalb von Roßbrunn ausmündenden Seitental mit hügeliger, fruchtbarer Markung. Mit knapp 1 ha Rebfläche reiht es sich noch in die fränkischen Weinorte mit ein.

Der Ort ist auf grusigem Boden entstanden. In ersten schriftlichen Beschreibungen wird Greußenheim „Gruzzen“ genannt; im Mittelhochdeutschen bedeutet gruz soviel wie Korn, Sandkorn oder Getreidekorn, auch Grütze, bildlich wird damit etwas Geringeres gemeint.

Der südlich gelegene Herchenberg war bis um die Jahrhundertwende mit Weinbergen bedeckt. Der „Hälchaberg“ ist der höchste Punkt in der Flur mit 339 m. Bislang wurde das „Hercha“ als heidnische Untergottheit gedeutet; besser wäre es, Verknüpfungen zu „her“ zu suchen, das hoch, erhaben bedeutet. Das Neubaugebiet „Wengertsweg“ läßt an bessere Weinjahre erinnern. Auch der Ortspatron von Greußenheim, der heilige Bartholomäus, ein fränkischer Weinheiliger, weist darauf hin, daß die Greußenheimer Winzer sich um ihren Wein Sorge machten. In der Chronik von Greußenheim ist über den früheren Weinanbau fast nichts zu finden, obwohl man weiß, daß im 30jährigen Krieg, im Jahre 1630, soviel Wein wuchs, daß man ihn den Schwedenwein nannte. Plündernde Kriegshorden hinderten die Winzer, ihre Weinberge zu lesen, so daß erst spät im November die Trauben geerntet werden konnten.

Die Weinbergstraße teilt das Gelände der ehemaligen Weinanbauflächen in die beiden Fluren: die Pfaffenellern und den Geisberg. Am Geisberg pflanzen noch heute etwa 10 Winzer in kleineren Weingärten für den Eigenverbrauch ihre Reben an. Auch in den Flurlagen Im Gelraad, Am Ziegelberg und In der Wilzi sind um 1850 noch im größeren Umfang Weinberge im Ertrag gewesen. Den früheren täglichen Meßwein lieferte der ehemalige „Herrenakker“, ein 42 Ar großer Wengert am Geisberg. Da die Weinstöcke überaltert waren, wurden sie im Kriegsjahr 1916 gerodet, jetzt stehen hier Wohnhäuser.

Im Jahre 1845 berichtet der Greußenheimer Lehrer und Gemeindeschreiber Michael Münster (Lehrer von 1819 bis 1862) an das fürstliche Herrschaftsgericht in Rothenfels: Der Wein wird immer unbedeutender, aus vielen Weingärten werden Kleefelder. Die Winzer verzehren ihren Wein zum größten Teil in der eigenen Familie.

Man findet in der Gemarkung noch einige alte Bildstöcke, die mit Weintrauben und Baumfrüchten verziert sind, wie z. B. das Dreifaltigkeitsbild östlich vom Dorf. Den sog. „Buttenstuhl“ am Alten Berg verknüpft man mit der Geschichte, daß die Winzer in früheren Zeiten hier ihre Butten abgestellt hätten, daß hier ringsum Wein angepflanzt worden wäre.

Greußenheim liegt wie seine Nachbarn Leinach, Uettingen oder Remlingen auf der „Fränkischen Platte“, im Regenschatten der großen Wälder: Ein an sich gutes Weinklima, wenn die oft frostigen Winter nicht wären.

Zur Bremserzeit wird noch in jeder Gastwirtschaft der Federweiße ausgeschenkt. Bis in die 50er Jahre hielten die Winzer Anton Röthlein, Willi Kuhn, Franz Endres und Eugen Endres ihre Heckenwirtschaften ab. Es ist noch althergebrachter Brauch, daß man am 27. Dezember, dem Festtag des heiligen Johannes, den Johanneswein in der Kirche weihen läßt. Von diesem geweihten Wein gießt man jeweils einen Schuß in jedes Apfelmostfaß hinein. Der übrige Wein wird als Krankenwein das Jahr über verwendet. Bei einem Begräbnis erhalten im anschließenden Leichentrunk die Leichenträger und die sechs Kerzenleuchterträger im Gasthaus ein Essen und den sogenannten Leichentrunkwein.

Böttigheim

Böttigheim ist heute ein Ortsteil von Neubrunn. Sicher sind die Neubrunner Herolde als Fanfarenzug weit bekannter als der Böttigheimer Wein. Aber der Böttigheimer Wein hat es auch in sich. Der Wein des Böttigheimer „Wurmberg“ ist trotz seines etwas weniger ansprechenden Namens sehr fruchtig und rassig. Er hat die Lieblichkeit der Taubertal-Weine; denn er wächst in enger Nachbarschaft mit den Weinen des badischen Frankenlandes.
Bis um die Jahrhundertwende wurden hier 25–30 ha Weinberge bebaut. Im Gemarkungsteil „Bühlesleite“ steht noch ein Bildstock, der daran erinnert, daß im 18. Jahrhundert ein Weinbergsbauer in greller Hitze in seinem Weinberg arbeitete und durch einen Hitzschlag den Tod fand.
Der Weinbau machte die gleiche Entwicklung im vorigen und in diesem Jahrhundert durch wie in vielen fränkischen Weinnestern.
Erst 1959 legte ein Gastwirt wieder Weinberge an. Auch in Neubrunn ging die Rebkultur auf ca. 1 ha zurück, und der Weinertrag wird nur noch als „Haustrunk“ verwertet.

Einzellage:
Wurmberg
Früher: Bühlesleite, Sparrental, Rainberg

Gesamtrebfläche:
8 ha, angelegt 1 ha

Haupthimmelsrichtung der Lage:
Süd-West

Höhe über dem Meeresspiegel:
300 bis 320 m

Haupthangneigung der Lage in Prozent: 25

Boden:
Muschelkalk

Rebsorten:
Müller-Thurgau u. a.

Wein:
kräftig duftend, kernig, ausgeprägte Art.

Die Plastik der Anna Selbdritt im Portal der Stadtpfarrkirche St. Veit in Iphofen: Das Jesuskind hält in seiner Hand einen üppigen Träubel.

WETTERREGELN

Abendtau und Kühle im Mai,
bringet Wein und vieles Heu.

Viel Gewitter im Mai,
singt der Bauer „Juchhei“.

Kühler Mai, eine alte Regel,
bringt viel Arbeit für Keller und Flegel.

Kreuzwertheim

Gegenüber der Taubermündung in den Main liegt der Ort Kreuzwertheim; nur durch den Main ist Kreuzwertheim von dem badischen Städtchen Wertheim getrennt.
In den vergangenen Jahrhunderten war die Gemeinde Kreuzwertheim eine ausgesprochene Weinbaugemeinde. 1328 übergibt die Gräfin Elisabeth (Gründerin der Kartause Grünau) den Kartäusern auf dem Michaelsberg zu Mainz sechs Morgen Weinberge am Berg „Beilstein" bei Kreuzwertheim. 1344 und 1346 werden im Feldgerichtsbuch Weinberge im heutigen Rentberg und im Seeberg bezeugt, dort hielt sich der Wein bis vor wenigen Jahren. Im 17. Jahrhundert sind Weinberge in den Lagen Viehrain, Unterer Zinken, Seebrunn, Seeberg, Geisberg, Erlich, Wittbach, Furt vorhanden. Der Kreuzberg ist noch 1870 mit Reben bepflanzt; der letzte Weinstock, er war aus einer Mauer herausgewachsen, ist 1963 eingegangen.
Während des Ersten Weltkrieges ist der Weinbau stark zurückgegangen. Infolge des wirtschaftlichen Niedergangs in den zwanziger und Anfang der dreißiger Jahre dieses Jahrhunderts ging der Weinbau fast völlig ein, weil durch die große Arbeitslosigkeit mit ihren katastrophalen Auswirkungen sich der Wein nicht mehr absetzen ließ. (Heute bahnt sich EG-weit eine ähnliche Entwicklung an. Wehe unseren schönen Weinanlagen, wenn man die Sache nicht in den Griff bekommt. Wehe den fränkischen Winzern, die ihre ganze Kraft in den Wiederaufbau der Weinberge gestellt haben. Wer hält seine schützende Hand über sie?)
Heute baut in einer herrlichen Lage über dem Main die Bayerische Landesanstalt für Weinbau und Gartenbau, Würzburg-Veitshöchheim, im Kaffelstein und Rentberg auf dem Boden des 1937 angelegten „Reichsrebschnittgartens" artvolle Rotweine und unverwechselbare kräftige Rieslaner. Nur noch ein Privatwinzer ist dem Weinbau treu geblieben. Aus der einst reinen Weinbaugemeinde ist ein Industrieort geworden. Große Teile der Gemarkung liegen brach.
Einen weinbaulichen Glanzpunkt setzt im Ort der Betriebshof des Fürstlich Löwenstein-Wertheim-Rosenberg'schen Weingutes, in dem die Kellerei untergebracht ist. Hier werden die Gewächse aus Homburg, Lengfurt, Bürgstadt und dem angrenzenden Tauberbereich Bronnbach und Reicholzheim gepflegt und vermarktet.
Dieses Weingut hält heute noch beharrlich am Ausbau trockener Weine fest, obwohl der Allgemeingeschmack mehr zu milderen bis süßlichen Weinen ging und heute auch noch anhält. Die Weinkunden des Fürstlichen Weingutes wissen diese Stetigkeit zu honorieren.
Eigentümer des Weingutes in Kreuzwertheim ist Erbprinz Alois Konstantin zu Löwenstein-Wertheim-Rosenberg mit Wohnsitz in Schloß Kleinheubach bei Miltenberg am Main. Das Weingut gründet auf einer jahrhundertealten Geschichte und Tradition. Wenn auch der belegte Ursprung fehlt, so ist doch gesichert, daß die bewirtschafteten Lagen zu den ältesten Frankens zählen.
Im Wandel der Geschichte kam der Gutsbetrieb nach Kreuzwertheim. Das Wohnhaus mit Treppengiebel (Renaissance), Keller und Wirtschaftsgebäude ist 1594 erbaut. Eine Kellererweiterung mit Wirtschaftsgebäuden erfolgte 1884. Dieser Gewölbekeller ist mit Holzfässern belegt, der Bauabschnitt ist bemerkenswert. Durch komplexe politische, wirtschaftliche, soziale und pflanzenbauliche Probleme gingen seinerzeit Weinbau und Weinkultur weitgehend verloren. Nur wenige Güter in Franken hatten die Kraft, durchzustehen und weiterzumachen.
Die Weinberge liegen weitgestreut am Main und an seinem Nebenfluß, der Tauber, im bayerischen und im badischen Frankenland.
Die klimatisch und geologisch verschieden gelegenen Standorte verleihen dem Weinangebot reizvolle Vielfalt.
Die Verbindung von Tradition und Fortschritt prägen das Gut, das vom Abnehmer – Privatkunden, Fachhandel und gehobene Gastronomie – als „Château" eingeschätzt wird. Die Spezialität sind lagengeprägte, jahrgangs- und sortentypische Weine, die überwiegend voll durchgegoren sind. Es kommt nicht vor, daß ein Wein mit über 4 g/l Restzucker noch als trocken bezeichnet wird. Die charaktervolle, typische Frankenweinart soll im Vordergrund stehen. Das Streben nach Qualität, unter Verzicht auf Menge, ist hier nicht neu; ebenso betriebsintern höher angelegte Mindestmostgewichte im Prädikatsweinbereich.
Bestockt sind 27 ha, davon noch ca. 10 ha im Terrassenanbau.
Die Lagen im badischen Frankenland:
Bronnbacher Josefsberg, Buntsandstein – Röt;
Bronnbacher Kemelrain, unterer Muschelkalk;
Reicholzheimer Satzenberg, terrassiert, Buntsandstein – Röt.

Kreuzwertheim, im Hintergrund die Weinlage „Kaffelstein".

Die Lagen im bayerischen Frankenland:
Homburger Kallmuth, terrassiert, mediterranes Kleinklima, Übergang Buntsandstein – Muschelkalk;
Lengfurter Alter Berg, unterer Muschelkalk;
Lengfurter Oberrot, Röt;
Bürgstadter Centgrafenberg, Buntsandstein.
Der Sortenspiegel zeigt noch einmal die Kontinuität auf:
42 % Silvaner, 19 % Müller-Thurgau, 15 % Spätburgunder, 5 % Riesling, 8 % Bacchus, 7 % Kerner, 3 % Traminer, 1 % Rieslaner.
Neuzüchtungen werden mit Distanz ins Auge gefaßt. Die „Neuzucht" heißt Silvaner, und wo es geht, Riesling.
Fränkische Weinprämierung 1984 – Ehrenpreis des Main-Spessart-Kreises.
Weingutsleiter ist seit 1980 Paul Schauber.
An den Schluß dieses Überblicks darf das Kellerrecht aus dem Fürstlichen Weingutskeller gesetzt werden:

Kellerrecht!
Wer diesen Keller will beseh'n,
Der bleibe an der Tafel steh'n
Und les zur Nachsicht in der Still
Was hier die Ordnung haben will:
Das Zanken, Fluchen, Zottenreißen,
Mit groben Worten um sich schmeißen,
Das Kratzen, Schreiben an den Wänden,
Das Klopfen an die Faß mit Händen,
Fürwitz und jede Ungebühr
Geziemet sich durchaus nicht hier.
Wer dieses ausser Acht wird lassen,
Den wird das Kellerrecht bald fassen.
Man schlägt mit dem Bandmesser zu,
Ob es Hoch oder Niedrig tu.

Einzellage:
Kaffelstein
Früher: Kaffelstein, Rentberg, Römerberg

Gesamtrebfläche: 10 ha

Haupthimmelsrichtungen der Lage:
Süd, Süd-West

Höhe über dem Meeresspiegel:
170 bis 245 m

Haupthangneigung der Lage in Prozent: 30 bis 40

Boden:
mittlerer Buntsandstein mit tonig-lehmigen Deckschichten

Rebsorten:
Spätburgunder, Rieslaner

Wein:
Sowohl Rotwein als auch Weißwein benötigen eine längere Lagerung, dann bekommen sie eine sehr individuelle Geruchs- und Geschmacksnote; man kann die Weine als fruchtig, stoffig und lange anhaltend bezeichnen.
In einer Reisebeschreibung von 1826 sagt Karl Julius Weber: „... aber alle Frankenweine übertrifft nach meinem Geschmack der wahre Wertheimer."

Tempel auf dem Altenberg bei Bad Kissingen. Stich von Lang nach Wegelin, um 1845 (10,4 × 16,2 cm). Univ.-Bibl. Würzburg: Franc 1845.

Bad Kissingen

In dem durch die Gemeindereform erweiterten Stadtbezirk von Bad Kissingen liegt jene Flurlage „Altenberg“, die Graf Otto I. von Bodenlauben am 24. März 1235 an das Hochstift, zusammen mit dem Schloß und der Herrschaft Bodenlauben, u. a. eben auch 40 Morgen Weinberg unterhalb der Burg im Hanggelände von Reiterswiesen, verkaufte. Die Flurlage „Wengert“ in etlichen Ortschaften um Bad Kissingen beweist, daß bereits im frühen Mittelalter versucht wurde, an jedem nur möglichen Hang Weinstöcke zu pflanzen. So übergab z. B. 1156 Abt Marquard vom Kloster Fulda den Nonnen des Klosters Thulba u. a. einen Hof in Hohn mit allen Rechten, Äckern, Zugehörungen, Wäldern und auch Weinbergen. Bereits einige Jahre später wurden diese Weinberge aufgelassen. An den Muschelkalkhängen von Altenberg, Sinnberg, Staffelsberg, Bodenlauben, Reiterswiesen und Arnshausen mag ein recht saurer Tropfen gewachsen sein. Auch in diesen nördlich gelegenen Dörfern hatte laut Weistum jeder Bürger das ganze Jahr hindurch das Recht, seinen selbstgefertigten Wein in Heckenwirtschaften auszuschenken. Zuletzt erlosch am Staffelsberg um 1950 der Weinbau.

An den Wein wird man in Bad Kissingen erinnert durch die Weingasse und die beiden Weinstuben in der Kirchgasse, Schuberts Weinstube nahe der Jakobuskirche (1801 gegründet) und die Weinstube Röttinger, die bereits seit 1684 besteht.

Die Kurstadt Bad Kissingen hat für Frankens Weinbau eine besondere Bedeutung, da hier viele Menschen das erste Mal mit dem Frankenwein zusammentreffen.

Und wenns ner alltog Sunntog wär
und alli Sunntog Kärm,
und waared mit mein Gald nit gor,
und brauchet nit zo sterm!

Feuerthal

Sechs Kilometer von Hammelburg entfernt liegt in einem engen Seitental rechts der Saale das katholische Pfarrdorf Feuerthal, das um die Jahrhundertwende recht viel Weinbau aufzuweisen hatte. 1895 betrug die Rebfläche 13,7 ha, 1920 12 ha, 1955 schließlich nur noch 3 ha.

Erst in den Jahren nach dem Zweiten Weltkrieg hat man die fränkische Kopferziehung aufgegeben und bei Neuanlagen auf Stämmchen erzogen. Ältere Winzer wissen noch zu berichten, wie etwa Mitte August die Weinberge von der Gemeinde geschlossen worden sind, wenn die Trauben anfingen, weich zu werden. Nur am Mittwoch durften die Besitzer ihre Weinberge betreten. Dann wurden einige Wengertshüter aufgestellt und auch von der Gemeinde entlohnt. Zusammen mit dem Gemeinderat gab der Bürgermeister die Weinlese bekannt, und es wurde genau bestimmt, welche Lagen an dem betreffenden Tag gelesen werden durften. Zur Lese lud man häufig auswärtige Verwandte ein, die zum Großteil als Entgelt nur Trauben erhielten. Noch bis zur Mitte der dreißiger Jahre kamen während des Kelterns öfters die Bettelmönche vorbei, die ihren Meßwein zusammentrugen. Auch hier in Feuerthal gab es in früheren Zeiten noch Hecken- und Straußenwirtschaften. Durch die Weinbergsflurbereinigung bekam der Weinbau in Feuerthal wieder neuen Schwung. 1975 wurden 3,5 ha bepflanzt.

Sankt Wendelin, ein echter fränkischer Bauernheiliger, ist der Kirchenschutzpatron von Feuerthal. An seinem Fest, dem 20. Oktober, kamen die Gläubigen von Thulba und Obererthal gewallt; am Sonntag nach Christi Himmelfahrt war der Flurgang der Feuerthaler hinaus in ihre Gemarkung.

Mitten in den Weinbergen steht ein monumentales Flurdenkmal, das „Feuerthaler Kreuz“, nach einem Entwurf des Hammelburger Malers und Grafikers Eugen Weiß von dem Stangenrother Bildhauer Manfred Keßler geschaffen.

Unübersehbar für Winzer, Wanderer und Ausflügler ist das 2,70 m hohe Denkmal aus rotem Sandstein.

Einzellage:
Kreuz (alter Name im Flurkataster)
Früher: Altenberg, Eif Äcker, Zehntfreien, Lebenthal

Großlage:
Burg

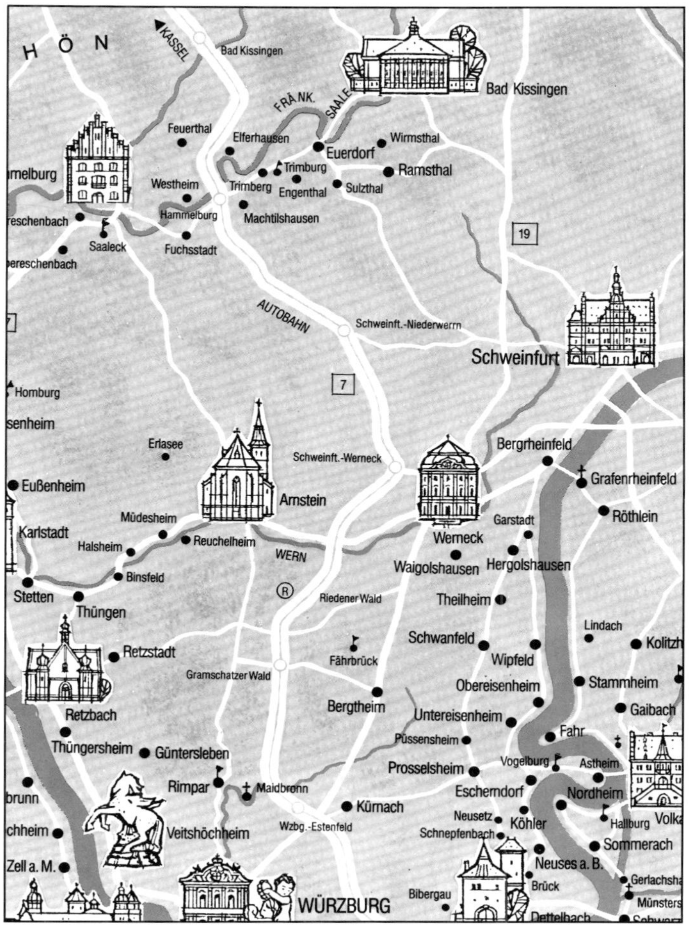

Gesamtrebfläche:
5 ha

Haupthimmelsrichtung der Lagen:
Ost

Höhe über dem Meeresspiegel:
280 bis 300 m

Haupthangneigung der Lagen in Prozent:
30 bis 45

Boden:
Muschelkalk

Rebsorten:
Müller-Thurgau u. a.

Wein:
Die Weine aus Feuerthal zeichnen sich durch feste, stoffige Art aus.

Lauter lusti Borscha semmer,
lauter festi Lümmel,
saufa wie die Bürstabinder,
kumma doch nein Himmel.

Elfershausen

Die Autobahn Würzburg–Fulda überquert in der Gemarkung von Elfershausen die Saale und zieht am Schwedenberg, dem ehemaligen Hauptweingebiet des Ortes, vorbei. An den schroffen Südhängen, den sogen. „Klippen", gediehen auf dem Muschelkalkfelsen fruchtige Weine in den Abschnitten: Lehmgrube (obere Kapelle), Eiches, Böden, Am Berg, Schäferstein (auch Schieferstein), Sauerberg, Röten, Rotzellerberg, Mönchberg u. a. m. Um die Mitte des vorigen Jahrhunderts, als der Weinbau hier noch blühte, reichten die Weingärten bis an die Saale hinab. Während um 1895 noch 20 ha Rebfläche vorhanden war, gab es im Jahre 1904 die letzte nennenswerte Weinernte. Der Höhepunkt des Weinanbaus im Saaletal war im 16. und 17. Jahrhundert. Damals bildete der Wein die Existenzgrundlage eines Großteils der Bevölkerung. Hauptgrund des Rückgangs an Rebflächen ist die Tatsache, daß hier an den Ausläufern der Rhön die Frostgefahr sehr hoch ist, außerdem bilden sich hier in diesem weiten Becken allzuoft Kaltluftströme, welche die Hänge gefährden. Schließlich sind die Muschelkalkböden stark mit Steinen durchsetzt und sehr trocken. Der Wasserhaushalt ist selten ausgeglichen.

Euerdorf

Von fruchtbaren Feldern und um die Jahrhundertwende noch von Hunderten von Wengerten umgeben, liegt der Markt Euerdorf mittelpunktartig an der Saale zwischen Hammelburg und Bad Kissingen. Schon der Name „Urithorpe" – es ist die erste urkundliche Erwähnung – weist auf diesen zentralen Charakter als Urdorf hin.

Nach einer Kaiserurkunde Heinrichs III. vom 2. September 1094 vergab der edle Bodo dem Kloster Theres u. a. auch vier Weinberge in Euerdorf. 1313 trägt Albert Hurning sieben Morgen Weinberge in Euerdorf dem Grafen Berthold von Henneberg zu Lehen auf. Weinberge sind im Laufe der Jahrhunderte immer kostspielige Kaufobjekte gewesen. Da lesen wir in alten Urkunden, wie am 20. Februar 1405 ein Hanns von Bibra die Gülten „von einem Weingarten an dem langen Acker, den die alte Fleischmännin zu Euerdorf jetzund inne hat". Fünfzig Jahre später muß ein Streit zwischen Euerdorf und Sulzthal wegen einiger Weinberge geschlichtet werden. Jeweils fünf Euerdorfer und fünf Sulzthaler unverleumdete Männer korrigierten unter der Anleitung des Obmanns Hanns von Steinau die Grenzsteine und erklärten die Weinberge in Euerdorfer Markung den Hartberg hinauf als Hennebergisches Eigentum.

In engem Zusammenhang mit den Weinbergen taucht am Ende des 15. Jahrhunderts, im Jahre 1494, zum ersten Mal die St.-Willibrords-Kapelle auf dem Friedhof von Euerdorf auf. Diese früher vielbesuchte Wallfahrtskirche war wahrscheinlich die Urkirche in dieser Gegend. In einer Urkunde vom 5. Februar 1494 ist auch von einem „Weingarten ober sant Wilbolt" die Rede. In einer Schenkung der Brüder Berthold und Albrecht Grafen von Henneberg an den Schultheißen Marx Rudiger von Euerdorf im Jahre 1537 werden u. a. auch einige Weinbergslagenamen genannt: In der Pfann, Auf dem Weißthal, Am Schellenberg; 1638 weitere Namen, wie am Goldberg, In der Winterleiten, Am Schelmenthal oder Am Eßels. Die erste Gastwirtschaft wird 1599 erwähnt. Die Gemeinde hatte sie an einen Wirt verpachtet, der von jedem Fuder verzapften Weins drei Gulden abgeben mußte.

Ab 1715 wird in Euerdorf eine Urbansbruderschaft genannt, die jedoch schon am Ende des 19. Jahrhunderts nicht mehr besteht, obwohl zu dieser Zeit am Sonntag vor oder auch nach Urban (25. Mai) eine Prozession von der Pfarrkirche aus bis zur Statue des hl. Urbans in der Weinbergsleite am Hartberg gehalten wurde. Bis heute geblieben ist auch die Wallfahrt auf den Kreuzberg, jeweils am letzten Sonntag im August.

Obwohl die Marktgemeinde Euerdorf schon zur Regierungszeit Julius Echters (1573–1617) in ihrem Siegel zwei laub- und traubenreiche Reben auf einem Schild führte, ist der Weinbau bis auf knapp ein halbes Hektar am Harberg fast zum Erliegen gekommen.

Gämmer aweng ins Wärtshaus nüber,
gämmer aweng ins Wärtshaus nei,
uner Wiert, sal it ke laser,
hat ann guata, gor ann guata Kärwawei.

Blühendes Geschein. Die Blüte ist eine sehr wichtige Phase im Vegetationsablauf der Rebe.

Wirmsthal

In den Weinbergen der Flurlagen Scheinburg, Gans, Ilm, Grund und Altenburg wächst zum Teil auch heute noch ein bekömmlicher, kräftiger Wirmsthaler Tropfen, von dem Adam Götz im Jahre 1824 meinte: „Der beste Saalewein im Bezirk!“
Zur Zeit von Julius Echter von Mespelbrunn (1545–1617), der seit 1573 Fürstbischof von Würzburg gewesen ist, standen alle Untertanen von Wirmsthal unter würzburgischer Herrschaft. Zu damaliger Zeit gab es keine Schenkstatt, jedoch durften die Winzer von Zeit zu Zeit ihre Heckenwirtschaften abhalten, mußten aber das Umgeld dem Fürsten abliefern. Bann- oder Kirchweihwein wurde nicht verlangt. Da Wirmsthal zur Zehnt Aura gehörte, hielt der Abt des Klosters alle Jahre in Gegenwart der Einwohner sein Gericht ab. Er hatte das Recht, den Schultheißen (Bürgermeister) ein- und abzusetzen. Wenn der Abt mit seinem Gefolge zu Gast im Ort gewesen ist, mußte ihm die Gemeinde ein Mahl bereiten und für die Pferde Futter beischaffen. Blieb der hohe Gast in Wirmsthal über Nacht, mußte ihm der Gemeinderat sogar ein Fürstenmahl veranstalten; blieb er nicht, so hatten sie ihm zweihundert Fässer abzuliefern. Der Fürstbischof ließ während seiner Amtszeit zahlreiche Kirchen in seinem Bistum bauen, u. a. auch ein Kirchlein in Wirmsthal, das im Jahre 1603 neu erbaut worden ist. Im Einkommensregister der Kirche vom 5. April 1614 werden unter den zahlreichen Einnahmequellen auch Flurnamen von Weinbergen genannt: dreiviertel Morgen Weinberg im Scheinberg zwischen Klaus Herterich und Michel Zengleins Kindern. Dieser Weinberg war dem Fürsten lehens- und zinsbar gemacht worden. Daneben wird ein Weingarten unter dem Ummestetter genannt, oder ein Wengert am Scheinberg, ein Weinberg zwischen Wegen neben Hans Sennefelder. Zu Beginn des 19. Jahrhunderts gehörten zur Kirche einige Stiftungen, u. a. zwei Engelämter, „wofür nach dem Tode der

Alte fränkische Weinlandschaft.

Wirmsthal im Jahre 1926 (noch sind wenige Weinberge aufgelassen).

Schwester des Fundator 80 fl. gegeben werden sollen; desgl. sollen dann weitere 53 fl. und der Erlös von allem vorhandenen Most oder Wein nach Erbauung einer neuen Kirche für den Altar und dessen Zier verwendet werden".

Im Jahre 1705 hatte Wirmsthal 101 Seelen: 28 Männer, 27 Weiber, 25 Söhne, 15 Töchter, zwei Knechte, keine Mägde und vier Witwen. 1804 lebten in 46 Häusern 202 Einwohner, 1809 wohnten hier im wohlhabendsten Ort im Landgericht Euerdorf 241 Einwohner. Um 1890 schreibt der Chronist: Der Reichtum von Wirmsthal besteht in seinen Bergen, an denen ein vorzüglicher Wein wächst.

Während schon zu Beginn des 20. Jahrhunderts in den Ortschaften Aura an der Saale, Frankenbrunn, Morlesau, Oberthulba, Thulba oder Waizenbach der Weinanbau erloschen ist, verfügt auch heute Wirmsthal über ca. 10 ha Weinfläche. Der Rebstock im Ortswappen ist gültig geblieben.

Der Wein wird nicht selbst vermarktet, die Winzer haben sich der Winzergenossenschaft Hammelburg angeschlossen, in Einzelfällen werden die Trauben auch an das städtische Weingut Hammelburg abgeliefert.

Einzellage: Scheinberg
Früher: Scheinberg, Altenberg, Gans, Ilm, Roth, Grund

Großlage: Burg

Gesamtrebfläche: 10 ha

Haupthimmelsrichtung der Lagen: Süd

Höhe über dem Meeresspiegel: 290 bis 350 m

Haupthangneigung der Lagen in Prozent: 30 bis 40

Boden: unterer Muschelkalk, Röt, Löß

Rebsorten: Silvaner, Müller-Thurgau u. a.

Wein:
artiges Bukett, markig, voller Körper.
Die Weine Wirmsthals haben genau wie die von Ramsthal eine besondere Art mit viel Ausdruck und Festigkeit. Es bleibt zu hoffen, daß der planmäßige Wiederaufbau der Weinberge bald fertiggestellt wird, damit diese liebenswerten Weine erhalten bleiben, zumal man wieder mehr Gefallen am Weinbau gefunden hat und der Besuch der Weinbauorte für die Kurgäste Bad Kissingens ein besonderes Erlebnis ist.

Bis hinauf an die Ruine der Trimburg zogen sich um 1926 die gut gepflegten Weinbergsanlagen.

Engenthal

Die kleine Ortschaft Engenthal, am südlichsten Fuß des Trimbergs gelegen, war seit ihres Bestehens Weinort. Das Kirchlein, dem hl. Valentin geweiht, wurde am 2. Oktober 1744 konsekriert.
Die gesamte nördliche Hangseite von Engenthal war in früheren Zeiten ein etwa 15 ha großes Weingartenland. Man erzählt sich noch, daß die Weinjahre 1858–1860 so überreich gewesen sind, daß die Fässer fehlten, um den Most zu fassen.
Da heißt es: „Die Trauben wurden schlecht ausgekeltert und die Trester ins Scheunentenn geworfen, wo alsdann der edle Saft hinausfloß.“ Von den in den 50er Jahren nahezu 5 ha Rebfläche sind heute noch etwa 0,6 ha übrig geblieben.
Einst war das Dorf der Vogtei des Fürstbischofs und dem Landgericht Würzburg unterworfen. Der Fürst hatte auch den Guldenweinzoll, die hohe und die niedere Jagd. Die Einwohner mußten ihren Frondienst auf dem Schlosse Trimberg leisten; er bestand in folgendem: „Erden, Rüben, Kraut, Hanf ausraufen, ausgraben, abdorschen; Fässer und andere Gefäße in den Keller tragen helfen; im Weingarten, genannt Hofberg, der unter dem Schlosse lag, Reben auflesen und die Pfähle abziehen. Für jeden Tag erhielten die Fröner ein ziemlich Stück Fronbrot.“
Jeder Winzer hatte sein Schenkrecht für den eigenen Wein, da es im Dorf kein Wirtshaus gab. Im Jahre 1705 lebten in Engenthal 102 Einwohner: 21 Männer, 20 Weiber, 1 Witwe, 30 Söhne, 26 Töchter, 2 Knechte und 2 Mägde.
Von den alten Weinlagen sind noch bekannt: Schloßberg, Kirchberg, Ditzenberg und Mönchberg.

Trimberg

Trimberg liegt im Saaletal am Hang des Berges auf einer steilen Bergnase, überragt von der mächtigen Ruine. Die Dynasten von Trimberg waren die Bauherren der einstmals drei Burgen, von denen man aus das weite Tal der fränkischen Saale beherrschen und überschauen konnte. Durch Heirat waren die Herren von Trimberg mit den Hennebergern sehr eng verbunden.
In den Weinbergsanlagen Alte Eller, Rotberg und Mauers ging der Weinanbau in dem letzten Jahrhundert stark zurück, einige Zahlen sollen dies belegen: 1895 wurden 10 ha, 1927 7 ha, 1955 nur noch 3,1 ha Wein angebaut. In geschichtlichen Urkunden zurückgeblättert, werden Weinberge zu Trimberg bereits 1308 genannt. Für einen Lohn von 2 Fuder Wein oblag einem Amtmann die Pflege der Weinberge. So gehörten im 16. Jahrhundert zum Trimberger Amtsgut etwa 30 Morgen Weinberge unter dem Schlag und 7 Morgen Wengert am Gehrsberg

über der Saale. Es werden auch andere Lagen genannt: An der Kühnentur, Am Kirchpfad, An der Meydeburgen, Am Gerne, Am Rotenthal und In der Schybe.
Aus der Reihe der Besitzer der Burg Trimberg ragt um 1317 ein Kuno von dem Rebstock heraus.

Ramsthal

Ramsthal liegt in einem bei Euerdorf ausmündenden Seitental der Saale, auf drei Seiten von Weinbergen umgeben.
In der Stiftungsurkunde des Klosters Aura wird der Ort Ramsthal im Jahre 1122 zum ersten Mal urkundlich genannt. Der hl. Otto, Bischof von Bamberg, berief im Jahre 1108 Mönche in das Kloster Aura an der Saale und schon einige Jahre später besaß das Kloster hier in Ramsthal ein Gut mit Weinbergen, das die Mönche für 20 Pfund Silbers gekauft hatten. Zweihundert Jahre später holte sich Stift Haug und das Domkapitel in Würzburg seinen Weinzehnt in Ramsthal, Sulzthal und Euerdorf. In Gerichtsakten vom Jahre 1412 werden als Streitobjekt die Bickenbachschen Güter zu Ramsthal genannt, mit Weingärten am Metteldörfer Seiloch, am Enkfirst und am Hauben. Zur gleichen Zeit verteidigt die Abtei Aura ihre grundherrlichen Rechte in diesem Ort und beansprucht im selben Jahre 1412 gegen die Herrschaft Homburg drei Höfe in Ramsthal. Der Abt hatte auch bis zur Aufhebung des Klosters im Jahre 1564 das Recht, die Schultheißen im Ort zu bestätigen und jährlich ein Lehensgericht abzuhalten. Ritter Hans von Hutten stiftete um 1435 zu Ramsthal ein Benefizium mit verschiedenem Jahreseinkommen, u. a. zwei Weingärten in der Langen Leiten und im Falbenthal.
Um 1550 mußte die Dorfschaft sogenannten Betwein (Meßwein) nach Sulzthal liefern. Es ist interessant zu erfahren, daß bis zum Jahre 1690 in Ramsthal eine Urbanusbruderschaft bestand, die 13 Personen umfaßte. In der Flur St. Cleß (Klausen) besaß die Bruderschaft einen sogenannten Urbanuswein-

Trotzig steht die Trimburg über dem Saaletal. Aus einer Weinlandschaft ist eine Erholungslandschaft geworden.

Milbenbefallene junge Rebtriebe.

Gesunder Trieb mit zwei Gescheinen.

berg, ein Viertel Acker groß. Ohne Begleitung des Pfarrers hielten sie alle Jahre am 25. Mai auf Urbani eine Bittprozession ab, und anschließend vertranken sie den gesamten Ertrag dieses Weinbergs. Durch Erlaß der geistlichen Regierung wurde dieser Unfug im Jahre 1690 abgestellt und der Weingarten an die kurz vorher errichtete Pfarrei (1688) abgegeben, mit der Auflage, jährlich eine Messe zu zelebrieren. Diese Tatsachen sind Grund genug für die Bildung einer Sage. So erzählt man sich, daß vor ungefähr 250 Jahren die Ramsthaler aus Zorn ihre Urbanusfigur, die sie bei der Urbanusprozession mitgetragen hatten, in den Dorfweiher geworfen hätten. Es läßt sich nicht mehr nachprüfen, ob das Verbot des Umtrunks oder der Umstand, daß am Fest des hl. Urban wieder einmal die Reben erfroren sind, Schuld an diesem Mißbrauch waren.

Im Jahre 1794 gehörte Ramsthal zum Amte Aura-Trimberg; es erntete in diesem Jahr 400 Fuder Wein. Um die Jahrhundertwende betrug die Rebfläche noch über 50 ha, verringerte sich jedoch immer mehr bis zu einem Tiefststand in den Jahren 1932/33 mit etwa 15 ha.

Den früheren Reichtum an Rebflächen beweisen noch die vielen alten Namen, die in der Flur von Ramsthal auf Weinland hindeuten: Schäffthal, Lange Leite, Magenthal, Singenberg, Fallenthal (Falbenthal), St. Klausen (St. Cleß im Volksmund „Hätsche Clasberg“ genannt; eine alte Bezeichnung für Sankt Nikolaus), Altenberg, Sinnberg, Burgleite, Am Sieben, Am Eichen, Am Gensberg, Rothal, Katzenspitz, Bimsthal, Rupsthal, Haskenstein, Wagenthal, Am Reichlersberg.

Der Wein auf dem Muschelkalkboden wird nun

„Ramsthaler St. Clausen" genannt; neben den Hauptsorten Silvaner und Müller-Thurgau gedeihen auch Neuzüchtungen wie Bacchus, Perle, Ortega und Optima, nur in geringem Maße findet man auch Morio Muskat und Gutedel. Die Weinbergsflurbereinigung der letzten Jahre hat auch hier den Rebbau wieder wirtschaftlich gemacht.

Der hl. Vitus als Kirchenpatron von Ramsthal ist zugleich ein beliebter Weinheiliger. An seinem Festtag am 15. Juni fand ein Flurgang statt, daneben machten sich die Gläubigen alle Jahre an einem Sonntag vor Pfingsten auf einen beschwerlichen Wallgang durch die Weinberge. Ramsthal ist das östlichste Dorf im ehemaligen Landkreis Hammelburg, die Hügel der Vorrhön drücken sich eng ans Dorf, der Winzer muß auch immer mit Frösten rechnen. Gerade aus diesem Grunde war und ist es notwendig, bei Wallfahrten den Segen des Herrn herabzuflehen. So mag es auch damit zusammenhängen, daß die Pfarrgemeinde alljährlich am Freitag nach Christi Himmelfahrt zur Kapelle am Derzenbrunn in der Pfarrei Arnshausen wallt und eine große Wallfahrt am Freitag nach Mariä Himmelfahrt nach Dettelbach unternimmt, aus- und eingeleitet mit dem Allerheiligsten.

Einzellage: St. Klausen
Früher: Scheinberg, Ganz, Ilm, Röder, Grund, Altenberg, Schäffthal, Lange Leite, Wegenthal, Singenberg, Falbental, St. Klausen, Roßtal

Großlage: Burg

Gesamtrebfläche: 21 ha

Haupthimmelsrichtungen der Lagen:
Süd-Ost, Süd, Süd-West

Höhe über dem Meeresspiegel: 290 bis 390 m

Haupthangneigung der Lagen in Prozent: 30 bis 45

Boden: unterer Muschelkalk, steiniger Hangschutt

Rebsorten: Silvaner, Müller-Thurgau, Kerner, Ortega u. a.

Wein:
artiges Bukett, markig, voller Körper, ausgeprägte Art.
Es wächst hier ein kräftiger, erdhafter Wein mit besonderer Ausprägung.

Ramsthal ist von drei Seiten von Weinbergen umgeben.

Sulzthal

Sulzthal liegt zwei Kilometer südlich von Euerdorf in einem romantischen engen Seitental der Saale, einst auf drei Seiten von Weinbergen und fruchtbaren Äckern umgeben. Als Schenkung an das Kloster Theres wird der Ort zum ersten Mal im Jahre 1097 urkundlich erwähnt, bis 1376 gehört Sulzthal zur Grafschaft Trimberg. Seit uralten Zeiten ist das Dorf durch seinen Weinbau weithin bekannt gewesen. Bereits in der Schenkungsurkunde, von Kaiser Heinrich III. am 2. September 1097 unterzeichnet, werden vier Weinberge genannt. Das Kloster Aura hatte aufgrund des Stiftungsbriefes des hl. Bischofs Otto vom Jahre 1122 hier in Sulzthal acht Huben nebst Weinbergen; diese Fläche entsprach etwa 48 ha. Bis zu seiner Auflassung im Jahre 1564 besaß das Kloster Aura das Recht, den Weinzehnt einzuheben. Dieser Zehntwein ist in den Kellern in der Kirchenburg gelagert worden. Als besonderes Maß verwendete man den Henneberger Eimer, der um 6 Maß, das sind etwa 7,3 Liter, größer gewesen ist als der Würzburger Eimer. Bei Weinverkäufen mußte der Eichmeister aus dem Ort, meistens der Mesner, zugegen sein. In den Aufzeichnungen spielt das Jahr 1186 eine ganz wichtige Rolle: In diesem Jahr muß ein äußerst milder Winter gewesen sein, bereits im Januar blühten die Bäume, im Februar brüteten die Vögel, und das Getreide reifte im Mai. Der Wein muß von seltener Qualität gewesen sein. Im Gegensatz hierzu vernichtete ein äußerst strenger Winter im Jahre 1219 die Reben in ganz Franken, so daß ein Teil von ihnen herausgehauen werden mußte. Als Graf Otto von Bodenlauben dem Kloster Frauenroth im Jahre 1284 Güter übergab, befanden sich darunter auch einige Weinberge in Sulzthal.

Es zählt zum Schicksal aller fränkischen Winzer, daß sich immer wieder volle, ertragreiche Weinjahre und magere Mißjahre abwechseln. So gab es z.B. 1332 so viel Wein, daß man keine Fässer mehr auftrieb, um all den Saft zu fassen. 14 Jahre später dagegen, im Jahre 1346, erfror infolge von frühzeitig einbrechender strenger Kälte der ganze Wein. Oder es gedieh 1431 im ganzen Saaletal ein außerordentlich guter Wein, vier Jahre später dagegen erfroren am 21. April 1435 sämtliche Weinreben. Weinlagenamen tauchen in einem Kaufvertrag vom 25. Januar 1360 auf, als das Kloster Frauenroth einen Weinberg am Burkwege in der Gemarkung Sulzthal erwarb, weiterhin zwei Weingärten am Ramsthaler Weg.

Das Dorf hatte das Recht, drei Jahrmärkte abzuhalten, an denen auch viel Wein getrunken wurde: am Sonntag nach Mariä Lichtmeß, am Fest des hl. Johannes des Täufers (später verlegte man diesen Markt auf das Fest Peter und Paul) und am Fest Mariä Geburt. Im Jahre 1585 wurde Sulzthal eine selbständige Pfarrei. Das Patronatsrecht hatte Stift Haug in Würzburg übernommen, daher bezog das Stift auf der gesamten Gemarkung von Sulzthal den Zehnt vom Wein und von allen Früchten.

Ausnahme bildete ein kleines Gebiet, von dem der sogenannte „Vorthelzehnt" (= Vorteilzehnt) an das Würzburger Domkapitel abgeliefert werden mußte.

Im Jahre 1711 wurde in Sulzthal eine Urbanus-Bruderschaft gegründet, die alljährlich am Sonntag nach Urbani, d.h. nach dem 25. Mai, eine Prozession durch die Weinberge abhielt. Nach der Prozession durften alle teilnehmenden Schüler auf Kosten der Bruderschaft einen großen Weck und einen Schluck Wein verzehren. Der Brauch wurde nach 1930 eingestellt, nachdem in den Jahren von 1926 bis 1928 die Weinreben drei Jahre hindurch erfroren sind. Die Pfarrei hielt auch alle Jahre zwei Prozessionen zur Kreuzkapelle, jeweils am 3. Mai und am 14. September. Die auf der Höhe liegende Kapelle wird bereits 1451 urkundlich erwähnt. Nach einer alten Sage soll hier der hl. Kilian bei einer Quelle Rast gemacht haben. Seit diesem Tag hätte das Wasser wunderbare Heilkraft besessen, und aus einem Heckenrosenbusch wäre ein Kreuz herausgewachsen. Aus diesem Anlaß hätte man die „Kreuzkapelle vom Rosenbusch" erbaut.

Sulzthal war bis in die Mitte des vorigen Jahrhunderts ein ausgesprochenes Weindorf. Bis zur Jahrhundertwende wurden ca. 50 ha mit Weinreben bepflanzt. Den größten Schaden richteten die schlimmen Fröste des Jahres 1925 bis 1927 an, die den Weinbau in Sulzthal fast bedeutungslos machten. Um 1955 betrug die Weinbaufläche etwa 9,2 ha, als Weinlagen werden genannt: Bug, Ermsthal, Kappberg, Frohnberg, Brachwinkel und Triberg.

Ein alter frauenrechtlicher Brauch, der mit dem Wein aufs engste zusammenhängt, soll hier erwähnt werden. Bis zum heutigen Tag findet an Fasnacht das sogenannte „Viertelestrinken" der Frauen statt. In einer Art Kappenabend treffen sich die verheirateten Frauen von Sulzthal. Um Wurst, Wecken, Kuchen, Kaffee und Wein einkaufen zu können, muß jede Teilnehmerin einen bestimmten Geldbetrag beisteuern. Eine der Ortsfrauen wird dann zum „Bürgermeister" gewählt. Diesem weiblichen Bürgermeister zur Seite stehen ein zweiter Bürgermeister und ein Gemeindediener. Am Rosenmontagabend sind die Frauen unter sich; bis nach Mitternacht dauert die fröhliche, ausgelassene Feier. Es mag sein, daß dieser Frauenbrauch in jene Zeit zurückreicht, als der Abt von Aura, der in Sulzthal Wiesen und Gärten hatte, drei Tage vor bzw. drei Tage nach dem Obersten (Dreikönig) hier sein Gericht abhielt. Als Lohn für den sogenannten Kleinzehnt wurde in einigen fränkischen Dörfern den Ortsfrauen eine Verzehrung gereicht. Am bekanntesten im fränkischen Land ist das Weiberkiez von Irmelshausen.

Westheim

Mit etwa 2 ha Rebfläche reiht sich Westheim in die Winzerdörfer des Saaletales ein. Da ein Teil der Westheimer Gemarkung ehemals Besitz der Abtei Fulda gewesen ist und das Kloster wegen seiner nördlichen Lage ganz besonders auf Weinorte angewiesen war, wurden die Steilhänge am Oettl und Altenberg schon recht frühzeitig mit Reben bepflanzt. Von 40 ha Fläche erntete man Westheimer Wein, bis in den Jahren 1904/05 die Peronospora einen Großteil der Reben vernichtete. Bis zu dieser Zeit trugen sogar die Ostabhänge des Hammelberges (die Flurlagen Röthe und Sauberg), der weithingezogene Oettlberg, der Altenberg und Hegestall, die Lagen Wieden, Weiden und Längberg einen recht guten, bekömmlichen Wein. Seit dieser Zeit werden immer wieder Weinberge in Ackerland umgewandelt; 1920 bestehen noch 7 ha, 1955 lediglich noch 5,3 ha Weinbauland. Die steilen Abhänge am Altenberg und Wiedenberg sind aufgeforstet worden, zahlreiche Anlagen veröden ohne Pflege.

WETTERREGELN

Pankraz- und Urbanitag ohne Regen,
versprechen reichen Weinsegen.

Vor Nachtfrost bist du sicher nicht,
bis daß herein Servatius bricht.

Machtilshausen

Gefährlich nahe an die Autobahn gerückt, liegt das ehemalige Weindorf Machtilshausen, etwas erhöht über der Saale, in einem von Südosten nach Nordwesten ziehenden geschützten Seitental des Flusses, zwischen dem Wacholderberg und dem Kreuzberg. An den steilen Südwesthängen wuchs ein blumiger, von besonderer Eigenart geprägter Wein, der in früheren Zeiten viele Ausflügler und Weinkenner anzog. An keinem anderen Weinort im Saaletal ist der Rückgang des Weinanbaus so drastisch zu spüren. Während im Jahre 1895 noch 24 ha Rebfläche bestanden, schrumpfte der Weinanbau 1920 auf 14 ha, 1955 auf 10 ha und schließlich im Jahre 1984 auf 0,5 ha zusammen. Ein Teil der einmal ausgezeichneten Lagen liegt brach. Flurlagenamen erinnern noch an weinträchtige Zeiten: Schoberäcker, Lumpengrübe, Seicht, Altenberg, Steinich, Sommerleiten, Kirchberg, Heiligenberg.

Wie beliebt der Wein von Machtilshausen gewesen ist, sieht man allein daran, wie sehr sich die jeweiligen Grundherren darum bemühten, auf das genaueste ihren Zehnt zu bekommen. Eigene Zöllner wurden aufgestellt, welche die Abgaben kassieren mußten. Der Weinverkauf wurde genau überwacht, unter den Gemeindeleuten wurden Weinunterkäufer bestimmt. Sie mußten den Kauf- und Fuhrleuten, die Wein einkaufen wollten, Weisungen geben und sie nach Verlangen im Dorf herumführen und den Wein versuchen lassen. Anschließend mußten sie die Fässer aufzeichnen, das Geld berechnen, in guter Währung in Zahlung nehmen und dem Verkäufer den Verdienst weiterleiten.

Am meisten schwächten im Saaletal und seinen Nebentälern eingeschleppte Rebkrankheiten, besonders die Peronospora, die Rebanlagen sehr. Die behördlich angeordneten Spritzungen mit Kupferkalkbrühe wurden zum Teil nur ungenügend durchgeführt. Viele Winzer sträubten sich dagegen. Noch einmal weckten gute Weinjahre wie 1911, 1917, 1920 und 1921 die Hoffnungen der Winzer. Als jedoch in den Eisheiligentagen der Jahre 1926 bis 1928 fast alle Reben total erfroren sind und während dieser Zeit viele Rebstöcke nicht mehr austrieben und abstarben, wurden viele Weinberge aufgelassen und die Rebstöcke herausgehauen.

Schweinfurt

Die nicht sicher belegten, wenn auch äußerst interessanten ersten urkundlichen Zeugnisse über Weinbau in und um Schweinfurt aus der ersten Hälfte des 8. Jahrhunderts außer acht lassend, kann man mit Gewißheit das Jahr 1282 benennen, in dem Schweinfurts Reichsfreiheit bestätigt wird. In dieser für Schweinfurt sehr wichtigen Urkunde vom 29. Juni 1282 werden „winngarten in der Altenstetter marck" genannt, außerdem findet man Weinberge am Kiliansberg, In der Flur, in Obere und Untere Röder, am oberen Geldersheimer Weg und in verschiedenen anderen Flurlagen.
Es kann dennoch angenommen werden, daß um die Burg am nördlichen Mainufer auf der Peterstirn, dem Stammsitz der Schweinfurter Grafen, seit frühester Zeit Wein angebaut worden ist. Die ca. 1,5 km flußaufwärts von der heutigen Stadt entfernt gelegene Burg lag unmittelbar oberhalb der sogenannten „alten Stat", die bereits im Jahre 791 erstmals als Siedlung „Suuinfurt" aufgeführt wird.

Schweinfurter Hausmagd mit Wasserbutte und Wasserstütze, gemalt von Margarethe Geiger im Jahre 1803.

Seit 1287 hatte Stift Haug in Würzburg das Recht, den Zehnt für alle Früchte aus Schweinfurter Gemarkung einzuheimsen. Allein zur Aufbewahrung des Weins ließ Stift Haug ein eigenes Haus erbauen. Erich Saffert fand in den Schweinfurter Gült- und Zinsbüchern des Deutschordenshauses aus den Jahren 1313 und 1337 die Flurlagen fast aller Weingärten und die Namen der Besitzer und konnte so den Reichtum an Weinflächen innerhalb der Stadt Schweinfurt feststellen. Allein die Hänge der Mainleite waren mit Rebstöcken voll bepflanzt. Sogar in der Innenstadt, rings um den Marktplatz an der sogenannten Galgenleite, wurde Wein gebaut. Schon im 14. und 15. Jahrhundert hatten Bürger von Schweinfurt, die im Besitze von Weingärten waren, das Recht, ihren eigenen Wein in Heckenwirtschaften auszuschenken.
Wie überall gedeiht der Wein nicht alle Jahre gleich gut. Ein glückliches Jahr für die Schweinfurter Winzer war 1483, es soll sehr viel und guten Wein gegeben haben, zu einem Höchstpreis von 4 Gulden und 8 Schillingen das Fuder. Man erzählt sich, daß man in diesem Jahr an manchen Stellen sogar mit Wein den Kalk angemacht oder ihn weggeschüttet hätte, um Platz zu gewinnen. Ganz anders jedoch fiel die Weinlese 10 Jahre später aus: Im Jahre 1493 war der Wein so sauer, daß die Maß Most nur 2 Pfennige und die Maß Wein 9 bis 10 Pfennige kostete.
Ganz seltene und große Weinjahre, wie die Jahrgänge 1712 oder 1811, nennt man Kometenweine, nach dem Halley'schen Kometen. Im Gegensatz dazu bleiben bestimmte Jahre in schrecklicher Erinnerung: Im Jahre 1723 z. B. sind die Weinstöcke am 24. Mai, dem Vortag von St. Urban, völlig erfroren, und manche Winzer haben von einem Morgen nur eine Butte Beeren bekommen. Schlecht war auch das Weinjahr 1732. Da ließ der baufreudige Schweinfurter Bürgermeister Fehr, als er die Brücke über den Marienbach bauen ließ, eine Inschrift anbringen mit dem Vers: „Der Frost verderbt in diesem Jahr den lieben Weinstock ganz und gar." Vom Weinjahr 1727 schreibt die Chronik: „Dieses war ein von dem lieben Gott beglücktes und gesegnetes Jahr, welches alle Früchte und Gewächse vor Menschen und Vieh in der Fülle und im Überfluß hervorbrachte, wie denn auch der Weinstock so gesegnet war, daß die Leute hier und auf dem Lande nicht wußten, wo sie mit der Menge hin sollten, daher selbiger in Butten und Kufen und anderem Geschirr, in den Scheuern

Marktplatz der Industriestadt Schweinfurt mit seinem mächtigen Rathaus.

und Ställen und dergleichen aufgehoben wurde, und über das ist er von solcher Güte und Kostbarkeit gewesen, daß in vielen und langen Jahren der gleiche nicht gewachsen."
Erstaunlich ist auch zu erfahren, wie lange man einen gut ausgebauten Wein aufbewahren konnte. So hat der 1728er Wein seine besondere Geschichte: 100 Jahre lang konnte der Schweinfurter Rat in seinem Weinkeller ein Fäßchen von diesem Wein aufheben. Als am 22. August 1828 König Ludwig auf der Heimfahrt von einer Kur in Bad Brückenau durch Schweinfurt kam, reichte ihm der Magistrat einen Ehrentrunk in einem vergoldeten Silberpokal. Der König trank diesen 100jährigen Wein, und es heißt: „Doch wie er ihm geschmeckt, verschwieg des Königs Höflichkeit!"

Aber die Bäume dürfen nicht in den Himmel wachsen. Die im fränkischen Raum Lebenden wissen genau, wie nahe die Fülle neben dem Kargen liegt. Obwohl in einer Nacht, vom 29. zum 30. April 1751, die Weinstöcke erfroren sind, trieben sie dennoch bei guter Witterung noch einmal nach, und es gab im Oktober bei der Lese eine reichliche Ausbeute. 1770 und 1771 waren schlechte Weinjahre: Mißwuchs, Teuerung, Ausfuhrsperre und zu allem noch nichts zu trinken! So mancher Bauer hatte keinen Bissen Brot im Hause, und zu allem Übel ist der Wein nicht geraten.
Daß Schweinfurt einmal eine reichgesegnete Weinstadt gewesen ist, erfahren wir z. B. aus Aufzeichnungen im Jahre 1760, also mitten im Kriege. Die Weinlese ist voll im Gange, und durch das Mühltor

(Mainleite und Altstadt) kommen 1371 Fuhren mit Wein, durch das Obere Tor (Maibacher Straße) fahren 1129 Fuhren, durch das Spitaltor 116, und durch das Gerberstieglein werden vom südlichen Mainufer her 124 Weinfuhren gebracht; zusammen also 2740 Fuhren, welch ein voller Herbst!

Jeden Tag ist der Winzer von neuem vom Wetter abhängig. War z.B. der Monat April des Jahres 1791 so, wie man ihn sich wünschen möchte: Alles war aufgeblüht. Das Getreide schoß, die Weinstöcke trieben; dennoch sind in einer Nacht vom 6. auf den 7. Mai alle Bäume, das Getreide und die Weinstöcke ganz und gar erfroren. Auch im Jahre 1795 gab es keine Weinlese, in vielen Weinbergen fand man nicht eine einzige Traube.

In den Chroniken von Georg Weißensee und Johann Heinrich Wirsing wird im Jahre 1803 zum ersten Mal das Räuchern genannt, welches auf Anordnung der Regierung unter Drohung einer Strafe von 10 Reichstalern als Experiment durchgeführt werden mußte. Wirsing berichtete darüber: „Es war ein sehr beschwerliches und kostspieliges Ding; man machte nämlich alle 10 bis 15 Schritte ein Loch, hinein tat man Pözzig, Loh, Lohkäse, nasse Wellen, Rebenbüschel, Moos, Laub und das wurde früh angezündet; das gab einen dicken Rauch, welcher sich sehr verteilte; doch durfte das Feuer nicht hell brennen; denn das tat den Stöcken schaden."

Daß die Weinrebe zu den Lianegewächsen zählt, sieht man deutlich an der Krümmung der Triebspitze.

Wenn also Frostgefahr drohte, läuteten die Glocken, und die Winzer eilten auf ihre Weinberge, um das oben beschriebene Räucherwerk anzuzünden. Wirsing steht der Sache sehr kritisch gegenüber. Er meint: „Allein von dem Räuchern hat man keinen sonderlichen Nutzen verspürt, sondern es erfror in den Gründen, wie sonst auch, ja besonders bemerkte man, daß, wo Feuer war, gleich daneben der Stock erfror, so daß es schien, als ob die Stöcke wären flüssiger geworden und wären erweicht worden. Es war auch starker Aufwand dabei und sehr beschwerlich, da man fast alle Nacht oder des Morgens aufstehen mußte; es leidet am Ende die Gesundheit, und so stark die Meinungen für und gegen waren, so waren schließlich die meisten dagegen ..."

Geräuchert wurde damals vom 14. bis zum 28. April und am 17. Mai 1803.

Vom ansonsten sehr fruchtbaren Jahr 1840 singt der Winzer M. Saffert:

„Doch vom Weine schweig ich still,
Weil davon die großen Herrn
Beim Genuß die Mäuler zerrn."

Die lückenlose Aufzeichnung innerhalb von 19 Jahren zeigt einen interessanten Querschnitt über Lesebeginn, Qualität und Quantität des Weins:

1915 Lese Anfang Oktober; Qualität sehr gut; Quantität ein halber Herbst
1916 Lese Ende Oktober; Qualität 60 Grad Oechsle, Quantität gering
1917 Lese Ende September; Qualität sehr gut; Quantität ein halber Herbst
1918 Lese 21. Oktober; Qualität mäßig
1919 Lese Allerheiligen bei Schnee; Qualität sehr sauer; Quantität ein halber Herbst
1920 Lese 11. Oktober; Qualität sehr gut; 80–85 Grad; ein drittel Herbst
1921 Lese 4. Oktober; Qualität vorzüglich; ein drittel Herbst
1922 Lese 16. Oktober; Qualität sauer; ein dreiviertel Herbst
1923 Lese 22. Oktober; Qualität mittelmäßig; ein halber Herbst
1924 Lese 23. Oktober; Qualität nicht besonders; ein viertel Herbst

Schloß Mainberg bei Schweinfurt.

1925 Lese 26. Oktober; mittlere Qualität; ein halber Herbst
1926 keine Lese; vollständig erfroren in der Nacht vom 9. auf 10. Mai
1927 Lese 25. Oktober; kein Holz vom Vorjahr; Maifröste; sehr wenig
1928 Lese 22. Oktober; erholt, gute Qualität 75–80 Grad; ein viertel Herbst
1929 Lese 21. Oktober; gutes Jahr; 85–90 Grad; ein halber Herbst
1930 Lese 13. Oktober; gute Qualität, doch nicht wie 1929, 65 bis 75 Grad; ein dreiviertel Herbst
1931 Lese 19. Oktober; mittlere Qualität, 65–75 Grad; voller Herbst
1932 Lese 20. Oktober; Qualität wie 1931, aber nur ein dreiviertel Herbst; 70–78 Grad
1933 Lese 23. Oktober; sehr gute Qualität; 80 Grad, ein halber Herbst.

Um die Jahrhundertwende waren auf Schweinfurter Gemarkung noch ca. 100 ha Weinberge mit Rebstöcken bepflanzt. In der Hauptsache wurde Silvaner, Elben (Elbling), aber auch bereits Gutedel, Riesling und Ruländer angebaut. Noch heute zählt die Mainleite zu den besten Lager.. Nun werden im Stadtgebiet noch etwa 4 ha Rebfläche bewirtschaftet.

Einzellagen: Peterstirn, Mainleite
Früher: Peterstirn, Mainleite, Mistpatsche

Gesamtrebfläche: 4 ha

Haupthimmelsrichtung der Lagen: Süd-Ost

Höhe über dem Meeresspiegel: 220 bis 290 m

Haupthangneigung der Lagen in Prozent: 20 bis 50

Boden. Lettenkeuper, oberer Muschelkalk

Rebsorten: Silvaner, Müller-Thurgau

Wein:
artiges, von der Lage sehr stark geprägtes Bukett, markant, nachhaltig.

Schloß Mainberg in den dreißiger Jahren.

Mainberg

Nur einige Kilometer von der unterfränkischen Industriemetropole Schweinfurt entfernt, breitet sich Mainberg am rechten Mainufer aus, von jeher als Weinort bekannt und beliebt und daher auch ein beliebtes Ausflugsziel der Städter, die gerne hierher wandern und in einer der Wirtschaften einen Mainberger Schloßberg oder eine Schweinfurter Mainleite bzw. Peterstirn probieren.
Seit 1305 ist die mächtige Burg im Besitz der Grafen von Henneberg, die vom Norden herab bis hierher ihre Macht und ihren Einfluß ausgebreitet haben. Nicht zuletzt mag auch der Weinanbau seinen Teil dazu beigetragen haben, sind doch gerade im nördlichen Gebiet Frankens sehr selten Reben angepflanzt worden. Schloß und Dorf wurden 1542 würzburgisch, und dem Bischof unterstand die hohe und niedere Gerichtsbarkeit. Seitdem war Mainberg der Sitz eines Oberamtmannes, dem das stattliche barocke Pflegeamtshaus zur Verfügung stand. Nach dem Untergang des alten Reiches 1804 und nach der Übernahme durch Bayern verfiel das Schloß rasch, bis es im Jahre 1822 der Schweinfurter Fabrikant Wilhelm Sattler kaufte und wiederherstellte. Im 20. Jahrhundert wechselte das Schloß öfters seine Besitzer. Als im 30jährigen Krieg, im Jahre 1631, Gustav Adolf auch ins fränkische Land vordrang, wurde die protestantische Reichsstadt Schweinfurt recht vorzüglich behandelt. Der Schweinfurter Hanss Erhard Heberer zog im fürstlichen Schloß zu Mainberg ein und ließ den gesamten Vorrat an Getreide und Wein in einem Wert von 25000 Gulden nach Schweinfurt abtransportieren. So läßt sich ermessen, wie um diese Zeit der Wein in hoher Blüte stand. Auch von den Dörfern Schonungen und Forst wurden 330 Eimer Wein gefordert, jeder Eimer zu einem Gulden gerechnet.
Die Geschichte des Mainberger Weinbaus reicht bis in die zweite Hälfte des 12. Jahrhunderts zurück, aus deren Zeit die Weinbergslage „Abtei“ genannt

wird, die zwischen Mainberg und Schonungen lag. Mit der Entwicklung der Großindustrie, die im nahen Schweinfurt ihre Zentrale fand, ging der Weinanbau leider immer mehr zurück. Das noch um die Jahrhundertwende sich von der Peterstirn über Mainberg bis Schonungen sich ausdehnende geschlossene Rebengelände ist heute zum Teil Ödland geworden, obwohl hie und da auch Neuanlagen entstanden sind. So hat auch das Wortspiel von Friedrich Rückert an Bedeutung verloren: Weil sich mit dem Main der Weinberg, mit dem Weinberg schmückt der Main, darum heißt die Stelle Mainberg: Schönster Berg- und Stromverein!

Einzellagen: Schloßberg, Mainleite
Früher: Mainleite, Steinberg, Eckling, Schloßberg, Füllgrube

Gesamtrebfläche: 9 ha

Haupthimmelsrichtungen der Lagen: Süd-West

Höhe über dem Meeresspiegel: 230 bis 260 m

Haupthangneigung der Lagen in Prozent: 30 bis 60

Boden: Muschelkalk

Rebsorten: Müller-Thurgau, Bacchus, gemischter Satz

Wein: kräftig, duftend, markant, nachhaltig.

Heugrumbach

Nahe bei Arnstein, und heute zur Großgemeinde gehörig, liegt Heugrumbach. Alte Weinbergslagen sind der Frankenstein und der Kammerberg. Wenn der Arnsteiner Landrichter im Jahre 1828 an die Regierung in Würzburg schreibt, daß der Ertrag der Weinberge so klein sei, so betrifft das auch die kleine Weinbaugemeinde Heugrumbach: „Ein Eimer 1828er wird zu neun bis zehn Gulden verkauft; er ist kaum zu verkaufen wegen Regen und Kälte im August und September. Gehandelt wird mit Wein. Der Absatz ist durch Handelsverträge mit Württemberg, Preußen und Hessen erschwert.“ Schaut man in der Chronik zurück, so findet man gute und schlechte Weinjahre. Ein besonders schlechtes Jahr für den Wein war 1626, da auf Arnsteiner und Heugrumbacher Gemarkung nur knapp 3 Eimer Most geerntet worden sind.

Arnstein

Terrassenförmig an den Hang des Burgbergs hingebreitet, wurde Arnstein als Mittelpunkt des Werngaus in günstiger Lage an der alten Handelsstraße von Fulda nach Würzburg, die hier den Fluß überquert, schon früh besiedelt. Fruchtbare Böden und Weinanbau seit dem 8. Jahrhundert zeichnen das Land aus.
Die Ritter von Hutten sind das herausragende Geschlecht in diesem Tal. Die nahe bei Arnstein gelegene Wallfahrtskirche Maria Sondheim, die bis 1445 Pfarrsitz von Arnstein gewesen ist, steht in enger Verbindung mit dem fränkischen Ritter- und Reichsfreiherrengeschlecht derer von Hutten, die die Kirche ab 1450 als Grablege verwenden. Die ehemalige Pfarrkirche und Ritterkapelle ist im 11. Jahrhundert zusammen mit einem Beguinenkloster erbaut worden.
Im Gegensatz zur Jetztzeit hatte der Wein für Arnstein und die Werntaldörfer früher eine wichtige wirtschaftliche Bedeutung. Im Jahre 1573 wurde die obere Kellerei, das spätere Finanzamt, erbaut.
Kataster- und Flurlagenamen weisen auf die Großflächigkeit einstiger Weinberge hin: Im Sommerweinberg (auch Sommerberg), Rotberg (auch Roter Berg genannt), Bischberg (früher Bischofsberg), Oberm Sommerweinberg, Frankenstein.
Jahrhundertelang verkauften die Arnsteiner Winzer den Großteil ihres Weins selbst in den Heckenwirtschaften; denn bereits im Salbuch von Arnstein wird festgelegt, daß es keinem Bürger verboten sein kann, „sein Wein auff seinem Weingarten Erwachsen im Jahr, wan ihm beliebet, als ein Heckenwirth auszuzapffen, Zeichen auszusteckhen und darvon gebührend Ungeldt zu geben, aber über sein gewächs in der statt oder von außwendige Wein einzukaufen, darmit als ein Heckenwirth Wirtschafft zu treiben, gäntzlich zu treiben verbotten und abgeschafft“.
Weinbau war eine der Hauptnahrungsquellen, und vor allem der Muskateller galt als vorzügliche Sorte. Vor vielen Winzerhäusern hing der Wedel an der Tür und lud zum Umtrunk ein. Die Arnsteiner Häkker waren in einer eigenen Bruderschaft zusammengeschlossen, die sich als sogenannte Urbanusbrüder im Jahre 1680 eine Fahne in Schweinfurt bestellten. Noch im Jahre 1705 waren etwa 320 MorgenWeingärten vorhanden, darunter Bischberg, Saumarkt, Sichersdorf, Sommerberg, Neuberg, Höhberg, Eulenberg, Thalacker, Rotherberg und Tiefer Weg.

Trotz aller Reformen und der Verluste vieler Ämter und öffentlicher Einrichtungen hat Arnstein auch heute noch eine vielfältige Bedeutung für das Werntal.

Nahezu sämtliche Hänge mit Ausnahmen der Nordlagen waren mit Reben bepflanzt. Die Heckenwirte durften jedoch nach einer Anordnung von 1734 nicht kochen, d.h. warme Speisen abgeben und nicht nach der Weinglocke heimlich ausschenken. Eine Strafe von 10 Pfund war hoch angesetzt. Die Gebote wurden übertreten und vor allem Arnsteiner Bäcker betrieben das ganze Jahr hindurch Heckenwirtschaft, so daß sie sich im Laufe der Zeit in Weinwirtschaften umwandelten (Sichling, Kirchner, später Korn und Steinert).
Gilt das Gutachten einer Kommission von 1724 noch heute, in dem festgestellt wird, daß die Wernweine, wenn sie jung getrunken werden, besonders blumig und lieblich, süß und blaß, aber wenig feurig und nicht lange haltbar wären?
Seit Beginn des 20. Jahrhunderts sind die Zeiten vorüber, wo man in den „Hecken" bei Most, Käse und Nüssen zusammenhockte.
Nun zählen zur Großgemeinde Arnstein elf Stadtteile, worunter in Reuchelheim-Erlasee die Bundesforschungsanstalt für Rebenzüchtung, das Versuchsgut Erlasee, sich befindet. Einige Winzer sind der Winzergenossenschaft Stetten angeschlossen, der Großteil jedoch sind Betriebe, die den Wein nur für den Eigenverbrauch an- und ausbauen.

Einzellage: Bischofsberg
(für die Ortsteile Arnstein, Halsheim, Heugrumbach, Müdesheim, Reuchelheim)
Früher waren in Arnstein noch die Lagen Sonnenberg, Roteberg und Hehrberg bekannt.

Gesamtrebfläche: 17 ha (mit allen Ortsteilen)

Haupthimmelsrichtung der Lage:
uneinheitlich von West bis Süd

Höhe über dem Meeresspiegel: 200 bis 250 m

Haupthangneigung der Lage in Prozent: 10 bis 30

Boden: Muschelkalk

Rebsorten:
Müller-Thurgau, Silvaner u.a.
Das Bundesforschungsinstitut für Rebenzüchtung Siebeldingen/Pfalz unterhält in Erlasee ein Weinberg-Versuchsgelände. Dort werden neue Sorten getestet.

Wein: kernig, fest, etwas säurebetont.

Müdesheim

Von fruchtbaren Feldern umgeben, liegt Müdesheim als ehemaliger Sitz eines gleichnamigen adeligen Geschlechts am rechten Ufer der Wern. Schon von weitem sieht man den Juliusturm der 1613 erbauten Kirche, deren Patronate der hl. Markus (25. 4.) und der hl. Ulrich (4. 7.) auf Weinbau hinweisen. Auch die Radigundiskapelle, etwa 1½ km südlich am Holzberge gelegen, erinnert an Zeiten, in denen in Müdesheim der Weinbau noch weithin ausgebreitet gewesen ist. Alle Jahre am 13. August, dem Sterbetag der hl. Radegundis, pilgerte man zur Kapelle hin.
Während Müdesheimer Sesselberg, Ochsenberg und Donnerschlag noch vor 1971 bekannte Weinnamen waren, ist der Weinbau Am Kirchberg, Mittelberg,

Am Möschen, In der Röthe, Am Schnellert und Auf dem Ochsenberg längst erloschen.
Seit dem Bepflanzen der ersten Weinberge bei Halsheim und Müdesheim breitet sich der Weinbau im fränkischen Raum rasch aus, zunächst im Maintal, dann in den Nebentälern: im Saale-, Wern- und Taubertal. Um das Jahr 1000 blühen die Reben an vielen Hängen. Der Höhepunkt für den Weinbau liegt am Ende des 15. Jahrhunderts. Erst als andere Getränke, wie Bier und Kaffee, immer beliebter wurden, ging der Weinbau rapide zurück. Durch Aufstände und Kriege wurden die Fluren und Dörfer verwüstet und zerstört. Schließlich trug auch die Säkularisation der Kirchen und Klöster (seit 1802) mit dazu bei, daß es mit der Weinkultur darniederging.

Am Ende des 19. Jahrhunderts befielen der Heu- und der Sauerwurm die Rebstöcke, von den Pilzkrankheiten verbreitete sich der echte Mehltau, und um 1880 wurde die Peronospora zum erstenmal festgestellt. Das 20. Jahrhundert begann mit schlimmen Krankheiten für die Rebstöcke, als 1902 die Reblaus in Franken eingeschleppt wurde. Sie ist in Kitzingen zum erstenmal festgestellt worden. So verkleinerte sich die Rebfläche in Franken zwischen 1895 und 1922 um die Hälfte. Es wurde vorgeschrieben, Pilzkrankheiten und Schädlinge zu bekämpfen. Die Winzer verpflichtete man, mehrere Spritzungen mit Kupfer vorzunehmen. 1902 wurde die königlich-bayerische Lehranstalt Veitshöchheim errichtet, die sich zur Bayerischen Landesanstalt für Weinbau und

In Müdesheim wird nur noch sporadisch Weinbau betrieben.

Um das Hofgut Erlasee reihen sich die Versuchsanlagen des Bundesforschungsinstituts für Rebenzüchtung Geilweilerhof-Siebeldingen. Hier werden vor allem Europäer- × Amerikaner-Kreuzungen weinbaulich beobachtet.

Gartenbau entwickelte. Sogenannte Lokalbeobachter bildete man als Reblauskenner aus; sie gaben überall genau acht, daß sich diese schlimmen Krankheiten und Schädlinge nicht weiter ausbreiteten. Nach dem 2. Weltkrieg nimmt dann der Weinbau wieder einen neuen Aufschwung.

Binsfeld

Nur noch einige alte Flurnamen, wie Brückberg, Alter und Neuer Berg, erinnern daran, daß in früheren Zeiten in Binsfeld, am linken Ufer der Wern gelegen, guter Weinbau betrieben wurde. Als die Binsfelder im Jahre 1730 in der Bittwoche nach Halsheim gewallt sind, erhielten die „Proceßionsbediensten“ 8 Maß 1728er Wein. 1728 kostete hier der Eimer Wein 20 Batzen. Ein Eimer faßte 64 Trübmaß oder 72 Schenkmaß, 12 Eimer ergaben eine Fuder, bzw. 900 Liter Wein. Oft erfolgte die Entlohnung in Naturalien, vor allem in Wein. So bekamen z. B. 1682 in Reuchelheim bei der Errichtung eines Gartens die Zimmerleute 18 Maß, die Maurer 16 und die Aufrichter 29 Maß Wein.
Daß auch in der zweiten Hälfte des 19. Jahrhunderts in Binsfeld noch Wein angebaut wurde, ersieht man daran, daß im Jahre 1868 die Heckenwirte 48 Kreuzer an die Gemeinde abgeben mußten. Im Jahre 1906 wurden in Binsfeld 67 Ar neu bepflanzt und 1938 bebauten 11 Binsfelder Winzer 1,84 ha Weinfläche.

Halsheim

Aus den Weinbergen Am Kirchberg, An der Pfanne und Vom Schwefelberg hat Halsheim im Jahre 1763 für vier Fuder, 2 Eimer und 31 Maß Wein 181 fl. 4 Batzen eingenommen, das ist etwa die Ernte von zwei bis drei Morgen Weinfläche. Wie Halsheim hatte fast jedes Dorf im Werntal seine Weinberge.
Von der Mündung der Wern das Tal hinauf bis etwa nach Zeuzleben, wo der Muschelkalk zutage tritt, waren an den Talhängen überall Weinreben gepflanzt. All die Dörfer, die zum Amt Arnstein gehörten, wie Mühlhausen, Gänheim, Heugrumbach, Reuchelheim mit dem Weiler Marbach, Müdesheim, Halsheim und Binsfeld, hatten ihre „Wengerte“ in der Flur. Bereits um 770 wird Halsheim als Weinbauort genannt: In den Urkunden der Benediktinerabtei Fulda findet man die ältesten Aufzeichungen über den fränkischen Weinbau bei Münnerstadt, im Grabfeld und hier bei Halsheim an der Wern. Noch bis zur Mitte des 19. Jahrhunderts war der Wein eine Haupterwerbsquelle.

Hopsasa, häisasa
tanza die Bauera,
hem sie ken sessa Moust,
trinka sie sauera.

Wie Halsheim war früher fast jedes Dorf im Werntal von Weinbergen umgeben.

Aus Reuchelheim stammen mehrere Weinfachleute in unserer Zeit.

Reuchelheim

Unter den Arnsteiner Stadtteilen verfügt Reuchelheim über die größte Weinanbaufläche. Im 17. Jahrhundert waren an allen Hängen Wengert zu finden. Schon aufgrund der alten Flurlagenamen ragt das ehemalige Häcker- und Leineweberdorf Reuchelheim aus der Palette der Werntalwinzerdörfer heraus: Hansberg, Goldklinge, Taubermühle, Brückenberg, Am Kalkofen, Köhde, Heiligenstöcklein (Flurlage am kleinen Bildstock), Marbacher Berg, Tell (mhd. Telle = die Schlucht), Hinten im Tal.
Daß auch in Reuchelheim die Bauern in Heckenwirtschaften ihren Wein verkauften, erfährt man, da sie z.B. im Jahre 1830 das sogenannte „Seitleisgeld" (= Seidlesgeld, ein Seidel = halber Liter) in Höhe von 3 Gulden 58 Kreuzer an die Gemeinde abgeben mußten.
Reuchelheim erscheint bereits zwischen 750 und 800 als Weinort „Rowilenheim". In den Weinlagen „Brückenberg, Hansberg und Goldklinge" wuchs schon damals ein guter Tropfen. Eine „Güldenzollstätte" ist hierfür der Beweis.

Etz trink mer amal rum,
na kummts ou mi aa,
mei Hools it sou trucki
und Duhrscht hob i aa.

Gänheim

Um die Jahrhundertwende zählte zu Gänheim mit knapp 630 Einwohnern neben dem Dorf die Aumühle mit Hof, die Bahnhaltestelle, der Bahnwärterposten und der Weiler Ruppertzaint. Die „Wengeta" des Ortes lagen am sogenannten Kindleinsberg. Gänheim liegt in der Ebene auf der linken Seite der Wern. Eine ältere Kirche wurde vor 1444 erbaut, sie brannte jedoch 1638 im 30jährigen Krieg samt Turm ab, wurde bereits ein Jahr später wieder aufgebaut und 1894 vergrößert. Patron der Kirche und des Dorfes ist der hl. Laurentius, in Franken ein beliebter und bekannter Weinheiliger. Um diese Zeit gab es in Gänheim eine Corporis Christi Bruderschaft, eine Bruderschaft zum Herzen Mariä mit 12 gestifteten Monatsandachten, einen Missions- und den Kindheit-Jesu-Verein. Wie in allen katholischen Dörfern wurde nach den Sonn- und Festtagen im Anschluß an die Messen Christenlehre abgehalten. Am Fest Christi Himmelfahrt fand ein Flurgang statt, die Bittprozession am St. Markustag führte nach Binsbach, in der Bittwoche wallte man montags nach Maria Sondheim bei Arnstein, am Dienstag kamen die Binsbacher und Arnsteiner hierher nach Gänheim und am Mittwoch führte die Wallfahrt nach Binsbach. Fürbitten und Gebete waren wichtig für das Gedeihen der Früchte und des Weins. Auch die Filialkirche in Binsbach war einem großen Weinheiligen, dem hl. Jakobus dem Älteren, geweiht.

Hergolshausen

Von fruchtbaren Feldern umgeben, liegt das katholische Pfarrdorf Hergolshausen im Schweinfurter Gau an der Straße von Dettelbach nach Schweinfurt, eine viertel Stunde Fußweg vom rechten Mainufer entfernt. Die Häuser und Bauernhöfe scharen sich um die neugotische Pfarrkirche St. Peter und Paul. Während auf den ertragreichen Löß-Lehm-Böden auf der Hochfläche intensiv Ackerbau betrieben wird, es werden vorrangig Getreide und Zuckerrüben angebaut, befinden sich auf der zur Mainaue abfallenden Hanglage etwas Wald und die sogenannten Rangen, die als Wiesen und Weinberge genutzt werden.

Viele Hergolshäuser arbeiten als Pendler in der Schweinfurter Industrie.

Bereits um die Jahrtausendwende besaß das Kloster Himmelspforten in Würzburg hier in „Herglshausen" Äcker und Weinberge. Ab 1438 wurde der Bischof von Würzburg zum wichtigsten und mächtigsten Grundherrn. Bis zur Säkularisation blieb er der Dorf- und Gemeindeherr. Die vom Würzburger Domkapitel im 17. Jahrhundert errichtete Zehntscheune barg im Laufe der Jahrhunderte vielerlei Naturalien. Im Jahre 1671 vernichtete ein furchtbarer Brand fast das ganze Dorf. Und im Juni 1724 wurden zehn Wohnhäuser, 12 Scheunen, ein Kalterhaus und mehrere Ställe eingeäschert. Der schwärzeste Tag in der Geschichte von Hergolshausen war der 24. Februar 1944: Das Dorf wurde von vielen Brandbomben getroffen und in Brand gesteckt, einige Einwohner mußten in dieser Nacht ihr Leben lassen.

In die Geschichte des Hergolshäuser Weinbaus zurückgeblickt, findet man die erste urkundliche Erwähnung im Jahre 1159. In einem Dokument vom Jahre 1316 wird bezeugt, daß die Zisterzienserinnen aus dem Kloster Himmelspforten vier Morgen Weinberge in Hergolshausen besitzen. Eine Urkunde aus dem Jahre 1470 bestätigt, daß das Domkapitel von Würzburg der Gemeinde Hergolshausen bewilligt, daß sie am Rathsamer Berg 21 Morgen Weingärten und an der Rodern (auch Röthen genannt) 19 Morgen Wengert anlegen darf. In der Dorfordnung von 1683 wird auch das Schenkrecht genau geregelt: „Hats im hiesigen Dorf das Recht, daß ein jeder Nachbar Macht hat sein eigen Gewächs auszuschenken, das Jahr hindurch außer der Kirchweih, zu welcher Zeith niemand schenken darf als der es von gnädigster Herrschaft bestanden."

Voraussetzung ist, daß jeder Winzer, bevor er seine Heckenwirtschaft eröffnet, dies an der Gemeinde anzeigt, sein Faß besichtigen und abstecken läßt und dann einen Strauß hinaussteckt.

Schließlich heißt es: „... auch bey wieder Einziehung dessen die Besichtigung der Vesser wieder Ahnen lasse und Schenken ein Endt mache."

Daß der Weinbau in Hergolshausen immer mehr zurückging, liegt vor allem an der erhöhten Frostgefahr. Viele Weinberge sind verwildert. Zunehmend werden jedoch wieder alte Weinberge mit neuen Rebstöcken bestockt.

Um die „Hergolshäuser Mainleite" mehr publik zu machen, wurde 1983 der „Weinbauverein Hergolshausen" gegründet.

Der Weinbau in Hergolshausen spiegelt sich auch in einigen Gedichten des „Schulzaodlsjochann" wider. Einige Verse aus seinem Gedicht die „Wei-laas" lassen die Mundart wach werden:

Es sind nicht die schlechtesten Früchte, an denen die Wespen nagen.

„Äß wenn dos in der Bibl stenget:
Ganz Herletsausn geaht non Wengert!
Schu früah, sou ball der Göucker schreit,
Häßts: Raus, Ihr Leut! – As ist sou weit!
Im Kahler wartn schu die Fäisser,
Der Hacker schleuft nu schnall die Mäisser,
Die Laaser kumma haufnweis
Und alles richt si auf die Reis.
Sou geahts an ganzn Tog, Ihr Kinner,
Bein altn Berg dort, vür und hinner,
Die Bach und Leitn, rauf und no
Und Alles schneit heut Träubl ro.
Bis ufn Abed nei, wenns dunklt
Und schu die Vehnuß leucht und funklt,
Lahts dunt die Wengert saller Zeit,
Zamoal, wenns racht viel Träubli geit."

(Aus: „Solz und Pfaffer". Varschn in Meefränkisch von Schulzaodlsjochann vo Herletshausn).

Einzellage:
Mainleite
Früher: Albertsweinberg, Alter Berg, Bachweinberg, Brünnleinspfad, Fährtlein, Rödersberg, Trusterwehr, Veitsberg, Untere Küchheimer Weinberge, Albertsmarder

Großlage: Kirchberg

Gesamtrebfläche:
5,7 ha

Haupthimmelsrichtung der Lagen:
Süd-Ost

Höhe über dem Meeresspiegel:
242 m

Haupthangneigung der Lagen in Prozent:
15 bis 35

Boden:
Lettenkeuper, Ton

Rebsorten:
Müller-Thurgau, Bacchus, Kerner, Perle, Riesling

Wein:
Es wächst hier ein kerniger, nachhaltiger Wein.

Gernach

Im Amtssal- und Lagerbuch von Schloß Klingenberg (im Staatsarchiv Würzburg aufbewahrt) wird im Jahre 1141 der Ort als Gerneche urkundlich genannt. Diese Erwähnung steht im Zusammenhang mit dem im Jahre 1059 von der Schweinfurter Markgräfin Alberada gestifteten Chorherrenkloster von Heidenfeld, das hier in Gernach den großen Zins, die Gült, desgl. auch den Wein- und Getreide- und den Kleinzehnt einzunehmen das Recht hatte. Die immer wieder auftauchende Namensdeutung von Gernach aus dem mhd. Gerneche (garnahi = Jagdgarn) ist wohl bedeutungs- und sinnlos. Viel eher läßt sich der Name zurückführen auf das mhd. ern (Partizip gearn, garn), welches ackern, pflügen bedeutet, auch Erdboden oder Grund, und somit mit der Rodungszeit in Verbindung gebracht werden könnte.
In einem Vertrag zwischen dem Kloster Heidenfeld und der Gemeinde im Jahre 1484 werden in einer Güterbeschreibung etliche Weingärten genannt: Am großen Röser, Im Laag, Im Stein, Im Sandbeutele, Am Berg, Centpfad, Hollerweg, Im Selen (evtl. mhd. selhen = trocken sein, dürr werden), Küttenstauden (kütte = Schar, Herde), Lapemzipfel, Katzenzipfel, Im Stringlich, Im Schleicher, Bei den Hütten, Brütterle. Nach dem Dorfgericht, das vom Schultheißen geleitet wird, dürfen die Schöffen nach dem Urteil ein Viertel Wein untereinander austrinken.
Nicht nur der Träubel im Gemeindewappen, sondern auch die alte Flurlage Weinberg erinnern daran, daß in Gernach früher beachtlich Wein angepflanzt worden ist; denn noch im 8. Jahrhundert hatten die Wengert bedeutende Ausmaße, wie in alten Urkunden zu lesen ist.
In dem bereits erwähnten Vertrag zwischen dem Kloster und der Gemeinde vom Jahre 1584 wurde folgendes beschlossen:
„Propst Andreas, Dekan Caspar Steun und der Konvent vereinen sich zur Vermeidung ferneren Streits mit dem Schuldheißem, Bürgermeister und ganzen Gemeinde zu Gernach wegen des Weinzehnten auf Gernacher Gemarkung dahin, daß die nächsten 15 Jahre auf den Weinzehnt verzichtet wird, zumalen die Einsammlung dem Kloster wegen der weiten Entfernung Schwierigkeiten macht. Dafür reichen die zu Gernach in dieser Zeit jährlich einen halben Eimer Wein ‚Kaufmannsgut' je nach Morgen, den

des Klosters Diener vor den Keltern abholen soll; ausgenommen von der Auszahntung sind etliche zehntfreie Äcker: Verfälschung des Zehntweines wird mit der doppelten Menge verbüßt. Neue gerodete Weinäcker – jährlich jedoch nicht mehr als ein Viertel Morgen sind 5 Jahre zehntfrei. Zu Feldern und umgewandelte Weingärten geben künftig den üblichen Fruchtzins; die Änderung haben die Feldbesitzer dem Propst anzuzeigen, damit dieser die Änderung in den Zinsbüchern nachtragen kann. Versäumiges fallen den Besitzern zu Last; zehntfrei Grundstücke bleiben auch bei der neuen Bebauung zehntfrei."
Der Vertrag ist von Fürstbischof Julius Echter bestätigt worden.
Zu welchem Zeitpunkt die Rebstöcke von Gernach endgültig gerodet worden sind, liegt im Dunkeln; vielleicht galt der Spruch: „Wo der Pflug kann geh'n, soll kein Rebstock steh'n!" Von älteren Gewährsleuten kann man erfahren, daß die letzten Weinstöcke um 1907 aus der Gemarkung verschwanden. 1906 war das schlimme Peronospora-Jahr.

Lindach

Seit 1982 kann sich Lindach wieder als fränkischer Weinort bezeichnen. Unter Beteiligung von etwa 30 Winzern konnten in den Gewannen „Blümlein" und „Gottesschlag" 11,3 ha Wein neu angelegt werden. Müller-Thurgau und Bacchus wurden als hauptsächliche Sorten ausgewählt.
Als geschichtliches Dokument, das beweist, daß in Lindach bereits im Mittelalter der Weinbau von großer Bedeutung war, werdem im Amtssalbuch von Klingenberg Lindacher Weinlagenamen angeführt, die mit der Abgabe des Weinzehnts in engem Zusammenhang stehen:
Es sind die Flurlagenamen Im Blümlein, Am Knückh, In der Kellersgruben, Am Nack, Im Weichselbaum, Am Weingartsweg, Am Flecken, Am Kreuzpfad und Am Holzelsberg.
Obwohl der Ort Lindach bereits im Jahre 880 im Zusammenhang mit einer Schenkung an das Kloster Fulda urkundlich genannt wird, ging der Weinanbau zu Beginn dieses Jahrhunderts vollständig ein. Noch einen Weinberg besaß der Gastwirt Alfred Schön; kurz vor dem Jahre 1930 ist der letzte Weinberg gerodet worden.
Vor 400 Jahren mußte der Getreide- und Weinzehnt an das Gotteshaus und das Kloster Heidenfeld abgeliefert werden. Die Augustiner-Chorherren zu Heidenfeld erhielten von den Lindacher Äckern und Weingärten den größten Anteil; dafür hatten die Herren alle Woche eine Messe in Lindach zu halten, außerdem waren sie für den Sonntagsgottesdienst und die Predigt zuständig.
Mit dem Erstertrag der neuangelegten Weinberge aus dem Jahre 1983 wurde Lindach schlagartig wieder als Weinbauort bekannt.

Einzellage:
Kreuzpfad

Großlage:
Kirchberg

Gesamtrebfläche:
11 ha

Haupthimmelsrichtung der Lagen:
Süden

Höhe über dem Meeresspiegel:
250 bis 320 m

Haupthangneigung der Lagen in Prozent:
10 bis 15

Boden:
Lettenkeuper mit Sandauflage

Rebsorten:
Müller-Thurgau, Bacchus u. a.

Wein:
Mit dem Wein aus Lindach hat man noch wenig Erfahrung; er wird aber auch die Art der Weine der dortigen Gegend haben.

Schwanfeld

Es ist dem geschichtsbewußten und sehr interessierten Bürgermeister Dr. Armin Römmelt zu verdanken, daß die Geschichte des Weinbaus in Schwanfeld so wissenschaftlich fundiert belegt ist. Zudem hat der Ort, der in einer Schenkungsurkunde vom Jahre 762 zum erstenmal als Suanafelt genannt wird, eine bewegte Geschichte hinter sich, viele Grundherren werden genannt. Der Weinanbau von Schwanfeld reicht weit zurück. Bereits um 1220 verfügte ein Beppo von Trimberg, er war Domherr in Würzburg, über einige Morgen Weinberge hier in Schwanfeld. Das in der Nähe liegende ehemalige Zisterzienserkloster Heiligenthal kaufte im Jahre 1251 eine

Schwanfeld ist seit Beginn dieses Jahrhunderts kein Weinort mehr; man kann sich jedoch gut vorstellen, wo sich früher die Rebe heimisch fühlte.

Mühle und 7 Morgen Weinberge in Schwanfeld vom Domherren Iring von Homburg. Auch im 14. Jahrhundert ist der Weinanbau in Schwanfeld belegt: 1348 vergab Graf Johannes von Henneberg seinen großen und kleinen Wein- und Getreidezehnt in der Pfarrei Schwanfeld dem Augustinerchorherrenstift Kloster Heidenfeld am Main. Dasselbe Kloster erscheint nach dem Bauernkrieg in den Rechnungsbüchern: Anno 1554 verkaufte es den halben Zehnt von Wein und Frucht in Schwanfeld an den Edlen Karl von Redwitz. Der aus Hessen stammende Freiherr Heinrich Herman Milchling, der sich in Schwanfeld ein Sommerhaus baute, fiel besonders durch seinen Tatendrang auf. Im Jahre 1566 wird bestätigt, daß er durch vermehrten Anbau von Wein zu Reichtum kam. Kurz darauf ließ Konrad von Grumbach neben dem alten Schloß einen großen Keller bauen, der Platz hatte für 400 Fuder Wein. Diesen behäbigen Keller kann man noch heute im Brauhaus Gottfried Eichelbrönner bestaunen.

Am Ende des 16. Jahrhunderts werden Schwanfelder Weinberge in den Lagen An den Leiten, Am Löglein, Am Speiersberg, Am Mühlberg und Am Greßner genannt. Als Schwanfeld im Jahre 1603 an das Fürstbistum Würzburg überging, konnte ein Bestand von 32¾ Acker Weinbergen aufgeführt werden.

Das über 1200 Jahre alte Schwanfeld ist niemals ein Winzerdorf gewesen, obwohl jeder Bauer seinen Weinberg hatte, um einen billigen Haustrunk zu besitzen. Mit der Spitzhacke oder dem zwei- bis vierzinkigen Karst auf dem Buckel sah man den Winzer in seinen Wengert gehen zum Hacken, Brachen und Lockern. Oft fuhr man auch mit einem leichten Wägelchen in die Weinberge. Die Anlagen am Mühlberg jedoch konnte man bloß von der Wipfelder Straße aus erreichen, weil bis 1934 nur ein schmaler Pfad am Berghang entlangführte. Bei den Wengertsarbeiten gab es zur Brotzeit Geräuchertes, hausgemachten Käse, selbstgebackenes Brot und einen kräftigen Haustrunk.

Man mußte sich nicht wie allgemein in den Winzerdörfern an feste Gewohnheiten, Sitten und Bräuche halten. So gab es keinen gemeinsamen Weinbergsschluß, auch keine Wengertshüter und keine allgemein festgesetzten Lesezeitpunkte. Meist wurden die Träubel mit Butten zu den bereitstehenden Bottichen getragen, dort durch die Mühle geleiert oder gestampft und dann zu Hause gekeltert. Bei der Weinlese halfen oft weibliche Taglöhner, denen man zum Dank eine Portion Träubel mit heimgab.

Da man nicht besonders auf Schädlinge und Krankheiten achtete, ging ein Großteil der Weinberge ein. 1905 wurden daher die meisten Anlagen umgehackt und gerodet und als Ackerland verwendet, ein weiterer Teil wurde nach dem Ersten Weltkrieg als Weinberg aufgegeben. Es erfolgte keine neue Anpflanzung. 1933/34 mußten von Amts wegen die letzten Hybriden vernichtet werden.

Erst nach dem Zweiten Weltkrieg sind am Mühlberg und am Seeberg einige Weinberge neu angelegt und

angepflanzt worden. Von Schwanfelder Winzern wird nur etwa 1 ha bewirtschaftet. Ein Großteil (Speiersberg etwa 5 Morgen) ist im Zuge der Flurbereinigung Wipfeld in die dortige Weinbergsanlage des Zehntgrafen mit einbezogen worden und wird heute von Wipfelder Winzern, die auch Land in der Schwanfelder Gemarkung besitzen, angebaut und vermarktet.
Die Schwanfelder greifen schon seit langem nicht mehr so häufig zu dem 2–3 l großen, bauchigen Bartel, um ihren Most aus dem Keller zu holen. Die 1856 gegründete Privatbrauerei, die leider um 1960 ihren Betrieb einstellen mußte, hat viele Schwanfelder zu Biertrinkern umgewandelt. Heute ist Schwanfeld nur noch zu etwa 10 % landwirtschaftlich geprägt, hier leben viele Handwerker und Geschäftsleute, und viele verdienen sich ihr tägliches Brot als Arbeiter, Angestellte und Beamte.
Die zahlreichen Südhänge wären für Weinbau gut geeignet. Der Mühlberg ist jedoch bereits zu einem Teil in den Bebauungsplan einbezogen und der frühere Wengertspfad ist Siedlungsstraße geworden.

Kolitzheim

Seit 1978 gehören zu Kolitzheim die Gemeinden Gernach, Herlheim, Lindach, Oberspiesheim, Stammheim, Unterspiesheim und Zeilitzheim. Während in den Ortschaften Herlheim und Oberspiesheim wahrscheinlich niemals Weinbau in größerem Ausmaße betrieben worden ist, nennt man in Unterspiesheim noch heute am westlichen Ortsausgang in Richtung Gernach eine Flurlage „Weinberg". Im Zusammenhang mit der Abgabe des Weinzehnts wird im Salbuch von Klingenberg bei Wipfeld im Jahre 1594 die Rebfläche von Unter- und Oberspiesheim aufgeführt: „... und seind 10⅜ Morgen zu Unter- und Oberspiesheim, geben rechten, aber 5 Morgen den rechten Zehnt. Ist allwegen also Herkommen, hat sonsten nicht Weinberg in dieser Markung, erträgt ein Jahr auf 3 oder 4 Eimer. Und welcher in Richtung des schuldigen Weinzehnts Betrug gebraucht, den hat ugFuHvW (unser gnädige Fürst und Herzog von Würzburg) wie im Getreidezehnten nach seiner Verwirkung allein zu strafen ... und mag ein jeder lesen und frültzen wann er will."
In einer Schenkungsurkunde an das Kloster Fulda taucht der Ortsname im Jahre 791 als Goldleibesheim auf, nachdem Hiltrich und seine Gemahlin Hraduna Güter an dieses Kloster abgeben. Die Kolitzheimer Weingärten lagen westlich des Dorfes am leichten Osthang in Richtung Lindach, Öttershausen (Gutshof der Gräflich-Schönbornschen Domänenverwaltung). Wiederum gibt das Amtssalbuch von 1594 einige Flurlagen kund: Im unteren Seelehen, Gilglein, Am Stigler, Am Steinweg, Im Unschlitt, Am Sand, Am Erlach, Am Stammheimer Weg, Am Reutter, Am Lindacher Weg, In der Leithen, Bei der Steinhecke.
Als Filiale von Kolitzheim hatte Stammheim bis ins 18. Jahrhundert dem Pfarrer von Kolitzheim eine bestimmte Weingült zu spenden. Vom Wein- und Getreidezehnt in Kolitzheim erhielt das Kloster von St. Stephan zu Würzburg zwei Teile und einen Teil der Graf von Castell. Schon längst ist es mit dem Weinbau in Kolitzheim zu Ende; denn auch die ältesten Bewohner können sich nicht mehr daran erinnern, daß Weinreben angepflanzt worden wären.

Wipfeld

Auch heute noch von der lauten Welt ein Stück entfernt, konnte in Wipfeld das „Fränkische" sich besonders entfalten und zur Geltung kommen. Immer stärker nimmt jedoch auch hier modernes Allerweltsdenken und -handeln Platz. Zwischen Volkach und Schweinfurt rechts des Mains, am Beginn des Engtales der Mainschleife gelegen, wird der Ort bereits im 9. Jahrhundert als „Wippinfeld", in der Mundart „Wüpfld", genannt. Seit 1737 ist der Ort ein Marktflecken und darf zwei Märkte, jeweils an Mariä Heimsuchung (2. Juli) und am Fest des hl. Bartholomäus (24. August), abhalten. Seit jeher ist Wipfeld auch als Getreidemarkt bekannt.
Große Namen haben den Weinort am Main weit in die Welt hinausgetragen. Persönlichkeiten wie Conrad Celtis, Engelbert Klüpfel, Eulogius Schneider, Nikolaus Müller oder die Gebrüder Pfriem nennen Wipfeld ihren Geburtsort. Der in Wipfeld geborene Conrad Pickel, Celtis oder Celtes genannt, wollte nicht wie seine Vorfahren Häcker werden; er fühlte sich zu Höherem berufen. Als großer, wortgewaltiger Humanist und als erster deutscher gekrönter Dichter machte er seinem Heimatort hohe Ehre. Er starb im Jahre 1508 in Wien. Der 1733 geborene Engelbert Klüpfel wurde Augustinerpater, Schriftsteller

Große Namen, wie Celtis, Schneider, Müller oder Klüpfel, haben den Namen des Weinorts Wipfeld weit in die Welt hinausgetragen.

und ein berühmter Professor der Theologie. Eine merkwürdige, tragische Gestalt ist der hier in Wipfeld 1756 geborene Eulogius Schneider. Sein Vater, ein mehr armer als wohlhabender Häcker und Weinbauer, ließ den Sohn Priester werden. Jedoch wie tragisch endete das Leben dieses weithin bekannten Schriftstellers und Predigers als Revolutionär und fanatischer Kämpfer. Zwei Jahre später als Schneider ist Johann Nikolaus Müller geboren. Er blieb bis zu seinem Tod im Jahre 1833 in Wipfeld, war angesehener Kaufmann und Schultheiß und der Entdekker der Heilquellen im Ludwigsbad.

Neben der Viehzucht war und ist der Weinbau hier in Wipfeld Haupterwerbszweig. In der ersten Hälfte des 20. Jahrhunderts waren die Jahre 1917, 1921, 1934, 1937, 1947 und 1949 besonders segensreich. Erst recht spät findet man schriftliche Zeugnisse über den Wipfelder Weinbau. Gleich die ersten Aufzeichnungen beweisen, wie abhängig und dem Schicksal der Witterung ausgeliefert der fränkische Winzer ist. Der Winter 1185 war äußerst linde, im Jahre 1186 sollen bereits im Januar die Bäume geblüht und im Februar die Vögel gebrütet haben. Nach der Weinlese im August muß es Wein in Hülle und Fülle und in vorzüglicher Güte gegeben haben. Das folgende Jahr jedoch brachte das Gegenteil: grimmige Winterkälte, um Pfingsten lag noch tiefer Schnee, der alle Feldfrüchte und den Wein zugrunde richtete.

Um den Besitz fränkischer Weindörfer war man immer auf das heftigste bemüht. In Wipfeld waren nicht nur das Hochstift Würzburg und die Grafen von Henneberg, sondern auch die Klöster Heidenfeld und Heiligenthal recht begütert. Einen Höhepunkt erlebte der Wipfelder Weinbau in der Zeit, als Nikolaus Müller Bürgermeister gewesen ist (1758 geb., 1833 gest.). Auf der Markung waren über 400 Morgen mit Weinbergen bebaut. Der Schultheiß war auch um den Weinhandel sehr bemüht. Strengen Vorschriften folgend, war man darauf bedacht, keinen fremden Wein einzukaufen, solange die Bewohner selbst ihren eigenen Wein verkaufen konnten. Als Güldner und Weinzöllner schaute Nikolaus Müller jedoch weit voraus. Er veröffentlichte eine Druckschrift mit dem Titel: „Es blühe der fränkische Weinhandel, ein Beitrag zur Aufhebung eines örtlichen Weinmonopols". Durch ihn wurde der freie Handel im Lande eingeführt und das alte Monopol aufgehoben. Anfangs beschimpft, wurde der Bürgermeister später für seine Verdienste hoch gelobt; denn der Weinexport erstreckte sich allmählich bis nach Thüringen und Sachsen.

Nach der Dorfordnung war geregelt, daß jährlich zwei Männer als Nacheicher ernannt wurden. Vor dem Antritt ihres Amtes hatten sie den Weineichereid zu leisten: „Wir schwören zu Gott dem Allmächtigen einen körperlichen Ayd, daß wir den Hochwürdigsten des Heiligen Römischen Reichsfürsten, unseren gnädigsten Fürsten und Herrn getreu und gehorsam sein wollen, daß uns anvertraute Weineicher-Amt, mit getreuer Anzeige, des Zolls, fleißig thun; niemanden weder Reich noch

Wie kaum ein anderer Weinort am Main hat sich Wipfeld durch den Qualitätsweinbau in den letzten Jahren in den Vordergrund geschoben.

Arm hierin vervorteilen, oder gar begnädigen, und überhaupt alles, was uns in diesem Amte angehet, pünktlich erfüllen; So wahr uns Gott helfe, und Seine Heiligen."

In den Gasthäusern und Heckenwirtschaften hatten die Weineicher dafür zu sorgen, daß alle gebräuchlichen Maße und Gewichte stimmten.

Besondere Höhepunkte im Jahreslauf waren die Rügegerichtstage, an denen kleinere Delikte, wie Diebstähle oder Brandlegungen, gerichtet und bestraft worden sind. Außerdem wurden an diesen Tagen Amtspersonen in ihre Pflichten eingeführt, wozu sie ein Gelöbnis ablegen mußten. Am Rügegerichtstag hatte jeder Wipfelder Bürger zwei Batzen auf dem Rathaus einzuzahlen. Anstelle dieser Abgabe wollten die Wipfelder lieber einen öffentlichen gemeinschaftlichen Trunk auf dem Rathaus genießen. Mit zwei Eimern Most Gemeinschaftstrunk gab man sich zufrieden. An den Gerichtstagen ist auch Weintraubenraub geahndet worden. Wurde man tagsüber beim Weintraubenstehlen erwischt, mußte man einen halben Gulden zahlen; Diebstahl in der Nacht kostete hingegen 5 fl. Bis in die Neuzeit hinein sorgte ein Flurer, der zugleich auch das Amt des Gerichtsdieners versah, daß Ordnung in Dorf und Feld herrschten.

Es fällt in Wipfeld auf, daß zu Beginn des 19. Jahrhunderts unter den etwa 700 Einwohnern allein 49 Büttner gewesen sein sollen. Neben Fässern fertigten sie besonders Kraut-, Wein-, Gurken- und Fleischstüchte an. Auf den Würzburger Märkten wurden die Wipfelder Fässer gerne gekauft.

Aus der Vielzahl der alten Flurlagenamen, wie Mauerleinspfad, Hofweinberg, Knebel, Froschgraben, Kalkofen, Eichäcker, Speiersberg, Johannisberg oder Kirchberg, wurde der „Zehntgraf" ausgewählt, wohl auf die ehemalige Lage Zehentlein hinweisend. Seit dem Weinfest 1971 erinnerte der Zehntgraf Emil Seltsam (gestorben 1984) an Zeiten, in denen die Obrigkeit ihren zehnten Teil einheimste.

Seit 1972 steht am Fuß der Weinberge eine neue Kelterstation der GWF. Dort liefern die Winzer während der Lese ihr Traubengut ab. Es wird gepreßt und nach Mostgewichten in einzelne Behälter gefüllt. Von hier aus kommt der Most nach Repperndorf.

Das erste Wipfelder Weinfest fand 1953/54 statt.

Einzellage: Zehntgraf

Großlage: Kirchberg

Gesamtrebfläche: 70 ha

Haupthimmelsrichtung der Lagen: Süden

Höhe über dem Meeresspiegel: 225 bis 290 m

Haupthangneigung der Lagen in Prozent: 10 bis 20

Boden:
Muschelkalk, Lettenkeuper

Rebsorten:
Müller-Thurgau, Silvaner, Bacchus, Traminer, Kerner u. a.

Wein:
kräftig duftend, markant, stoffig, nachhaltig.
Der Traminer ist eine wertvolle Bereicherung der Weinpalette.

Das wilde Heer (Überfahrtsage)

Der alte Mainfährer Mitesser hatte Feierabend gemacht. Er saß am Rande seiner Fähre, die Nacht brach herein, und ein Unwetter zog auf. Vom anderen Ufer her hörte der Fährmann seltsame Laute, er glaubte, es wolle jemand übergefahren werden. Aber niemand wartete; plötzlich füllte sich die Fähre unter unheimlichen Geräuschen, große und kleine Geister drängten sich auf das Schiff. Es war das wilde Heer. Voller Angst setzte der Fährmann die Fracht mit den Geistern über. Am Schluß fragte eine Stimme, was sie schuldig seien. Mitesser war vor Furcht und Angst stumm und schwieg. Zum Dank warf man ihm einen großen Knochen auf die Fähre. Ein Zurückgebliebener rief: Wäre ich doch geschürzt und gegürtet, so könnte ich auch mit! Das hörte ein Mann in der Nähe. Er band diesem Geist ein Strohseil um den Leib und erhielt zum Lohn eine Handvoll Gold. Als dies der Fährmann sah, suchte er verzweifelt nach dem Knochen, den das wilde Heer auf seine Fähre geworfen hatte. Doch er fand nichts.

Stammheim

An den Hang hingebreitet, sieht man Stammheim, am linken Mainufer liegend, schon von weitem. Der Weinstock und der Obstbaum haben das Land um den Ort geformt. Stammheimer Kirschen waren einmal weit und breit beliebt. Bei klarem Wetter kann man von hier aus die Bergkuppen der Rhön und den Waldsaum des Steigerwaldes sehen.

Stammheim zählt mit zu den Siedlungen, die bei der fränkischen Landnahme im 6./7. Jahrhundert entstanden sind. Historische Kellerbauten, wie Zehnthäuser und der Kaiserhof, erinnern an geschichtsträchtige Zeiten. Urkundlich zum ersten Mal erwähnt wird der Wein im Jahre 1248, nachdem die Nonnen des Zisterzienserinnenklosters Maidbronn bei Würzburg neben 10 Maltern Korn und 5 Maltern Hafer den beachtlichen Zehntwein von 50 Morgen „Wingerten" aus Stammheim einholen. Als guter Weinort bekannt, war Stammheim von vielen geistlichen und weltlichen Herrschaften recht begehrt. Zehntherren waren nicht nur die Nonnen von Maidbronn und die Klöster St. Agnes und St. Stephan in Würzburg, sondern auch die Abtei Ebrach, die Grafen von Castell, Schrimpf zu Oettershausen, Valentin Echter von Mespelbrunn, selbstverständlich auch das Hochstift Würzburg und die Grafen von Schönborn.

Noch um 1950 war das Dorfleben von altüberlieferten Gewohnheiten bestimmt: 850 Einwohner ernährten sich zum Großteil vom Ertrag auf der nur 390 ha großen Markung, etwa 90 Prozent lebten von der Landwirtschaft. Durch eine wohlgeordnete Flurbereinigung konnten beachtliche Gemeinschaftsanlagen für Obst und Spargel geschaffen werden. Mit der Weinlage „Eselsberg" machte sich Stammheim einen guten Namen unter den fränkischen Spitzenweinen. Die Schweinfurter Großindustrie zieht immer mehr Arbeitskräfte in ihren Bann, die Vollerwerbslandwirte kann man an den Fingern abzählen. Für die Kleinwinzer jedoch bringen die 70 ha Weinberge an den Muschelkalkhängen des Maintales einen beachtlichen Zuerwerb. Die Heimatverbundenheit jedoch bleibt bei den Stammheimern bestehen, ihren guten Nachbarschaftsgeist und den Willen zur Gemeinschaft bezeugen sie durch die vielen Vereine. Bei der Ausrichtung von Festen und Feiern während des Jahres bildet das traditionelle Weinfest einen Höhepunkt. Bekannt geworden sind auch die Stammheimer Bremserabende. Bis auf einen Selbstvermarkter sind die meisten Winzer der Gebietswinzergenossenschaft Franken angeschlossen.

Seit 1978 hat Stammheim seine Selbständigkeit verloren, der Wein jedoch drückt sich im Stammheimer Ortswappen durch die Abbildung einer Holzspindelkelter aus.

Die neuangelegten Weinberge mit einer Gesamtfläche von etwa 70 ha liegen am Westhang zum Main auf den Muschelkalkhöhen des Volkacher Sattels. Da man aus jahrhundertelangen Erfahrungen weiß, wie anfällig die Reben gegen Fröste sind, pflanzte man in kluger Voraussicht auf dem Eselsberg eine etwa 30 m breite Hecken- und Baumreihe als sogenannte „Pelzkappe" zum Schutz gegen die kalten Luftströme. Die zartfeine Blume des Stammheimer Eselsberges brachte schon eine ganze Reihe von Ehrenpreisen ein. Zum Dank für die gutgelungene Weinbergsbereinigung setzte man in die Wengert zwei neue Bildstöcke: einen Kreuzschlepper und ein Vesperbild.

Einzellage:
Eselsberg
Früher: Steig, Berg, Rabenberg, Eselsberg, Enderlein, Auf der Ebene, Kirchweinberg, Dritthalbacker, Propstberg, Kunschematschen, Am Rain

Stammheim hat sich im Laufe der letzten Jahrzehnte vom Obstbau auf den Weinbau umgestellt.

Großlage: Kirchberg

Gesamtrebfläche: 68 ha

Hauptbimmelsrichtung der Lagen: Süd-West

Höhe über dem Meeresspiegel: 200 bis 275 m

Haupthangneigung der Lagen in Prozent: 10 bis 20

Boden:
oberer Muschelkalk, Lettenkeuper

Rebsorten:
Müller-Thurgau, Silvaner, Kerner, Bacchus u.a.

Wein:
gefälliges, artiges Bukett, elegant, kernig, nachhaltig.
Mit dem planmäßigen Wiederaufbau der Weinberge sind urplötzlich die Stammheimer Weine mit sehr viel Erfolg auf dem Markt erschienen. Die neuen Sorten Kerner und Bacchus haben besonders gut eingeschlagen.

Retzstadt

Bereits im 9. Jahrhundert pflanzten die Retzstädter an ihren Muschelkalk- und Lößhängen die ersten Weinreben. Dieser alte Weinort zwischen Main und Wern soll im Mittelalter ein einzigartiger Weingarten gewesen sein. Rings um Retzstadt waren Weinberge angelegt, alte volkskundliche Namen erinnern noch an diese Zeiten: Wurmberg, Elendstal, Eichenloch, Gänsberg, Ziegenloch, Lehmgrube, Dollgraben, Erbersberg, Beeten oder Düntel. Diese Bezeichnungen lassen auf Bodenbeschaffenheit, besondere Lageformen oder auf die frühere Verwendung schließen. Auch andere Flurbezeichnungen wie Steinberg, Riesen, Roth, Bonleite, Burgenstall, Altenberg, Scheckenberg oder Unterer Langenberg verdeutlichen, wie reich gesegnet an Weinbergen dieser Ort einmal gewesen sein mag.
In der steilen Lage „Frohnberg" schlängelte sich früher das sogenannte „Himmelspfadle" zur Langenbergshöhe hinauf. Alte, erfahrene Gewährsleute können noch erzählen, daß auf diesem Pfädle die Seelen der verstorbenen Retzstädter „braven Winzer" zum Himmel aufsteigen würden. Dieser sagenumwobene Pfad ist leider im Zuge der Weinbergsbereinigung einplaniert worden.

Von alten Winzern kann man auch erfahren, daß kaum ein anderer Berufsstand so sehr vom Wetter abhängig ist wie der Weinbergsbesitzer. Wie oft muß er zum Himmel hinaufschauen, von dem sein ganzes Wohl und Wehe abhängig ist. Das ganze Jahr über prüft er die Zeichen, die darauf schließen könnten, wie der nächste Herbst ausfallen mag. In Spruchweisheiten sind kluge Häckersprüche entstanden:

Dezember lind und naß,
gibt leere Speicher und Faß.
Januar Donnergroll,
macht Kufen und Fässer voll.
Wenn die Flüsse klein,
gibt es einen guten Wein.
Märzenschnee tut Korn und Weinstock weh.
Kühler, nicht naßkalter Mai,
gibt guten Wein und vieles Heu.
Juni trocken mehr als naß,
füllt mit gutem Wein das Faß.
Um den Wein steht es nicht gut,
fehlt im Juli der Sonne Glut;
denn der September kann nicht braten,
was in der Hitze nicht schon geraten.
August muß warm und trocken sein,
dann reift das Obst und die Traube für Wein.
Je mehr Regen, um so weniger Wein.
Septemberregen ist dem Bauer ein Segen.
Wenn er aber den Winzer trifft,
ist er ebenso schlecht wie Gift.
Was Juli und August nicht vermocht,
wird auch im September nicht gekocht.
Kühle Nächte bringen sauren Wein,
warme Nächte bringen süßen Wein.
Wenn im September Donner und Blitze dräuen,
magst du nächstes Jahr an Wein und Obst
dich freuen.

Besondere Aufmerksamkeit schenkte man den sogenannten „Lostagen". Alte Bauernkalender und -bücher verbergen viel Weisheit.
An dieser Stelle sei z. B. auf ein Buch hingewiesen, das sich als „Bauernpraktik" bezeichnet und bereits 1508 erschienen ist:
„In disem biechlein wirt gefunden
der Pauren Practick und regel darauff sy
das gantz iar ain auffmercken haben
vnnd halten."
Auch die Lostage hat bereits im Jahre 1590 ein kluger Winzer, Johannes Rasch, zusammengestellt:

Retzstädter Weinberge vor der Neuordnung.

„New Lostäg, die feldregel und Bawrenpractic angehend, ob die in den Neucalender all vmb tag mussen mit umbesetzt werden, oder aber noch in iren vorigen terminis vnd statis diebus unverruckt bleiben."
Dieses Büchlein entstand dadurch, daß Papst Gregor XIII. im Jahre 1582 den Julianischen Kalender reformieren ließ und seit dieser Zeit die alten Bauernregeln mit den Lostagen nicht mehr übereinstimmten. Besondere Winzer-Lostage sind z. B. Dreikönig, Lichtmeß und der St.-Urbans-Tag.

Ist Dreikönig hell und klar, gibt's viel Wein in diesem Jahr.
Scheint an Lichtmeß die Sonne klar,
gibt's Spätfrost und kein fruchtbar Jahr.
Strahlt Urban im Sonnenschein,
gibt's viel guten Wein.
Wenn St. Urban kein gut Wetter geit,
Wird er in die Pfütz geleit.

Die Dominanz des Weines hat auch das Ortswappen mitgeformt: Über dem Andreaskreuz, das auf den Kirchenpatron hinweist, ist eine silberne Weinkelter abgebildet. Retzstadt ist das Dorf im Weinduft.
Im Laufe der Jahrhunderte forderte immer wieder die Grundherrschaft ihren Zoll. So ist aus den alten Lehenbüchern von 1431 und 1497 zu entnehmen, daß neben dem Getreidezehnt auch der Traubenzehnt von jährlich 343 Gulden je zur Hälfte an das Kloster St. Stephan und an das würzburgische Domkapitel entrichtet werden mußte. Der Wein prägt den Menschen. Über die Eigenheiten der Retzstädter kann man schon im alten Pfarrbuch von 1633 lesen: „Wer durch Retzstadt gehet ungefoppt und durch Stetten gehet unverspott und durch Aschfeld gehet ungeschlagen, der weiß von diesen Dörfern nichts zu sagen."
Dieses gegenseitige Foppen ist sogar in der Dorfordnung von 1603 als besonderer Artikel angeführt:

Wie in einem Backofen liegt Retzstadt in heißen Sommertagen inmitten seiner Weinberge.

„Zum sechsten verbieten wir ernstlich, daß niemand den anderen an seinem guten Leumund mit ehrverletzenden Schend- und Schmähwörtern antasten solle. Da aber solches geschied und die Partheien deswegen miteinander an das Recht geraten, soll der, der die Schmähwörter ausgegossen und überwiesen wurd, mit 10 Gulden oder 4 Wochen in dem Gefängnis mit Wasser und Brot gestraft werden."
Auch ihre Freigiebigkeit stellten die Retzstädter Winzer immer wieder unter Beweis. Da brachten in früheren Zeiten jene Winzer, die mit dem Pfarrer gutstanden, während der Weinlese einen Eimer Wein, so daß im Keller des Pfarrhauses immer ein guter Tischwein lagern konnte. Auch verschiedene Klöster, wie das Kapuzinerkloster in Karlstadt oder der Franziskanerorden, sammelten in Retzstadt nicht nur Getreide, sondern auch Wein.
1954 schlossen sich die Weinbergsbesitzer der Winzergenossenschaft Stetten an, die sich im Jahre 1959 mit der Gebietswinzergenossenschaft Franken in Repperndorf vereinigte. Fleißige Winzer haben in vielen Weinbaugemeinden Frankens in den letzten 25 Jahren als „Pflanzgruppe Retzstadt" bei dem Wiederanlegen der Weinberge geholfen.

Einzellage:
Langenberg

Großlage:
Roßtal
Früher: Düntel, Erbersberg, Lehmgrube, Dollgraben, Gänsberg, Beeteln, Ziegenloch, Roth, Wurmberg, Elendstal, Bonleite, Burgenstall, Altenberg, Scheckenberg, Unterer Langenberg

Gesamtrebfläche:
62 ha, Weinbergsneuordnung zwischen 1960 und 1970

Haupthimmelsrichtungen der Lagen:
von Ost über Süd bis West

Höhe über dem Meeresspiegel:
230 bis 320 m

Haupthangneigung der Lagen in Prozent:
20 bis 40

Boden:
unterer Muschelkalk, Löß

Rebsorten:
Müller-Thurgau, Silvaner, Kerner, Bacchus u.a.

Wein:
sortentypisch, kernig, unkompliziert.
Das Weinjahr 1983 brachte besonders herausragende Qualitäten.

Güntersleben

Alte Winzer wissen noch aus der Erinnerung zu erzählen, daß vor einigen Generationen weitaus mehr Wein angebaut worden ist als heute (ca. 60–70 ha um 1780).
Mühevoll und zeitraubend müssen die Arbeiten im Wengert gewesen sein. Nach Art der fränkischen Kopferziehung sind die Austriebe der Setzlinge mindestens vier Jahre hindurch abgeschnitten worden, bis sich das Haupt bildete und man vorerst eine Tragrebe anschneiden konnte. Erst im vierten Jahre wurden Holzpfähle gesteckt. Das Holzstecken war eine harte Arbeit, vor allem in trockenen Jahren. Jeden Rebstock düngte man mit Stallmist, den man in Körben hinauf in die Weinberge tragen mußte. Man erzählt sich noch, daß der Weinberg das ganze Jahr hindurch einen Mann brauche. Karst und Weinbergshaue waren Attribut eines Winzers, nicht das Glas in der schwieligen Hand. Im Normalfall ging man zu Fuß hinauf in den Wengert. Pferde-, Ochsen- und Kuhgespanne wurden nur verwendet, wenn Material oder Stalldünger hinaufgefahren worden ist. Da erzählt ein 85jähriger Winzer, daß er auch jetzt noch täglich im Weinberg sei, wenn es die Witterung erlaube. Es kostete früher eine mühselige Plagerei, bis man sich ein Glas Trinkwein („Läura") gönnen konnte. Für den Trinkmost wurden die Trester der ausgepreßten Trauben nochmals eingemaischt und mit Wasser verdünnt. Was blieb da noch an Wein?
Der Verdienst war mager, man mußte früher sehr sparsam sein. Ein alter Winzer meinte: „Allerdings waren es früher gegenüber heute auch Spottpreise, doch man war zufriedener als in dieser modernen Zeit. Ich erinnere mich noch an die gute alte Zeit vor dem 1. Weltkrieg. Wir bekamen damals für einen Hektoliter Wein, den wir einem Wirt in der Nachbargemeinde Rimpar verkauften, sage und schreibe 25 Mark."
In den Heckenwirtschaften, die auch hier in Güntersleben beliebt waren, kostete der Schoppen anfangs 8, später 10 Pfennig. Das waren noch Zeiten für den Zecher, nicht für den Winzer!
In den Spinnstuben, die früher von Martini bis Lichtmeß geöffnet waren, durfte auch der Wein nicht fehlen. Im Bartel stand der Most auf dem Tisch. In den Heckenwirtschaften und Spinnstuben „bevorzugte die Weiblichkeit Gebäck, wie Zwieback oder Makronen, während sich die Herren vor allem ein

gutes Käsebrot oder einen Bismarckhering schmekken ließen".
Ohne eigenen Wein konnte man sich in Güntersleben eine Kindstaufe, eine Hochzeit oder einen Leichentrunk nicht vorstellen. Noch in der Zeit zwischen dem Ersten und Zweiten Weltkrieg wurden bei Hochzeiten von einem Buben das sogenannte weißgebackene Hochzeitslaibchen und von einem Mädchen ein Liter Wein mit in die Kirche zur Trauung getragen. Diese Geschenke erhielt am Schluß der Pfarrer.
Alte Lagenamen sind schon fast in Vergessenheit geraten, wie Im Eckberg, Im alten Berg, Im Höhfeld, Senlein, Gries, Kerbe, Wagenwand, Stubengrund, Teufelskeller, Triebleinsberg, Neuer Berg und der Ravensberg.
Der Kirchenpatron von Güntersleben, der hl. Maternus (13. September) wird auch als Weinheiliger verehrt. Nach altem Brauch wird am Patroziniumsfest an seiner Hand ein Träubel befestigt. Die früheren Bittgänge nach Retzstadt und nach Veitshöchheim werden in den letzten Jahren in der Feldflur abgehalten. Hier und da findet man einige Bauernhäuser, an denen sich Weinreben an der Wand hochranken. Seit über 100 Jahren gedeiht am Pfarrhaus ein Hausstock mit der Rebsorte Gutedel.
Noch immer gilt der Spruch:
As edelste Tränkla wird gewunna
aus Häckerschweiß und Mist und Sunna.
Um den Wein ranken sich auch viele Geschichten und Anekdoten. Von der Flurlage „Im hinteren Loch" erzählt man sich ab und zu am Wirtshaustisch, daß der Pfarrer eine Winzersfrau gefragt hätte: „Nun, wie war denn heuer der Herbst?" Daraufhin soll die Frau geantwortet haben: „O, Herr Pfarrer, in meinem hinteren Loch war's heuer unendlich!"
In Güntersleben darf der Humor noch leben.

Einzellage:
Sommerstuhl
Früher: Alter Berg, Exberg, Linke Wand, Wagenwand, Ravensburg, Sennlein, Stubengrund, Höfelt

Großlage:
Ravensburg

Gesamtrebfläche:
20 ha

Haupthimmelsrichtungen der Lagen:
Süd, Süd-West

Höhe über dem Meeresspiegel:
280 bis 330 m

Haupthangneigung der Lagen in Prozent:
25–35

Boden:
Muschelkalk

Rebsorten:
Müller-Thurgau u. a.

Wein:
duftig, kernig, nachhaltig.

Bergtheim

Auf der Hochebene am Rande des Schweinfurter Gaues liegt Bergtheim an der Quelle der Pleichach, inmitten eines fruchtbaren Landes. Zur Zeit der bekannten Schlacht bei Bergtheim am 14. Januar 1400 war die Kirche, dem hl. Bartholomäus geweiht, bereits mit Gaden burgartig umgeben. Trotz der besonderen Lage gehört Bergtheim heute mit 18 ha Rebfläche zu den fränkischen Weindörfern.
Alte Lagenamen bezeugen, daß die Wengert von Bergtheim nahe beieinanderlagen und sich erst allmählich ausdehnten. Die Rebfläche westlich des Ortes, die früheren Flurnamen hinter, auf und vor dem alten Weinberg, sind längst aufgelöst und werden nun für die Landwirtschaft genutzt. Das östlich gelegene Weinbergsgelände bezog sich auf die Namen Harfenweinberge, Lange Weinberge, Unter dem langen Weinberg, Am Weinbergspfad, Oberer und Unterer kurzer Holzberg, Am Holzberg, Blasse Weinberge, Kurze Weinberge und Lettenberg. Auch hier wurden die Rebstöcke gerodet und seit 1928 wegen Schädlingsbefalls aufgegeben. Bei einer im Jahre 1928 durchgeführten ersten Flurbereinigung ist dieses Land in Ackerflächen umgewandelt worden. Seit dem Jahre 1944, als der Thüngersheimer Winzer Ernst Schmitt hierher nach Bergtheim heiratete, werden wieder Reben gepflanzt. Das in die Weinbergsrolle eingetragene „Bergtheimer Harfenspiel" ist aus dem alten Flurlagenamen Harfenweinberge entstanden. Im Zuge einer 1969 begonnenen Flurbereinigung konnte am 19. April 1974 die erste Rebe wieder gepflanzt werden. Bei der ersten Lese konnten Bacchus, Perle, Fontanara, Müller-Thurgau und Kerner geerntet werden. Das Weingut Schmitt ist bemüht, durch Anbieten vieler Rebsorten für jeden Geschmack etwas zu bieten.

Winterruhe in den Weinbergen. Oft leiden die Reben bei spärlichem Schneefall unter klirrendem Frost.

Einzellage:
Harfenspiel
Früher: Auf dem alten Weinberg, Vor dem alten Weinberg, Harfenweinberge, Lange Weinberge, Unter dem langen Weinberg, Am Weinbergspfad, Oberer kurzer Holzberg, Unterer kurzer Holzberg, Unterer Holzberg, Am Holzberg, Blasse Weinberge, Kurze Weinberge, Lettenberg

Gesamtrebfläche:
18 ha

Haupthimmelsrichtung der Lage:
Süd-West

Höhe über dem Meeresspiegel:
250 bis 300 m

Haupthangneigung der Lage in Prozent:
15 bis 25

Boden:
Muschelkalk, Löß

Rebsorten:
Müller-Thurgau und viele andere

Wein:
duftig, stoffig, nachhaltig.

Obereisenheim

An den Hang hingebreitet, liegt Obereisenheim am rechten Mainufer in der Nähe von Wipfeld. Enge Gäßchen, die steil zum Main herabführen, und fränkische Höfe mit breiten Toreinfahrten und schmalen Pförtchen ziehen auch heute noch neben dem markigen, nachhaltigen Wein viele Besucher an.
Seit der ersten Erwähnung der Ortschaft im Jahre 788 spielt der Weinbau eine bedeutende, nicht wegzudenkende Rolle. Die günstige Hanglage zwingt zum Weinbau. Das Bamberger Stift St. Stephan, nach Weinorten begierig, errichtet um die Jahrtausendwende hier ein Kelterhaus und einen Zehntkeller, um den Weinzehnt von Ober- und Untereisenheim zu lagern. Seit 1225 haben die Grafen von Castell in Obereisenheim ihre Besitzungen.
Obereisenheimer Winzer schließen sich zusammen und gründen 1934 eine eigene Winzergenossenschaft; ab 1956 schließen sie sich der Winzergenos-

senschaft „Mainschleife“ in Volkach an, und im Jahre 1959 sind sie die Mitbegründer der Gebietswinzergenossenschaft Franken in Repperndorf. Die seit 1973 bestehende Kelterstation in Obereisenheim kann die Trauben von 110 ha und mehr aufnehmen. Etliche Selbstvermarkter haben ihre Eigenarten im Weinausbau bewahrt.

Es ist interessant, anhand alter Flurlagenamen, die mit Wengerten in enge Beziehung gebracht werden, mundartliche Ausdrücke und die Entstehung aus dem Mittelhochdeutschen, d.h. dem Wortschatz vom 12. bis 15. Jahrhundert, miteinander zu vergleichen (MA = Mundart; mhd = mittelhochdeutsch).

Flurnamen in Obereisenheim rechts der Schwanfelder-Untereisenheimer Straße:

Hertleinsberg – MA Härdlinsberg, Härtlesbarg; mhd. hart = fester Sandboden, Weidetrift, Wald; mhd. hert = Erdreich, Boden; herte = Härte, steiniger Boden.

Alte Steig – Steig – MA Alta Steg, Stech; mhd. stege = Treppe; steige = steile Straße, steile Anhöhe.

Am Berg, Berglein – MA am Barch, Barchla; mhd, berc = Berg, Weinberg; Berg allein bedeutete im Mittelhochdeutschen bereits Weinberg, Weingarten.

Klingelstein – MA Klinglstee; mhd. klinge = etwas Klingendes, Bergbach, Talschlucht; klingelen = einen Klang geben, plätschern.

Am Badholz – MA Bothoulz; mhd. bat = Hilfe, Nutzen; bate, bade = Förderung, gehörige Menge; bate, pate = Pate.

Fitzenberg – MA Fitzabarch; mhd. vitzen = Pfeil.

An der Roth – MA Roud; mhd. rodehouwe = Haue zum Roden (MA Reutha: m).

Am Ochsenbraten – MA Ochsabrata; warme Lage, so daß die Ochsen zum Braten, zum Schwitzen kommen; mhd. ohsenaere = Ochsenbauer.

Schelmen – MA Schelma; mhd. Schelme = Pest, Seuche; schelmen = die Haut abziehen, schinden; hier als Schindgrube, Schindplatz.

Alte Lagenamen nach Kataster- und ortsüblichen Namen:

Höll, Höllpfad – MA Höllpfadla; mhd. hellephat = Pfad zur Hölle; helle = Hölle, enger Raum zwischen dem Ofen und der Wand.

Berchersberg – MA Berchersbarch; mhd. bech, pech = Pech, Höllenfeuer; becheln = sich erwärmen, sonnen; becher = der Becher.

Ellern – MA Allern; mhd. aller = Plural von al = für jeden, der Allgemeinheit (almende) gehörig.

Forst – MA Färscht; mhd. forst, vorst = Wald.

Stümpflein – MA Stümpfla; Verkleinerung von Stumpf; mhd. stumpf = Stumpf, Baumstumpf, Verstümmeltes.

Gern – MA Garn; mhd. garn = Partizip zu ern = ackern, pflügen, d.h. geackertes Land; ern = Erdboden, Grund.

Mainleite – MA Meelaitn; mhd. leit = Präteritum zu legen, d.h. am Main gelegen.

Tigelstein – MA Tigelstee; mhd. tigel = tegel = Tiegel, Pfanne, Schmelztiegel.

Alte Hack – MA Alta Hock; mhd. hac = Gebüsch,

Dicht aneinandergereiht stehen die Winzerhäuser von Obereisenheim am Mainufer.

Auf der nördlichen Mainseite Buschwerk, Obstbäume und Ackerland, auf der Südseite das Weindorf Obereisenheim mit der Weinbergslage „Höll".

Dorngesträuch, Einfriedung; hacke = das Umbrechen von Feldern, das Hacken.
Biren – MA Bira; mhd. bire = die Birne.
Am Hühnlein – MA Hühla; mhd. hüel (hülwe) = Pfütze, Pfahl, Sumpflache.

Seit der Gründung der Winzergenossenschaft im Jahre 1934 sind in den Kellerbüchern die Lagenamen Höll, Bechersberg, Härtleinsberg und Steig geführt worden. Übriggeblieben ist die Einzellage „Obereisenheimer Höll". Über die Entstehung des Lagenamens „Höll" erzählt man sich eine Geschichte:
Einst soll im Klosterkeller in Obereisenheim der Wein ständig abgenommen haben. Ein Pater faßte sich Mut und legte sich nachts auf die Lauer, um der Ursache für das Verschwinden des Weins zu nächtlicher Zeit auf den Grund zu kommen. Plötzlich hörte er um die Mitternachtsstunde Geräusche, und er sah den Teufel, wie er sich über die Weinfässer hermachte. In der riesigen Angst wollte sich der Pater davonmachen, doch da bemerkte ihn der Teufel. In seiner großen Furcht rief ihn der fromme Gottesmann ein „Gelobt sei Jesus Christus" entgegen. Da wich der Teufel zurück, doch sein Schwanz wurde in die Kellertür eingezwickt, und so konnte er nicht weiter. Der Pater fühlte sich stark und schlug auf den nächtlichen Eindringling ein, bis dieser um Gnade bat. Bevor der Teufel in die Hölle zurückkehren konnte, verlangte der Gottesmann von ihm das Versprechen, ein höllisches Feuer in die Weinberge zu legen. Bis zum heutigen Tag soll er sein Versprechen gehalten haben; noch immer liegt die Glut der Hölle über den Weinbergen von Obereisenheim.

Seit nahezu 1200 Jahren brennt die Sonne auf die Südhänge der Obereisenheimer Wengert. Die heißen Sommertage führen zu Sagenbildungen. Alte Umgehersagen spielen mit hinein. Das Glucksen in den gärenden Fässern und die geheimnisvollen Weinverluste mögen dazu geführt haben, an den Bösen zu denken, der auf einem Fasse sitzt, dessen Inhalt stets abnimmt. Die Obereisenheimer Winzer haben den Mut zum Satanischen, sie stellen sich in einer Spottfigur dar.
Aus Obereisenheim kamen auch schon viele fränkische Weinköniginnen.

Einzellage:
Höll
Früher: Forst, Hertleinsberg, Höll, Bäckersberg, Steig (vgl. im übrigen die Erklärungen zur Bedeutung der Weinbergslagenamen.

Großlage:
Kirchberg

Gesamtrebfläche:
93 ha

Haupthimmelsrichtungen der Lagen:
Ost bis Süd-West

Höhe über dem Meeresspiegel:
205 bis 300 m

Haupthangneigung der Lagen in Prozent:
5 bis 45

Boden:
oberer Muschelkalk, Lettenkeuper, Löß

Rebsorten:
Silvaner, Müller-Thurgau, Ortega, Kerner u. a.

Wein:
artiges, vom Boden geprägtes Bukett, markig, füllig, nachhaltig. Die Lettenkeuperweine haben eine ganz besondere Bodenart; sie benötigen eine längere Ausbauphase; sie sind in geringeren Jahren herzhafte Schoppenweine, in guten Jahren aber vollmundige, ausgeprägte Bocksbeutelweine.

WETTERREGELN

Pankrazi, Servazi und Bonifazi (12.–14. Mai)
sind drei frostige Bazi, und zum Schluß
fehlt nie die kalte Sofie (15.).

Kein Reif nach Servaz,
kein Schnee nach Bonifaz.

Untereisenheim

Einen Kilometer vom rechten Mainufer entfernt, breitet sich Untereisenheim in einer fruchtbaren Bucht aus, umgeben von einer nahezu noch intakten Dorfmauer. An dieser Stelle setzt der Fluß zu einer weiten Schleife an, im Volksmund die Mainschleife genannt. Der Bienenpfarrer Edmund Herold hat von seinem Weißen Haus aus auf der Höhe das Land zu seinen Füßen als das Paradies beschrieben, wie es in seiner faszinierenden Schönheit und Anmut daliegt.
Im Zuge der Flurbereinigung gewann der Weinbau in Untereisenheim wieder an Bedeutung. In den Jahren 1965 und 1966 wurden nahezu 55 ha umgelegt, die in erster Linie mit den Sorten Silvaner und Müller-Thurgau neu bepflanzt worden sind. In der Weinbergsrolle ist als neuer Name die Einzellage „Sonnenberg" eingetragen. Aber viele alte Winzer kennen noch ihre früheren Weinbergslagenamen: Dürrenberg, Hertleinsberg, Schwanfelder Steig, An der Buchen, Am Gern, Am Buch, Ochsental, Dipbacher Steig, Werleinsberg, Wollenberg, Hutweinberg, Hohenroth, Am Neuen Berg, Am Sonnenberg, Am Horn. Die Winzer von Untereisenheim sind zum Großteil seit 1956 in die Winzergenossenschaft Mainschleife Volkach eingetreten und seit 1973 an die Kelterstation von Obereisenheim angeschlossen.
Auch die Untereisenheimer Winzer wissen, wie mühselig und schwierig die Arbeit im Weinberg ist. Man kennt die alte Winzerregel, daß man etwa 17mal im Jahr um jeden Weinstock herumarbeiten muß. Trotz aller Plagerei ist man dennoch vom Wetter völlig abhängig. Wie rasch können Nachtfröste im Mai, Wolkenbrüche, Hagelschlag, Kälte und Regen während der Rebenblüte den Arbeitslohn des Winzers rasch zunichte machen. Da schreibt bereits im Jahre 1545 der Würzburger Domherr Daniel Stiebar: „Der Wein gerät nit allzeit; ob ein Jahr wohlgerät, so verdirbt er zwei ... der Weinbau in Franken fordert viel größere Mühe als anderswo mit Hacken, Brachen, Decken, Düngen, Pfählen und Lesen. Das Land ist nicht so beschaffen, daß es solche ganze Arbeit mit den Inwohnern tun kann ..."
Selbstverständlich sind die Arbeitsbedingungen des Winzers weitaus besser geworden, aber dennoch bleibt die Arbeit eine mühselige. Wenn man so leichtfertig zum vollen Glase greift, sollte man einmal überlegen, daß für einen Hektar Weinberg bis zu 1450 Stunden Arbeitsaufwand nötig sind.

Bienenpfarrer Edmund Herold nannte dieses Stück um Untereisenheim das fränkische Paradies.

Diese Stunden gliedern sich in etwa folgendermaßen auf:

Rebschnitt	210 Stunden
Biegen der Reben	120 Stunden
Instandhaltung der Pfähle und Rahmen	21 Stunden
Laubarbeiten	130 Stunden
Bodenbearbeitung	120 Stunden
Düngung	100 Stunden
Schädlingsbekämpfung	210 Stunden
Weinlese	360 Stunden
andere Arbeiten	180 Stunden pro Hektar.

Es ist ständiges Streben der Winzer, durch Einsatz von technischem Gerät diese Arbeitsstunden zu verringern.

Betrachtet man die Tabelle, so wird man feststellen, daß vor allem im Monat März, wenn die Reben niedergezogen und der Boden bearbeitet und gedüngt werden muß, ein erhöhtes Maß an Arbeit anfällt. Ein zweites Mal wird der Winzer in den Monaten Juni und Juli gefordert mit den Laubarbeiten, der Schädlingsbekämpfung und weiteren Bodenarbeiten. Schließlich stellt die Weinlese, der Herbst, einen dritten Höhepunkt dar.

Infolge des Klimas sind in den Weinbaugebieten am Main vor allem zusätzliche Arbeiten notwendig. In den Frostnächten im Mai z. B. werden Eimer mit Öl oder speziellen Wachsmassen gefüllt und in die Zeilen gestellt, um die zarten Rebtriebe vor dem Erfrieren zu schützen. Während der Trockenperiode hingegen versucht man mit transportablen Beregnungsanlagen die Weinberge zu bewässern, um die Entwicklung und das Wachstum der Reben aufrechtzuerhalten. Leider hat in letzter Zeit die Rechtsetzung etwas gegen das Beregnen der Weinberge.

Einzellage:
Sonnenberg, teils auch Höll
Früher: Dürrenberg, Hertleinsberg, Schwanfelder Steig, An der Buchen, Am Gern, Am Buch, Ochsental, Dipbacher Steig, Werleinsberg, Wollenberg, Hutweinberg, Hohenroth, Am neuen Berg, Am Sonnenberg, Am Horn
Großlage: Kirchberg

Gesamtrebfläche:
125 ha

Haupthimmelsrichtungen der Lage:
Ost bis Süd-West

Höhe über dem Meeresspiegel:
205 bis 300 m

Haupthangneigung der Lage in Prozent:
5 bis 45

Boden:
oberer Muschelkalk, Lettenkeuper, Löß

Rebsorten:
Silvaner, Müller-Thurgau, Ortega, Kerner u. a

Wein:
kräftig duftend, stoffig, kernig, nachhaltig.
Die Untereisenheimer Weine lieben geduldiges Flaschenlager.

In neuem Glanz ragt die 1610 konsekrierte Pfarrkirche, der heiligsten Dreifaltigkeit geweiht, aus den Dächern von Gaibach hervor.

Gaibach

Auf der Hochebene zwischen Stammheim und Volkach, umgeben von fruchtbaren Böden liegt Gaibach in einer Mulde hingebreitet. Nur sehr wenig hört man im 12. Jahrhundert von dem Rittergeschlecht derer von Gubach, im 15. Jahrhundert ist Gaibach ein befestigter Edelsitz der Zollner, die auch auf der Hallburg saßen. 1580 übergaben die Zollner von der Hallburg ihre wieder aufgebaute Burg an Valentin Echter von Mespelbrunn, einen Bruder des Fürstbischofs Julius Echter. Als Bauherr ließ er zwischen 1590 und 1608 das mächtige Renaissanceschloß, ein Wasserschloß mit Innenhof und Bastionen errichten. Auch eine neue Kirche wurde gebaut und 1596 ist Gaibach zur selbständigen Pfarrei erhoben worden. Der Umbau des Schlosses erfolgte unter Lothar Franz von Schönborn durch seinen Baumeister Leonhard Dientzenhofer. Seine heutige Gestalt erhielt das Schloß durch einen weiteren Umbau am Anfang des 19. Jahrhunderts unter Franz Erwein von Schönborn durch Leo von Klenze, der auf Grund der bayerischen Verfassung von 1820 auch die 32 m hohe Konstitutionssäule im klassizistischen Stil errichtete. (Bei der Einweihungsfeier soll ein Festredner den Satz gesprochen haben: „Oh, der Du die das Volk so beglückende Konstutition gabst!") Auf der Höhe des Sonnenberges bei Gaibach wurde sie 1828 eingeweiht; heute ist das Monument von neuangelegten Weinbergen umgeben. In der Nähe der Konstitutionssäule findet man die heilige Kreuzkapelle, 1721 von Lothar Franz von Schönborn, Erzbischof zu Mainz und Fürstbischof zu Bamberg, gestiftet, der das Gotteshaus als Rotunde erbauen ließ. Erst seit jüngster Zeit wachsen an den Hängen des Kapellenberges und des Schloßparks Reben. Die Weine aus der Lage „Gaibacher Schloßpark" gehören dem Grafen Schönborn und werden in der Schönborn'schen Domänenkellerei selbst vermarktet. Die Einzellage „Gaibacher Kapellenberg" mit 15 ha zählt zur Großlage „Volkacher Kirchberg".

Einzellagen:
Kapellenberg, Schloßberg, Schloßpark

Großlage für Kapellenberg = Kirchberg

Gesamtrebfläche: 24 ha

Haupthimmelsrichtungen der Lagen:
Süd-Süd-Ost bis Süd-Süd-West

Höhe über dem Meeresspiegel: 260 bis 280 m

Haupthangneigung der Lagen in Prozent: bis 20 m

Boden:
Muschelkalk, Lettenkeuper

Rebsorten:
Müller-Thurgau, Silvaner, Traminer, Bacchus u. a.

Wein:
artiges Bukett, markant, nachhaltig.
Sehr stoffige Silvaner gedeihen hier in dem noch jungfräulichen Boden.
Der Bacchus wird in geringen Jahren etwas rauh, aber sonst gedeiht er sehr gut.

Eine Sage erzählt:

Ein Gaibacher Winzer arbeitete in seinem Weinberg. Als gegen Abend vom Dorf herüber das Angelus-Läuten klang, nahm er seine Mütze ab und hängte sie über einen Rebstock, um den Engel des Herrn zu beten. Kurz darauf ging er heim, vergaß aber an jenem Frühlingsabend seine Kappe. In der Nacht kam Frost über das Land. Am nächsten Tag mußte der Winzer mit Entsetzen feststellen, daß alle Rebstöcke erfroren waren bis auf den einen, über den er die Mütze gehängt hatte. In seinem Zorn vernichtete er den Stock und verfluchte ihn: Hat der Teufel so viel geholt, so soll er doch gleich alles nehmen! Die Witterung wurde recht günstig, so daß alle Reben wieder ausschlugen, und es kam ein reichlicher Herbst. Bei der Weinlese waren viele Verwandte und Freunde dabei, der Winzer hatte auch sein kleines Kind mitgenommen. Auf der Heimfahrt kamen sie an dem verfluchten Weinstock vorbei, die Pferde bäumten sich auf und rasten im Galopp den Berg hinab. Der Wagen stürzte um, der Most ergoß sich auf die Erde, und das Kind des Bauern ist erdrückt worden. Der verzweifelte Vater soll gerufen haben: Jetzt hat der Teufel auch mein Kind geholt!
Ein Bildstock an der Gartenmauer von Öttershausen kennzeichnet die Stelle, wo das Unglück geschah.

Fahr

Das katholische Pfarrdorf Fahr ist heute ein Stadtteil von Volkach. Es liegt in günstiger Lage in einer fruchtbaren Ebene am linken Mainufer. Von seinem Weißen Haus aus hatte Bienenpfarrer Herold einen herrlichen Blick hinunter ins Maintal. Die Weinberge, Obstanlagen und das zusammengedrängte Dorf selbst verleiteten den dichtenden Pfarrer dazu, zu behaupten, daß hier das Paradies gewesen sein müßte. Noch heute bürgen die Fähre über den Main und das Wappen, zwei gekreuzte silberne Ruder, für die günstige Lage am Main und für den Namen des Ortes. Man fühlt sich hier sofort wohl in dieser glücklichen Zusammenschau von Natur und Kultur. Schon von weitem erkennt man den spitzen Julius-Echter-Kirchturm und das hochaufragende Pfarrhaus aus derselben Zeit. Die Geschichte reicht weit zurück. Bereits um 1340 wird ein „Hermannus de Vare" genannt, der Straßenname „Schloßberg" deutet auf einen ehemaligen Adelssitz und die vielen Kunstdenkmäler und Schätze des Ortes weisen immer wieder auf den Weinanbau hin. Auch der Altar der Friedhofskapelle aus der Zeit des beginnenden 18. Jahrhunderts ist mit Weinlaub ausgeschmückt. Der hl. Johannes (Festtag am 24. Juni), der Patron der am 11. August 1726 konsekrierten Pfarrkirche, wird als fränkischer Weinheiliger verehrt.
Bundschuh weist in seinem um das 18. Jahrhundert herausgegebenen geographisch-statistischen Lexikon

Fahr am Main ist umgeben von Obstbäumen und Weinbergen. Im Hintergrund erkennt man im bläulichen Dunst die Waldhänge des südlichen Steigerwalds.

von Franken auf den Weinbau von Fahr hin und lobt die Weinberge und die Obstanlagen, vor allem die Weichselbäume, deren Früchte bis nach Sachsen exportiert wurden.

Einzellage:
Volkacher Ratsherr

Gesamtrebfläche:
30 ha

Hauptbimmelsrichtung der Lage:
Süd

Höhe über dem Meeresspiegel:
190 bis 250

Haupthangneigung der Lage in Prozent:
15 bis 60

Boden:
Muschelkalk und sandiger Lehm

Rebsorten: alle gängigen Sorten

Astheim

Astheim, das Obstbauerndorf an der Mainschleife, hat auch als fränkisches Weindorf einen guten Ruf. Als Ostheim wird der Ort bereits im Jahre 888 als Schenkung König Arnulfs an das Kloster Fulda erwähnt. Der Weinbau Astheims erlebte unter den Prioren des 1409 von Ritter Erkinger von Seinsheim und seiner Gemahlin Anna von Bibra gestifteten Kartäuserklosters im 16. und zu Beginn des 17. Jahrhunderts einen Höhepunkt. Die Kartause wurde zu Ehren der Heiligsten Dreifaltigkeit erbaut, sie war die Begräbniskirche der fürstlichen Familie von Schwarzenberg. Erkinger von Seinsheim vermachte seinen gesamten Grundbesitz mit zahlreichen Weinbergen dem neuen Kloster. Es folgten weitere Stiftungen, u.a. schenkte die Witwe Adelheid Rüherin von Volkach dem Kloster im Jahre 1413 neben an-

Wie herrlich kann ein Fußmarsch von Escherndorf aus auf dem ausgetretenen „Staffelesweg" hinauf auf die Vogelsburg sein, wo die Augustinus-Schwestern einen ursprünglichen „Vogelsburger Pforte" ausschenken.

Frostschutz in der Zeit der Eisheiligen.

deren Gütern auch drei Morgen Weinberg. 1430 verkaufte Fritz Lämmlein das Recht auf seinen Weinberg zu Nordheim an das Kloster in Astheim. Unrühmlich in die Geschichte eingegangen ist ein hartnäckig geführter, dreißig Jahre andauernder Grenzstreit, der 1438 zwischen dem benachbarten Karmelitenkloster auf der Vogelsburg und dem Kartäuserkloster zu Astheim begann. Bei den anfänglichen Streitereien ging es lediglich um die Ziehung eines Grabens zwischen dem Vogelsburger Weingarten und einem Feld der Kartäuser. Das Kloster war lange Zeit der Mittelpunkt der Gemeinde und die Astheimer Bauern mußten in den Klosterweinbergen Frondienste leisten. So kann man auch verstehen, daß im Bauernkrieg 1525 die Kartause fast völlig zerstört worden ist. Man erzählt sich, daß die Mönche, als sie in ihr Kloster zurückkehrten, weder einen Boden in einem Faß noch einen Wertgegenstand fanden. Bis zum Beginn des Dreißigjährigen Krieges erlebte die Kartause einen mächtigen Aufschwung. 1631 fielen die Schweden ins Kloster ein. Die Klosterinsassen mußten flüchten. Man erzählt sich, daß sich die Weinlese in diesem üppigen Jahr aus Mangel an Arbeitskräften bis weit in den Winter (bis Sebastiani am 20. Januar 1632) hingezogen hätte. Nach Dokumenten aus dem Dreißigjährigen Krieg wird berichtet, daß Gustav Adolf von Schweden verfügt hätte, daß sein Obrist täglich zwei Mahlzeiten haben solle, für sich und die Seinigen, zu jeder Mahlzeit 10 Maß Wein, ebenso ein Obristleutnant, Major oder Kapitän 4 Maß, Leutnant oder Fähnrich 3 Maß, Unteroffizier, Korporal und Trommelschläger 1,5 Maß, ein gemeiner Soldat eine Maß Wein. Wein war also auch bei den Schweden ein Teil der Besoldung, sonst wäre die Abstufung nach Rangordnung nicht erklärlich; denn die niedrigen Chargen hatten nicht weniger Weindurst.

Bereits 1674 konnten die Kartäusermönche einen großen Weinkeller unter den Wirtschaftsgebäuden westlich des Torbogens (heute Pfarrhaus und die Anwesen der Kartäuserstraße 24, 26) anlegen.

Nach der Mitte des 18. Jahrhunderts hatte der Weinbau auch in Astheim seinen Höhepunkt überschritten. Schließlich wurden um die Jahrhundert-

Der spitze und schlanke Turm der Kartause und der wuchtige Kirchturm der Pfarrkirche prägen das Dorfbild von Astheim.

wende die meisten Weinberge gerodet und mit Obstbäumen bepflanzt. An den Abhängen des Bergvorsprungs gedeihen auf hitzigem Boden gute Weine, vor allem Müller-Thurgau und Silvaner. Aufgrund des günstigen Mainklimas ist die Landwirtschaft in Astheim vorwiegend auf die Sonderkulturen Wein, Obst und Spargel ausgerichtet. Seit 1975 wird alle Jahre in den Freianlagen und in den Kellern des Klosters das Astheimer Weinfest abgehalten.
In der Zeit von 1966 bis 1969 ist in Astheim eine Weinbergsbereinigung durchgeführt worden. In Erinnerung an das Kloster heißt nun die Einzellage „Karthäuser".
Das Weingut Juliusspital Würzburg hat in Astheim größeren Weinbergsbesitz mit einem nach dem letzten Weltkriege im fränkischen Baustil errichteten Betriebshof.

Einzellage:
Karthäuser
Früher: Kreuzberg, Sohlenberg, Astheimer Berg, Herrenkopf, Am Endlesgraben, Am Sonnenberg, Sitze, Beutel, Setz, Ochsen, Venusberg, Non, Nonne, Langen Roßberg, Rosenberg, Unterer Weinberg, Steinhecke, Bollern, Stetten, Huttenberg, Schungen, Röthen, Friedrichsberg, Ochen, End des Grabens, Wagenstraße, Hasenkopf, Speier, Ameisengraben, Stück, Stückl, Lehenberg, Klosterweinberg, Zehnt, Öd, Böcklein, Juden, Knöcklein, Michelweinberg, Pfaffensetz, Störchlein, Torwengert, Am Hohen Rück

Großlage:
Kirchberg

Gesamtrebfläche:
46 ha

Haupthimmelsrichtung der Lagen:
Süd

Höhe über dem Meeresspiegel:
195 bis 250 m

Haupthangneigung der Lagen in Prozent:
15 bis 50

Boden:
oberer Muschelkalk, Lettenkeuper, Löß, Flug- und Terrassensand

Rebsorten:
Müller-Thurgau, Silvaner, Perle, Weißer Burgunder

Wein:
außer Silvaner, der sortenbedingt (wie in den meisten fränkischen Lagen) ein sehr verhaltenes Sortenbukett zeigt, sind alle Sorten sehr kräftig duftend, markant, zart, stoffig.

Zu Füßen des Weinbergs die Häuser von Köhler, im Hintergrund Escherndorf und Nordheim zu beiden Seiten des Mains. Durch die Weinberge führt ein Fußweg hinauf zur Vogelsburg.

Escherndorf

Lump und Fürstenberg sind weltbekannte Lagen, Escherndorf lebt von seiner Weinkultur. Die Südhänge des Muschelkalksporns des Vogelbergs zählen zu den besten fränkischen Weinlagen. Hier überquerte der alte Würzburger Heerweg den Main, weiterführend zur Hallburg, zum Hallberg. Escherndorf liegt als Straßendorf am rechten Mainufer an einer schmalen Ebene zwischen den Weinbergen und dem Main.

Unter dem römischen Kaiser Ludwig I. dem Frommen (778–840), er ist ein Sohn Karls des Großen und alleiniger Erbe des fränkischen Reiches, wird die „Eulengrube“ von Escherndorf zum erstenmal als Weinlage erwähnt.

Zu Füßen der Vogelsburg liegt Escherndorf auch im Schatten der Geschichte dieses hervorragend gelegenen Berges. Die Vogelsburg ist seit frühgeschichtlicher Zeit befestigt, später lag hier die 874 und 906 in Königsurkunden als Fuldaer Besitz genannte „Fugelesburc“ im Volkfeldgau. Drunten am Wasser wohnten die königlichen Bediensteten, besonders vor allem die Weinbergsarbeiter. Als 1525 auch Escherndorfer Bauern die Vogelsburg stürmten, äscherten sie das Karmelitenkloster, das die Ortsbrüder „Mons dei“ nannten, völlig ein.

Die heute berühmte Weinbergslage, der „Escherndorfer Lump“, taucht erstmalig in einem Kataster von 1910 auf. Dennoch ist auch dieser Flurlagename sehr alt; denn das mittelhochdeutsche Wort lumpe bedeutet Lumpen, Fetzen. Schon immer nannte man kleine und kleinste Weinlagen früher „Handtücher“ oder auch „Lappen“, d.h. Lumpen. Bereits um die Jahrhundertwende war in Escherndorf die Redewendung bekannt: Statt der vielen kleinen Lappen bräuchte man einen großen Lumpen!

In der Hauptsache leben die Escherndorfer vom Wein, daneben auch von Obst, Spargel und vom Fremdenverkehr. Escherndorf ist ein typisches fränkisches Straßenweindorf mit vielen alten Winzer-

häusern, die dicht an den Berghang hingekauert liegen bzw. zur Mainseite hin etwas behäbiger gebaut sind. Die Dorfmitte wird beherrscht von der Pfarrkirche mit einem Julius-Echter-Turm, um 1600 gebaut. Nach Abschluß der Weinbergsbereinigung sind an einigen neuen Weinbergswegen Flurplastiken in Muschelkalk oder Bronze aufgestellt worden. Nach alter Tradition sorgt die Burschenschaft von Escherndorf dafür, daß alte Bräuche lebendig erhalten bleiben, wie die letzte Fuhre, die Wahl der Weinprinzessin oder mehrwöchige Veranstaltungen „Weinherbst".

Einen besonderen Aufschwung im Weinbau erreichte man durch die Gründung der Winzergenossenschaft Escherndorf im Jahre 1912. Die meisten Winzerbetriebe schlossen sich dieser Genossenschaft an. In Gemeinschaftsarbeit entstand eine große Winzerhalle und eine zur damaligen Zeit moderne Kelterstation. In den 70er Jahren schloß man sich der GWF an. Gerne und oft besuchen Weinkenner und Weinfreunde diesen Weinort, mehrere Selbstvermarkter und eine gepflegte Gastronomie sorgen für das leibliche Wohl.

Auf tiefgründigem Lettenkeuper und Muschelkalk gedeiht auf einer Gesamtrebfläche von etwa 135 ha ein ausgezeichneter Frankenwein, bedingt vor allem durch die Südlage. Rauhe Nordwinde und gefürchtete Frühjahrsfröste werden zum Großteil vom Berg abgehalten. Unter der Einzellage „Fürstenberg" ziehen sich die Weinberge von Köhler bis zur Gemarkungsgrenze von Astheim; hinter dem Namen Fürstenberg verbergen sich alte Flurnamen wie Berg, Hengstberg und Fürstenberg. Hinter dem Dorf am Steilhang wächst der Lump. Auf der Höhe oberhalb vom Fürstenberg bis hin zur Gemeindegrenze von Markt Eisenheim und darüber hinaus wächst der Escherndorfer Berg.

Für die Güte und Bekömmlichkeit des Escherndorfer Weins hat auch der Dichterfürst Johann Wolfgang von Goethe ein Loblied gesungen. Mit Vorliebe trank er diesen Wein, mehrere schriftliche Bestellungen liegen vor. So hatte er z. B. noch im Jahre 1831 einen 1794er nachbestellt.

Einzellagen:
Lump, Fürstenberg, Berg
Früher: Lump, Eulengrube, Hengstberg, Kirchberg, Fürstenberg, Berg, Am Horn, Erdreich, Wangenberg, Münzberg, Veitenberg, Engelsgepräng, Am Loch, Langenberg, Käfigsgraben, Henkersberg, Badstube, Gänslein, Mönchsberg, Hasenlage, Steigesberg, Am Käfig, Am Schnellersgraben, Holzweinberg, Kötzen, Judenberg, Wolfres, Ziegenberg, Kötzenhöhe, Rückholz, Silvers, Am Roth, Obere Höhe, Rosenberg, Prosselsheimer Weg, Am Steig, Gabelebene, Im Greuth, Ebene, Grocher, Grobfelder, Elfäcker, Fürstenäcker, Schlegel, Frohnberg, Kalbsberg, Kirchenweinberg, Kirchenstück, Lumpen, Ruhles, Katzensteig, Wieners, Bergsteig, Ölgrube, Dellemoos, Mädelbrecht, Rauenstein

Großlage:
Kirchberg

Herbststimmung in den Weinbergen von Escherndorf. Deutlich ist die alte Querzeilung der Weinbergsanlagen zu erkennen. (Das Bild stammt aus dem Nachlaß des Rebzüchters Dr. Ziegler und wurde zwischen 1926 und 1928 aufgenommen.)

Im weiten Bogen begleiten die Weinberge den Main von Astheim bis Neuses am Berg. In der breiten Ebene erkennt man Escherndorf und Nordheim (Aufnahme aus den 20er Jahren).

Gesamtrebfläche:
93 ha

Haupthimmelsrichtungen der Lagen:
Süd bis Ost

Höhe über dem Meeresspiegel:
197 bis 280 m

Haupthangneigung der Lagen in Prozent:
10 bis 60

Boden:
oberer Muschelkalk, Lettenkeuper, Löß

Rebsorten:
Silvaner, Riesling, Müller-Thurgau, Scheurebe, Rieslaner u. a.

Wein:
unverwechselbares art- und lagentypisches Bukett, wuchtig, kräftig, mild, nachhaltig.
In Escherndorf gedeiht hervorragend der Silvaner, aber auch der Riesling.

Köhler

Eng aneinandergepfercht drücken sich die Häuser an den Weinbergshang. Auf schmaler Terrasse liegt das einreihige Winzerstraßendorf, nur einen Kilometer südwestlich von Escherndorf, am rechten Mainufer. Wenn der Besucher das Dorf betritt, so wird er sogleich diesen Satz verstehen, wenn es heißt: Hier werden die Pfannkuchen nur auf einer Seite gebacken! Es ist kaum zu verstehen, daß zu Beginn des 19. Jahrhunderts Köhler als ein verlassenes Dörfchen bezeichnet wird, wenn man in einem Bericht über den Weinlandkreis Kitzingen von 1830 folgendes liest: Der Weinbau ist in Wiesenbronn sehr stark, in Sommerach gut, in Dettelbach, Iphofen und Mainstockheim vorzüglich, um die Hallburg und in Volkach

ausgezeichnet und in Köhler und Escherndorf berühmt.
Vom Bergkamm aus hat man einen selten reizvollen Blick hinüber nach Escherndorf, nach Nordheim und zur Vogelsburg, genauso wie auf den 288 m hohen Nordheimer Kreuzberg, diesen einzigartigen Rebhügel. Köhler stand und steht immer im Schatten von Escherndorf. Der Escherndorfer „Fürstenberg" hat auch die Lagebezeichnung über die Köhler Weinberge übernommen, die früher von Süden nach Norden ziehend in zwölf Weinlagenamen aufgeteilt waren: Horn (liegt im Horngraben, ein recht großer Weinberg), Erdreich (Flurlage mit gutem Boden), Badstube (früher eine Mulde mit Quellen und Wasserlöchern, in denen die Köhler Buben ab und zu baden konnten), Veitenberg, Engelsgepräng, Gänslein, Mönchsberg, Hasenlage, Steigesberg (eine kleine Flurlage mit nur etwa 6–8 Weinbergen), Am Käfig (nur 3 Weinberge; hier befand sich früher ein sieben Meter tiefer Wassergraben, der Käfigsgraben genannt), Langenberg (der Köhler Wein wurde früher zum Großteil als Langenberg verkauft; hier zogen sich die längsten Weinberge am Hang entlang) und Am Loch (hier befand sich eine weite Mulde).
Die nächste Flurlage am „Schnellersgraben" gehört bereits zur Escherndorfer Gemarkung.
Die Weinberge von Köhler zeichneten sich durch ihre besonders kleinen Anlagen aus, mit einem reinen Satz der Muskateller-Rebe. In guten Jahren verbreitet der Muskateller eine seltsam duftende Blume und fällt durch seinen würzeschweren Geschmack auf. Diese Sorte muß rechtzeitig gelesen werden, da sie sehr empfindlich gegen Fäule ist; denn die Edelfäule geht rasch in völlige Fäulnis über. Die Muskateller-Traube wurde wegen ihres besonderen Würzgeschmacks von den Leserinnen gerne gegessen. Deshalb ist der Spruch entstanden: „Muskateller kommt selten in den Keller, kommt er hinein, gibt's einen sauren Wein."

In einer Urkunde vom Jahre 1253 wird der Ort „Im Keller" genannt. Diese Bezeichnung hat trotz des reichlichen Weinanbaus nichts mit den Kellern zum Einlagern der Fässer zu tun, es bedeutet vielmehr eine schattige und enge Schlucht. Seit dieser frühen Zeit sind auch Weinberge von Köhler genannt, die sich im Besitze des Klosters Ebrach befinden, später dem Bischof von Würzburg, der auch über den Zehnt verfügt, gehören. 1293 wird die Weinbergshanglage „In monte Keller" bezeichnet. Noch im Jahre 1534 nennt man den Ort „Keller": Schultheiß, Dorfmeister und die ganze Gemeinde zu Kellern gehört zum Amte Prosselsheim.
Von 1731 bis 1803 ist der Bischof von Würzburg der Herr von Köhler. Die katholische Kirche St. Andreas (Patrozinium am 30. November) ist eine einfache Anlage des 18. Jahrhunderts.

Einzellage:
Fürstenberg

Großlage:
Kirchberg

Gesamtrebfläche: 22 ha

Hauptbimmelsrichtungen der Lagen:
Süd-Ost, Ost

Höhe über dem Meeresspiegel:
200 bis 280 m

Haupthangneigung der Lagen in Prozent: 30 bis 60

Boden:
Ton-Letten-Boden

Rebsorten:
Müller-Thurgau, Silvaner u. a.

Wein:
kräftiges Bukett, pikante Säure, große Fülle. In normalen bis guten Jahren wachsen hier sehr stoffige und lagerfähige Weine. In minderen Jahren benötigen sie eine längere Ausbauzeit, um voll genußreif zu werden.

Zwischen Main und steilem Weinbergshang eingezwängt liegt das kleine Straßendorf Köhler. „Eine Kirche, eine Gastwirtschaft und dreißig Winzer!"

Der Weinbau in heutiger Zeit

Seit der ersten Flurbereinigungsmaßnahme im Jahre 1954 in Erlenbach bei Marktheidenfeld hat sich im fränkischen Weinbau ungeheuer viel getan. Nicht nur, daß seit dieser Zeit bis zum 31. Dezember 1983 rd. 2800 ha Weinberge neu geordnet und planmäßig wieder aufgebaut wurden, auch die Rebflächen-Statistik zeigt eine positive Bilanz. Ebenso konnten die Durchschnittserträge enorm gesteigert werden, wie nachstehend aufgeführt wird.

Die Weinmosterntern Bayerns 1880–1984

Jahr	Ertrags-rebfläche ha	Mostertrag je ha ø hl	Mostertrag insgesamt
1880	9496	2,3	22661
1890	9677	18,9	183198
1900	6962	22,9	159426
1910	5758	4,7	27213
1920	3811	30,1	114565
1930	3703	27,5	101887
1940	3338	6,0	20003
1950	2485	22,2	55287
1960	2464	64,6	159194
1970	2629	77,0	202458
1980	3904	30,7	119775
1984	4714	77,6	365854

Die Erhebung des Bayerischen Statistischen Landesamtes vom September 1981 hat hinsichtlich der Größe und Art der Winzerbetriebe folgendes Ergebnis gebracht:

unter 0,20	ha Rebfläche	=	2616 Betriebe
0,20 bis 0,50	ha Rebfläche	=	2019 Betriebe
0,50 bis 1,00	ha Rebfläche	=	893 Betriebe
1,00 und mehr	ha Rebfläche	=	1050 Betriebe

Reine Weinbaubetriebe 3356 mit 2799 ha Rebfläche.
Nichtausbauende Betriebe 4192 mit 2749 ha Rebfläche.
Ausbauende Betriebe sind es 2431.

Verteilung der einzelnen Rebsorten im Jahre 1983:

Müller-Thurgau	2497 ha
Silvaner	1145 ha
Bacchus	442 ha
Scheurebe	146 ha
Sonstige Rebsorten	580 ha

Die Erziehungsart der Reben vom Pfahlbau (teilweise im Querbau, wie in Escherndorf) ist total umgestellt auf Drahtrahmen zwischen 1,50 bis 2,00 Meter Höhe. Meist sind fünf Biege- und Haftdrähte angebracht. Alle Weinberge sind auf Stämmchenerziehung umgestellt. Ob das gut ist, wird der Sommer 1985 zeigen, nachdem es im Winter 1984/85 so extrem kalt war. Es gibt fast keine wurzelechten Anlagen mehr. Die Gassenbreiten liegen zwischen 1,40 und 2,00 Meter. Der Weinbau wurde aus der Handarbeitsstufe herausgeführt. Erdarbeiten, Bodenbearbeitung und Pflanzenschutz werden in der Regel mit Maschinen vorgenommen. Seit einigen Jahren widmet man sich immer mehr der teilweisen Begrünung der Weinberge. Stroh und andere organische Masse werden neben dem Stallmist zur Humusversorgung und zur Förderung der wasserhaltenden Kraft (Verhinderung von Erosionen) eingesetzt. Der Auswahl des Pflanzgutes wird besondere Aufmerksamkeit gewidmet. Standortbewußtes Pflanzen erhöht Qualität und Quantität.

Die Erhaltung der Bodenfruchtbarkeit und die Vermeidung von Bodenverdichtung sind im maschinellen Weinbau von großer Bedeutung.

Pro Quadratmeter werden 6–9 Augen angeschnitten. Dem Ausbrechen und der Laubarbeit sind gebührend Zeit zu widmen. Für gute Durchlüftung der Laubwand ist zu sorgen. Der Pflanzenschutz hat umweltfreundlich zu erfolgen. Die Festlegung des Zeitpunktes der Lese ist eine wichtige Sache im Interesse der Qualität und der Spezialität.

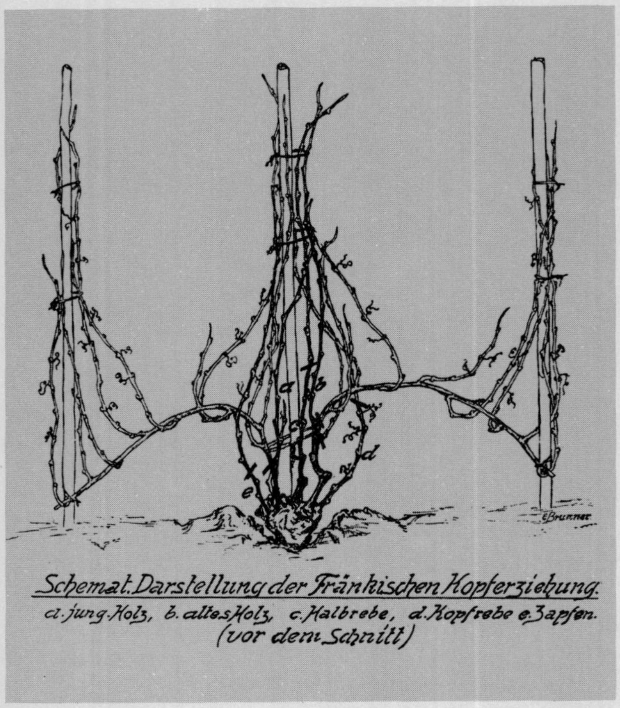

Weinbergsflurbereinigung Franken

Flurbereinigungsdirektion Würzburg
Verfahrensübersicht, Stand 31. 12. 1984

	Rebfläche gepflanzt	Rebfläche noch zu pflanzen
Abgeschlossen durch Schlußfeststellung:		
46 Flurbereinigungsverfahren mit	1169,9 ha	
In Bearbeitung:		
50 Flurbereinigungsverfahren mit	1696,9 ha	
19 Flurbereinigungsverfahren mit		849,8 ha
Beantragt:		
12 Flurbereinigungsverfahren mit		214,0 ha
	2866,8 ha gepflanzt	1063,8 ha noch zu pflanzen

Gestaffelte Lese und genaue Sortierung des Lesegutes müssen gute Voraussetzungen für die Qualität und die Reintönigkeit der Weine schaffen.
Siebzehnmal geht in etwa der Winzer im Jahr um seinen Rebstock herum; doch er kann kein Grad Oechsle in die Traube zwingen, wenn nicht der Segen von oben hinzukommt.

Doub der Häh
wechst der Klä,
Fotter für mei Gälla;
wenn der Vatter neis Wärtshaus gätt,
mecht die Motter a Mälla;
dot sie ober Kaffee trink,
pfeuft sie wie a Distelfink.

*

Mei Fraa, dees Hasla,
trutzt und zankt mit mir,
schmäst mer mei Saufa
alli Tog vir.

*

Kou denn dees sei,
daß mer Tinta sauft,
anstatt ann Wei,
kou denn dees sei?

*

Ei Bäueri, schau raus,
dei lieber Bua kummt,
as Gald hat'r versuffa,
da hast'n, dein Lump.

Anlegen eines neuen Weinbergs in früheren Zeiten

Nach dem Aushauen eines alten Weinbergs, der früher als „wurzelechter" 80 bis 100 Jahre alt wurde, da man die Fehlstellen immer wieder durch Ableger („Sohn" oder mundartlich „Suh") füllte, wurde der Acker meist 5 bis 7 Jahre in Klee gelegt, d.h. mit Luzerne angesät. War die Luzerne abgängig, dann war die Zeit für die Neuanlage des Weinbergs gekommen. Luzerneäcker hatten allerdings für die Nachbarn den großen Nachteil, daß bei Früh- und insbesondere Spätfrösten die Nachbarweinberge stärker erfroren. Deshalb ist der derzeitige Ruf nach Zwischenbrache mit Vorbehalt anzuhören.

Bevor der Kleeacker umgebrochen (geschlitzt) wurde, ist am Fußende der „Reutgraben" 1 m breit und 50–80 cm tief über die ganze zukünftige Weinbergsbreite hin ausgehoben und die Erde zum oberen Ende des Weinbergs geschafft worden.

Dann wurde der Weinberg ausgezeilt (abgeschnürt); diese Technik (Wissenschaft) beherrschten im Dorf nur zwei bis drei Winzer. Man mußte einen rechten Winkel anlegen und den Zeilen- und Stockabstand, sowie den Abstand zum Nachbarn und zum Pfad oder Weg kennen. Da früher die meisten Weinberge nicht „ausgesteint" waren, ließ man beim Aushacken des alten Weinberges an den vier Ecken immer einen Stock (Kopf) stehen, an diesem informierte man sich dann bei der neuen Zeilung.

Meist wurden Stock- und Zeilenabstände von 1 Meter mal 1 Meter festgelegt. Die Pflanzzeichen waren im Winter aus alten Weinbergspfählen gesägt worden, sie waren 50–70 cm lang.

Das Wenden des Weinbergs (Roden, Reuten) ging so vor sich, daß sich eine Reihe von Männer im Wendegraben anstellten und jeder hatte mit dem Karst und anschließend mit der Haue sein „Kreuz", das war die Begrenzung von 4 Stöcken, zu wenden; die oberste Erde mit dem Humus kam nach unten und der „wilde" Boden obenauf. Die Sohle des Wendegrabens wurde mit einem schweren Karst, einer Reuthaue oder einem Pickel noch etwa 20 cm tief gelockert und die „Stirn" des Grabens unterhöhlt (unterminiert), damit sich das Erdreich leichter wenden ließ.

Ein Setzmeister planierte das gewendete Erdreich ein, legte eine Setzlatte an und schlug das Pflanzzeichen (Reutzeichen) bis Kante Erdoberfläche ein, pflanzte die Wurzelrebe und band sie mit einer Weide so an, daß sich der Kopf der Rebe daumenbreit unter der Erdoberfläche befand. Natürlich wurden die handlang eingekürzten Wurzeln der Rebe auf gute Humuserde gesetzt und auch mit Feinerde umgeben.

Die Wurzelreben wurden in Rebschulen gezogen. Noch früher gab es in jedem Dorf sogenannte Fechserweinberge, wo nach Art der Ableger die Fechser gezogen worden sind. War der Rebbestand in den „Fechserecken" gut, war auch der Rebbestand in der Gemarkung gesichert. Leider war dies jedoch nicht immer der Fall. Und bei der Art des fränkischen „gemischten Satzes" nahmen oft die Blender sowie die starktriebigen Elblinge überhand.

Die Neuanlage eines Weinbergs kostete ein Vermögen; denn jeder Mann, der beim Reuten dabei war, bekam Essen und Trinken frei. Manches Schwein, manches Kälbchen und manchmal auch einmal eine

Kuh, von einer Geiß gar nicht zu sprechen, wurden im Winter und Frühjahr in einem Häckerdorf beim Reuten und Hacken verzehrt.
Da es bei diesen Arbeiten immer nur guten Wein und keinen Haustrunk gab, waren auch Räusche an der Tagesordnung; denn die einfachen Winzer kannten den Wein normalerweise nur als Festtagsgetränk. Am letzten Tag des Reutens wurde „Niederfall" gefeiert. Den ganzen Nachmittag über wurde mehr getrunken und gejuchzt als gearbeitet. Eine Fahne wurde auf dem Erdwall des „Rees", des oben angefahrenen ersten Reutgrabens, der zum Zuziehen des letzten Reutgrabens diente, aufgepflanzt. War die Arbeit endgültig verrichtet – meist wurde noch eine Flasche mit Niederschrift begraben –, zog man um den gerodeten Weinberg herum und sang: „Großer Gott, wir loben dich". Dann ging es ins Dorf und dort folgte ein Umzug mit Gesang und Musik durch die Straßen. Beim Reutherren waren mittlerweile die Klöß und der Rinderbeizbraten fertig. Es wurde gegessen und getrunken, bis jeder genug hatte, und meist endete der Niederfall bei vielen mit einem sündhaften Rausch und dessen sattsam bekannten Folgen. Die Neuanlage eines Weinbergs kostete viel Geld; denn keine Familie wollte sich im Dorf „ausrichten" und lumpen lassen. Man bot Essen und Trinken im Überfluß. Auch der Dorfschmied konnte sich freuen. Bei dieser schweren Arbeit wurde nämlich mancher Karstzinken abgerissen oder verbogen. Der Wagner bekam ebenfalls Arbeit, weil die Karst- und Hauenstiele (Helme) oft abbrachen. Übrigens konnte man der Blasenbildung bei der schweren Hackarbeit (Häcker) entgegenwirken, indem man die Stiele der „Waffen" mit Rindertalg mehrmals am Tag einrieb.

Im Herbstmorgen wogen hell Rödelsees Reben,
die den Saft der Verjüngung dem Schwanberg geben.
Max Dauthendey

Reuter (Wender) aus dem Jahre 1938 beim Anlegen eines neuen Weinbergs. Oft hörte man bei dieser strapaziösen Arbeit den Ausspruch: Wenn einem der liebe Gott scho amol a Tochla (einen Taglohn) beschert, dann läßt's der Teifl nit aweds werd'n.

Rimpar, das Dorf der Pfarrer und Maurer, hat seinen Weinbau in die neue Zeit gerettet.

Rimpar

Mitten im Maindreieck liegt der Markt Rimpar, nördlich von Würzburg im Pleichachtal vor dem Gramschatzer Wald. Im Laufe der Jahrhunderte hat sich der Ort vom Bauerndorf zum Arbeiter- und Maurerdorf entwickelt, bis hin zu einer Vorortgemeinde von Würzburg. Kirche und Schloß bilden den Mittelpunkt, aber das Dorf dehnte sich so mächtig bis in die Weinberge hinein aus, daß es seinen dörflichen Charakter gesprengt hat. Das Ende des Wachstums ist schier erreicht.
Die Rimparer fühlen sich in ihrer Marktgemeinde sehr wohl. Möge der Ort so bleiben, wie es sich Alfons Arnold vorstellte, daß jeder wieder heimfinde, wenn er gleich einem Vogel aus dem Nest gefallen ist. Noch immer treibt es die Rimparer bei Not und Gefahr in ihrer Kirche zusammen, so daß Pfarrer Schömig schreiben konnte: Die Feste des Kirchenjahres gehören zum Leben des Dorfes wie die Sonne zum Wandel des Tages und wie die Sterne zum Geheimnis der Nacht. Verwundert schauen Außenstehende am Straßenrand zu, wenn die Fronleichnamsprozession vorbeizieht: Fronleichnam ist im Dorf wie der geöffnete Himmel selber. Man kann dieses Geheimnis etwas lüften, wenn man erfährt, daß Pfarrer, wie Josef Heeger, das Dorf stark geprägt haben. Der überaus gründliche und gewissenhafte Chronist des Marktes, Alfons Arnold, schreibt über diesen Pfarrer: „Das Wissen um die Notdurft des Leibes und die soziale Gesetzlichkeit schloß dem Gottesmann, der ein eifriger Prediger und frommer Priester war, die Welt des Rimparer Volkstums auf. Daß aus dem Heimatboden die Wurzelkraft des Gottesreiches käme, daß religiöses Brauchtum, Liturgie und heimatliche Lieder, Sitte und Sagen, Heimatgeschichte und Heimatgeschichtchen, Mundart und sportliche Männlichkeit das Lot in den Herzen der Jugend werden, war dem Gärtner Gottes wohl bewußt."
Das Patrozinium Peter und Paul (29. 6.) wird alle Jahre festlich begangen: Es ist der „dicke Dooch". Viele Vereine, vor allem jedoch der katholische Burschenverein „Frohsinn", sorgten dafür, daß Sitte und Brauch und die Dorfgemeinschaft gepflegt wurden.
Der Weinanbau ist von geringerer Bedeutung. An den Hängen des Kobersberges (346 m), des Mühlenberges und im Jöstleinsgraben wachsen auf ca. 5–6 ha Fläche die Reben. In früheren Zeiten mag das anders gewesen sein; denn an den Hängen des Pleichachtales ist der Weinbau so alt wie in ganz Franken.
Einst gründete sich der Wohlstand von Rimpar auch auf dem rechten Gedeihen der Reben. So rühmte man den trockenen Sommerwein, der 1540 wuchs. Noch im 18. Jahrhundert lag die Anbaufläche bei etwa 36 ha. Der Ertrag wurde mit Mühlbacher Maß und Würzburgischen Eimern gemessen, wenn der Zehnt an die Obrigkeit abgeliefert worden ist. Nach genauer Anordnung mußte das Herbstgeschirr geeicht werden, um den zehnten Teil genau zu bestimmen.
In einem Protokoll vom 29. 9. 1839 kann man lesen: „Bei der jetzt herannahenden Reife der Trauben ist

es nötig, daß Weinbergshüter gedungen werden, um die gehörige Sicherheit zu bestätigen. Es wurde beschlossen: Bei der heute versammelten Gemeinde wurde die Weinbergshut an den wenigst Nehmenden unter folgenden Bedingungen verstrichen:
1. Beim Morgenläuten muß der Hüter auf seinem Platz sein und darf vor Nachtläuten seinen Posten nicht verlassen.
2. Darf denselben kein Essen im Korbe hinausgetragen werden. (Man hatte offensichtlich Angst, daß in dem Korb Trauben mit heimgenommen werden).
3. Haben dieselben nicht allein auf die Trauben, sondern auch auf Kraut, Rüben und Obst usw. achtzugeben.
4. Die Dauer der Hut erstreckt sich bis zur Lese."
In einer Laubordnung vom Jahre 1842 wurden die Zeiten verbindlich festgelegt:
Samstag und Sonntag (15. bis 16. Oktober) war die Lese zehentfrei, 17. bis 18. erfolgte die erste Laub vom Gäucker bis zur Steig, Mittwoch und Donnerstag (19. und 20.) von der Steig mit Guggenloch und Freitag und Samstag von der Schloßmühle den ganzen Grund hinauf. Für jeden Morgen waren die Häcker zwei Kreuzer Hutgeld schuldig. Um diese Zeit betrug die Weinbergsfläche auf Rimparer Markung mehr als 79 ha. Noch heute sind Weinbergsmauern und Steinrutschen, die auch als Wärmespeicher dienten, Zeugen für den Weinanbau. Der Großteil der heutigen Weinbergsbesitzer erzeugt nur noch für den Eigenbedarf. Einige Winzer liefern bei der WG Nordheim und bei der WG Randersacker ihre Trauben ab.

Einzellage: Kobersberg
Früher: Kobersberg, Mühlenberg, Jöstleinsgraben
Gesamtrebfläche: 3 ha
Haupthimmelsrichtung der Lage: Süd
Höhe über dem Meeresspiegel: 300 bis 340 m
Hauptbangneigung der Lage in Prozent: 20 bis 25
Boden: Muschelkalk
Rebsorten: Müller-Thurgau, Silvaner u. a.
Wein: artiges Bukett, markig, fester Körper.

Ein Frühlingsmorgen in Mainfranken.

Herbstfuhrwerk (1954 in Iphofen aufgenommen).

ERNST LUTHER:

Wenn du, mei Freund, ann Wengert hast

Wenn du, mei Freund, ann Wengert hast,
na hast du Ärwet gnuag;
na rat i dir bein halla Tog:
käff dir ann neua Kruag
und gönn dir hie und da ann Schluck,
ar stärkt di org, ja org –
ar geit dir widder neua Muat,
verscheucht dir manchi Sorg.

Wenn du ann Wei in Kaller hast,
na trink nit immer Bier;
du moßt di plag fer zwä und drei,
gönn als ann Wei aa dir;
houll dir ann Trunk von Kaller rauf,
ann frischa, wu 'dr schmeckt;
to aus dein Kruag a Schlückla namm,
wenn dih wos Bäs' derschreckt.

Wenn du in Fooß ann Guata hast,
na häib'n ja nit auf;
ar wärd nit besser mit die Jahr,
ann guat'n moß mer sauf;
trink staat dei Wei und ass dei Brat,
dei truckis Brat derzua –
na schläffst du guat, na gäst du guat
in deina alti Schuah.

Veitshöchheim

In einer frühen Urkunde vom Jahre 779, welche die Markungsgrenzen von Würzburg beschreibt, wird zum ersten Mal Weinbau in Veitshöchheim nachgewiesen: „danan duruch den fredthantesu wingarton", d.h. die Grenze zwischen Veitshöchheim und Würzburg geht durch den Weingarten eines Fredthant. Auch Weinberge sind stets wertvoller, teurer Besitz. Als frühes Beweisstück für Weinbergsanlagen in Veitshöchheim zählt eine Schenkungsurkunde vom Jahre 1157, in der bestätigt wird, daß eine Witwe am Todestag ihres Mannes jährlich einen Weinzins von einem Weinberg in Höchheim entrichtet und nach ihrem Tode dem Kloster diesen Wengert zukommen läßt.

Schon in früher Zeit gedeihen hier auf der Sommerseite des Mains gute Weine. Kirche und Ort sind dem Weinheiligen St. Vitus geweiht. Im Jahre 1290 erhielt das Dorf nach seinem Kirchenpatron den jetzigen Namen: „Hoechheim ad sanctum Vitum" – Höchheim zum hl. Vitus, zum hl. Veit, d.h. also: Veitshöchheim.

Von 1462 bis zur Säkularisation galt in Veitshöchheim eine Gerichtsordnung für das Lehensgericht, das im Jahr zweimal stattfand: zunächst am St.-Veits-Tag (15. Juni), ein zweites Mal im Herbst, kurz vor der Weinlese. Schultheiß und Schöffen erschienen bewaffnet vor der Pfarrkirche. Alle Wirte und Winzer mußten vom Abt von St. Stephan die Schankgefäße eichen lassen, sonst hatten sie nicht das Recht, Wein auszuschenken. Eine Maß Wein war die Gebühr für eine Eichung. Im 30jährigen Krieg wurden die beiden Ruggerichte auf Martini und die Oktav von Corporis Christi verlegt.

Die erste Schenkstatt „Zur goldenen Krone" wird 1652 für drei Jahre einem Veitshöchheimer Bürger verpachtet. Der Wirt darf Fremden und Einheimischen Brot, Wein, Essen, Speise und alles Notdürftige für ein billiges Geld verabreichen. Später wurde den Wirten, die Heckenwirtschaften betrieben, das sogenannte Umgeld abverlangt: Von jedem Eimer Wein mußten vier Schillinge Lohn an den Schultheiß abgegeben werden. Wollte ein Winzer seinen Eigenwein in einer Heckenwirtschaft ausschenken, so erschien vorher der Schultheiß, um den Vorrat an Most festzustellen.

Die Veitshöchheimer Winzerstochter Brigitte Wolf wurde 1967/68 zur fränkischen, ein Jahr darauf zur deutschen Weinkönigin gewählt.

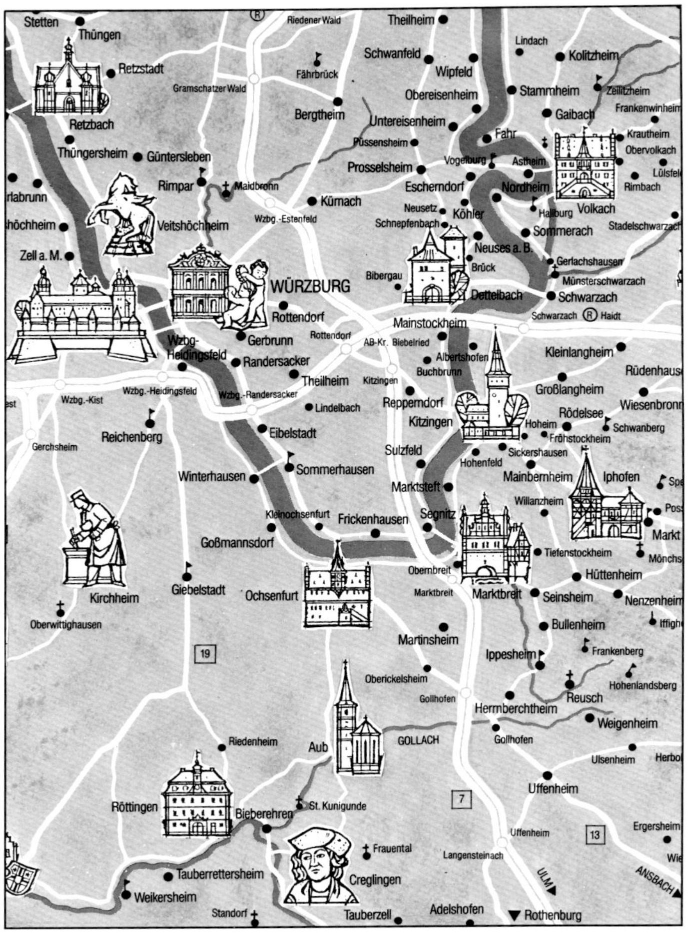

Nahe an der unterfränkischen Hauptstadt liegt Veitshöchheim mitten im Main- und Weinland. In der Ortschronik von Vera Struchholz findet man ein aufrichtiges Bekenntnis: Für uns Veitshöchheimer ist dieses liebenswürdige Stückchen Erde überschaubare Heimat, gewachsen in Jahrhunderten. Geschichte ist nicht nur Vergangenheit, sondern auch immer ein Stück Gegenwart, der wir in unserem Dorf täglich begegnen, dort, wo unsere Vorfahren bauten, lebten und begraben liegen.

Die königliche Lehranstalt für Wein-, Obst- und Gartenbau in Veitshöchheim

Zu Beginn des 20. Jahrhunderts geriet der Weinbau an die Grenzen seiner Rentabilität, die Qualität der Reben mußte unbedingt verbessert werden. Die fränkischen Winzer verdanken eine zielbewußte Rebenzüchtung vor allem dem Landesinspektor für Weinbau, August Dern (von 1905 bis 1924 im Amt). Sein Ziel war die Verbesserung des Rebsatzes durch

Oben: Die ehemalige kgl. Lehranstalt für Wein-, Obst- und Gartenbau in Veitshöchheim (aufgenommen um 1912).

Kreuzungszüchtungen und der Einsatz neuer Rebensorten. Um 1914 begann man mit Versuchen für die Sorten Silvaner, Riesling und roter Traminer an der königlichen Lehranstalt für Wein-, Obst- und Gartenbau in Veitshöchheim. Bereits im Jahre 1913 wurde die damals neue Rebsorte Müller-Thurgau aus der Schweiz eingeführt. Sie kam hier in Franken in Sendelbach/Main zum ersten Mal zur Aufpflanzung.

An dieser Stelle muß auch der Ökonomierat Dr. August Ziegler genannt werden, der 1885 in Marktbreit/Main geboren ist. Er stellte die Rebenzüchtung auf eine wissenschaftliche Basis. Für das rechtsrheinische Weinland war die Lehranstalt für Wein-, Obst- und Gartenbau in Veitshöchheim die Arbeitsstelle, in der die züchterischen Arbeiten einen großartigen Aufschwung nahmen. Bereits im Jahre 1914 wurde in Veitshöchheim der Rebenzuchtgarten im „Loden" mit verschiedenen Prüfquartieren für die Sorten Riesling, Silvaner und Müller-Thurgau (im Jahre 1921 nachfolgend) angelegt. Später machte

Lehrkellerei mit Abfüllgeräten.

Links:
Verwaltungstrakt mit Internat für die Schüler und Praktikanten der Lehranstalt Veitshöchheim.

Mitte:
Blick ins Kelterhaus (vor dem Ersten Weltkrieg).

man weitere Versuche mit Rebenzüchtungen am Würzburger Roßberg.
Nach dem 2. Weltkrieg nahm im Jahre 1950 Prof. Dr. Hans Breider die Arbeiten wieder auf. Vor allem auf dem Gebiet der Kreuzungszüchtungen erzielte man große Fortschritte. Breider ging es bei einer Vielfalt von Arbeiten vor allem um die Fragen der morphologischen und physiologischen Resistenz der Rebe gegen die Reblaus. Das Bild des Weinbaus hat sich grundlegend geändert. An der Entwicklung des aufstrebenden Weinbaus hat die Rebenzüchtung Würzburg/Veitshöchheim einen hohen Anteil.

Ökonomiegebäude der Lehranstalt Veitshöchheim in der Herrnstraße.

Gegenüber von Veitshöchheim liegt Margetshöchheim, heute mehr ein Obst- und Gemüseort.

Die spätere Staatliche Lehranstalt für Wein-, Obst- und Gartenbau wurde nach einem großartigen Neuaufbau in die Staatliche Technikerschule für Landwirtschaft, Fachrichtung Gartenbau und Weinbau, und in die Staatliche Fachschule für Gartenbau und Weinbau umgewandelt. Dieses Bildungszentrum ist heute mit 300 Studierenden voll belegt.

Einzellagen:
Sonnenschein, Wölflein
Früher: Sonnenschein, Wölflein, Abtsberg, Fachtal, Hof, Sommerleite, Steige, Neuberg, Boden, Talberg

Großlage:
Ravensburg

Gesamtrebfläche:
17 ha

Haupthimmelsrichtungen der Lagen:
Süd bis West

Höhe über dem Meeresspiegel:
170 bis 260 m

Haupthangneigung der Lagen in Prozent:
15 bis 50

Boden:
unterer, mittlerer und oberer Muschelkalk

Rebsorten:
Müller-Thurgau, Silvaner, Perle u. a.

Wein:
duftig, kernig, ausgeprägte Art, stoffig.

Zell am Main

Die beiden Klöster Ober- und Unterzell gaben dem Ort, am linken Mainufer auf schmalem Landstrich zwischen Main und dem Fuß des Bergabhangs gelegen, seinen Namen. Celle oder später „Zell in den Gassen" sind Namen in den ersten schriftlichen Berichten. Der Weinanbau von Zell ist zur Bedeutungslosigkeit herabgesunken. Noch um 1880 hatte das Juliusspital über 9 ha Rebfläche dort aufzuweisen, vor allem an der Hettstadter Steige. Die Wengert waren früher mit folgenden Sorten besetzt: Riesling, Österreicher, Elbling, Junker, Traminer, Bouquet, Clävner, Ruländer, vereinzelt auch Burgunder, Portugieser, St. Laurent und Müllerreben. Ende der 50er Jahre findet man in Zell noch etwa 0,3 ha Rebland im Besitz von Zeller Winzern.
Wenn man den Quellen Glauben schenkt, soll der Weinanbau in Zell zurückreichen bis zur Einführung des Weinanbaus in Franken selbst. Von Anbeginn spielte der Weinbau in beiden Zeller Klöstern als Einnahmequelle eine große Rolle, durch alle Jahrhunderte hindurch. In früheren Zeiten wurden neben der bekanntesten Weinlage, der Hettstadter Steige, auch andere Fluren mit Reben bepflanzt, die man heute als völlig ungeeignet bezeichnen würde; Weinwuchs auch auf der Zeller Seite ist nachweisbar am Geißrain, an der Klinge, am Bohnholz und am Küsterberg. Noch jetzt bezeugen etliche große gewölbte Keller mit leider oft zugemauerten Einfahrten die hohe Bedeutung des Zeller Weins.

Bei der Aufhebung des oberen Klosters, d.h. im Jahre 1803 im Zuge der Säkularisation, zählten zum Besitz noch 90 Morgen Wein diesseits und jenseits des Mains. Im klösterlichen Kalterraum sollen 8 Balkenpressen gestanden haben. Die Keller des Abteigebäudes waren für 235 Fuder Wein ausgelegt.
Auch das untere Kloster zählte viele Weinberge als sein eigen, und in einem Verzeichnis vom Jahre 1804 wird folgender Weinbergsbesitz aufgeführt: 16¼ Morgen am Küsterberg, 9¾ Morgen an der Mainleite oberhalb des Dorfes Zell, 4¾ Morgen am Bohnholz (Fexerweinberg) und 7½ Morgen am Roßberg. Der Klosterweinbergsbesitz ging im Laufe der Zeit an Zeller Bürger über.
Aus der Chronik des Nikolaus Herrmann erfahren wir u.a., daß am 5. Mai 1801 ein schweres Gewitter die Weinbergslagen Hofleiten und Roßberg ausgeflößt hätte. Trotzdem sei ein reichlicher Herbst gewesen. Im Jahr darnach brach am 17. Mai ein furchtbarer Frost in die Weinberge, welcher die Reben „bis auf das Haupt erfrieren" ließ. Aufgrund mehrerer schlechter Weinjahre trug der Chronist im Jahre 1816 ein: Verzögerung der Weinbergsarbeiten; erst am 16. Juli wurde man mit dem Niederziehen fertig; auch waren noch viele Weinberge zu hacken, weil es den ganzen Juni und Juli regnete. „Große Teuerung! Vier Jahre Mißwuchs am Wein hatte die Häcker ganz außer Kredit geworfen." Dann folgte das Hungerjahr 1817. In diesem Jahr muß Nikolaus Herrmann folgendes notieren: „Das Jahr brachte einen so essigsauren Most, daß man die Beeren im Herbst nicht mösten konnte, wenn man nicht 2 Teile Wasser dazugetan hätte. Der Eimer kostete 12, auch 15 und 16 fl., da sozusagen das Wasser für Most bezahlt werden mußte." Dafür brachte das Jahr 1819 einen goldenen Herbst. Alle Fässer konnten gefüllt werden, seit Menschengedenken hatte man keinen solchen reichlichen Herbst erlebt. Im Jahr 1845 war bis Ende März die Kälte so groß, daß alle ungedeckten Weinberge erfroren sind. Der Schnee lag fast drei Schuh (= 90 cm) hoch, und am 2. Osterfeiertage (24. März 1845) sah man in Zell noch besonders viele „Schlittenfahrende". In diesem Jahr kam noch hinzu, daß am 9. Juli ein schlimmes Gewitter herniederging und die Weinberge von Kieseln hart mitgenommen worden sind.

Auch um 1870 war der Weinanbau noch wesentliche Existenzgrundlage für viele Zeller Familien. Vom Gedeihen des Weinstocks hing Wohl und Wehe ab. 1870 zählte man auf Zeller Markung, also links des Mains, etwa 72 Tagwerk Weinberge, davon gehörten allein 28 Tagwerk dem Juliusspital. Auf der anderen Mainseite besaßen die Zeller Winzer und Landwirte 657 Tagwerk, etwa die Hälfte des Ackerlands war mit Rebstöcken angelegt. Im Ort bestand das Schildrecht für Heckenwirtschaften, und ein Fexermarkt durfte abgehalten werden.

Am 28. Juli des Jahres 1872 verheerte ein furchtbarer Hagelschlag die Weinberge und Obstanlagen auf etliche Jahre hin. 10 Jahre später, am 30. Mai 1882, deckte ein gewaltiger Hagelschlag (in der Größe von Schneeballen und Gänseeiern) fast sämtliche Dächer von Zell ab; jedoch die Gemarkung und somit auch die Weinberge blieben verschont.

Links:
Weinlese in der Würzburger Inneren Leiste.

Rechts:
Auch Rottendorf hat in geschützten Lagen einige Wengert erhalten.

Würzburg

Die Mainmetropole Würzburg ist die bekannteste fränkische Weinstadt, das mächtige fränkische Weinfaß, der Mittelpunkt und Inbegriff des Frankenweins. Umschlossen von Bergen und Rebhügeln, durchflossen vom Main, kann Würzburg auf seine herrliche Lage stolz sein. Wie viele Dichter und Künstler wurden des Schwärmens nicht müde! Alles fränkisch Eigentümliche fließt hier zusammen. Die Stadt mußte zum Heuchelhof hinauf aufplatzen, weil durch die begehrten Rebhänge keine anderen günstigen Ausweichmöglichkeiten bestehen.
Was ist das Geheimnis um den fränkischen Wein? Hat es vielleicht Fürstbischof Peter Philipp von Dernbach etwas gelüftet, wenn er im Pestjahr 1681 eine Münze zu Ehren des Weins mit der Umschrift prägen läßt: vincit et sanat (der Wein siegt und heilt). Besonders das Heilsame ist am fränkischen Wein das Zauberwort geblieben.
Das Lob und die Verherrlichung des fränkischen, ganz besonders des Würzburger Weines eines der größten Dichterfürsten, Johann Wolfgang von Goethe, sollte alle Winzer und Franken insgeheim mit Genugtuung erfüllen. Goethe schreibt aus Weimar am 11. Februar 1801: „... zugleich wünsche ich ein paar Flaschen Würzburger, wie ich solchen bei Herrn Hofrat Leder getrunken, und ein paar Flaschen vorzüglich guten Steinwein. Diese Flaschen in einem Kistchen wären wohl für Kälte zu bewahren. Der ich wohl zu leben wünsche." Noch deutlicher wird seine Liebe zum fränkischen Wein offenkundig in einem Brief an seine Frau vom Jahre 1806 aus Jena: „Sende mir noch einige Würzburger; denn kein anderer Wein will mir schmecken und ich bin verdrießlich, wenn mir mein gewohnter Lieblingstrank abgeht." Im Vers kommt auch sein Dank zum Ausdruck: „Ich habe getrunken, / nun trink ich erst gern! / Der Wein, er erhält uns, / er macht uns zum Herrn / und löset die sklavischen Zungen. / Ja, schonet nur nicht das erquickende Naß! / Denn schwindet der älteste Wein aus dem Faß, / so altern dagegen die Jungen."
Die Anfänge des ersten Weinanbaus an den Hängen Würzburgs liegen im dunkeln. So mag es auch zweitrangig sein, ob der „Frendthant'sche Wingarton" am Würzburger Stein oder an der Grenze gegen Randersacker an der Abtsleite bzw. am Neuberg zu suchen ist. Es wäre auch sehr mühselig, die schier unzähligen Weinbergslagenamen aufzuzählen. Aufschlußreich jedoch ist die Aufteilung in verschiedene Klassifikationen aus dem Jahre 1644. Folgende Lagen zählen zur ersten und besten Klasse: Abtsleiden, Eußer Neuenberg, Felß, Leisten, Lindesberg, Pfaffenberg, Schalchsberg, Stein und Kählen am Pfaffenberg. Auch die zweite Gruppe ist noch erwähnenswert: Albertsleiden, Ebertsklingen, Fleckenöth, Feggruben, Henser, Höchberger Roth, Knuttenthal, Meinleiden, Neuberg inner, Roßberg unter, Stendersbühel, Steinbach vorder, Spittlerberg, Unter Oelberg und Rayn beym Roßberg.

Dem Profil des Berges entsprechend hat der Mensch in jahrhundertelanger Arbeit dieses filigrane Weinbergsmauerwerk am Würzburger Stein geschaffen (Aufnahme aus den Jahren 1921/23).

Blühende Magnolien und japanische Zierkirschen im Würzburger Hofgarten vermitteln ein Gefühl von südlicher Wärme.

Ein Blick in die Geschichte läßt uns erkennen, daß die geistlichen Herrscher den größten Reichtum an Weinland in Händen hielten. Eine chronologische Zusammenstellung der ersten geistlichen Grundherrschaften als Weinbergsbesitzer mag dies verdeutlichen: 1065 – Kloster St. Stefan, 1091 – Collegiatstift Neumünster, 1128 – Fürstbischof (Hofkammer), 1130 – Kloster Oberzell, 1135 – Collegiatstift Haug, 1137 – Domstift, 1150 – Johanniter-Commende, 1156 – Schottenkloster St. Jakob, 1194 – Kloster Unterzell (die Jahreszahlen belegen den frühesten Nachweis von Weinbergsbesitz; nach diesen neun aufgezählten folgen noch viele andere Weingrundherren).
Würzburg kann sich das Weinfaß an der Autobahn nennen, weil die Stadt in seiner Kessellage eine der sonnenreichsten Städte Deutschlands ist. Der Würzburger Stein gilt mit rd. 85 ha als die größte zusammenhängende Lage Deutschlands. Er verdankt seinen Namen dem nach Süden gerichteten Muschelkalksteinhang. Zwischen 1962 und 1977 wurde ein Gutteil der Würzburger Rebfläche (ohne Heidingsfeld) planmäßig wiederaufgebaut (150 ha), so daß auch hier ein wirtschaftlicher Weinbau zu betreiben ist. In diesem Zusammenhang wurde der Lehrpfad am Stein angelegt. Von der Ausstattung her und aus der Sicht der Information dürfte dieses Demonstrationsprojekt kaum zu überbieten sein; ganz zu schweigen von der herrlichen Sicht auf die Stadt Würzburg.

Neben wenigen privaten Weinbergsbesitzern teilen sich die drei großen Würzburger Weingüter Bürgerspital, Juliusspital und das Staatsweingut diese kost-

Juliusspitalkeller mit Prunkfässern aus dem 19. Jahrhundert.

bare Lage. Nach dem Stein ist die Innere Leiste wohl die begehrteste Lage Würzburgs.
Große Weingüter und bekannte Weinlokale haben in Würzburg noch heute ihren Klang und bei Weinkennern ihre Bedeutung. Das älteste Weingut Würzburgs und das drittgrößte in Franken ist das Bürgerspital zum Hl. Geist. Im Juni 1969 konnte es auf 650 segensreiche Jahre zurückblicken. Die beiden Patriziergeschlechter von Steren und Teufel gründeten im Jahre 1319 diese Stiftung. Der wohlhabende Würzburger Bürger Johannes von Steren ließ sich ein Haus vor dem Hauger Tor zur Pflege der Kranken als Stiftung bestätigen. Bereits nach zwei Jahren besaß das Spital sechs Morgen Weinberg „Im Lindach“ und 7 Morgen „Im Sand“. Der Besitz des Bürgerspitals nahm im Laufe der Zeit zu, neue Gebäude wurden errichtet und die Weinlager vergrößert. Anstelle der Torstube wurde am 16. November 1873 eine althochdeutsche Trinkstube eröffnet. 1885 war das Geburtsjahr einer eigenen Rebschule. Das Bürgerspital war von Anfang an bemüht, nur edle Weine auszubauen und zum Verkauf zu bringen; diese Weine hießen damals „luter (rein, lauter), gerecht, edel“. Bereits 1905 nahm das Spital einen Kellermeister für den Anbau der Weine in den Dienst. Jahrhundertelang diente der „Ulmer Hof“ als Hauptkeller.
Seit alters her gilt das Kellerrecht. Aus folgenden Gründen muß in einem Weinkeller Ordnung sein:
1. weil es die Kellergeister so wollen,
2. weil der Wein in seinem Ausbau nicht gestört sein will,
3. weil es die Andacht im Keller erfordert.

Das Kellerrecht gebietet:
Zum ersten: qualm nicht wie ein Schlot!
Es herrscht hier strenges Rauchverbot,
denn edler Wein und Kellerluft
vertragen keinen Tabakduft.
Punkt zwei: Das Klopfen unterlaß
am vollen wie am leeren Faß!
Du ziehst auch nicht im fremden Haus
aus Neugier die Schubladen raus.
Zum dritten: Gröhl und lästre nicht!
Man legt auf guten Ton Gewicht,
und außerdem, wie Du ja weißt –
bist Du hier Gast beim „Heilgen Geist“.

Kehrst Du Dich nicht ans Kellerrecht,
wirst Du belehrt vom Kellerknecht,
nicht eben höflich und human,
schau Dir nur seine Fäuste an!

Um Würzburger Atmosphäre einzuatmen, muß man schon ab und zu einmal in den Weinstuben des Bürgerspitals hocken. Zu bestimmten Zeiten dringt das Glockenspiel am Fachwerkgiebel herein, dann wird man für kurze Zeit sein Gespräch mit dem Nachbarn unterbrechen müssen. Zu einem guten Schoppen schmeckt natürlich ein Spitalblatz, eine Spezialität der Weinstuben.

Das Juliusspital rief Fürstbischof Julius Echter von Mespelbrunn im Jahre 1576 ins Leben. Aus dem Stiftungsbrief vom 12. März 1579 geht hervor, für welch wohltätige Zwecke das Spital gedacht war und ist: „Und darum haben wir fürgenommen, einen Spital von allerhand Sorten Armen, Kranken, unvermöglichen und schadhaften Leuten, die guter Wart-, Wund- und anderer Artznei nothdürftig seind; dergleichen, verlassene Waysen und dann da fürüberzihende Pilgrims und dürftige Personen, aufzurichten und zu bauen ..." Die Einkunftsquellen des Juliusspitals setzten sich in der Hauptsache aus dem Ertrag eigener Weinberge zusammen. Außerdem hob der Stifter die Zölle für den Weinverkauf beim Juliusspital auf, was zu heftigen Auseinandersetzungen mit den Konkurrenten führte; denn die vielen Wirte und Handelstreibenden, die zum Teil hohe Zölle zahlen mußten, fühlten sich aufs ärgste benachteiligt. Heute zählt das Juliusspital zu den größten Weingütern Deutschlands. Weinbergslagen wie Würzburger Stein, Escherndorfer Lump, Iphöfer Julius-Echter-Berg und Randersackerer Pfülben gehören zum Besitz. In der Würzburger Gemarkung besitzt das Weingut Anteile in den Lagen Stein, Abtsleite, Innere Leiste und Pfaffenberg. Zu einem der schönsten alten, verzierten Fässer gehört das Jugendstilfaß, das mit dem Spruch geschmückt ist: „Am Main – am

Festliche Weinprobe in der Kelterhalle des Mainfränkischen Museums.

Links:
Das Kelterhaus des Weinguts Bürgerspital zum Heiligen Geist im Jahre 1923.

Rechts:
Hinter der Burkarderkirche ziehen sich die Rebzeilen des Schloßbergs hinauf zur Festung Marienberg.

Main, da wachsen unsere Reben." Durch die Spitalweinstube, die seit der Gründung des Stiftes zum Stadtbild hinzugehört, sowie den Forstbetrieb und die Landwirtschaft, natürlich vor allem den Weinbau, wird das Krankenhaus mit etwa 500 Betten und das Altenheim mit ca. 220 Insassen mitfinanziert. Der karitative Aufgabenbereich des Spitals, armen und kranken Menschen zu helfen, wird noch heute erfüllt. Die Jubiläumsschrift, zum 400jährigen Bestehen herausgebracht, ist ausgezeichnet gelungen.
Die alte Hofkellerei der Fürstbischöfe von Würzburg lag auf der Festung Marienberg. Nachdem die Residenz erbaut war, verlegte man auch die Hofkellerei. In einem mächtigen Stützpfeiler des Kellergewölbes ist die Zahl 1704 eingemeißelt. Diese unterirdischen Räume zählen zu den schönsten Kellereien Europas, feinfühlige Weintrinker fühlen sich hier wie in einem Weindom. Der Besucher wird mit einem besonders reich geschmückten Kellerrecht bekanntgemacht:

Willkomm herein
Hier ist gut seyn,
Wo man die Zung' thut laben.
Hier giebt es Wein,
Der schmecket fein
Allein hüt' dich vor Schaden.

Bachus der wacht
Gieb fleissig acht,
Wie man sich hier anstellet
Klopfst du ans Fass
Und hört er das,
Das Urtheil er gleich fället.

Das Keller Recht
Der Büttner Knecht
Schon längst hat ausstudiret
Das wird er dir
Gleich geben hier,
Wie es dem Vorwitz gebühret.

Lass steh'n das Fass
Und nimm das Glas
Trink aus gesund
Bis auf den Grund
Und sag der Herzog soll leben
Gott wird den Segen geben
vivat!

Zu den Weinbaubetrieben des Staatsweingutes zählen: Stein in Würzburg, Leiste in Würzburg, Randersacker, Handthal, Abtswind, Ippesheim, Dorfprozelten, Großheubach, Kreuzwertheim, Hörstein, Hammelburg, die Kellereibetriebe der Hofkellerei Würzburg und bis vor einigen Jahren die Schloßkellerei in Aschaffenburg. Mit etwa 10 ha ist die Weinlage Pfaffenberg die erste staatliche Rebenzüchtung Deutschlands und überhaupt die erste staatliche Rebenzüchtung des Weltweinbaus. Der

weite Aufgabenbereich umfaßt die Erarbeitung der Grundlagen und Methoden der Rebenzüchtung sowie die anwendungsorientierte Forschung. Nach Dr. Scheuerpflug ist das Ziel der Züchtung eine Sicherung der Ertragsleistung, der Qualität und der Resistenz. Neue Rebsorten werden erzeugt durch die Kreuzung verschiedener Sorten miteinander, durch Bestrahlen ruhender und kurz angetriebener Knospen mit Röntgenstrahlen – künstliche Mutation – und durch eine Auslese natürlich entstandener erblicher Abänderungen – spontane Mutation.

Aus der weiten Palette Würzburger Weinlokale sollen hier nur einige stellvertretend angeführt werden. Zu den alten ehemaligen bekannten Weinhäusern gehört das Weinhaus „Zur Kette" in der Kettengasse. Selbst Goethe ließ sich in diesem vielbesuchten Lokal den Frankenwein schmecken. Seit 1960 ist dieses ehemalige Weinhaus im Besitz einer Studentenverbindung.

Das älteste Weinhaus in Würzburg ist der „Stachel" in der Gressengasse, es wird bereits 1413 urkundlich erwähnt. Während des Bauernkrieges erlangte der Gasthof große Bedeutung; der Gressenwirt soll damals manchen Bauern das Leben gerettet haben, und in dieser Zeit erhält das Lokal auch den Namen „Schwarzer Haufen". Die Bauern aus dem Taubergrund hatten hier ihr Quartier aufgeschlagen. Der heutige Name „Zum Stachel" leitet sich aus dem Attribut dieser Bauern, einer Stachelkugel an einer Kette, ab. Der Eigentümer F. Hochrein legt seinen Gästen eine reichlich verzierte Weinkarte vor, die den Gästen einen Einblick in die Geschichte dieses Lokals gibt.

Charakteristisch für die Weinstadt Würzburg sind vor allem die traditionsreichen Bäcks-Weinstuben, wie der Johanniterbäck, Ursulinerbäck, Sophienbäck, Sternbäck und Maulaffenbäck. Der Maulaffenbäck hat sich eine Originalität bewahrt, die auch heute noch Anklang findet. Jeder Gast darf sich seine Brotzeit in einem beliebigen Geschäft selbst kaufen und sie anschließend in den Maulaffenbäck mitbringen, bekommt dort Teller und Besteck serviert, um zu seinem Frankenweinschoppen die Brotzeit verzehren zu können.

Würzburg hatte früher eine Häckerzunft und eine heute noch bestehende Büttnerzunft. Neben den bekannten Weinheiligen Urban, Laurentius, Johannes und vielen anderen stehen im Würzburger Raum ganz besonders der hl. Kilian mit seinen beiden Gefährten Totnan und Kolonat als Winzerschutzheilige im Mittelpunkt. Nach der Legende brachten sie den Wein mit in diese Gegend. Zum Fest des hl. Kilian am 8. Juli strömen auch heute noch viele Winzer in die Stadt, um im Kiliansdom oder im Neumünster dem Schutzpatron die Ehre zu erweisen. Dabei erschallt oftmals das alte Kilianslied:

Wir rufen an den teuren Mann, St. Kilian, St. Kolonat und St. Totnan! Dich loben, dir danken, deine Kinder in Franken, St. Kilian.

Festesfreude liegt über der Stadt, wenn die Würzburger ihr Kilianifest feiern. Leider haben die heiligen Frankenapostel Kilian, Kolonat und Totnan mit diesem Volksfest nicht mehr viel gemeinsam.

Das jährlich im Herbst stattfindende Würzburger Weinfest steht unter dem Wahrzeichen des Winzermännle von Richard Rother. Weindörfer und die Weingüter Würzburgs haben in einem mächtigen Zelt ihre Weinecken eingerichtet, in denen nur der von ihnen ausgebaute Wein ausgeschenkt wird.

Wer vor einem Schoppen sitzt, sollte ab und an einmal überlegen, weshalb er den Wein trinkt. Friedrich Rückert nennt fünf Gründe:

„Man kann, wenn wir es überlegen, Wein trinken, fünf Ursachen wegen: Einmal um eines Festes willen, sodann vorhandenen Durst zu stillen, ingleichen künftigen abzuwehren, ferner dem guten Wein zu Ehren, und endlich um jeder Ursach wegen."

Einzellagen:
Abtsleite, Pfaffenberg, Innere Leiste, Kirchberg, Schloßberg, Stein, Stein-Harfe
Früher: neben den obengenannten Schalksberg, Ständerbühl, Steinmantel, Jesuitenstein, Stein-Zurück, Äußere Leiste, Felsenleiste, Roth, Heinrichsleite, Heinrichsleitenkehl, Pfaffenbergkehl, Roßberg, Äußerer, Innerer und Oberer Neuberg, Alandsgrund, Klinge, Rößleinsweg, Stephanspfad, Albertsleite, Mainleite, Steinbachtal, Oberer Steinbach, Wand, Lindleinsberg, Blosenberg, Geisberg, Heißberg, Kammer, Katzenberg, Keul, Leithe, Lerchen, Rothsetz, Schattberg, Schellen, Schild, Bromberg

Gesamtrebfläche: 297 ha

Haupthimmelsrichtungen der Lagen: meistens Süden, aber auch Nord-Ost bis Süd-Ost

Höhe über dem Meeresspiegel:
175 bis 300 m

Haupthangneigung der Lagen in Prozent:
20 bis 50

Boden:
unterer, mittlerer und oberer Muschelkalk, Lettenkeuper und Sandbeimengung

Rebsorten:
Silvaner, Riesling, Rieslaner, Traminer, Scheurebe, Ruländer, Mariensteiner, Perle, Müller-Thurgau, Kerner u.a.

Der historische Stückfaßkeller unter der Würzburger Residenz dient heute oftmals für festliche und fachliche Weinproben.

Wein:
Den meisten Weinen Würzburgs ist ein liebenswerter Lagencharakter (Fumé-Ton) eigen. Sie sind im Geschmack besonders ausgeprägt. Beinahe unerreichbar ist die besondere Qualität aller standortanspruchsvollen Sorten wie Riesling, Scheurebe, Traminer, Rieslaner. Würzburgs Weine haben ein gutes Bukett, sind meist fruchtig, nicht säurebetont, füllig und sehr lange lagerfähig.

Eine Sage aus Unterdürrbach

Ein altes Weib aus Unterdürrbach fühlte sich allein und nahm ein verwandtes Waisenkind zu sich. Die Alte war trunksüchtig und mutete dem Kind die schwersten Arbeiten zu. Als sie wieder einmal sehr durstig war und nichts im Keller zu trinken hatte, gab sie dem Mädchen einen Krug und befahl, Wein zu holen. Geld konnte sie keines mitgeben. Sie sagte zum Kind, es solle zum Schenkenturm hinauflaufen, dort müßte es Wein geben. Das Mädchen stieg den Burgberg hinauf, fand in den Trümmern auch den Eingang zu einem Keller, und plötzlich stand ein kleines Männlein vor ihm, grüßte recht freundlich und fragte, was es wolle. Das Waisenkind erzählte von seinem Auftrag. Das Männlein nahm den Krug, verschwand in den Gewölben und brachte ihn mit köstlichem Wein zurück. Glückstrahlend sagte das Männlein: Hab Dank, liebes Kind, du hast mich erlöst; denn ich war verdammt und mußte hier umgehen, bis mir ein unschuldiges Kind etwas von den geraubten Schätzen abverlangte. Auf dem Weimweg wurde der Krug immer schwerer. Als das Kind im Dorf erschöpft ankam und in den Krug sah, lagen darin lauter glänzende Goldstücke.

Gerbrunn

Die Statistik weist heute für Gerbrunn nur noch eine Rebfläche von 3,56 ha aus, und dennoch ist Gerbrunn ein altes Häckerdorf. Erstmals im Jahre 1107 tritt der Nachbarort von Mainfrankens Metropole als Weinbauort in das „Blickfeld der Geschichte". Egispert und seine Frau Mathild schenken dem

Würzburger Kloster St. Stephan ihren Weinbergsbesitz bei Gerbrunn. 1269 verleiht Graf Heinrich von Castell der Domvikarie St. Katharinae das Vogteirecht über vier Morgen Weinberg bei dem Neuenberg in Gerbrunn. (Dies war 3 Jahre nach der schicksalhaften Schlacht bei Sulzfeld, die als Cyriakusschlacht in die Geschichte eingehen sollte.) Noch 1559 bezogen die Grafen von Castell jährlich 50 Hektoliter Gültwein.

1801 werden 21 Weinlagen mit 73 ha in Gerbrunn namentlich benannt. 1836 werden in einem Weinzehntbuch noch 57 ha Weinberge aufgeführt.

Der Rückgang des fränkischen Weinbaues ist schon oft beschrieben worden. Die Gründe sind mannigfaltig, und gerade Gerbrunn liefert uns ein Musterbeispiel. Im 17. Jahrhundert wurden die Weinberge von guten, aber wenig tragenden Rebsorten auf reich tragende umgestellt. Sowohl die Qualität als auch die Quantität des Weinertrages wurde durch den Zwischenbau von Obstbäumen, Beerensträuchern und anderen Feldfrüchten stark beeinträchtigt.

Der Pfarrer von Eibelstadt klagt 1735, daß so viele Bäume in den zehntbaren Weinbergen eingesetzt sind, daß er bei guten Jahren schlechten und bei schlechten Jahren keinen Zehnt zu erhoffen habe. Bereits im Jahre 1699 war übrigens eine fürstbischöfliche Verordnung ergangen, daß alle Obstbäume in den Weinbergen ausgehauen und kein Kraut mehr in ihnen angepflanzt werden soll. Dagegen verwahrten sich jedoch die kleinen Weinbergsbesitzer mit der Begründung, daß sie mit dem Ertrag aus diesen Zwischenkulturen ihre Steuern und andere Beitreibungen zahlen würden. Ein weiteres Hindernis für einen Qualitätsweinbau war neben der engen, ungeordneten Pflanzung auch die mangelnde Düngung, die durch „Erdnachschüttung“ aus Ödungen und dergl. nicht ersetzt werden konnte; denn es mangelte an organischen Düngern wegen der damals noch wenig ausgebildeten Viehwirtschaft, und Handelsdünger gab es nicht. Mit der Gründung eines Weinbauvereins (1835) und der Schulung der Winzer wollte man den Qualitätsweinbau fördern, doch in vielen fränkischen Orten wurden diese Maßnahmen nicht mehr wirksam. Es kam damals der Spruch auf: Wo der Pflug kann geh'n, soll kein Rebstock steh'n. Während von den vielen im Mittelalter bezeugten Weinbauorten etwa 160 nach dem letzten Kriege ab etwa 1960 wieder die Liebe zum Weinbau entdeckten, war Gerbrunn als Nachbargemeinde von Würzburg mittlerweile zu einem beliebten Wohnungsbaugebiet geworden und konnte sich nicht mehr in den Reigen der Weinbauorte einreihen.

WETTERREGEL

Die drei „Azius“ ohne Regen,
schlimm steht's mit dem Blütensegen.
(12.–14. Mai)

Verzierte Weinkelter im Stückfaßkeller des Staatlichen Hofkellers in Würzburg.

Junge Traube. – Nach Beendigung der Blüte und erfolgter Befruchtung beginnen die Beeren zu wachsen. Zwischen Blüte und Reifebeginn liegen etwa zwei Monate.

An den Südhängen des Festungsberges wächst ein unverwechselbarer Riesling. Hier werden in der Regel die ersten blühenden Gescheine im fränkischen Raum gefunden. (aufgenommen im Jahre 1968) Freigegeben unter Liz.-Nr. 9/17 562.

Etwas abgesetzt von den Weinbergen liegt Neusetz, umgeben von fruchtbarem Ackerland.

Neusetz

Im Gegensatz zu Neuses am Berg hieß Neusetz früher Neuses im Grund. Das 3 km südlich von Prosselsheim sich lang hinziehende Straßendorf kann noch heute über 7 ha Weinfläche aufweisen. Alte Schreibweisen des Ortes wie Nustze, Nusecz, Nusecze könnten, vom Mittelhochdeutschen abgeleitet, mit „nehmen, besitzen, ergreifen" in Verbindung gebracht werden.
Auch der weithin ausgebreitete Weinbergsbesitz ist mit daran schuld, daß sich immer wieder verschiedene Herrschaften um Besitz in Neusetz sorgten. Seit dem Antoniustag des Jahres 1499 war der gnädige Herr von Würzburg, d.h. der Fürstbischof, Herr und Vogt von Neusetz. Zwei Schöffen sorgten für Ordnung und Recht im Dorf und in der Flur. In Form einer Dorfordnung regelte ein Grundbuch vom Jahre 1499 nahezu das gesamte Dorfleben. Es gab jedoch um diese Zeit nicht einmal ein Wirtshaus im Dorf, wozu auch, wenn nur 5 Herdstätten mit 13 Hausgenossen genannt werden konnten.
Bis zum Jahre 1767 mußten die Neusetzer nach Prosselsheim in die Kirche gehen, bis sie am 18. November 1767 in ihrem eigenen Gotteshaus den ersten Gottesdienst feiern konnten. Die jetzige Kirche unter dem Schutzpatronat des hl. Valentin ist im Jahre 1790 erbaut worden.
Der Wein ist in Neusetz zum Großteil Haustrunk gewesen oder er wurde den Nachbarn in Häckerwirtschaften angeboten. Noch am 13. Februar 1939 erließ Neusetz eine eigene Heckenwirtschaftsordnung, in der es hieß: „Antrag zum Ausschank ihres Eigenbaues können auch diejenigen stellen, die ihren Wohnsitz in Neusetz, ihren Weinberg aber in anderer Gemarkung haben." (Auch heute noch liegen die Weinberge der Neusetzer Winzer in der Lage „Fürstenberg".)
Bei diesen Sitzungen achtete man genau auf bestimmte Zeiten; das Ende verkündete oft eine Weinglocke. Sie läutete in vielen Weinorten, wie in Mainstockheim, Sulzfeld, Wiesenbronn, Neuses am Berg oder in Obernbreit. Da hören wir vom benachbarten Neuses am Berg im Jahre 1584: „Daß kein allhiesiger Inwohner oder deren Angehöriger im Sommer über neun und im Winter über das Läuten der Weinglocken beim Wein oder Zech im Wirtshaus oder den Heckenwirten bei Vermeidung der Strafe 1 Guldens nicht bleiben oder sitzen soll." In Schernau z.B. erhielt der Schulmeister am Martinifest 1713 zwei fl. für das Weinglockenläuten. Als es noch keinen Kaffee, keinen Tee oder kein Bier gab, war jeder Bauer auf seinen Hausweintrunk angewiesen. Der Wein brachte früher viel Geld ein, er wurde sogar als Zahlungsmittel verwendet. So lieferte die Bürgerschaft Dettelbachs im Jahre 1708 anstelle von Geld 19 Fuder, 51 Eimer Wein als Landessteuer ab.
Weinbergsfrevel wurde auch in Neusetz streng geahndet: „Item ein Weinbergshüter, wo er einen ergreift, ist der dritte Teil der Strafe sein. Item, da einer oder eine in einem Weingarten, dies seit mit was es wolle, im Grasen Beer abreißen ergriffen wird, die Strafe 3 Pfund."

Wohlgepflegte Weinberge umschließen das im Tal gelegene Schnepfenbach.

An alten Weinbergslagenamen in Neusetz waren bekannt: Am Berg, Am neuen Berg, Im kleinen Berg, Im breiten Berg, Im Hörlein, Am Kellenberg, Am Lehert, Im Lehert, Im Litzen, Im schwarzen Loch, Auf der alten Nunnen, Auf der Nunnen, Im schwarzen Garten und Auf der Setz.

Schnepfenbach

Einen Kilometer nördlich von Brück liegt im Schnepfenbachtal dieses dem heiligen Kilian anvertraute fränkische Dörfchen, das sich mit etwa 3 ha Wein, seinen Wiesen und Äckern in ruhiger Lage ausbreitet. Die schriftlichen Quellen über die Geschichte des Weinbaus von Schnepfenbach fließen mager und spärlich. Die Nähe zu Dettelbach läßt den Ort genauso wie Brück fast völlig in die Geschichte von diesem fränkischen Städtchen einfließen. Vor allem seit 1484, d.h. seit der Zeit der Stadterhebung von Dettelbach, sind Schnepfenbach, Brück und Neuses diesem neu gebildeten Amte Dettelbach noch enger eingebunden worden. Weil Schnepfenbach an der Grenze zwischen dem Amt Prosselsheim und Dettelbach lag, wurden die Felder und auch die Weinberge stets aufgeteilt: „Mit diesem Dorf hat es die Gewohnheit, daß es von dem Bach, der es durchfleußt, geschieden wird. Diejenigen, die von Dettelbach aus auf der rechten Seite des Baches sitzen samt den Frauen und Herdstätten, gehören mit aller Obrigkeit und Bodmäßigkeit wie die zu Brück gen Dettelbach; die aber auf der anderen Seite des Baches wohnen, gehören gen Prosselsheim. Beiderseits ist alles würzburgisch." (Entnommen aus Bauer: Geschichte von Dettelbach, Seite 307/308.)
Ein Großteil der hügeligen Landschaft war mit Reben bestockt, u.a. sind die Weinlagenamen „Am Klingenweg, An der Mühlleiten, Am Geiersberg und In der Rummla bekannt.
Die beiden Steinkreuze, die vor der Flurbereinigung am Hohlweg In der Röthen standen, findet man nun am südlichen Ortsrand von Schnepfenbach zu beiden Seiten eines Prozessionsaltares. Man erzählt sich, daß sich zwei Fuhrwerke im engen Hohlweg begegnet seien. Da sie nicht aneinander vorbeikamen, auch keiner ausweichen wollte, gerieten die beiden Bauern in so heftigen Streit, daß sie sich beide umgebracht haben sollen. Ob wohl auch der Wein mit im Spiele gewesen sein mag?

Brück

Nahe bei Dettelbach, ein Seitental hinauf, liegt Brück, das 1357 zum ersten Mal urkundlich erwähnt wird. Am Zusammenfluß des Schernauer Baches und des Schnepfenbaches weitet sich das Tal zu einem Kessel aus. Seit über 300 Jahren verwaltungsmäßig zu Dettelbach gehörig, lebten die Brücker unter einem Dorfmeister, der seinem Fürstbischof in einem Eid geloben mußte, „dem Dorfmeisteramt treulich vorzustehen". Auch kirchlich war Brück als

Am Zusammenfluß des Schernauer Baches und des Schnepfenbaches weitet sich das Tal hier bei Brück zu einem Kessel aus.

Filialkirche von Dettelbach stets abhängig. An Sonn- und Feiertagen gehen die Pfarrkinder in ihre Stadt nach Dettelbach zur Kirche, nur an höchsten Festtagen und am Patrozinium, dem Fest des hl. Jakobus des Älteren, wird in der kleinen Ortskirche eine Messe gehalten.
An den Hängen des Schnepfenbachs breiteten sich noch im 19. Jahrhundert überall die Weinberge aus, heute ist Brück noch im Besitz von 1 ha Wein. Viele der alten Weinberge sind nun mit Obstbäumen bepflanzt. Auf Flurkarten des 19. Jahrhunderts sind Wengert Am Hämmerlein, Am Jakobs- und Hofmannsberg eingetragen. Lange Zeit besaß Brück kein eigenes Wirtshaus, die einzelnen Winzer durften ihren Wein selbst verzapfen. Wie überall fand man auch hier im Ort einige Heckenwirtschaften, wenn zu bestimmten Zeiten der Wedel vor dem Haus hing.

Neuses am Berg

Man fühlt sich in südbayerische Gefilde versetzt, wenn man von der Ferne aus die beiden Zwiebeltürme über die Dächer von Neuses herausragen sieht. Seit über 200 Jahren (beide Kirchen wurden im Jahre 1784 erbaut) stehen die evangelische und katholische Kirche so nebeneinander; denn seit 1520 leben hier friedlich neben den würzburgisch Katholischen auch Protestanten, weil die Ansbacher Untertanen dem evangelischen Glauben treu bleiben wollten. Bis 1969 gab es im Ort auch zwei Bekenntnisschulen. Der schmucke Fachwerkbau des Rathauses wurde 1574 von den Ortseinwohnern errichtet, 10 Jahre später erhielt der Ort seine erste Dorfordnung. 1978 verlor Neuses seine Selbständigkeit, es wurde ein Stadtteil von Dettelbach. So ging nach über 650 Jahren das Recht auf eigene Verwaltung verloren; denn bereits im Jahre 1330 wird Neuses als „Nuzes" (mhd. nuz = Nutz, aber auch Ertrag, Nutzen) zum erstenmal schriftlich genannt, als das Kloster Münsterschwarzach hier Besitz erwirbt.
In der über 400 Jahre alten Dorfordnung wird das Leben in der Gemeinde genau reguliert. Den Wein betreffend wird u.a. den Dorfbewohnern auf das strengste untersagt, vor und nach der Weinlese Weinbeeren und Träubel zu stupfeln. Über das Schankrecht in diesem Weinort wird folgendes festgelegt: Wenn ein Winzer seinen eigenen Wein ausschenken und Gäste aufnehmen will, muß er jedes Mal einen „Zeiger" aushängen, das bedeutet einen Wisch oder einen Buschen. Falls ein fremder Gast in einer solchen Heckenwirtschaft zu lang gezecht hat und schließlich nach einer Herberge verlangt, so soll ihm die Übernachtung auch gewährt werden.
Im Besitze eines solch prächtigen Rathauses haben die Neuseser in ihrer Dorfordnung auch festgelegt, wie man sich bei Festlichkeiten und Zechen im Rathaus zu verhalten hatte. Unter Punkt 7 wird festge-

Neuses am Berg, umrahmt von Obst- und Weingärten.

legt, wie es in der Geschichte Dettelbachs von Hans Bauer, 1983, Seite 280 ff, veröffentlicht ist:
„Welcher Gemeinsmann ufs Rathaus, es wäre an Hochzeiten oder zu anderer Zeit, Wein gibt, und aber an Fenstern, ofen, Bänken oder was es sein mag, etwas verwüst oder zerbrochen würde, soll solches von demjenigen, der Wein gegeben hat, bezahlt werden, derselbe aber bei denen, durch welche solcher Unfug geschehen, sich dessen wiederumb erholen. Ingleichen fürs achte, da jemand mit überfleißigem Trinken sich also überfüllet, daß er sich kotzet oder ufm Secret (= WC) unzüchtig und ganz und gar unsauber halten würdt, der soll 15 Pfennig der Gemeind und 8 Pfennig dem Gemeindsknecht verfallen sein. Zum neunten, nachdeme bey hievor gemeldtem Zechen offtermals gar zu lang in die Nacht hinein gesessen werden will, wird hiermit solch langwierig Zechen ernstlich abgeschafft. Und welcher zur Sommerszeit über 9 Uhr und im Winter über 7 Uhr darauf in Zech befunden wird, soll einer Gemeind 15 Pfenning und der Weingeber 1 Pfund verfallen sein."
Man ist also im neuen Rathaus auf Ordnung sehr bedacht und drückt dies in etwas holpriger und schwerfälliger Sprache aus.
Heutzutage wird das Dorffest im Freien abgehalten und das Neuseser Straßenweinfest lockt alle Jahre viele Besucher auf die Hochfläche.

Einzellage:
Glatzen
Früher: Dellberg, Glatzenberg, Litzen, Röthen, Schaller, Steg, Unterer Berg, Urles Berg, Urles, Rödel, Heidelberg, Hinterer Glatzen, Vorderer Glatzen, Sonnenstuhl, Döllberg, Steig, Kalter Graben, Hölle, Kies, Oberer Berg, Unterer Berg, Alter Berg

Großlage:
Kirchberg

Gesamtrebfläche:
58 ha

Haupthimmelsrichtungen der Lagen:
Nord-Ost, Osten

Höhe über dem Meeresspiegel:
195 bis 255 m

Haupthangneigung der Lagen in Prozent:
30 bis 60

Boden:
oberer Muschelkalk, Lettenkeuper, Löß

Rebsorten:
Silvaner, Müller-Thurgau

Wein:
würziges Bukett, kräftige Art, manchmal etwas feste Säure, füllig,
Der Wein wächst vornehmlich auf einem steilen Osthang mit schwerem Boden und zeigt eine ganz besondere Note. In großen Jahrgängen wird er sehr saftig, in geringeren Jahrgängen braucht er eine längere Entwicklungszeit und besonders pfleglichen Ausbau.
Die „weicheren" Rebsorten kommen der Lage sehr entgegen.

Nordheim mit Mainauen und seinen weitausgedehnten Weinbergen.

Nordheim am Main

Im Jahre 918 schenkte König Konrad I. dem Münsterschwarzacher Abt zwei Weinberge in der Gemarkung Nordheim. Der Nordheimer Weinbau mit seinen günstigen Voraussetzungen an den Hängen im Maintal zählt also mit zu den ältesten urkundlich belegten Weinbergsanlagen Frankens. Eine weitere Beurkundung des Weinbaues in Nordheim stammt aus dem Jahre 1074. Anläßlich der Einweihung der Michaelskapelle in der Abtei Münsterschwarzach schenkte Bischof Adalbero einen Weinberg in Nordheim an das Kloster. Aus dem Ertrag dieser Rebfläche sollten den Mönchen am Michaelsfest eine „Charitas", also ein zusätzlicher Trunk, gegeben werden. Seit dem 13. Jahrhundert gingen die Besitzungen teilweise in die Hände anderer Grundherren als dem Fürstbischof von Würzburg über. Hauptsächlich das Kloster Münsterschwarzach erwarb nach und nach Besitz und wurde im Laufe des 16. Jahrhunderts zum Grundherrn der Ortschaft.
1613–1615 errichteten die Mönche aus Münsterschwarzach den Zehnthof. 1688 wurde der Keller erweitert. 31 Fässer mit je 13 Fudern Inhalt (rd. 100 hl) wurden beschafft. Vier neue Keltern stellte man auf. Im 17. und 18. Jahrhundert wurde der Zehnthof Mittelpunkt des Nordheimer Gemeindelebens. Hier wurden auch die Trauben verarbeitet und der Wein eingelegt.
1803 erlosch der Glanz der Abtei, und der Zehnthof hatte seine Aufgabe verloren.
1965 erwarb die Winzergenossenschaft Nordheim für wenig Geld den gesamten Zehnthof mit allen Gebäuden und Kellern. Heute ist in den überirdischen Räumen eine gutgehende Weinstube eingerichtet.
Der Fleiß der Nordheimer Winzer ist auch heute

noch beispielhaft. Jeder Quadratmeter des wertvollen Bodens wird genutzt, ganz gleich, ob durch Wein-, Obst- oder Spargelbau. Gerade während der Spargelzeit ist Nordheim ein gernbesuchter Ort an der Mainschleife.
Viele Winzer betreiben im Nebenerwerb die Pfropfrebenherstellung. Viele Familien, die früher als arme „Heckerschmetzer“ in Taglohn ein kleines Zubrot verdienten, haben sich heute eine gute Existenz aufgebaut. Nordheims Winzer haben in etwa 20 anderen Gemarkungen Weinberge angekauft oder dazugepachtet. Das 1000-Seelen-Dorf ernährt sich noch weitgehend vom Weinbau. Es mußte expansiv werden, wollte es die Wirtschaftlichkeit der Betriebe erhalten. Man muß es einfach erlebt haben, wie Nordheims Winzer an ihrem Beruf hängen. Das Heimatbewußtsein ist hier ganz besonders ausgeprägt. Die Jugend betreibt seit Jahrzehnten mit Hingabe Sport. Aber auch das kulturelle Leben hat einen ungewöhnlich hohen Stellenwert. Zwei hervorragende Chöre sind hier zu Hause. Eine Vereinigung junger Weinidealisten gründete vor Jahren den „Weingenießer-Club“. Man sollte einmal in Nordheim einen Gottesdienst besuchen, um zu begreifen, was fränkische Volksfrömmigkeit bedeutet.
Aber man muß auch das Zusammengehörigkeitsgefühl miterleben, wenn es gilt, in einer „Eisheiligen-Nacht“ die Weinberge durch Frostabwehr zu schützen.
Die Nordheimer Winzer leben in der Erkenntnis, daß diese fränkische Erde nichts verschenkt – alles muß ihr abgerungen sein.
Nordheim hat neben einer bekannten Winzergenossenschaft von größerem Ausmaße die meisten Selbstmarkter von allen fränkischen Winzerorten.
1956 schreibt schon Ado Kraemer: „Einen angenehmen und bekömmlichen Wein wissen die Nordheimer zu kredenzen.“
Daran hat sich bis heute nichts geändert. Und wer diesen Wein kennenlernen will, der besuche den Zehnthof, spreche bei den flaschenweinvermarktenden Winzern vor oder gehe um Christi Himmelfahrt zum Weinfest in die Mainauen und lasse sich vom Nordheimer „Weingenießer-Club“ beraten.

Einzellagen:
Vögelein, Kreuzberg
Früher: Reinboden, Loch, Weidochsen, Berg, Altenberg, Kreuzberg, Vögelein, Herrschaftsäcker, Brunnenweg, Hallburgerweg, Schafsgrund, Brand, Steinbuch, Am See, Düsel, Starkholz, Geißberg, Heerweg, Hemels, Harpfen, Seeweg, Hüttstadt, Henneberg, Mittelweg, Reitweg, Viehweg, Hohensetz, Schenken, Lache, Eselmann u. a.

Großlage:
Kirchberg

Gesamtrebfläche:
309 ha

Haupthimmelsrichtungen der Lagen:
Süd-West, Nord-West

Höhe über dem Meeresspiegel:
200 bis 280 m

Haupthangneigung der Lagen in Prozent:
15 bis 25

Boden:
oberer Muschelkalk, Lettenkeuper, lehmiger Sand

Rebsorten:
Müller-Thurgau, Silvaner, Perle, Kerner, Bacchus, Traminer u. a.

Wein:
sehr kräftig, duftend, markant, mild, lebhaft, nachhaltig.
Der hitzige Boden läßt die Weine früh reifen. Der Müller-Thurgau gedeiht hier besonders gut, aber auch ein feingliedriger Silvaner wird in den gut bearbeiteten Weinbergen der Lage Vögelein gebaut. Auch wachsen hier sehr typische Traminer und neuerdings auch glutvolle Rotweine.

WETTERREGELN

Wie das Wetter am Himmelfahrtstag,
so der ganze Herbst sein mag.

Bringt St. Urban Sonnenschein,
bringt das Jahr viel guten Wein.

Danket St. Urban, dem Herrn,
er bringt dem Getreide den Kern.

Soll gedeihen Korn und Wein,
muß im Juni Wärme sein.

Ist kalt und naß der Juni gar,
verdirbt er, was voll Hoffnung war.

Sommerach

Wenn man von Münsterschwarzach und Gerlachshausen her durch das Tor in den Ort hereinkommt, fühlt man sich plötzlich in altfränkische Zeiten zurückversetzt. Sommerach zählt mit zu den schönsten fränkischen Weindörfern.
Die Autoren haben hier ein einziges Mal andere sprechen lassen, weil sie sich allzusehr voreingenommen fühlten.
Winfried Kraus und Paul Streng haben ihr Sommerach so beschrieben:
Auf seinem exakt 524 Kilometer langen abwechslungsreichen Weg von den Quellflüßchen im Fichtelgebirge bis zur Mündung in den „Vater Rhein" berührt oder durchquert der Main manche beeindrukkende und geschichtsträchtige Stadt und ungezählte reizvolle Flecken. Zu den anziehendsten und gesegnetsten Landstrichen, durch die sich der in träger Beschaulichkeit dahinströmende Fluß windet, zählt sicherlich die Volkacher Mainschleife, das berühmte Herzstück des fränkischen Weinlandes. Unter den echten Kleinodien, die sich an dieser weit ausladenden Schlinge des Stromes der Franken wie Perlen an einer Kette aneinanderreihen, hat das romantisch gelegene Sommerach einen besonders klangvollen Namen. Seinen weit über die Grenzen Frankens hinausreichenden Ruf verdankt das gegenwärtig 1145 Seelen umfassende Dorf nicht nur seinem nahezu unverfälschten Charakter eines malerischen, typisch fränkischen Winzerortes, sondern noch mehr seinen einzigartigen erlesenen Weinen.
Der Wein war es auch, der die wechselvolle Geschichte Sommerachs seit jeher entscheidend geprägt hat. Schon in der Notiz des Schwarzacher Klosterchronisten aus dem Jahre 1075, die als früheste Erwähnung des Dorfes „Summerach" gelten darf, ist denn auch von Weinbergen die Rede, die der ehemalige Bischof Hermann von Bamberg dem nahen Benediktinerkloster aus Dankbarkeit vermachte. Stattliche Winzerhäuser legen noch heute beredtes Zeugnis ab für eine ungebrochene, jahrhundertelange Weinbautradition, die dem Ort ihren unverwechselbaren Stempel aufgedrückt hat.
Die Rebflächen, die ausgangs des Mittelalters mit ca. 400 Hektar ihre bislang größte Ausdehnung erreicht hatten, dürften auch die Erklärung dafür liefern, warum der Ort zahlreichen Grundherren so begehrenswert erschien. Die Chronik der ersten Jahrhunderte weiß jedenfalls von ständigen Streitigkeiten und kriegerischen Auseinandersetzungen um Besitzrechte in Sommerach zu berichten. Gehörte das Dorf zu Beginn des 12. Jahrhunderts noch zum größten Teil dem Grafen von Castell, so gab es in der Folgezeit ein kontinuierliches Gerangel und Gefeilsche um die Sommeracher Pfründe, ehe sich nach langem Hin und Her die Besitzverhältnisse im 17. Jahrhundert schließlich einigermaßen stabilisiert hatten. Wenn wir einer Pfarrbeschreibung aus dieser Zeit Glauben schenken dürfen, zählte das Kloster Münsterschwarzach damals rund 80 Prozent der Einwohnerschaft zu seinen Untertanen und hatte sich somit den Löwenanteil am Sommeracher „Kuchen" abschneiden können. Weitere Grundherren, von deren Präsenz noch heute ihre repräsentativen Schultheißenhöfe künden, waren das Würzburger Hochstift, die Familie derer von Milchling sowie der Markgraf von Brandenburg.
Zahllose Schicksalsschläge, namentlich jedoch die häufigen Kriegswirren des 13. bis 17. Jahrhunderts, legten den Sommerachern immer wieder harte Prüfungen auf. Schon im 13. Jahrhundert tobten z. B. erbitterte Kämpfe zwischen den Grafen von Henneberg und Castell und dem Würzburger Fürstbistum, in denen die Sommeracher treu zum Bischof standen.
Im Bauernkrieg von 1524/25 mußten die Sommeracher freilich ihre unrühmliche Beteiligung an der Plünderung und Brandschatzung des Klosters Schwarzach teuer büßen. 1606 bis 1611 wütete die Pest grausam im Dorf, und kaum war die Seuche überstanden, zog der 30jährige Krieg eine blutige Spur durch den Ort. Die Schweden, die damals in Sommerach ihr Unwesen trieben, hatten es vor allem auf die Keller abgesehen und schreckten dabei auch vor Greueltaten nicht zurück. In einem einzigen Vierteljahr wurden seinerzeit 42 Sommeracher als Opfer von Kriegseinwirkungen zu Grabe getragen. Einen hohen Blutzoll forderten auch die Kriege der folgenden Jahrhunderte, insbesondere aber die beiden letzten Weltkriege. 1914 bis 1918 blieben 24 Sommeracher im Feld, und im 2. Weltkrieg mußten sogar 38 Söhne der Gemeinde auf den Schlachtfeldern Europas ihr Leben lassen.
In allen Schicksalsschlägen und Heimsuchungen haben sich die Bürger Sommerachs seit jeher ihre tiefe Gläubigkeit erhalten. Steinerne Zeugen dafür sind die Statuen an vielen Häusern, die jahrhundertealten, teil künstlerisch sehr wertvollen Bildstöcke an den Wegen und in den Weinbergen. Unter ihnen sind die 1519 aufgestellte „Graue Marter", die der

Hinter Rathaus und ehemaligem Schulhaus reckt sich Sommerachs Julius-Echter-Kirchturm in den Himmel.

Riemenschneider-Schule zugeschrieben wird, sowie die Viersäulenmarter an der Straße nach Volkach jedem Kunstkenner ein Begriff. Als Wahrzeichen des Ortes darf die Pfarrkirche Sankt Eucharius gelten, die mit ihrem 1560 bis 1568 entstandenen spätgotischen Langhaus und dem stattlichen Juliusturm aus dem Jahre 1589 das Dorf überragt. Zusammen mit dem benachbarten, im Jahre 1661 erbauten Rathaus bildet sie ein wirkungsvolles Ensemble im Herzen des Ortes. Einen markanten Blickfang stellt auch die Wehranlage aus dem 15. und 16. Jahrhundert dar, deren Prunkstücke das Maintor aus dem Jahre 1585 und das schon 1486 vollendete Schwarzacher Tor sind. Beide Tortürme werden heute noch bewohnt bzw. genutzt. Gleiches gilt für weitere kleine Rundtürme an der mittelalterlichen Dorfmauer. Von Süden her wird das Ortsbild geprägt durch den trutzigen Schwarzacher Zehnthof aus dem Jahre 1607.

Auf dem Streifzug durch Sommerachs Geschichte stößt man immer wieder auf bemerkenswerte Tatsachen. So wurde bereits im 15. Jahrhundert eine Herbstleseordnung erlassen. Überaus streng wurde schon frühzeitig auch die Weinkontrolle gehandhabt. Durchaus glaubhaft wird zum Beispiel überliefert, daß keine fremden Weine ins Dorf eingeführt werden durften, damit der gute Ruf des Sommeracher Gewächses keinen Schaden nehme. Im Falle einer Zuwiderhandlung mußte der Wein vor dem Dorf abgeladen werden, wo die betreffenden Fässer anschließend gemeinsam ausgetrunken und damit unschädlich gemacht wurden. So weiß es jedenfalls das „Sommeracher Salbuch" zu berichten.

Die günstige Bodenbeschaffenheit in den Sommeracher Lagen hat seit jeher das Heranreifen besonderer Weine ermöglicht. Das geologische Ausgangsmaterial ist dabei oberer Muschelkalk, der am Hangfuß eine Flußsand- und in den oberen Lagen eine Lettenkeuperauflage mit einer dünnen Flugsandschicht trägt. Solchermaßen ergiebige und kräftige Böden fördern heute wie früher nachhaltig das Gedeihen von blumigen, spritzigen und pikanten Tropfen.

Sommerach mit dem Schwarzacher Becken und dem Schwanberg im Hintergrund.

Noch bis zu Beginn des 20. Jahrhunderts waren die Weinberge mit dem vom Silvaner dominierten „gemischten Satz" bestockt. Der Wein wurde also nicht nach Rebsorten, sondern nach Lagen geerntet, ausgebaut und verkauft. Aus der wahrlich reichhaltigen Palette von weit mehr als 40 Lagenamen, an die sich heute nur noch wenige „Veteranen" unter Sommerachs Winzern erinnern können, haben lediglich zwei, nämlich der „Katzenkopf" und der „Rosenberg", die großangelegte Säuberungsaktion des neuen Weingesetzes von 1971 überlebt. Ein wenig ist es schon schade um so klangvolle, fast „blumige" Lagebezeichnungen wie „Hohe Au", „Engelsberg", „Bärtlein", „Blümlein", „Roßbach" oder „Hohenbaum", um nur einige von denen zu erwähnen, die als Opfer des Rotstifts der Reformer auf der Strecke blieben.

Das Gros der heute rund 250 Hektar Rebfläche des Ortes darf sich „Sommeracher Katzenkopf" nennen. Für diesen traditionsreichen Namen stand wohl das Wappen der Herren von Katz Pate, die in der vorzüglichsten Lage, nämlich am sogenannten „Hässen" (= Heißen), ihr bestes Faß ernteten. Rund 45 Prozent der Sommeracher Weinberge sind gegenwärtig mit der Sorte Müller-Thurgau bepflanzt, während der alteingesessene Silvaner mit allenfalls noch 35 Prozent etwas ins Hintertreffen geraten ist. Einen ganz besonderen Ruf unter den Weinkennern genießt der Sommeracher Traminer, aber auch der Riesling ist nicht zu verachten. Unter den Neuzüchtungen, die – auf breiter Front überall angetreten – sich ebenfalls ihren Anteil an Sommerachs Rebhängen erkämpft haben, hat sich die Scheurebe zwischenzeitlich einen größeren Liebhaberkreis sichern

können als die ebenfalls gut eingeführten Sorten Kerner, Bacchus, Perle oder Rieslaner. Neuerdings sind auch Rotweinsorten wie der Spätburgunder und besonders der Schwarzriesling an Katzenkopf und Rosenberg stark im Kommen.
Knapp 50 Familien, darunter 33 selbstvermarktende Betriebe, hinter denen etwa die Hälfte der örtlichen Rebfläche steht, leben in Sommerach hauptberuflich vom Wein. Die andere Hälfte der Fläche wird von der Winzergenossenschaft Sommerach, in der sich seit 1901 vor allem die Nebenerwerbswinzer zusammengeschlossen haben, vermarktet. Knapp 200 Mitglieder umfaßt heute diese älteste Winzergenossenschaft Frankens, die den Status einer Erzeugergemeinschaft hat.
Auch sonst haben sich die Sommeracher Winzer schon immer rechtzeitig dem Fortschritt geöffnet. Bereits 1958 haben sie mit als erste die inzwischen längst erfolgreich abgeschlossene Weinbergsbereinigung in die Wege geleitet. Auch dem Fremdenverkehr hat sich Sommerach, das neben seinem Wein als zweite Köstlichkeit seinen Spargel kredenzen kann, nicht verschlossen. Mit der Errichtung eines attraktiven Rebsortenlehrpfades hat der sehr engagierte Weinbauverein seinen Teil dazu beigetragen. Das ausgeprägte örtliche Vereinsleben findet sein geeignetes Ventil alljährlich im Sommeracher Weinfest, das dann besonders aufgewertet ist, wenn wieder einmal, wie 1980 und 1982 geschehen, ein „Sommeracher Eigengewächs“ die Krone der Fränkischen oder gar – wie 1982/83 Karin Molitor – das Diadem der Deutschen Weinkönigin tragen durfte.

Einzellagen:
Katzenkopf, Rosenberg
Früher: Katzenkopf, Wilm, Rosenberg, Engelsberg, Rothenbühl, Roßberg, Tiefental, Holzlein, Berg, Im Heißen, Augustbaum, Steinach, Steig, Häsen, Schneidersberg, Küsterei, Holzweinberg, An der Schießmauer, Breitlag, Berg, Blümlein, Unterweg, Hohe Au, Sandwingert, Am Blümlein, Guckenberg, Am Hohen Baum, Abgäng, Hahn, Gern, Rosen, Am Nordheimer Berg, Oblei, Am Spitel, Im Bärtel.

Großlage: Kirchberg

Gesamtrebfläche:
206 ha
1901 Gründung der Winzergenossenschaft, der ersten in Franken

Haupthimmelsrichtungen der Lagen:
Ost bis Süd-West

Höhe über dem Meeresspiegel:
195 bis 275 m

Haupthangneigung der Lagen in Prozent:
10 bis 35

Boden:
oberer Muschelkalk, Lettenkeuper,
in den Tallagen Beimengung von Terrassensand

Rebsorten:
Müller-Thurgau, Silvaner, Scheurebe, Traminer, Kerner, Bacchus u. a.

Wein:
Silvaner hat ausdruckstarkes, typisches Sortenbukett;
Müller-Thurgau duftet kräftig;
Traminer besonders sortentypisch; auch die Scheurebe hat gute Art;
alle Weine sind meist sehr elegant, aber auch gehaltvoll.

Jeder will der erste sein! Oft beginnt man schon an Wintertagen mit dem Rebschnitt.

Dettelbach

Im Jahre 1984 konnte die fränkische Weinstadt Dettelbach ihr 500jähriges Jubiläum der Stadterhebung begehen.
Es ist schon ein recht einprägsames Erlebnis, wenn man einmal ein Weinfest in Dettelbach mitfeiern durfte, mitten in der Stadt, umgeben von einem mächtigen, stolzen Rathaus mit hoher Freitreppe, von Fachwerkhäusern und stattlichen Bürgerhäusern!
Viele Städte und Ortschaften in Franken fallen mit ihrer Gründung in die Zeit der fränkischen Landnahme. Dettelbach ist bestimmt vor 741 eine Siedlung gewesen, hier an diesem wichtigen, markanten Flußübergang, in dieser angenehmen Lage und an dieser zentralen Stelle.
Seit sich im Jahre 1484 Dettelbach eine Stadt nennen kann, beginnt die Herrschaft des würzburgischen Amtskellers als Vertreter des Fürstbischofs. Mehr als vorher werden die Dettelbacher Bürger und Winzer reguliert. Von nun an mußte z. B. jeder Winzer vor Beginn des Herbstes in der Amtskellerei vorstellig werden, um seine Weinberge mit genauer Angabe der Lagen aufzuführen und die zu erwartende Ernte an Traubenmost anzugeben, um den zehnten Teil bestimmen zu können. Unter genauester Aufsicht von 10 Knechten wurde dieser Weinanteil in die Keller des Amtshauses eingefahren. Wie beträchtlich diese Zehntmenge an Wein gewesen ist, erfahren wir aus einem Würzburger Salbuch (1468–1474), in dem 17 Weinlagen in einer Gesamtausdehnung von 70 Äckern Weingarten auf Dettelbacher Gemarkung aufgezählt werden. Einen genauen Einblick in die Geschichte des Dettelbacher Weinbaus erfahren wir aus Hans Bauers Dissertation „Die kulturlandschaftliche Entwicklung des alten Amts Dettelbach seit dem 16. Jahrhundert“ (Schwarzach am Main, 1977). Eintragungen in Sal- und Steuerbücher ergeben für das Jahr 1599, daß mehr als 2000 Parzellen in 48 Lagen mit Reben bestockt gewesen sein müssen, es ergibt eine Anbaufläche von etwa 463 ha (das sind 34,3 Prozent der landwirtschaftlichen Nutzfläche). Bereits auf einer anschaulichen Flurkarte vom Jahre 1577, auf der die Stadt vom Main aus aus erhöhter Sicht betrachtet wird, ist Dettelbach von Rebhügeln völlig umgeben. Am Ende des 16. Jahrhunderts hat die Stadt Dettelbach 4 Schenkstätten, darunter auch das bekannte „Wirtshaus am Bach“. Zu den besonderen Winzerhöfen zählt der Birklinger Hof. Wie überall im deutschen Land bringt der 30jährige Krieg verheerende Rückschläge vor allem im Weinanbau; sind doch für diese arbeitsintensive Sonderkultur in ganz besonderer Weise viele Arbeitskräfte das Jahr über notwendig. So erfahren wir aus den Statistiken, daß die Rebfläche auf 182 ha zurückgeht (1638). Der Weinanbau erholt sich etwas nach dem Krieg, im Jahre 1686 werden wieder 271 ha mit Reben bepflanzt. Der Stand des 16. Jahrhunderts wird nie mehr erreicht. Im Jahre 1769 erhält der „Grüne Baum“ in der Falterstraße sein Schildrecht.
Zu Beginn des 19. Jahrhunderts ist Dettelbach als einer der vorzüglichsten Orte für Weinerträgnisse bezeichnet worden. Der Weinhandel war recht bedeutsam und reichte bis nach Sachsen und Preußen. Ab Mitte des vorigen Jahrhunderts jedoch ist der Rückgang des Weinanbaus spürbar. Die Ernten werden immer magerer, nur alle acht Jahre kann man mit einer vollen Ernte rechnen. Um die Einkünfte der Winzer ist es immer schlechter bestellt, die Absätze lassen nach, und die Anbauflächen gehen rapid zurück. Die Konkurrenz anderer deutscher und europäischer Weinbauregionen wird immer drückender. Es ändern sich auch die Trinkgewohnheiten, und der starke Schädlingsbefall verschlimmert die ganze Situation, unbearbeitete Weinberge gehören immer mehr zum Bild der fränkischen Landschaft. Das 19. Jahrhundert brachte für Dettelbach vielerlei Verluste: 1862 wurde die Stadt dem Bezirksamt Volkach zugeteilt, es verlor seine Verwaltungshoheit für das gesamte Umland. 1914 gingen das Rentamt, 1943 das Amtsgericht verloren. Das ehemalige Distriktkrankenhaus gibt es nicht mehr, auch die Brauerei hat das 100jährige Bestehen nicht erlebt. Im Jahre 1958 bestehen noch kümmerliche 14 ha Wein, d. h., es sind 2,8 Prozent vom Jahre 1580.
Erst als vor etwa 20 Jahren sich auswärtige Winzer in Dettelbachs Weinmarkung einkauften, ging es wieder schlagartig mit dem Rebbau voran. Vielleicht ist es den fremden Winzern und dem Weingut Juliusspital Würzburg zu verdanken, daß Dettelbach heute wieder einen beachtlichen Weinbau (104 ha lt. Statistik) aufweist.
Nach der Flurbereinigung gedeihen auf 130 ha wieder Reben. Durch das Autobahnkreuz bei Biebelried ist das Maindreieck und vor allem die Landschaft um Dettelbach in eine zentrale Lage gerückt.
In der fränkischen Wallfahrtsgeschichte gewinnen die Dettelbacher Weinberge legendären Ruhm. An der gleichen Stelle, wo heute die Wallfahrtskirche steht, stand vor den Toren der Stadt Dettelbach ein Bild-

Das Dettelbacher Rathaus ist als Durchfahrt und als Brückenhaus zugleich auf dem Bach errichtet worden. Stattliche Fachwerk- und Bürgerhäuser schmücken den im Jahre 1484 zur Stadt erhobenen Weinort.

stock mit einem Vesperbild. An diesem Bild der schmerzhaften Gottesmutter kamen täglich die Winzer vorbei, wenn sie zur Arbeit gingen. Ein oberfränkischer Häcker, der hier in den Dettelbacher Weinbergen arbeitete und diesen Bildstock kannte, geriet in seinem oberfränkischen Heimatdorf Melkendorf bei einer Kirchweihrauferei in einen heftigen Streit, wurde schwer verwundet und mußte lange im Bette liegen bleiben. In seinem Schmerz und Leid dachte Nikolaus Lemmerer an den Bildstock mit dem Muttergottesbild in den Weinbergen von Dettelbach. Er gelobte, mit einer Kerze dorthin zu wallfahren, wenn er wieder gesund würde. Zum Erstaunen der Dorfbewohner wurde er völlig genesen, trat seine Wallfahrt nach Dettelbach an und ließ dort später eine Kapelle bauen. Später errichtete Fürstbischof Lorenz von Bibra eine größere Kirche mit Holzdecke und drei Altären. Die Wallfahrt zu „Maria im Sand" wurde zu einer der größten fränkischen Wallfahrten. Auch heute noch bildet das Gnadenbild, das kleine Vesperbild aus dem Bildstock, die Mitte des Altars. Unter den vielen Legenden wird auch von einem Sommeracher Häcker erzählt, der im Weinberg arbeitete und vorüberziehende Walleute verspottete. Er wird mit Krankheit bestraft und dort am Gnadenaltar in Dettelbach wieder geheilt. Vor allem in den Maimonaten treffen auch heute noch viele Wallfahrten mit Musik und Fahnen in der Wallfahrtskirche ein, zum Großteil umwallen sie dreimal den Gnadenaltar. Ab und zu hört man noch das alte Wallfahrtslied: Zu Dettelbach im Frankenland, ist Gottes Mutter wohlbekannt. Ach bitt für uns, o Maria, ach bitt, o Jungfrau Maria!

Einzellagen:
Berg-Rondell, Sonnenleite
Früher: Berg, Leite, Gries, Hecke, Hohe Matten, Spielberg, Frohnberg, Garten, Oberer Sand, Unterer Sand, Wallfahrtslage, Lendrich, Galgenberg, Steinacker, Hohe, Guldenau, Paradeis, Hart, Thurn, Kalte Elßen, Siegenberg, Vogelsang, Gembach, Saubrunn, Scheffisch, Hochstein, Röten, Schweinharten, Lemen, Bubenlauf, Winterleiten, Unterer und Oberer Steig, Katzental, Tirschgraben, Schneegraben, Hölle, Rodamer

Großlage:
Honigberg

Gesamtrebfläche:
104 ha

Hauptbimmelsrichtungen der Lagen:
Süd-West, Ost

Höhe über dem Meeresspiegel:
190 bis 265 m

Haupthangneigung der Lagen in Prozent:
15 bis 35

Boden:
Muschelkalk, toniger Lehm

Rebsorten:
Silvaner, Müller-Thurgau, Bacchus, Kerner, Ortega u. a.

Wein:
artiges Bukett, markant, nachhaltig.

Mainsondheim

Daß Mainsondheim mit in die fränkischen Weinorte eingereiht wird, liegt nicht allein an der Tatsache, daß der Ort wie viele andere in früheren Zeiten auf eine traditionsreiche Weinbaugeschichte zurückweisen kann, sondern mehr an den Überlegungen, die auf die Ursprünge des fränkischen Weinanbaus zurückführen.
In der breiten Senke von Dettelbach liegt Mainsondheim in einer der angenehmsten Gegenden des Mainstromes, wie es in einer Reisebeschreibung um 1800 heißt. Von den Weinbergen oberhalb Dettelbachs hat man einen herrlichen Blick über den Main nach

Das Weinstädtchen Dettelbach am Main ist weithin bekannt durch seine Wallfahrtskirche „Maria im Sand".

Von den Mainstockheimer Weinbergen aus kann man weit ins Maintal bis hinüber zum Steigerwald schauen.

Mainsondheim, im Hintergrund flimmern an sommerlichen Tagen die Kiefernwälder des Kitzinger Klosterforstes und weit draußen erhebt sich der Steigerwald mit seinem südlichsten Ausläufer, dem sagenumwobenen, geschichtsträchtigen Schwanberg, an dessen Hängen ein kräftiger Keuperwein gedeiht. Wenn man bedenkt, daß zur Zeit der fränkischen Landnahme die Hänge der Berge zum Teil noch bewaldet waren, kann man leicht annehmen, daß die ersten Reben im warmen, sandigen Boden in der Ebene gepflanzt worden sind. Heute ist in Mainsondheim der Weinanbau völlig erloschen; breitdaliegende gutsherrliche Felder und die von fleißigen, unermüdlichen Gärtnern sorgsam gepflegten Gemüseäcker dehnen sich aus.
In enger Verbindung mit der Ausbreitung des christlichen Glaubens eroberte sich die Weinrebe vom Rhein und von der Mosel aus das fränkische Land. Zum Meßopfer gehört der Wein. Noch immer legen die fuldaischen Urkunden den Anfang des Weinanbaus in Franken in die Hammelburger Gegend, an die Berghänge bei Münnerstadt und bei Halsheim an der Wern. Die Anfänge sind jedoch ins Dunkle gehüllt. Die Sage regt sich. Danach sollen den Weinanbau in Franken die Benediktinerinnenklöster Ochsenfurt und Kitzingen begründet haben. Die beiden Äbtissinnen dieser Klöster, die hl. Thekla und die hl. Adelheid, Pipins Tochter Hadeloga, werden als Gründerinnen genannt. Kitzingen und die umliegenden Dörfer tauchen auf, auch Mainsondheim. Sage und Erzählung reichen noch weiter zurück. So soll der Weinbau im Maingau bereits gegen Ende des 5. Jahrhunderts von dem 9. ostfränkischen Herzog Suno eingeführt worden sein. Dieser Herzog Suno wird mit der Entstehung des Dorfes Mainsondheim, in der Mundart noch heute Sunda genannt, angeführt. Er soll um 479 seinen Hauptsitz und die burgähnliche Anlage Sondheim am Main gegründet haben, wie auch Johannes Trithemius in seinem Werk „De origine Francorum“ (vom Ursprung der Franken) berichtet.
Noch heute reifen die Weinstöcke an den Häusern von Mainsondheim besonders frühzeitig, hier in einem der wärmsten Landstriche Frankens.

Mainstockheim

An den rechtsmainischen Osthängen zwischen Dettelbach und Kitzingen wächst ein kräftiger, erdhafter, unverwechselbarer Wein. Gleich nach der wuchtigen Autobahnbrücke beginnen die Mainstockheimer Weinberge, die sich bis kurz vor Kitzingen hinziehen. Der Hang mit seinen durch Wasserläufe eingeritzten Taleinschnitten, deren Südhänge besonders gut für den Weinbau geeignet sind, hat noch sein jahrhundertealtes Gesicht. Der Anfang des Weinbaus dürfte im 11. Jahrhundert zu suchen sein.

Im Laufe der Jahrhunderte sind viele adelige und kirchliche Grundbesitzer benannt. 1284 kam das Hofgut der Herren von Hohenlohe an das Zisterzienserkloster in Ebrach. Im Jahre 1340 sind 82 Morgen Weinberge im Eigenbesitz des Bistums nachweisbar. 1624 bauten die Ebracher Zisterzienser einen schloßartigen Prachtbau, der noch heute zu den architektonischen Kleinodien Frankens zählt. Von dem gutgeleiteten Grundbesitz der Mönche gingen wertvolle Anregungen für Landwirtschaft, Wein- und Obstbau aus. Daneben gab es Arbeit und Brot für Taglöhner aus dem Ort und der Umgebung. Erst die Säkularisierung von 1803 brachte die Auflösung des „Ebracher Hofes"; der ganze Besitz kam unter den Hammer (zweifelsohne wurde durch die Säkularisierung der Rückgang des fränkischen Weinbaus eingeleitet).

Im 18. Jahrhundert werden in Mainstockheim 70 Büttner, 30 Essigsieder und etwa 15 Weinhändler registriert.

Mainstockheim, das Dorf vor den drei Hügeln, ist ein typisches Häckerdorf mit charakteristischen Hofstellen. Die Rebe stockt hier auf Muschelkalk, Lößlehm und Sandstein-Verwitterung. Früher war wohl wie in vielen anderen fränkischen Weinorten die Rebsorte „Elbling" (im Volksmund „Grober" genannt) vorherrschend; denn diese eignete sich wegen ihres großen Mengenertrages und ihres geringen Anspruchs an den Boden besonders als Zehntwein. Heute wird diese Sorte wegen ihres niedrigen Zukkergehaltes und ihrer hohen Säure nicht mehr angebaut. (Der Elbling ist als „Kleinberger" nur noch an der Obermosel in größeren Flächeneinheiten anzutreffen und wird dort als Sektgrundwein sehr geschätzt.)

Da der Abt Alberich Degen von der Abtei Ebrach im Jahre 1665 die erste Silvanerrebe (Österreicher) anbauen ließ, ist zu vermuten, daß er auch in seinem Mainstockheimer Gut diese für Franken so typische Rebsorte anpflanzte.

Heute findet man auf Mainstockheimer Markung noch 13 Hektar Silvaner.

1975 formierte sich in diesem alten Winzerdorf ein Weinbauverein, der sich zum Ziel gesetzt hat, den Weinbau und den Wein Mainstockheims zu fördern. Eine wesentliche Aufgabe sieht der Verein zunächst in der Einleitung eines Weinbergsbereinigungsverfahrens. Daneben gilt es, die Winzer durch Vorträge weiterzubilden. Gerade die Jungwinzer fühlen sich für die Weinwerbung verantwortlich.

Der fränkische Heimatdichter Hanns Rupp hat in seinem Gedicht „Der Stoukemer Wei" dem Herrgott folgende Bitte vorgetragen:

„... Schenk unnere Wengert immer Gnad,
mit Wachstum und Gedeih,
und tu' die Winzer guet berat'
im Dienst fer unnern Wei'!"

In diesen Worten ist all dies enthalten, was Winzer und Weinfreund bewegen.

Mainstockheim war nicht nur ein Winzerdorf. Wegen der Nähe der Weinhandelsstadt Kitzingen wohnten hier viele Büttner, die dem Wein sein hölzernes Wams schneiderten, und auch viele Küfer, die für die Weinbereitung zuständig waren. Noch 1930 werden in einer Aufstellung 28 Büttner und 13 Küfer erfaßt, aber auch noch 15 Weinhandlungen.

Heute sind die meisten Winzer anerkannten Erzeugergemeinschaften angeschlossen. Nach dem letzten Kriege hat sich Karl Burrlein um die Erfassung der Mainstockheimer Weinernte verdient gemacht.

Zum ersten Weinfest stellten 1979 die Mainstockheimer Winzer St. Gumbertus als historische Symbolfigur vor.

Gumbert, ein frommer Kriegsmann aus dem 8. Jahrhundert, stiftete in Ansbach ein Kloster. 1057 erbauten Mönche aus diesem Kloster in Mainstockheim eine kleine Kirche, das „Gumbertla". Das Glockentürmchen auf einem Privathaus hebt sich heute noch von seiner Umgebung ab.

Der Schreiber (B. W.) dieser Zeilen verbrachte Pfingsten 1945 im „Ebracher Hof" in Stouka seine erste Nacht in Freiheit, nachdem er in Kitzingen als Kriegsgefangener von einem Ami-Lkw gesprungen war. Später Dank an die liebenswürdigen Menschen, die ihn damals aufgenommen haben.

Einzellage: Hofstück
Früher: Berg, Hausberg, Kirchberg, Sonnenberg, Brunnenweg, Frohnberg, Grabfeld, Hölle, Hundsamer, Hörlein, Hädler, Katzenkopf, Mainleite, Mühlweg, Schloßberg, Stück, Gäresen, Götzenberg, Tännach, Hofstück, Krackenfeld

Großlage: Hofrat

Gesamtfläche: 66 ha

Haupthimmelsrichtungen der Lagen: Süd, Süd-Ost, Ost

Höhe über dem Meeresspiegel: 190 bis 255 m

Haupthangneigung der Lagen in Prozent: 15 bis 35

Boden: Lettenkeuper, oberer Muschelkalk, Löß

Rebsorten: Silvaner, Müller-Thurgau, Bacchus u. a.

Wein: artiges Bukett, markant, kernig, nachhaltig;
Wein benötigt längere Lagerung bis zur vollen Genußreife und ist dann auch gut lagerfähig.

Ein Geschein kurz vor der Blüte. – Es sind deutlich die Blütenkäppchen zu sehen, die jeweils eine Blütenanlage umschließen.

Das Gärtnerdorf Albertshofen hat erst in den letzten Jahren seine Liebe zum Weinbau wiederentdeckt.

Albertshofen

Nahe an der großen Kreisstadt Kitzingen gelegen, ist Albertshofen besonders als Gärtnerdorf bekannt. Was immer die Albertshöfer anfangen, sie tun es ganz, egal ob sie Kirchweih feiern, ob sie auf ihren Gemüsefeldern arbeiten oder ob sie neue Weinberge anlegen.

Kirchweih und Wein kann man kaum trennen. Die „Alwerhoifer Kerm" ist eine der letzten im Landkreis Kitzingen am Sonntag nach Martini. Bis 1882 führten die Dorfburschen den Plantanz durch, nun steht das „Wasenziehen" am Kirchweihdienstag im Mittelpunkt (mhd. wasen = Rasen, eine grasbewachsene Fläche).

Die Kerm, von der Burschenschaft organisiert, steht in alter Tradition. Bereits am Freitag werden die Festbäume von den Burschen vor die Gastwirtschaften gestellt. Die Wirte schenken kräftig ein, zum erstenmal fließt der Wein. Beim Kirchweihtanz am Samstag findet sich jung und alt in den Wirtschaften ein. Bei Bier, Wein und einem Festschmaus geht es lustig zu. Beim Festzug am Sonntag geht der sogenannte „Barteltträger" voran, er trägt den Wein als Brauchattribut im Krug dem Zug voran. Auch am Montag, beim sogenannten Ständelesmachen wird fest getrunken. Der wichtigste Tag ist der Dienstag, jener festliche Tag, an dem fast jeder Albertshöfer zum Wasenziehen hinaus vor den Ort pilgert. Der Bürgermeister spendiert einige Liter Most. Beim Tanz auf der Wiese wird der Wein aus Halbliterglӓsern getrunken.

Seit einigen Jahren gedeihen auf Albertshöfer Gemarkung wieder etwa fünf ha Weinreben. In einer Urkunde vom Jahr 1336 vermacht der Ritter Heinrich Schenk zu Rosenberg am Michaelistag mehrere Morgen Weingärten zu Albertshofen an eine fromme Stiftung. In der Gemeindeordnung von Albertshofen

vom Jahre 1514 wird bei der Regelung der Jagd auch auf die Weinbergshut hingewiesen: „Es ist verbotten von Bartholomay tzu endes eins yden Herbst (= Weinlese) das keyner mit Geschoß, Hasengarn oder Steckgarn oder sunst an den Schlägen zwischen den Weingärten nit gehen, Hasen verzehen oder Huner verstossen bey der aynung eines gulden. Es sollen auch die ackern zwischen den Weingärten, Waychselgärten durch das gantz Jahre bey einem gulden bues verbotten sein vnnd die Waychsel bey einem Pfund wie vor alter Herkummen sein."
Im Jahre 1766 bittet Pfarrer Theo Hannes Andreas Jäger um Gehaltserhöhung. Der Gemeinderat beschließt, daß der unermüdliche Ortsgeistliche neben seinen gewöhnlichen Bezügen noch alljährlich, und zwar an Petri-Stuhlfeier beginnend, 20 fl, 2 Eimer Wein, 1 Malter Korn und 1 Reif Holz jährlich erhalten soll.
Noch zum Ende des 18. Jahrhunderts war der Weinbau Haupterwerbszweig in Albertshofen, etwa 50 Winzer und Häcker lebten vom Wein. Der Gemüsebau war zur damaligen Zeit noch geringfügig. Um die Mitte des 19. Jahrhunderts hörte Albertshofen auf, ein Winzerdorf zu sein. In den ersten Jahren des 20. Jahrhunderts gab es hier keine Winzer oder Häcker mehr. In einem Bericht vom Jahre 1833 heißt es bereits, daß man sich mehr und mehr dem Obstbau widme, und daß die Landschaft im Frühjahr wie ein blühender Garten aussehe. Albertshofen versandte seine „Prünellen", es sind entkernte, geschälte, getrocknete Pflaumen und Zwetschgen, weit ins fränkische Land.

Einzellage:
Herrgottsweg

Großlage:
Hofrat

Gesamtrebfläche: 5 ha

Haupthimmelsrichtungen der Lagen:
West, Ost

Höhe über dem Meeresspiegel: 220 m

Haupthangneigung der Lagen in Prozent:
12 bis 15

Boden:
Flug- und Flußsandboden, Muschelkalkbänke

Rebsorten:
Bacchus, Müller-Thurgau, Silvaner

Wein:
duftig, elegant, feinnervig.

Großlangheim

„Zwischen Schwombarch und Forst und Mee liegt Großalanga, da it's schö!" – So besingt der Mundartdichter Hannes Grebner sein Heimatdorf, das sich nordwestlich des Schwanbergs in einer fruchtbaren Ebene ausbreitet. Kaum ein anderes Dorf birgt in sich so viele fränkische Merkmale wie Großlangheim: Spargeläcker und Weinberge, Zwetschgenbäume und Wälder, gelbes Frankenvieh und Bauernhäuser, Bildstöcke und Prozessionen, Vereine und Kunstdenkmäler, geschichtsträchtiges Land, Eisenbahnstation, altes Handwerk, Männerchor und Riemenschneiderfiguren. Was gibt es eigentlich noch? Es ist mühselig, sich in Namendeutungsversuche zu verheddern oder immer tiefer in die Ursprünge zurückzuforschen. Wiederum ist kaum ein anderes Dorf in Franken so geschichtsträchtig und für nahezu alle Epochen fündig. Bereits die Mittelsteinzeit wird am Hermannsee in Tausenden von Mikroliten als Siedlungsplatz wieder lebendig, aus der Bronze- und Urnenfelderzeit liegen viele Funde vor, genauso läßt sich spätkeltische und germanische Besiedlung belegen. Wie verblüffend ähnlich gleicht sich der Vorsprung des Schwanbergs mit dem spätkeltischen Hebelsteingebiß, einer Kandare mit naturalistisch ausgebildetem schwanenkopfendendem Teil eines Pferdegeschirres.
Neben dem Adelsgeschlecht derer „von Langheim" und den Herren von Castell hatten auch andere Grundherrschaften frühzeitig Besitzungen im Ort. Für den Beginn des Großlangheimer Weinbaus ist eine Urkunde des Klosters Ebrach vom Jahre 1170 von Bedeutung, die Weinberge in der Gemarkung des ehemaligen Weilers Dürrbach nennt, einer Wüstung, die zwischen Großlangheim und Wiesenbronn lag. Seit dem 14. Jahrhundert sind die Casteller die Grundherren des Dorfes. Der „See" ist noch heute ein Teil des Wassergrabens um die frühere Burg der Grafen von Castell, die im Bauernkrieg 1525 zerstört, seit dem 17. Jahrhundert unbewohnt und mehr und mehr dem Verfall preisgegeben wurde.
Um 1500, als in Großlangheim wie überall der Weinbau blühte, war für den Ort eine gesegnete Zeit. Ein erster kultureller Niedergang begann mit dem Bauernkrieg, als das Castell'sche Wasserschloß durch Flammen bis auf die Grundmauern niederging. Als „die Brüder vom christlichen Haufen" durch Großlangheim zogen, stellte man ihnen bereitwillig Kannen mit Wein, ja sogar volle Weinbutten auf die Gasse hinaus. Man war der neuen Lehre recht aufgeschlos-

sen, bis der Bischof von Würzburg zum alten Glauben zurückrief. In den Kirchenbüchern findet man in dieser Zeit auffällig hohe Stiftungen von Wein. Nach dem Bauernaufstand ging es wieder aufwärts. Um das Jahr 1530 wurde die Holzfigur des hl. Urban, des Weinpatrons mit der blauen Traube in der Hand, von einem unbekannten Meister geschnitzt. Aber vom Wein allein kann man nicht leben; bereits 1540 ist das Dorf mit einem Marktbrunnen ausgestattet worden, das Wasser wurde durch hölzerne Röhren vom Quellgebiet bei den „sieben Brünn“ ins Dorf geleitet. Nun kamen schlimme Zeiten über das Dorf. Über 300 Einwohner mußten 1584 an der Pest sterben. Der Dreißigjährige Krieg brachte Mord und Totschlag, Plünderungen und Geißelnahmen. Man erzählt sich die Sage vom Reiter ohne Kopf, der seit diesen Tagen vom Bildstock an der Rödelseer Straße bis hinauf zum Schwanberg öfters gesehen worden sein soll. Nach dem schlimmen Krieg blühte das Winzerleben wieder auf. Die älteste Kelter im Mainfränkischen Museum stammt von der Winzerfamilie Pfannes aus Großlangheim vom Jahre 1662.

Zu Beginn des 19. Jahrhunderts besaßen etwa 60 Prozent der landwirtschaftlichen Betriebe in Großlangheim Weinberge. Die Rebfläche dehnte sich auf etwa 150 ha aus, und der Ertrag war im Jahre 1830 größer als im benachbarten Rödelsee. Von den zahlreichen Flurlagebezeichnungen ist heute nur noch der „Kiliansberg“ übriggeblieben. An alten Lagen waren bekannt: Am Schmelzlein (schmelzen, zerfließen, braten – warme Lage), Brotacker (lehmiger Boden; Brot = brot, im brote stehen = im Dienste sein), Berghütte (viele Wengertshütten vor der Flurbereinigung; es war ein weiter Weg zum Dorf), An der Hütte, Binslein (bese = binse; mehr saure Böden), Gerlagruben, Klötzlein (Klotz = klumpige Masse; Klötzel = Knäuel), Am Loch (Höhle, Versteck, Hölle), Dürrberg (Dürre, Dorre = dürr, trocken, mager; trockener Boden), Leitlein (Leite = Abhang), Unterer Kiliansberg, Kilianstal, Oberer Kiliansberg, An der Wiesenbronner Straße, Kaloppen (kaloppieren = galoppieren), Dürrbach (Wüstung; der Weiler wurde vor dem Dreißigjährigen Krieg zerstört; Prozeß um ehemaligen Besitz von 1764 bis 1817: zwei Drittel zu Wiesenbronn, ein Drittel zu Großlangheim), Untere Hardt (Hardt = fester Sandboden, Trift, Wald), Obere Hardt. Mehr zur heutigen „Schwanleite“ gehörten: Wachhügel (Hügel zum Überwachen der Gegend, wurde im Zuge der Weinbergsbereinigung eingeebnet), Eisen (bedeutet Schrecken empfinden), Eidesfeld, Dornberg (Dorn = Stachel, Dornstrauch), Steig (Steige = steile Anhöhe), Am Mühlbühl (Buhel = Hügel; evtl. einem Müller gehörig), Im und am Schachen (Schache = einzelstehendes Waldstück, Vorsaum eines Waldes), Am Steinberg, Unterm Hegel (Hegel, zu Haag gehörig = Dorngesträuch, Gebüsch), An der Pfaffenleite, Am Schleifweg.

Im Jahre 1803 werden neben 72 Handwerkern in Großlangheim auch 59 Landwirte und 33 Häcker genannt. Interesssant ist der Bericht des Kitzinger Weinhändlers Kleinschroth vom Jahre 1825: „Der 15. Mai war Sonntag, ein sehr schöner Frühlingstag. Ich fuhr mit meinem Nachbarn, dem Büttnermeister Grübel, nach Großlangheim, wo sich in dem Wirtshaus das Gespräch auf die schöne Witterung in diesem Frühjahr ergab. Die dortigen Bauern verkündigten schon im voraus ein Hauptweinjahr, daher offerierten einige mir ihren 1824er Wein, den großen Eimer um zwei Gulden, 42 Kreuzer. Habe auch mit mehreren den Kauf abgeschlossen. Abends, beim Nachhausefahren, zogen ich und mein Nachbar die Röcke aus, die Hitze war noch groß. Am nächsten Morgen, dem 16. Mai um 7 Uhr, war der Wein in fast ganz Franken erfroren.“

Kleinschroth konnte damals nur über den Amtsrichter seinen billig eingekauften Wein bekommen. Einige Winzer sollen behauptet haben, er habe mit dem Teufel den Bund geschlossen und daher die Frostnacht vorausgeahnt.

Um die Jahrhundertwende ging der Weinanbau von 115 ha Zug um Zug zurück.

Zu den vom Ort recht weit entfernten Weinbergen gelangte man früher zu Fuß oder mit dem Ackerwägelchen. Da war es üblich, als Vesper Brot, Roten und Weißen (Preßsack) und den Hausmost (mit oder ohne Wasser versetzt) mitzunehmen. Heute fährt man auf gepflasterter Straße mit dem Traktor oder mit dem Pkw hinauf in die Wengert.

Wenn bei Traubenreife die Weinberge geschlossen werden, wird auch heute noch eine genau geregelte Weinbergshut durchgeführt. Dann war für den Wengertshüter Hannes Grebner Hochamt:

„Auf emal kummt es Glockaläutn
ganz feierli vo Schwarzi rü,
vo Rödelsa, vo Kitzi, Longa,
überall läuts hüm a drüm.

Und auf emal hinterm Schwambarch
die Sunn etz dörchn Nabel bricht,
und jeds Taatröpfla auf der Wengert
funkelt etz im Sunnalicht.

Wer nachempfinden will, wie sehr der Wein die Menschen prägt, muß einmal mit Großlangheimer Winzern einen Schoppen trinken.

Und mit der Sunn, da kümmt a Lüftla
und rauscht im Träuwlslaab.
Da wachn alla Vögel auf,
tun alla Antwort gab.

Glockaläutn steigt zum Himmel.
Der Wind rauscht dörch die Wengert dörch.
Gottes Lob die Vöigl singa
etz im ganzen Wengertbarch.

Und jeder Vogl, der singt annerst.
Der Wind hat a a anners Lied,
jeda Glockn, die klingt annerst,
doch alla ham ee Melodie.

A Melodie voll Fräd und Jubel,
voll Dankbarkeit und Lob.
A Melodie sou wunderschö!
Des kam mer gor nit soch!

Der Wengertshüeter ziecht sein Huet
und guckt zum Kärchtörm nüber.
Na läigt er still sei Hend schö zam:
S' it Hochamt vo der Wengertshüeter!"

Bei der Lese helfen die Verwandten, aber auch andere Winzer, deren Weinberge anschließend in Nachbarschaftshilfe gelesen werden, mit.
Zum Vesper werden belegte Brötchen gereicht, manchmal auch heiße Speisen zubereitet. An kalten Tagen wird den Helfern auch ab und zu einmal ein Schnäpschen zum Aufwärmen angeboten.
Während früher einmal versuchsweise die Sorte „Österreicher" angelegt wurde, werden heute hauptsächlich die Rebsorten Müller-Thurgau, Silvaner und Bacchus angepflanzt. Außerdem ist ein kleiner Bestand der Sorte Portugieser vorhanden.
Bis auf einige wenige Winzer, die ihren Most noch an Händler und Wirte verkaufen, erfolgt die Ablieferung der Trauben direkt an die Winzergenossenschaften.
Der örtliche Weinbauverein ist im Jahre 1977 wieder gegründet worden.
Zum Abschluß der Neuanlage des Weinberggebietes

ist 1976 ein Denkmal mit dem hl. Kilian aufgestellt worden. Bei Prozessionen wird auch heute noch der hl. Urban, eine Heiligenfigur in der Pfarrkirche St. Jakobus, mitgetragen. Auf den Bittgängen nach Iphofen, Schwarzach, Dettelbach und auf der beschwerlichen mehrtägigen Wallfahrt nach Gößweinstein, flehen die Winzer alle Jahre von neuem um den Schutz ihrer Reben.

Einzellage:
Kiliansberg
Früher: Berghütte, Binslein, Brotacker, Dornberg, Dürrbach, Eidesfeld, Gelagruben, Obere Hardt, Untere Hardt, Kiliansberg, Leitlein, Loch, Wachhügel, Eisen, Kiliansthal

Großlage:
Schloßberg

Gesamtrebfläche:
66 ha

Haupthimmelsrichtungen der Lagen:
Nord, Nord-West

Höhe über dem Meeresspiegel:
255 bis 370 m

Haupthangneigung der Lagen in Prozent:
10 bis 15

Boden:
unterer Gipskeuper, mit Schilf- und Blasensandsteinverwitterungsmaterial

Rebsorten:
Silvaner, Müller-Thurgau, Bacchus u. a.

Wein:
würzig, kräftig, pikante Säure, nachhaltig; hier gedeiht vortrefflich die Sorte Bacchus.

Buchbrunn

Seit der Gebietsreform wieder zur Verwaltungsgemeinschaft Kitzingen gehörig, war Buchbrunn von Anbeginn mit der Geschichte der Kreisstadt Kitzingen aufs engste verbunden. Die heilige Hadeloga, Gründerin des Benediktinerinnenklosters im Jahre 745, soll der Sage nach auch den Weinbau in diesem Gebiet hier gefördert haben. Zwischen Kitzingen und Buchbrunn, d. h. zwischen Maintal und den fruchtbaren Feldern der Fränkischen Platte, findet man ein Brünnlein, die sogenannte Hadlaquelle. Der „Buchbrunner Berg“ soll in früheren Zeiten eine der bekanntesten und bekömmlichsten Weinlagen dieser Gegend gewesen sein. Das Frauenkloster förderte die Landwirtschaft und den Weinbau, obwohl über den Wein von Buchbrunn erst im Jahre 1382 erste schriftliche Zeugnisse vorliegen.
In Fachkreisen hatte Buchbrunn vor allem als Weinhandelsort einen Namen, viele Weinhändlerfamilien waren und sind hier beheimatet. Bis 1936 trieb von hier aus die Familie Wilhelm Meuschel als größte Weinbau- und Weinhandelsfirma ihre Geschäfte, später wurden die Weinberge an Buchbrunner Bürger verteilt. Schon bei der Weltausstellung in Paris konnte die Firma Meuschel ihre Frankenweine anbieten und bis nach Übersee den Handel ausweiten. Vom Ruhm und Reichtum dieser Firma kündet noch die Gruft dieses Geschlechts, die den Friedhof sehenswert macht. Daneben ist die 1612 errichtete Kanzel, der sogenannte Predigtstuhl, von volks-

Farbenprächtig zeigt sich zur Herbstzeit der Weinberg bei Buchbrunn.

kundlicher Bedeutung. Auch das Friedhofsportal ist beachtenswert: Im Scheitel des Bogens erkennt man drei Wappen: Das Brandenburgische, das Wappen der Dorfherrschaft und ein Wappen mit einem Weinstock und Reben, welches auf den früheren Weinbau in Buchbrunn hinweist. Der Friedhof wurde im Jahre 1611 eingeweiht; im Kirchenbuch kommt der Gottesacker selbst zu Wort: „Der liebe Gott wolle auch mir gnade verleihen, das vil fromme und gläu christen darauf gelegt werden, fein sanft ruhen und schlaffen, und mit fräuden am jüngsten tag aufferstehen. Amen."

Erfreulicherweise ist im Kitzingener Land das 18. Jahrhundert in mehreren Chroniken festgehalten worden. Der Familienchronist der Kitzinger Dachdeckerfamilie Kopp hat immer wieder auch die verschiedenen Weinjahre beschrieben und uns dadurch genau überliefert, wie es um den Buchbrunner Wein stand. Einige Beispiele können das Auf und Ab im Leben eines Winzers bildlich vor Augen stellen. Wie mag es z. B. den Weinbauern angst und bange gewesen sein, als in der Nacht des 3. Mai 1753 alle Weinstöcke zwischen Kitzingen und Würzburg erfroren sind. Man hat von einem Morgen Weinberg höchstenfalls eine Butte heimgetragen, aber auch dies nur die wenigsten. Acht Jahre später trägt Kopp in sein Buch ein: „Gott hat in diesem Jahr sowohl eine ergiebige Ernte als auch einen beträchtlichen Weinsegen verliehen." Besonders schwer zu ertragen sind mehrere Mißjahre hintereinander, wie es 1769 und 1770 gewesen sein mag. Das 69er Weinjahr war ein schlechtes, es gab nur wenig und sauren Most. Der Morgen Weinberg trug kaum 2 bis 3 Eimer. Noch im Oktober erfroren die meisten Weinstöcke. So konnte auch im nächsten Jahr kaum etwas gedeihen. Kopp schreibt: „Im Weinbau ist nichts vorhanden, nicht gut, auch wenig, so daß viele Morgen Weinberg keinen Eimer getragen. Es war ein kaltes Jahr. Die Winzer mußten sich alle Jahre auf etwas Besonderes gefaßt machen. Im 1787er Jahr etwa ging alles sehr spät, weil das ganze Jahr hindurch die Witterung sehr kalt und naß gewesen ist. Noch gegen Ende des Juni mußte man einheizen." Aber das Spätjahr, das bis in den November hinein sehr warm gewesen ist, brachte alles wieder ein, und es gab trotz allem einen recht trinkbaren Wein. Das darauffolgende Jahr war gesegnet, die Güte des Weins ist vortrefflich gewesen. Kopp notiert: „Ist viel und guter Wein gewachsen."

Wie überall hatten auch die Winzer von Buchbrunn das Recht zur Heckenwirtschaft, hier konnten sie ihren Eigenbau ausschenken, ihren Gästen Speisen reichen und sie auch beherbergen. Heutzutage kann man in einem der gemütlichen Gasthäuser „Zum Frankenträubl" bzw. „Zum Stern" einen Buchbrunner „Heißer Stein", der auf den Muschelkalkböden in den alten Flurlagen Äußerer Berg, Am Holz, Loßbüdel, Hagen, Rosenholz und natürlich Heißer Stein gedeiht, genießen.

Der noch heute bekannte Mundartdichter Alois Joseph Ruckert, der im Alter von einigen Wochen im Jahre 1846 nach Buchbrunn kam, weil sein Vater als Lehrer hierher versetzt wurde, hat hier seine Kindheit und Jugendzeit verlebt.

Einzellage:
Heißer Stein
Früher: Äußerer Berg, Am Hagen, Kitzinger Berg, Stachelberg, Klettenberg, Mainleithe, Esel, Elisabethenberg, Am Rosenholz, Am Holz, Hofstätt

Großlage:
Hofrat

Gesamtrebfläche:
16 ha

Haupthimmelsrichtungen der Lagen:
Süd, Süd-West

Höhe über dem Meeresspiegel:
250 bis 260 m

Haupthangneigung der Lagen in Prozent:
15 bis 25

Boden:
Muschelkalk, Lehm

Rebsorten:
Silvaner, Müller-Thurgau u. a.

Wein:
artiges Bukett, markig, nachhaltig.

WETTERREGELN

Ist es Corporis Christi klar,
bringt es uns ein gutes Jahr.

Corporis Christi schön und klar,
guten Wein in diesem Jahr.

Regnet's an St. Barnabas,
schwimmen die Trauben bis ins Faß.

Kitzingen

Die Gründung Kitzingens ist der Sage nach auch mit der Verbreitung des Weinbaues in Franken verknüpft. Welcher romantisch veranlagte Franke nimmt nicht gerne die Erzählung des Volkes zur Kenntnis, wonach Hadeloga, die Schwester des Frankenkönigs Pipin, ihren Brautschleier vom Schwanberg aus wegwehen ließ mit dem Gelübde, sie würde dort, wo er gefunden würde, ein Kloster gründen. Und als dann noch der Schäfer Kitz in einem wildwachsenden Rebstock den Schleier fand, waren der Ort des Klosters und der fränkische Weinbau gleichermaßen begründet.
Jedenfalls wurde im Jahre 745 das Benediktinerinnenkloster Kitzingen durch Erzbischof Bonifatius eingeweiht und die spätere hl. Adelheid zur ersten Äbtissin bestellt. Das heutige Kitzingen wurde damals noch Gottsfeld genannt. 1408 wird die Weinbergsfläche in zwölf Lauben eingeteilt. Bei der Weinlese durfte man nur in der jeweils freigegebenen Laube lesen. Wer es jedoch nötig hatte, über die Laube hinaus zu lesen, mußte der Äbtissin oder „ihrer Gewalt" den Zehnten „vor dem Biet" (das Kelterbiet), also bevor die Maische gepreßt wurde, abgeben. Das war wirklich eine großartige Herbstordnung!
Das Jahr 1482 ist für unseren Weinbau und unsere Weinbereitung von besonderer Bedeutung; denn in diesem Jahr wurde in Kitzingen von den drei fränkischen Fürsten Bischof Philipp zu Bamberg, Bischof Rudolf zu Würzburg und Kurfürst Albrecht Markgraf zu Brandenburg im Beisein ihrer Räte und den Räten von Nürnberg und Kitzingen eine Verordnung über die Bereitung von Wein erlassen. Insbesondere wollte man mit dieser Verordnung dem „Weinschmieren" (= Weinverfälschung) wirksam begegnen.
Die wichtigsten Bestimmungen sollen gerafft hier wiedergegeben werden:

1. Die Weinbeeren sollen ohne Zusatz ausgepreßt werden; der Saft soll in unpräparierte Fässer kommen, diese sollen vollgehalten werden, und der Wein ist gänzlich zu vergären.
2. Der Wein darf nicht in präparierten Fässern abgegeben werden. Er darf lediglich mit Milch und Eierklar geschönt werden.
3. Solange der Wein auf der Schönung liegt, darf er nicht verkauft oder eingeschenkt werden. Dem Wein darf nur einmal ein Lot Schwefel (18 Gramm) pro Fuder zur Beständigkeit zugegeben werden. Wer mehr Schwefel zugibt, dem soll der Faßboden ausgeschlagen und der Wein verschüttet werden; außerdem soll derjenige, bei dem der überschwefelte Wein gefunden wurde, je Eimer einen römischen Gulden dem Fürsten oder der Reichsstatt als Strafe zahlen.

Weitere Vorschriften betreffen die Verwertung der Weine, die vor der Punktation hergestellt waren. Interessant ist, daß Weine, die am Vergären gehindert worden sind, ebenfalls als nicht verkehrsfähig angesehen wurden.
Der Grundsatz dieser Verordnung, man solle die Weine so ausbauen, wie sie Gott hat wachsen lassen, war noch im vorigen Jahrhundert bei Englerth, Randersacker, und in diesem Jahrhundert bei der Vereinigung fränkischer Naturweinversteigerer gültig. Aber auch im Gedankengut der gesamten fränkischen Weinwirtschaft ist diese lautere Ansicht von der Weinbereitung gegenwärtig.
Übrigens wurde die Ordnung von 1482 den nachfolgenden Fürsten und Herren der Städte mit der Bitte übersandt, sich darnach wissend zu richten. Es waren dies: der Bischof von Mainz, der Pfalzgraf, beide Herren von Sachsen, der Bischof von Straßburg, Herzog Otto vom Rhein, der Markgraf von Baden, beide Herren von Württemberg, Wertheim, Rieneck; der Deutschmeister, Hohenlohe, Henneberg; die Städte Straßburg, Eßlingen, Rothenburg, Heilbronn, Windsheim, Schweinfurt. (Man sieht hieraus die Bedeutung dieses Weingesetzes.) Kitzingen ist heute nicht nur das Zentrum des Weinlandkreises, es war auch lange Zeit und es ist auch heute noch das geistige Zentrum des fränkischen Weinhandels.
Im Jahre 1900 wurde hier auch der fränkische Weinhändlerverein gegründet. Die riesigen, gewölbten Weinkeller in Kitzingen, teilweise uralt wie der Kellerdom unter dem Haus Alte Poststraße 6, geben Zeugnis vom Weinreichtum vergangener Zeiten. Nicht vergessen darf man das Wahrzeichen am Rathaus, den „Häcker", der aus einer Kanne trinkt. Deshalb fragte man früher einen, der aus einer Kanne trank: „Bist du zu Kitzingen gewesen? Dann darfst du aus der Kandel trinken."
Der Chronist meint: „Wo solches Sprichwort herkommt, weiß ich nicht; doch denke ich, daß es von dem unmenschlichen Saufen entstanden, da man sich ziemliches Trinkgeschirr nicht genügen läßt, sondern mit der Kandel zutrinken will, jedenfalls um nicht aus der alten Franken Art schlagen, welche

Abendstimmung über der alten Weinhandelsstadt Kitzingen am Main.

auch des übermäßigen Saufens wegen wohl berüchtigt gewesen."
Der Meistertrunk von Rothenburg und der Ochsenfurter Kauzen geben auch heute noch Zeugnis davon, daß viel Trinken und viel Vertragen gefragte Mannestugenden waren.
Der Kitzinger Weinhandel hatte zu allen Zeiten eine besondere Bedeutung im Fränkischen.
Immer hatten diese Betriebe auch ein ungetrübtes Verhältnis zum Weinbau. Dies zeigt sich auch in jüngster Zeit durch die Anlage neuer Weinberge auf altem Kulturland.

Einzellagen:
Wilhelmsberg, Eselsberg, Eherieder Berg
Früher: Sulzfelder Graben, Mainstockheimer Mainleite, Repperndorfer Berg, Buchbrunner Berg, Winterleite, Fronsberg, Hoffart, Rosenberg, Sommerleite, Sonnenstuhl, Wachholder
Im Jahre 1549 wurden „über 300 Morgen besetzter und bestockter Weingärten allda jährlich gebaut".
Die Berge und Weinlagen haben ihre gemeinen und besonderen Namen. Vom Main an, wo die Mühle steht, der Mühlberg, hernach der Fronberg, der Rosenberg, die Ebene, Hintere und Vordere Klinge, Obere und Untere Adaleid, Grohwinkel, Wilhelmsbühl, Hammerstiel, Leilach, der Kellera, Westheimer Berg, Burgstraße, Winterleite, Sommerleite, Leuchsner, Hasenlaus, Kornflur, Buttertal, Am Gern, Am Betzental, Am Setzkind, Fuchsberg, Kreuzbühl, Judenkirchhof, In der Au, Erhardsgrund, Hörnle, Wacholder, Eselberg, Repperkammerberg, Repperkammergrund, Umweg, Mulderer, Strohsetz, Hadlaweiden, Bereuter, Buchbrunner Weg, Geishorn, Vorm Hofrat, Mainebene, Mainleite, Hoffstatt, Neuberg. Auf der anderen Seite über dem Main trägt der Klettenberg und der Schachen guten, starken, kräftigen Wein, den die Bayern gern und meistenteils kaufen.

Großlage: Hofrat (außer Eherieder Berg)

Gesamtrebfläche: 17 ha

Haupthimmelsrichtungen der Lagen: Süd, Süd-West, West

Höhe über dem Meeresspiegel: 225 bis 260 m

Haupthangneigung der Lagen in Prozent: 10 bis 30

Boden: Lettenkeuper

Rebsorten:
Silvaner, Müller-Thurgau, Perle, Riesling, Bacchus u. a.

Wein: artiges Bukett, kernig, fest.

Repperndorf, Sitz der Gebietswinzergenossenschaft Franken, mit seinen Weinbergsanlagen im Hintergrund.

Repperndorf

Eine Redewendung aus früherer Zeit sagt viel aus über die Kraft des Weines und die konsumierten Mengen, denn dort heißt es wörtlich: „Repperndorfer Berg macht aus einem Riesen einen Zwerg." Repperndorf war vor der Jahrhundertwende ein ausgesprochenes Häckerdorf. Vor ca. 60 Jahren kam auch hier infolge von Rebkrankheiten und -schädlingen der Weinbau fast gänzlich zum Erliegen. Erst in den letzten Jahren wurden dem Weinbau wieder mehr Beachtung geschenkt und neue Weinberge angelegt. In dem zur Zeit laufenden Weinbergsumlegeverfahren sind 34 ha vorgesehen. Die Lage „Goldmaas" wird in diesem Jahr 1985 gepflanzt (2 ha). Wenn auch der Name Repperndorf als Weinbauort bis heute nicht so deutlich in Erscheinung tritt, so hat dieser Name doch einen großen Bekanntheitsgrad; denn im Jahre 1959 wurde die Gebietswinzergenossenschaft Franken gegründet, und alsbald errichtete man auf der Anhöhe von Repperndorf das Betriebsgebäude mit allem, was zu einer großen Gebietswinzergenossenschaft gehört. Mittlerweile wurde der Betrieb aufgrund des Zustroms neuer Mitglieder ständig baulich erweitert. Die GWF, wie sie im Volksmund heißt, hat europäische Maßstäbe. Aus 80 Gemeinden liefern 2800 Winzer ihre Trauben bei den Kelterstationen an, und im Hauptbetrieb Repperndorf werden diese Weine nach pfleglichem Ausbau in Flaschen gefüllt und von hier aus vermarktet. Von den oberen Räumen der GWF hat man einen herrlichen Ausblick auf die Landschaft. Da auf jeder Flasche und jedem Bocksbeutel der GWF der Ortsname Repperndorf steht, ist der Name Repperndorf seit 25 Jahren und auch fernerhin in aller Munde.

Einzellage:
Kaiser Karl
Früher: Sonnenstuhl, Goldmaß, Eheried, Wilhelmsberg, Seeberg, Repperndorfer Berg, Wasserland, Kaiser Karl

Großlage:
Hofrat

Gesamtrebfläche:
12 ha

Haupthimmelsrichtung der Lagen:
Süd-West

Höhe über dem Meeresspiegel:
190 bis 255 m

Hauptbangneigung der Lagen in Prozent:
15 bis 25

Boden:
Muschelkalk

Rebsorten:
Silvaner, Müller-Thurgau, Bacchus u. a.

Wein:
artiges Bukett, markant, nachhaltig.

Theilheim, eine Nachbargemeinde von Randersacker, hat den bäuerlichen Rebbau bis heute erhalten.

Theilheim bei Würzburg

In einer Schenkungsurkunde an das Kloster St. Peter in Würzburg aus dem Jahre 1098 wurde Theilheim das erste Mal aktenkundig. Vom 12. bis zum 15. Jahrhundert war ein reger An- und Verkauf von Weinbergen mit den Klöstern des Domstifts registriert. Vom 15. bis in das 19. Jahrhundert existierten in Teilheim die sogenannten „Fronhofsgüter". Diese bestanden aus einer Zehntscheune, einem Kelterhaus und einigen Behausungen sowie aus 635 Morgen Ackerfeld, Wiesen, Weinbergen und Waldungen. Dieser Fronhof war Eigentum der Dompropstei Würzburg.

Am 15. November 1877 wurde in Theilheim der erste bayerische Raiffeisenverein gegründet. Kilian Wallrapp, ein junger Bauersmann, war durch die persönliche Bekanntschaft mit Friedrich Wilhelm Raiffeisen so von der Bedeutung des Genossenschaftsgedankens überzeugt, daß es zu dieser epochalen Gründung kam.

Der Weinbau ging auch hier im vorigen Jahrhundert immer stärker zurück; er wurde eigentlich nur noch für den eigenen Bedarf als „Haustrunk" betrieben. Die Grundstücke wurden anderweitig landwirtschaftlich genutzt oder blieben brach liegen. Nach dem 2. Weltkrieg kamen insbesondere Junglandwirte auf den Gedanken, solche Flächen wieder mit Weinreben zu bepflanzen, und in den 70er Jahren setzte sich dies verstärkt fort, so daß heute wieder von einem Theilheimer Weinbau gesprochen werden kann. Neuerdings erscheint der Theilheimer Wein auch wieder in Weinflaschen und Bocksbeuteln.

Einzellage:
Altenberg
Früher: Neuer Berg, Kirchberg, Bach, Neue Bergsebene

Großlage: Für bestimmte Rebflächen = Ewig Leben

Gesamtrebfläche:
11 ha

Haupthimmelsrichtung der Lagen:
Süd

Höhe über dem Meeresspiegel:
240 bis 300 m

Haupthangneigung der Lagen in Prozent:
25 bis 35

Boden:
Muschelkalk

Rebsorten:
Müller-Thurgau, Silvaner u. a.

Wein:
fruchtig, kernig.
Es wachsen hier vor allem gute Schoppenweine.

Lindelbach mit neuer Weinbergsanlage.

Lindelbach

Lindelbach ist heute beim Markt Randersacker eingemeindet. Vom Maintal her kommend, schlängelt sich die Landstraße durch ein schmales Seitental, an Gärten und Obstanlagen, Feldern, Wald und Weinbergen vorbei, hinauf auf das über 100 m über dem Maintal gelegene Lindelbach. Mit etwa 230 Einwohnern hat der Ort seinen dörflichen Charakter erhalten, nur die Neusiedlung drückt sich aus dem Tal auf die Höhe hinaus. Lindelbach liegt etwas abgelegen vom großen Straßenlärm. Nach einem Flurbereinigungsverfahren haben sich die Weinberge wieder auf etwa 17 ha ausgedehnt.
Seit Beginn der Ortsgeschichte wird auch der Weinbau genannt. Bereits in einer frühen Urkunde vom Jahre 1155 erscheinen unter den Gütern der Brüder von St. Stephan in Würzburg Weinberge auf Lindelbacher Markung. Einige Jahre später ist die Rede von Weinbergen in den Flurlagen Mittelberg, Stagenlithen (= spätere Stockleite) und In der Rieth. Der Wald mußte bald den Weinbergen und Feldern weichen, wie in alten Quellen zwischen 1169 und 1183 zu lesen ist: „de jugeribus prope Lindelbach“ (d.h. von Weinbergen in der Nähe von Lindelbach).
Das Terrain des in der Nähe liegenden ehemaligen Lützelhofes wird heute von der Autobahn durchquert. Das ab 1297 sich in Königsbesitz befindliche Gut wird bereits 1157 zum erstenmal als „Lucelenvelde“ genannt. Bei Ausgrabungen um 1960 kamen neben vielen wertvollen Funden auch einige Rebmesser zum Vorschein, die bestätigen könnten, daß entlang des Lützelgrundes in früheren Zeiten Weinberge angelegt waren.
Stets nahen Bezug zu Lindelbach, d.h. vor allem zu den Weinbergen, hatte die Stadt Würzburg selbst. Im Jahre 1308 verkaufte Heinrich von dem Hohenhuse einen Weinberg in Lindelbach an den Dekan und die Brüder der Marienkapelle. Im 14./15. Jahrhundert tauchen alte Flurlagen als zusammenhängendes Weinbergsgebiet auf, darunter die zum Teil noch heute bekannten Lagenamen Bodenlin, Geyselrinnen, Roter Graben, Dabuch (Dahenbuch), Trugseß, Neue Brüchte (entnommen aus Urkunden in der Zeit zwischen 1378 bis 1447).
Das seit 1542 durch die Herren von Sommerhausen dem evangelisch-lutherischen Glauben angehörende Dorf war vorher einige Jahrzehnte sogar als Wallfahrtsort bekannt. Reliquien des hl. Sebastian sollen im Jahre 1510 in die Pfarrkirche gebracht worden sein.

Rechts:
Zur Herbstzeit ziehen ahnungsvolle Rüche durch die fränkischen Weinnester.

In einem Quittungsbuch, das über Zinsen in der Zeit von 1670 bis 1711 Auskunft gibt, werden neben den weltlichen Herrschaften die Würzburger Zehntherren genannt. Am Weinzehnt in Lindelbach sind also beteiligt: Juliusspital, Ornatsamt, Neumünster, St. Bartholomä (Altar), St. Max, Domstift, Stift Haug, Dompfarrpfleger und Finstere Kapelle.

Der Index zum Lindelbacher Salbuch vom Jahre 1753 weist durch die Vielzahl seiner Weinbergslagenamen auf die große Anbaufläche Lindelbachs mit Weinbergen in der Mitte des 18. Jahrhunderts hin: Im Känlein, Im Bröhlein, In der Stockleiten, Im Hessen, In der Schweißen, In der Steig, Im großen Stöcklein, In der Röthen, Im oberen Bux, Im oberen Dorfweinberg, In der Leisten, Im Mannlehen oder Degenbuch, Im Franksbuhl, Im Kreutzweinberg, Im Kaffert, Im Dippolt, Im Götzen, Im Greisberg, Im Neuen Weg, In der Mehlen, Im Hildenberg, Im Wohlfahrt, Im Boden, Im oberen Graben.

Zu Beginn des 19. Jahrhunderts ist Lindelbach ein Limpurg-Speckfeldisches evang.-luth. Pfarrdorf mit 40 Häusern, eine Stunde von Sommerhausen entfernt, und hat „guten Weinwuchs".

Schließlich sei noch aus dem Vorbericht des Lehenbuchs über die Gefälle des königlichen Juliushospitals zu Würzburg in dem Orte Lindelbach vom Jahre 1833 zitiert, in dem gleich zu Beginn im Paragraph 1 hingewiesen wird, daß das Juliusspital auf Lindelbacher Markung das Recht hatte, alle Jahre an Martini (11. November) auf einer Fläche von 20 Ruten Weinbergen (etwa ein Morgen) 42 Kreuzer zu erheben; denn „diese Weinberge waren früherin fürstlich würzburgisches Rittermannlehen, es wurde aber vom erhabenen Stifter Fürstbischof Julius im Jahre 1626/1627 in ein Erbzinslehen verwandelt".

Im Vergleich zu den jetzt mit Reben bepflanzten 17 ha waren im Jahre 1898 von 530 ha Gesamtfläche 27 ha mit Weinbergen bestockt.

Einzellage:
Dabug

Großlage:
Teufelstor

Gesamtrebfläche:
etwa 17 ha

Haupthimmelsrichtungen der Lagen:
Süd, Süd-West

Höhe über dem Meeresspiegel:
180 bis 270 m

Haupthangneigung der Lagen in Prozent:
20 bis 40

Boden:
Muschelkalk

Rebsorten:
Silvaner, Kerner, Müller-Thurgau, Bacchus, Rotweinsorten u. a.

Wein:
erdhaftes Gepräge, kernig.

Rechts:
Von allen Seiten her gesehen ist Randersacker eindrucksvoll.

Der Randersackerer Pfülben im Umbruch (im Jahre 1984).

Randersacker

Randersackerer Marsberg Albalonga, dies ist eine gute Sprechprobe, um nach vier Schoppen Wein festzustellen, ob man noch gut artikulieren kann.
„Randersacker“ – dieser Name zergeht den Weinfreunden auf der Zunge. Man beobachte nur einmal die Legionen von Würzburgern, die an den Sonntagnachmittagen von Würzburg nach Randersacker wallen, dorthin, wo man mit den Schoppengläsern zusammenläutet.
Randersacker, hineingebaut in Stein und Wein, so beschreibt es Bruno Rottenbach. Es gibt kaum einen Ort, wo selbstbewußtere, aber auch bescheidenere Winzer wohnen als in Randersacker. Mehr sein als scheinen ist hier die Lebensphilosophie.
Es läßt sich gut leben mit dem Wein. Die Lagen sind in der Mehrzahl nicht so gebeutelt von Winter-, Spät- und Frühfrost wie in manchen anderen fränkischen Gemarkungen. Nicht von ungefähr haben sich die drei Würzburger Traditionsweingüter jeweils ein großes Stück aus den guten Lagen herausgeschnitten.
1979 feierte Randersacker 1200 Jahre Weinbau. Man braucht keine Legenden beginnen, um den Weinbau authentisch nachzuweisen.
779 wurde aus Anlaß von Gebietsstreitigkeiten zwischen Würzburg und Heidingsfeld eine Gemarkungsbegehung durchgeführt. Der Weg führte auch von Gerbrunn zum Main. In der Würzburger Fries'schen Chronik lautet diese Stelle in althochdeutscher Sprache: „Danan in stachenhoug, danan in wolfgruoba, danan duruh den fredthantes wingarton mitten in die egga ...“
Die Benennung eines Weingartens in diesem Zusammenhang gilt als der Nachweis von Weinbau zwischen Randersacker und Würzburg, aber auch Veitshöchheim zehrt von dieser Quelle.
In Schenkungen werden schon sehr früh die heute noch bekannten Weinbergslagen benannt. 1057 werden zwei Joch Weinberg in der Lage „Hohen Bug“

dem Kloster St. Peter vermacht. 1095 wird in einer Schenkung ein Weinberg am Marsberg benannt.
Vom Umfang des Zehntes und der verschiedenen Qualitäten der Ernten berichtet eine Steinschrift am Zehnthof:

„Zwo Stallen und Scheure-Thor
sambt diesem Wagenhaus bevor
aus notdurft is geführet auft
zur Zeit da der Wein war in Kauff
Ein Eimer für drei Gulden gahr
Da doch gewesen solches Jahr
das hundertdrey und siebzig
Fuder an Zehnt überig
nach alle Außtheil blieben sein."

Daraus kann man sich gut vorstellen, wie groß der Weinreichtum jener Zeit war. Unter der deutschen Inschrift steht in lateinischen Lettern übersetzt folgendes:
„Im Jahre des Herrn 1332 fielen 260 Fuder Wein diesem Hof als Zehnt zu, aber im darauffolgenden dritten Jahre (1333) nur 12 Fuder."
Hier kann man auch sehen, daß es damals schon in Franken stark schwankende Ernten gab, und daß reicher Überfluß mit drückendem Mangel sich ablösten.
Aus dem Jahre 1350 ist bereits eine Laub- und Leseordnung überliefert.
Randersacker hatte im 18. Jahrhundert eine eigene Büttnerzunft.
Neben Volkach konnte Randersacker einen bedeutenden Fechsermarkt (auch Fexer), gemeint sind Wurzelreben, im vorigen Jahrhundert und früher vorweisen.
Randersacker hat eine der ältesten, mächtigsten und schönsten Kirchenanlagen im ländlichen Franken. Der imposante Turm ist aus den gleichen Muschelkalk-Quadern gebaut worden wie das Berliner Oplympia-Stadion, halt nur 800 Jahre früher.
Ein solcher Weinbauort am Rande einer großen Stadt ist geradezu prädestiniert, auch bedeutende Menschen hervorzubringen. Eine solche besondere Persönlichkeit war Sebastian Englerth (1804–1880). Sein Leben galt der Verbesserung der Qualität des Frankenweines, er verfocht den Standpunkt der Kitzinger Punktation von 1482: die bedingungslose Naturreinheit. Er gründete die erste Weinbauschule in Franken und versuchte u. a. die Arbeit der Randersackerer Winzersfrauen zu erleichtern, indem er für die Aufbewahrung ihrer Kinder sorgte.
Als „Weinbauwanderlehrer" war er unermüdlich unterwegs. Höchste Auszeichnungen und Ehrenämter durfte er entgegennehmen.
Im Jahre 1921 wurde eine Winzergenossenschaft gegründet, die heute eine beachtliche Größe erreicht hat. Dieser Winzergenossenschaft, wie auch den meist sehr berühmten Weingütern und Selbstmarktbetrieben sowie den Großgütern Würzburgs, ist das Gedankengut Englerths heute noch eine Verpflichtung.
Nicht von ungefähr war Randersacker nach dem Weingesetz in die Gruppe I eingegliedert, ein Vorzug, den nur noch Würzburg (ohne Heidingsfeld), Iphofen und Escherndorf genießen durften.
1958 wurde die erste Weinbergsbereinigung mit planmäßigem Wiederaufbau durchgeführt. Zug um Zug wurde jede Qualitätslage neu geordnet, bis im vergangenen Jahr endlich nach sehr langer Planungszeit der „Pfülben" an die Reihe kam.
Englerth sprach von den „sterilen" Hängen, die nur für den Weinbau geeignet wären. Aus diesen gesegneten Weinlagen wird nun schon 1200 Jahre „flüssiges Gold" gewonnen.
Weinfreunde, wenn ihr am Pfülben vorübergeht, macht eine tiefe Verbeugung, so hieß es früher!

Einzellagen:
Teufelskeller, Pfülben, Sonnenstuhl, Marsberg, Dabug
Früher: Altenberg, Pfülben, Teufelskeller, Hohenbuch, Alandsgrund, Hofstadt, Rückersell, Sandgrube, Roth, Riedern, Stockleiten, Meßkehl, Gehren, Dabuch, Buhleiten, Steckelweg, Bußbrunn, Marsberg, Spielberg, Hammelsmauer, Ewig Leben,

---

Würzburg hat's gut
„Würzburg hat's gut. Eine feine Stadt mit glänzender Vergangenheit und leuchtender Gegenwart, einzig schön in seiner Lage, Main und Wald, eine Schmucktruhe des Rokoko und Barock, Kunst und hohe Schule, und – den Wein. Der Name der Stadt ist mit dem Begriff Wein seit langen Jahrhunderten zu einer untrennbaren Einheit verwachsen. Ähnlich wie Heidelberg mit den Studenten, Nürnberg mit Lebkuchen und Spielzeug, Erfurt mit den Blumen. Unzählige Menschen in Deutschland und in der weiten Welt erinnern sich beim Klang des Namens: Würzburg? – ach ja, das ist doch die Stadt des Rokoko und des Weines. Viel mehr wissen sie meist nicht; aber das genügt vollkommen."
Dr. Heinrich Zeuner

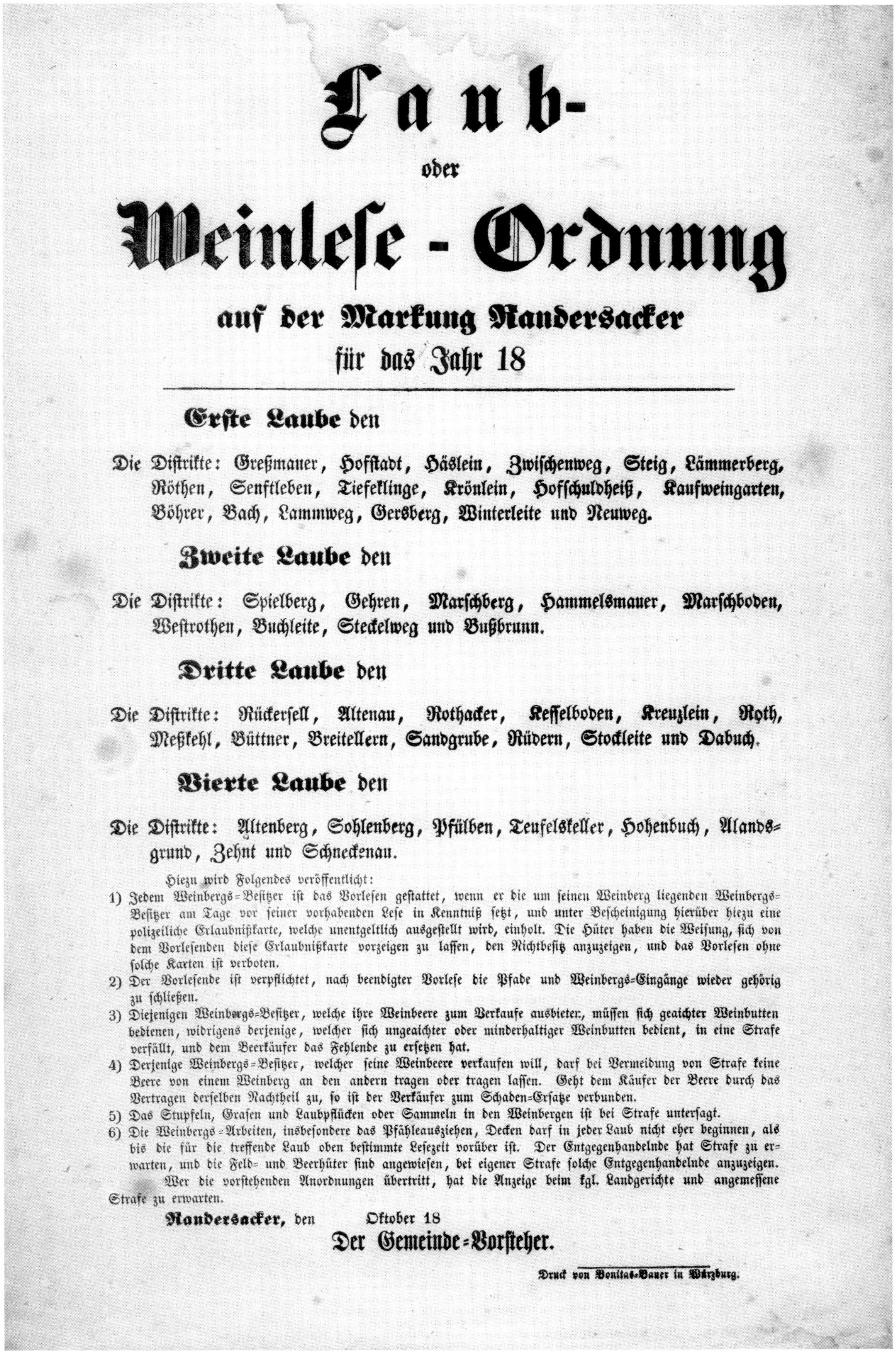

Laub-

oder

Weinlese-Ordnung

auf der Markung Randersacker
für das Jahr 18

Erste Laube den

Die Distrikte: Greßmauer, **Hofstadt, Häslein, Zwischenweg, Steig, Lämmerberg,** Röthen, Senftleben, **Tiefeklinge, Krönlein, Hofschuldheiß, Kaufweingarten,** Böhrer, Bach, Lammweg, **Gersberg, Winterleite und Neuweg.**

Zweite Laube den

Die Distrikte: Spielberg, Gehren, **Marschberg, Hammelsmauer, Marschboden,** Westrothen, **Buchleite, Steckelweg und Bußbrunn.**

Dritte Laube den

Die Distrikte: Rückersell, **Altenau, Rothacker, Kesselboden, Kreuzlein, Roth,** Meßkehl, **Büttner, Breitellern, Sandgrube, Rüdern, Stockleite und Dabuch.**

Vierte Laube den

Die Distrikte: Altenberg, Sohlenberg, **Pfülben,** Teufelskeller, Hohenbuch, Alandsgrund, Zehnt und Schneckenau.

Hiezu wird Folgendes veröffentlicht:

1) Jedem Weinbergs-Besitzer ist das Vorlesen gestattet, wenn er die um seinen Weinberg liegenden Weinbergs-Besitzer am Tage vor seiner vorhabenden Lese in Kenntniß setzt, und unter Bescheinigung hierüber hiezu eine polizeiliche Erlaubnißkarte, welche unentgeltlich ausgestellt wird, einholt. Die Hüter haben die Weisung, sich von dem Vorlesenden diese Erlaubnißkarte vorzeigen zu lassen, den Nichtbesitz anzuzeigen, und das Vorlesen ohne solche Karten ist verboten.
2) Der Vorlesende ist verpflichtet, nach beendigter Vorlese die Pfade und Weinbergs-Eingänge wieder gehörig zu schließen.
3) Diejenigen Weinbergs-Besitzer, welche ihre Weinbeere zum Verkaufe ausbieten, müssen sich geaichter Weinbutten bedienen, widrigens derjenige, welcher sich ungeaichter oder minderhaltiger Weinbutten bedient, in eine Strafe verfällt, und dem Beerkäufer das Fehlende zu ersetzen hat.
4) Derjenige Weinbergs-Besitzer, welcher seine Weinbeere verkaufen will, darf bei Vermeidung von Strafe keine Beere von einem Weinberg an den andern tragen oder tragen lassen. Geht dem Käufer der Beere durch das Vertragen derselben Nachtheil zu, so ist der Verkäufer zum Schaden-Ersatze verbunden.
5) Das Stupfeln, Grasen und Laubpflücken oder Sammeln in den Weinbergen ist bei Strafe untersagt.
6) Die Weinbergs-Arbeiten, insbesondere das Pfähleausziehen, Decken darf in jeder Laub nicht eher beginnen, als bis die für die treffende Laub oben bestimmte Lesezeit vorüber ist. Der Entgegenhandelnde hat Strafe zu erwarten, und die Feld- und Beerhüter sind angewiesen, bei eigener Strafe solche Entgegenhandelnde anzuzeigen.

Wer die vorstehenden Anordnungen übertritt, hat die Anzeige beim kgl. Landgerichte und angemessene Strafe zu erwarten.

Randersacker, den Oktober 18

Der Gemeinde-Vorsteher.

Druck von Bonitas-Bauer in Würzburg.

Laubordnung aus Randersacker, wie sie im 19. Jahrhundert Anwendung fand. Sie zeigt die Lesedisziplin der damaligen Zeit.

Randersacker: Der „Marsberg" vom „Sonnenstuhl" aus gesehen.

Westrothen, Winterleiten, Lammweg, Gerstberg, Lömmerberg, Häslein, Wächterswinkel, Zwischenweg, Krönlein, Röthen, Senfleben, Sommerbach, Rain, Tiefklingen, Hofschultheißen, Hofschulzen, Kaufweingarten, Beerer, Schneckenau, Hobug, Zehnt, Kaltenels, Kiliansberg, Meerfräuleinsloch, Alte Au, Kreuzlein, Sandgrube, Riedberg, Büttner, Geeren am Dabug, Klosterberg

Großlagen:
Ewig Leben und für die Lage Dabug „Teufelstor"

Gesamtrebfläche: 214 ha

Haupthimmelsrichtungen der Lagen:
Süd-Ost, Süd, Süd-West

Höhe über dem Meeresspiegel:
180 bis 290 m

Haupthangneigung der Lagen in Prozent:
15 bis 60

Boden:
oberer Muschelkalk, Lettenkeuper, Löß, auch Sandbeimischungen

Rebsorten:
Silvaner, Riesling, Müller-Thurgau, Scheurebe, Traminer, Kerner, Rieslaner und viele andere

Wein:
Die Weine Randersackers haben (wie die Würzburger) einen unverwechselbaren Charakter, sie sind kräftig im Bukett, mild, sehr ausladend im Körper und sehr lange lagerfähig (Müller-Thurgau weniger).

Heidingsfeld

Wer weiß von den Würzburgern, daß Heidingsfeld eine freie Reichsstadt gewesen ist? Viele haben nicht einmal mehr im Bewußtsein, daß Hätzfeld früher ein bekannter fränkischer Weinort war. Die Zeit der Heckenwirtschaften und ihrer Besucher ist leider nahezu vorüber.
Bereits seit 779 gehörte das am linken Mainufer in alter Siedellandschaft gelegene Heidingsfeld zur Würzburger Markung als „Wirziburgo marcha unte Heitingsveldono". König Ludwig der Deutsche besaß Heidingsfeld und schenkte es zusammen mit einem Waldgebiet und den Siedlungen „Roggunstath"

und „Hucheleheim“, das ist der heutige Heuchelhof, um 849 dem Kloster Fulda. Das Patrozinium der katholischen Pfarrkirche „St. Laurentius“ reicht ebenfalls bis in die merowingisch-karolingische Zeit zurück. Der erste Weinbau könnte evtl. mit der Klostergründung durch die Kitzinger Äbtissin Hadeloga in Verbindung gebracht werden.
Ackerbau und Weinbau waren auch noch die Haupterwerbsquellen des Ortes, als Kaiser Karl IV. im Jahre 1367 den Ort zur Stadt der Krone Böhmens erhob. Bereits im Jahre 1930 ist Heidingsfeld nach Würzburg eingemeindet worden. Aber die Hätzfelder haben sich ein bestimmtes Maß an Selbständigkeit erhalten. U. a. ist im Eingemeindungsvertrag ausdrücklich vermerkt, daß den Winzern von Heidingsfeld für alle Zeiten das Heckenwirtschaftsrecht genehmigt wird. Der Winzerverein von Heidingsfeld ist einer der ältesten in Franken, er wurde bereits im Jahre 1859 gegründet; nur der fränkische Weinbauverband selbst ist älter (1836 ins Leben gerufen).
Ein Blick zurück in die Geschichte zeigt, daß vor allem die Würzburger Bischöfe, Domherren, aber auch die Klöster und einige Adelsgeschlechter größere Weingüter in der Heidingsfelder Gemarkung besaßen. In einer Urkunde vom Jahre 1170 hatte Kaiser Friedrich Barbarossa, zur damaligen Zeit Besitzer von Heidingsfeld, seinen Prokurator Propst Reginhard von Neumünster angewiesen, den Katzenberg in einzelne Parzellen aufzuteilen und an die Heidingsfelder Bürger zu verpachten. So bestanden noch um die Jahrhundertwende auf einer Rebfläche von 180 ha folgende Weinbergslagen: Blosenberg, Bromberg, Dallenberg, Geißberg, Heißberg, Herieden, Hörnlein, Kammer, Katzenberg, Kaul, Kirchberg, Leite, Reuschert, Rothsetz, Schappberg, Süßer Träubel, Schellen, Steige, Steinbachtal, Weißbild und Zuckerlein. Erste Urkunden über den

Die Heidingsfelder Winzer sind auf ihren Weinbau besonders stolz.

Weinanbau in Heidingsfeld liegen somit aus dem Jahre 1170 vor, in denen Kaiser Friedrich I. anordnet, daß hier auf dem Berg am „vorderen von dem hinteren Rasen“ Weinberge anzulegen seien.
Als Winzerschutzpatron fungiert der heilige Laurentius, an dessen Festtag am 10. August auch das Wetter für den Wein bestimmend war: Ist der Lorenz gut und fein, wird es auch die Traube sein, oder es heißt: Schlechten Wein gibt's heuer, ist St. Lorenz ohne Feuer. Die Zeiten des Lesebeginns wurden aufs genaueste beachtet. Niemand durfte sich benachteiligt fühlen. Da beschwerten sich im Jahre 1264 der Meister und die Brüder des Johanniterspitals von Würzburg, daß ihre Weinberge in der „Buchenclingen“ in Heidingsfeld zu spät gelesen würden; denn von den Einkünften dieses Weins ist die Beleuchtung (die Wachskerzen) des Kilianschores des Würzburger Domes bezahlt worden.
Am Ende des 16. Jahrhunderts hob das Kapitel von St. Burkard den Großzehnt an Wein und Getreide in Heidingsfeld ein und besoldete damit den Pfarrer an St. Laurentius. Während des 30jährigen Krieges verödeten viele Heidingsfelder Weinberge. Dieser Verlust konnte nie wieder recht aufgeholt werden. Noch im Jahre 1687 gab die Stadt Heidingsfeld Gemeindefelder am Bromberg zur Neuanlage von Weinbergen an Heidingsfelder Bürger ab, um den Weinbau wieder etwas in Gang zu setzen. So gesehen, ist die Gründung des Heidingsfelder Winzervereins von außerordentlicher Bedeutung. Seit 1861 feiert der Verein alle Jahre am 3. Sonntag im Januar, um Fabian und Sebastian, seinen festlichen Jahrtag. Bis in die Zeit um 1914 gab es in Heidingsfeld etwa 20 Heckenwirtschaften. Ein Tannenwedel zeigte an, wo man einen billigen Schoppen trinken konnte. Zum Most gab es meist Kuhkäs und Schwarzbrot. In den Chroniken heißt es, daß an manchen Wochenenden mehr Betrieb herrschte als beim Heurigen in Grinzing. In den 20er Jahren sollen die beiden „Schwindsbuben“, Sebastian und Josef, bekannte Häckeroriginale gewesen sein. Sie schenkten ihren Most selbst aus und bedienten u.a. Dichter, Juristen

Das schönste an einer Weinlese sind volle Butten und eine gute Brotzeit!

und Bürgermeister, außerdem sollen sie auch den Meßwein an das Domkapitel in Würzburg geliefert haben.
Wenn man bei den Heidingsfelder Schoppentagen auf dem Rathausplatz beieinanderhockt, sollte man sich daran erinnern, daß Heidingsfeld seinem Wein etwas schuldig ist. Noch im Jahr 1812 lebten in Heidingsfeld 179 Häcker, 56 Bauern und 91 Tagelöhner. Heute sind die meisten Winzer nur im Nebenerwerb tätig, bis auf fünf Weinbauern. Der Würzburger Kirchberg hat immer noch seine überregionale Bedeutung.
Ältere Hätzfelder werden sich noch an die Weinglocke erinnern, die an die Polizeistunde ermahnte; auch die Gäste wußten, daß nun bald die Stadttore geschlossen wurden. Wenn Wirtsleute ohne Genehmigung über das Weinglockenläuten hinaus Gäste bewirteten, wurden sie mit recht hohen Strafen „bis zu 10 Pfund Geld“ belegt. Diese Sitte geht bis in das 16. Jahrhundert zurück, daß man sich nach der Weinglocke richten mußte: „nach der winglockh auß schuldigem gehorsam mit guetten fridt, ohne seines nechsten schaden vnd nachtheil, zu hauß begeben, auch ein jeder Burger wol achtung geben, daß seine Dienstknecht, die sonsten der Burgerschafft zu nachtheil vnd schaden gassirn gehn, auch vmb solche zeit sich zu hauß begeben, bey straff 11 b gelts“ (Heidingsfelder Ratsbuch aus dem 16. Jahrhundert).
Noch heute sind die Heidingsfelder Winzer, die ihre Trauben bei verschiedenen Erzeugerzusammenschlüssen andienen, der Meinung, daß mit ihrem guten Wein so mancher andere „geschmelzt“ (verschnitten) werden würde, um die Güt zu heben; dies spricht für ein gesundes Selbstbewußtsein. (Aber das strenge Weingesetz läßt hier ja nur wenig Spielraum.)

Allweil bin i no nit bsuffa,
allweil ho i no ken Rausch,
allweil gänna mei Gedanka
nach a schänna Tänzri aus.

Eibelstadt

Nach Protokollen, Urkunden, Quellen und Akten hat Pfarrer Manger um 1900 die sehr gründliche, wissenschaftlich fundierte Eibelstädter Chronik geschrieben. Auch dem Weinbau hat er ein besonderes Kapitel gewidmet. In fränkischen Weinstädtchen wie Eibelstadt hielt man sich im Weinbergsbau bereits im 17. Jahrhundert an bestimmte Termine: Bis zum St. Georgstag (24. April) sollten die Weinberge gehackt und gepfählt, bis zum Kilianstag (8. Juli) mußte man mit dem Brachen fertig und an Bartholomä (24. 8.) sollten alle Arbeiten verrichtet sein. Wenn die ersten Beeren reif wurden, sorgten Flurer und Hüter dafür, daß die Wengert geschützt und gehegt, bestimmte Häuser mußten zu den Weinbergen hin sogar vergittert werden. Die Stadttore wurden in dieser Zeit schon frühzeitiger als sonst geschlossen. Die Hunde mußten eingesperrt bleiben. Zur Zeit der Traubenreife sorgten in Eibelstadt vier Feldhüter und Wächter für Ordnung. Ab 1652 stellte die Stadt sogar 24 Mann als Beerenhüter mit Spieß oder Hellebarde ein; später waren sie nur noch mit einem einfachen Stab oder mit Stöcken (auch mit Stacheln) bewaffnet. Ab 1777 verwendeten die Beerenhüter Pistolen zum Stareschießen und -verscheuchen.
Über die ersten zeitigen Beeren herrschte im Ort alle Jahre aufs neue große Freude, man kann z. B. in der Bürgermeisterrechnung von 1635/36 nachlesen, daß Marzell Sauer „ein Pfund zwei Pfennige für ein Viertel Wein und Brot“ erhielt, weil er die ersten reifen Weinbeeren bereits am 10. Juli gefunden hatte. Wenn der Beginn der Lese, d. h. des Herbstes genau festlag, brachten die Siebener und Viertelmeister die Nachricht nach Würzburg. Dann erschien der Herbstherr. In der Zeit zwischen 1598 und 1803 lag der Lesebeginn in Eibelstadt zwischen dem 28. September und dem 8. November.
Interessant ist die Aufstellung und der Vergleich einiger Maße, wie sie Manger zusammengetragen hat. Dabei unterscheidet sich die großzügige Schenkmaß von der genauen Eichmaß. So enthielt ein Eimer 64 Schenkmaß bzw. 56 Eichmaß. Ein Eibelstädter Schenkmaßeimer faßte 89,6 Liter; im Vergleich dazu beinhaltet ein Würzburger Eimer 64 Maß, das sind 72 Liter (eine Würzburger Maß = 1,13 Liter). Ein Normaleimer (nach einem Ochsenfurter Maß von 1458) ergab 60 Maß = 73,9 Liter (eine Ochsenfurter Maß = 1,23 Liter). Eine Eibelstädter Schenk-

maß wog 2 Pfund 6 Loth Wasser, im Gegensatz dazu eine bayerische Maßkanne 2 Pfund 8½ Loth Wasser. Es sei auch noch hinzugefügt, daß ein bayerischer Eimer 68,3 Liter, eine bayerische Maß 1,07 Liter Inhalt hatte.

Genaue Maße waren schon deshalb sehr wichtig, weil früher verschiedene Berufe in engem Bezug zum Wein standen. Schon kurz nach der Lese trieben sich die Unterkäufer im Städtchen herum. Sie führten fremde Weinkäufer und Händler im Ort umher und ließen sie probieren und kosten. Faßführer verfrachteten die Weinfässer, zum Teil auf sogenannten Schleifen, auf die Mainschiffe. Wichtig nahmen die Eicher (auch Visierer genannt) ihr Amt; sie hatten die Maße und Gewichte zu überprüfen. Besonders ausgeprägt in Eibelstadt war das Schröterwesen. Die Schröter füllten und verluden die Fässer, mit Schrotseilen zogen sie die Fässer umher. Die Büttner stellten neue Fässer her, zogen neue Dauben ein, hatten die Fässer zu richten und zu säubern. Eine besondere Persönlichkeit in Eibelstadt war der Kellereibüttner. Bis 1573 befand sich in Eibelstadt eine Eich beim Stangenbrunnen, später wurde sie zum Main hinunter verlegt. Hier in der Eich verwendete man besondere Geräte: Trichter, Eichkarren, Eicheimer, Brennzeichen.

Neben einem bestimmten Geldlohn bekamen die Eicher, Schröter und Büttner auch Lohn in natura: Von jedem neu angestochenen Faß erhielten sie von alters her etwa 3 Maß, es war der sogenannte Schrotwein. Daneben reichte man das sogenannte Kellerbrot. Außer dem Schrotwein bezog man auch noch den Kellerwein, der zu Lasten des Käufers eingeheimst wurde. Die Büttner verdienten sich zusätzlich auch noch die Stichmaß, wenn ein Faß angezapft worden ist.

In früheren Zeiten waren in Eibelstadt die Heckenwirtschaften besonders beliebt. Es war einigen Winzern gestattet, den „Strauß auszuhängen“. Unter Umständen durfte ein Eibelstädter Winzer seinen Wein auch in einem anderen Haus ausschenken. Anfangs durften keinerlei Speisen gereicht werden, es kam auch mehrmals zu Verboten der Heckenwirtschaften. Für das Ausschenken mußten „Accis“ an die Herrschaft und ein bestimmtes Umgeld an die Gemeinde bezahlt werden (die Gemeinde erhielt 3 Maß für den Eimer, das sind etwa 5%). Im Normalfall war eine Heckenwirtschaft 4 Wochen lang geöffnet. Nach dieser Zeit sollte der Strauß „abgeworfen“ werden. Später wurden an Stelle von Sträußen Schilder eingeführt, die man auf dem Rathaus abholen mußte. Eine Verlängerung wurde nur gestattet, wenn keine neuen Bewerber anstanden.

Die Großlage Teufelstor und die Eibelstädter Einzellagen Kapellenberg und Mönchsleite sind griffige, großspurige Namen, die in alten Katasterblättern kaum zu finden sind. Bereits im 30jährigen Krieg (Aufstellung von 1638) waren auf Eibelstädter Gemarkung folgende Weinbergslagenamen bekannt: Rothweg, Lach, Vihweg, Krummenweg, Heybüchlein, Obernwau, Mühlpfad, Böden, Altenberg, Rothpfad, Boleiten, Zwischenweeg, Neuenbrücht, Lerchenberg, Bach, Neuenbergsteeg, Neuenberg, Hohenroth, Hinternberg, Zöllner und Dabug. Von diesen Namen wurden im 18. Jahrhundert noch angeführt: Heubüchlein, Obernaub, Mühlböden, Rothpfad, Bohleiden, Hindernberg und Dabug. Als neue Namen finden wir um diese Zeit: Semmel, Flößlein, Abendroth, Wolfspfad, Grund, Neuenbrücht, Marchfeldt, Stockenleiten, Gehren und Zan. Ein Jahrhundert später blieben von den alten Namen übrig: Viehweg, Mühlboden, Altenberg, Bohlleiten, Zwischenberg, Bach, Hinterberg, Zöller, außerdem von den später genannten Semel, Marchfeld und Zahn. Zu Beginn des 19. Jahrhunderts tauchen an neuen Namen auf: Steinbach, Höglein, Hoosen, Hohenrück, Judenkirchhof, Winckel, Oberaltenberg, Ruppertsgehren, Wetzstein, Hopfen, Sandgruben, Paradeis, Kreuzlein, Langerweinberg, Betzenmännlein und Steinert.

Der Eibelstädter Wein ist eher mild als herb und von kräftiger, fruchtiger Art. Mit Argusaugen schaute das Domkapitel von Würzburg darauf, daß es von 1266 bis zur Säkularisation fast ununterbrochen seinen Besitz in Eibelstadt wahrte. Im Jahre 1434 wurde die Gemeinde durch Kaiser Sigismund zur Stadt erhoben. Die schier unzähligen Bildstöcke und Sandsteinfiguren sind eine Besonderheit in dieser fränkischen Kleinstadt. In der Taufkapelle der spätgotischen Kirche findet man eine Statue des Winzerpatrons St. Urban. Der Urbanstag galt früher in Eibelstadt als Wetterlostag für die Weinernte; eine Urbansprozession ist uns überliefert.

1973 wurde zum erstenmal das Eibelstädter Straßenweinfest veranstaltet. Seitdem kann man alle Jahre auf dem alt angelegten Marktplatz vor dem alten Rathaus zwei stimmungsvolle Weinfeste miterleben.

Eibelstadt mit seinem unverwechselbaren Stadtbild.

Einzellagen:
Kapellenberg, Mönchsleite, Steinbach
Früher: Neuenberg, Steinert, Altenberg, Zwischenweg, Boleite, Bach, Zahn, Zöller, Teufelstor, Hosen, Hahnbüchrein, Hohenrot, Lerchenberg, Hintererberg

Großlage:
Teufelstor; zur Großlage gehören auch die Weinberge der Lage Dabug, die an Randersackerer bzw. Lindelbacher Markung, liegen

Gesamtrebfläche:
75 ha
1954 Gründung einer Winzergenossenschaft, die 1959 der GWF angeschlossen wird.

Haupthimmelsrichtungen der Lagen:
Süd, Süd-West

Höhe über dem Meeresspiegel:
180 bis 270 m

Haupthangneigung der Lagen in Prozent:
15 bis 60

Boden:
oberer Muschelkalk, teilweise mit Sandbeimengungen

Rebsorten:
Müller-Thurgau, Silvaner, Scheurebe, Traminer, Riesling, Kerner

Wein:
ausgeprägtes Bukett bei allen Sorten, insbesondere bei der Scheurebe, fruchtig, elegant, nachhaltig.
Die Lage Mönchsleite als Spitzenweinlage ist auch in geringen Jahren Garant für herausragende Weine.

Sommerhausen

„Hier mischt sich alte Weintradition mit neuem Ruhm", dies schreibt 1964 der unvergessene, verdienstvolle Geschäftsführer des Fränkischen Weinbauverbandes, Dr. Ado Kraemer, der mit Hans Ruck, Karl Nägler u.a. den fränkischen Weinbau aus seiner Lethargie herausgeführt und neu in das Bewußtsein der Weinfreunde Deutschlands gerückt hat.
Sommerhausen war zwar immer Weinbauort geblieben, hatte sich aber sehr stark dem Obstbau verschrieben. Viele heutige Weinberge waren noch vor 20 Jahren Obstfelder. Sommerhausens Bürger sind Träger einer beweglichen Unruhe. Als es in den letzten zwei Jahrhunderten immer mehr mit dem Weinbau rückwärts ging, suchte man seinen Broterwerb in der andersgearteten Nutzung der Feldflur („Ist's auch mengenmäßig wenig, was Sommerhausen vom einstigen Weinbau gerettet, in der Qualität steht's früheren Zeiten nicht nach", schreibt noch 1954 der Fränkische Weinbauverband); dafür zeigen heute die neugeordneten Weinberge ein besonders beeindruckendes Gepräge.
In Sommerhausen ist seit einem Vierteljahrtausend das Haus Ernst Gebhardt daheim, das Weingut hat sich der Qualität verschrieben, dieScheurebe wurde hier besonders kultiviert. Die Weingroßkellerei nimmt als Mitglied der EG Winzerverein Frankonia einen gewaltigen Teil Frankenweinmost jährlich von den Winzern der verschiedensten Orte, vor allem aber von Sommerhausen, auf.
Andere Winzer sind Mitglieder bei der Winzergenossenschaft Randersacker. Über 10 weitere Weingüter und Selbstmarkter sind hier ansässig und beweisen immer ihr besonderes Qualitätsbewußtsein. Der Betrieb Kaspar Steinmann zählt zu den größten und leistungsfähigsten Rebenpflanzgut-Erzeugern Deutschlands. Das Steinobst hat hier nach wie vor eine große Bedeutung, aber es steht nicht mehr auf weinbaufähigem Gelände. Seinen Ruhm verdankt Sommerhausen nicht nur seinem Wein, seinem Steinobst, seinem Bürgerfleiß, sondern auch dem Künstlertum und der Kunst. Im Würzburger Tor befindet sich das „kleinste Theater Deutschlands", das „Torturmtheater", das von dem künstlerischen Universalgenie Luigi Malipiero nach dem Krieg gegründet wurde und heute von dem bekannten Schauspieler, Regisseur und Maler Veit Relin geführt wird.
Sommerhausen mit seinen Türmen, Festungsmauern und urfränkischen Gassen, mit seinen Fachwerkhäusern und seinem „Plan", um den sich die „alte Eich" und das Geburtshaus des großen deutschen Aussiedlers nach Nordamerika, Franz Daniel Pastorius, drängen, zu beschreiben, bleibt in geraffter Form nur Stückwerk. Zumindest muß man neben der Kirche noch das mit Spitzbogenarkaden bereicherte Rathaus und die sehenswerte Freikanzel auf dem Friedhof aus dem Jahre 1607 erwähnen.
Die Aufschreibungen in Sommerhausen geben Zeugnis von der schicksalhaften Verbundenheit mit dem Weinbau. So zeigt z.B. auch das Gemeindewappen eine von der Sonne beschienene Traube.
1701 sah sich die Gemeinde wegen der vielen Kriegsjahre und des dazu von der Natur verhängten „Wein-Mißwachs" zum Verkauf von Äckern und Wiesen auf dem Berge genötigt, um damit die Kreis- und Kriegslasten bezahlen zu können. 1798 wurde noch einmal eine Schuld von 600 fl. aufgenommen, „wegen gegenwärtigen Wein-Mißjahren, Kriegs- und nahrungsloser Zeit, da von den Unterthanen nichts zu holen ist".
1781 soll ein Traubenstock an der Fleckensmauer (zwei Fuß dick im Umfang) ein Fuder Wein getragen haben. Aus dem Jahre 1804 berichtet man, daß ein an der Westseite der Ortsmauer angepflanzter Weinstock 6 Eimer Most, das war nach Sommerhäuser Eich ein halbes Fuder, getragen habe.
1803 ordnet die gräfliche Herrschaft das Räuchern der Weinberge gegen die schädlichen Nachtfröste (die Spätfröste im April und Mai) an.
Es sollten Rauchfeuer angebrannt werden aus Wellen von Tannen- oder Fichtenreisern, feuchtem Rebholz, Hecken und Sträuchern, Moos, Holzspänen, Sägemehl, Gerberlohe etc. an der Nordseite der Grundstücke bei zu befürchtendem Frost. Die Bürgerschaft erklärte, daß sie „nichts auf dergleichen Rauchfeuer hielte, sondern sie sich hierinnen der Allmacht und Fürsehung Gottes überlassen wollten" (eine Ansicht, die auch heute noch in ganz Franken verbreitet ist, ob aus Bequemlichkeit oder aus Religiosität, bleibt dahingestellt).
Das Räuchern der Weinberge wurde gerade in den Anfangsjahren des 19. Jahrhunderts von mehreren Obrigkeiten Frankens vorgeschrieben. Anstoß dazu war wohl die Tätigkeit des Lehrstuhlinhabers an der Universität Würzburg für Chemie und Physik, Johann Georg Pickel, einem Winzersohn aus Sommerach, der umfangreiche Studien und Untersuchungen zum Zwecke der Abwehr von „Maifrösten" in den Weinbergen Würzburgs anstellte.

Die Sommerhäuser Weinglocke ermahnte im Winter um 8 Uhr und im Sommer um 9 Uhr abends den Bürger, den Heimweg anzutreten, und sie war auch das Zeichen zum Wirtshausschluß. Wer dem Ruf der Weinglocke nicht folgte, wurde in Arrest genommen (die heutige Generation ist um diese Zeit oft noch auf dem Felde).

Ab 1848 wurde dann die Polizeistunde im Sommer auf 11 Uhr und im Winter auf 10 Uhr abends festgesetzt.

Dieselbe Regelung galt auch für den Betrieb der Heckenwirtschaften. Da bei uns früher sehr viele Heckenwirtschaften betrieben wurden, veranlaßte Spötter zu der Bemerkung, die Winzer hätten gegenseitig ihren Wein ausgetrunken. So blieb zwar das Geld im Dorf, aber mit Handel und Wandel hatte dies nichts zu tun. Die Sitte, fast jede Tätigkeit mit einem Trunk abzuschließen (wir geben ja heute noch „Trinkgeld"), wurde auch in Sommerhausen gepflegt. So bekamen beispielsweise bei den Markungsgängen am folgenden Tage die Bürger pro Person eine Maß Wein und einen Weck, die kleinen Buben eine halbe Maß Wein und einen Weck. An dem Festessen, das an zwei Tafeln auf dem Rathaus stattfand, beteiligten sich die Herren des Gräflichen Amtes, der Ortsgeistliche, der Amtsschultheiß, der Amts- und Ratsschreiber, die Herren Offiziere der Schützen- und Bürgerkompanie, die Geschworenen, 7–8 Musikanten und andere Personen. 1601 wurden „5 Eymer 32 Maß, 1617 2 Eymer 14 Maß und 1685 3 Eymer" Wein abgegeben. Bei der Weinlese machte nach einer Vorschrift vom Jahre 1750 die herrschaftl. Limpurgischen Zehnten den Anfang, am nächsten Tag folgten sämtliche andere Zehnten. Die Eicher durften ohne Kenntnis ihrer Vorgesetzten den einzelnen Winzern nichts abeichen. Wer irgendwelchen Schuldenrückstand beim Bürgermeisteramt, dem Gotteshaus, dem Almosenkasten etc. mit Most bezahlen wollte, durfte nur gerechten und unverfälschten Most abgeben. Das Koschern wurde ver-

An der Sonnenseite des Mains, leben hinter der Dorfmauer von Sommerhausen Winzer, Obstbauern und Künstler.

boten. Vor der Lese durfte niemand Trauben ausschneiden (wegen des Zehnts). Neben dem Zehnt mußte seit 1375 von jedem Grundstück noch eine Weingült abgegeben werden, und weiterhin wurde noch eine Verbrauchssteuer (Umgeld) auf Getränke erhoben.
Heute kassiert Vater Staat zwar auch überall, aber unsere Altvorderen hatten es ebenfalls nicht leicht.

Einzellagen:
Steinbach, Reifenstein
Früher: Unter dem Gottesacker, In der Setz, Am Steinbach, Hailsbronn, Mühlstück, Im Aubsetz, Im Rinnenflüsslein, Im Erlacherweg, Im Öhlspügel, Im oberen und unteren Siegel, Im Neuenberg, Im Steinspfad, Im Eisenhut und Brand, Im Reifenthal, Im Schönleiden, Im Sandthal und Fuchs, Im Erbeth, Im Kappelberg und Spahn, Im Stachelberg, Im Kemmetlein, Im Schleifen und Theilheimer, Im Kreuz und Schwanzlein, Im Rthorweg und Zwischenweg, Im Tränkberg, Im Spörer, Im Leerenberg, In der Steig, Im Hörlein ober der Steig, Ober dem Steinspfad, Oelspiel, Oehlspiel, Siegel

Großlage: Ölspiel

Gesamtrebfläche: 72 ha

Hauptbimmelsrichtungen der Lagen:
Süd-Süd-West, Süd-West, West

Höhe über dem Meeresspiegel: 185 bis 275 m

Haupthangneigung der Lagen in Prozent: 10 bis 20 bis 50

Boden:
oberer Muschelkalk, auch Flugsandbeimengung

Rebsorten:
Silvaner, Müller-Thurgau, Bacchus, Kerner, Scheurebe, Ortega u. a.

Wein:
gutes und artiges Bukett, mild, stoffig, nachhaltig.
Von Sommerhausen aus wurde der gute Ruf der Scheurebe mitbegründet. Die Müller-Thurgau-Weine aus Lagen mit leichterem Boden gehören mit zu den am frühestreifen Weinen Frankens. Der Silvaner ist ebenfalls sehr zart.
Auch wachsen hier gute Rotweine.

Buttenträger mit Winzerin, eine Steinplastik von Richard Rother (an der Straße zwischen Sommerhausen und Eibelstadt).

Winterhausen

Bis über die Jahrtausendwende hinaus waren die beiden heute selbständigen Gemeinden Winterhausen und Sommerhausen zur Siedlung gleichen Namens wie Ahuisen, Ahousen, Ohusen, Anhausen und Ahausen zusammengefaßt. Erst ab dem Jahre 1300 hatten sie getrennte Namen. Bei der Entstehung des Namens Winterhausen mögen die Zeitlage der Kirchweih am 6. Dezember (Kirchenheiliger Nikolaus), aber auch die geographische Lage unterhalb der „kühlen Hänge" maßgeblich gewesen sein.
Forscht man in alten Urkunden, dann macht die Zuordnung der Weinberge nach Sommer- oder Winterhausen große Schwierigkeiten, da selbst manche Flurnamen gleich sind (Beispiel: Alterberg, Neuerberg, Schönleite). 1142 nimmt Papst Innozenz II. das Zisterzienserkloster Heilsbronn bei Ansbach mit all seinem Zugehör in Schutz, darunter auch Weinberge in Ahusen.
Die Art der Frömmigkeit im frühen Mittelalter bewog viele Menschen, vor allem aber die Adeligen, Teile ihrer Weinerträge und Weinberge an Kirchen oder Klöster zu verschenken. Für diese guten Taten sicherten sie sich einen Jahrtag zu, d. h., es wurde an bestimmten Tagen des Jahres für ihr Seelenheil gebetet. Durch die damalige Herbergsfunktion der Klöster hatten diese neben dem Eigenbedarf einen

Winterhausen ist durch eine neue Brücke näher mit Sommerhausen verbunden.

hohen Bedarf an Wein für die Bewirtung. So sind es vor allem die Klosterurkunden, die uns etwas über den früheren Weinbau in unseren Landen erzählen. 1172 erwirbt das Schottenkloster einen Weinberg in Ahausen.
Gerbot von Jochsberg und seine Ehefrau Kunigunde schenken 1302 dem Kloster Heilsbronn ihren Weingarten zu Winterhausen für ihr Seelenheil mit Vorbehalt des halben Ertrags für ihre Lebenszeit. Zwischen 1303 und 1345 finden sich im Lehensbuch des Hochstiftes Würzburg mehr als ein Dutzend Eintragungen über Winterhäuser Lehensverhältnisse.
1669 wird in einem Protokoll der Zehntberechtigten (Domkapitel zu Würzburg und des Schenken zu Limpurg) über die Kontrolle von 42 Wein-Zehnt-Steinen in Winterhausen berichtet. Ein großer Teil der Winterhäuser Flur diente damals dem Weinbau.
Auf der 1737 gegossenen Elfuhrglocke stand unter anderem der Spruch: „Zu Winterhausen wächst der Wein durch Gottes Gnad' beim Mondenschein". Dieser Spruch hat schon zu vielen Mißdeutungen Anlaß gegeben (zu bössinnigen und gutgemeinten). In Wirklichkeit ist damit ausgesagt, daß der muschelkalksteinige Boden die Sonnenhitze des Tages speichert und in der Nacht wieder abgibt, eine Tatsache, auf deren Wirkung wir in Franken besonders angewiesen sind. Jeder Weinfachmann weiß aus eigener Beobachtung, daß die dem Boden am nächsten hängenden Trauben am ersten blühen und auch als erste reif sind.
Auf der Weinglocke, die offensichtlich bei der Limpurgschen Herrschaft eine wichtige Rolle spielte (vgl. Sommerhausen, aber auch Markt Einersheim), stand der Sinnspruch:
„Die Winterhäuser Pfarrgemein helf ich zur Kirche laden ein". – Die Bürger sollten das Wirtshaus oder die Heckenwirtschaft verlassen und zum Gottesdienst gehen.
Im Jahre 1823 konnte Winterhausen eine bestockte Rebfläche von stattlichen 500 Morgen in Hanglage und weiteren 126 Morgen in der Ebene aufweisen. Aber schon 80 Jahre später veränderte sich diese Situation radikal. Durch Rebkrankheiten und den oft an anderer Stelle schon beschriebenen weinbaufeindlichen Umständen wurde der Weinbau zurückgedrängt und die Erwerbsstruktur weitgehend auf Landbau und Viehhaltung umgestellt, was bei der Enge der „Häcker"-Anwesen vielerorts erhebliche Raumnöte aufwarf. Scheunen und Ställe mußten zwischen die Häuser gezwängt werden. Im Rahmen von Flurbereinigungsvorhaben konnte jetzt wieder an die Tradition im Weinbau angeknüpft werden. Die „letzte Rebe" wurde 1983 feierlich gepflanzt. Bei einer öffentlichen Weinprobe wurde im Januar 1985 der Jungfernertrag einem interessierten Publikum mit Erfolg vorgestellt. Als „Kaiser Wilhelm" wurde die Neuanlage in die Weinbergsrolle eingetragen. Der Name stützt sich auf das in direktem Zusammenhang mit der neugepflanzten Rebfläche gelegene Landschaftsschutzgebiet „Wilhelmshöhe". Zum 100. Geburtstage von Kaiser Wilhelm I. wurde dort eine Schutzhütte gebaut und eine Gedenktafel angebracht.

Winzer und Fachleute sind davon überzeugt, daß der Wein aus dieser Neuanlage als lokale Spezialität seine Freunde finden wird und der Nimbus des Besonderen auch im Lagenamen Ausdruck finden soll. Daß man auch andernorts von der Vorzüglichkeit der Lage überzeugt ist, zeigt die Beteiligung auswärtiger Weingüter an der Winterhäuser Rebfläche.

Einzellage:
Kaiser Wilhelm
Früher: Altenberg, Wachs, Bromberg, Neuenberg, Neulein, Häuserberg, Höll, Würfelleite, Scheinsberg

Gesamtrebfläche:
11,5 ha

Haupthimmelsrichtungen der Lage:
Süd bis Ost

Höhe über dem Meeresspiegel:
220 bis 280 m

Haupthangneigung der Lage in Prozent:
16

Boden:
Lehm und lehmiger Ton

Rebsorten:
Müller-Thurgau (70 %), Bacchus (7 %), Kerner (7 %), Silvaner (5 %), Schwarzriesling (4 %), Portugieser (4 %), Perle (3 %)

Wein:
Die erste Ernte im Jahre 1984 zeigte recht ansprechende „Jungfernweine“ mit Stoff und pikanter Säure.

Kleinochsenfurt

Im Jahre 1980 wurden im Rahmen des planmäßigen Wiederaufbaus der fränkischen Weinberge in Kleinochsenfurt 9,1 ha mit Reben bepflanzt. Diese Weinbergslage wurde bei der Regierung von Unterfranken als „Herrenberg“ eingetragen. Der Name wird von einer Katasterbezeichnung abgeleitet. Die Domherren hatten hier ein Lehen.
In einer Zehntüberschreibung von 1281 wird erstmalig in einer Urkunde der Weinbau in Kleinochsenfurt erwähnt. Zehntherren waren das Domkapitel, das Kloster Tückelhausen und weitere auswärtige Kirchen.
Die mächtigen Halden aus Lesesteinen kündeten bis in die jüngste Zeit vom Fleiß der Menschen, die auf den steilen Muschelkalkhängen die Reben kultivierten. Nachdem Kleinochsenfurt der Stadt Ochsenfurt eingemeindet wurde, ist man in Ochsenfurt wieder sehr stolz auf seinen Weinbau; denn in der Stadtgemarkung selbst war er eingegangen. 1860 waren es noch 80 ha, 1933 nur noch 4 ha.
Wenn man über Ochsenfurt berichtet, darf man den „Kauz“ nicht unerwähnt lassen, jenes drei Liter fassende Trinkgefäß in Form einer Eule, das bei festlichen Angelegenheiten, insbesondere zum Jahresbeginn, im Ochsenfurter Rathaus gereicht wird.
1611 wurde das Trinkgefäß von dem domkapitelschen Herbstherrn gestiftet. In die Kauzenbücher

Kleinochsenfurt mit neubereinigter Weinbergsanlage.

Ochsenfurt, ehemalige Landkreisstadt, ist das Eingangstor zum fruchtbaren Gau.

durften diejenigen Personen sich eintragen, die in der Lage waren, den Kauz bis zum Grunde auszutrinken.

Einzellage: Herrenberg
Früher: Kirchberg, Rindzucht, Warth, Klinge

Gesamtrebfläche: 15 ha

Haupthimmelsrichtungen der Lage: Süd, Süd-West

Höhe über dem Meeresspiegel: 180 bis 240 m

Haupthangneigung der Lage in Prozent: bis zu 35

Boden: Lehm und Letten

Rebsorten: Müller-Thurgau, Bacchus, Silvaner u. a.

Wein:
Da die Anlage der Weinberge erst 1980 erfolgte, können noch keine großen Erfahrungswerte angegeben werden. Im trockenen Sommer 1983 trugen die Reben sehr reichlich, und der an sich sehr fruchtige Wein ließ etwas die fränkische Körperfülle vermissen. Es ist sicherlich zu erwarten, daß der Wein dieser Lage ähnlich werden wird wie der aus den steilen Lagen der Umgebung.

Frickenhausen

Frickenhausen ehrt heute noch mit einer Weinbergslage „Markgraf Babenberg" jenes Grafengeschlecht, das bis zum Jahre 903 Grundherrschaft von Frickenhausen war. Viel spricht dafür, daß Frickenhausen eines der ältesten Weinorte in den Mainlanden überhaupt ist. Seine ausgezeichnete Lage durch die Süd-Süd-Hänge (so Bürgermeister Grieb) läßt den Wein zur besten Reife gelangen. In kaum einem anderen Weinort hatten Geistlichkeit und Weltlichkeit so viele Häuser und Güter, insbesondere Weinberge, wie hier in Frickenhausen. Man kann sich kaum vorstellen, daß die Stadt Ochsenfurt noch im 13. Jahrhundert Pfarrfiliale von Frickenhausen war. 1207 verfügte der Würzburger Bischof Otto von Lobdeburg, daß nach seinem Tode sein rechter Arm mit einem Fuder Frickenhäuser Wein zu seiner Begräbnisstätte geschickt werden solle.
Das Bild von und um Frickenhausen war geprägt

Die wunderbare Geschichte einer Weinrebe (vgl. Seite 232).

vom Weinbau. Riesige bruchsteinmauergewölbte Keller sprechen ein beredtes Zeugnis von der Menge des eingelagerten Weines. So kann aus der Chronik entnommen werden, daß die „Wohlhabenderen" meist das Zehnfache und mehr von den früheren Jahrgängen eingelagert hatten. (Heute spricht man von der zweieinhalb- bis vierfachen Menge einer Ernte an Lagerkapazität.)
Noch vorhandene Aufzeichnungen aus dem 18. Jahrhundert künden von den großen Ertragsschwankungen der einzelnen Jahre. Dies und die immer mehr aufkommenden Schädlinge waren auch der Grund dafür, daß in den letzten zwei Jahrhunderten der Weinbau immer mehr zurückging, d.h. große Weinbergsflächen dem Pflug Platz machten.
So blieben speziell in Frickenhausen nur noch die Weinberge erhalten, die sich an absoluten Steilhängen befanden.
Waren die Weinberge in früherer Zeit in kleine Parzellen aufgeteilt und mit Stützmauern klar und bestimmt gegliedert, nur hie und da durch „Steinrutschen" unterbrochen, so finden wir heute nach der

In Frickenhausen findet man auf Schritt und Tritt romantische Zeugen der Vergangenheit.

Neuordnung geometrisch klare, an die Erdoberfläche sich anpassende Linien. Wir finden Wasserabläufe und Wirtschaftswege, die den Zugang zu den Weinbergen ermöglichen.
Frickenhausen hat den Zug der Zeit sehr bald erfaßt und seine gesamte Rebfläche neu geordnet und planmäßig wieder aufgebaut.
Wenn auch heute nicht mehr so stark ausgeprägt, so ist der Winzer doch ein eigener Menschenschlag, und es ist dem Chronisten zu glauben, daß der Häkker sich sehr wohl unterscheidet von dem Ackerbauern, und daß er ein geweckter, geschliffener Menschenschlag sei, der an Kleidung, Manier und Redeweise sofort erkennbar sei. (Viele Lehrer und Pfarrer, die aus bäuerlichen Gegenden in Weinbaugemeinden versetzt wurden, können vom Unterschied im Temperament der Kinder erzählen.)
Der Häcker, so hört man in der Chronik, ist ein gesunder, höflicher, artiger, witziger, lebenslustiger, aber auch von Fall zu Fall grober Menschenschlag, der bei gesundem Verstand die Unbilden der Natur wie kein anderer verspüre. Deswegen sagen auch die Winzer, wenn es einen guten Wein gibt: „Den haben wir gebaut"; ist aber eine geringere Ernte mit Müh und Not herangereift, dann heißt es: „Solch einen Wein hat Gott wachsen lassen."
Frickenhausen ist ein Kleinod der fränkischen Weinbauorte. Was hier an Altem wieder hergestellt wurde, ist einfach großartig.
Neben der dominierenden Kirche ist das historische Rathaus mit seiner Freitreppe, der geräumigen Diele mit Balustrade, in der früher die Hochzeiten des Ortes stattfanden, mit seinem uralten Sitzungssaal für jeden Besucher ein Erlebnis. Es taucht spontan die Frage auf, welches Beharrungsvermögen unsere Altvorderen hatten, daß sie uns diese Schätze überlieferten.
Frickenhausen zeigt viele liebenswerte Besonderheiten. So ist interessant, daß südlich der Hauptstraße, also zum Main hin, wegen der Hochwassergefahr keine Häuser mit tiefen Kellern gebaut wurden. Ein Raum, zu dem nur zwei bis drei Stufen hinabführten, diente als sogenannte Weinkammer. Hier lagerte in kleineren Fäßchen der Weinvorrat für den Hausgebrauch. Im Sommer konnten hier leichtverderbliche Speisen vorrübergehend aufbewahrt werden. Auch der sogenannte „Trinkwein", der durch Nachwässern der Trester hergestellt wurde und der eigentliche „Haustrunk" der Winzer war (mein Großvater zog 1914 35jährig und mein Vater 1943 42jährig in den Krieg, und beide hatten ihren eigenen Wein noch nie verkostet. Der Winzer war viel zu arm, um guten Wein zu trinken, dieser mußte verkauft werden, da waren schon die Frauen und Mütter hinterher, Anm. B. W.).
Wenn in Frickenhausen Hochwasser gemeldet wurde, mußten die Fässer mit Hölzern gegen die Decke „abgesprießt" werden.
Im ersten Obergeschoß befanden sich die Wohnräume für die Familie. Der Dachboden diente als Holzlagerplatz und Abstellraum. Mit einem Seil, das über eine Rolle lief, wurde das Holz durch eine größere Dachgaube, Bodenladen genannt, hinaufgezogen. Bei großem Kinderreichtum wurden auch Bet-

ten für die Kinder dort aufgestellt. Bei Viehhaltung wurde dieser Dachboden auch oft für die Lagerung von Klee, Heu und Stroh verwendet. Fast vor jedem Haus türmte sich ein Misthaufen, auf dem sich die Hühner tummelten. Die Tatsache, daß in Frickenhausen viele geistliche und adlige Herren Weinberge besaßen, läßt den Schluß zu, daß im Ortsbereich südlich der Hauptstraße überwiegend die Taglöhner und die ärmere Bevölkerung wohnten. Auf der Nordseite entstanden viele Herrschaftshäuser mit z. T. großen Gewölbekellern und prächtigen Innenhöfen.
Mit der Instandsetzung der alten Weinbergsmauer zur Valentinskapelle hinauf und der Wiederaufstellung von 14 neuen Kreuzwegstationen, die eine bildliche Beziehung zum Weinbau herstellen, setzt Frikkenhausen einen großartigen Schlußpunkt in dem Bemühen um Erhaltung des Erbes der Väter.

Erzählung „einer wunderbaren Geschichte einer Weinrebe, die sich in Frickenhausen am Main zugetragen haben soll" (1577):

Als Tausend und fünfhundert Jahr
Siebenundsiebzig die Jahrzahl war/
Begab sich wahrhaftig die Geschicht
Wie ich denn allhie tu bericht/
Geschehen in Ochsenfurt der Stadt
Im Frankenland welches auch bekannt/
Liegt am Wasser mit Namen der Main
Ganz weit erkannt von groß und klein/
Darinnen wohnt ein Herr ganz wohl bekannt
Michael Hinderdörffer genannt/
Derselbige einen Weingarten hat
Derselbig liegt nicht weit von der Stadt/
Auf der Frickenhäuser Markung eben
Drin steht ein Weinstock, hat zwei Reben/
Samt anderen kleinen Reben entsprossen
Aus obiggemeldeten Stock heraus geschossen/
Der einiges abgemeldete Rebe versteht
Der zur rechten Hand hinausgeht/

Angebunden an einen Pfahl
Der hat getragen dazumal/
Der schönen Weintrauben dergestalt
Wie er allhier steht abgemalt/
Und dieser Rebe da das Auge raus
Entsprossen ist hat sich von auß'/
Voneinander zerteilet fein
Also das achtzehn Weinträublein/
Sind geworden welches mit Verwunderung
Haben gesehen alt und jung/
Viel Würzburger und andere waren
Kommen geritten und gefahren/
Sehen den Träubel mit Verlangen
Mit Verwunderung am Reben hangen/
Das eine Aug wie man pfleget zu sagen
Soll allein achtzehn Träublein tragen/
Denn zwischen jeder Traube fein
Sind gewachsen schöne Weinbeerlein/

Letztlich hat der Herr des Weingarten
Ihn verzaunen lassen, das dem zarten/
Gewächs kein schaden zu handen käm
Nun hat es sich begeben nach dem/
Das ein böser Mensch sich hat beflissen
Das schöne Gewächs heimlich abgerissen/
Welches unzeitig ihm nichts nutz war
Zwei andere Personen kam dar (daher)/
Zu sehen das göttliche Wunder
Finden den Träubel liegen unten/
Den Weinstock unten auf der Erde
Den hoben sie auf mit Beschwerde/
Trugen ihn nach Ochsenfurt hinein
Und geben den dem Herren sein/
Den empfing er mit großen Schmerzen
Also wenn Got einen frommen Herzen/
Noch etwas Gutes gibt zu genießen
Das tut dem Teufel hart verdrießen/

Schaut wie er richtet ein Schaden an
Wo er selbst nichts ausrichten kann/
So schickt er seinen Boten dar
Darum sollen wir billig (heftig) ganz und gar/
Zu Gott rufen, daß er bewahr
Die Früchte auf dem Feld immer dar/
Und auch dieselben lasse er sprießen
Das wir's mögen mit Dank genießen/
Und austeilen ganz brüderlich
Und den geizigen Teufel wehren gewaltig/
Samt allem Unglück und Elend
Helf uns immer ewig, Amen.

Gedruckt zu Nürnberg
durch Alexander Pfeiffer.

Einzellagen:
Kapellenberg, Fischer
Früher: Sand, Berg, Mainleite, Eirich, Höflingsberg, Kulmbacher, Roth, Sand, Steinbach, Schlettach, Spörlein, Tell, Uppenthal, Fischer, Kapellenberg, Steinbach Lämmerberg, Kalkofen

Großlage: Markgraf Babenberg

Frickenhausen: Höflingsberg

Gesamtrebfläche:
87 ha
1932 Gründung einer WG; heute sind die Winzer Mitglieder der GWF

Haupthimmelsrichtungen der Lagen:
Süd, Süd-Ost

Höhe über dem Meeresspiegel:
180 bis 260 m

Haupthangneigung der Lagen in Prozent:
20 bis 50

Boden:
oberer Muschelkalk

Rebsorten:
Silvaner, Riesling, Rieslaner, Scheurebe, Traminer, Müller-Thurgau, Bacchus, Faberrebe, Portugieser, Spätburgunder, Domina, Schwarzriesling

Wein:
ausgeprägtes sorten- und lagenbetontes Bukett, mild, voll, saftig. Die Silvanerweine dieser Lagen weisen eine unverwechselbare Fülle auf. Sie zählen zu den besten in Franken.

Marktbreit

Zwischen 1965 und 1969 wurde ein Teil der einstigen Weinbergsflur neu aufgebaut. Marktbreit, die südlichste Stadt am „Maindreieck", war nicht nur ein bedeutender Handelsplatz in früherer Zeit bis zum Bau der Eisenbahn. Für den Transport des Frankenweins, der eine heute unvorstellbare Bedeutung in Deutschland hatte (noch Anfang des vorigen Jahrhunderts wurden in Franken ein Sechstel der deutschen „Weinkonsumtion" geerntet), war der Hafen von Marktbreit von größter Wichtigkeit. Schon im 15. Jahrhundert werden 18 Weinhandlungen und ein Zollamt für ausländische Weine in Marktbreit benannt.
1782 beschreibt der Marktbreiter Weinhändler Johann Christian Fischer in seinem Buch „Der fränkische Weinbau und die daraus entstehenden Produkte, patriotisch und physikalisch beschrieben" die damaligen Verhältnisse sowie Anbau- und Ausbau-

Aus dem Dächergewirr ragen die vielen Türme Marktbreits heraus. Im Hintergrund zieht die neue Autobahn nach Rothenburg vorbei.

methoden des Weines. Der folgende Kernsatz aus diesem heute noch in vielen Teilen gültigen Lehrbuch darf an dieser Stelle vorbehaltlos zitiert werden: „Wenn künftig meine Landsmänner die besten Gattungen Weintrauben und jede besonders pflanzen; die Zöglinge sorgfältig und natürlich behandeln, fruchtbares, kurzes und nicht vieles Holz aufschneiden, die Erde fleißig umgraben; das überflüssige Holz, das dem guten die Nahrung entziehet, ausbrechen; die Reben an Wände ziehen, oder den runden Stock durch geschicktes Abblatten mehr Sonne und Luft verschaffen; bey der Weinlese die Trauben auswählen, und solche sorglich ihrer Kämme befreyen; jede Gattung Mostes besonders behandeln, und die eindringende Luft, als die Pest des Weines abhalten; endlich ablassen (ablassen = den Wein vom Trub trennen), wie ich es erwehnet habe: so wird niemand träumen, den guten Frankenwein verachten, sondern er wird sich durch seine vorzüglichen Eigenschaften empfehlen. Kein edler Franke lasse sich mehr einfallen, seinen guten Weinen die Masque fremder Weine zu geben."

Was Fischer hier schreibt, ist ein absolutes Bekenntnis zum Qualitätsweinbau. Diesem Qualitätsweinbau hatten sich auch die Marktbreiter Winzer verschrieben, die 1935 eine Winzergenossenschaft gründeten. Heute sind Mitglieder der Gebietswinzergenossenschaft Franken.

Der Fachberater des Bezirks Unterfranken für Weinbau schreibt in seinem Bericht über die fränkischen Winzergenossenschaften in den Jahren 1951 bis 1960 über den Marktbreiter Weinbau folgendes: „Die Flächenleistung der WG liegt im Durchschnitt bei 25,8 hl/ha. Diese Flächenleistung ist zu gering, hier können die Bebauungskosten niemals gedeckt werden. Man ist bemüht, den weinbaulichen Wiederaufbau in die Wege zu leiten; das Interesse ist nicht allzugroß. Die Weine von Marktbreit sind herkunftmäßig, vom oberen Muschelkalk stammend, recht brauchbare, frische Weine, die viele Freunde haben. Wenn die Leistung in Marktbreit sich nicht bald steigern läßt, wird der Marktbreiter Weinbau bald ganz zerfallen ..."

Daß die Leistung gesteigert wurde, kann man heute an der Gemarkung sehen. So hat die damalige Generation den Weinbau in das 21. Jahrhundert gerettet.

Im übrigen gilt dieser damalige Situationsbericht für die Mehrzahl der fränkischen Weinbaudörfer. Das „Frankenwein-Jahrbuch", Ausgabe 1954/55, das von Dr. A. Kraemer im Auftrag des Fränkischen Weinbauverbandes e.V. bearbeitet wurde, hat bereits Grund zu Optimismus, wenn geschrieben steht: „... von goldenen Zeiten träumt die mächtige Handelsstadt, vergißt aber die Erfordernisse der Zeit nicht und bringt den Weinbau zu neuer Blüte."

Einzellage:
Sonnenberg (einschl. Rebflächen in Marktsteft)
Früher: Kapellenberg, Mainleite, Nährtal, Schwenninger, Buheleite, Am Hof, Endelberg, Engelberg, Steig

Großlage:
Hofrat

Gesamtrebfläche:
13 ha

Haupthimmelsrichtungen der Lagen:
Süd bis Süd-West

Höhe über dem Meeresspiegel:
190 bis 265 m

Haupthangneigung der Lagen in Prozent:
30 bis 35

Boden:
oberer Muschelkalk, Lettenkeuper

Rebsorten:
Müller-Thurgau, Silvaner u. a.

Wein:
kräftiges Bukett, pikant, feinnervig, gehaltvoll.

Sulzfeld

Der Name Sulzfeld gilt bei den heutigen Menschen oft für das riesiggroße Straßenweinfest in Franken. Und in der Tat, was sich hier jährlich so alles zu diesem Ereignis trifft, ist schon beeindruckend. Weinfeste haben eine eigentümliche Anziehungskraft für den Menschen unserer Zeit. Der Wein schafft eine Stimmung, die gerade auf den einfachen Holzbänken und Holztischen das Gefühl von Gemeinsamkeit aufkommen läßt – sozusagen eine soziale Verbrüderung. Man trinkt den gleichen Schoppen, singt die gleichen Lieder und fühlt sich nicht eingepreßt in starre Verhaltensregeln. Ist es das, was immer mehr Menschen zu den Weinfesten strömen läßt?
Sulzfeld ist jedenfalls mit seinem Straßenweinfest eine Attraktion, dazu kommen noch die „Meter-Bratwurst" und ein unverfälschtes fränkisches Dorfbild mit holperigem Pflaster, engen Gassen und hochgiebeligen Winzerhäusern. Neben der Dorfkir-

Wie ein Wengertspfahl steht der Sulzfelder Kirchturm mitten im Weinberg.

che und einigen Patrizierhäusern ragt aus diesem Dächergeschachtel das von Fürstbischof Julius Echter in Bau gegebene und 1609 vollendete Rathaus hervor. Man muß einmal an einem heißen Sommertag durch die Eingangstür gegangen sein und die würdevolle Kühle des Stiegenaufgangs und den besonderen Ruch des altehrwürdigen Gebäudes in sich aufgenommen haben. Man muß einmal den schlichten Begrüßungsworten des Bürgermeisters gelauscht haben, mit denen er seine Gäste zu einer Probe Sulzfelder Weine einlädt, und man muß die schwielenharte Hand der Winzer gedrückt haben, die den Wein zur Verfügung stellten.

Der fragende Blick und die leichte Feuchte der Hand lassen erahnen, wieviel dem Winzer an dem Urteil der Gäste gelegen ist. Und nur, wer sich in die Welt des Winzers versenken kann, oder wer selbst Winzer ist, versteht diese Erregung.

Die Sulzfelder haben eine ihrer Weinbergslagen Cyriakusberg genannt. In der Nähe dieser Lage tobte nämlich am 8. August (Namenstag des hl. Cyriakus) des Jahres 1266 jene schlimme Schlacht, in der 500 Männer im Kampfe um den Bischofssitz von Würzburg fielen.

Die Sturmfahne der Würzburger Streitmacht, deretwegen der Sage nach die Gegner (Castell und Henneberg) in Verwirrung gerieten, ist heute noch im Mainfränkischen Museum aufbewahrt.

Der Weinbau der Gemarkung Sulzfeld wurde ebenfalls erst wieder durch den planmäßigen Wiederaufbau rentabel. Die meisten Winzer sind der Gebietswinzergenossenschaft Franken angeschlossen. (Bereits 1930 war eine örtliche Winzergenossenschaft gegründet worden.) Hervorragende Selbstmarkter und der Betrieb Weingut-Weinkellerei Brennfleck, der auch ein Mitglied der EG Winzerverein Frankonia ist, sind hier um die Qualität des Sulzfelder Weines bemüht. Sie werden dabei von einem kleinen Künstlervölkchen, das in den Türmen und alten Winzerhäusern haust, kräftig unterstützt. Übrigens: Kenner schnüffeln aus manchen Sulzfelder Weinen neben der fränkischen Erdhaftigkeit den leichten Duft von Weidenbüschen heraus. Probieren Sie den Wein aus Sulzfeld einmal!

Einzellagen:
Cyriakusberg, Maustal
Früher: Drachenberg, Altenberg, Maustal, Sonnenberg, Mukkental, Cyriakusberg, Maushügel, Hirschtal, Brunnenquell, Eselsberg, Ranes, Mönchshöflein, Neuenprunn, Weichselgarten, Kitzinger Berg, Stenderweg, Erdenschlag, Lehenleite, Hutstatt, Uptal (Muckental), Hinterdorf, Steig/Finkler, Ebene, Herrschtal, Esch, Gennstreubel, Schneckenruhe, Geiersberg, Pfaffensetz, Hutstatt/Hofstatt, Frohnberg, Gaubitz, Backöfelein, Kohlplatte, Hansen, Pfann, Kreuz, Diethalben, Kramer, Renntal, Gans, Böllein, Rotherberg, Röthen, Schimmel, Bläßlein, Schlüssel, Schimmelsetz, Sandsetz, Grabensetz, Martersetz, Enoth, Gleißender Wolf, Viehegarten, Schneckenau, Schuckauf, Stern, Zöllnerpfad, Eulen, Ruhstatt, Steingerümpel, Nunn, Himmelsleiter, Müller, Steg, Hengst, Haag, Drachenberg, Molkenberg, Judenweg, Gänsleinspfad, Gänsleinswasen, Hierlein, Essigkrug

Großlage:
Hofrat

Mauerpartie in Sulzfeld (in den 20er Jahren aufgenommen).

Das Sulzfelder Weinfest ist vorüber.

Gesamtrebfläche: 141 ha

Haupthimmelsrichtungen der Lagen: Süd-Ost, Süd

Höhe über dem Meeresspiegel: 185 bis 265 m

Haupthangneigung der Lagen in Prozent: 10 bis 50

Boden:
oberer Muschelkalk, Lettenkeuper, Löß, Lößlehm

Rebsorten:
Müller-Thurgau, Silvaner, Scheurebe, Kerner, Bacchus u.a.

Wein:
ausgeprägte artiges Bukett, sehr markig, gehaltvoll.
Der Wein benötigt etwas länger zur Entwicklung, ist dann aber auch gut lagerbar.

Schneid Birnbaam, schneid Buxbaam,
schneid birabaami Latt'n,
na kriegst aa ann schänna
Tanzboud'n, ann glatt'n.

Marktsteft

Durch die neue Umgehungsstraße und die Anbindung an die Verwaltungsgemeinschaft Marktbreit ist es heute um diese fränkische Kleinstadt, am linken Mainufer zwischen Kitzingen und Marktbreit gelegen, ruhiger geworden. Eher das Bier als der Wein finden hier Beachtung. Von den ehemaligen Weinbergen in den Fluren Silberg, Äußerer und Innerer Berg sowie Sippach sind heute noch ca. 1,5 ha übriggeblieben. Die Landwirtschaft ist zu einem Nebenberuf abgesunken.
Erinnerungen an frühere große Zeiten, als die Ansbacher Markgrafen hier residierten, sind der ausgestorbene Mainhafen und die Lindenallee. Als Handels- und Umschlagplatz hatte sich Marktsteft einen großen Namen gemacht; am ehemaligen Hafen mit Kran und Lagerhallen mag man noch etwas von der früheren Macht und Herrlichkeit erahnen. Sehenswert ist auch noch der Arkadenfriedhof mit den Epitaphien von Schiffer- und Handelsgeschlechern.

Marktsteft, ehemalige Hafenstadt der Markgrafen von Ansbach.

Der Kirchenpatron St. Stephan soll dem Ort seinen Namen gegeben haben. In ersten Urkunden wird das Dorf „Stepfe“ genannt. Die Wörter stepfen, stapfen weisen auf schrittweises Gehen, auch auf eine Landschaft, die nach und nach gestuft ist, hin. Der mittelhochdeutsche Ausdruck stapfen beinhaltet auch die Staffel und den Stapelplatz. Bei Namenserklärungen sollten auch in Zukunft diese Interpretationsversuche beachtet werden. „Stefft“ gehörte einmal zu den sogenannten sechs Maindörfern neben Sickershausen, Martinsheim, Gnodstadt, Oberickelsheim und Obernbreit. Im Jahre 1730 wurde der Sitz dieser Dörfer von Obernbreit nach Marktsteft verlegt, bis diese „Verwaltungsgemeinschaft“ 1797 aufgehoben worden ist.
Interessant zu hören ist, daß Anfang des 18. Jahrhunderts Kurbrandenburg den Entschluß faßte, das Häckerdorf Marktsteft für den rückwärtigen Besitz (gemeint ist Uffenheim und Crailsheim) als „ein Fenster zum Main“ auszubauen. Es blieb alles in den Ansätzen stecken. An ehemalige große Zeiten erinnert das Rokokohäuschen der Familie Kerl (1750). In dem am 11. März 1716 begonnenen Büttner-Zunftbuch von Obernbreit-Marktsteft können wir vieles vom Weinbau in Marktsteft erfahren. Als ihre Herberge wählten die Büttner das Gasthaus „Zum goldnen Hirschen“ in Obernbreit, später (1731) siedelte man in die „Krone“ nach Marktsteft über. Die Zunft der Büttner bestand bis zum Jahre 1850. Alle zwei Jahre beging man den Jahrtag, u.a. wurden Verarbeitung und Handel von Weinhefe und die Büttnerarbeit in den einzelnen Winzerkellern geregelt. Nach dem Erlöschen der Büttnerzunft gründeten die Büttner und Bierbrauer einen „Büttner- und Bierbrauer-Gewerbeverein“.

Einzellage:
Sonnenberg
Früher: Silberg, Sippach, Äußerer Berg, Innerer Berg

Gesamtrebfläche:
2 ha

Haupthimmelsrichtung der Lage:
Süd-West

Höhe über dem Meeresspiegel:
190 bis 260 m

Haupthangneigung der Lage in Prozent:
10 bis 15

Boden:
Muschelkalkverwitterung mit Fluß und Sandauflage

Rebsorten:
Müller-Thurgau u.a.

Wein:
kerniger, fester Wein.

Rechts:
Sulzfeld am Main im Frühjahr.

Das Gärtnerdorf Segnitz am Main mit seinen vielen Gewächshäusern und den flurbereinigten Weinbergen im Hintergrund. Über die Brücke kommt man rasch nach Marktbreit hinüber.

Segnitz

Segnitz hat wie die meisten fränkischen Weinorte eine lange Geschichte. Die Endung -itz bei Segnitz führt zu der Erklärung, daß Segnitz eine slawische Siedlung aus dem 7. Jahrhundert oder unter Karl dem Großen errichtete slawische Gefangenensiedlung sein könnte.

Urkundlich wird Segnitz erstmalig im Jahre 1142 erwähnt, als ein Einwohner dem Stift Neumünster in Würzburg zwei Morgen Weinberg in „villa segeniz" schenkte.

Die Herrschaftsverhältnisse waren, wie in vielen anderen Orten, sehr ungünstig. Unter der Doppelherrschaft Kloster Ahausen (1525 lösten die Markgrafen von Ansbach die Ahausener Rechte ab) und Zobel von Giebelstadt hatte die Bevölkerung schwer zu leiden. Beide Herrschaften hatten hier einen Amtsschultheißen und stellten zum „Gericht" je einen Bürgermeister und fünf Ratsherren. Der Rathaussaal war in zwei Räume geteilt, in denen der ansbachische und der zobelsche Schultheiß residierten.

1448 wird Segnitz, das bis dorthin kirchlich nach Frickenhausen gehörte, zur selbständigen Pfarrei erhoben.

Segnitz kann sich heute noch auf viele Niederschriften über den Weinbau stützen. Hier dürfen einmal die Vorschriften für den Schröter wiedergegeben werden (aus Harald Frank: Segnitz im 16. Jahrhundert, Recht und Gesetz in einem fränkischen Dorf):

„Das Amt eines Schröters war in einer Weinbaugemeinde äusserst wichtig und vielseitig. So musste der Schröter die Fässer prüfen und eichen, die Käufer in die Weinkeller führen, den Preis aushandeln, den Wein umfüllen und schliesslich sogar verladen. Er kontrollierte ausserdem die Abgabe des Zehntweins und des Hüteweins. Zu ihren weiteren Obliegenheiten gehörte auch das Wetterläuten, das Totenläuten und vieles andere. Für jede Tätigkeit gab es feste Gebühren, die in Geld oder Wein erledigt wurden. Jährlich an Petri Kathedra, dem 22. Februar, wurden die Schröter neu verpflichtet und vereidigt.

Aus dem ältesten Segnitzer Gerichtsbuch erfahren wir dazu:

Ein jeglicher Schröter soll geloben, darnach zu Gott und seinen Heiligen schwören, diese Artikel zu halten:

1. Dass einer die Zent zu Ochsenfurt versorge und verwes.
2. Sie sollen die Kaufleut führen, den Reichen als den Armen, ohn Gefährde in drei Keller. Kaufen sie mehr, mugen sie die weiter führen.
3. So ein Wein wandelbar oder aufstössig ist, soll er dem Kaufmann nicht von sagen, sondern dem Häcker, des der Wein ist, offenbaren.
4. Sie sollen den Marktfuhren zum ersten laden, darnach dem nächsten, der kümmpt.
5. Sie sollen kein Schenk fordern. Schenkt ihnen der Kaufmann, so steht das zu ihme.
6. Sie sollen dem Herrn die Gült laden ohn der Herrn Entgeltnis.

7. Hätt man keinen Schröter gedingt, soll ihr einer die Zehnt nach Ochsenfurt verwesen. Der Schröter Lohn in neuen Denar dl oder Pfennig:
8. 12 dl ein Fuder oder 12 Eimer zu laden.
9. 8 dl zu unterkäufeln.
10. 2 alte dl von einer fuderigen ‚Spangen' oder die grösser ist.
11. Was unter dem Fuder ist, hat er von einer Spange 1 dl.
12. Sie sein nicht verpflichtet zu laden Wein, der in voller ‚Ierung' (Gärung) ist, uff ihren Schaden. Will es der Kaufmann wagen, sollen sie ihm laden.
13. So ein Häcker Wein aus dem Keller oder in den Keller wollt ziehen lassen, der nicht verkauft ist, haben sie von dem Fuder 8 dl.
14. So sie Wein in ein Schiff laden, haben sie zwiefachen Lohn.
15. So sie ein Fass über 2 Fuder laden, haben sie auch zwiefachen Lohn.
16. Sie mögen keinem bei Nacht auf ihren Schaden laden.
17. Nähm der Wein in ihrem Geschirr Schaden, sein sie den zu bezahlen schuldig. Nimmt er auf dem Wagen Schaden, so ists ihnen ohne Entgeldnis.
18. So sie Wein über die Gassen ziehen, haben sie vom Fuder 12 dl.
19. Sie haben vom Fuder 4 dl zu eichen.
20. Von einem jeglichen Wagen sein sie den Gesellen 4 alte dl zu geben schuldig.
21. Sie haben von einem Fuder einen Schillinger abzulassen.
22. Sie haben 1 alten Pfennig von einem Eimer, zu eichen.
23. Die Schröter sollen den ‚Kuewein' im Herbst oder im Mosten geben den Gesellen im Keller oder von dem Keller, mehr im Ablass, wie oben stehet, nach Angebührnis, Läutgebührgeld. Weinkauf soll allweg uff dem Rathaus verrechnet werden.

Aus der Körperschaft der Schröter hat sich um 1537 der Beruf des Unterkäufers oder Maklers (Schmusers) abgesondert. Daneben entstanden Spezialaufgaben, wie der Eicher, der Mass und Gewicht sorgfältig prüfte, oder der Schmierer, dessen Aufgabe darin bestand, den Fuhrleuten die meist hölzernen Wagenachsen mit Fett einzuschmieren, um reibungslosen Transport zu gewährleisten."

Die Weinbergslage „Pfaffensteig" hat ihren Namen von dem Weg, den der letzte katholische Priester bei seinem Weggang von Segnitz einschlug, als der Markgraf 1601 den ersten lutherischen Priester einsetzte. Von 1838 bis 1881 beherbergte Segnitz in seinen Mauern eine Handelsschule von Weltruf. Brüssel, einer der etwa hundert jüdischen Bürger im Dorfe, hatte sie gegründet. Im Jahre 1872 zählte sie 172 Schüler, davon etwa 30 Christen. Es war die Zeit, als das auf der anderen Mainseite liegende Marktbreit seine letzte Blüte als besonderer Handelsort erlebte.

Auch in Segnitz gab es wie anderswo eine Weinglocke; es war eine große Glocke, die jeden Tag abends um 7 Uhr einige Minuten lang geläutet wurde und zwar vom 11. November (Martini) bis zum 22. Februar (Petri Stuhlfeier) „... da sollten die Männer aus den Weinschänken zu ihren Weibern und Kindern heimgehen."

Von 1791 bis 1805 war Segnitz preußisch.

Nach dem 2. Weltkrieg ist der Weinbau in Segnitz auf 7 ha zurückgegangen. Die Gründe dafür waren die Peronospora und schlechte Wegführung. Durch die Flurbereinigung bekam der Weinbau wieder Auftrieb.

Knospe im April.

1965 wurde der erste Abschnitt der Weinbergsbereinigung in der Weinbergslage Pfaffensteig mit 10 ha Anbaufläche durchgeführt. Es wurden folgende Rebsorten angepflanzt:
40% Müller-Thurgau, 30% Silvaner, der Rest entfiel auf die Sorten Rieslaner, Scheurebe, Perle, Kerner und Neuzucht.
Der zweite Abschnitt wurde 1970 auf dem Zobelsberg durchgeführt. Hier wurden 60% Müller-Thurgau und 40% andere Sorten, wie Perle, Traminer und Morio Muskat angepflanzt.
Mag Segnitz gemeinhin als ein Gärtnerdorf angesehen werden, so ist doch festzustellen, daß seine Weine wahrscheinlich so berühmt sind wie seine Rettiche.
Das Weingut Kreglinger hat einen hervorragenden Ruf und das Lob verdient, den Weinbau mit einigen anderen Unentwegten über die Krisenzeit hinweggerettet zu haben.
Da der Weinbau jetzt wieder lohnend ist, liefern etliche Winzer ihre Trauben bei Erzeugerzusammenschlüssen ab.
Segnitz, gegenüber von Marktbreit, kann auf seine Weine stolz sein.

Einzellagen:
Pfaffensteig, Zobelsberg
Früher: Diefental, Pfaffensteig, Röden (Röthen), Schreckenberger, Stettenberg, Zobelsberg, Schönlein, Sonnenstuhl, Sechs Gärten, Viehweg

Großlage:
Hofrat

Gesamtrebfläche:
22 ha

Haupthimmelsrichtungen der Lagen:
Ost bis Süd-West

Höhe über dem Meeresspiegel:
185 bis 245 m

Haupthangneigung der Lagen in Prozent:
20 bis 45

Boden:
oberer Muschelkalk, Lettenkeuper, Löß

Rebsorten:
Silvaner, Müller-Thurgau, Scheurebe, Traminer, Perle, Kerner, Morio Muskat u.a.

Wein:
kräftig duftend, stoffig, mild, nachhaltig.
Die Silvaner-Weine zeigen hier eine große Saftigkeit.
Neuerdings baut man auch samtigen Rotwein.

Die Kleingärten an der Wehrmauer von Mainbernheim zeigen bunten Blumenschmuck.

Mainbernheim

Fremde werden in diesem fränkischen Städtchen, das sich in fruchtbarer Markung zwischen dem Schwanberg und dem Bullenheimer Berg ausgebreitet hat, vergeblich den Main suchen. Zum Unterschied von Burgbernheim haben die Markgrafen von Ansbach, die von 1525 bis 1792 die Herrschaft ausübten, dem Städtchen Bernheim den Beinamen des fränkischen Flusses gegeben.
Als „Berenheim" wird der Ort im Jahre 889 zum erstenmal genannt. Die fruchtbringenden Lößschichten lassen die Deutung zu, auf das mittelhochdeutsche bern = gebähren = Frucht bringen hinzuweisen. Durch Kaiser Friedrich I. zum Reichsdorf erhoben, erlebt Bernheim seit 1172 einen mächtigen Aufschwung. Ab 1255 wird der Ort auch als Weinort bestätigt. Nachdem bereits im Jahre 1382 Bernheim durch König Wenzel zur Stadt erhoben wurde,

kommen die vielerlei neuen Vergünstigungen auch dem Weinbau zugute. Schon nach kurzer Zeit ist etwa ein Viertel der Flur, das sind ca. 200 ha, als Weingärten angelegt; denn bereits der Vater von König Wenzel, Kaiser Karl IV., hatte im Jahre 1365 von Prag aus der Gemeinde das Vorrecht zugesprochen, daß jeder, der im Orte etwas verkaufe, vom Würzburger Zoll und Umgeld befreit werde. Für den Weinkonsum von Vorteil kommt hinzu, daß Kaiser Siegmund der Stadt im Jahre 1414 das Recht verlieh, einen Wochenmarkt und vier Jahrmärkte an Mariä Lichtmeß, Walburgi, Bartholomä und Thomas abzuhalten. In über 20 Weinbergslagen dehnten sich die Mainbernheimer Weinberge bis an die Hoheimer Gemarkung hin aus. An alten Weinbergslagen waren bekannt: Im Barth, Im Bühl (Bühl bedeutet Hügel), Im Dornberg, In der Eben, Im Flößlein, Im Gehren, In der Goldgrube, In der Herd, Im Heßberg, Im Kirchberg, Im Mühlberg, Im Neuenberg, In der Röthen, Im Sand, Im Schreiber, Im Schultzen, Im Seesteig, Im Seißel, In der Stricken, Im Stumpf, In der Traun, Im Wolkenbrunnen, Im Ziegenmeßer.

Mainbernheim liegt an der „Hohen Straße" zwischen Nürnberg und Frankfurt, Kaiser und Könige zogen vorüber. Der gute Ruf der Mainbernheimer Gasthöfe war bekannt; bereits 1726 bestand der Gasthof „Zum Roten Ochsen". Noch heute lieben die Kenner die Mainbernheimer Gastronomie. Man weiß, daß man dort auch einen guten fränkischen Schoppen trinken kann.

Bis 1834 konnte noch auf etwa 50 ha Rebfläche Wein geerntet werden, bereits 1895 war der Weinbau auf etwa 6 ha zusammengeschmolzen. Die letzten Weinberge lagen über der Goldgrube. Bei der Flurbereinigung wurde der Weinbau nicht mehr berücksichtigt. Die noch bestehenden etwa 2 ha Rebfläche werden von auswärtigen Winzern bewirtschaftet.

WETTERREGELN

Vor Johanni bitt' um Regen,
nachher kommt er ungelegen.

Wenn der Kuckuck lang nach Johanni schreit,
bringt er Mißwachs und teure Zeit.

Regnet's am Sieberschläfertag (27. 6.),
man sieben Wochen erwarten mag.

Der Bär ist das Wahrzeichen von Mainbernheim, er ziert den Brunnen am Marktplatz.

Fröhstockheim

Auf vielen Holzschnitten von Richard Rother (1890–1980) findet man den Ort Fröhstockheim. Das Geheimnis ist schnell gelüftet: Der große fränkische Künstler Rother lebte viele Jahre, bevor er in die Siedlung von Kitzingen übersiedelte, hier in Fröhstockheim. Wie kaum ein anderer hat er es verstanden, in seinen Holzschnitten die fränkischen Elemente wiederzugeben. Bereits die erste Begegnung mit diesem kleinen Ort war für Richard Rother Liebe auf den ersten Blick, die Jahre in Fröhstockheim gelten als seine schönsten.

Der spitze Juliusturm der Pfarrkirche, ein einprägsames fränkisches Wahrzeichen, und die Dächer des Schlosses der Freiherrn von Crailsheim erkennt man schon von weitem.

Im Zusammenhang mit dem Weinanbau soll hier die Dorfordnung von Fröhstockheim aus der zweiten

Häfte des 16. Jahrhunderts angeführt werden. Dorfordnungen regelten das Miteinanderleben und das Achtgeben auf gute Nachbarschaft, oft waren sie persönlicher formuliert als heutige Gesetzgebungen. U. a. hatte der Flurer treu auf Flur, Weingärten, Wiesen, Holz und Weidach aufzupassen. Zu den Frondiensten zählte auch, daß die Schloßweinberge angebaut werden mußten. Jeder Fröner erhielt hierfür Kost von der Herrschaft. Ein besonderes Kapitel befaßt sich mit den „Schröttern". Im Gegensatz zu heute (etwa noch ein Hektar Weinanbaufläche) hatte Fröhstockheim früher weitausgedehnte Weingärten auf den Abhängen nach Rödelsee und Mainbernheim zu. Allein die Herren von Crailsheim besaßen noch im Jahre 1848 31 Tagweg Weinberge. Zu dieser Zeit unterstützten die sogenannten Schrötter, Gemeindebedienstete, den Weinhandel. Sie schwankten die Fässer, eichten die Eimer und halfen beim Weinaufladen. Von einem verkauften Fuder Wein bekamen sie vier Maß, dabei mußte die eine Hälfte der Häcker, die andere der Kaufmann spendieren. Neben den Schröttern hatte die Gröpler besondere Aufgaben. Wenn Fuhrleute ins Dorf kamen und Wein aufkaufen wollten, mußten sie die Wagen schmieren und das Zeug verwahren, damit nichts verlorenging. Nebenbei waren die Gröpler auch Totengräber.
In der Dorfordnung waren auch die Weinpreise festgesetzt. Alle Jahre am Stefanstag kamen Schultheiß, Bürgermeister und ein ehrbares Gericht in Fröhstockheim zusammen, um den Weinanschlag zu machen. Während zum Beispiel das Fuder-Maß (20 Eimer) im Jahre 1587 15 Gulden kostete, stieg es im Jahre 1590 um das Vierfache. Auch die Strafen waren recht hoch angesetzt. Dabei wurden Frevel zur Nachtzeit schärfer geahndet als solche bei Tagzeiten: Wenn einer oder eine nachts im Weingarten, auf Äckern oder in Gärten Reben, Getreide, Rüben, Kraut, Birnen, Äpfel und andere Früchte forttrug, hatte er ohne alle Gnaden zehn alte Pfund zu zahlen.
Unter den besonderen Einträgen fügt der Gerichtsschreiber im Jahre 1723 hinzu, daß in diesem Jahr zwischen dem 23. und 24. Juni aller Wein und das Korn erfroren wären. Ergänzend steht dort: Gott stehe uns bei und ersetze diesen Schaden gnädigst instkünftig durch seinen reichen Segen, daß wir ihm herzlich danken und preisen können. Amen!

Hoheim, nun ein Ortsteil von Kitzingen, hat heute laut amtlicher Statistik 2 Hektar Reben. Für die fränkische Weinwirtschaft hat der Ort besondere Bedeutung, da hier das große Betriebsgebäude der Erzeugergemeinschaft Winzerverein Frankonia e. V. steht. Die 20 namhaftesten Weinhändler Frankens schlossen sich vor fast 15 Jahren mit 600 fränkischen Winzern, die den Ertrag von ca. 350 Hektar Rebfläche andienen, zu einer Erzeugergemeinschaft zusammen. In Hoheim steht u. a. die Abfüllanlage dieser Gemeinschaft. Mittlerweile sind es 1050 Winzer mit 650 Hektar Weinbergen geworden, die der EG Frankonia beigetreten sind.

Über die gesunden Wirkungen des Frankenweins und über seinen Wert in dem Auslande in älteren Zeiten

Von Philipp Heffner, königl. bayr. Regierungsrathe (1840)

Die neueste Zeit bestättigt über die gesunden Wirkungen des Frankenweins die Erfahrungen der ältesten Zeit. Die neue Würzburger Zeitung vom 29. Dez. v. J. theilt nämlich, wahrscheinlich aus andern öffentlichen Blättern, die erfreuliche Nachricht mit, daß mäßiger Genuß guten Rödelseer Weines als ein besonders heilendes und schützendes Mittel gegen die Brechruhr beobachtet worden sey.

Diese wiederholte Beobachtung ist aber nur eine alte Bestätigung des noch ältern Sprichwortes: „Frankenwein ist wahrer Krankenwein“, d. h. nämlich: Selbst Kranke dürfen Frankenweine wegen ihrer heilsamen Bestandtheile trinken. Hierüber liefert uns die vaterländische Geschichte ein merkwürdiges, durch eine Denkmünze uns erhaltenes, Beispiel.

Im Jahre 1681[1] wüthete nämlich in Würzburg eine sehr ansteckende Krankheit, woran, obgleich sie nur eine kurze Zeit dauerte, doch viele Menschen starben. Die Krankheit, wie alle ansteckende jener Zeit, nannte man, nach Zeugniß der Sterb-Matrikel bei den meisten Pfarreien, die Pest. Man hatte aber beobachtet, daß mäßiger Genuß guten Frankenweines die davon Befallenen geheilet, gestärkt und selbst gegen Verbreitung der Krankheit bewahret hatte, wodurch sonach die Epidemie gänzlich unterdrückt wurde.

Zur Erhaltung des Andenkens dieser erfreulichen Wirkungen des Frankenweines ließ der damalige Fürstbischof zu Bamberg und Würzburg, Peter Phil. von Dernbach, schon vielfach in der vaterländischen Geschichte rühmlich bekannt[2], eine eirunde, 2½ Loth schwere, silberne Denkmünze prägen.

Sie wird hier in Steindruck beigegeben, wie sie bei Gropp, collect. script Tom. IIf 515 gezeichnet ist. Sie ist sehr selten, wahrscheinlich aber doch bei einem oder dem andern fleißigen Sammler der Würzburgischen Münzen, etwa bei dem Hrn. Bischoffe Frhrn. von Groß, dem Hrn. Professor Keller, Hrn. Canonikus Hübner, oder bei Hrn. Georg Franz Oehninger u. A. aufbewahrt. In der reichhaltigsten Sammlung der würzburgischen Münzen, in jener des 1780 gestorbenen würzburgischen Domkapitularen und bischöflichen Generalvikars, Friedrich Wilhelm Freiherrn von Erthal (dieser Aufsatz wird in dem Zimmer des Seeligen geschrieben), die er dem Hochstifte Würzburg vermacht hatte, die aber in Folge der Säkularisation nach München gebracht wurde, befand sich die besagte Denkmünze. Nach einem Fragmente der Beschreibung dieser vormals von Erthal'schen Münzsammlung ist aber der Abdruck der erfreulichen Denkmünze bei Gropp nicht ganz genau. Es fehlt nämlich auf dem Bilde des Fürstbischofs das Bischofskreuz an der Brust, und zunächst unter dem Arme das Bamberg'sche, Würzburg'sche und Dernbach'sche Wappen, endlich auch die Randschrift: – Candide, cordate et constanter –.

Die Denkmünze erklärt sich sonach also:

Avers: Das Brustbild des Fürstbischofs in rechts sehenden Profil, im Bischofs-Talar[3], mit eigenen Haaren, Ober und Unter-Lefzenbarte, das Kreuz an der Brust, unten zunächst dem rechten Arme das Bambergische, Würzburgische und Dernbachische Wappen.

Der Revers derselben zeigt die Erdkugel mit dem Thierkreise. Ein geflügelter Drache – die Pest, wie sie sich auf der Erde ausbreitet – oberhalb und unterhalb der Erdkugel. Von einem flammenden, mit Weinreben und Trauben umwundenen Kreuze, – der Alles erleichternden christlichen Religion und dem erwärmenden und stärkenden Rebensafte, wird der Drache so niedergedrückt, daß er nicht nur seine Kraft, das Gift zu verbreiten, verliert, sondern auch flügel- und kraftlos unter den Erdball hinabgedrückt wird; somit durch Vertrauen auf Gott und durch mäßigen Genuß guten Frankenweines war die Verbreitung der ansteckenden Krankheit gehemmt, und die Kranken wurden gesund, wie die eingeprägten Worte:

– Vincit et sanat –

anzeigen.

Die Randschrift: – Candide, cordate et constanter, – „Aufrichtig, herzlich und beharrlich“, ist der Denkspruch des Fürsten nach seiner Lebensweise, und besonders auf die Allianz mit dem kaiserl. Hofe deutend. Man findet sie auch auf andern Münzen desselben.

Uebrigens war die erwärmende und stärkende Kraft des Frankenweines schon im 12ten Jahrhunderte bekannt, und selbst am Rheine, in der Nähe des Johannisbergs, wo aber damals freilich noch keine Reben blühten, anerkannt. Denn die hl. Hildegardis, die mit dem ersten Abte von Ebrach, Adam, Briefe wechselte und 1179 als Abtissin in dem Kloster Berg bei Bingen starb, schreibt schon in ihren libris physicis[4] libro III. cap. 53: „Der Frankenwein ist ein starker Wein, welcher in den Adern gleichsam stürmet, und beim Genusse daher mit Wasser gemildert werden muß". – Noch nähere Nachrichten von der heilenden und die Gesundheit fördernden Kraft der Frankenweine geben die zwei gelehrten Abhandlungen:

Dr. Joh. Ad. Leinweber, medicus Wertheimensis, prärogativa quaedan vinorum districtus herbipolensis et werthheimensis, speciatim circa coenobia Brombach, Triefenstein, et Holzkirchen crescentium, rhenauis nobiliorum. Edit. II. Augsburgi 1719.

Die erste Auflage erschien zu Alttorf 1714. – Beide Auflagen sind aber selten.

Die andere nicht unverdienstliche Abhandlung ist: Marcellinus Zurwesten, montes Franconiae, praesertim circa Wirceburgum, vino nobili et admodum salubri celebres. Wirceburgi 1728.

Diese beiden Schriften verdienen in ein Werk vereinigt und vermehrt eine neue teutsche Ausgabe. Am besten würden sie von einem der Arznei und Chemie kundigen Gelehrten bearbeitet werden, wozu sich der in der Botanik, Chemie, Arznei und Literatur gleich gründlich erfahrne Hr. Dr. legens Reuß trefflich eignen würde. – Die noch vielen trefflichen Lagen vorzüglicher Frankenweine, z. B. Wirmsthal und Ramsthal im Landgerichte Euerdorf, Vogelsburg, Escherndorf, Sommerach, der Kirchberg bei Volkach, Rödelsee, Abtswind, Wiesenbrunn, die Steig bei Oberschwarzach, Frickenhausen am Main, Eibelstadt, Randersacker, Rabensburg, am Stein zu Karlstadt, Homburg, an der Werrn, Saaleck, Erlenbach, Kollenberg bei Fechenbach, Großheubach, Schneeberg und Weilbach, Klingenberg, Hörstein am Abtsberg und an dem Fuße des Spessarts zu Soden, und so mehrere andere Lagen geben die würdigste Veranlassung zu einer umfassenden geo- und oenologischen Untersuchung der besten fränkischen Weingegenden und der vorherrschenden Rebsorten, ihrer Behandlung und jener des Weines von seiner Einherbstung bis zu seinem jährigen Alter; – zur topographischen Beschreibung der Lage der Weinberge, und zur chemischen Erforschung der Weinerträgnisse in ihren Urbestandtheilen. Ein geschickter

Hätt'n mir ken Wei im Keller drunt,
dann wär'n mir Frank'n halb so g'sund.

Arzt, der auch zugleich die herrschenden Krankheiten der Gegend erforscht, und die Lebensweise, das Alter, und die Gesundheit der Einwohner beobachtet, und mit jenen der Bewohner von andern Gegenden vergleicht, wird nicht schwer Ursache und Wirkungen entdecken, und das Publikum schon durch diese Beobachtungen von dem vortheilhaften Einflusse der Weine auf die Gesundheit belehren, und so die benannten beiden Abhandlungen in ein neues, dem Vaterlande sehr nützliche, Werke umzuarbeiten wissen. Der fränkische Weinbau-Verein würde diese Arbeit ohne Zweifel mit einem angemessenen Honorare dankbar anerkennen.

Die gesunden Wirkungen der Frankenweine wurden in älteren Zeiten noch weit höher geschätzt. Zu Anfang des 13. Jahrhunderts bedingten sich die Rheingrafen zu ihren Einkünften einen Karren Franken- oder zwei Karren hunischen Weines[6].

Der Frankenwein muß daher noch einmal so angenehm gewesen seyn, als der hunische. Noch mehr Beweis von dem Vorzuge des Frankenweines liefert Schunk in den Beiträgen zur Geschichte von Mainz, 3. Theil, Seite 386, aus einer alten Rechnung eines Domdechants von Mainz, zu dessen Stiftspfründe bekanntlich die vortrefflichsten Weinberge am Rheine und zu Hochheim am Maine gehörten; und doch wurden bei einer Zusammenkunft zu Bensheim mit dem herzogl. bayer. Gesandten vier Ohm Frankenweins und 25 Viertel[7] hunischen vertrunken. Nach Lang, bayerische Jahrbücher von 1179 bis 1294, ging aller Frankenwein nach Niederbayern zoll- und mautfrei, indem er dort sehr beliebt war; und von dem Kaiser Wenzeslaus erzählt Aventin, daß er die Absetzung als Kaiser mit Gleichmuth ertragen habe, wenn ihm nur die 4 Fuder des besten Frankenweines jährlich nach Prag geschickt würden[8].

Schwaben, Bayern und Hessen erholten sich Gesundheit und Kraft in diesen Weinen; besonders war ihnen der Dettelbacher Wein nach Zeugniß des Pfarrers Wermerskirch sehr angenehm[9].

Dieser schreibt nämlich:

Vidi ego saepe stupens una vice strata viarum Centum fervere equis, urbemque tonare quadrigis Omnigenis, auro gravidis et munere Bacchi.
Tantis vinipotens crebro urbs concursibus ardet,
Et Suevis, et Boiis et nota frequentibus Hassis!

d. h.

Staunend erblickte ich oft von hundert Pferden auf Einmal Wimmeln die Straßen, und schwer von Gold und des

Bacchus Geschenken

Donnerten Allerlei von Viergespannen die Stadt durch. Solcher Besuche erfreut sich oft die mächtige Weinstadt, Schwaben und Bayern bekannt, wie den oft sie besuchenden Hessen!

1 Gropp. collect. script. Wirceb. II 513.

2 Er unterhielt eine feste Militärallianz mit dem kaiserlichen Hofe, hatte in deren Folge 10000 Mann bei dem kaiserl. Heere in Ungarn gegen die Türken und am Rheine gegen Frankreich, erhob deßhalb viele Steuern und Accise; begieng das erste Universität-Jubiläum sehr feierlich, und hob die von seinem zweiten Vorfahrer, dem Fürstbischoffe Johann Philipp von Schönborn, auch nachher Kurfürsten zu Mainz und Fürstbischoffe zu Worms, eingeführten Bartholomiten, d. h. die in Vermögensgemeinschaft lebenden Cleriker wieder auf, weil sie nicht ihm, dem Bischoffe, sondern ihrem im Auslande wohnenden Obern gehorchen wollten, und das auf den Pfarreien ersparte Vermögen demselben, und somit in das Ausland, nach Bayern sandten. Peter Philipp war ein Fürst von tiefsehender Staatsklugheit, dem kaiserlichen Hofe, als von dem nur allein das Wohl der geistlichen Fürsten zu erwarten war, treu ergeben, dabei stets heiter, freundlich, munter und jedem Menschen gut; daher ward er auch Peter Lustig genannt.

3 Das Bild auf diesem Gepräge gleicht jenem in dem Corridor vor dem Sitzungssaale des Stadtmagistrats mit anderen der Fürstbischöffe hangenden Portraite des Fürsten Peter Philipp recht gut. Man erkennt an den Gesichtszügen den freundlichen, heiteren, aller Welt guten Fürsten. Noch besser und freundlicher aber, vermutlich in dem ersten Jahre seiner Regierung, also noch jünger, gemalt, sah Verfasser dieses Aufsatzes dessen Portrait auf der Festung Marienberg, der vormaligen Residenz der Fürstbischöffe, wo eine schöne Sammlung der Portraits derselben in der Festungskommandantur gewesen, die aber im Jahre 1806 eine andere Bestimmung erhalten hat.

4 Sanctae Hildegardae libri quatuor physicorum; Argentorati 1544 Fol. Herr Dr. F. A. Reuß hält sich durch seine Commentatio de libris physicis St. Hildegardis, Wirceburgi 1835. 8. um die Literatur verdient gemacht.

5 Franconicum et forte vinum velut procellas in sanguine parat, et ideo aqua temperandum, si bibatur. Der Frankenwein wird hier ausdrücklich als starker Wein charakterisiert, und von ihm gesagt, daß er gleichsam im Blute stürme. Die Redaktion der neuen Würzburger Zeitung Nr. 8 von 1837 scheint aber das Wort „forte" für fortassis genommen zu haben, wodurch der wahre Sinn verfehlt ist.

6 Karratram vini franconici, vel due Karrate vini hunici. Kremer orig. Nassov. II. 224. Wo der hunische Wein wachse, ist dem Verfasser nicht bekannt.

7 1¼ Ohm.

8 G. Trasyb. Lepta de vita G. Ludovici a Seinsheim Fol. 21.

9 Topographia celebris orientalis Franciae oppidi Tettelbacensis et votivae Basilicae Marianae ibidem carmine heroico concinnata. Authore Sigismundo Wermerskirchio Andernaco, parocho in Stadtschwarzach. Bambergae. 1602 4. Versus 92. Wermerskirch war vom 13. Mai 1594–1599 Pfarrer in Heidingsfeld (Archiv des historischen Vereins III. 3. 61.), und kam von da als Pfarrer nach Stadtschwarzach, ¾ Stunden von Dettelbach entfernt; und konnte sonach über den Weinhandel in dieser Stadt Beobachtungen und Vergleiche in Conkurrenz aufstellen.
Diese sehr seltene und schon geschriebene Topographie gab der um die alte Literatur sehr verdiente Herr Dr. F. A. Reuß neu heraus: Würzburg 1836. 8.

Alte Reblandschaft im Maintal vor dem planmäßigen Wiederaufbau neuer Weinberge.

Die Rebsorten

Für die Einteilung der Rebsorten nach dem Zeitpunkt der Traubenreife kann folgende alphabetische Zusammenstellung herangezogen werden:

1. Für das bestimmte Anbaugebiet Franken klassifizierte Rebsorten

   „Früh"
   Bacchus, Blauer Frühburgunder, Blauer Portugieser, Kanzler, Müller-Thurgau, Optima, Ortega, Perle

   „Mittel"
   Albalonga, Ehrenfelser, Faberrebe, Gelber Muskateller, Gewürztraminer (Traminer), Grüner Silvaner, Huxelrebe, Kerner, Morio Muskat, Müllerrebe, Muskat Ottonel, Ruländer, Weißer Burgunder

   „Spät"
   Blauer Spätburgunder, Domina, Mariensteiner, Rieslaner, Scheurebe, Weißer Riesling

2. Andere, im Anbau stehende Rebsorten

   „Früh"
   Helfensteiner, Saint Laurent, Siegerrebe

   „Mittel"
   Auxerrois, Elbling, Freisamer, Roter Gutedel, Weißer Gutedel

   „Spät"
   Blauer Limberger, Blauer Trollinger, Heroldrebe, Roter Muskateller

3. Rebsorten im Versuchsanbau

   „Mittel"
   Fontanara, Forta, Regner, Reichensteiner, Schönburger, Würzer

   „Spät"
   Dornfelder.

Herbststimmung nach der Weinlese.

Rödelseer Wenderspruch

Vorgetragen nach dem fränkischen Rigolen und Anpflanzen eines Weinbergs

Brauch bis Ende der 50er Jahre (20. Jahrhundert)

Wir haben nun mit Gottes Hilfe einen neuen Weinberg angelegt
und hoffen, daß durch seine Güte er gedeiht und auch bald trägt.
Nun, Ihr Wender tretet her
und bittet unsern Gott und Herrn,
daß er mit seiner starken Hand
beschütze dieses Weinbergsland
vor Hagel, Frost und Wassernot
behüte es der liebe Gott.
Auch die Familie, Gott bewahr,
vor Krankheit und vor jeder G'fahr,
daß sie um ihrer Arbeit willen
vom Weinberg recht viel Geld erzielen.
Nun segne ich den letzten ein,
ach Herr, laß alle wohl gedeih'n.

Auch Euch Wendern, die Ihr diese schwere Arbeit
habt vollendet und den Bauherrn daneben
schenke Gott ein langes Leben,
denn es heißt ja – hacket hin und ziehet her,
ein jeder wünscht, daß es bald fertig wär.
Und so soll nach altem Brauch
unser Bauherr leben auch –
der Bauherr und seine Familie leben hoch, hoch, hoch.

Kein Wunder, daß es in Rödelsee viel und guten Wein gibt, wenn in zwei Kirchen gebetet wird.

Rödelsee

Im Wappen von Rödelsse prangt neben dem silbernen Schwanen ein goldener Träubel. Der Rödelseer Wein mit seinem edlen Geschmack ist schon etwas ganz Besonderes.

Kein anderer Ort gehört näher zum sagenumwobenen und geschichtsbeladenen Schwanberg als Rödelsee. Am Fuße des Berges hingebreitet, ist dieser weithin bekannte Weinort von den Franken im 6. und 7. Jahrhundert gegründet worden. Nach der Sage soll Hadeloga, die Schwester König Pippins des Kurzen, der auf dem Schwanberg gelebt haben soll, das Frauenkloster in Kitzingen im Jahre 745 gegründet haben. Rödelsee selbst wird zum ersten Mal im Jahre 1040 urkundlich erwähnt, als Kaiser Heinrich II. „Rotiense" dem Kloster Kitzingen vermacht. Das alte deutsche Wort „rote, rotte" bedeutet Ansammlung, Gemeinde, Schar, Rotte. Es könnte für die ersten Siedler als Namensgebung in Zusammenhang gebracht werden, die sich unterhalb des Schwanbergs am See zu einer Gemeinde sammelten. Der 473 m hohe Schwanberg, der südlichste Ausläufer des Steigerwaldes, ähnelt mit seinem Bergvorsprung wahrhaftig einem Schwanenkopf, egal, aus welcher Richtung man den Berg von weither betrachtet. Vom Kappelrangen aus hat man einen schönen Blick hinunter ins weite fränkische Land und auf das zu Füßen liegende zweitürmige Rödelsee.

Es ist anzunehmen, daß der Weinanbau an den Schwanberghängen schon unter der Herrschaft des Frauenklosters Kitzingen sehr frühzeitig begonnen hat. Das erste Mal erfahren wir im Jahre 1271 von einem Tausch eines Weinbergs zu „Rotelse, beim Swaneboum gelegen"; dieser Wengert war im Besitz des Grafen Hermann zu Castell und wurde gegen einen anderen, dem Kloster Ebrach gehörigen Weinberg am „Blozenbuhel" getauscht (mhd. blôz = nackt, unverhüllt, buhel = Berg). Als Lehensmann der Herren von Hohenlohe wird ein Konrad Fuchs von Rödelsee in einer Urkunde vom Jahre 1280 genannt.

Um die Geschichte des Rödelseer Weinbaus zu begründen, sollte auf eine Urkunde von 1295 hingewiesen werden, in welcher der Deutschordensherr von Hüttenheim 5 Morgen Weinberge „von der Swanliden apud Roedelse" an das Kloster Ebrach verkaufte. Später wird ein Apel Fuchs der Ältere, ein Ritter von Rödelsee, in einer Urkunde vom Jahre 1325 im Zusammenhang mit etlichen Morgen Weinbergen an dem Rodwege in der Mark Rödelsee, die dem Kloster Ebrach gehörte, genannt. Der weltbekannte Lagename Küchenmeister taucht im Jahre 1360 auf: In Dokumenten werden als Zeugen genannt: Lupold der Kuchenmeister von Nortenberg und Cunz Kuchenmeister; beide liehen am St.-Michaels-Tag 1391 dem Abt von Ebrach u.a. ein Setz in dem Melb. Um die Mächtigkeit der Rödelseer Weinberge im 14. Jahrhundert aufzuzeigen, genügt allein ein Blick in das Grundbuch der Abtei Ebrach vom Jahre 1340, in dem ersichtlich wird, daß der Gesamtbesitz an Weinbergen in Rödelsee sich auf über 182 Morgen belief. Diese Weinberge lagen auf

Von Rödelsees Weinbergshängen hat man eine weite Sicht ins Maintal und auf den mittleren Steigerwald.

dem Mellen, dem Kuchenmeister, dem Ottenbuhel, Auf der hinteren und vorderen Swanlide, dem Kruzwasser, Im Tal, Am Kohler, Am Krutheimer, Auf dem Luzenbühl, Auf dem Rodweg, Im Rode, An der Hainliden, Im oberen Rain, Zur hohen Ebene, Am Hasenfurter und Im oberen Mellen.
Später teilten sich den begehrten Besitz der Rödelseer Fluren mehrere Dorfherrschaften. Den stärksten Einfluß erwarb sich 1615 das Hochstift Würzburg durch Kauf des Zollnerschen und des Heßbergischen Lehenteils. Noch heute ist das Juliusspital in Würzburg mit über 35 Morgen Weinbergen der größte Besitzer an Rebfläche in Rödelsee. Das Hochstift führte im Jahre 1697 den Guldenzoll wieder ein. Von jedem Fuder Wein, der ausgeführt worden ist, mußte ein Gulden bezahlt werden. Auch die Grafen von Castell treten immer wieder mit dem Weinbau in Rödelsee in Verbindung.
Um 1600 ist das ehemalige Crailsheimer Schloß erbaut worden, ein zweigeschossiger Bau mit Freitreppe und weithin sichtbaren Volutengiebeln. Dieses mächtige Gebäude ist seit 1954 im Besitz der Winzergenossenschaft; in den großräumigen Kellern können heute über 15 000 hl Wein gelagert werden.

Rödelsee in den Jahren nach dem Ersten Weltkrieg. Hinter dem Ort beginnt der Fußweg hinauf zum Schwanberg.

Von allen Seiten bietet Rödelsee einen unverwechselbaren Eindruck.

Die örtliche Genossenschaft Rödelsee schloß sich 1971 der Gebietswinzergenossenschaft Franken an. Aus Rödelsse kam in den Jahren 1956/57 die fünfte fränkische Weinkönigin, die ein Jahr später zur Deutschen Weinkönigin Karoline I. gekrönt worden ist. Das Weinfest auf dem Schloßhof gehört alle Jahre im Monat Juli zu den Höhepunkten im Winzerleben.
Die in den Jahren 1960–1968 erfolgte Flurbereinigung mit einer Neuordnung der Rebflächen und Neuanpflanzungen stellte den Rödelseer Weinbau auf eine qualitätsbewußte und wirtschaftlich stabile Grundlage.
Das ehemalige Zehnthaus der Grafen von Castell vom Jahr 1648 ist heute das stattliche Gasthaus „Zum Löwen“. Ein Lobpreis auf die beiden bekanntesten Weinlagen, den Rödelseer Küchenmeister und die Schwanleite, ist in einem Wandspruch im Gasthaus »Zum Löwen“ festgehalten: Schwanleite und Küchenmeister / beide haben gute Geister, / drum schlürfste mit Behagen, / soviel Du kannst vertragen!
Ältere Rödelseer Winzer können sich noch gut daran erinnern, daß am Morgen des ersten Lesetages ein Gottesdienst gehalten wurde. Erst dann sammelten sich die geschmückten Lesefuhrwerke auf dem Dorfplatz; mit den frohen Klängen der Musikkapelle zogen die Leserinnen, die Leser und die Fahrzeuge hinaus in die Weinberge.
Noch einmal soll auf die Bedeutsamkeit Rödelsees als Winzerort hingewiesen werden. Es gab früher ein Sprichwort, in dem es hieß, daß Sachsen und Böhmen vom Rödelseer Wein leben würden. Das hat folgende Bewandtnis: Da die Henneberger Güter dem sächsischen Hause zu Weimar zugeteilt waren, die Weinbauern jedoch wirtschaftlich stark nach dem böhmischen Lehen Mainbernheim ausgerichtet gewesen sind, kam es zu diesem Sprichwort.
Die Rödelseer Weine, auf tiefgründigem, mineralstoffreichem Gipskeuperboden gewachsen, sind füllig, körperreich, sortentypisch und harmonisch. Jeder Weinort hat auch seine Persönlichkeiten und seine Originale. Hier soll die Familie Heß genannt werden, und zwar besonders der „Hesser Fritzer“, ein Mann, von dem noch heute Anekdoten im Ort erzählt werden. Sein Sohn hieß ebenfalls Fritz, der nach dem Zweiten Weltkrieg die Winzerstube Heß in Rödelsee begründete und eröffnete. Seine oft prominenten Gäste hat er nicht nur in seinem Lokal, sondern oft anschließend auch in seinem Keller bewirtet. Da ging es manchmal recht lustig zu! Stundenlang konnte er erzählen, er war die lebende Chronik der Rödelseer Ortsgeschichte. Weiterhin gebührt dem „Hesser Ferdl“ das große Verdienst, die Winzergenossenschaft Rödelsee im Jahre 1954 ins Leben gerufen zu haben. Als Vorstandsvorsitzender hat er bis zum Jahre 1976 vorbildliche Arbeit geleistet.
Große Verdienste haben sich auch die Herren Bürgermeister Deppisch und Andreas Weltner – beide leider bereits verstorben – um den Rödelseer Weinbau erworben.

Einzellagen:
Schwanleite, Küchenmeister
Früher: Kuchenmeister, Schwanleite, Hoheleite, Ottenbühl, Schloßberg, Sonnenberg, Neuberg, Burklein, Buck, Esel, Filzenau, Geissattel, Hopfentanz, Katzenstirn, Roth, Sorg, Kärnersberg, Küttenbaum, Haft, Kreuzberg

Großlage:
Schloßberg

Gesamtrebfläche:
88 ha

Haupthimmelsrichtungen der Lagen:
West und Nord-West

Höhe über dem Meeresspiegel:
250 bis 345 m

Haupthangneigung der Lagen in Prozent:
10 bis 40

Boden:
unterer Gipskeuper, Hangschutt des Schilf- und Blasensandsteinverwitterungsmaterials

Rebsorten:
Müller-Thurgau, Silvaner, Scheurebe, Ruländer, Rieslaner u. a.

Wein:
Der Silvaner zeigt hier eine besonders gute Art; auch die Weine der anderen Sorten sind würzig duftend, pikant, füllig und im Geschmack lang anhaltend.
Die Rödelseer Weine zählen zu den am längsten lagerfähigen Weinen Frankens.

Iphofen

Iphofen und sein Wein sind ein fränkisches Aushängeschild. Das mittelalterliche Städtchen, mauer- und turmbewehrt, mit einem tiefen Graben umzogen, ist mit seinem „Rödelseer Tor“ sicherlich eines der am meisten im Bild festgehaltenen Wahrzeichen unserer Vergangenheit. Man wird wohl kaum jemals ergründen und nachvollziehen können, welche Opfer und persönliche Entbehrung von unseren Vorfahren abverlangt wurden, um all dies, was uns zur Bewahrung übergeben wurde, zu schaffen. Was haben sich die Oberen gedacht, als sie bis in die Wolken rei-

Iphofen mit Schwanberg und der Lage „Julius-Echter-Berg“.

chende Kirchtürme, großräumige Kirchen, herausragende Rathäuser, großflächige Marktplätze, aufwendige Stadttore bauten und überreich ausstatteten und verzierten, dabei aber, wie wir wissen, den Menschen oft gerade das Existenzminimum gönnten.
Dürfen wir heute so einfach von allem, was uns überliefert ist, Besitz ergreifen? Dürfen wir unser Auto über das altehrwürdige Pflaster des Iphöfer Marktplatzes jagen und es in Grund und Boden fahren? Dürfen wir mit unseren Autoabgasen den Sandstein der Häuser und Kirchen und insbesondere die Bildhauerarbeiten zerstören? Müssen wir nicht mehr an unsere Nachfahren denken, denen wir doch auch das Erbe unserer Väter unversehrt weitergeben sollen?
Wie wenig verantwortungsvoll und scheinheilig ist es, mit einem Aufkleber auf der Heckscheibe, der zum Schutz der Umwelt aufruft, nur gerade so, weil man halt nichts mit sich anzufangen weiß, samstags und sonntags durch die Lande zu fahren oder morgens die Brötchen holt und dabei die Umwelt – auch die Umwelt des Weines – kaputtmacht. Diese Gedanken müssen einem kommen, wenn man durch unsere fränkischen Dörfer und Städte geht und durch unsere Landschaft mit ihrem „Reichtum am Wege“ kommt. Daß dies ausgerechnet im Kapitel „Iphofen“ geschrieben wird, hat seinen Grund darin, daß es hier besonders viel zu bewahren gilt.
Iphofen ist 741 erstmals urkundlich erwähnt. 1293 wird das Stadtrecht durch den Würzburger Bischof verliehen. In der Stadtordnung von 1476 steht der für unsere Untersuchung wichtige Satz: „Des Mehrteils nahrung steet uf dem Weinwachs, dem jeder fleißig nachgeht.“ Bis in das 17. Jahrhundert war das „Bierpreuen“ verpönt, „damit der arme Häckersmann sein Tröpflein Wein, so ihm Gott beschert, verkaufen kann“.
Diese Aussage bestätigt eindeutig die fränkische Weinbausituation; das Klima, mit seinen jährlich schwankenden Witterungseinflüssen, ist das Schicksal des fränkischen Weinbauern. Der Rebstock zieht

Der Weinbau am Schwanberg zwischen Siechtum und Aufbruch.

Kirche, Rathaus, Schule und Gasthof bilden im Mittelpunkt von Iphofen eine geschlossene Einheit.

dem Weinbauern den Rock an, er zieht ihn aber auch wieder aus, wenn Gottes Segen ausbleibt. Ein exakt berechenbares Einkommen gibt es nicht für den fränkischen Winzer. Die Chronik spricht vom „armen Häckersmann", und dies in dem von der Natur begünstigten Iphofen.

Nach dem Dreißigjährigen Kriege, der unsagbares Leid über Iphofen brachte – allein im Jahre 1632 wird die Stadt vierzehnmal geplündert –, sind eintausend Morgen Rebfläche verödet. Diese Rebfläche wird nie mehr ganz aufgebaut. 1905 erfährt der Rebbau noch einmal durch das Auftreten der Reblaus eine Reduzierung.

Von 1966 bis 1978 werden wieder 222 ha planmäßig angelegt. Die Weinberge Iphofens ducken sich in den Windschatten des Schwanberges. Die breit in den Hangfuß auslaufenden Steilhänge sind von Westen, Süden und Südosten schon von weitem zu sehen.

Der Julius-Echter-Berg, der allerdings im Rahmen der Weinbergsrollenführung starke Erweiterung erfahren hat, ist ohne Zweifel eine der besten Weinlagen Frankens; es wachsen dort alle edlen Rebsorten in unumstrittener Qualität. Der Ruf des Iphöfer Weines ist authentisch belegt; von weither kamen die Käufer. „Anno Dominis 1571 am Dunnerstag vor Lichtmess den ersten Febrarii segen Fuhr leud von Salzburg mitt Schlidten in das Landt zu Franckhen nach wein gefahren, welches gar fremde zusehen gewest, und nie erhört worden, haben auch Irer drei auff bemelden tag hir bei Hauß Bauern kaufft, und uff einen Schlidten Sechs und Zweintzigk eimer weinß geladen."

Beim Festmahl der Krönungsfeier der englischen Königin Elizabeth II. im Jahre 1953 wurde ein „1950er Iphöfer Julius-Echter-Berg Silvaner Beerenauslese, Originalabfüllung des Juliusspital-Weingutes Würzburg" eingeschenkt. Auch als die Königin 1965 in München weilte, wurde ein Iphöfer gereicht. Und als der Papst 1980 Altötting besuchte, überbrachte ihm ein Iphöfer Winzerpaar in fränkischer Gewandung auserlesenen Iphöfer Wein.

Dr. A. Kraemer lobt 1954 den Iphöfer mit den Worten: „Geboren in der Sonnenmulde am Schwanberg, ist schon mancher paradiesische Tropfen vom rebumsäumten Städtchen hinausgegangen in die weite

Winterliche Landschaft mit Blick auf Iphofen und den Schwanberg, den südlichen Ausläufer des Steigerwalds.

Welt – zum Ruhm und zur Ehre unseres Frankenweines. Wer den Frankenwein nicht kennt – mit dem Iphöfer wird er sogleich tiefe Freundschaft schließen. Und wer alle Frankenweine gekostet – den Iphöfer zu loben wird er nie müde werden!" Diese Aussage hat A. Kraemer nicht aus Hochachtung zu seinem Präsidenten des Fränkischen Weinbauverbandes, Hans Ruck, Weingutsbesitzer in Iphofen, geschrieben. Sie enthält all dies, was ein Weinfreund und Weinkenner zum Iphöfer Wein sagen muß, wenn er ehrlich ist.

Iphofen hat seit dem Jahre 1921 eine Winzergenossenschaft, die seit 1959 der GWF beigetreten ist. Kein Frankenweinhändler kommt ohne Iphöfer in seinem Sortiment aus. Das Juliusspital-Weingut Würzburg hat hier eine größere Rebfläche in Besitz. Anerkannte Privatweingüter und Selbstmarkter fühlen sich der Qualität verpflichtet. Auch auswärtige Winzer haben hier Rebfläche erworben.

Einzellagen: Julius-Echter-Berg, Kronsberg, Kalb, Domherr
Früher: Julius-Echter-Berg, Kronsberg, Burgweg, Bettenberg, Kalb, Kammer, Pfaffensteig, Frohntal, Ringsbühl, Steinweg, Höhleisten, Händlein, Buchen, Berg, In der Flasche, Haardt, Hüttenstadt, Krone, Paradeis

Großlage: Burgweg

Gesamtrebfläche: 230 ha

Haupthimmelsrichtungen der Lagen: Süd-Ost bis Süd-West

Höhe über dem Meeresspiegel: 255 bis 380 m

Hauptbangneigung der Lagen in Prozent: 20 bis 60

Boden: unterer Gipskeuper, Hangschutt von Schilf- und Blasensandstein

Rebsorten:
Silvaner, Müller-Thurgau, Scheurebe, Kerner, Riesling u.a.

Wein:
Die Iphöfer Weine zählen zu den besten Frankens, sie sind fruchtig, rassig, pikant, voll und sehr lange lagerfähig. Der Silvaner wird besonders gut.

Sickershausen

Der hochfürstlich brandenburgische Archivrat Gottfried Stieber schreibt 1761 über Sickershausen u.a. folgendes: „Endlich merke ich hier noch an, daß der gute Weinwachs daselbst und der damit bestehende Handel ein Großes zu der Nahrung der dasigen Bürger und Einwohner mit beitrage."

Weinbau und Weinhandel waren namentlich im 18. Jahrhundert die Faktoren, welche dem Ort ihren Stempel aufdrückten. Etwa 300 Tagwerk Weinberge sollen hier gestanden haben. 1856 waren es nachweislich noch 250 und schon im Jahre 1869 nur noch 152 Tagwerk. 1868 schreibt ein Winzer in sein Tagebuch, daß er von 4,5 Morgen Weinland 96 Eimer Most (= 7500 Liter) geerntet habe; er setzt allerdings hinzu, daß er ein solches Jahr wohl nicht mehr erleben werde (die Chronik berichtet über eine gute Weinernte in Franken wie seit Menschengedenken nicht).

Nach altem Herkommen wurde von jedem Fuder Wein eine Steuer erhoben, die zu zwei Dritteln in die Gemeindekasse floß und zu einem Drittel dem gewählten Unterkäufer, der beim Weinverkauf die Aufsicht führte, zufiel. Der Unterkäufer wurde bei seinem Amtsantritt folgendermaßen verpflichtet: „Ihr N.N. dieweilen Ihr nun zu einem Unterkäufer hiesigen Fleckens verordnet und gesetzt worden, so sollt Ihr dem Herrn Schultheißen darüber angeloben und zu Gott, der heiligen Dreifaltigkeit, schwören, daß Ihr, wenn Weinkäufer vorhanden, Euch daheim finden lassen wollet, und die dem Armen sowohl als dem Reichen, ja nicht Euren Freunden, Gevattern oder jemand anders, denen Ihr vornehmlich wohlwollet, zuerst, sondern denen, welche Wein zu verkaufen sich angemeldet, ohne Falsch und Betrug zuzuführen und zuweisen, folgbar eine Gleichheit halten. Wo ein Käufer Lust und Gefallen hätte, in einem Keller Wein zu kaufen, sollt Ihr den Verkäufer desselben nicht entführen und abwendig machen, den Wein nicht im geringsten, weder gegen den Fuhrmann noch Häcker, nicht verachten, auch mit Rechnung und Einnahme der Münz, es sei gegenüber dem Käufer oder Verkäufer, keinen Betrug gebrauchen. Und so Ihr dem Häcker böse Münz eingenommen, demselben gute Münz dagegen erstatten, also hierinnen in allen erzählten Stücken Euch zum wenigsten keines Vorteils und Betrugs befleißigen; auch hierinnen nicht ansehen Armut oder Reichtum, Freunde oder Feindschaft, Haß oder Neid, Gunst oder Ungunst, Miete, Geschenk oder Gab', sondern alle Monate nach Verfließung dreier Tage dem Bürgermeisteramt spezifizierte Rechnungen nach Abzug Eurer bewilligten Einnahmegebühr ohne wucherlich Tun vorlegen, mithin also in allem handeln und tun sollet, wie einem aufrichtigen, ehrlichen und getreuen Unterkäufer zustehet und gebühret, wie Ihr dann dies am Jüngsten Gericht vor dem Richterstuhl Gottes, des Allerhöchsten, verantworten könnet und wollet, getreulich und sonder Gefährde."

Von den Weinhändlern wurden noch Gegenscheine verlangt. Damit sollte gewährleistet werden, daß tat-

Ein goldener Herbsttag liegt über Sickershausen.

sächlich nicht mehr Wein veräußert worden war, als auf den Rechnungen des Unterkäufers ausgewiesen. Zwischen 1778–1784 wurden rd. 715 Fuder Wein abgerechnet, sie brachten für das Bürgermeisteramt 250 fränkische Gulden. Bei einem solch blühenden Weinhandel war es selbstverständlich, daß Leute aufgestellt wurden, welche darauf achteten, daß mit richtigen Maßen gemessen wurde (Maß und Gewicht geh'n vor Gottes Gericht); es waren dies die Eicher. Jedes Jahr war der Eicheimer neu zu eichen. Ein Eimer hatte einen Gehalt von 64 Maß; eine Maß hatte einen Inhalt von 1,22 Liter.
Selbstverständlich mußten auch die Eicher einen Eid leisten und sich u. a. verpflichten, daß die Mitte des Nagels als die richtige Eichgrenze angesehen wird (die Eichgefäße waren mit Messingknöpfen versehen und zeigten so den jeweiligen Inhalt an). Im Jahre 1834 wurde die Weingült, das war eine Naturalmostlieferung von 77 hl, in eine Geldzahlung umgewandelt.
Die Weinbergshut wurde sehr streng gehandhabt. Wer zuerst dem Bürgermeister weiche Traubenbeeren überbrachte, bekam aus der Gemeindekasse 10 Kreuzer.

Sickershausen wird als erste Reblausgemeinde in Franken genannt. 1902 wurde dieser schlimme Schädling von Erfurt aus mit Pflanzreben, die im Bahnhofsgarten von Kitzingen eingeschlagen waren, eingeschleppt. Was damals als Katastrophe angesehen wurde, hat sich heute fast als Vorteil herausgestellt. Denn die Pfropfrebenweinberge bringen bei fast gleicher Qualität wesentlich höhere Erträge als damals. Der Reblausbefall in Sickershausen war jedoch von der Jahrhundertwende bis 1967 – dem Jahr des Wiederaufbaus – nicht ohne Einfluß auf den Weinbau.
Im Jahre 1967 schlug auch für Sickershausen die große Stunde: Nach gründlicher Bereinigung und harter, opfervoller Aufbauarbeit der in schlechter Verfassung befindlichen Weinberge wurden 35 000 neue Reben auf 7 ha Rebfläche gepflanzt.
Sickershausen wurde wieder ein Weinbauort mit klangvollem Namen.

Einzellage:
Storchenbrünnle
Früher: Kletterberg, Mühlberg, Junger Berg, Gehren, Bach, Hufstück, Schachen, Warthecke, Mehlen, Schörglein, Günsberg, Schöberlein, Steinbruch, Kittenbaum

Großlage:
Schloßberg

Gesamtrebfläche:
7 ha

Haupthimmelsrichtung der Lagen:
Süd-West

Höhe über dem Meeresspiegel:
220 bis 240 m

Hauptbangneigung der Lagen in Prozent:
20 bis 40

Boden:
Muschelkalk-Verwitterung, Lettenkeuper

Rebsorten:
Müller-Thurgau u. a.

Wein:
zartduftend, fruchtig, pikant, markant, nachhaltig.

Im liebevoll gepflegten Schloßhof der Kelterstation Rödelsee stimmen nicht nur die Oechsle.

Possenheim war einst eine bekannte Postkutschenstation; der Ort lag am ehemaligen Verkehrsweg von Prag nach Brüssel. Der Wald schützt die Weinberge wie eine Haube.

Possenheim

Seit 1972 ist Possenheim ein Stadtteil von Iphofen. Der Ertrag von sechs ha Weinfläche wird in der Weinbergsrolle als „Iphöfer Burgweg" aufgeführt. Der Fund einer Bronzestatuette des Gottes Merkur aus dem zweiten Jahrhundert n. Chr. auf Possenheimer Flur weist u. a. auf altbesiedeltes Land hin. Der Ort selbst ist in der merowingischen Zeit entstanden. Namentlich wird „Bossenheim" im Jahre 1171 zum erstenmal genannt; in dieser Urkunde des Domstifts zu Bamberg wird auch der Weinanbau erwähnt. Es soll sich um eine Lieferung Wein aus Possenheim gehandelt haben. Besonderheiten Possenheims sind die seltene Flora im Moorseebach und die zwei Linden im Ort. Ein alter Wegweiser führt uns in frühere Zeiten zurück.

In der Geschichte hat sich Possenheim einen Namen gemacht als Postkutschenstation; der Ort lag am alten Verkehrsweg von Prag nach Brüssel. Die Reisenden machten hier Halt und kehrten gerne ein, auch des bekömmlichen Weines wegen. Schon von ferne fallen die Weinberge und die Geschlossenheit des Ortes auf, aus dem die im Jahre 1781 erbaute Pfarrkirche herausragt.

Von den alten Weinlagenamen ist bekannt: Im Weinpfelgarten, Am Weingartensteig, Am Hirtenhaus, Im Weinberg (Schlüsslertswengert) und Im Hirtenbühl. Possenheimer Weinberge befinden sich zwischen 450 und 1000 Meter nordöstlich von der Kirche.

Einzellage: Vogelsang

Großlage: Burgweg

Gesamtrebfläche: 6 ha

Hauptthimmelsrichtung der Lagen: Süd-Ost

Höhe über dem Meeresspiegel: 260 bis 340 m

Haupthangneigung der Lagen in Prozent: 10 bis 30

Boden: Keuper

Rebsorten: Müller-Thurgau u. a.

Wein: fruchtig, gehaltvoll.

Willanzheim

Das fruchtbare Land hat zu allen Zeiten die Menschen in diese Gegend am Rand des südwestlichen Steigerwaldes gezogen. Die Geschichte eines fränkischen Bauerndorfes, das auch in engem Bezug zum Wein steht, soll hier einmal kurz beleuchtet werden. Bereits etwa 4000 Jahre vor Christus haben sich auf der ertragreichen Lehmflur von Willanzheim die ersten Ackerbauern niedergelassen. Bandkeramische Tonscherben und säuberlich geschliffene Steinwerkzeuge bezeugen dies. Dann weisen mehrere Hügelgräber im großen Mühlholz auf die Siedlung in der Hallstasttzeit hin (850–550 v. Chr.). Spätkeltische Funde, vor allem eine Kleinsilbermünze mit der Ab-

Willanzheim, umgeben von fruchtbarem Ackerland, von Wäldern und Weinbergen.

bildung eines Pferdes, erinnern an eine Viereckschanze, die sogenannte „Pfaffenburg" bei Willanzheim, die den Bewohnern in der Zeit vor Christi Geburt als oppidum (befestigter Zufluchtsort) und als Kultplatz dienten. Reihengräber aus der Zeit der Merowinger führen in die Zeit der Entstehung des heutigen Ortes, d.h. an den Anfang des 6. Jahrhunderts zurück. Vor allem durch die Gründung eines Königshofes rückt Willanzheim in den Blickpunkt der Geschichte. Eine Königskirche, die dem hl. Martin geweiht ist, wird der Sitz einer Urpfarrei. Schriftlich erwähnt wird Willanzheim als Uuielantesheim erstmals im Jahre 742, als Karlmann, der älteste Sohn Karl Martells (741–747 Hausmeier), einige Kirchen an Bischof Burkard von Würzburg übertragen läßt, darunter auch die Martinskirche von Willanzheim. Mag in diese Zeit wohl auch der erste Anbau von Reben fallen? Königsdörfer waren an keine Zehnt und an kein Gericht gebunden, sie hatten ihr eigenes Halsgericht; diese glückliche Zeit endete im Jahre 1371, als Willanzheim an das Hochstift Würzburg verpfändet worden ist.

Neben Bullenheim, Hüttenheim und Seinsheim fällt Willanzheim mit seinem Weinanbau weniger auf, obwohl dieser kräftige Tropfen nicht verachtet werden sollte.

In den Niederungen des Breitbachs erkennt man noch die Reste einer Wasserburg, die als Schenkung des Edlen Gerung 1137 an den Bischof von Würzburg überging. Diese Burg ist im Jahre 1723 völlig zerstört worden. Nun beginnt eine bewegte geschichtliche Zeit. Mehrere Grundherrschaften wechseln ihre Besitztümer. Viel Leid und Not brachte der 30jährige Krieg über das Dorf. Allein im Jahre 1622 lagen im Dorf über tausend Kosaken, die immer wieder Keller und Speicher plünderten. Aus der Dorfchronik erfahren wir allein daran, wie umfangreich der Weinanbau um diese Zeit gewesen ist, daß das Würzburger Domkapitel im Jahre 1618 den ergiebigen Weinzehnt von über 531 Morgen Weinbergen erhalten hat. Heute bauen die Willanzheimer Winzer in den Lagen Im Hagen, Im Lagert und In der Sommerleiten etwa 15 ha Wein an. Willanzheim ist seit 1974 wieder ein Winzerdorf geworden, nachdem die Reblaus um 1928 fast alle Weinstöcke vernichtet hat.

Wie Herrnsheim, Kleinlangheim, Mönchsondheim, Nenzenheim oder nebenan Hüttenheim reihen sich um die Kirche von Willanzheim einige Gaden, die in ihrer geschlossenen Form die Kirche zu einer Burg machten. In schlimmen Kriegszeiten ließ man Wengert und Äcker, Hof und Stall im Stich, um hierher in die Kirchenburg zu flüchten, um sein Leben zu retten wie auf einer Arche im Meer des Krieges.

Wie überall verlor durch die Säkularisation 1803 das Domkapitel seine Rechte. Das Dorf wurde kurze Zeit preußisch, bevor es über das Fürstentum Bayreuth 1810 zum Königreich Bayern, schließlich zum Freistaat Bayern kam.

Der schwarze Tag für Willanzheim war der 5. April 1945; nach einem Tieffliegerangriff der Amerikaner ist beinahe das halbe Dorf in Schutt und Asche ge-

Tiefenstockheim, heute ein Ortsteil von Seinsheim, ist mit der Lage Stiefel (1 ha) in die Weinbergsrolle eingetragen.

sunken. 1948 konnte die zerstörte Kirche St. Martin wieder feierlich eingeweiht werden.
An der Südseite der Kirchenburg findet man noch heute eine Kette mit dem Halseisen, Teile eines ehemaligen Prangers. Dieses Denkmal erinnert an Zeiten, in denen das Dorfrecht sehr ernst genommen wurde. Ein Spruch an einem Willanzheimer Haus faßt menschliche Erkenntnis zusammen: „Wenn nur dieses Haus solange steht, bis aller Haß und Neid vergeht, so bleibts fürwahr solange stehn, bis einst die Welt wird untergehn."
Die Dorfordnung von Willanzheim vom Jahre 1587 erteilt die Anweisung, daß man den Sonntag heiligen solle und ordnet daher folgendes an: „Wirttsheuser, Kremer, Becken, Metzger, Böckler und anderer Handtierer Laden söllen Vormittag unter öffentlichen Ampten, zum Gottesdienst angestellt, zugehalten und bis Zuuollendung derselben nicht geöffnet, sich einiger Handtierer als Dentz, spilen, Mussiggang, oder egerlich Geschwetz vor der Kirchen, uf denen Gassen noch ssonsten finden oder betretten laßen, bey Vermeittung Ernstlicher straff, die wir uns zu jeder Zeytt nach Gestallt der Versprechung und Ubertrettung gegen den Thetter sowol als auch gegen denen, so solliches wissen, gesehen und gehört, und das in der Rug der Obrigkeytt nicht angezeigt."

Einzellagen: Keine
Früher: Herdweg, Geisweid, Waltersteig, Rotboden, Strobel, Kirschenbügel, Gottsberg, Am Gräfenberg, Hellen Berg, Kalben, Am Graben, Kühfuß, Giebelein, Hadergäßchen, Ratz, Seebuck, Auweg, Himmelbach, Flur

Großlage: Burgweg (für bestimmte Rebflächen)

Gesamtrebfläche:
9 ha

Haupthimmelsrichtungen der Lage:
Süd-Ost, Süd-West

Höhe über dem Meeresspiegel:
280 bis 360 m

Haupthangneigung der Lage in Prozent:
15 bis 25

Boden:
Gipskeuper

Rebsorten:
Müller-Thurgau, Silvaner u.a.

Wein:
Die Willanzheimer Weine haben eine feste Art.

WETTERREGELN

Ist's an Peter und Paulus klar,
kommt ein gutes Jahr.

Nur in der Juliglut
wird Obst und Wein dir gut.

16 84

Wohlauf, die Luft geht frisch und rein,
wer lange sitzt, muß rosten,
den allerschönsten Sonnenschein
läßt uns der Himmel kosten.
Drum reicht mir Stab und Ordenskleid
der fahrenden Scholaren,
ich will zur schönen Sommerzeit
ins Land der Franken fahren –,
vallerie, vallera, vallerie, vallera –,
ins Land der Franken fahren.

Der Wald steht grün, die Jagd geht gut,
schwer ist das Korn geraten;
sie können auf des Maines Flut
die Schiffe kaum beladen.
Bald hebt sich auch das Herbsten an,
die Kelter harrt des Weines,
der Winzerschutzherr Kilian
beschert uns etwas Feines –,
vallerie, vallera, vallerie, vallera –,
beschert uns etwas Feines.

Zum heil'gen Veit von Staffelstein
bin ich emporgestiegen
und seh' die Lande um den Main
zu meinen Füßen liegen.
Von Bamberg bis zum Grabfeldgau
umrahmen Berg und Hügel
die breite, stromdurchglänzte Au,
ich wollt', mir wüchsen Flügel –,
vallerie, vallera, vallerie, vallera –,
ich wollt', mir wüchsen Flügel.

Text: Josef Victor von Scheffel / Melodie: Valentin Eduard Becker, 1861

Links:
Rundes Stückfaß im „Beamtenweinkeller" des Staatlichen Hofkellers unter der Würzburger Residenz. Im Jahr 1684 ließ der Fürstbischof „Konrad von Wernau" zur Aufnahme des noch vorhandenen Weines von dem einmaligen Weinjahrgang 1540 dieses prächtige Stückfaß bauen. Von der Güte des „Jahrtausendweines" können wir uns heute keine Vorstellung mehr machen.
1886 wurde der Rest dieses Weines in München versteigert. 1961 soll dieser bei einer Probe in London noch klar im Glase gestanden haben.

Randersackerer „Marsberg“ vor der Bereinigung, April 1971.

Zwei Bilder aus alten Zeiten

Klingenberg am Main in den Jahren nach dem Ersten Weltkrieg.

Die Frankenweine und ihre Preise

Preis-Verzeichnis

von Wilh. Meuschel jr.
Herzogl. Sächs. Hoflieferant
Weingutsbesitzer und Weingrosshandlung
Kitzingen a. Main

(aus dem Jahre 1900)

Frankenweine.	Preis p. 100 Liter Mark	Preis p. Flasche Mark
Eigenbauweine.		
Buchbrunner Holz und Hoffarth	60	–
Buchbrunner Klettenberg	70	–
Buchbrunner Berg 1896	80	–,75
Buchbrunner Berg 1895, 1897	110	1,—
Repperndorfer Berg 1897	110	1,—
Repperndorfer Berg 1895	140	1,25
Repperndorfer Berg 1893	–	1,40
Kaufweine. Diese Weine sind meist von den Keltern direkt gekauft und in rationellster Weise behandelt.		
Nordheimer (Moselart)	60	–
Sommeracher, Wiesenbronner	70	–
Repperndorfer „Kaiser Karl"	80	–,75
Rüdenhäuser, Abtswinder	80	–,75
Casteller, Roedelseer	90	–,85
Escherndorfer	100	–,90
Trautberger Haus	115	1,—
Escherndorfer Kirchberg	125	1,10
Casteller Schlossberg (aus der Gräfl. Castell'schen Schlosskellerei)	140	1,25
Randersackerer Spielberg 1895	160	1,40
Boxbeutel.		
Schloss Vogelsburger 1889er	180	1,50
Schalksberger 1893er	180	1,50
Randersackerer Teufelskeller 1895er	200	1,75
Harfe Traminer 1893 und 1889	—	1,75
Schlossberg 1895, Stein Riessling 1886	—	2,—
Stein Auslese 1893	—	3,—
Hörsteiner Riessling 1893er (aus dem kgl. bayer. Hofkeller, Würzburg)	—	3,50
Stein Riessling 1893er	—	4,50
Innere Leiste Riessling Auslese 1884 (aus dem kgl. bayer. Hofkeller, Würzburg)	—	6,50

Auszug aus einer Weinpreisliste 1984

Franken *(Bocksbeutel) – Qualitätsweine*	0,7 Bb. DM
*1983er Seinsheimer Hohenbühl Müller-Thurgau	4,40
1983er Volkacher Kirchberg Silvaner / Müller-Thurgau	4,40
1982er Großlangheimer Kiliansberg Müller-Thurgau	4,90
1982er Casteller Kirchberg Silvaner	5,—
1982er Rödelseer Schwanleite Silvaner / Müller-Thurgau	5,10
1982er Escherndorfer Fürstenberg Müller-Thurgau mit Weinsiegel	5,40
1982er Thüngersheimer Ravensburg Scheurebe mit Weinsiegel	5,60
1982er Escherndorfer Fürstenberg Müller-Thurgau trokken mit gelbem Weinsiegel	5,60
1981er Kitzinger Hofrat Müller-Thurgau	5,70
1982er Escherndorfer Lump Silvaner	5,70
1982er Seinsheimer Hohenbühl Müller-Thurgau *Kabinett*	5,90
1982er Casteller Bausch Müller-Thurgau *Kabinett*	5,90
1982er Randersackerer Sonnenstuhl Müller-Thurgau *Kabinett* mit Weinsiegel	5,90
1982er Iphöfer Burgweg Bacchus mit Weinsiegel	5,90

sämtliche Preise zuzüglich gesetzl. MwSt.
* Lieferung nach Erteilung der Prüfnummer

Bericht des Königl. Landesinspektors für Weinbau, Dr. Dern, über seine Tätigkeit in den Jahren 1914–1918

Schon zur Zeit Karls des Großen blühte der fränkische Weinbau an den sonnigen Halden des Maines und der fränkischen Saale bei Würzburg, Klingenberg und Hammelburg und dehnte sich rasch immer weiter aus. Bald war er nicht mehr beschränkt auf die „glutdurchfluteten Kalksteinwände des Steinbergs", sondern auch an der Tauber, Wern und an den Südhängen des Steigerwaldes und weit ins „Uferlose" in nahezu dem ganzen fränkischen Maintale hatte ein weit ausgedehnter Weinbau Fuß gefaßt. Staat und Kirche wetteiferten um die Förderung des Weinbaues, der ihnen fortlaufend große Einkünfte aus Weinzehent, Weinzins und Weinsteuern lieferte.

Das heutige Unterfranken hatte

1813 noch	24 420	ha Weinberge im Ertrag
1875 noch	13 078	ha Weinberge im Ertrag
1883 noch	8 905	ha Weinberge im Ertrag
1893 noch	7 837	ha Weinberge im Ertrag
1903 noch	6 319	ha Weinberge im Ertrag
1913 noch	4 423	ha Weinberge im Ertrag
1916 noch	2 608	ha Weinberge im Ertrag

Die meisten Weinberge in der Ebene und auf den nicht nach Süden zugewendeten Berglehnen sind längst verschwunden, während im allgemeinen die besten Lagen erhalten wurden. Ganz ähnlich liegen die Verhältnisse in Mittel- und Oberfranken, wo ebenfalls der Weinbau früher auf viel größerer Fläche betrieben wurde.

Es ist gewiß nicht jedem ausgehauenen Weinberg nachzutrauern. Es ist vielmehr als ein Fortschritt zu betrachten, daß gar manches frühere minderwertige und unsichere Erträge liefernde Weingelände heute reiche Getreide- oder Obsternten bringt. Aber es ist als ein schwer wieder gut zu machender großer Kulturrückschritt zu betrachten, daß auch Hunderte von Hektar herrlicher Weinbergslagen, die vermöge ihrer südlichen Neigung zum Weinbau von der Natur bestimmt erscheinen und denen andere nennenswerte Erträge wegen ihrer steilen, steinigen und allzu trokkenen Lage nicht abgerungen werden können, heute mit verfallenen Mauern verödet daliegen. An verschiedenen derartigen Stellen war vor dem Kriege bereits der Wiederanbau der Rebe eingeleitet, es mußte aber wegen Arbeitermangel während der Berichtszeit beim guten Willen bleiben. Nur da, wo ein wirklich aussichtsvoller Weinbau wieder erstehen kann, wird entsprechende Anregung hierzu durch Belehrung, Musteranlagen, Errichtung von Rebschulen und dergleichen gegeben. Einiges Wenige konnte in dieser Richtung auch erreicht werden. Zweifellos ist der Rückgang des fränkischen Weinbaues auf vielerlei Ursachen zurückzuführen, die jedesmal eingehend ermittelt werden müssen. Vielfach war die Lage ungeeignet und der Wein konnte im Wettbewerb mit edleren Weinen anderer Gegenden angesichts der verbesserten Verkehrsverhältnisse nicht bestehen. Hier durfte dem natürlichen Verlauf der Dinge nicht entgegengearbeitet werden.

Recht vielfach lagen die Verhältnisse aber auch ganz anders. Die Arbeitskräfte fanden durch Steinhauerei oder Hausindustrie in der unteren Maingegend höheren besseren Verdienst als ihn der mühsamere, wenn auch gesündere, aber auch nach mancherlei Richtung hin noch recht rückständige Weinbau bezahlen

konnte. In den allermeisten Fällen aber dürfte der Rückgang des fränkischen Weinbaues verursacht worden sein durch das Auftreten der Peronospora seit etwa 30 Jahren. Die mangelnde Peronosporabekämpfung, bedingt durch die fehlende Belehrung durch Wort und oft auch mangels des anregenden Beispiels, führte zum Ruin manchen ehemals berühmten Rebgeländes und früher vielgenannte Weinlagen sind von der Weinbaukarte und aus den Büchern der Weinhändler verschwunden. Mehrfach wurde auch die Frage erwogen, hier Wandel zu schaffen durch Errichtung von Musteranlagen und staatlichen Weingütern nach dem Vorgang von Preußen, am Rhein, an der Mosel, Saar und Nahe, von Hessen und in anderen Bundesstaaten. Aber auch diese Pläne mußten während der Kriegszeit ruhen. Wohl wurde während der Berichtszeit in verschiedenen Gemarkungen Gelände für staatliche Rebpflanzungen in Franken erworben, die auch anregend für Wiedererstehung des Weinbaues in fast aufgegebenem Gelände wirken sollen. Diese sind aber nicht in erster Linie als eigentliche Musteranlagen zur Nachahmung gedacht, sondern als Versuchsanlagen mit amerikanischen Reben.
Eine merkliche Besserung in den Verhältnissen des Weinbaues ist eingetreten durch die auf Anregung des Landesinspektors und des fränkischen Weinbauvereins 1910 eingeleitete Weinbauwanderlehrtätigkeit, durch die Anstellung eines Kreisweinbaulehrers. Noch in den Jahren des Rückganges vor dem Krieg setzte diese regelmäßige und tatkräftige Belehrung durch Wort und praktische Beispiele erfolgreich ein. Dadurch ist dem andauernden Rückgang ein entschiedener Halt geboten worden und auf die ersprießliche Tätigkeit des Kreisweinbaulehrers ist ein gutes Stück der reichlichen Erträge zurückzuführen, die die fränkischen Winzer 1915–1918 eingestrichen haben. Es ist anzunehmen, daß die vorzüglichen Ergebnisse des Jahrganges 1917 fördernd auf Belebung des fränkischen Weinbaues und ganz besonders des Weinbaues nach Güte einwirken.

Selbstbildnis des Holzschnitzers Richard Rother, Träger des Deutschen Weinkulturpreises.

... und am Schluß sind sich alle wieder einig.

Doub mein Wengert

Doub mein Wengert, haach oun Bergla,
bin i sunntigs nit allee,
denn mei Mädla kennt die Pfaadli,
kennt ann jeda Baam und Stee.

Wenn die annern Mädli tanza
und vergnüegt und lusti senn,
schleicht mei Mädla dorch die Wengert,
mog die Sunna no sou brenn!

Hockt bei mir ou meiner Seita
unnern Träuwels-Stouck oun Ree,
über uns ganz blab dr Himmel,
und as glitzert rauf dr Mee.

Und mei Schootzerla, mei Bräutla,
löigt die Hennd in meiner nei,
söigt zu mir: „Bei sou viel Sunna
geits ann guata, guata Wei!"

„Guck ner, wie die Träuwel glenza!
Eener naawern annern hengt!
Wemmer unner Träuwel schneida,
kriegt 'es Baasla aa wos gschenkt."

„Frä mi uff die Weilaas heuer,
und i frä mi uff die Hochst,
wenn die Brautfuhr rollt dorchs Dörfla,
wäß i doch, daß du mi mogst."

Ernst Luther

Dia Weinkur

Wenn s Lam oufengt und hört nit auf
Za plagn und za foppn,
Da setz i gschwind an Dempfer drauf:
I trink an guatn Schoppn.

Und wenn mei Maul da nu nix lacht,
Za trink i zwä! s it gscheider,
As wörd an Unterschiad gamacht,
Mer wörd doch wieder heiter.

Ar it wia Medazie, der Wei,
Fersch Harz und aa fersch Denkn.
Wenn viel an Harz hengt, trink i drei,
Die Sorgn rozaschwenkn.

Wenn mei Gamüt sei Fräd verliert,
In böasa Treem versunkn,
Da wörd a groaßa Kur probirt,
Da wörd a Maß gatrunkn.

Schteaht da der Baam a bißla schief
Und it za viel bagossn,
Za wörd die Arbet mit an Pfief
Za guater Letzt baschlossn!

Josef Kram

Kitzingen

Seite 269:
Am Kirchberg (Lage Ratsherr) wird ein „reicher Herbst" eingebracht. Moderne Transportmethoden erleichtern die Arbeit, aber Ursprung des Weines ist und bleibt die Traube.

Der Markt Obernbreit ist vor allem durch sein 1609 erbautes, eindrucksvolles Renaissance-Rathaus sehenswert, das der Segnitzer Baumeister Hans Kesenbrod errichtete.

Obernbreit

Pfarrer Heinrich Hoffmann berichtet in seiner Beschreibung der protestantischen Gemeinde Obernbreit, daß die Obernbreiter nur durch Zahlung von 3000 Talern und die Lieferung von 15 Fudern guten Weines von der Plünderung und Brandschatzung im Dreißigjährigen Krieg verschont blieben; allerdings ging infolge Feindeinwirkung im Jahre 1634 trotzdem alles im Feuer unter. Im 18. Jahrhundert förderte man neben dem Weinbau auch insbesondere den Obstbau. Man stellte Weingartenhüter an, daneben besondere Weinschätzer, die besonders auch den Ertrag der Weinberge der Stiftungen und Pfründe zu schätzen hatten.

Auch vom wechselvollen Geschick des hiesigen Weinbaues wird uns berichtet. Es kam öfters vor, daß so gute Mostjahre waren, daß man die Trauben hängen ließ, weil die Weinlese die Kosten nicht ertrug. Im Jahre 1448 kostete der Eimer Wein mit Faß 3 fl.

In neuester Zeit hat sich eine kleine Anzahl heimatliebender Bürger wieder zu einer Interessengemeinschaft „Weinbau“ zusammengeschlossen. Unter dem besonderen Engagement von Eduard Krammer erlebt der Obernbreiter Weinbau eine neue Zeit.

Die bekannte Rebschule Hermann Schmidt liefert bestes Pflanzmaterial für den Ertrags- und Spalierrebenbau.

Einzellage: Kanzel
Früher: Obere Steig, Polenberg, Ziegelberg

Gesamtrebfläche: 22 ha

Haupthimmelsrichtung der Lage: Süd

Höhe über dem Meeresspiegel: 220 bis 265 m

Haupthangneigung der Lage in Prozent: 10 bis 15

Boden: Muschelkalk

Rebsorten: Müller-Thurgau, Silvaner u.a.

Wein: artiges Bukett, markig, nachhaltig.

Hüttenheim

Schon 3000 v.Chr. dürfte die Gegend um Hüttenheim besiedelt gewesen sein. Bandkeramiker, Kelten und Franken lösten hier einander ab. 1952 fand man beim Bau eines Hochwasserbehälters in einem merowingischen Reihengräberfeld eine Münze, eine fränkische Nachahmung des römischen Justinianus aus der Zeit um 550 n.Chr. Der Franke Hiddo (Hiddo-Heim = Hüttenheim) ist wohl der Begründer des Dorfes am Tannenberg. 750 bzw. 918 wird Hüttenheim bereits urkundlich erwähnt.

1199 werden ausgedehnte Hüttenheimer Weinberge

Im ehemaligem Ganerbendorf Hüttenheim kann man zwei Kirchen besuchen. Die Firma Gebrüder Knauf baut hier unterirdisch Gipsgestein ab; am Tannenberg wächst ein kräftiger Tropfen.

genannt. Sie waren verbreiteter als heute; denn auch Hüttenheim blieb der Rückgang nicht erspart. 1898 trat das erste Mal die Peronospora (Blattfallkrankheit) auf. Im Jahre 1906 war durch diesen Pilz die ganze Ernte zerstört worden, so daß keine Weinlese stattfand: „Im Vorsommer waren die Aussichten gut; bei feuchtwarmem Wetter entwickelten sich aber Krankheiten an den Reben; die Blätter bedeckten sich mit Schimmel; die Trauben wurden welk und kamen nicht zur Reife."

1955 wurde durch den damaligen Bezirksfachberater für Weinbau, Josef Weiß, in Hüttenheim das zweite Wiederaufbauprojekt im fränkischen Weinbau in die Wege geleitet.

Das gelang damals nur durch Überzeugungskraft bei Versammlungen und Lehrfahrten. Weiß soll manchmal sehr deutlich, um nicht zu sagen grob geworden sein. Ein Ausspruch von ihm: „Manche Leute verstehen das einfach nicht, die muß man zu ihrem Glück zwingen."

1959 brachten die neugepflanzten 37000 Müller-Thurgau- und 38000 Silvaner-Pfropfreben einen Ertrag, der in Menge und Güte alle Erwartungen übertraf.

Es sollten noch bis zum Jahre 1973 mehrere Teilabschnitte auf Hüttenheimer Markung neu geordnet werden. So hat der Hüttenheimer Weinbau wieder eine besondere Geltung.

Unsere Gewährsleute berichten immer wieder die gleiche Geschichte, die offensichtlich auch dem Hüttenheimer Wein in früherer Zeit den Durchbruch verwehrt hat. So sollen die auswärtigen Most- und Weineinkäufer, kaum daß der Wagen die Orts- oder Gemarkungsgrenze passiert hatte, auf die Faßböden mit Kreide die Weinbezeichnung „Iphöfer" oder „Rödelseer" geschrieben haben. Durch die wahrheitsgemäße Bezeichnung der Weine sind heute derlei Dinge zum Glück für Weinfreunde und Winzer nur noch zum Schmunzeln da und liefern Stoff für die Stammtischgespräche.

Ab 1954 schlossen sich die meisten Winzer der Winzergenossenschaft Iphofen an, die dann in der Gebietswinzergenossenschaft Franken aufging. Der Hüttenheimer Wein, so erzählt unser Gewährsmann, benötigte nicht mehr den Namen anderer Weinbauorte, im Gegenteil: er war fast regelmäßig als erster ausverkauft.

Sehr beachtenswert ist in Hüttenheim die alte Kirchenburg mit den darunter befindlichen Kellern. Früher waren alle Keller „voll des Rebensaftes".

Nach dem Keltern wurde der Most von den einzelnen Winzerhäusern in Butten in die Keller der Kirchenburg getragen. Dort wurden manche Weinproben gehalten, die zu Hause nicht bekannt werden durften. Wer in Hüttenheim die erste weiche Traube zum Bürgermeister trug, bekam 50 Pfennige. Der Flurhüter (Flurer) mußte dann die „Wächwäidl" (Weichwedel) aufstellen. Dies waren zwei lange Jungeichenstangen, die am oberen Ende noch ein zusammengebundenes Laubbündel trugen. Der eine wurde hoch oben auf dem Tannenberg, weithin sichtbar, der andere am Hauptweg zu den Weinber-

gen, aufgestellt. Dies bedeutete, daß Unbefugte nicht mehr in die Weinberge gehen durften und somit die Wege gesperrt waren. Zur Weinlese wurde ein Extra-Lesebrot (aus Vorlaufmehl) gebacken. Am Abend gab es für alle Helfer bei der Weinlese eine warme Mahlzeit, die einem Festtagsessen gleichkam. Dazu wurde guter Wein (also kein Haustrunk) gereicht. Jeder familienfremde Leser bekam neben dem Lohn noch einen Eimer Trauben.
Für den Winzer und seine Angehörigen begann nach dem Abendessen noch einmal richtig die Arbeit, bis die Tagesernte gekeltert und gefüllt war, denn am nächsten Morgen mußten die Kufen und das Lesegeschirr wieder einsatzbereit sein.
Nach der Weinlese bekamen Pfarrer, Lehrer, Ortsgendarm, Weinbergshüter und auch die im Dorfe wohnenden Juden jeweils einen Liter Most und einen Teller Trauben.

Einzellage:
Tannenberg
Früher: Tannenberg, Am Steingrubenweg, Kirschberg, Flur, Geißweide, Siebucksteig, Hartweg, Strobel, Rotboden, Roßrück, Michelsgraben, Dumberg, Röchlein, Schloßäcker, Gumpelsacker, Steingruber Weg, Judenweg, Bullenheimer Weg, Wetterspiegel, Flur, Am Graben, Am Weinbergshäuschen, Kirchbühl, Am Kalben, Heller Berg, Müllers Weg, Seebuck, Roßride

Großlage:
Schloßstück

Gesamtrebfläche:
71 ha

Haupthimmelsrichtungen der Lagen:
Süd-Ost, Süd-West, Süd

Höhe über dem Meeresspiegel:
285 bis 380 m

Haupthangneigung der Lagen in Prozent: 15 bis 50

Boden:
unterer Gipskeuper

Rebsorten:
Müller-Thurgau, Silvaner, Bacchus u. a.

Wein:
aromatisch, fruchtig, pikant, gehaltvoll.
Hier bringen Sorten wie Müller-Thurgau und Bacchus Weine mit besonders fruchtiger und würziger Ausprägung.

Nenzenheim

Seit 1972 ein Stadtteil von Iphofen, entstand Nenzenheim als fränkische Siedlung in der Zeit von 600 bis 700. In vorgeschichtliche Zeit weist ein spätbronzezeitlicher Hortfund zurück. Urkundlich erwähnt wird Nenzenheim zum erstenmal im Jahre 1158. Im Laufe seiner bewegten Geschichte stand das Dorf unter den Herrschaften der Herren von Hohenlohe, Castell, Seinsheim, Schwarzenberg und Hutten. Die in früheren Zeiten bei Kriegsfällen sehr nützliche Kirchenburg konnte bei den Kampfhandlungen im April 1945 wenig nützen, als die Nenzenheimer schwere Schäden hinnehmen mußten. Das Rathaus aus dem Jahre 1544 jedoch blieb erhalten.

Die Kirchenburg von Nenzenheim und das Rathaus vom Jahre 1544 sind eine Reise wert.

Der Herrgott hat das fränkische Land geschaffen, der Mensch muß es in rechter Weise nutzen und bewahren.

Vor 500 Jahren muß Nenzenheim ein recht umfangreiches Dorf gewesen sein, wie man aus dem Zins- und Gültbuch aus dem Jahre 1474 erfahren kann. Zum Großteil lebten hier wenig begüterte Häcker und Handwerker. Im Gegensatz zu den sieben größeren Bauern und Winzern, die rund 217 Morgen Feld und 40 Morgen Wiesen besaßen, verfügte die Hälfte der Nenzenheimer Einwohner nur über etwa 93 Morgen (= etwa 19 Hektar) Ackerland und etwa 15 bis 30 Morgen Weinberge. In dieser Zeit war Philipp von Seinsheim Dorf- und Gemeindeherr.
Damit man nicht zuviel des guten Weines trinkt, wird in der Gemeindeordnung für Nenzenheim vom Jahre 1730 angeordnet, „daß jede Bosheit und Mutwillen der jungen Leute auf den Gassen, Straßen und Märkten, das Herumstreichen, Schreien und Schaden antun" verboten sei. Wer etwa in der Nacht vom Samstag auf Sonntag nach 10 Uhr angetroffen wird und sich nicht richtig ausweisen kann, wird vom Schultheißen in Arrest genommen, am nächsten Tag nochmals sechs Stunden eingesperrt, und wenn er Vermögen besitzt, um 30 Kreuzer gestraft. Auch die Arrest- und Gerichtskosten hat er zu tragen.
Nenzenheim weist im Fränkischen eine Besonderheit auf: Die Weinberge der Nenzenheimer Winzer liegen in fremder Markung.

WETTERREGELN

Im Juli muß vor Hitze braten,
was im September soll geraten.

Sind die sieben Brüder (10. 7.) naß,
regnet's lang ohn' Unterlaß.

Die behäbigen Bauernhöfe von Seinsheim werden überragt von der mit Gaden umgebenen Pfarrkirche St. Peter und Paul.

Seinsheim

Zusammen mit dem Ort Willanzheim wird Seinsheim schon im Jahre 770 erwähnt. Der Ort erscheint seit der Mitte des 12. Jahrhunderts als der namengebende Stammsitz der Edlen und späteren Grafen von Seinsheim.
1504 ging Seinsheim an die Linie von Schwarzenberg, des Gesamthauses von Seinsheim, über.
Die Kirchenburg der katholischen Pfarrkirche St. Peter und Paul erhebt sich auf einer Terrasse beherrschend über das Dorf, umgeben von 17 Gaden und Kellern. Auch die gesamte Kirche ist unterkellert. Der in einem Gaden eingemeißelte Spruch „Das Wirtshaus voll, die Kirche leer, drum geht im Dorfe alles quer" hat schon viel Gesprächsstoff geliefert; denn vom Naturell her sind die heutigen Bewohner Seinsheims fleißige und ehrsame Leute, also können ihre Vorfahren nicht viel anders gewesen sein.
Als Zeuge ehemaliger Gerichtsbarkeit wird im Rathaus noch ein Becher aus dem Jahre 1668 aufbewahrt. Dieser trat als „Gerichtsbecher" bei der Verkündung eines Urteils in Funktion. Wenn der Richter den Becher ausgetrunken hatte, wurde das Urteil vollstreckt.
Die Entwicklung des Weinbaues in Seinsheim dürfte nicht anders verlaufen sein als in den anderen Gemeinden am Steigerwald. Wären die Urkunden von Seinsheim nicht durch Kriegseinwirkung im Jahre 1945 verbrannt, könnte man sicherlich an dieser Stelle authentisch berichten.
In den Jahren 1853 bis 1895 hatte Seinsheim fast unverändert runde 30 ha Reben.
Zwischen 1971 und 1973 wurden 40 ha Rebfläche neugeordnet und planmäßig wiederaufgebaut. Damit war die absolute Hinwendung zum Qualitätsweinbau verbunden. Über 10 Prozent der Fläche wurden mit der anspruchsvollen Rebsorte Traminer bepflanzt, und die Seinsheimer Winzer wurden auch im qualitativ nicht so hochstehenden Jahr 1974 mit großen Traminerweinen, die damals mit zu den besten in Franken zählten, belohnt. Seinsheims Weinberge liegen an den sonnenbegünstigten Westabdachungen der Hänge des südlichen Steigerwaldes. Sie breiten sich in zentraler Lage zwischen den Weinbergen von Hüttenheim und Bullenheim aus und bilden mit diesen zusammen einen beeindruckenden Rebgürtel, der von den bewaldeten Höhen vor östlichen Kaltwinden geschützt wird. Die Vermarktung der Weine erfolgt in Winzerzusammenschlüssen. 70 bis 80 Prozent der Seinsheimer Winzer sind Mitglieder bei der Gebietswinzergenossenschaft Franken.
Auch der Ortsteil Tiefenstockheim hat seit einigen Jahren wieder jüngere Rebpflanzungen.
Als „Stiefel" wurden die Weinberge in die Weinbergsrolle eingetragen. Sie sind nach Süden geneigt und haben eine Steigung von 35 bis 40 Prozent, der Boden ist kein Keuper, sondern Muschelkalk, obwohl die Weinberge dem Bereich Steigerwald zugeordnet sind. Müller-Thurgau und Silvaner werden hier angepflanzt, und der Wein zeigt eine kräftige Art. Leider ist die Lage stark frostgefährdet.

Weinberg im Frühjahr nach dem Rebschnitt. Im Hintergrund das Bauerndorf Martinsheim.

Einzellage:
Hohenbühl
Früher: Berg, Judenweg, Sachsenbuck, Zuckerhut, Am Ast, Bauerngrund, Am Bergbrünnlein, An der Bürden, Im Tal, In der Burden, In den elf Morgen, Hohenbühl, Mußhütte

Großlage:
Schloßstück

Gesamtrebfläche:
40 ha

Haupthimmelsrichtungen der Lagen:
West und teilweise auch Nord-West

Höhe über dem Meeresspiegel:
280 bis 350 m

Haupthangneigung der Lagen in Prozent:
15 bis 35

Boden:
unterer Gipskeuper

Rebsorten:
Silvaner, Scheurebe, Traminer, Müller-Thurgau u. a.

Wein:
Neben besonders kräftigem, saftigem Silvaner und fruchtigem Müller-Thurgau wächst hier ein ausgezeichneter Traminer, der mit dem 1974er unvergeßlich den Ruhm der neu aufgebauten Weinbergslagen wieder festigte und Seinsheim zu neuen Ehren gelangen ließ.

Martinsheim

Die heutigen Weinberge von Martinsheim liegen am Südwesthang des Märzbachgrundes, der sich bis Obernbreit hinzieht und früher ausnahmslos mit Reben bepflanzt war. Ohne Zweifel war auch hier der Weinbau im Mittelalter von besonderer Bedeutung. 1916 wurden die letzten Reben ausgehauen. Georg Kost aus dem Rheinpfälzer Weinbauort Böchingen kam nach Martinsheim und legte im Jahre 1934 wieder die ersten Weinberge an. Die Nachbarschaftshilfe wird bei besonderen Arbeiten noch groß geschrieben. Fritz Kost erinnert sich daran, daß man früher Nikotinlösungen gegen fressende und saugende Rebschädlinge verspritzt hat.
Der alte Flurname „Mäntele“ deutet auf eine Begebenheit vor vielen Jahren. In dieser Gewanne soll nämlich ein Winzer seinen Mantel, den er während der schweren Weinbergsarbeit ausgezogen hatte, am Abend vergessen haben. Der Mantel hing über einem Pfahl und hüllte auch die daran angebundenen Reben ein. In der Nacht wurde es sehr kalt, die Maifröste schlugen zu; und welch ein Wunder, die unter dem Mantel verdeckten Knospenaustriebe waren grün und unversehrt, während die Austriebe ringsum erfroren waren.
Eine ähnliche Sage aus der Mainschleife berichtet, daß ein Winzer aus Wut darüber, daß wieder einmal

die Ernte verdorben wäre, die paar Triebe abgerissen hätte mit dem Ausruf:
„Wenn schon alles verreckt ist, soll die paar Augen auch der Teufel holen!"
Doch der Weinberg trieb frisch nach, und es gab noch eine gute Weinernte. Auf der Heimfahrt fiel jedoch die Traubenfuhre um, und so wurde der Winzer wegen seiner gottlosen Haltung schwer bestraft.

Einzellage:
Langenstein

Gesamtrebfläche: 2 ha

Haupthimmelsrichtung der Lage:
Süd-West

Höhe über dem Meeresspiegel:
270 bis 280 m

Hauptbangneigung der Lage in Prozent: 5

Boden:
sandiger Lehm

Rebsorten:
Müller-Thurgau, Silvaner, Perle, Bacchus

Wein:
fruchtig, kernig, stoffig.

Bei der Weinlese im Jahre 1934.

Weinbau in Mittelfranken

Spricht man vom fränkischen Weinbau, dann wird nicht unterschieden zwischen den verwaltungsrechtlichen Begriffen: Unter-, Mittel- oder Oberfranken.
Der Frankenwein hat viele Gesichter, aber keine starren Verwaltungsgrenzen, jedenfalls nicht innerhalb des Freistaates.
Der Weinbau im Regierungsbezirk Mittelfranken wurde durch die Gebietsreform vieler funkelnder „Weinsterne" beraubt. Echte „Aushängeschilder", wie Iphofen, fielen an Unterfranken. Heute besitzt Mittelfranken eine Gesamtrebfläche von rund 250 Hektar, die in 28 Ortsgemarkungen gelegen sind. 650 Betriebe pflegen noch die Rebe. Der Weinbau wurde in den letzten zwanzig Jahren modernisiert. In den Orten: Bullenheim, Schloß Frankenberg, Ipsheim, Tauberzell und Weimersheim wurden die Weinberge neu geordnet und planmäßig aufgebaut. Viele Einzelwinzer entdeckten wieder die Liebe zum Rebbau.
Drei namhafte Erzeugergemeinschaften verwerten die Trauben aus mittelfränkischen Weinbergen.
Die Gebietswinzergenossenschaft Franken e.G. hat 222 Mitglieder mit 106 Hektar,
die Erzeugergemeinschaft Winzerverein Frankonia e.G. 162 Mitglieder mit 60 Hektar und die Erzeugergemeinschaft Steigerwald e.G. in Castell 28 Mitglieder und 45 Hektar Rebfläche.
Trinkt man den Wein von den Rebhängen der Iphöfer Bucht sowie der Frankenberge, von den Weinbuckeln der Windsheimer Bucht, von den ökologischen Nischen an Gollach, Aisch, Tauber und dem Ehegrund, dann glaubt man neben der mineralischen, manchmal rustikalen Nachhaltigkeit die Landschaft, den Atem der kräftigen Heimaterde aus dem Glas schnüffeln und schlürfen zu können.
Es ist viel eigenständiger Duft und Geschmack an dem Wein von den lichten Höhen der mittelfränkischen Weinlandschaft, der ihn nicht nur wertvoll und liebenswert, sondern auch beinahe unverwechselbar macht.
In geringen Jahren sollte man ihn allerdings in den ersten sechs Monaten seiner Entwicklung nicht kritisieren. Oft wird erst nach zwei Jahren aus einem ungeschliffenen Rohling, der sich nur bei Schwarzbrot und Hausmacher Wurst erschließen läßt, ein kräftiger, vielgestaltiger Qualitätswein für hohe Ansprüche.
Aber in Jahren mit weniger Regen und großer Hitze

Die Tragbutte aus neuartigem Kunststoff ist zwar leichter und handlicher, aber sie ist keineswegs passender als die gute, alte Holzbutte.

wird unser Wein den anderen fränkischen Provenienzen in der Ausgewogenheit zwischen Alkohol, Extrakt und Säure nicht nachstehen; hierin liegt einer seiner vielen Vorzüge. Dann zählt der Bullenheimer mit zu den fettesten und öligsten Weinen (nicht von ungefähr konnte er bis 1971 als „Iphöfer" in den Verkehr kommen), und wer kann sich nicht mehr an den legendären Weimersheimer aus dem Sonnenjahrgang 1971 erinnern, der wie ein Komet am fränkischen Weinhimmel strahlend und unübersehbar aufging und auf der Festung in Würzburg anläßlich der Fränkischen Weinprämierung wahre Beifallsstürme bewirkte, die damals Bürgermeister Hülf von Weimersheim glückstrahlend entgegennahm.
Was standortgerechtes Pflanzen an Qualität ermöglicht, kann jedermann beispielsweise bei der Verkostung der Schloß Frankenberger Weine, die in den Fürstlich Castell'schen Kellern ausgebaut werden, nachhaltig erleben. Die Rebsorte Müller-Thurgau hat auch hier eine Wandlung im Zeitpunkt der Genußfähigkeit gebracht.
Der fränkische Schriftsteller Anton Schnack preist schwärmerisch und doch treffend die Weine der Iphöfer Pforte: „Es sind Weine, die aus Männerkehlen Soldatenlieder schmettern lassen", und an anderer Stelle: „Es sind flotte Tropfen, die sich vortrefflich mit geräucherten Schweineseiten und Schwarzbrot verschwistern. ... Die Trinkstunde ist bei diesen Weinen wichtig. Zur richtigen Zeit getrunken, schmecken sie delikat und machen die Trinker redselig und hemdsärmelig."
Da darf auch noch Kittel-Breider zitiert werden: „Die Windsheimer Bucht ist wie die Iphöfer Pforte vorwiegend agrarisch strukturiert. Doch läßt die alte Reichsstadt Windsheim noch den Geist jener Weine erkennen, die hier vor etlichen hundert Jahren gewachsen sein mögen, und die heute wieder ihre Wirkung aus den nahegelegenen Weinorten dieses Sonnenwinkels auf die Zentrale dieser weiten Landschaft ausstrahlen, und wo in den Gaststätten die mittelfränkischen Weine zum Aischgründer Karpfen die rechte Begleitung abgeben."
Der Wein ist ein wichtiger Faktor der Gesamtwirtschaft dieses Bereiches. Weinbau signalisiert immer den Reiz einer südlichen Landschaft, ein Gefühl von Sonne und Wärme. Deshalb ist die Rebe auch Anreiz für den Fremdenverkehr in dieser erholungsspendenden Region.
Franken ist ein gesegnetes Land. Die Mannigfaltigkeit seiner Weine ist unübertroffen. Der mittelfränkische Wein ist ein praller Farbtupfer in der fränkischen Weinpalette.
So soll diese Betrachtung mit einem Spruch aus alter Zeit enden:

Bin ich schon nit am Main,
In Würzburg an dem Stein,
Seyn dennoch andre Reben,
Die auch gut Säftlein geben:
Lieblich und edle Wein.

Bullenheim ist mitten in die reiche Iffgau-Landschaft hineingebaut. Die mächtigen Weinbergshänge ziehen sich am Bergsattel des Frankenbergs hin.

Bullenheim

Als kleine, aber für den Weinbau bedeutende evangelische Gemeinde am westlichen Abhang des Südsteigerwaldes gelegen, wird Bullenheim im Jahre 816 unter dem Namen „Zebullen" genannt. Es gehörte zum Kloster Altmannshausen bei Markt Bibart.

Vom ehemaligen Schloß, das um 1566 erbaut wurde, sind noch ein Teil des Zehnthauses und der Schloßkeller erhalten. Im mächtigen Keller lagerten die Herren von Schwarzenberg ihre Weine.

In früheren Zeiten war die Weinanbaufläche wesentlich größer, auch die Hänge im Iffgrund waren mit Reben bepflanzt. Am Ende des Ersten Weltkrieges war mit 25 ha Anbaufläche ein Tiefstand im Bullenheimer Weinbau zu verzeichnen. Nach der Weinbergsbereinigung wurden alte, klingende Namen, wie Bullenheimer Katz, Essigkrug, An der Hecke, Rammelsberg oder Königsbaum aufgegeben und eine Einheitsbezeichnung: „Bullenheimer Paradies" gewählt.

„Bullenheimer Paradies" – das ist ein Name für Kenner und besondere Liebhaber. Seit 1972 veranstalten die Bullenheimer ein Straßenweinfest vor dem Rathaus, seit 1977 wird auch jährlich eine Weinprinzessin gewählt und seit 1978 findet das Weinfest im Festzelt statt.

Ansonsten gehört der Wein zum täglichen Gebrauch, an Festtagen wird einem guten Schoppen schon mehr zugesprochen. In früheren Zeiten wurde der Most aus den Bullenheimer Weinbergen vor allem durch die Büttner verkauft. Heute besorgen dieses Geschäft Weinhändler, oder man liefert den Traubensaft bei einer Genossenschaft ab. Die Zeiten sind längst vorbei, wo der Pfarrer von jedem Winzer jährlich 3 Liter Traubensaft erhielt. Zwei gemütliche Weinlokale haben die alten Hecken- bzw. Straußenwirtschaften verdrängt.

Den Höhepunkt im Winzerleben bildet die Weinlese. Die Weinbergssperre, Weinbergsschluß genannt, wird über die Gemeinde bekanntgegeben. Dann werden Weinbergshüter aufgestellt und es bildet sich ein Leseausschuß. Zur Vorlese und natürlich auch zur Hauptlese kommen als Helfer die Bekannten, Verwandten, Nachbarn und Tagelöhner. Jeder Leser erhält pro Tag gesondert einen Eimer mit Trauben.

Die Arbeiten im Weinberg sind auch heute noch strapaziös und mühselig. Allein an den Gerätschaften eines Winzers kann man ablesen, wie hart und langwierig es ist, bis man im Herbst die Träubel ernten kann. Bereits in den ersten Monaten des Jahres fuhr man auf Mistschlitten den Dünger in den Weinberg, dort verteilte man ihn mit Gabeln. Auch das Ausschneiden ist noch Winterarbeit. Das wichtigste Gerät hierfür ist das Wengertsscherla (die Weinbergsschere), etwa 20 cm lang und stabil, um auch stärkere Triebe abschneiden zu können. Zum Niederziehen der zwei bzw. drei Haupttriebe verwendete man früher kurze Weidenruten, sogenannte Strickweidlein. Sie wurden dann später mit der „Heppe", einem vielfach verwendbaren, kräftigen Messer mit gekrümmter Klinge, wieder abgeschnitten. Ein derartiges Weinbergsmesser ist auch auf dem Sandsteinkreuz in den Bullenheimer Weinbergen zu sehen. Hier geht die alte Sage von einem Mörder um. Ab und zu wird im Weinberg noch mit dem „Koarscht", dem Karst, einer zwei- oder dreizinkigen Hacke „gebracht". Wenn man bedenkt, daß der Koarscht 3 kg wiegt, die Zinken allein etwa 25 cm lang sind und das ganze Gerät etwa 1,30 m Länge hat, so kann man erahnen, wie hart diese Arbeit ist. Im Lauf des Jahres wird der Boden ein paar Mal oberflächlich durchgehackt, um das Unkraut abzuscharren. Hierfür verwendet man die Hacke, die sogenannte Scharre oder die „Großhaam" (Großhaue). Daneben gibt es auch noch die sogenannten Reut- oder Stouckhaam, mit denen man tiefverwurzeltes Unkraut oder alte Weinstöcke heraushacken konnte. Alle paar Wochen müssen die neuen Triebe eingesteckt und angeheftet werden; heutzutage verwendet man dünne Drahtstücke, früher benutzten die Winzer Roggenstroh, sogenanntes Heftstroh, das vorher durch Übergießen mit Wasser und Bearbeiten mit den Füßen („trippeln") geschmeidig gemacht wurde. Da konnte man früher Bäuerinnen auf dem Weg zum Wengert mit sogenannten „Büscheli" unter dem Arm sehen. Für die Lese verwendete man „Wengertsscherli". Leider klappern auch keine Träubelsmühlen mehr bei der Weinbergslese. Plastikeimer und Plastikbutten haben die Holzkübel und Gelten ersetzt.

Seit dem Weingesetz von 1909 wurde der Bullenheimer Wein, wenn er gleichartig und gleichwertig mit dem Iphöfer war, vom Weinhandel gerne als „Iphöfer" verkauft. Deshalb ist der Bullenheimer Wein erst seit 1971 ein Marktbegriff geworden. Ein ähnliches Schicksal hatten etliche Weingemeinden, die Anrainer von berühmten Weinorten waren. Mittlerweile haben viele solche Orte wegen der Qualität ihrer Weine zu den Orten mit traditionell klangvollen Namen aufgeschlossen.

So hat das Weingesetz von 1971 durch die Weinbergsrolle und die Bezeichnungsrichtlinien der EWG doch mehr Wahrheit und Klarheit auf das Flaschenetikett gebracht.

Einzellage: Paradies
Früher: Bergweg, Dutzendtal, Ebersgrund, Essigkrug, Katz, Hohenbühl, Hoheneck, Kapellenberg, Grillenberg, An der Heck, Kehlgraben, Paradies, Rammelsberg, Roth, Schandlos, Scheidweg, Simonsberg, Am Wangen, Habügel, Simmersberg, Schonglas, Königsbaum

Großlage: Schloßstück

Gesamtrebfläche: 56 ha

Haupthimmelsrichtung der Lagen: Süd-West

Höhe über dem Meeresspiegel: 300 bis 380 m

Haupthangneigung der Lagen in Prozent: 15 bis 50

Boden: unterer Gipskeuper

Rebsorten: Silvaner, Müller-Thurgau, Scheurebe

Wein:
artiges, vom Boden und der Lage besonders geprägtes Bukett, füllig, nuancenreich, saftig, pikant, gehaltvoll.
Bullenheimer Wein ist ein Geheimtip.
Bullenheim ist eines der glänzenden Aushängeschilder für den Weinbau im Regierungsbezirk Mittelfranken.

Der Weinberg ruht und schöpft neue Kräfte.

Dichter Baumwuchs umgibt schützend das Dorf Ippesheim. Im Hintergrund der Frankenberg.

Ippesheim

Im Güterverzeichnis des Klosters Fulda aus dem Jahre 820 finden sich bereits Weinberge in Ippesheim. Ein sehr reichhaltiges Archivmaterial gibt Kunde vom Weinbau in dieser Gemarkung.
Das Auf und Ab der wechselvollen Geschichte des fränkischen Weinbaus wurde auch Ippesheim nicht erspart. Kurz vor der Jahrhundertwende stockte hier die Rebe auf 40 ha. Später ging der Rebbau auf etwa 10 ha zurück. Erst nach dem 2. Weltkrieg legte man wieder mehr Wert auf die Weinberge.
Ein Weinbauverein, der in den 20er Jahren gegründet wurde, stellte um 1950 seine Tätigkeit ein, aber schon 1960 begann wieder eine rapide Aufwärtsentwicklung des Weinbaues. Gute Weinjahre und das Lehrbeispiel der Staatlichen Lehr- und Versuchsanstalt Veitshöchheim, die in Ippesheim Weinberge hat, dürften neben den geänderten Absatzverhältnissen (die Winzer schlossen sich Erzeugergemeinschaften an) für eine Neubelebung ursächlich sein. „Die Bauersleute hier haben in den letzten 10 Jahren wieder am Weinbau Gefallen gefunden. Alles ist bestrebt, das letzte Eckchen Rebland anzulegen", schreibt schon 1978 unser Berichterstatter Ludwig Reizlein. Und er fährt fort: „Selbstverständlich spielt die Mechanisierung der Weinbergsarbeiten eine sehr große Rolle; bei Neuanlagen ist intensiver Maschineneinsatz möglich. Jeder Winzer betrachtet den Weinberg als sein wohlbehütetes Gut."

Ippesheim liegt an den westlichen Ausläufern des südlichen Steigerwaldes am Fuße des Frankenberges. Die Weinberge befinden sich an den vorgelagerten Gipskeuperhügeln. Man muß an einem Herbsttag einmal durch dieses bunte Land wandern und die Ruhe und den Ruch dieser altfränkischen Landschaft in sich aufnehmen. Am Abend sollte man zum Bremserfest in den Kellern des gemeindeeigenen Schlosses Lichtenstein einkehren. Da sagt man zu einem alten Weinbeißer in Ippesheim: „Där mit sännä Weiknechli."

Einzellage: Herrschaftsberg
Früher: Weißer Stein, Hengst, Im Roth, Herrschaftsberg, Im Gehling, Im Steiglein, An der Leiten, Am Herdweg, Am Heptsgründlein, Im Köhler, Am Alten Berg, Am Wolfsberg, Am Kirschberg, Im Pulverloch, Im Kiefer, Im Eichig, Spreußberg, Im Vogler, Im Beckental, Im Würzburger, Im Gehling, In der Gäns, Bromberg

Großlage: Schloßstück

Gesamtrebfläche: 49 ha (um die Jahrhundertwende noch 40 ha)

Haupthimmelsrichtung der Lagen: Süd

Höhe über dem Meeresspiegel: 300 bis 360 m

Haupthangneigung der Lagen in Prozent: 30 bis 40

Boden: unterer Gipskeuper

Rebsorten: Müller-Thurgau, Silvaner u. a.

Wein: fruchtig, pikant, gehaltvoll, typische Keupernote.
Diese Weine zeichnen sich (wie auch die Weine von Bullenheim, Seinsheim etc.) durch Vollsaftigkeit und Üppigkeit aus.

Traube mit Schneemütze.
In der ersten Novemberwoche 1980 kamen Kälte und Schnee und überraschten die Winzer, die noch gerne die Trauben der Spätsorten am Rebstock belassen hätten. Anstelle von besserer Qualität mußten auch noch Mengenverluste hingenommen werden.

Preis-Liste.

Sommeracher Winzerverein Sommerach a. M.

Station: Kleinlangheim

Wolfahrt, Vorsteher.

en gros **Eigenbau-Naturweine** en detail

Sommerach, im Mai 1915.

P. P.

Unserer verehrl. Kundschaft gestatten wir uns, hiemit die neue, von jetzt ab gültige Preisliste über

Faß- und Flaschen-Weine

zu überreichen, mit der Bitte, sich derselben bei eintretendem Bedarf freundlichst bedienen zu wollen.

Sämtliche Weine sind garantiert naturrein und aus den **guten und besten Lagen** der Gemarkung Sommerach. Die als Anfangsnummern aufgeführten Weine zeichnen sich besonders durch ihre milde angenehme Säure aus, welche außerordentlich bekömmlich ist und anregend wirkt. Sie eignen sich daher vorzüglich als Tischwein. Wer diese Weine genießt, wird bald an den wohlfeilen, mundgerecht aufgezuckerten und kunstgerecht hergerichteten Weinen keinen Gefallen finden. Diese verleiden die Lust am Weintrinken, erzeugen ein Gefühl der Unbehaglichkeit und führen bei längerem Genuß häufig zur Erkrankung innerer Organe, während unsere reinen Naturweine die Gesundheit fördern, ein Gefühl der Befriedigung wecken und zum weiteren Genuß animieren. Unsere ungezuckerten Weine werden auch Diabetikern von ärztlicher Seite gerne verordnet.

Auf unsere seit Jahrhunderten bekannte, weltrenommierte Marke der Lage **Sommeracher Katzenkopf** gestatten wir uns auch an dieser Stelle besonders hinzuweisen. Die höheren Nummern unseres Verzeichnisses sind Qualitätsweine von solcher Art, Blume und Fülle, wie solche nur die Sonne an den gesegneten Hängen unseres schönen Frankenlandes hervorzuzaubern vermag.

Allenthalben machen sich Bestrebungen geltend, den reinen Naturwein wieder zur Geltung zu verhelfen. Wir ersuchen, diese Tätigkeit nach Kräften zu fördern. Möge das weintrinkende Publikum seine Gunst wieder dem naturreinen Frankenwein zuwenden und ihm durch reichliche Bestellungen zum Siege verhelfen.

Bei event. Aufträgen bitten wir um tunlichst genaue Bezeichnung der zustehenden Eisenbahnstation.

Mit Hochachtung

Wolfahrt, Vorsteher.

Fass-Weine

			Per hl
1911 er	Sommeracher	verschiedene Lagen	Mk. 100.—
1911 er	„	Berg	„ 120.—
1911 er	„	Berg I	„ 180.—
1911 er	„	Wilm I	„ 190.—
1911 er	„	Katzenkopf	„ 200.—
1912 er	„	Berg	„ 75.—
1912 er	„	Katzenkopf	„ 80.—
1913 er	„	verschiedene Lagen	„ 75.—
1913 er	„	Katzenkopf	„ 100.—
1914 er	„	verschiedene Lagen	„ 80.—
1914 er	„	Berg	„ 90.—
1914 er	„	Berg I	„ 100.—
1914 er	„	Wilm I	„ 110.—
1914 er	„	Katzenkopf und Auslese	„ 120.—

Flaschenweine

			Per Flasche
1911 er	Sommeracher	verschiedene Lagen	Mk. 1.—
1911 er	„	Berg	„ 1.20
1911 er	„	Berg II	„ 1.30
1911 er	„	Wilm I	„ 1.90
1911 er	„	Berg I	„ 1.80
1911 er	„	Katzenkopf	„ 2.—
1905 er	„	Katzenkopf	„ 2.10
1904 er	„	Katzenkopf	„ 2.20

Wein in Boxbeutel:

1904 er	Sommeracher	Katzenkopf	Mk. 3.—

Bezugsbedingungen.

Sämtliche Weine kommen in Gebinden von wenigstens 25 Liter oder 25 Flaschen ab unseren Kellereien auf Gefahr des Empfängers zum Versand.

Die Preise verstehen sich für Faßweine ohne Faß, für Flaschenweine, mit Glas inclusive Ausstattung ab Keller hier. Ziel zwei Monate.

Beiderseitiger Erfüllungsort für Lieferung und Zahlung ist Sommerach a. M. Gerichtsstand: Volkach a. M.

Abzüge jeder Art können wir nicht anerkennen.

Fässer werden zum Selbstkostenpreis berechnet und bei Franko-Rücksendung Station Kleinlangheim zum berechneten Werte gutgeschrieben.

Kisten und Körbe werden nur innerhalb vier Wochen zur Hälfte des in Rechnung gestellten Betrages zurückgenommen.

Flaschen werden nicht zurückgenommen.

Behandlung der Weine.

Weine im Faß bezogen, bedürfen nach der Einlegung eine Ruhepause von 3 bis 4 Tagen. Es empfiehlt sich, Faßwein sofort nach der Ankunft im Keller gleich so zu lagern, daß der Wein beim Abfüllen nicht gerüttelt wird.

Beim Abfüllen mittels eines Hahnen ist solcher gleich beim Ankommen in den Korkspund zu schlagen und unbedingt bei Flaschenabzug vollständig leer zu füllen.

Es geschieht häufig, daß bei der Abfüllung der obere Faßspund eingeschlagen wird, wodurch der Wein und auch das Faß in den meisten Fällen beschädigt werden. Um dies zu vermeiden, wolle man mit einem kleinen Bohrer eine Öffnung in den Spund schaffen, was zur Abfüllung des Weines genügt. Die Öffnung ist bei Unterbrechung der Abfüllung sogleich wieder durch ein passendes Zäpfchen zu schließen.

Fässer beliebe man nach der Entleerung sofort auszuschwanken, einzuschwefeln und zu verschließen, da dieselben, wenn dies nicht geschieht, verderben und wertlos werden.

Flaschenweine müssen wagrecht gelegt werden, damit der Kork vom Wein bedeckt ist. Der Kenner weiß, daß ein naturreiner Wein nach längerem Lager event. absetzen wird. Die ausgeschiedenen Teilchen sind Bestandteile des Weines, somit weder unappetitlich noch dazu angetan, dem Wein einen Beigeschmack zu geben. Das Einschenken solcher Weine hat vorsichtig zu geschehen, damit das Depot in der Flasche bleibt.

KONRAD TRILTSCH, DETTELBACH A. M.

Bewirtschaftungskosten für 1 fränkischen Morgen (= ⅕ ha) Weinberg im Jahre 1924.

(Fränkische Weinzeitung vom 26. 7. 24.)

I.

1. Arbeiten nach der Lese und Winterbodenbearbeitung.

Winterhacken	30 Stunden à 32 Pfg. =	9,60 Mk.	
Erdetragen und Fahren	20 Stunden à 32 Pfg. =	6,40 Mk.	
Aufschneiden	8 Stunden à 26 Pfg. =	2,08 Mk.	
Pfahlziehen	8 Stunden à 32 Pfg. =	2,56 Mk.	
Pfahlzusammentragen	6 Stunden à 32 Pfg. =	1,92 Mk.	
Decken	12 Stunden à 32 Pfg. =	3,84 Mk.	
Stalldüngeranfahren		20,— Mk.	
Stalldüngereinbringen und -untermachen		60,— Mk.	
Kunstdüngerstreuen und untermachen	12 Stunden à 32 Pfg. =	3,84 Mk.	110,—

2. Frühjahrsarbeiten.

Ausbessern der Fehlstellen mit Material		6,— Mk.	
Auslassen und Räumen	12 Stunden à 32 Pfg. =	3,84 Mk.	
Schneiden	60 Stunden à 32 Pfg. =	19,20 Mk.	
Rebenzusammenlesen	8 Stunden à 26 Pfg. =	2,08 Mk.	
Pfahlumleg., Pfahlvertragen	10 Stunden à 26 Pfg. =	2,60 Mk.	
Pfahlschlagen	15 Stunden à 32 Pfg. =	4,80 Mk.	
Niederziehen	48 Stunden à 26 Pfg. =	12,48 Mk.	
Ausbrechen	30 Stunden à 32 Pfg. =	9,60 Mk.	
Grasabscharren	10 Stunden à 32 Pfg. =	3,20 Mk.	
Erstes Hacken	50 Stunden à 32 Pfg. =	16,— Mk.	79,—

3. Sommerarbeiten.

4 mal Spritzen	55 Stunden à 42 Pfg. =	23,10 Mk.	
3 mal Schwefel	12 Stunden à 42 Pfg. =	5,04 Mk.	
2mal. Sauerwurmbekämpfg.	10 Stunden à 42 Pfg. =	4,20 Mk.	
2 mal Heften	84 Stunden à 26 Pfg. =	21,84 Mk.	
2 mal Grasabscharren	50 Stunden à 34 Pfg. =	17.— Mk.	
Pfahlaufrichten	5 Stunden à 34 Pfg. =	1,70 Mk.	
Einkürzen d. grün. Triebe	20 Stunden à 26 Pfg. =	5,20 Mk.	
2 mal Brachen	80 Stunden à 34 Pfg. =	27,20 Mk.	
Gipfeln	20 Stunden à 26 Pfg. =	5,20 Mk.	
Scharren und Säubern	25 Stunden à 34 Pfg. =	8,50 Mk.	118,—

4. Herbst- und Lesearbeiten.

Beerenhut		5,— Mk.	
Weinlese	79 Stunden à 26 Pfg. =	18,20 Mk.	
und	10 Stunden à 34 Pfg. =	3,40 Mk.	
Keltern und Fuhrlöhne		25,— Mk.	
Trinkwein (1 Hektoliter)		12,— Mk.	63,—

II.

5. Betriebsgegenstände.

Bindeweiden	8,— Mk.	
Heftstroh	9,— Mk.	
Pfähle (400 Stück à 10 Pfg.)	40,— Mk.	
Kupfervitriol (20 Kg. à 55 Pfg.)	11,— Mk.	
Gebr. Kalk	1,— Mk.	
Schwefel (30 Pfd. à 20 Pfg.)	6,— Mk.	
2 mal Bekämpfungsmittel gegen Heu- und Sauerwurm (16 Pfd. à 50 Pfg.)	8,— Mk.	
Stallmist (100 Ztr. à 50 Pfg.)	50,— Mk.	
Kunstdünger	35,— Mk.	
Geräteabnutzung und Reparaturen	60,— Mk.	
Unterhaltung der Mauern	30,— Mk.	258,—

6. Neuanlagen.

Wenden	2000,— Mk.	
Setzmaterial	300,— Mk.	
Setzen	250,— Mk.	
Pflege im dritten Jahre	150,— Mk.	
Pflege im ersten Jahre	150,— Mk.	
Pflege im zweiten Jahre	150,— Mk.	
Pfähle (6000)	600,— Mk.	
	3600,— Mk.	
Bei einem 30 jährigen Umlauf (3600 : 30 =		120,—

7. Sonstiges.

Soziale Versicherung	10,— Mk.	
Steuerliche Abgaben	20,— Mk.	30,—

(Umsatzsteuer, Grund- und Haussteuer und Umlagen aus beiden letzten.)

Zusammenstellung.

I.	
1. Arbeiten nach der Lese und Winterbodenbearbeitung	110,— Mk.
2. Frühjahrsarbeiten	79,— Mk.
3. Sommerarbeiten	118,— Mk.
4. Herbst- und Lesearbeiten	63,— Mk.
II.	
5. Betriebsgegenstände	258,— Mk.
6. Neuanlagen	120,— Mk.
7. Sonstiges	30,— Mk.
	778,— Mk.

Die vorstehenden Bewirtschaftungskosten gelten für Durchschnittswirtschaften und für solche Betriebe, die nur fremde Arbeitskräfte beschäftigen ohne Einrechnung der Verwaltungs- und Kellerkosten bis zum 1. Abstich.

Aus: Der Weinbau Frankens in den letzten 50 Jahren, von Dr. Karl Heß, Bamberg, 1927.

Die frühere Kellerwirtschaft

Die Kellerwirtschaft beginnt bereits mit der Lese der Trauben.

Bis in die frühen 60er Jahre dieses Jahrhunderts fuhr man in Franken mit dem Leiterwagen zur Weinlese. Der Heu- und Getreidewagen wurde einfach umgerüstet, indem man die Mittelteile der Leitern herausnahm und anstelle des Bodenbrettes zwei starke Kanthölzer einsetzte. In der Mitte des Wagens stand die „Wanne“, eine ovale, nach oben sich verjüngende Bütte mit 6–10 hl Rauminhalt, davor wurde eine zylindrige Weinbutte mit ca. 3 hl Inhalt und dahinter nochmals die gleiche gestellt. Wanne und Weinbutten wurden mit Ketten und Spannhölzern (Rädel) festgespannt. Zwischen Kette und Dauben klemmte man extra angefertigte und kunstvoll geflochtene Strohwische ein, damit ja nichts verrutschte und die Holzgeschirre auch keinen Schaden nehmen konnten. Für die Heimfahrten durfte man auch den Hemmschuh nicht vergessen; denn so manche Mostfuhre war schon umgeworfen (umgeschmissen) worden, wenn Zugvieh, Menschen und Bremsen den Wagen nicht mehr auf den steilen Weinbergswegen halten konnten.

War der Herbst gut, dann stellte man noch eine dritte Weinbutte hinzu; aber dies war selten, daß eine Lesemannschaft mit 10–15 Lesern und ein bis zwei Buttenträgern eine solche Fuhre Maische las. Bei allen selbstkelternden Winzern wurde im Weinberg gemaischt; die Traubenmühle war auf der Wanne festgeschraubt. Das war ein stolzes Gefährt, so ein Herbstwagen. Er war am Dorfbrunnen gründlich gewaschen worden. Meist strich man ihn vorher auch frisch mit Ölfarbe an. Es wurde überhaupt sämtliches Lesegeschirr, das meist aus Weichholz gefertigt und eisenbereift war, außen mit Ölfarbe gestrichen.

Man macht sich heute keine Vorstellung mehr davon, was da in einem richtigen Winzerdorf noch vor dem Kriege los war während der Weinlese, die ja meist innerhalb einer Woche abgeschlossen wurde. Gab es einen sehr guten Herbst, dann wurde auch am Sonntag nach dem Gottesdienst gelesen. Der Pfarrer gab Dispens auch für den fleischlosen Freitag. Jeden Abend war Tanz. Dieser Brauch war in Escherndorf noch nach dem Kriege lebendig. Jeder Winzer trug frische Blusen und frisch gewaschene Schürzen. „Zum Spritzen wie eine Sau, zur Weinlese wie ein Pfau“, galt als fränkische Kleiderordnung. Das Zugvieh war bestens gestriegelt, an die Peitsche war eine neue „Pfatschschnur“ geknüpft worden und es wurde nach Fuhrmannsart lustig geknallt. An der Stimmung der Männer bei der Ausfahrt und erst recht bei der Heimfahrt konnte Menge und Güte des Weinertrags leicht festgestellt werden. Da wurde die „Schnorrn“ (der Schnurrbart) gespreizt und nach oben gezwirbelt, wenn es einen guten „Harwest“ gab; war es jedoch nur ein „Gestupfel“, dann war die Stimmung mies und die Schnauzbärte der Väter und Großväter hingen schlaff herab. Die Mütter und Großmütter trösteten dann uns Kinder mit dem Spruch: „Es gibt nicht nur Fangtäg, es gibt auch Jochtäg“ (Tage, an denen man gejagt, gehetzt wird).

Vor der Weinlese war frisch geschlachtet worden, und nicht selten war nach der Weinlese fast nichts mehr von der Sau übrig; denn es wurde ungeheuer viel gegessen, sowohl tagsüber als auch abends, wo es grundsätzlich ein Sonntagsessen gab. Lustig war mitzuerleben, wie die „Lasersmädli“ und auch die fremden Buttenträger, die aus den umliegenden

Voller Stolz steht der Winzer auf seinem Herbstwagen.

Bauerndörfern kamen, wo die Glocken nicht wie ein ergreifendes „Vinum bonum" klangen, sondern ein schnelles und helles „Kraut und Arwes (Erbsen)" von sich gaben, gleich früh begierig die größten Beeren naschten. Diese waren aber meist die „Groben", die Elbling, und sie bewirkten sehr schnell einen „langen Gang" oder die „Schnellkathrin". Am zweiten Tag waren plötzlich alle vorsichtiger. Wenn manche Leser gar zu viel Träubel „anpickten", konnte man auch schon mal von der Besitzersfrau hören: „Ihr Mädli, ihr singt doch sou schöa, singt halt widder amal".

Am Abend fuhr dann die Herbstfuhre bei hereinbrechender Dämmerung vor das Winzerhaus. Die Maische wurde abgeladen und gekeltert. Es gab in den meisten Winzerhäusern nur ganz einfache Pressen mit Eisenspindel und mechanischem Druckwerk, die durch eine sinnvolle Übersetzung und Menschenkraft betrieben wurden. Der Most floß durch ein Schlauchloch in das Faß. Die Trestern wurden einmal gelockert, alsdann mit Wasser eingeweicht und nochmals total ausgepreßt; dies gab den Haustrunk für den Winzer.

Bis vor 30 Jahren hatten die Winzer praktisch nur Eichenholzfässer, die in meist gewölbten Bruchsteinkellern bei relativ feuchtem Kellerklima lagerten. Der Boden war Naturboden. Die Fässer ruhten auf starken Faßlagern aus riesigen Balken. Die meisten fränkischen Winzerkeller sind wohl nach dem Dreißigjährigen Krieg gebaut worden. Die Maße für die Fässer, meist hatten sie Türchen, sodaß ein schlanker Mensch zur Reinigung hineinschlupfen konnte, waren: 300 Liter = Viertelstück; 600 Liter = Halbstück; 1200 Liter = Stück; 2400 Liter = Doppelstück; 3600 Liter = Dreistück.

Dann gab es noch das Fuderfaß mit 1000 Litern und die Hekto- und Doppelhektofäßchen (100 bzw. 200 Liter). Die Tragbutte war meist für 40 Liter geeicht.

Die Weinbehandlung war sehr einfach. Der Most kam in ein gereinigtes (geschlupftes) Faß, das leicht eingeschwefelt war, wie überhaupt das ganze Schwefeln des Weines und das Gesundhalten der leeren Fässer durch Abbrennen von Schwefelschnitten (Riemen) erfolgte. Elementarer Schwefel war auf Asbeststreifen (3 Gramm) aufgetragen, durch Verbrennung des Schwefels bildete sich SO_2-Gas. Jeder Winzer kannte die erforderliche Anzahl von Riemen, die er bei der jeweiligen Behandlung abbrennen mußte. Der Schwefeldampf reizte zwar die Nase und drückte auf die Atmungsorgane, aber das nahm niemand als große Belastung an – es gehörte halt dazu. Die Faßtürchen wurden vor dem „Vorsetzen" mit Unschlitt, das war Rindertalg, eingeschmiert und sodann mittels Faßtürschraube und Riegel abgedichtet. Der untere kreisförmige Auslauf wurde mit dem „Schlauchzapfen" und die Einfüllöffnung oben mit dem „Spund" verschlossen. Die Gärung war eine sogenannte „Spontangärung", d.h. mit safteigenen alkoholbildenden Hefen. Jeder wußte: So lange der Most „ihrt", darf man nur mit Vorsicht in den Keller!

Nach der abgeschlossenen Gärung wurde der Jungwein beigefüllt und um die Weihnachtszeit der erste Abstich durchgeführt.

Der Wein wurde von der Hefe abgezogen und mit Eimern, Stützen oder Tragebutten über einen Holztrichter in ein anderes Faß gefüllt. Das Faß wurde schließlich durch „Türbruch" von der Hefe befreit, durch einen Jungen „geschlupft" und so lange mit Wasser gebürstet, bis das Wasser blank aus dem Fasse lief. Abschließend wurde die Türe wieder vorgesetzt, die entsprechenden Schwefelschnitten im Faß abgebrannt und das „hölzerne Wams" konnte wieder befüllt werden.

Der zweite Abstich war dann kurz vor dem Rebenschneiden, der dritte kurz vor der Traubenblüte, weil sich um diese Zeit der Wein im Fasse noch einmal rührt.
Der vierte Abstich erfolgte vor der neuen Weinlese, und im nächsten Frühjahr konnte man den Wein, der nur nach Gefühl geschwefelt worden war, auf Flaschen füllen, dabei kam es auf der Flasche natürlich häufig zu Nachtrübungen. Über 2000 Jahre lang ist bekannt, daß Eiklar und auch die aufbereitete Blase verschiedener Süßwasserfische (Hausen, Stör, Wels) bestimmte Trübungen aus dem Wein entfernen; diese Schönungen wurden aber ungern angewendet.
Meist wurde auch der Wein in den Gastwirtschaften aus dem Faß (über den Weg des Bartels) verzapft. Daß er da nicht mehr sehr gut schmeckte, wenn das Faß zur Neige ging, wissen heute noch viele Leute. Nun hat der Ausschank aus der Literflasche enorme Vorteile für alle Beteiligten gebracht.
Heute haben wir mittels der Technik (nicht der Chemie) es in der Hand, die ganze Selbstklärung schneller ablaufen zu lassen. Die heutigen Weine danken dies uns durch hohe Bekömmlichkeit.

Wo in der Schale springt der Wein,
Wo kluge Saiten spielen rein,
Wo süße Küsse fallen drein,
Kann man von Herzen lustig sein.

Friedrich von Logau

Die Aufgaben der Kellerwirtschaft

Unter dem Begriff Kellerwirtschaft verstehen wir alle anfallenden und erforderlichen Maßnahmen von der Traubenlese bis zum marktfähigen Wein.
Der Kellerwirtschaft und Kellertechnik fallen die Aufgaben zu, aus den gereiften Weintrauben süßen Traubenmost zu gewinnen mit dem Ziel, daraus Wein zu bereiten, ihn sachgemäß zu pflegen und haltbar auf Flaschen zu füllen.
Es ist eine unbestrittene Tatsache, daß Güte und Art im Weinberg erzeugt werden; geformt und erhalten werden müssen die natürlichen Eigenschaften jedoch durch Kellerwirtschaft und Kellertechnik; eine Uniformierung der Weine muß unbedingt vermieden werden.
Wenn noch am Anfang dieses Jahrhunderts bedeutende Weinhistoriker die Feststellung getroffen haben, daß seit der Zeit der alten Römer bis zu den zwanziger Jahren im Weinausbau sich kaum durchgreifende Wandlungen vollzogen haben, so trat mit der Einführung des Entkeimungsfilters ab 1923 eine grundlegende Änderung des Weinausbaues und der Flaschenfüllmethode ein. Die vielfältigen neuen Erkenntnisse auf dem Gebiete der Weinmikrobiologie und der Weinchemie befruchteten die Weinpraxis in hohem Maße. Somit begann die Zeit der fortschrittlichen Kellerwirtschaft. Parallel zu den wissenschaftlichen Fortschritten trat eine umwälzende Entwicklung im technologischen Bereich ein. Durch das Fachschulwesen erfolgte eine ständige befruchtende Wissensvermehrung der praktischen Kellerwirte.
Explosionsartig änderte sich das Bild der deutschen Kellerwirtschaft, von 1950 an beginnend. Es war nun endlich möglich, dem Weintrinker einen frischen, eleganten, sorten- und jahrgangstypischen Wein anbieten zu können. Ein besonderes Verdienst der heutigen, nach neuzeitlichen Erkenntnissen ausgerichteten Kellerwirtschaft ist die weiterhin gestiegene Bekömmlichkeit der Weine. Aber nicht nur auf biologischem, chemischem und technologischem Gebiete sind außerordentliche Leistungen erzielt und Entwicklungen zu Gunsten des bekömmlichen Weines eingeleitet worden, sondern gleichzeitig ging eine durchgreifende, positive Wandlung im Bereich der Weinhygiene einher.
In immer stärkerem Umfang wird bei der Lagerung von Wein moderner Werkstoff (Edelstahl, Kunst-

stoff, Glas) für Weinbehälter und Gebinde verwendet. Hier stehen vor allem die Hygiene und Geschmacksneutralität als überragende Merkmale im Vordergrund.
Das Holzfaß als jahrtausendalter Begleiter des Weines wird weitgehend von den modernen und neutralen Werkstoffen verdrängt. Gravierende Gründe dafür sind: Hoher Arbeitsaufwand, hohe Pflegebedürftigkeit, begrenzte Haltbarkeit, zeitliche Begrenzung (je nach Inhalt) der Ausbau- und Lagermöglichkeit. Darüber hinaus prägt das Holzfaß bei ungünstigem Kellerklima und bei kleineren, sowie überalterten und schlecht gepflegten Gebinden den Wein meist negativ. Bei vergleichenden Sinnenprüfungen, wie sie heute in großem Umfang durchgeführt werden (Qualitätsweinprüfung zur Erteilung der amtlichen Prüfungsnummer, Bewertungsproben zur Verleihung des Deutschen Weinsiegels, Gütezeichenproben, Gebiets- und DLG-Bundesweinprämierungen), fallen die negativen Begleiterscheinungen ins Gewicht und führen vielfach zu geringeren Bewertungen oder zu Ablehnungen.
Das gut gepflegte und vom Werkstoff Eichenholz her einwandfreie, vernünftig und optimal bemessene Holzfaß ist unter den Voraussetzungen eines geeigneten Kellerklimas nach wie vor als Ausbaugebinde zu akzeptieren. Bei bestimmten Weinarten (wie Rotwein) prägt der durch die Faßporen aufgenommene Luftsauerstoff entscheidend Art und Charakter des Weines und seinen Geschmackstyp.
Alle Maßnahmen der Kellerwirtschaft am Produkt Wein werden unter dem Oberbegriff „AUSBAU“ zusammengefaßt. Es zählen dazu:
– Maische – Mostbehandlung
– Erhöhung des Alkoholgehaltes (Anreicherung)
– Entsäuerung der Moste und Jungweine
– Gärführung
– Klärung und Stabilisierung
– und schließlich Sterilfüllung auf Flaschen.

Auf die einzelnen und differenzierten Maßnahmen einzugehen, würde zu weit führen, doch soll versucht werden, einige Behandlungsmaßnahmen, die immer wieder beim Verbraucher Diskussionen hervorrufen, da sie nicht richtig verstanden werden, ins richtige Licht zu rücken.
Wesentlich mitentscheidend für die spätere Güte und Bekömmlichkeit des Weines ist die rasche und möglichst schonende Verarbeitung des Traubengutes. Je sauberer und hygienischer in dieser Phase gearbeitet wird, umso typischer und unanfälliger ist der spätere Wein.

Durch eine grundsätzliche Vorklärung des süßen Traubenmostes (Befreiung von mechanischen Trubstoffen und Verunreinigungen) werden das markante Geschmacksbild und ganz besonders die Reintönigkeit und Eleganz ganz wesentlich gefördert. Durch diese Maßnahme wird auch die alkoholische Gärung (Umsetzung des Trauben- und Fruchtzuckers in Alkohol und Kohlensäure durch Hefepilze) in optimale Bahnen gelenkt, so daß sie gleichzeitig als Gärführungsmaßnahme dient. Heute wird die Reingärung (Gärung mit ausgesuchten Reinzuchthefen), verstärkt durch die Weinwissenschaft, empfohlen. So wie sämtliche Weinbehandlungsmaßnahmen strengen gesetzlichen Regelungen unterliegen, so ist auch die Erhöhung des Alkohols (Anreicherung) genau festgelegt. Zucker darf nur in Form von Saccharose dem Traubenmost zugesetzt werden. Zur Anwendung dürfen nur bestimmte Höchstmengen gelangen, und anschließend muß eine Gärung erfolgen. Der Zusatz von wässeriger Zuckerlösung ist nicht erlaubt. Die Anreicherung dient dem Zwecke der Geschmacksverbesserung des Weines ohne Benachteiligung seiner Bekömmlichkeit, weil die zugesetzte Saccharose durch weineigene Stoffe in die für die Hefe vergärbaren Zuckerformen übergeführt wird.
Eine der häufigsten Angriffspunkte von seiten der Weintrinker ist die schwefelige Säure. Sie stellt einen bis heute unersetzlichen Hilfsstoff für die Weinbereitung dar. Ohne sie ist seit altersher keine Weinbereitung möglich. In entscheidendem Maße prägt die schwefelige Säure den Geschmackstyp des Weines mit, verhindert bereits bei der Maische (gemahlenes Traubengut) und beim süßen Traubenmost enzymatische Oxydationen und schaltet schädliche Mikroorganismen, wie z. B. verderbliche Essigsäure-

bakterien, aus. Beim weiteren Ausbau wird der schädliche Luftsauerstoffzutritt verhindert, was für die Gesunderhaltung des Weines unerläßlich ist. Ferner besteht ein bedeutender Einfluß auf die stabilisierende Wirkung während der Flaschenlagerung und auf die Lebensdauer eines Weines. Im übrigen ist die schwefelige Säure vom Gesetzgeber her auf ein Mindestmaß beschränkt, so daß nachteilige gesundheitliche Beeinflussungen beim Weingenuß nicht vorkommen können. Die heutige moderne Kellerwirtschaft hat durch besseres und umfassenderes Wissen um die Vorgänge im Wein, in Verbindung mit den neuzeitlichen wissenschaftlichen Erkenntnissen und technologischen Einrichtungen, den Gehalt an „schwefeliger Säure“ beachtlich gesenkt und somit der Bekömmlichkeit der Weine einen außerordentlich großen Dienst erwiesen.

Einen Schwerpunkt im Weinausbau stellt die Klärung und Stabilisierung der Weine dar. Sie hat keinen direkten Einfluß auf die Qualität, ist jedoch für die Reintönigkeit, Harmonie und Eleganz von größter Wichtigkeit.

Nur der vernünftig frühzeitig geklärte Wein ist reintönig. Frühzeitige Klärung (Befreiung der Weine von Trubstoffen und Mikroorganismen) schafft in der Kellerwirtschaft die heute notwendigen, sicheren und klaren Verhältnisse. Die moderne Kellerwirtschaft überläßt im Bereich der Klärungsmaßnahmen nichts mehr dem Zufall. Früher mußten sich die Weine durch Erdanziehung von selbst klären; dazu waren Monate und Jahre nötig. Infolgedessen waren die Weine in der Regel müde, matt und auch hochfarbig. Das Sortenbukett wurde weitgehend durch laufende Zufuhr von Luftsauerstoff durch die Poren des Holzfasses oxidiert.

Neben den Trubstoffen, die mechanisch durch Filter und Klärschleuder (Separatoren-Zentrifugen) entfernt werden können, besitzt der Wein auch Stoffe, die wärme- und kälteempfindlich sind. Hierzu zählen insbesondere die wärmelabilen Eiweißstoffe und der Weinstein (im Wein als Kalium und Weinsäureverbindung gelöst). Weiterhin sind Schwermetalle (Eisen, Kupfer) zu nennen, die wie die vorgenannten Verbindungen auf der Flasche zu unangenehmen Veränderungen führen können. Um die Haltbarkeit und Stabilität und eine positive Entwicklung auf der Flasche zu gewährleisten, sind vor der Flaschenfüllung geeignete Maßnahmen zur Erreichung dieses Zieles erforderlich. Es sind dies: Kälte- bzw. Wärmeeinwirkungen und spezielle, vom Gesetzgeber erlaubte Absorptionsmittel. Rückstände von Behandlungsmitteln dürfen dabei nicht im Wein verbleiben.

Seit jeher war der Wein mit einem geringen Rest an unvergorenem Zucker beliebt. Schon aus der Antike sind uns diese Zutaten überliefert. Auch in Behandlungsbüchern des Mittelalters finden wir Hinweise auf die harmoniesteigernde Wirkung des Restzuckers im Wein. Kurz vor dem Zweiten Weltkrieg waren beim Verbraucher Weine mit einem unvergorenen Zuckerrest beliebter. Während hochwertige Prädikatsweine (Spätlesen, Auslesen etc.) ihren natürlichen Zuckerrest von der Gärung her behalten, werden bei den normalen Weinen die geringen Zuckerwerte (in der Regel sind es 5–20 g je Liter – in Franken etwas weniger –) durch Zusatz von süß und steril gehaltenem Traubenmost (Süßreserve) erreicht.

Als letztes Glied in der Kette der kellerwirtschaftlichen Maßnahmen soll kurz die Flaschenfüllung genannt werden. Es stehen heute zwei Methoden der Flaschenfüllung zur Auswahl: „kaltsteril und warmsteril“. Die klassische Arbeitsweise der Kaltsterilfüllung kennt man bereits seit Jahrzehnten, während die Methode der Warmfüllung in den letzten Jahren entwickelt worden ist, jedoch kaum angewendet wird.

Die Weinsterilfüllung hat die Aufgabe, ein glanzhelles Produkt zu liefern und den Wein frei von schädlichen Mikroorganismen, besonders frei von Hefe zu machen. Die Sicherheit vor biologischen Veränderungen muß gegeben sein.

Am Ende des Weinausbaues steht die Flasche mit dem indifferenten Werkstoff Glas. Unter Einhaltung aller erforderlichen Bedingungen zur Sauberkeit und Sterilisation beeinflußt die Flasche vom Glas her in keiner Weise Güte und Art des Weines. Im letzten Behältnis, der Flasche, soll der Wein zur höchsten Reifeentwicklung geführt werden. Reifeentwicklung und Lebensdauer sind abhängig von der stofflichen Zusammensetzung des Weines und vom richtig gewählten Füllzeitpunkt.

Als klassischer Verschluß der Flaschen gilt der Naturkork, gewonnen aus Korkeiche. Zu eigen sind ihm alle Vorteile eines natürlichen Produktes, aber er ist auch mit vielen Nachteilen behaftet.

Durch die unterschiedliche Porenbildung und seine Struktur bedingt, können sich unerwünschte Geruchs- und Geschmacksträger einnisten. Sie verleihen dem Wein den berühmten und gefürchteten Korkgeschmack mit seinen häufigen Begleiterscheinungen, dem sog. Schimmel- und Muffton.

Infolge der Eigenschaft des Sauerstoffaustausches ist der Kork in der Lage, die Reifeentwicklung des

Weines zu fördern. Bei zunehmender Alterung, insbesondere bei geringerer Korkqualität und natürlicher Schrumpfung, kommt es zu zeitlich unterschiedlichem Abbau des Weines.
Nach einem anzustrebend ausreichenden Flaschenlager kommen die Weine in den Verkauf. Der moderne Markt erfordert neben einer möglichst umfassenden Information durch das Flaschenetikett auch eine optisch wirksame Ausstattung.
Unsere Weine werden in der Regel mit enger Herkunftsbezeichnung – das ist der Ort der Traubengewinnung – in den Verkehr gebracht. Weinbergslage und Gemeindename, sowie Bereichs- und Gebietsbezeichnungen stehen neben Rebsorten und Qualitätsangaben auf dem Flaschenetikett.
Seit dem Weinjahrgang 1971 ist für alle Qualitätsweine und Qualitätsweine mit Prädikat eine obligatorische Prüfung (chemische und organoleptische) vorgeschrieben. Erst nach erfolgter amtlicher Prüfung darf Wein aus der Gruppe Qualitätswein und Qualitätswein mit Prädikat in den Verkehr kommen. Als Ausweis trägt er hierfür auf dem Flaschenetikett die amtliche Prüfungsnummer.
Neben den für die amtliche Prüfungsnummer in Frage kommenden Qualitäts- und Prädikatsweine kennen wir noch eine weitere Gruppe, es sind die Tafelweine. Sie unterliegen weitgehend den EWG-Bestimmungen und müssen in ihrer Bezeichnung deutlich von den Qualitätsweinen abgehoben sein. Tafelweine dürfen in Franken nicht in Bocksbeutel gefüllt werden.
In vorliegendem Beitrag sind die Aufgaben der heutigen Kellerwirtschaft in gestraffter Form wiedergegeben. Man ist sich darüber im klaren, daß die Entwicklung voranschreitet, und daß nur ein allgemeiner, möglichst leicht verständlicher Überblick gegeben werden konnte. Extreme Ansichten finden in den Darstellungen keine Würdigung. Es wurde versucht, neutral, objektiv und unter Berücksichtigung neuzeitlicher Aspekte zu berichten.

Gebietscharakter des Frankenweins

Bevor wir zum eigentlichen Thema kommen, wollen wir zunächst klären, was man unter Charakter zu verstehen hat.
Der Begriff Charakter kommt aus dem Griechischen und heißt so viel wie „eingegrabenes Zeichen“ oder „Gepräge“. Man versteht darunter allgemein das Merkmal oder die Besonderheiten einer Person oder einer Sache, woran sie erkannt wird. Diese Merkmale müssen hervorstechen und bleibend sein; sie müssen als besondere Note zutage treten.
Es ist unbestritten, daß der Frankenwein aufgrund seines besonderen Charakters, der ihn deutlich von den Weinen anderer Gebiete abhebt, einen hohen Bekanntheitsgrad aufweist.
Liest man nun in einschlägigen Weinbüchern nach, wird bei oberflächlicheren Schriften von „klassischem Frankenweincharakter“ gesprochen, ohne zu sagen, was man darunter versteht; bei etwas tiefschürfenderen Schriftstellern kann man dann lesen: „Der Wein in dem hübschen flakonförmigen Bocksbeutel, der meist aus der Silvaner-Traube gewonnen wird, ist für deutsche Begriffe meist ausgesprochen trocken und hat etwas vom Format und der Stärke eines Burgunders.“ Oft spricht man vom „herben“ Frankenwein, der sehr teuer sei. Abgesehen davon, daß man heute mit Traubenmost jede gewünschte Süße in den Wein zwingen kann, ist auch die Aussage „herb“ unhaltbar und trifft den Kern nicht, obwohl auch heute noch über 25 Prozent der Weine „trocken“ abgefüllt werden.
Tatsache ist, daß der Frankenwein über Jahrhunderte bei Sachkundigen einen besonderen und guten Ruf genießt. Angefangen von der Heiligen Hildegard von Bingen bis hin zu J. W. von Goethe kann man geistliche und weltliche Würdenträger, Ärzte und Wissenschaftler zitieren, die den Frankenwein wegen seiner eigentümlichen Art oder seiner besonderen Wirkung auf den Menschen liebten und gegenüber Weinen anderer Herkunft hervorhoben.
Bei der Betrachtung weinbaulicher Entwicklungen und der laufenden Änderung der Umweltbedingungen durch Schädlingsbefall und Mikroklima, sowie des Rebsortenspiegels, erscheint es erstaunlich, daß trotzdem die Aussage vom besonderen Wesen des Frankenweines über die Zeiten hinweg erhalten blieb. So drängt sich also die Erkenntnis auf, daß

Wesen und Charakter des Frankenweines durch *wirksame* Umwelteinflüsse bestimmt werden; denn wir bauen fast die gleichen Rebsorten an, wie die anderen deutschen Weinbaugebiete, ebenso betreiben wir fast den gleichen Weinbau.

Die besonders wirksamen und charakterformenden natürlichen Umwelteinflüsse müssen bei unserem Frankenwein neben dem Klima insbesondere der Boden sein, auf dem die Rebe wächst. Aber bei der Nennung des Bodens als besonders wirksamer Umwelteinfluß kommen schon wieder Zweifel; denn trotz der fünf grundverschiedenen in Franken vorkommenden Bodenarten: Urgestein, Löß, Buntsandstein, Muschelkalk und Keuper sprechen wir allgemein, unbeschadet der jeweiligen Herkunft, vom Frankenweincharakter. Wenn also die Rebsorten und der Boden als wesensbestimmender Umwelteinfluß, auch Weinbautechnik, Erziehung und Düngung anscheinend ausscheiden, bleiben nur noch das Klima und der kellerwirtschaftliche Ausbau als besonders wirksame Umwelteinflüsse. Hauptursache für die in der Regel der letzten Normaljahre gehobene Qualität des Frankenweins ist unstreitig der geringe Ertrag. Das Mengen-Güte-Gesetz schlägt zum Vorteil des Frankenweines in den meisten Jahren voll durch.

Das Klima kann, mit Ausnahme des Mikroklimas, vom Menschen nicht geändert werden.

Da der Wein das Sekundärprodukt der Traube ist und seine Qualität im Weinberg wächst, sein Wesen aber von der ethischen Einstellung des Kellerwirts weitgehend geprägt wird, drängt sich der Schluß auf, daß der Gebietscharakter des Frankenweines maßgeblich vom Menschen beeinflußt wird.

Der Formung des Gebietscharakters dienen, neben gewissen weinbaulichen Maßnahmen (Ertrag, Lesezeitpunkt) und dem gegebenen Großklima, alle Maßnahmen der Kellerwirtschaft, also das, was wir unter „Ausbau der Weine" verstehen.

Die Charakteristik des Gebietscharakters des Frankenweines dürfte insbesonders sein:

- sein meist höherer Extraktwert gegenüber anderen deutschen Gebieten;
- sein meist günstiges Extrakt-Säure-Verhältnis;
- sein meist harmonisches Süße-Säure-Alkoholverhältnis;
- sein nicht vordergründiges Bukett;
- sein über alle Bodenformationen hinweg vorhandener „Bodenton", bzw. nicht näher definierbarer „Eigenton".

Der Gebietscharakter der Frankenweine läßt sich zur Zeit noch nicht durch chemische Analysen oder durch Statistiken nachweisen; er wird ergründet durch die subjektive Sinneswahrnehmung der Menschen. Auf der reifen Entwicklungsstufe des Frankenweines ist es besonders die Kellerwirtschaft, die den Charakter zu seiner gebietstypischen Entfaltung bringt. Hierzu bedarf es der Willensstärke, Festigkeit und Folgerichtigkeit sowie des Augenmaßes, damit wir uns durch äußere Einflüsse und wechselnde Umstände von unseren Entschlüssen zur Erhaltung des Gebietscharakters nicht abbringen lassen und dem Weinfreund dauerhaften Verlaß garantieren.

Fränkische Weinsagen

Die Macht und Wucht des Weins läßt Sagen entstehen. Sagenmotive werden wach, wenn ein Würzburger Wirt in Randersacker zu viel trinkt und auf seinem Heimweg Seltsames erlebt. Der schwerbeladene Gastwirt war zur halben Nachtzeit mit seiner Fuhre Most auf dem Heimweg nach Würzburg, das Weinprobieren hatte ihn allzu lange aufgehalten. In der Nähe des Teufelskellers hörte er lautes Schreien und seltsames Brausen in der Luft. Das wilde Heer war im Anzug; voller Angst kroch er unter seinen Wagen und legte sich still auf den Boden. Das rasende Heer kam heran und zapfte seine Fässer an. Er mußte zuhören, wie die Geister schlürften und schmatzten und sich volltranken. Im Nu war alles vorüber, das Heer brauste davon und die Nacht lag wieder still über dem Maintal. Der arme Wirt kroch unter seinem Wagen hervor und trieb seine Pferde rasch zur Heimfahrt an. Daheim angekommen, brachte er die Fässer in seinen Keller und bangte, daß nicht mehr viel darinnen sei. Als er aber am anderen Tag den restlichen Wein seinen Gästen vorsetzen wollte, lobten sie ihn über alles und wollten nur noch von jenem trinken. Wie wunderbar, die Fässer wurden nicht leer. Wie reich hätte der Wirt werden können, wenn er sein Maul gehalten hätte. Aber er konnte das Geheimnis nicht für sich behalten und erzählte seinen Gästen von dem nächtlichen Erlebnis. Als er wieder in seinen Keller zum Zapfen hinabstieg, war er bitter enttäuscht: Die Fässer waren leer bis auf den letzten Tropfen.

Heutzutage gluckert es nicht mehr so in den Weinkellern wie früher, wenn der Bremser in den Fässern gärte und sich regte. Dieses Rumoren und Poltern des jungen Mostes, das in stillen Nächten bis auf die Gassen hinaufdrang, hatte zu vielerlei Sagen Anlaß gegeben. Verstorbene Küfer, die nicht zur Ruhe kommen konnten, hatten plötzlich unten in den Kellern hantiert. So ließ sich im ehemaligen Bannkeller zu Lohr in der Adventszeit ein seltsames Hämmern und Klopfen vernehmen. Man erzählt sich, daß ein Küfer, der in der heiligen Christnacht in diesen Gewölben weiterarbeitete und nicht zur Ruhe kam, nach seinem Tode hier sein Unwesen treiben mußte. Ähnlich mag es dem Küfermeister vom Schönbornhof in Aschaffenburg ergangen sein. Er soll oft bis tief in die Nacht hinein an den Fässern herumhantiert haben. Da er auch am Heiligen Abend während der Christmette im Weinlager arbeitete, soll er zur Strafe in seinem Grabe keine Ruhe gefunden haben. Deshalb konnte man sein geisterhaftes Klopfen alle Jahre während der Mette hören. Im alten Schloßkeller von Aschaffenburg soll der Geist eines Kellermeisters spuken. Man sagt, ein Bischof hätte ihn im Zorn mit einem Büttnerschlägel erschlagen, als er ihn beim Diebstahl des besten Hörsteiner Weines erwischt habe.

In den Kellergewölben des Schlosses Mainberg bei Schweinfurt, wo früher die Grafen von Henneberg ihre Weinvorräte gelagert hatten, soll es in früheren Zeiten nachts oft rumort haben. Es hörte sich an, als ob mehrere Küfer zusammen in den mächtigen Kellern geschafft hätten. Auch hinter den Kellertüren des Bürgerspitals in Würzburg soll man in manchen Nächten ein Poltern und Lärmen gehört haben. Ein Spitalverwalter, der die Stiftung um etliche tausend Bocksbeutel betrogen haben soll, wäre nach seinem Tod ab und zu die Treppe heraufgekommen und mit einem Bocksbeutel in der Hand durch die Gänge gewandelt.

Das große Faß im Würzburger Hofkeller ist so einzigartig gelungen, daß man sich vom Hofbüttner erzählt, er wäre mit dem Teufel im Bund gestanden. Er hätte seine Seele unter der Bedingung dem Bösen verschrieben, daß er sich für immer einen Rausch antrinken dürfe, wenn das Faß aufgefüllt oder angezapft würde. Im vollen Rausch soll ihn ein Weinteufel die Kellertreppe hinabgestürzt haben, so daß er sich das Genick brach. Deshalb hörten die Küfer immer, wenn sie das Faß neu einfüllten oder den Wein abließen, ein gieriges Schmatzen und Schlürfen. Dann hieß es: Das ist der gespenstige Hofküfer, der sich wieder seinen Rausch antrinken muß.

Alle Jahre werden Sagen wach, wenn der Federweiße in den Gläsern schimmert und der Bremser die Augen glänzend macht. Als der Stadt- und Landmedikus zu Königsberg in Franken zur Herbsteszeit beim dunklen Abend von Haßfurt aus nach Hause ging, zusammen mit einem Landwirt, spazierten plötzlich zu seiner Rechten und Linken Irrwische daher. Der Arzt mag wohl zuviel des Weines getrunken haben. Er meinte zu seinem Begleiter: Kleiner, bet fleißig; denn der Teufel ist gemeiniglich mit im Spiel. Sein Rausch war so groß, daß die Irrwische auf ihn losgingen und ihn foppten. Wie soll er schrecklich ausgesehen haben, als er spät in der Nacht zu Hause in Königsberg angekommen ist.

Franken ist eine Kultur- und Erholungslandschaft. Neben wertvollen Baudenkmälern, dem „Reichtum am Wege", stehen die Symbole: reife Traube und fruchtschwerer Obstbaum.

Schnurgerade führt der Feldweg zu den Weinhängen am Frankenberg. Der Rebgürtel hebt sich deutlich vom Grün der Felder und dem darüber befindlichen Wald ab.

Schloß Frankenberg

Der Reisende, der, mit der Eisenbahn aus München kommend, auf der Höhe von Uffenheim seinen Blick nach Osten richtet, wird, aus dem Waldschatten herausleuchtend, das neue Ziegelrot der riesigen Dachanlagen des Schlosses Frankenberg und seiner etwas abseits liegenden Meierei entdecken. Über das fruchtbare Gäuland mit seinen Siedlungen hinwegschauend, sieht er, von der Nachmittagssonne ausgeleuchtet, die dunklen Wälder der Frankenberge mit dem alles überragenden Hohenlandsberg, der höchsten Erhebung des Steigerwaldes. Und der blaue Himmel darüber läßt die Konturen der Höhen und Berge deutlich hervortreten. Unterhalb des Waldes tritt das satte und pralle Bild der Rebengürtel der Weinberge von Hüttenheim, Seinsheim, Bullenheim auf der linken Seite des Schlosses und auf der rechten die des Frankenberges selbst deutlich in das Blickfeld. Weiterhin kann man die Rebenbuckel von Ergersheim, Weigenheim und Reusch ausmachen. Auch die Ippesheimer Weinlagen sind erkennbar. Ein umgekehrtes Bild bekommt der Betrachter, wenn er von dem jetzigen Besitzer des Schlosses, dem jungen Baron Carl Freiherr von Lerchenfeld, auf die Aussichtsplattform des Schloßparks hinausgeführt wird und dieses weite Land zu seinen Füßen liegen sieht.
Es ist eine andere Landschaft als im Mainfränkischen, wo die Enge der Flußtäler bestimmend ist. Hier ist alles weiter, großflächiger.

Martin Jäger schrieb 1962 über den Keuperwein und seine Heimat die treffenden Sätze: „Die Weingärten in den Tälern des Mains, die nordwärts liegen, spiegeln sich im dahinziehenden Wasser und haben die Sicht nur hinab in die enge Flußgasse. Auf denen des Keuperlandes steht man wie auf Balkonen, darunter sich weites Fruchtland, Bauernland, ausbreitet. Während in den Muschelkalktälern die Hitze kocht, und der feine graue Staub sich silbern auf Weinblatt und Träuber legt, fächelt hier an den gewölbten Flanken des Steigerwaldes der Wind das edle Wachstum. Und ob er gleich vom Wald herunterkommt oder aufsteigt aus den Ackergefilden und anbrandet gegen die Höhen, er trägt bald den herben Duft der Eichenwälder mit sich, bald bläst er die Würze der Weizenfelder und Wiesengründe zwischen die Weinstöcke.
In den Talgassen des Mains führt der Häcker Regiment, hier am Keuperrand aber muß er sich mit dem Bauer in das Land teilen, hier ist der Häcker darum meist Bauer zugleich. So ist auch in den Siedlungen hier alles breiter angelegt, muß neben den mächtigen Kellergelassen noch Raum sein für Scheune und breites Einfahrtstor. Brot und Wein – das wächst hier zusammen, und der Wald schwenkt rauschend darüber die grüne Fahne seiner Wipfel.

Der Nußbaum glänzt mit allen tausend Blättern.
Es fällt ein Blatt herab mir in den Wein.
Die Luft ist dumpf. Es riecht nach Blitz und Wettern.
Das Blatt fährt wie ein Schifflein auf dem Wein.
Ein zartes Donnern. Drüben. Überm Fluß.

Das grüne Blatt, ich hol es aus dem Wein.
Der schmeckt ein wenig bitter nun nach Nuß.
Ein wenig Bittres darf in allem sein,
im Wort des Freundes, und im Liebeskuß –
Warum nicht auch im Wein?"

Um das Jahr 1200 mag Frankenberg als Burg der Bischöfe von Würzburg als Schutz für die hochstiftischen Besitzungen in der reichen, dicht besiedelten Gau-Ebene, auf der markanten Berghöhe der als „Frankenberge" bezeichneten Hügelkette gebaut worden sein. Damals entstanden zwei Burgen, nämlich Hinterfrankenberg – seit 500 Jahren Ruine – und Vorderfrankenberg, über die hier berichtet wird. Frankenberg ist ein gut erhaltenes Renaissanceschloß, dessen Dachanlagen zur Zeit mit erheblichem Aufwand zum Großteil neu erstellt werden. Jahrhundertelang war Frankenberg im Besitz der berühmten Familie von Hutten, bis 1783 das Schloß und seine Markung auf die Freiherren von Pölnitz überging. Seit dem Jahre 1979 ist der Besitz nun Eigentum des Freiherrn Carl von Lerchenfeld.
Im Jahre 1974 begann man unter der sachkundigen und energischen Leitung von Domänendirektor Adolf Steinmann die Neuordnung der Frankenberger Weinbergslagen mit planmäßigem Wiederaufbau. Besonders beeindruckend an der Neugestaltung der Weinberge war neben den Schiebe- und Planierungsarbeiten auch die Entfernung der wenig pflanzenzuträglichen Corbulabank. Diese Corbulaschicht wird in alten Büchern als Frankenberger Boden bezeichnet, so berichtet der sympathische Hausherr. Ihm und seinem Archivar, Herrn Richard Schmitt aus Bullenheim, dem Sohn des einstigen Schloßverwalters, verdanken wir die Erforschung des Frankenberger Weinbaus in alter Zeit. Mit Zustimmung von Richard Schmitt dürfen wir aus seinem Buch über den Frankenberg folgende Ausführungen entnehmen: „Eine Betrachtung des von der Frankenberger Herrschaft in eigener Regie betriebenen Weinbaus hat davon auszugehen, daß die Familie von Hutten zeitweilig auch in den umliegenden Orten Weinbergsbesitz hatte und zudem über die ertragreichen Weinzehnten in Ippesheim und Reusch verfügte. Die Entwicklung der Anbauflächen wurde nicht zuletzt davon bestimmt. Die folgende Tabelle zeigt die Größe des Frankenberger Reblandes in einigen Stichjahren.

Jahr:	1530	1623	1642	1725	1783	1806	1825
Rebfläche in Morgen:	5,5	20	–	21	41	26	2

Diese Zahlen lassen eine zweimalige Ausdehnung des Weinbergslandes erkennen, auf die jeweils ein fast völliges Verschwinden des Weinbaus folgte. Die Vergrößerung der Rebfläche nach 1556 erfolgte, als durch die Erbteilung dieses Jahres die Weinberge in Ippesheim und Buchbrunn verlorengingen; schon die Geldrechnungen der Jahre nach 1560 verzeichnen größere Ausgaben für die Neuanlage von Weinbergen. Nach dem völligen Eingehen des Weinbaus im Dreißigjährigen Krieg wurde um 1720 der Vorkriegsstand wieder erreicht. In den folgenden Jahrzehnten ließ Johann Philipp Friedrich von Hutten das Rebareal verdoppeln. In diesen Jahrzehnten bemühte man sich zudem um eine qualitative Verbesserung des Weinbaus. Seit 1790 aber wurde Klee in die Weinberge gesät, und 1824 rodete man alle Rebflächen bis auf den Weinberg am ‚Wallberg'. Trotz der recht guten Konjunktur des Weinbaus um 1800 gab man in Frankenberg dem Ackerbau den Vorzug, der offensichtlich damals eine höhere Steigerung der Produktivität erlebte. Eine Gutswirtschaft wie Frankenberg, die am agrarischen Fortschritt der Zeit teilhatte, versprach sich von der Umwandlung des Reblandes in Ackerflächen anscheinend höhere Gewinne, zumal die Eigenversorgung durch die Zehntrechte gesichert war. Die Bearbeitung der Weinberge geschah entweder durch fest angestellte ‚Wengertsmänner' oder durch Tagelöhner aus den herrschaftlichen Dörfern, an die die Weingärten stückweise ‚verakkordiert' wurden. Für die Kellerwirtschaft hielt man in Frankenberg einen eigenen Büttner, der die Weine und auch Branntwein für den Verzehr im Haushalt oder zum Verkauf ausbaute.
Die jährlich eingehenden Weinmengen lagen in der zweiten Hälfte des 18. Jahrhunderts im Jahresdurchschnitt bei 145 Hektoliter, wobei Zehntmost und Eigenbau jeweils die Hälfte ausmachten. Für diese Zeit ergibt sich ein Hektarertrag von nur neun bis zehn Hektoliter. Vielleicht waren diese geringen Erträge ein Grund, den sehr arbeitsintensiven und damit kostenträchtigen Weinbau im 19. Jahrhundert einzuschränken, zumal gerade die Weinberge viel stärker von Mißernten betroffen sein konnten, als dies beim Ackerbau möglich war.
Die Ausdehnung des Frankenberger Reblandes im 18. Jahrhundert ermöglichte die Steigerung des vorher kaum nennenswerten Weinverkaufes an die Gastwirte aus dem engeren Umland, vor allem aber in den mittelfränkischen Raum hinein. Die Tätigkeit des letzten Herrn von Hutten am Ansbacher Hof öffnete dann auch diesen Raum für die Frankenberger

Weine. Verkäufe, wie jene des Jahres 1760/61, als man für 1040 fl. Wein aus den Jahrgängen 1719, 1738 und 1748 nach Hamburg verkaufen konnte, blieben die Ausnahme. Im großen und ganzen betrieb man in Frankenberg den Weinbau vor allem für den Eigenverbrauch. Die Einnahmen für verkauften Wein brachten meistens nicht viel mehr Geld in die Kasse, als für die Weinbergs- und Kellerarbeit wieder aufgewendet werden mußte. Darüber können auch die offensichtlichen Bemühungen um eine Ausweitung des Weinbaus und -handels in der zweiten Hälfte des 18. Jahrhunderts nicht hinwegtäuschen."

Heute ist der Gesamtbetrieb der Erzeugergemeinschaft Steigerwald e. G. in Castell angeschlossen, wo sämtliche Trauben gekeltert werden und der Wein ausgebaut und vermarktet wird.

Das riesige alte Faß im tiefen, zweigeschossigen Keller des Frankenberger Schlosses träumt aber weiterhin von der „guten, alten Zeit" des 18. Jahrhunderts, wo bis zu 500 Hektoliter Wein auf dem Frankenberg und im Ippesheimer Schloßkeller lagerten. Heute wird jedoch ein Vielfaches der damaligen Weinmenge geerntet. Die Vorzüglichkeit der Frankenberger Lagen bestätigte sich im Jahre 1980, wo im Gegensatz zu vielen fränkischen Lagen die Reben auf dem Frankenberg nicht durchrieselten.

Mit den Neuanlagen am Schloß Frankenberg hat der mittelfränkische Weinbau – der ja durch die Gebietsreform schwere Verluste hinnehmen mußte – neue Qualitätslagen hinzubekommen.

Einzellage:
Schloß Frankenberg
Früher: Waschbuck, Gehling, Höll, Wallberg, Luisenberg

Gesamtrebfläche:
33 ha

Hauptbimmelsrichtungen der Lage:
Ost, Süd, Süd-West, West

Höhe über dem Meeresspiegel:
320 bis 390 m

Haupthangneigung der Lage in Prozent:
10 bis 20

Boden:
Keuper (Frankenberger Boden)

Rebsorten:
Alle edlen Rebsorten, vom Silvaner angefangen über Müller-Thurgau, Kerner, Bacchus, Riesling, Rieslaner, Perle, Morio Muskat, Rotweinsorten und Neuzüchtungen, werden angebaut.

Wein:
Der Wein ist fruchtig, vollmundig, pikant und sehr mannigfaltig im Ausdruck.

Moderner Weinbau vor 250 Jahren

Von Richard Schmitt, Bullenheim

Das 18. Jahrhundert brachte in Deutschland die ersten Ansätze einer modernen Landbewirtschaftung. Die alte Dreifelderwirtschaft, in der fast ausschließlich Getreide erzeugt wurde, konnte jetzt allmählich verbessert werden. Man „besömmerte" die Brache durch Klee und Futterpflanzen, die Kartoffel setzte sich langsam durch, die Viehzucht wurde verbessert, mit Düngemitteln wie Gipsmehl wurde experimentiert und vieles andere mehr. Auch im Weinbau suchte man nach neuen Wegen, wie der folgende, im Frankenberger Schloßarchiv befindliche Text aus dem Jahr 1738 beweist.

„Einen Weinberg von Rheinländischen Fechsern, nach Reinländischer Art, anzulegen, geschiehet folgender maßen:

1. Muß das Feld vor dem Winter-Frost gräbenweise ordentlich herum gewendet werden, dabey ist zu beobachten, daß der Wasen und die gute Erde unten in den Wend-Graben, und die schlechte Erde oben darauf kommt.
2. Zu Anfang Aprilis wird das herumgewendete Feld abgeschnürt, und wo ein Stock hinkommen soll, ein Zeichen eingeschlagen, welche Zeichen 3½ Schuhe von einander stehen müssen.
3. Wird bey jedem Zeichen mit einem Hopffen-Eisen durch die umgegrabene Erde ein Loch gestoßen.
4. In solch Loch werden von Rüßlingen drey, von andern Zeuch aber nur zwey Fechser, so tieff sichs gehört, eingesteckt, und unten, um die Wurzel der Fechser, muß die Erde fest mit einem Holz zusammen gestoßen – oben aber nur das Loch mit Erden zugescharret werden.
5. Im ersten Sommer wird ein solch neu angelegter Weinberg, wie die andern, gehackt und gebracht, die Fechser aber müssen, zu mahl nach starckem Regenwetter, da sie das vom Wasser zusammen geschobene Erdreich zu viel bedecket, öffters gelüfftet und mit frischer Erde ein wenig bedecket werden, damit die Erde nicht eine starke Rufft bekomme.
6. Im andern Jahr, im April, werden an jedem Fechser, oder Stöcklein, zwey Knöthlein, wie es am Rhein heißt, oder, nach der hierländischen Benennung, zwey Störzel, nur ein Aug hoch, geschnitten, und hat noch keiner Pfähl vonnöthen, wird

E Wannla paßt grod nu nei die Butt'n.

auch um Laurentii, wann sie wohl gewachsen, die Helffte an denen jungen Schößen abgeschnitten.

7. Im dritten Jahr werden an jedem Stöcklein auch zwey Knöthlein, oder Störzel, zwey Augen hoch geschnitten, und bekommt jeder Stock einen Pfahl.
8. Im Vierten Jahr werden die zwey Knöthlein oder Störzel, drey bis vier Augen hoch, nach gut finden auch zwy halb Reben, geschnitten, und bekommt jeder Stock zwey Pfähl, können auch Fechser eingelegt werden.
9. Im fünfften Jahr, und so in allen Jahren, werden nur zwey Bogen Reben, von denen Halbreben des 4. Jahres, dann 4 bis 5 Knöthlein, oder Störzel, diese nur Finger lang, und höchstens drey Augen hoch, geschnitten, können auch in diesem – und in allen folgenden Jahren Fechser eingelegt werden. Hierbey ist besonders zu mercken, daß im fünften und folgenden Jahren die zwey Bogen Reben von denen beysammen liegenden Fechsern geschnitten werden, daß also jeder Fechser eine Bogen Rebe bekommt, zum dritten dabey befindl. Fechser werden die Knöthlein, oder Störzel, geschnitten.

Diese Nachricht hat Claudius Reuter, Churfürstl. Maynzischer Wengerts-Mann zu Weisenau, gleich ober Maynz, gegeben, welcher vom 9. biß 15. Apr. 1738 1000 Rüßling- und 1000 Kleinberger Rheinländische Fechser allhier zu Franckenberg angelegt hat." Dieser „Wengertsmann" aus dem Mainzischen kam zwischen 1738 und 1740 häufig nach Frankenberg und pflanzte allein am Rangen der Dürrenwiese, dort, wo auch heute wieder umfangreiche Rebanlagen stehen, über 16000 „Rheinische Fechser", die er aus Mainz mitbrachte. Überhaupt kümmerte man sich damals sehr um den Weinbau. Die Rebfläche in

Frankenberg wuchs zwischen 1725 und 1783 von 20 auf 41 Morgen, neue Sorten wurden zum „Ausbessern" der alten Weingärten verwendet und gelegentlich sogar im reinen Satz gepflanzt. In der Hauptsache wuchs wohl „gemischtes weißes Zeug", das man aus Bullenheim oder Ippesheim kaufte; daneben aber wuchsen in Frankenberg auch folgende Sorten: Muskateller, Rotwein, grober Rüßling, Elbling, Oesterreicher, Champagnier, Burgunder und eben in großem Umfang Riesling. 1750 kaufte man französische Fechser (wohl Rotwein) und 1783 sogar 300 „Reuschlings-Fexer aus Reichenweyer im Ober-Elsaß". Daß man in Frankenberg mit dem anspruchsvollen Riesling so gut zurechtkam, scheint auf ein im Vergleich zu heute merklich besseres Klima in jener Zeit hinzuweisen. Im 19. Jahrhundert müssen sich die Klima- und Marktbedingungen für den Frankenberger Weinbau wieder verschlechtert haben: 1824 existierte nur noch ein kleiner Weinberg an der Burgleite.

Da die Herrschaft Frankenberg neben dem Eigenbau auch noch über die Weinzehnten aus Ippesheim und Reusch verfügen konnte, lagerten in ihren Kellern ungeheure Mengen an Wein. Im Jahr 1783 etwa befanden sich in den Kellern in Frankenberg und Ippesheim insgesamt 123 Fässer mit einem Inhalt von 715 Eimern. Ein Eimer maß 80 Liter, so daß 572 Hektoliter Wein vorhanden waren. Der älteste Faßwein stammte aus dem Jahr 1728 und war 55 Jahre alt. Vom Jahrgang 1762 hatte man 4 Eimer „Gefrohrenen", also Eiswein, aus den Jahren 1780 und 1781 auch Rotwein. Für besondere Anlässe hielt man 680 Flaschen mit erlesenen Weinen bereit, darunter Hochheimer Rheinwein, ungarische und Burgunderweine, Champagner, Malaga, „Mucationi" und „Frontagnac".

Daß man den Wein durchaus nach seiner Qualität einschätzte, zeigen die enormen Preisunterschiede zwischen einzelnen Jahrgängen. Im Jahr 1783 kostete etwa ein Eimer 1782er 1,66 Gulden, ein Eimer 1779er „Rheinischer" aus den Frankenberger Weinbergen dagegen 14 Gulden, ein „Rheinischer" von 1762 gar 26 Gulden. Auch als Medizin schätzte man den Wein, wie einige Eintragungen in den Kellereirechnungen belegen: 1765 verkaufte die herrschaftliche Kellerei dem Müller Düll zu Ippesheim, der todkrank darniederlag und „auf anrathen des Medici einen gerechten guten Wein verordnet bekommen, 10 Maas 1748er um 4 Gulden", ebenso dem Herrn Autenried zu Reusch, „der ein Patient", eine Maß dieses Jahrgangs. 1767 gab man „1 Maß dem registrator zum Aderlaß", „1 Maß dem kranken Schmied Heinrich", „½ Maß dem Jäger Schönherrn für das kranke Kind". Ansonsten aber nahm vermutlich das einfache Volk mit einfacherem Getränk vorlieb; gute, alte Weine blieben der Herrschaft „zu dero eigenen Consumtion" vorbehalten.

Reusch

Seit 1972 gehört Reusch mit Schloß Frankenberg zur Gemeinde Weigenheim. Hier in Reusch herrscht seit Jahrhunderten mehr der „bäuerliche Weinbau" vor, der vor allem zur Selbstversorgung der eigenen Familie, Betriebsangehörigen und Aushilfskräfte betrieben wird; diese Art Weinbau finden wir ja in vielen mittelfränkischen weinbautreibenden Orten. Reusch war bis 1783 Lehen der Frankenberger und hatte dadurch enge Beziehungen zum dortigen Weinbau.

Das evang.-luth. Pfarramt zu Reusch hat uns freundlicherweise folgende Auszüge aus den dortigen Kirchenbüchern, die den Weinbau in Reusch historisch belegen, zur Verfügung gestellt.

Urkunde Nr. 194, S. 393:

23. April 1490 Hans von Birkenfeld reversiert gegenüber Graf Friedrich zu Castell wegen 3 Güter zu Illesheim und 6 Morgen Weingärten zu Reisch.

Urkunde Nr. 324:

10. April 1545 Georg von Fronh..., Schultheiß zu Würzburg, reversiert gegenüber Graf Wolfgang zu Castell wegen der Güter zu Illesheim und 6½ Morgen Weingärten zu Reysch.

Das Pfarrhaus wurde 1560 erbaut (1741 umgebaut), und der Keller ist mit einem Weinfaßlager versehen.

1911:

In den letzten Jahren nahm der Wirtshausbesuch und der Bierkonsum hier deshalb etwas zu, weil die Weinberge seit mehreren Jahren nur totale Mißernten brachten und kein Most und Haustrunk mehr vorhanden war.

Heute zeigt die amtliche Statistik für Reusch 8 ha Wein aus. Die Weine haben praktisch die gleiche Art wie die von Weigenheim. Die Winzer von Reusch haben sich mit Weigenheim und Frankenberg in den letzten Jahren zu einem Weinbauverein zusammengeschlossen. Ein Zeichen dafür, daß man den Wert eines Berufszusammenschlusses erkannt hat und den Weg der Selbsthilfe im Interesse eines Qualitätsweinbaues für wichtig hält.

Unterhalb der Roten Berge liegt Weigenheim in der weiten Ebene.

Weigenheim

In die Weinbaugemeinde Weigenheim, die u. a. auch ein goldenes Weinblatt im Wappen führt, sind die weinbautreibenden Ortsteile Reusch und Frankenberg eingegliedert.

Weigenheim sub Landsburg, wie der Ort am Fuße des Hohenlandsbergs in einer alten Urkunde genannt wird, ist eine Frankensiedlung aus der Zeit der Landnahme durch die Merowinger (550–600 n. Chr.). Der Ortsname wird hergeleitet vom Personennamen jenes fränkischen Edelfreien „Wigan" oder „Wigo", der sich damals mit seiner Siedlerschar hier am Seegriederbach zwischen dem fruchtbaren Gäuland im Westen und den bewaldeten Keuperbergen im Osten angesiedelt haben soll. Sein „Freihof" – größer als die übrigen Huben und mit gewissen Privilegien ausgestattet (so z. B. Recht auf den Kleinzehnten, Haltung des männlichen Zuchtviehs im Ort) – ist in mehreren Urkunden genannt und somit noch heute nachzuweisen.

Die erste Erwähnung des Ortes selbst datiert aus dem Jahre 822. Kaiser Ludwig der Fromme bestätigt einen Gütertausch zwischen dem Bischof Volker von Würzburg und dem Grafen Wicbald, wodurch neben anderen Orten auch Ergersheim und Weigenheim im Gollachgau aus dem Besitz des Bistums an den Grafen übereignet werden.

Die „Roten Berge" werden als Weinbaugebiet im 12. Jahrhundert urkundlich erwähnt. Als ein im Königsbesitz befindliches „Reichsgut unter den Bergen" wurde das Dorf 1303 zusammen mit Seinsheim, Herrnsheim, Piffigheim und den „Gütern am Main" dem Edlen Albertus von Hohenlohe verpfändet. Diese Pfandschaft wurde mehrmals bestätigt, vom König aber nicht mehr eingelöst. Von den Hohenlohe gelangten die Landsburg und Weigenheim 1406 an das Bistum Würzburg, von welchem diese 1435 von Erkinger von Seinsheim und Herrn zu Schwarzenberg erworben wurden. Unter der Landesherrschaft dieses Geschlechts verblieb der Ort bis 1806. Die Nähe der Burg, die im Jahre 1554 im Markgräfler-Krieg zerstört und nicht mehr aufgebaut wurde, brachte dem Ort und seinen Bewohnern manche Not und Brandschatzung. 1524 wurde Weigenheim evangelisch und hatte durch die gegenreformatorischen Bestrebungen viel zu erdulden. Nach Vertreibung des evangelischen Pfarrers und Schulmeisters im Jahre 1627 durften die Einwohner bis 1664 ihre eigene Kirche nicht mehr für evangelische Gottesdienste benutzen.

Die heutige Saalkirche wurde 1832 fertiggestellt und nach Kriegszerstörung im Jahre 1945 im alten Stil wiederaufgebaut.

Wirtschaftliche Grundlage für die etwa 500 Einwohner war stets der Grund und Boden. Wir finden ausgedehnte Laubwälder vom Langen- bis zum Hohenlandsberg, Weingärten an den Südhängen des Kapell- und Rotenberges, schwere Ton- und Keuperböden im Osten und fruchtbare Löß-Lehmböden im Westen des Dorfes.

Der Weinbau hat in Weigenheim – wie schon erwähnt – eine lange Tradition. So übereignet im Jahre 1261 der Ritter Heinrich von Hohenlohe dem Kloster Heilsbronn 14 Morgen Weingärten in Weigenheim und auch den Platz, um eine Kelter zu errichten. In die Nutznießung des Weigenheimer Weinzehnts gelangten zwischen 1376 und 1793 viele adelige Lehnsherren.
Die Art und Weise, wie und wo der Wein ausgeschenkt werden darf, ist im „Dorfrecht zu Weigenheym", einem Weistum aus dem 15. Jh., wie folgt geregelt: „Item ein iglicher (jeglicher), der Wein schenkt zu Weigenheym, der sal den Weinkopf (= Weinmaß) füllen auf dem tisch – (also vor den Augen des Gastes, deshalb darf auch heute noch keine Schenke so eingebaut werden, daß der Gast diese nicht einsehen kann).
Item ein iglicher, der burger ist zu Weigenheym, der mag wein schenken; der hirt mocht wein schenken auf dem velde." Offensichtlich durfte jeder Weigenheimer Bürger Heckenwirtschaft betreiben, sogar der Hirt auf dem Felde.
Eine interessante Variante der Zehentpflicht lernen wir im Falle Weigenheim kennen. Auf den Flurabteilungen Kappelberg und Rotenberg (das sind heute noch Weinbergslagen) besteht ein Wechselzehnt in der Art, daß die Besitzungen, so lange (sie) Äcker sind, den ganzen Groß- und Kleinzehnt der fürstlich Schwarzenbergschen Standesherrschaft ausschließlich, wenn sie aber als Weinberge benützt werden, den Weinzehnt an die Freiherren von Gebsattel in Würzburg und die Freiherren von Oefele zu Illesheim, jedem zur Hälfte, zu geben haben.
Bereits 1261 wird urkundlich eine Badstube in Weigenheim erwähnt. Gerne nehmen wir zur Kenntnis, daß die Weigenheimer damals schon die Hygiene ernstgenommen haben (nach dem 17. Jahrhundert soll ja das Baden bei der ländlichen Bevölkerung als vermeintlich überflüssige Körperpflege aus der Mode gekommen sein; dies schreibt jedenfalls ein Pfarrer aus der Maingegend im 19. Jahrhundert).
Zwischen eigener Körperpflege und der Hygiene bei der Weinbereitung besteht eine enge Beziehung; denn Reinlichkeit ist das oberste Gebot der Kellerwirtschaft.
Die Weigenheimer Winzer haben in den letzten Jahren mit ihren Nachbarn in Reusch einen Weinbauverein gegründet. Geht man durch die 10 ha meist neuangelegten Weinberge, dann ist das engagierte Wirken dieser Generation unübersehbar. Das Qualitätsstreben der Landwirte und Winzer drückt sich auch dadurch aus, daß in den letzten Jahren immer häufiger „Weigenheimer" bei der amtlichen Qualitätsweinprüfung in Würzburg angestellt wurde. Im sonnenreichen Jahr 1983 konnten sogar Prädikatsweine erzeugt werden. Das derzeitige Ringen um einen werbewirksamen Lagenamen bestätigt aber auch die bewegliche Unruhe dieser heimatverbundenen, soliden, verläßlichen Mittelfranken unterhalb des Hohenlandsbergs.

Einzellagen:
z. Zt. noch Herrschaftsberg;
im Antragsverfahren: Hohenlandsberg
Früher: Frankenberger Schloßstück, Waschbuck, Herrschaftsberg, Paradies, Roter Berg, Im Alten Berg, Kapellberg, Tannenwäldle, Bonleite

Großlage: Schloßstück (z. Zt. noch)

Gesamtrebfläche:
10 ha

Haupthimmelsrichtungen der Lagen:
Süd, Süd-West

Höhe über dem Meeresspiegel:
320 bis 400 m

Haupthangneigung der Lagen in Prozent:
10 bis 38

Boden:
Gipskeuper, blauer und grüner Keuper

Rebsorten:
Müller-Thurgau, Silvaner, Bacchus u. a.

Wein:
herzhafter Wein mit stark geprägter Frucht, pikanter Säure und guter Fülle.

WETTERREGELN

Regen am Siebenbrüdertag (10. 7.),
noch sieben Wochen dauern mag.

Margaretentag (20. 7.) Regen,
bringt keinen Segen.

Magdalena (22. 7.) weinet gern,
denn sie klagt um ihren Herrn.

Wenn's an Jakobi regnet,
ist der Wein sehr gesegnet.

Ist's um Jakobi heiß und trocken,
kann der Bauer frohlocken.

Mitten aus den Häusern von Bieberehren ragen die katholische Pfarrkirche St. Peter und Paul und St. Maria Magdalena.

Bieberehren

Als einstiger Stammsitz des erloschenen Rittergeschlechts derer von „Bieberen“ liegt Bieberehren im südlichen Ochsenfurter Gau an der Einmündung der Gollach in die Tauber, inmitten eines fruchtbaren und üppigen Landes, 8 km von Weikersheim entfernt, in einer reizvollen fränkischen Gegend. Die im neuromanischen Stil von 1850 bis 1852 erbaute Dorfkirche ist den Heiligen Petrus und Paulus und der heiligen Magdalena geweiht. Das Rathaus, ein stolzer Fachwerkbau, stammt vom Jahre 1612. Die Kreuzkapelle auf dem Eulenberg, dem sogenannten Kreuz- oder Stationsberg, liegt südlich über dem Ort. Ein altes, hohes Holzkreuz wird hochverehrt. Am Palmsonntag fand alle Jahre nachmittags eine Prozession zu dieser Kapelle mit Stationsandacht bei den 14 Stationen des Berges statt. Das Dorf ist reich an Flurdenkmälern. Auf einem Bildstock aus dem Jahre 1739 sind eine Weinbergsheppe und ein Herz abgebildet. Die Inschrift lautet: ZU EREN TER MUTER GOTES HAT KATARIN UNGERIN DISEN PILTSTOCK AUFRICHTEN LASEN. Nach einer alt überlieferten Sage arbeiteten hier zwei Brüder im Weinberg. Plötzlich gerieten sie wegen eines Mädchens, das sie beide liebten, in heftigen Streit und brachten sich mit den Schnittheppen gegenseitig um. Daraufhin soll die Mutter der beiden diesen Bildstock errichtet haben.

Leider reichen die Urkunden und Dokumente des Gemeindearchivs nur bis zum Jahre 1725 zurück. Sonst würde man weitaus mehr über die Geschichte des Weinbaus in Bieberehren erfahren. In einem Gemeindeprotokoll vom Jahre 1727 wird folgendes berichtet: „Dieses 1727te Jahr ist ganz viel Wein gewachsen welcher recht gut ist und dem 17er Jahr gleicht, hat man angefangen zu Lesen den 3ten Oktober die Vorles und den 6ten Oktober die völlige Les angangen. Hat der Eimer Most im Herbst 1 fl. gegolden.“

Obwohl das Jahr 1864 für den Weinanbau in Bieberehren sehr schlecht gewesen ist, wurde der Traubenertrag aus den beiden Weinbergen des Benifiziats dem Meistbietenden Joseph Haag für 2 Gulden gegeben. Von dieser Zeit an ging es mit dem Weinbau in Bieberehren Schritt für Schritt bergab. Durch das Auftreten der Reblaus und sonstiger Schädlinge und Krankheiten litten die Rebstöcke derartigen Schaden, daß es sich kaum mehr rentierte, die vielerlei Mühen und Plagen, die man für die Pflege des Weinbaus braucht, aufzubringen. Immer mehr Weinbergsflächen werden in Ackerland umgewandelt. In den Personenstandsbüchern von Bieberehren taucht der Name Häcker immer seltener auf.

Neben einer Rebfläche von 0,47 ha sind einige Katasternamen in Erinnerung, wie Deckerweinberg, Spitalweinberg, Urbani oder Essig.

Röttingen, die gastfreundliche Stadt an der Tauber.

Röttingen

Nach den Aufschreibungen im Röttinger Salbuch von 1584 gab es hier 140 Morgen Weinberge. Der Weinzehnt an den Würzburger Bischof betrug bis zu 9 Fuder Wein, also mußte der Weinertrag ganz erheblich gewesen sein. 1 Fuder Wein waren hier 12 Eimer zu 60 Maß. Der Preis lag damals zwischen 2 und 4 fl. pro Eimer. Dem Röttinger Pfarrherrn mußte auf Kirchweih eine bestimmte Menge Weins verabreicht werden.

Selbst Julius Echter ließ sich nach einem Besuch Röttingens im Jahre 1603 12 Kannen „gueten Weins" nach Würzburg schaffen.

Als im Jahre 1746 ein ausnehmend guter Wein wächst, heißt es: „Viel dumme Köpf werden in diesem Jahr gesehen, Weiber nehmt euch in acht!"

1850 begründet der Stadtmagistrat eine Eingabe wegen Errichtung einer Poststation damit, daß die Häcker dringend eines Exports bedürfen, da der ganze Ort Weinbau betreibe. Noch zu Beginn des 19. Jahrhunderts waren in Röttingen 180 ha mit Reben bestockt. In den letzten Jahrzehnten des vorigen Jahrhunderts ging in Röttingen, wie praktisch in allen fränkischen Weinbaugemeinden, der Weinbau stark zurück. In den dreißiger Jahren dieses Jahrhunderts werden noch einmal am Hundheimer Berg Versuche unternommen, neue Weinberge anzulegen. Immer mehr Wengert werden landwirtschaftlich genutzt oder in ein „Hackstück" umgewandelt. Vielleicht liegt der Rückgang des Weinbaus auch darin begründet, daß man immer mehr ertragreiche rote Sorten zu Lasten der Österreicher- und Junkerreben anbaute; denn das hier beheimatete „Tauberschwarze" war empfindlich gegen Regen, und so konnten mit dieser Sorte die Mißernten nicht ausbleiben.

Erst als in Verbindung mit den Tauberrettersheimer Weinbergslagen die Röttinger Weinberge planmäßig wiederaufgebaut wurden (1969 bis 1979), ist der Röttinger wie der Tauberrettersheimer Wein wieder

ein Begriff unter Frankens Gewächsen geworden.
Die Familie Poth, deren Wurzeln in die Pfalz zurückgehen, hat hier mit traditionsbewußten Alteingesessenen dem Weinbau an der Tauber zu neuer Blüte verholfen. Die meisten Winzer sind der Gebietswinzergenossenschaft Franken angeschlossen. Eine große Bedeutung für diesen Raum hat die Weinkellerei Friedrich Beck. Daß Röttinger Bürger nicht nur guten Wein bauen können, zeigt die Tatsache, daß man sich im Jahre 1953 als erste Europastadt Bayerns feierlich ausrufen ließ.
Die Proklamationsurkunde hat folgenden Wortlaut:
„Das Maß der Leiden der Völker Europas ist übervoll. Sie sehnen sich nach einem dauerhaften Frieden. Sie wollen ein für allemal die traurige Vergangenheit hinter sich lassen und sich ehrlichen, bereiten Herzens die Hand reichen zu einem Staatenbunde, der uns der einzige Weg zu sein scheint, Europa vor dem vollständigen Untergange zu retten. Auch wir wollen und können nicht abseits stehen und sind bereit, den noch Zweifelnden neuen Ansporn und den Freunden Europas Rückhalt zu geben. Deshalb proklamieren wir hier feierlichst namens der Jugend Europas:
Angesichts der Millionen junger europäischer Menschen, die in wahnwitzigen Nationalkriegen Leben und Gesundheit hingeben mußten, und im Hinblick auf die unermeßlichen Leiden der Millionen europäischer Flüchtlinge legen wir Zeugnis ab von unserem Friedenswillen, von unserer gläubigen Bereitschaft, dem Frieden und der Freiheit der vereinigten Staaten von Europa hier in unseren Heimatstädten zu dienen.
In Anerkennung der Aufgeschlossenheit der Bürger Röttingens und zum Zeichen unseres festen Willens, an einem gemeinsamen Europa mitzuschaffen, erklären wir hiermit feierlichst und formell Röttingen/Tauber zur Europastadt. Möge unser Beispiel allen Menschen Europas, die in Einigkeit und Freiheit zusammenleben wollen, ein Meilenstein bedeuten auf dem Wege vorwärts zur Schaffung unsere großen gemeinsamen Heimat Europa."
Aber was 1953 so hoffnungsvoll begann, wird in der Festschrift „700 Jahre Stadt Röttingen 1275–1975" mit folgenden Worten kommentiert:
„... Aber bald knirschte es im lokalen Getriebe. Weißblaue Ministerialbürokratie schwang ihre Sandbüchsen. Der Freistaat Bayern versagte seine Zustimmung. München strich den klingenden Titel einer Europastadt Röttingen, jedoch nicht seine Fahne."
Und wenn auch die Begeisterung verebbt und die Europafahne am Rathaus verblaßt ist, Röttingen bleibt trotzdem ein liebenswürdiges Weinstädtchen an der Tauber. Seine Fachwerkhäuser, seine alten Bauten, seine romanische Kirche, sein Rathaus, all dies hineingebettet in die unverbrauchte Tauberlandschaft, lassen den Gast immer wieder zurückkehren.

Einzellage: Feuerstein
Früher: Berg, Hundheimerberg, Hohe Setz, Torweinberge, Auberg, Füllberg, Knorrklinge, Kirzberg, Betzenrod, Allmannsberg, Laubberg, Gelchstheimer Steg, Gänsweid, Neuerberg, An der Rötten, Selberg, Leitte, Mühlberg, Kreuz, Geyersberg, Himmelreich, Auf der Hardt

Gesamtrebfläche: 24 ha

Haupthimmelsrichtung der Lage:
Süd

Höhe über dem Meeresspiegel:
270 bis 340 m

Haupthangneigung der Lage in Prozent:
25 bis 55

Boden:
mittlerer Muschelkalk und Hangschutt des oberen Muschelkalks

Rebsorten:
Müller-Thurgau, Silvaner, Kerner, Riesling u. a.

Wein:
feinduftig, lebhaft, kernig.
Der Wein zeigt auch die feingliedrige Art der Tauberweine.

Tauberrettersheim

Das Schatzungsbuch von 1610 verzeichnet 46 Häkkerfamilien. Auch der ärmste Schlucker im Dorf, der nicht einmal eine Geiß im Stall hatte und „in einem halben, gar alten und bösen Hüttlein oder als Hausgenosse im Dachstüblein wohnte", nannte doch wenigstens 8–10 Eimer Wein sein eigen. Für einen Eimer Wein konnte man damals 3 Schafe, 2 Geißen, 1 Kalb oder 1 fettes Schwein kaufen; für 3 Eimer Wein erstand man eine Kuh. Demgemäß standen auch die Weingärten hoch im Preis. Für einen Morgen Weinberg wurden bis zu 40 fl. gezahlt. Einen Morgen gutes Ackerland bot man schon für 18 fl. feil. Während in alter Zeit die edle Rebe nur an den beiden Sommerbergen gegen Röttingen und Schäftersheim angepflanzt war, rodeten zwischen 1550

Der hl. Johannes Nepomuk (1716 aufgerichtet), der die von Balthasar Neumann erbaute Tauberbrücke beschützt, bekam in früheren Jahren von den Tauberrettersheimer Winzern die ersten reifen Träubel in die Hand gedrückt.

und 1600 die fleißigen Tauberrettersheimer auch die Hänge der Winterseite und bestockten sie mit Reben. Anno 1585 wurde der durchschnittliche Ertrag des jährlichen Weinzehnts auf 15 Fuder (das sind 180 Eimer) beziffert. 1950 Eimer Wein wurden im Jahre 1610 als Tauberrettersheimer Weinbestand angegeben. Seit der zweiten Hälfte des 16. Jahrhunderts besaß Tauberrettersheim den Charakter eines ausgesprochenen Häckerdorfes mit all seinen Licht- und Schattenseiten. In gesegneten Weinjahren beschenkte man den hl. Nepomuk auf der von Balthasar Neumann erbauten Tauberbrücke mit den ersten zeitigen prallen und dunkelroten Trauben. Ein Winzer erzählt: Bei der Weinlese werden die verlokkendsten Träubel für die Basen und Vettern in der Stadt in einen Extra-Korb geschnitten. Freudenschüsse und helle Juchschreie grüßen von Hang zu Hang. Jung und alt beteiligen sich an der Bergung des köstlichen Segens. Bis tief in die Nacht herrscht geschäftiges Treiben im Kelterhaus. Sprudelnd „strollt“ die braune Brühe von der Kelter in die Gelte (Bietkufe). Die Fässer im Keller füllen sich. Die Kinder und das Weibervolk schlürfen mit Behagen die süße Labe. Bald rollen die schweren hochrädrigen Wagen der Mostkäufer ins Dorf und halten an den weitgeöffneten Kellertüren, denen ein aromatischer Duft entströmt. Butte auf Butte ergießt seinen Inhalt in den weiten Bauch des Transportfasses. Ein leuchtender Blumenstrauß mit buntfarbigen Bändern ziert den Spund (Pfeife) des größten Fasses, wenn der schwerbeladene Wagen über die Tauberbrücke den weinarmen Gauen zurollt.

Die Schilderungen unseres Tauberrettersheimer Gewährsmannes zeigen aus der Erinnerung meist das Schöne. Nicht verkennen darf man allerdings auch, daß alle diese Arbeiten „Knochenarbeit“ waren. Die Leserinnen mußten bei der damaligen fränkischen Kopf-Schenkel-Erziehung den ganzen Tag über in tiefgebückter Haltung die Trauben suchen und abschneiden. Der Buttenträger hatte mit seiner schweren Holzbutte oft lange Wege zurückzulegen. Die Tragbänder der Butten waren im Fränkischen meist nicht aus Leder, sondern aus Weiden gedreht. Schlechte Weinbergswege machten die Heimfahrt zu einem Wagnis, und manche Herbstfuhre fiel um, und der Lohn der Arbeit eines Jahres oder mehrerer Jahre versickerte im Boden. Das Abladen zu Hause kostete viel Schweiß, und Ungeübte verschütteten manche Butte. Das Keltern war umständlich und langwierig. Meistens mußte auch noch der Most in den Keller getragen werden. So kann man sicherlich die Enttäuschung jenes Stadtfräuleins nachempfinden, als es sagte: „Eigentlich habe ich mir das Weinlesefest ganz anders vorgestellt.“

Tauberrettersheim gehört zu den wenigen Orten in Franken, wo das „rote Gewächs“, das sogenannte „Tauberschwarze“, vorherrschte. Da die großen und saftreichen Beeren dieser dunkelroten Traube wegen ihrer dünnen Schalenhaut bei längerem Regen kurz vor der Lese aufspringen und von Schimmelpilzen besiedelt werden, erhöhte sich noch einmal das für den Weinbau in Franken ohnedies vorhandene Risiko. Dazu kommt noch, daß der Tauberschillerwein der alten Zeit, der aus einem Gemisch von wei-

ßen und roten (schwarzen) Trauben gekeltert wurde, so trefflich er in guten Jahren auch mundete, nicht von langer Haltbarkeit war. Die Häcker waren daher gezwungen, ihren Eigenbau möglichst bald und zu jedem Preis abzusetzen (wenn man sie hat, muß man sie genießen, war oft der Spruch der Aufkäufer). Was nicht gleich im Herbst von der „Kalter" weg verkauft wurde, war später wenig gefragt und verlor alsbald auch an Gehalt und Güte.
Interessant ist, daß 1841 bereits der „Brönner", das ist der „Rote Brenner", als Laubkrankheit beschrieben wird.
Um 1800 gab es noch 112 ha Weinberge mit 29 Lagenamen. Um 1935 waren es nur noch 20 ha mit 8 Lagenamen. 30 Winzer traten um diese Zeit der Taubertäler Weingärtnergenossenschaft in Weikersheim/Württ. bei. Seit 1970 und 1979 die Weinberge neu geordnet und planmäßig wiederaufgebaut wurden, hat der Tauberrettersheimer Wein wieder einen sehr guten Platz im fränkischen Weinangebot.
Der Schutz des Bocksbeutels und marktordnerische Gründe bewogen die Tauberrettersheimer Winzer, bei der WG Weikersheim auszutreten und sich ab 1972 der Gebietswinzergenossenschaft Franken in Repperndorf anzuschließen.
Daß der Spruch „In unserem Weinberg liegt ein Schatz. Grabt nur danach an jedem Platz", den der Vater seinen Söhnen auf dem Sterbebett als Lebensweisheit mitgegeben hat, auch in Tauberrettersheim gilt, wurde bestätigt durch einen Münzfund im Jahre 1959. Die Münzen wurden 1441 vergraben und sind geprägt von der Burggrafschaft Nürnberg, Friedrich IV.: * 1371, † 1440 (Burggraf ab 1398). 500 Jahre hielten die Weinberge den Schatz verborgen und haben zugleich guten Wein gegeben.

Einzellage:
Königin
Früher: In der Lache, Königin, Köder, Am Obern, Scholler, In der Haardt, Brunnenberg, Sommerberg, Klingen, Mönchberg

Gesamtrebfläche:
40 ha

Haupthimmelsrichtung der Lage:
Süd

Höhe über dem Meeresspiegel:
280 bis 330 m

Haupthangneigung der Lage in Prozent:
20 bis 50

Boden:
mittlerer Muschelkalk und Hangschutt des oberen Muschelkalks

Rebsorten:
Müller-Thurgau, Silvaner, Kerner u. a.

Wein:
duftig, kernig, lebhaft, nachhaltig.
Die Müller-Thurgau-Weine sind so feinduftig wie selten. Gleiches gilt für den Kerner.

Die Tauber in Wertheim, 1924 aufgenommen.

Tauberzell

Fährt man von Röttingen kommend tauberaufwärts, dann sieht man erst wieder seit 1984 auf Tauberzeller Markung die ersten kleinen Rebschößlinge stehen. 13,3 Hektar altes Rebland wurde neugeordnet und planmäßig wiederaufgebaut. Nur durch eine solche konzentrierte Maßnahme konnte der Tauberzeller Weinbau aus dem drohenden totalen Verfall gerettet werden. In der Tauberzeller Markung erlauben die natürlichen Voraussetzungen einen erfolgreichen Weinbau. Sie liegt im Bereich des oberen oder Haupt-Muschelkalks. In einigen Steinbrüchen ist er hier für die Schottergewinnung erschlossen worden. In der Gemeindelachen und am Hirtenberg brannte man ihn noch in unserem Jahrhundert zu Bau- und Düngekalk. Steindurchsetzte, flachgründige Kalkmergel bildeten die Kulturschicht, die Weinbergskrume der Talhänge. Die Wiesen im Talgrund sitzen auf lehmigem Schwemmland, das der Fluß und seine Nebenbäche mit sich führten und absetzten.

Seiner Höhenlage nach zählt der Ort zum Grenzgebiet des fränkischen Weinbaues. Die Talsohle der Tauber fällt von 300 m NN unterhalb Tauberscheckenbach bis auf 289 m NN an der Holdermühle, die Talhöhe pendelt sich zwischen 400 m NN bei der Flurlage „Vogelherd" und 412 m NN bei der Gemeindelachen. Mit Rücksicht auf die Tal- und Höhenfrostgefahr setzten die Häcker nicht unmittelbar in der Talfurche mit ihrem Weinbau ein und stiegen mit ihm nur bis unter die Oberkante des Talhangs hinaus.

In gleichem Maße sind die klimatischen Voraussetzungen erfüllt. Mit einer Jahresniederschlagsmenge von 650 bis 700 mm hält Tauberzell das Niederschlagsmittel Weinfrankens, dessen Minimum von 500 bis 550 mm in den Trockengebieten um Kitzingen und Karlstadt vorliegt und dessen Höchststand von 750 bis 800 mm im Saaletal erreicht wird. 20 bis 30 Eistage mit Tageshöchsttemperaturen unter 0° C werden gezählt. 80 bis 100 Frosttage mit Tagestiefsttemperaturen unter 0° C fallen an. Das Jahresmittel bewegt sich zwischen + 7 bis + 8° C, das Januarmittel zwischen – 1 bis – 2° C und das Julimittel zwischen + 16 bis + 17° C. Alle „Mittel" liegen etwa 1 bis 2° tiefer als im Maintal. Hinsichtlich des Witterungscharakters kann man mit 50 nebligen, 140 trüben, 50 klaren und 20 bis 30 heißen Tagen (+ 25° C) rechnen. Das Rebland blickt nach Süden und Südwesten und weist einen Neigungswinkel von 40–50° auf. Die Lage seines Berghangs in bezug auf die Einfallsrichtung der Sonnenstrahlen ist außerordentlich günstig. Eine wirkungsvolle Sonneneinstrahlung ist daher gesichert (Fritz Mägerlein).

Schon im 13. Jahrhundert hatte die Siedlung den typischen Charakter eines Häckerdorfes. Die Weinbergsflur erstreckte sich auf der Sommerseite des Tals von Markungsgrenze zu Markungsgrenze und wies 76 Lagenamen auf.

Aus den Rechnungen des Ämtleins Tauberzell ist er-

Schon von weitem sieht man die über 13 Hektar neu angepflanzten Rebflächen von Tauberzell.

sichtlich, daß 1715 5 Zehntknechte und 1 Karrenknecht 6 Tage und 3 Kelterknechte 9 Tage und Nächte mit der Lese und mit der Weinbereitung beschäftigt waren. 15 Fuhren Beeren waren das stolze Ergebnis dieses Jahres. 1724 waren es 18 Fuhren.
Aus den Aufzeichnungen des Tauberzeller Amtes geht auch die Weinbergsfläche des Jahres 1775 hervor, über 180 Morgen waren es.
Jährlich wiederholte sich das Ärgernis der Zehntabgaben an die Obrigkeiten; die Pfarrbesoldung erfolgte natürlich auch in flüssiger Form.
Bei jeder Taufe standen dem Pfarrer 2 Maß, dem Mesner und den Läutbuben je eine Maß Wein zu. Die gleichen Tarife galten für Hochzeiten und Beerdigungen.
Alle Bürgerversammlungen in Tauberzell wurden durch die geistige Wirkung des Weines befruchtet (man ahmte offensichtlich die Gepflogenheiten im alten Persien nach). Kam ein Bürgervertreter zu spät oder ließ er sich im Verlauf der Sitzung eine Unbotmäßigkeit zu Schulden kommen, so wurde eine Weinstrafe über ihn verhängt. Niemand durfte die Versammlung verlassen, bevor nicht der Strafwein restlos getrunken war.
Die verstärkte Hinwendung zur Geldwirtschaft und die fortschreitende Industrialisierung ließen im 19. Jahrhundert die Lebenshaltungskosten bei niedrigen Arbeitsentgelten steigen. Naturereignisse (Hagelschlag 14. 7. 1873, Hochwasser und Wolkenbruch 22. 6. 1906) und Mißernten im Weinbau trugen ihren Teil zu der um sich greifenden Not und Teuerung bei. Die Abwanderung in die Stadt, die Auswanderung nach Amerika und die Umwandlung des Häckerdorfes Tauberzell zum Kleinlandwirte- und Arbeiterdorf setzten ein. Die schulentlassene Jugend stand zumeist auf den Gaubauernhöfen im Dienst, eine Minderheit wandte sich dem Handwerk zu. Die Familienväter, nach Rückgang der Rebflur in ihrer Existenz gefährdet und auf ihrem Kleinanwesen nicht mehr voll beschäftigt, kamen zu Nebeneinnahmen als Taglöhner während der Ernte- und Druschzeit in den Bauerndörfern, als Waldarbeiter, im Staatsforst und als Hilfskräfte in Mühlen, Steinbrüchen und Baugeschäften. Zusätzlichen Verdienst warf auch das Handwerk ab. In die Handwerksliste waren 1846 in Tauberzell 21 und in Neustett acht Handwerker eingetragen.

Einzellage:
Hasennestle
Früher: Judenberg, Liebstern, Zugfleisch, Narrenwerk, Vogelherd, Krautgärten, Dieffurth, Lachenberg, Sandt, Sommervögele, Holderberg, Braunäckerlein, Krebsaiglein, Engelein, Morlockhen, Setz, Kaißerßberg, Kellerberg, Rueckherlein, Poppenberg, Saw, Am Setzweg, Rotteberg, Veitsberg, Stepper, Gennßlein, Hohesetz, Blockhenberg, Ruegsberg, Angermann, Zerßfloß, Im Stueckh, Holtzbock, Pfarrberg, Braunackher, Franckhenberg oder Hardtmann, Hoffackher, Guethmueth, Mittelberg, Buettner, Driechter oder Schorrenberg, Schieckhenberg, Spitzberg, Bachberg oder Bintzenbach, Kuheschwentzlein, Kraußenberg, Rothkümmerlein, Schechlein, Kalb im Bach, Brauneckher, Hirttenberg, Brenner oder Hirttenberg, Scheuerberg, Zwickauff, Setz, Schmidtleinsberg, Unter der Setz, Branzenberglein, Hörleinsstutz, Arschkerb, Neulehen, Neuberg, Weißenberg, Trüelberg, Reinbergle, Creglinger, Gattenhöfer, Schoman, Fischer, Dechant, Öckher, Oetinger, Haßennestlein, Weinstöckhlein, Judenkirchhoff, Geiger, Köstner, Sonnenstuhl, Großer Berg, Michelsberg

Gesamtrebfläche:
13 ha

Haupthimmelsrichtungen der Lage:
Süd, Süd-West

Höhe über dem Meeresspiegel:
300 bis 400 m

Haupthangneigung der Lage in Prozent:
20 bis 50

Boden:
oberer Muschelkalk

Rebsorten:
Müller-Thurgau u. a.

Wein:
fruchtiger, kerniger Wein, der erst nach dem Ertrag aus den Neuanlagen endgültig beurteilt werden kann.

„Wohlan, mein lieber Häckersmann,
greif deine Arbeit fröhlich an!
Der Weinberg in Mariä Hut
treibt Blätter und treibt Blüten gut,
wird dir im Herbst die Reben
und vollen Trauben geben.“

Dieses Aquarell von Peter Böhler stammt aus dem Jahre 1912 und befindet sich im Original in der Chronik der „Hetzfelder Flößerzunft", einer Vereinigung von Künstlern und Kunstfreunden. Sie entstand 1905 und wählte sich den Flößer als Symbolfigur. Das Bild zeigt ein Mainfloß aus dem Frankenwald vor der Wallfahrtskirche „Maria im Weingarten" inmitten der Weinberge bei Volkach.

Die Weinbergslagen in Bayern – nach Bereichen

Stand: 15. November 1984

Herausgegeben von der Regierung von Unterfranken

Gemeinde	Ortsteile	Name der Einzellage oder Einzugsbereich

FRANKEN

Bereich Mainviereck

Großlage Reuschberg
(Hörstein)

Gemeinde	Ortsteile	Name der Einzellage oder Einzugsbereich
Alzenau i. Ufr.	Hörstein	Abtsberg
Alzenau i. Ufr.	Hörstein	weitere Rebflächen

Großlage Heiligenthal
(Großostheim)

Gemeinde	Ortsteile	Name der Einzellage oder Einzugsbereich
Großostheim	–	Reischklingeberg
Großostheim	–	Harstell
Großostheim	Wenigumstadt	weitere Rebflächen

großlagenfrei:

Gemeinde	Ortsteile	Name der Einzellage oder Einzugsbereich
Alzenau/Ufr.	Wasserlos	Schloßberg
Alzenau/Ufr.	Wasserlos	Luhmännchen
Alzenau/Ufr.	Michelbach	Steinberg
Alzenau/Ufr.	Michelbach	Apostelgarten
Aschaffenburg	–	Pompejaner
Aschaffenburg	–	Godelsberg
Aschaffenburg	Obernau	Sanderberg
Hösbach	Rottenberg	Gräfenstein
Großwallstadt	–	Lützeltalerberg
Elsenfeld	Rück	Johannisberg
Elsenfeld	Rück	Schalk
Elsenfeld	Rück	Jesuitenberg
Erlenbach/Main	–	Hochberg
Klingenberg/M.	–	Hochberg
Klingenberg/M.	–	Einsiedel
Klingenberg/M.	–	Schloßberg
Großheubach	–	Bischofsberg
Großheubach	Engelberg	Klostergarten
Miltenberg	–	Steingrübler
Bürgstadt	–	Mainhölle
Bürgstadt	–	Centgrafenberg
Dorfprozelten	–	Predigtstuhl
Kreuzwertheim	–	Kaffelstein

Bereich Maindreieck

Großlage Burg
(Hammelburg)

Gemeinde	Ortsteile	Name der Einzellage oder Einzugsbereich
Hammelburg	Saaleck	Schloßberg
Hammelburg	–	Heroldsberg
Hammelburg	–	Trautlestal
Hammelburg	Westheim	Längberg
Hammelburg	Feuerthal	Kreuz
Ramsthal	–	St. Klausen
Euerdorf	Wirmsthal	Scheinberg
Elfershausen	Trimberg	Schloßberg
Elfershausen	Engenthal	Schloßberg
Elfershausen	Machtilshausen	Sommerleite
		übrige Rebflächen im Großraum Hammelburg

Großlage Roßtal
(Karlstadt)

Gemeinde	Ortsteile	Name der Einzellage oder Einzugsbereich
Gössenheim	–	Homburg
Karlstadt	Gambach	Kalbenstein
Eußenheim	–	First
Karlstadt	Stetten	Stein
Karlstadt	–	Im Stein
Himmelstadt	–	Kelter
Retzstadt	–	Langenberg
Karlstadt	Mühlbach	übrige Rebflächen
Karlstadt	Laudenbach	übrige Rebflächen
Arnstein	–	Bischofsberg
Arnstein	Halsheim	Bischofsberg
Arnstein	Heugrumbach	Bischofsberg
Arnstein	Müdesheim	Bischofsberg
Arnstein	Reuchelheim	Bischofsberg
Karlstadt	Karlburg	übrige Rebflächen

Großlage Ravensburg
(Thüngersheim)

Gemeinde	Ortsteile	Name der Einzellage oder Einzugsbereich
Zellingen	–	Sonnleite
Zellingen	Retzbach	Benediktusberg
Thüngersheim	–	Johannisberg
Thüngersheim	–	Scharlachberg
Güntersleben	–	Sommerstuhl

Gemeinde	Ortsteile	Name der Einzellage oder Einzugsbereich
Erlabrunn	–	Weinsteig
Leinach	Oberleinach	Weinsteig
Leinach	Oberleinach	Himmelberg
Leinach	Unterleinach	Himmelberg
Veitshöchheim	–	Wölflein
Veitshöchheim	–	Sonnenschein
Großlage Ewig Leben (Randersacker)		
Randersacker	–	Teufelskeller
Randersacker	–	Sonnenstuhl
Randersacker	–	Pfülben
Randersacker	–	Marsberg
Theilheim	–	bestimmte Rebflächen
Großlage Ölspiel (Sommerhausen)		
Sommerhausen	–	Reifenstein
Sommerhausen	–	Steinbach
Eibelstadt	–	Steinbach
Großlage Teufelstor (Eibelstadt)		
Eibelstadt	–	Kapellenberg
Eibelstadt	–	Mönchsleite
Randersacker	–	Dabug
Randersacker	Lindelbach	Dabug
Großlage Hofrat (Kitzingen)		
Segnitz	–	Zobelsberg
Segnitz	–	Pfaffensteig
Marktbreit	–	Sonnenberg einschl. bereinigte Rebfläche „Marktsteft"
Sulzfeld a. Main	–	Maustal
Sulzfeld a. Main	–	Cyriakusberg
Kitzingen	–	Wilhelmsberg
Kitzingen	Repperndorf	Kaiser Karl
Kitzingen	Eherieder Mühle	Kaiser Karl
Buchbrunn	–	Heißer Stein
Mainstockheim	–	Hofstück
Kitzingen	–	Eselsberg
Albertshofen	–	Herrgottsweg

Gemeinde	Ortsteile	Name der Einzellage oder Einzugsbereich
Großlage Honigberg (Dettelbach)		
Dettelbach	–	Berg-Rondell
Dettelbach	–	Sonnenleite
Dettelbach	Brück	Sonnenleite
Dettelbach	Schnepfenbach	Sonnenleite
Dettelbach	Bibergau	best. Rebflächen
Großlage Kirchberg (Volkach)		
Dettelbach	Neuses a. Berg	Glatzen
Volkach	Escherndorf	Fürstenberg
Volkach	Köhler	Fürstenberg
Dettelbach	Neusetz	Fürstenberg
Volkach	Escherndorf	Berg
Eisenheim	Untereisenheim	Berg
Volkach	Escherndorf	Lump
Sommerach	–	Katzenkopf
Sommerach	–	Rosenberg
Volkach	Hallburg	Rosenberg (best. Rebflächen)
Nordheim a. M.	–	Vögelein
Nordheim a. M.	–	Kreuzberg
Volkach	Hallburg	Kreuzberg (best. Rebflächen)
Volkach	Astheim	Karthäuser
Volkach	Krautheim	Sonnenleite
Volkach	Obervolkach	Landsknecht
Volkach	Rimbach	Landsknecht (best. Rebflächen)
Volkach	Gaibach	Kapellenberg
Volkach	–	Ratsherr
Volkach	Fahr	Ratsherr
Eisenheim	Untereisenheim	Höll
Eisenheim	Untereisenheim	Sonnenberg
Waigolshausen	Theilheim	Mainleite
Waigolshausen	Hergolshausen	Mainleite
Eisenheim	Obereisenheim	Höll
Kolitzheim	Stammheim	Eselsberg
Kolitzheim	Zeilitzheim	Heiligenberg
Wipfeld	Lindach	Kreuzpfad
Frankenwinheim	–	Zehntgraf
Schwarzach	–	Rosenberg
	Schwarzenau	best. Rebflächen
Großlage Markgraf Babenberg (Frickenhausen)		
Frickenhausen	–	Fischer
Frickenhausen	–	Kapellenberg

Gemeinde	Ortsteile	Name der Einzellage oder Einzugsbereich
großlagenfrei:		
Triefenstein	Homburg a. M.	Kallmuth
Triefenstein	Homburg a. M.	Edelfrau
Triefenstein	Lengfurt	Alter Berg
Triefenstein	Lengfurt	Oberrot
Erlenbach bei Marktheidenfeld	–	Krähenschnabel
Erlenbach bei Marktheidenfeld	Tiefenthal	Krähenschnabel
Remlingen	–	Krähenschnabel (best. Rebflächen)
Remlingen	–	Sonnenhain
Marktheidenfeld	–	Kreuzberg
Rimpar	–	Kobersberg
Neubrunn	Böttigheim	Wurmberg
Würzburg	–	Pfaffenberg
Würzburg	Unterdürrbach	Pfaffenberg
Würzburg	–	Stein
Würzburg	–	Stein/Harfe
Würzburg	–	Schloßberg
Würzburg	–	Innere Leiste
Würzburg	–	Abtsleite
Würzburg	Heidingsfeld	Kirchberg
Tauberrettersheim	–	Königin
Röttingen	–	Feuerstein
Bergtheim	–	Harfenspiel
Uettingen	–	Kirchberg
Karlstadt	Wiesenfeld	Herbstthal
Volkach	Vogelsburg	Pforte
Volkach	Gaibach	Schloßpark
Volkach	Hallburg	Schloßberg
Kitzingen	Eherieder Mühle	Eherieder Berg
Obernbreit	–	Kanzel
Schweinfurt	–	Peterstirn
Schweinfurt	–	Mainleite
Schonungen	Mainberg	Schloßberg
Schonungen	Mainberg	Mainleite
Adelshofen	Tauberzell	Hasennestle
Sulzheim	Mönchstockheim	Mönchberg
Ochsenfurt	Kleinochsenfurt	Herrenberg
Theilheim	–	Altenberg
Gemünden	Adelsberg	Wernleite
Winterhausen	–	Kaiser Wilhelm
Margetshöchheim	–	Bärental

Gemeinde	Ortsteile	Name der Einzellage oder Einzugsbereich
	Bereich Steigerwald	
Großlage Schild (Abtswind)		
Abtswind	–	Altenberg
Castell	Greuth	Bastel
Castell	–	Bausch (Teilflächen)
Castell	–	Kirchberg (Teilflächen)
Prichsenstadt	Kirchschönbach	Mariengarten
Großlage Herrenberg (Castell)		
Castell	–	Bausch
Castell	–	Hohnart
Castell	–	Kirchberg
Castell	–	Schloßberg
Castell	–	Feuerbach
Castell	–	Kugelspiel
Castell	–	Reitsteig
Castell	–	Trautberg
Großlage Schloßberg (Rödelsee)		
Kleinlangheim	–	Wutschenberg
Wiesenbronn	–	Wachhügel
Wiesenbronn	–	Geißberg
Großlangkeim	–	Kiliansberg
Rödelsee	–	Schwanleite
Rödelsee	–	Küchenmeister
Kitzingen	Sickershausen	Storchenbrünnle
Kitzingen	Hoheim	übrige Rebflächen
Mainbernheim	–	übrige Rebflächen
Iphofen	–	best. Rebflächen der Einzellage „Julius-Echter-Berg“
Großlage Burgweg (Iphofen)		
Iphofen	–	Julius-Echter-Berg
Iphofen	–	Kalb
Iphofen	–	Kronsberg
Markt Einersheim	–	Vogelsang
Iphofen	Possenheim	Vogelsang
Willanzheim	–	best. Rebflächen

Gemeinde	Ortsteile	Name der Einzellage oder Einzugsbereich
Großlage Schloßstück		
Weigenheim	–	Hohenlandsberg
Weigenheim	Reusch	Hohenlandsberg
Willanzheim	Hüttenheim	Tannenberg
Seinsheim	–	Hohenbühl
Ippesheim	Bullenheim	Paradies
Ippesheim	–	Herrschaftsberg
Weigenheim	Frankenberg	Herrschaftsberg
Ergersheim	–	Altenberg
Ipsheim	Weimersheim	Roter Berg
Ipsheim	–	Burg Hoheneck
Ipsheim	Kaubenheim	Burg Hoheneck
Dietersheim	Walddachsbach	Burg Hoheneck
Sugenheim	Ingolstadt	Rotenberg
Sugenheim	Krassolzheim	best. Rebflächen
Bad Windsheim	Humprechtsau	best. Rebflächen
Bad Windsheim	Rüdisbronn	best. Rebflächen
Bad Windsheim	Külsheim	best. Rebflächen
Bad Windsheim	Ickelheim	best. Rebflächen
Bad Windsheim	Oberntief	best. Rebflächen
Dietersheim	Walddachsbach	best. Rebflächen
Dietersheim	Dottenheim	best. Rebflächen

Gemeinde	Ortsteile	Name der Einzellage oder Einzugsbereich
Großlage Kapellenberg (Zeil)		
Zeil a. Main	Schmachtenberg	Eulengrund
Zeil a. Main	Ziegelanger	Ölschnabel
Ebelsbach	Steinbach	Nonnenberg
Sand a. Main	–	Kronberg
Knetzgau	Oberschwappach	Sommertal
großlagenfrei:		
Zeil a. Main	–	Mönchshang
Zeil a. Main	Krum	Himmelreich
Eltmann	–	Schloßleite
Michelau im Steigerwald	Altmannsdorf	Sonnenwinkel
Michelau im Steigerwald	–	Vollburg
Oberschwarzach	–	Herrenberg
Oberschwarzach	Mutzenroth	Herrenberg
Oberschwarzach	Düttingsfeld	Herrenberg
Oberschwarzach	Wiebelsberg	Dachs
Oberschwarzach	Handthal	Stollberg
Oberschwarzach	Kammerforst	Teufel
Prichsenstadt	–	Krone
Martinsheim	–	Langenstein
Iphofen	–	Domherr
Sugenheim	Neundorf	Wonne
Sugenheim	Neundorf	Hüßberg
Sugenheim	Neundorf	Sonneberg
Sugenheim	Neundorf	Mönchsbuck
Bad Windsheim	Oberntief	Rosenberg
Gerolzhofen	–	Arlesgarten
Donnersdorf	Falkenstein	Falkenberg
Dingolshausen	–	Köhler
Dingolshausen	Bischwind	Köhler
Sulzheim	Mönchstockheim	Köhler
Gerolzhofen	–	Köhler
Viereth	Weiher	Weinberge
Knetzgau	Zell a. Ebersberg	Schloßberg
Sand a. Main	–	Himmelsbühl
Königsberg in Bayern	Unfinden	Kinnleitenberg
Bamberg	–	Alter Graben
Seinsheim	Tiefenstockheim	Stiefel

Bereich Steigerwald

Für den Nichtkenner der fränkischen Weinbauverhältnisse mag der landschaftliche Begriff „Steigerwald“ in Verbindung mit Wein schwer unterzubringen sein, schließen sich doch nach landläufiger Sicht Wald und Weinbau gegenseitig aus. Wer jedoch die temperaturstabilisierende Wirkung des Waldes – und hier insbesondere des Laubwaldes – kennt, dem erscheint die Situation in einem anderen Licht.
In Frankens Weinbergen entscheidet über die Weinbaufähigkeit eines Grundstückes nicht nur die Himmelsrichtung, die Steilheit der Fläche und die Art des Bodens sowie die Lage des Grundstückes über NN, sondern auch ganz besonders das dort vorherrschende Kleinklima. Dieses Kleinklima macht manchen flachgeneigten Nordhang am Steigerwald weinbaufähig, was in anderen Gegenden kaum denkbar wäre. Ursächlich an dieser Besonderheit des Steigerwald-Wein-Bereichs ist der Wald, der gleichsam wie mit einer „Pelzkappe“ (so unser berühmter Agrarmeteorologe) die über den Weinbergen liegenden Hochflächen warmhält und so eine starke Auskühlung in der Nacht verhindert.
Während in kahlen Hochflächen in anderen Gegenden in der Nacht auskühlen und die Kaltluft ständig durch die Rebzeilen nach unten fließt und sich dort zu dem gefürchteten Kaltluftsee aufstaut, ist diese schädliche kleinklimatische Ungunst an den Hängen des Steigerwald-Wein-Bereiches nicht oder nicht in diesem Ausmaße zu beobachten. Die Früh-, Spät- und Winterfrostschäden liefern fast jedes Jahr den Beweis, daß Wald und Weinbau am Steigerwald eine gute Ergänzung darstellen. Somit ist aus dieser meteorologischen Sicht der Begriff „Steigerwald“ für einen weinrechtlichen und bezeichnungsrechtlichen Tatbestand voll abgesichert.
Als Bereich „Steigerwald“ sind 50 Einzellagen, sechs Großlagen mit 46 Ortschaften erfaßt, wobei es aber auch Orte gibt, die keine eigene Lagebezeichnung haben. Im Norden beginnt dieser Weinbaubereich bei Königsberg in Bayern, um im Süden bei Bad Windsheim auszulaufen. Im Westen reicht der Steigerwald-Bereich bis an Kitzingen heran, um so die Rebflächen von Sickershausen, Kleinlangheim und Prichsenstadt mit einzuschließen. Der sogenannte „Obermain“ (Zeil bis Eltmann) gehört auch dazu. In Gesamt-Franken werden z. Z. runde 5000 ha Reben gepflegt, davon sind etwa 1000 ha im Steigerwald-Bereich daheim.

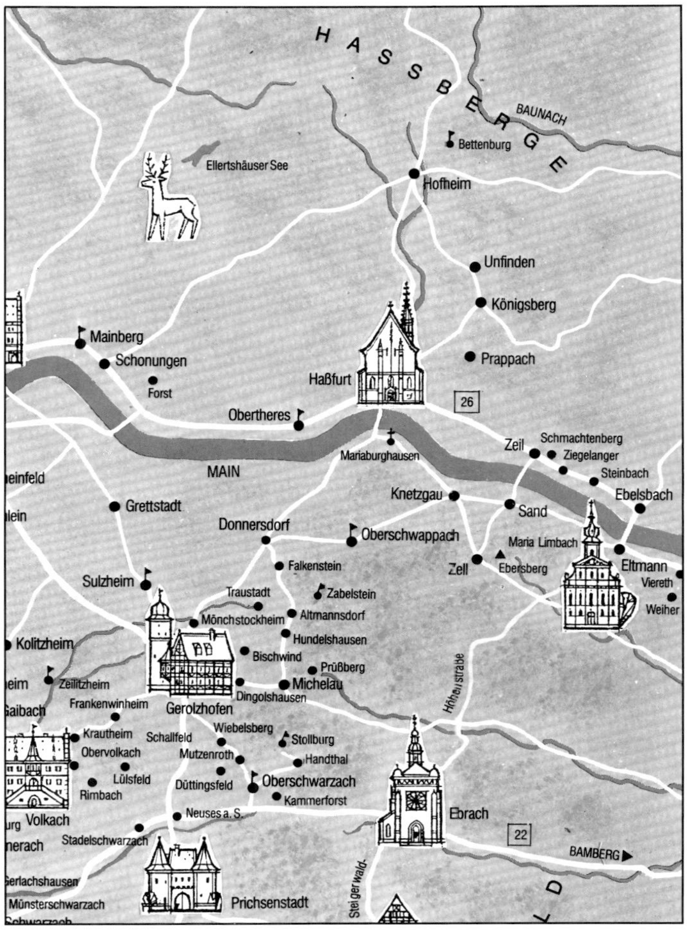

Das fränkische Weinbaugebiet hat seine Dreiteilung in die Bereiche „Mainviereck“, „Maindreieck“ und „Steigerwald“ im wesentlichen durch die dort jeweils überwiegend vorkommenden Bodenarten erfahren. Ist es der Buntsandstein und das Urgestein, die die Weine des Mainvierecks prägen und der graue Muschelkalk im Maindreieck, so stockt die Rebe am Steigerwald auf dem nährstoffreichen, wassersammelnden, hitzespeichernden Keuperboden; wobei hier wie in den anderen fränkischen Bereichen alle möglichen Varianten vom „unteren Keuper“ oder „Lettenkeuper“ zum „unteren Gipskeuper“, „oberen Gipskeuper“ und „Sandsteinkeuper“ vorkommen, und dennoch sind laut Wittmann am Steigerwaldabfall und am Obermain Gipskeuper und Sandsteinkeuper deutlich vom Muschelkalk-Lettenkeuperweinbau getrennt.
Da der Frankenwein sehr stark vom Boden geprägt ist, haben wir im Glase nicht nur eingefangenen Sonnenschein und eingefangene Landschaft, sondern auch die Besonderheit, die durch den Boden bewirkt wird. Hier stellen die charaktervollen Weine des Steigerwald-Bereiches wegen ihrer unverwechselbaren Zusammensetzung eine wertvolle Ergänzung der fränkischen Weinvielfalt dar.

Sprechen wir einheitlich vom Steigerwald-Wein, so müssen wir doch wieder deutlich unterscheiden zwischen den Rebhängen am Obermain (wo in letzter Zeit auch im Regierungsbezirk Oberfranken gelegene Orte wieder mit Ertragsweinbau begonnen haben), dem nördlichen Steigerwald zwischen Stollburg und Zabelstein, der Gegend um Abtswind, Castell, dem königlichen Schwanberg, dem Rebgürtel um die Frankenberge, die Wein-Buckel an Gollach, Aisch und dem Ehegrund.

Viele Wein-Varianten begegnen uns; praktisch alle gängigen Rebsorten gedeihen hier – auch der Rotwein ist kein Stiefkind.

Die Namen der berühmten Weinstädtchen und -dörfer braucht man in Kennerkreisen nur zu erwähnen, um eine gedankliche Verbindung mit weltbekannten Weinen herzustellen.

Selbst die englische Königin nippte artig bei ihrer Krönung vom 1950er Iphöfer. Und der Papst nahm ihn als Geschenk von Frankens Winzern, als er 1981 in Altötting weilte. Der Komponist Pfitzner und Kurt Tucholsky haben vom Schwanbergwein getrunken und Carlheinz Gräter zitiert in seinem selbst erlebten und erwanderten handlichen und informativen Wegweiser zu den Weinnestern am Steigerwald (Stürtz-Verlag, Würzburg) den Weinfreund Heinrich Zeuner, der die Keupergewächse am Schwanberg als breit, schwer und erdig gerühmt habe, mitfolgender interessanten Aussage: „Ich habe noch immer bei dem Iphöfer Wein fast zwangsläufig das ätherhafte Empfinden gehabt, als seien in ihm geheimnisvolle Erdstrahlen gebunden, jene undeutbaren und doch gefühlten Ausstrahlungen des Mutterbodens, die das Gleichgewicht herstellen zwischen jenseitiger Verklärung und erdnaher Wirklichkeit".

In der Tat, trinkt man den Steigerwälder mit wachen Sinnen, dann glaubt man neben der mineralischen Nachhaltigkeit den Ruch der Laubwälder, den Duft von blühenden Wiesen, den ganz besonderen Geruch reifender Weizenfelder, den Atem der Heimaterde aus dem Glas zu schnüffeln und zu schlürfen.

Durch die zahlreichen Wengertshäusli hat der Falkenstein sein besonderes Gepräge erhalten.

Es ist viel eigenständiger Duft und Geschmack in dem Steigerwald-Wein, der ihm nicht nur wertvoll und liebenswert, sondern auch beinahe unverwechselbar macht.
In geringen Jahren sollte man ihn allerdings in den ersten sechs Monaten nicht kritisieren. Oft wird erst nach zwei Jahren aus einem ungeschliffenen Rohling ein kräftiger, vielgestaltiger Qualitätswein.
Aber in Jahren mit wenig Regen und großer Hitze wird der Steigerwald-Wein kaum von anderen fränkischen Provenienzen in der Güte und Ausgewogenheit zwischen Alkohol, Extrakt und Säure übertroffen; hierin liegt einer seiner vielen Vorzüge.
Die Rebsorte Müller-Thurgau hat auch hier eine Wandlung im Zeitpunkt der Genußfähigkeit gebracht; sie ist wie geschaffen für die meisten Lagen – für manche auch zu schade; denn da gedeihen hervorragend schwerblütige und doch pikante Silvaner, überaus würzige und rassige Scheureben und duftige, opulente Traminer. Sehr gut eingeführt hat sich auch die Rebsorte „Bacchus", die anderswo kaum besser wächst. In mittleren und guten Jahren läßt der Kerner den weltbekannten Riesling beinahe vergessen. Ein unüberschätzbarer Vorzug dieser Weine ist die allgemeine und anerkannte längere Lagerfähigkeit auf der Flasche bzw. dem Bocksbeutel. Wer Steigerwald-Wein kauft, darf wie generell bei allen Frankenweinen der Überzeugung sein, daß kein großmäuliger Blender ihn übertölpeln möchte; der Wein der Keuper-Lagen „wächst" im allgemeinen ins Geld.
Der Wein, von dem man sagt, daß in ihm die Wahrheit liegt, ist ein wichtiger Faktor der Gesamtwirtschaft dieses Bereiches. Für die Landesregierung und alle die mit dem Weinbau befaßten Behörden waren die Probleme des Steigerwaldbereiches immer Verpflichtung und Ansporn zugleich. Man war den Wünschen der Weinbauern gegenüber sehr aufgeschlossen. In vielen Gemarkungen wurden mustergültige Weinbergsflurbereinigungen, verbunden mit dem planmäßigen Aufbau der Weinberge, durchgeführt.
Diese modernen Weinbergsneuanlagen finden zwar nicht immer den Beifall der naturverbundenen Menschen, doch bringen sie im Endeffekt eine arbeitsmäßige Erleichterung der Bewirtschaftung, qualitätsorientierte Produktion und größtmögliche Ausnutzung der vorhandenen Rebflächen. Auf der anderen Seite gestatten die gut ausgebauten Weinbergswege eine ganzjährige (mit Ausnahme der Weinbergssperre vor der Weinlese) Spazier- und Wandermöglichkeit. Und so breit ist der Rebgürtel wahrlich nicht, daß man bei der Monokultur der Rebe abschätzig von einer „Kultursteppe" sprechen muß. Die Symmetrie von Rebzeilen kann auch schön sein, und es darf gesagt werden, daß der Rebstock von Mai bis November auch zu den grünen Pflanzen zählt.
Der Weinbau hat für den Steigerwald somit eine recht vielfältige Bedeutung. Deswegen hat der Staat auch die einzelbetriebliche Förderung hier nicht vernachlässigt. Wie von kaum einem anderen Produkt geht vom Wein eine große Werbewirksamkeit aus. Aber nicht nur der Wein selbst ist es, der die Fremden in die sauberen Winzerdörfer lockt. Es ist auch das Wissen, daß Weinbaugegenden klimatisch begünstigt sind. Dazu kommt noch eine bodenständige Gastronomie sowie weitbekannte Wein- und Speiselokale.
Der Steigerwald-Wein ist hervorragend genossenschaftlich erfaßt, und gleichzeitig finden wir hier renommierte Selbstmarkter- und Weingutsbetriebe; selbst die drei Würzburger Traditionsweingüter haben teilweise sehr ansehnlichen Weinbergsbesitz im Keuper-Bereich. Zwei Erzeugergemeinschaften nehmen gerne Winzer aus dem dortigen Bereich als Mitglieder auf. Von diesem Wettbewerb profitieren letztlich Winzer und Weinfreund gleichermaßen: Zum einen hat der Winzer keine Absatzsorgen, zum andern ist harte Konkurrenz immer im Interesse des Verbrauchers.
Die Weinbauern am Steigerwald sind vielleicht noch vorsichtiger in der Meinungsäußerung als es ohnedies der Franke ist. Als Winzer sind sie qualitätsbewußt und hören gerne auf einen guten Rat. Der Sinn für die gute Form ist hoch entwickelt. Der Steigerwald-Winzer kennt den Wert seiner Weinberge und tritt deshalb auch gegenüber seinen Kollegen aus anderen Bereichen sehr selbstbewußt auf. Manche Betriebe haben sich zu richtigen Herrschaftshäusern entwickelt. Ihren Wein wissen die Winzer allerdings mindestens genau so zu schätzen wie ihre Kunden, die vielen Freunde des Steigerwald-Weines – des Keuper-Weines.

In eine Mulde am Haßberghang hineingedrückt, zählt Unfinden zu den schönsten fränkischen Fachwerkdörfern.

Unfinden

Mit über einem Hektar Wein zählt das sehenswerte, schmuckreiche Unfinden zu den fränkischen Weindörfern. Einen Kilometer nördlich von Königsberg an den westlichen Hängen der Haßberge gelegen, war Unfinden vor allem durch seinen Obstbau (besonders Zwetschgen) weithin bekannt. Die Traube im Schlußstein des Rathausportals weist auf eine lange Weinbautradition hin. Man ist heute sehr stolz auf seinen Unfindener Wein. Unfinden ist eines der schönsten Fachwerkdörfer in Franken. Weinberge wurden bereits zu Beginn des 14. Jahrhunderts genannt. In dieser Zeit erhielten z. B. Hartmut und Ulrich, genannt Swebelin von Haßfurt, fünf Joch Weingärten in Unfunde. Als selbständige Gemeinde führte Unfinden früher in seinem Wappen eine Weinrebe, was auch die lange Geschichte des Weinanbaus beweist. Im 30jährigen Krieg kam der gesamte Weinanbau am Hang der Haßberge zum Erliegen.

Der zur Zeit angebaute Wein wird zum größten Teil in der Dorfwirtschaft verbraucht und ausgeschenkt. Um 1960 bzw. 1981 sind die Neuanlagen mit Perle und Bacchus bestockt worden.

Schonungen

Einst von Wengertshügeln im weiten Rund umgeben, liegt Schonungen 6 km flußaufwärts von Schweinfurt am nördlichen Bogen des Maindreiecks. Durch einen Großbrand im Jahre 1853 nahezu völlig eingeäschert entstand ein neues, städtisch geprägtes Großdorf.

Zugleich mit der ersten schriftlichen Nachricht über Schonungen aus dem Jahre 1194 wird auch der Weinbau bezeugt. Otto von Lobdeburg schenkt der Bamberger Domkirche 4½ Morgen Weinberge beim Schonunger Fährhaus. Sämtliche Hänge vom Fährhaus bis zum Buchental und auch die Nebentäler waren mit Weinbergen angelegt. Die Winzer von Schonungen besaßen im Jahre 1701 noch 202 Morgen Wengert, im Jahre 1858 sollen es 122 Tagwerk und 71 Dezimalen gewesen sein. Anhand von einigen Zahlen kann man den Rückgang des Weinanbaus bis heute feststellen: 1893 – 18,65 ha, 1900 – 15,6 ha, 1910 – 10 ha, 1920 – 6,9 ha, 1970 – 2,6 ha, 1985 – etwa 1 ha. Das Bauland hat viel altes Weinbergsland verschluckt. So hat Schonungen in den letzten 100 Jahren den Charakter eines Winzerdorfes aufgegeben.

Seit 1974 veranstaltet der Turn- und Sportverein 1866 e. V. Schonungen alljährlich ein Weinfest, um an die alten Traditionen des Weinbaus wieder anzuknüpfen. Erwähnenswert ist noch ein Brautbecher

Die Nähe zur Industriestadt Schweinfurt hat das Großdorf Schonungen städtisch geprägt.

aus dem Jahre 1809, aus dem bei kirchlichen Trauungen die Brautleute Schonunger Wein kosten durften. Dieser kirchliche Brauch hat sich bis in die Mitte der 60er Jahre halten können. Ansonsten ist vom alten Brauchtum fast nichts erhalten geblieben. An alten ehemaligen Schonunger Weinbergslagen können genannt werden: Oberer und Unterer Ascher, Kalte Elsen, Fährhaus, Schrotberg, Setznagel, Mainleite und Abtei. Die meisten Weinberge befanden sich in windgeschützter, günstiger Lage.
Die Nähe zur Stadt hatte zur Folge, daß in früheren Zeiten vor allem Schweinfurter Aufkäufer und Wirte einen Großteil der Ernte mitnahmen. Dann traten die von der Gemeinde bestellten und vereidigten Eicher mit ihren an der Schweinfurter Zehnt geeichten Butten in Tätigkeit. Als Arbeitslohn bekamen sie vom Käufer neben einer festgelegten Taxe meist auch noch einen „Kellerwecken und Schrotmost". Einen Teil des Mostes behielt man auch im eigenen Keller und baute ihn selbst aus. Schließlich wollte man in der eigenen Heckenwirtschaft etwas verdienen. Wer ein „Hecker" sein wollte, mußte dies dem Bürgermeister anzeigen. Das Haus wurde dann während des Ausschankes mit einem „Quasten" geschmückt. Gelegentlich werden noch heute „Mostschenken" von einigen weinbautreibenden Winzerfamilien veranstaltet, meist jedoch nur für angemeldete Gesellschaften.
Der Wein aus Schonunger Lagen ist meist recht herb und hat einen hohen Säuregrad.

Gädheim

Lediglich 10 Ar sind von den früheren Rebflächen in Gädheim übriggeblieben. Noch vor etwa 100 Jahren ist auf den alten Flurlagen Weideck-Weinberg, Obere Röthen, Untere Röthen, Berggrund-Wingert ein recht herber, oft sogar saurer Wein angebaut worden. Bei einem knappen Rückblick in die Weinbaugeschichte von Gädheim wird man interessanterweise auch auf die verschiedene Namensbezeichnung des Ortes aufmerksam gemacht. Als erster ließ Wolfram von Euerheim im Jahre 1254 den Bischof Hermann von Würzburg 24 Joch Weinberg in dem Dorf Gebinde zukommen. Einige Jahre danach übergibt Bischof Berthold von Würzburg (1276) dem Kloster Maria Burghausen einen Zehnten in Gebenden. Zu Beginn des 14. Jahrhunderts ähnelt der Ortsname bereits dem heutigen mundartlichen Ausdruck für Gädheim; denn im Jahre 1313 erhält der Kellermeister von Haßfurt 2 Joch Weinberg in Gedem. Daneben finden wir im gleichen Jahr auch eine andere Schreibweise: Es wird von 6 Joch Weinberg in Gedmen geschrieben. Ein Weinberg in dem Dorf Gedyme wird 1328 genannt. Zu Beginn des 16. Jahrhunderts (1511) wird ein Weingarten an den Gedhemer Weg aufgeführt. Schließlich heißt Gädheim im Jahre 1696, als es zur Zehnt Haßfurt gehörte, Gedam. Man erkennt, daß die Mundart oft weiter zurückreicht als die schriftdeutsche Sprache.

Im ersten Gädheimer Berichtenbuch hat der Chronist die verschiedenen Weinjahre genau beobachtet und folgendes notiert: 1837: 150 Morgen Wein, 375 Eimer Ertrag (1 Eimer = 68,41 l), sauer und erfroren. Ein Eimer kostete 45 Kreuzer. 1838: 150 Morgen, 15–18 Eimer Ertrag, sauer, 1 Eimer kostete 2 Gulden, 30 Kreuzer. Nun nimmt der Weinbau plötzlich ab. 1839: 70 Morgen, 130–140 Eimer Ertrag, Qualität wie 1836. Trotz geringerer Anbaufläche war der Ertrag überaus reichlich, wie man lesen kann. 1840: 70 Morgen, 90–100 Eimer, ganz sauer. Auch in den Jahren von 1841 bis 1845 wurden jeweils 70 Morgen mit Wein angebaut, der Ertrag lag zwischen 17 und 140 Eimern, leider fehlte die Eigenschaft „sauer" fast nie. Auch in der letzten Eintragung in einer Flurkarte vom Jahre 1852 wird angemerkt, daß der Gädheimer Wein häufig sauer gewesen wäre. Schließlich soll noch der Auszug aus dem Gemeindeprotokoll von Gädheim vom 4. Oktober 1849 Erwähnung finden, in dem der Weinbergswache angeordnet wurde, ihre Pflichten ernst zu nehmen, denn jeder Wächter, der nicht gehörig wacht, sollte mit 15 Kronen (das ist der Wert eines 6pfündigen Laibes Roggenbrot) bestraft werden. In der Zeit der Beerenreife durften die Weinberge am Dienstag und Donnerstag und zwar nur von Männern begangen werden. Es heißt noch: Weibsbilder, welche mit Körben in den Weinbergen angetroffen werden, sollen mit 30 Kronen bestraft werden. Bei „werdenden Müttern", die sich Träubel als Mundraub nahmen, wurden in vielen Ortschaften Ausnahmen gemacht.

Königsberg in Bayern

In Königsberg, einem liebenswerten und schmuckvollen Städtchen am Hang der Haßberge, zu Füßen von waldreichen Höhen und ehemaligen Rebenhügeln, kommt immer stärker das Fränkische zum Ausdruck; denn von Jahr zu Jahr werden die stattlichen Fachwerkhäuser mustergültig restauriert. Die Burgruine auf dem Schloßberg ist der Rest einer mächtigen Festung; in beispielhafter Gemeinschaftsarbeit sind die gewaltigen Mauern wiederhergestellt worden. Königsberg ist der ideale Ausgangspunkt für Wanderungen in die Haßberge.

Die Entstehung der Stadt fällt in die Zeit Pippins um die Mitte des 8. Jahrhunderts, als hier ein Meierhof stand. Urkundliche Erwähnung finden wir unter der Königsherrschaft Heinrichs I. (919). Zur Zeit Karls des Großen soll hier am Hang des Königsberges der erste Wein gewachsen sein, betreut von den königlichen Amtsleuten. In Ostfranken waren die Weinberge von Königsberg sehr beliebt, sie entwickelten sich bis zum Mittelalter als gesuchte Weinlagen. Königsberger Wein soll bis nach Coburg, Gotha und Weimar verkauft worden sein, eine Weinstraße führte von Schweinfurt über Königsberg nach Coburg. Auch auf dem Weinmarkt in Nürnberg hatten die Königsberger das Recht, ihren Wein zu verkaufen. Außerdem besaß Königsberg den Bannwein in Schonungen und Gädheim.

Immer wieder hört man davon, daß Königsberger

Zwischen den Haßbergen und dem Maintal liegt das alte Städtchen Königsberg in Bayern.

Unvergleichlich schön in das Fachwerkensemble Königsbergs eingefügt steht das Geburtshaus von Johannes Müller, dem späteren großen Regiomontanus, der 1436 hier geboren ist.

Wein bevorzugt ausgeschenkt werden durfte. Auch der in Mellrichstadt 1539 geborene Dichter und Humanist Melissus Schede, der am Hofe des Bischofs von Würzburg wirkte, lobte im Jahre 1577 den Königsberger Wein. Noch heute bestehen einige Weinbergsanlagen, von Liebhabern des Haßbergweines gepflegt, obwohl man den Wein als recht herb, jedoch sehr schmackhaft bezeichnen kann.
Als Franz Ronge 1854 das Stadtgut zusammen mit der ehemaligen fürstlichen Kellerei am Schloßberg (heute befindet sich hier die Jugendherberge) gekauft hatte, betrieb er den Weinbau weiter. Bekannt wurde vor allem der 1875er Wein.

Wenns im Keller drunt gärt und gluckst, des it Musik fürn Kellermester.

Haßfurt

Die ehemalige Landkreisstadt Haßfurt wird urkundlich zum erstennal erst im Jahre 1230 als „Hasefurt" aufgeführt, obwohl man weiß, daß hier seit urdenklichen Zeiten eine Furtsiedlung an der Einmündung der Nassach in den Main lag. Bereits 1243 wird Haßfurt als befestigte Stadt (oppidum) des Würzburger Bischofs bezeichnet, und schon im Jahre 1249 muß eine Pfarrkirche bestanden haben. Die Grundsteinlegung der jetzigen gotischen Kirche in der Mitte der Stadt war im Jahre 1390. Die Kirche steht unter dem Patronat der Heiligen Kilian, Kolonat und Totnan, der Ortspatron von Haßfurt selbst ist der heilige Sebastian. Außerhalb der Stadtmauern (extra muros) lag früher die berühmte Wallfahrtskirche, die Marien- oder Ritterkapelle. Man begann mit dem Bau in der Mitte des 15. Jahrhunderts und vollendete die Kirche um 1460. Der schöne gotische Chor ist mit 284 Wappenbildern geschmückt; fränkische, schwäbische und auch andere deutsche Adels-

Blick in die Hauptstraße von Haßfurt mit dem Unteren Tor.

geschlechter haben sich hier verewigt. Die fränkische freie Reichsritterschaft hat sich in dieser Wallfahrtskirche ein unvergeßliches Denkmal gesetzt.
Zwischen Hauptstraße und Marktplatz erhebt sich das Rathaus, ein mächtiges Bauwerk aus dem späten 15. Jahrhundert. Mit dem Wein eng verbunden ist das ehemalige Landratsamt, ein dreigeschossiger Barockbau, der nach 1700 als Sitz der fürstbischöflichen Kellerei gebaut worden ist.
Zur Zeit der Weinlese warteten die Haßfurter Winzer ungeduldig auf den Zehntherren, den Zehnter, die Haßfurter nannten ihn den „Zahnter“. Denn ohne ihn konnte mit dem Herbst nicht begonnen werden. Wenn die Zehntkufe beladen war, durften auch die Weinbergsbesitzer mit dem Aufladen ihres Traubengutes beginnen. Die Weinberge lagen gegen die „Hohe Wann“ zu, in den Abteilungen Eulen-, Molken- und Fischersgrund, Am Hutberg, Am Neubrunn, In der Kefferleiten, Im unteren Flur beim Siechhaus, Am Goltberg oder In der Stammleiten. Die Pfarrei erhielt neben dem kleinen Zehnt vom Obst, den Zwiebeln, dem Kraut, den Rüben und dem Flachs auch den Weinzehnt aus den Flurlagen: Vom Hunsrück, Osterfeld, Sandberg und Dotzberg. Vom Bannwein, der Kirchweihsteuer, war Haßfurt befreit, dagegen mußten die Haßfurter Gastwirte dem Fürsten das Umgeld zahlen, d.h. von jeder Maß Wein oder von jedem Bier 1 Pfennig.
Der Ausfuhrzoll betrug seit dem Jahr 1390 auf ein Fuder einen Gulden, den der Wegzöllner einkassierte. Die Stadt Haßfurt ist heute noch im Besitze von etwa zwei ha Weinfläche.

Augsfeld

Das katholische Pfarrdorf Augsfeld liegt in einer recht fruchtbaren Ebene auf der rechten Mainseite in der sog. „Au“, einer typischen Mainniederung, etwa 3 km südöstlich von Haßfurt. Die erste Kirche ist als Filialkirche von Zeil am 1. Juli 1392 konsekriert und zur Pfarrkirche erhoben worden. Die jetzige Pfarrkirche besitzt eine einzigartige Rokokoausstattung. Besonders sehenswert ist das Dekkengemälde von Johann Peter Herrlein.
Die Besitztümer von Augsfeld teilten sich jahrhundertelang die Fürstbischöfe von Würzburg und Bamberg. Die Lage in diesem Grenzbereich hatte zum Vorteil, daß der Ort wie ein freies Dorf behandelt wurde; denn unter den beiden Fürstbistümern bestand die Vereinbarung, daß hier im Ort von keiner Seite Landesverordnungen beachtet werden mußten. Außerdem wurden von den Wirtsleuten keinerlei Verbrauchssteuern erhoben.
Ein Augsfelder Winzer erzählt in anschaulicher Weise, wie es früher in einem Wengert zuging: „Bis 1910 war mein Urgroßvater Adam Heilmann Weinbergshüter. Und mein Vater erzählte mir, daß sie ihm alle Tage das warme Essen in die Weinberge hinauftragen mußten. Bei der Weinlese bekam der Wengertshüter den vorher ausgemachten Betrag an Trauben, und wenn die Lese beendet war, wurde mit dem Terzerol geschossen. Abschließend wurde allen Lesern und Leserinnen neben einem Entgelt eine Portion Trauben mit nach Hause gegeben.“

Es kostet viel Mühe und Schweiß, bis ein Weinberg die ersten Trauben trägt.

Bei den Weinbergsarbeiten wurden vor allem der Karst – eine schwere Haue – und die Pfahlhaue verwendet. Bei der Neuanlage eines Wengerts wurde der Berg von Hand im Winter gerodet. Gräben von 1 m Breite und 1 m Tiefe mußten gezogen werden. Nach dem ersten Graben ist das Erdreich des zweiten Grabens wieder in den ersten geworfen worden, so daß hierdurch das gesamte Erdreich gelockert worden ist. Im Frühjahr hat man dann den Berg vorwiegend mit Blindreben verschiedener Sorten bepflanzt. In jedes vorher gegrabene Loch im Reihenabstand von 1 bis 1,4 m und einem Pflanzenabstand von 1 m wurden zwei Blindreben gepflanzt. Das war notwendig, um zu gewähren, daß keine zu großen Lücken entstanden. Wenn im kommenden Jahr alle beiden Blindreben angewachsen waren, ist die schwächere Rebe entfernt worden. Im zweiten Jahr schnitt man dann die Reben auf zwei Augen zurück. In den ersten zwei Jahren mußte nach dem Austrieb alle 8–10 Tage gegen Peronospora und Mehltau gespritzt werden. Sämtliche Reben sind in früheren Jahren auf Kopfschnitt gezogen worden, später, mit Einführung der Drahterziehung, ging man auf die sog. Schenkel- und Stämmchenerziehung über. Bei der alten Pfahlerziehung sind zwei Bogreben und 2–3 Zapfen angeschnitten worden, die um zwei Pfähle gebogen wurden.
Zum Weinberg gelangte man mit dem Kuhfuhrwerk oder zu Fuß. Zur Brotzeit aß man Butterbrote, Gurken, Quark und trank vorwiegend Wein.
Bis in die Jahre 1908/09 kannte man im Weinbau keine Schädlinge. Doch dann wurde aus Amerika die Peronospora eingeschleppt, und der Weinbau ist hier in Augsfeld dadurch zum größten Teil vernichtet worden. Zunächst bekämpfte man die Peronospora mit Löschkalk und Kupfervitriol.
Die alten Augsfelder Weinberge sind vorwiegend mit Elbling, Gutedel, Silvaner, Burgunder, Portugieser und Trollinger und später mit Müller-Thurgau und vereinzelt mit Muskateller bestockt worden. Da der Wein zum Großteil selbst getrunken wurde, ist er außer einem ein- bzw. zweimaligen Abstich nicht weiter behandelt worden.

Zeil am Main

Im Bischofsurbar B (das Grundbuch des Bischofs von Bamberg) findet sich im Jahre 1348 folgender Vermerk:
„... Ferner merke, daß der Bischof auf dem Berge Zeil nahe dem Castrum einen Weingarten hat, der in gewöhnlichen Jahren etwa 14 Karren Weins trägt."
An den Südhängen des heutigen Kapellenbergs, des Schleifberges und des Mönchhanges lagen ansehnliche Weinberge des Bischofs und des Klosters Michelfeld.
1361 waren vom Kloster Michelfeld sechs Lehnsleute mit Weinbergen am Custer und am hinteren Münchsberg in Erbpacht verliehen worden. Es wurden den Lehnsleuten zusätzliche Auflagen gemacht. Sie sollten die „Wingerte" bebauen und nach Frankenrecht nutznießen. Jeder mußte seinen Teil alle

Landkarte von 1598.
Sie zeigt Schmachtenberg
und die umliegenden
Orte.

Bischofsheim
Schönbach
Steinbach
Main
Fluß
Limbach
Zumercken das der Mainfluß beede Ambter Schmachtenberg vnd Eberßberg von einander scheidet.
Das Spacium helt In sich Tausent schritt
HISTORISCHER VEREIN BAMBERG

Jahre mit sechs Fuhren Mist und mit anderen Sachen beschicken, mit denen man in Franken „Weinwachs baut". Der vierte Teil des gebauten Weines mußte an des Klosters Kelter in Zeil abgeliefert werden. Ebenso mußte der Zehnt übereignet werden.
Der Wein war häufig Gegenstand von Streitigkeiten zwischen den verschiedenen Obrigkeiten; auch die Bischöfe von Würzburg und Bamberg hatten im 15. Jahrhundert einen Rechtsstreit wegen der Zollgebühren.
Ohne Zweifel gibt es viel Interessantes über den Weinbau in Zeil zu berichten, so zum Beispiel, daß der hier wachsende Wein ein besonderes Wesensgepräge hat. Der schwere Boden gibt den Weinen einen kräftigen Körper und dadurch eine besondere Langlebigkeit. Man sollte ihm aber auch Zeit zur Entwicklung gönnen.
Nach den drei großen Mißjahren der 50er Jahre hatte Rudolf Weigmann den Mut, eine größere Rebfläche am historisch belegten Mönchshang, inmitten von Obstgärten und ehemaligen Weinbergen, die der Sozialbrache zum Opfer fielen, wieder mit Edelreben anzupflanzen. Mit unbeschreiblicher Energie hat er dieses Weingut bis heute in einem guten Kulturzustand erhalten.
Da der Silvaner als *die* fränkische Rebsorte allgemein angesehen wird, weil sie am besten das Erdhafte des Frankenweines wiedergibt, soll an dieser Stelle des Mannes gedacht werden, der gemäß der Überlieferung den Silvaner oder „Österreicher", wie er im Volksmund heißt, nach Franken gebracht hat. Es war der Gottesmann Alberich Degen.
Abt Alberich Degen, der 42. Abt des Zisterzienserklosters Ebrach, der zweite Zeiler, der dort als Klostervorsteher regierte, wurde am 25. August 1625 in Zeil geboren. Sein Vater war der Forstbereiter, d. h. bischöfliche Förster, Moritz Degen, der einem angesehenen schweizerischen Geschlecht entstammte.
Alberich Degen wollte zuerst Weltgeistlicher werden, trat aber dann in das Kloster Ebrach ein und legte Pfingsten 1648 das Gelübde ab, 1649 empfing er die Priesterweihe. Ausgezeichnet durch große Gelehrsamkeit und umfassende Bildung, verfaßte er eine ausführliche Geschichte des Klosters, weiterhin zahlreiche kleinere Schriften und auch Gedichte. Noch vor seiner Priesterweihe 1649 wurde er zum Magister, zum Lehrer der Laienbrüder bestimmt. In den folgenden Jahren wirkte er als Subprior, als Prior und Verwalter des Ebracher Hofes in Würzburg. Am 6. Juni 1658 wurde er vom Konvent zum Abt gewählt, zehn Jahre nach seinem Eintritt ins Kloster, erst 33 Jahre alt. Der Ordensgeneral der Zisterzienser, Claudius Vousin vom Stammkloster Citeaux in Frankreich, ernannte ihn einige Monate später in hoher Wertschätzung zum Generalvikar der Zisterzienser in Franken und erteilte ihm die Vollmacht, neugewählte Äbte und Äbtissinnen des Ordens nach dem Pontivikalritus zu benedizieren. Am 3. August 1664 wurde er Generalvikar der gesamten Oberdeutschen Kongregation des Zisterzienserordens. Der Würzburger Fürstbischof Johann Philipp von Schönborn schätzte den hochgebildeten Ebracher Abt sehr und erwählte ihn zu seinem ständigen Berater.
Unter Alberich Degen begann für die Abtei Ebrach eine neue Blütezeit. Er beglich restlos die vom großen Kriege herrührende Schuldenlast von 30 000 Gulden, erwarb für 100 000 Gulden neue Besitzungen. Hineingestellt in die baufreudige Barockzeit, widmete er der prachtvollen Ausstattung der Abteikirche besondere Aufmerksamkeit. Er wendete hierfür 17 000 Gulden auf. Sein Nachfolger konnte dann die künstlerisch hochfeine barocke Ausschmückung vollenden. Den durch den Krieg schwer geschädigten Untertanen lieh er zum Wiederaufbau 20 000 Gulden, ließ viele Gebäude in Ebrach und in den Amtsorten neu erstellen. Abt Wilhelm Söllner (1714–1741), der das Schloß in Oberschwappach erbaute, würdigte das Wirken dieses großen Kirchenfürsten mit dem Ausspruch: „Sehet, so wird der Mann gesegnet, der den Herrn fürchtet."
Nach 28 Jahren fruchtbarer und erfolgreichen Regierungszeit hatte er trotz der schweren Nachkriegsverhältnisse dem Kloster nicht nur die alte Stellung und Bedeutung wieder zu verschaffen gewußt, sondern diese auch ansehnlich vermehrt. Er starb am 26. November 1686 und wurde in der Konventskirche beigesetzt, in der Nähe des prachtvollen schmiedeeisernen Chorgitters, das er selbst für die Kirche angeschafft hatte. Das Gitter befindet sich gleich nach dem Haupteingang als Abschluß des Kirchenschiffes. Auf der linken Gitterseite hoch oben unter der Abtsmitra weisen zwei gekreuzte Degen auf den großen Abt Alberich Degen hin.
Freunde des guten fränkischen Weines werden gebeten, Abt Alberich Degen von Ebrach, einem Zeiler Bürgerssohn, beim nächsten frohen Umtrunk ein dankbares Gedenken zu weihen, denn Abt Alberich Degen hat im Jahre 1665 in Franken die aus Österreich stammende Silvaner-Rebe eingeführt. An dieses für den Weinbau bedeutsame Ereignis erinnerte im Würzburger Weingebiet, in der Weinbergslage

Knetzgau, das bislang als das Korbmacherdorf in Unterfranken galt, breitet sich südöstlich von Haßfurt aus.

„Würzburger Stein", ein Bildstock mit einem Lobspruch auf den Ebracher Abt Alberich Degen. Der Gedenkstein wurde in den letzten Kriegstagen 1945 schwer beschädigt, er wurde glücklicherweise geborgen, restauriert und ist jetzt im Keller des Bürgerspitals eingemauert, wo er von jedem Besucher besichtigt werden kann. Die Inschrift des Bildstocks lautet:

> „Ich habe gepflanzt, Apollo hat begossen,
> Gott aber hat das Wachstum gegeben.
> So ist weder der etwas, welcher pflanzet,
> Noch der, welcher begießet, sondern Gott,
> Welcher das Wachstum gibt. 1. Cor. 3.6.7.
>
> Zum Gedenken an Abt Alberich Degen
> Prior von der Cisterzienser Abtei Ebrach
> Welcher die Österreicher Rebe (Sylvaner)
> Hier zuerst pflanzte, a. D. 1665"

(entnommen aus: Chronik der Stadt Zeil am Main, Band II, S. 273ff)

Einzellage: Mönchshang
Früher: Im Baumcher

Gesamtrebfläche: 4,5 ha

Haupthimmelsrichtung der Lage: Süd-West

Höhe über dem Meeresspiegel: 240 bis 340 m

Haupthangneigung der Lage in Prozent: 20 bis 30

Boden: Keuper (rot), Muschelkalk

Rebsorten: Silvaner, Rieslaner, Müller-Thurgau, Kerner

Wein: sehr fruchtig, ausdrucksvoll, pikante Säure, stoffig, nachhaltig. Die Weine benötigen eine etwas längere Entwicklung; sie haben eine unverkennbare Bodenart.

Knetzgau

5 km südöstlich von Haßfurt breitet sich Knetzgau am linken Mainufer in ebener, fruchtbarer Gemarkung aus. Nachdem der Ort im Jahre 903 zum erstenmal als „Chnezzigowe" benannt wird, bestätigen im Lauf der Geschichte immer wieder die Urkunden und Quellen, daß Knetzgau viel Weinbau betrieben hat. Der Dorfbach war die Grenze zwischen dem Bambergischen und Würzburgischen Bistum, so ist es auch zu erklären, daß es immer wieder zu Streitigkeiten wegen der Besitzverhältnisse kam. Im Schiffbau hatte Knetzgau einen guten Namen.
Die in Knetzgau angebauten Weine waren herb und würzig, sie wurden überwiegend zum Eigenverbrauch verwendet. Aber alle Weinherrlichkeit und -seligkeit ist längst vorüber. Nach dem Krieg wurde zwar noch einmal der Versuch unternommen, am Droßberg und bei der Klinge Wein anzubauen, aber alle Mühen waren umsonst.
Um den früheren Weinreichtum zu bezeugen, werden einige Flurnamen aus dem Urbarium 1511 erwähnt, in denen Weingärten genannt werden: Am Milzerpach, An der Horeth, Am Hasenrod, Am Droßberg, Am Visterberg, An der Sommerleythen, An der Mülleyeren, Vor dem Tor am Westheymer Steyg, Der Bieger, An der Knetzburgk, Am Huffnagel, Am Grannberg, Bey der Marter, Am Stockach, Am Rennsteyg. Das Wappen der Großgemeinde Knetzgau ziert eine Weinrebe.

Alte Weinbergsanlage im Jahre 1924 (Ölschnabel bei Ziegelanger).

Schmachtenberg

Im Jahre 1976 wurden im Rahmen des planmäßigen Wiederaufbaus der fränkischen Weinberge 6,5 ha Weinberge neu bepflanzt. Dazu kamen noch weitere 2 ha Neuanpflanzung außerhalb des Flurbereinigungsverfahrens.
So wurde auch Schmachtenberg aus dem weinbaulichen Siechtum der letzten 50 Jahre herausgeführt.
Hoffentlich bleibt dem heimischen Weinbau die Zukunft hold, so daß die weinbauliche Blüte der letzten 20 Jahre nicht nur ein kurzes Aufflackern war. Die Winzer, die ihr gutes Geld in den Wiederaufbau der Weinberge steckten und mit staatlicher Hilfe neu kultivierten, hätten dies wahrlich nicht verdient. Wie sollten denn die steilen Hänge anders genutzt werden, als durch den Weinbau? Wo sollte die ländliche Bevölkerung denn sonst ihr Brot verdienen?
Die Lage „Eulengrund" stellt die Fortsetzung des Zeiler Kapellenbergs in östlicher Richtung dar. Anschließend an die Hänge des Eulengrundes erhebt sich der Schmachtenberg, der sich in östlicher Richtung bis kurz vor Ziegelanger erstreckt. Da der Weinbau hier an der nördlichsten Grenze des bestimmten Anbaugebietes Franken liegt, haben Wetter und Klima eine besondere Bedeutung.
Hier können nur absolute Hanglagen genutzt werden. Aber an diesen recht steilen Süd- und Südosthängen mit ihren kräftigen Böden des oberen Gipskeupers, des Blasensandsteins, des unteren Sandsteinkeupers mit viel Toneinlage wachsen dafür in normalen und guten Jahren hervorragende Weine. Das zeigt der Anbau der Sorte Riesling. Am 16. November 1984 durfte ein 1979er Schmachtenberger Eulengrund Riesling Spätlese an zwölfter Stelle einer 14 Weine umfassenden Rieslingprobe der Weinbruderschaft Franken e.V. überzeugend die Vorzüglichkeit des Schmachtenberger Weines dokumentieren. Der Winzer Anton Nüßlein aus Zeil dürfte sich mit seinen Winzerkollegen gefreut haben, daß dieser von der GWF ausgebaute Wein zu solch hohen Ehren kam.
Die Weinberge im Eulengrund fanden schon frühzeitig Erwähnung in alten Protokollen. Schon 1610 wird geschrieben, daß dem Pfarrer von Zeil ein Weinberg im Eulengrund zustand. Bis zum Jahre 1950 hatten die Grafen Schenk von Stauffenberg größeren Weinbergsbesitz.
Nachdem nun die Rebflächen zum Gutteil wieder in Neuordnung entstanden sind und die Winzer sich meistens der Gebietswinzergenossenschaft Franken in Repperndorf angeschlossen haben, kann auch wieder von einem blühenden Weinbau am Obermain gesprochen werden.

Noch warten die Weinberge von Ziegelanger auf die Neuordnung.

Einzellage:
Eulengrund

Großlage:
Kapellenberg

Gesamtrebfläche:
5 ha

Haupthimmelsrichtungen der Lagen:
Süd-Ost, Süd, Süd-West

Höhe über dem Meeresspiegel:
230 bis 300 m

Hauptbangneigung der Lagen in Prozent:
20 bis 45

Boden:
Keuper, Sand

Rebsorten:
Silvaner, Müller-Thurgau, Riesling u. a.

Wein:
artiges Bukett, fruchtig, pikant, gehaltvoll.

**„Geb daß der warme Sonnenschein
Den Safft treib in die Beer hinein.
Geschlachte Regen mische
Den Stock damit erfrische.
Frost, Kält, Meltau, verbrennend Hitz,
Gewitter, Hagel, Kiesel, Plitz
Genädig wöllst abwenden,
Und gutes Wetter senden.“**

Ziegelanger

„Der Wein macht froh und heiter,
Vergessen Sorg' und Plag',
Doch wer ihn bauet, weiß nur,
Von Sorgen jeden Tag.“

Diesen Vers stellte Dr. Karl Heß, Diplomkaufmann und Diplomvolkswirt aus Bamberg, seiner Dissertation „Der Weinbau Frankens in den letzten 50 Jahren – sein Rückgang und die Maßnahmen gegen die Abnahme“ voran. Diese Arbeit wurde im Jahre 1927 veröffentlicht und dient heute noch als Fundstelle vieler fränkischer Veröffentlichungen. Die Familie Heß pflegte mit Liebe eine größere Rebfläche in Ziegelanger. So manche Erfahrung aus dem eigenen Weinbau ist sicherlich in dieser wissenschaftlichen Arbeit vorhanden. Noch in den 60er Jahren wurden die Ziegelangerer Weine in der Heß'schen Weinkellerei in Bamberg mit viel Sachkenntnis ausgebaut und immer voller Stolz präsentiert, wobei der Besucher von Heß immer wieder auf die Problematik des fränkischen Weinbaus (schwankende Ernten, hohe Gestehungskosten) hingewiesen wurde. Die Firma Heß besitzt seit der Jahrhundertwende Weinberge in Ziegelanger. Seit einigen Jahren sind diese an die Gastwirte und Weinwirte Zimmermann aus Ziegelanger und Nüßlein aus Zeil verpachtet und mustergültig neu angelegt.
Neben den andernorts in diesem Buch wiedergegebenen Gründen der rapiden Abnahme der Rebflä-

chen in den letzten 180 Jahren weist Heß auch auf eine weitere Ursache hin, die dem Weinbau in Franken arg zu schaffen machte, nämlich die Herstellung von Kunstweinen und die Weinfälschung in Deutschland schlechthin. Seit den 50er Jahren des vergangenen Jahrhunderts wurde mit dem Aufblühen der chemischen Industrie immer mehr Wein mit Weinstein, Zucker, Bukettstoffen etc. gefälscht oder gar Kunstwein hergestellt.

Durch derlei unreelle Manipulation wurden die redlichen Winzer und Händler in ihrer Existenz bedroht, ohne sich dagegen schützen zu können. 1892 wurde schließlich das erste Weingesetz im Reich verkündet. Kunstweinherstellung wird als Verfälschung bezeichnet. Leider werden durch AVO Grenzzahlen für Extraktstoffe und Mineralbestandteile festgelegt, so daß die Herrschaft der Chemie mit den „analysefesten" Weinen begann. Die Fälschungsmethoden nehmen zu, der Winzerstand ist dem Ruin nahe. Erst mit dem Weingesetz von 1909 wird der „Weinschmiererei" ein Ende gesetzt. Die zugelassenen Zusatzstoffe werden bestimmt, Weinbuchführung und amtliche Weinkontrolle werden eingeführt.

Doch zurück zum Weinbau in Ziegelanger, das noch auf den planmäßigen Weinbau seiner Weinberge wartet. Der Ort „Ziegelanger" taucht erstmals im Urbar B (das ist das Grundbuch) des Bamberger Bischofs im Jahre 1348 auf. Ohne Zweifel leitet sich der Ortsname von einer dort vorhandenen Ziegelei ab – alte Lehmgruben sind noch heute der Beweis.

Die gegen den Main steil abfallenden Südhänge waren in früherer Zeit schon weinbaulich genutzt. Ulrich von Tunfeld, Nutzer von Weinbergen und Besitzer einer Kelter, vermachte seinen Weinwuchs mitsamt der Kelter im Jahre 1398 dem Domstift Bamberg. Wegen seiner Besonderheiten fand das Jahr 1420 Eingang in die Chronik; denn Mitte März bereits blühten die Bäume, im April der Wein und die Rosen, und schon zu „Egide" (= Fest des hl. Ägidius am 1. September) war die Weinlese. 1511 wird die Lage „Ölschnabel" als bischöflicher Besitz erwähnt. 1556 erwarb das St.-Kunigunden-Werk des Bamberger Domstifts 4 fl. Zins, die u. a. auf dem Weinberg einer Witwe ruhten. Eine bebilderte Karte des bambergischen Amtes Schmachtenberg zeigt Ziegelanger im Jahre 1598 so dargestellt, daß alle Hänge um das Dorf mit Weinstöcken bepflanzt sind. Das Domstift von Bamberg hat hier seine Besitzungen und eine eigene Kelterei. Um 1800 besaß die Universität der Jesuiten zu Bamberg „ein Haus, Kellerhaus und ansehnlicheWeinberge".

Im 17. Jahrhundert zogen sich beiderseits der Ortschaft die herrschaftlichen Weinberge entlang. Zu Beginn des 19. Jahrhunderts – Ziegelanger gehörte zum Amte „Zeyll" – mußten die Wein- und Getreidezehnt den Herren von Rosenbach übergeben werden. Auch die Universität von Bamberg besaß in jener Zeit hier in Ziegelanger u. a. ein Kelterhaus und ansehnliche Weinberge. Von nun an treten auch Ortsansässige mit Weinbergen am Wolfsberg und am Hochberg auf, u. a. der Lehrer Siebenlist. Er fungierte als Beerenhüter (1833), um zu seinem schmalen Lehrersold etwas hinzuzuverdienen. Als Tageslohn erhält er 30 Kreuzer, für seine Schreckschußpistole wird ihm 1 Pfund Schießpulver zur Verfügung gestellt. Um 1850 bestehen in Ziegelanger ca. 18 ha Weinberge.

Mehrere adlige Besitzer von Weinbergen, von Rosenberg, von Trockau, von Rotenhan, sind im 19. Jahrhundert benannt.

1850 werden in Ziegelanger 200 Eimer zum Preis von 1 fl. 13 Kreuzer je Eimer Wein geerntet. Nach dem „Ablaß" kostete der Eimer 1 fl. 30.

Einzellage:
Ölschnabel
Früher: Eselsberg, Hochberg, Schatz, Stenglein, Wolfsberg, Wedberg, Ölschnabel

Großlage:
Kapellenberg

Gesamtrebfläche:
6,5 ha

Haupthimmelsrichtung der Lagen:
Süd

Höhe über dem Meeresspiegel:
230 bis 300 m

Haupthangneigung der Lagen in Prozent:
20 bis 45

Boden:
oberer Gipskeuper, Sandsteinkeuper (in toniger Ausbildung)

Rebsorten:
Silvaner, Müller-Thurgau, Riesling u. a.

Wein:
artiger, vom Boden und der Lage geprägter Wein, sehr gehaltvoll, fruchtig, pikant.

Steinbach zählt zu den traditionsreichen Weinorten am Obermain, knapp an der Grenze zu Oberfranken.

Steinbach bei Ebelsbach

Der „Steinbacher Nonnenberg" wächst auf einer Fläche von 13 ha. Die Lagebezeichnung Nonnenberg wird aus alten Urkunden abgeleitet, wonach das Katharinenstift in Bamberg in Steinbach Anspruch auf den Weinzehnt bzw. den Mostgulden hatte. Um 1300 wird der Weinanbau in Steinbach urkundlich erwähnt, in späteren Zeiten profitieren vor allem die Herren von Rotenhan vom Steinbacher Weinzehnt.
1518 hatten die Herren von Fuchs Bimbach 11 Steinbacher Untertanen, während das Katharinenspital zu Bamberg ein Lehen, Wiesen und Weinberge zu eigen hatten.
Der Beginn des 17. Jahrhunderts brachte den Dorfbewohnern traurige Zeiten. Von 1606 bis 1631 wütete die Hexenverfolgung: Im Oktober 1616 wurde Kunigunde Weiher aus Steinbach wegen Hexerei verbrannt. Als letzte soll Margarete Bernhard auf dem Scheiterhaufen in Zeil verbrannt worden sein. 20 Personen aus Steinbach mußten auf dem Scheiterhaufen ihr Leben lassen. Dann begann der Schwedenkrieg.
1597 hatte Hans Georg von Rotenhan ein Drittel des Weinzehnts von Steinbach nach Ebelsbach für 5500 Gulden erworben. Das Zehnthaus befand sich in Steinbach im jetzigen Wohnhaus Nr. 40. Von hier aus ist der Weinzehnt an die Herrschaften weitergeleitet worden.
Während vor hundert Jahren etwa 27 ha mit Weinreben angepflanzt waren, ging der Weinanbau während des Zweiten Weltkrieges auf etwa 12 ha zurück.

Einzellage:
Nonnenberg

Gesamtrebfläche:
13 ha

Haupthimmelsrichtung der Lage:
Süd

Höhe über dem Meeresspiegel:
230 bis 300 m

Haupthangneigung der Lage in Prozent:
30 bis 40

Boden:
Keuper, Sand

Rebsorten:
Silvaner, Müller-Thurgau

Wein:
artiges Bukett, fruchtig, pikant, guter Körper.

Sand am Main

Die Gemeinde Sand am Main liegt am Fuß des Steigerwaldes gegenüber den Haßbergen (linksmainisch). Etwa 60 Personen von den 2500 Einwohnern befassen sich mit dem Weinbau, und zwar mit wenigen Ausnahmen nur für den Eigenbau. Drei bis vier Familien betreiben etwa alle zwei Jahre einmal für einige Monate eine sogenannte Heckenwirtschaft. Nur eine Gastwirtsfamilie hat in den letzten Jahren größere Rebflächen angelegt.

In einer Chronik aus dem Jahre 1511 ist über Sand folgendes zu lesen: Bischof Lorenz von Bibra (1495–1579) trifft Festlegungen über den Kirchtagsschutz und den Bamberger und Ebersberger Wald und nennt zur Abgrenzung des Waldes „den Weg, der auf die Weingartten geht" (von Sand aus gegen Limbach). Die Fronbauern von Sand und Knetzgau sind schuldig, die Pfade zu den Weingärten von Sand aus und das Wasser von Knetzgau aus zu führen (Wege- und Wasserführung).

1511 wird ein Weinberg am Fischersberg erwähnt, und ein Michael Knauer soll Land zu Weinberg machen.

Um das edle Gut des Weines zu schützen, wurde in Sand Ende des 18. Jahrhunderts vor der Lese eine Wache für die Weinberge bestimmt. Damit für den Wachhabenden eine gute Übersicht möglich war, stand auf dem Weinberg Ment, nächster Besitzer A. Ullrich, heutiger Besitzer R. Ullrich, oben am Waldrand ein Wachhaus mit einem kleinen Turm. In den 30er Jahren dieses Jahrhunderts verfielen die Reste des für Franken sicherlich sehr seltenen Wachhauses. Als Nachweis für die ortspolizeilichen Maßnahmen zum Schutze der Trauben ab Reife bis Weinlese darf nachstehender Beschluß des Gemeinderates Sand vom 26. März 1934 auszugsweise abgedruckt werden.

Ortspolizeiliche Vorschrift.

§ 1 Die Weinberge sind von dem vom Gemeinderat alljährlich zu bestimmenden Termin bis zum Tage der Weinlese geschlossen. Während dieser Zeit darf niemand ohne besondere Erlaubniskarte, welche beim 1. Bürgermeister gegen Gebühr zu erholen und auf Verlangen dem Weinbergswächter vorzuzeigen ist, die Weinberge und die zu denselben führenden Nebenwege sowie die im Sperrgebiet gelegenen Aecker betreten. Eine Ausnahme findet nur an den sogenannten Weinbergstagen, welche vom Gemeinderat alljährlich festgesetzt werden, statt, woselbst jedem Weinbergsbesitzer der Besuch seiner Weinberge und der im Sperrgebiet gelegenen Aecker von mittags 12 Uhr bis abends 6 Uhr gestattet ist.

§ 2 Wer außer dieser Zeit innerhalb des Sperrgebietes angetroffen wird, hat Kontrolle und Strafanzeige zu gewärtigen.

§ 3 Die Obliegenheiten der Weinbergswächter dürfen nur von den alljährlich vom Gemeinderat aufgestellten Personen versehen werden.

§ 4 Die Weinlese wird alljährlich nach vorheriger Einvernahme und Vorschlag der Weinbergsbesitzer durch den Gemeinderat beschlußmäßig festgesetzt und ortsüblich bekannt gegeben.

§ 5 Vorlese ist nicht gestattet. Den Besitzern von Neuanlagen kann jedoch auf Verlangen das Fechserlesen vom Bürgermeister genehmigt werden. Dieselben sind dann verpflichtet ihre Nachbarn hievon zu verständigen und auf Wunsch auch Wache zu stellen.

§ 6 Die Laubordnung muß genau eingehalten werden.

§ 7 Zuwiderhandlungen werden mit Geldstrafen bis zu RM 150 – oder mit Haft bis zu 14 Tagen bestraft. Die erkannten Geldstrafen fließen in die Gemeindekasse. (Art. 124 P.St.G.B.)

Die Vorschrift wurde durch eine Verordnung am 27. Dezember 1960 ersetzt. Ab Herbst 1971 gilt für alle unterfränkischen Weinbauorte die Rechtsverordnung der Regierung von Unterfranken über die Traubenlese und die Herbstordnung im Regierungsbezirk Unterfranken.

Unsere Gewährsleute beklagen, daß es in Sand keine Neuordnung der Weinberge gab. Jeder mußte seinen Weinberg selbst neu anlegen. Ihr größter Wunsch ist ein fester Weg zu den Weinbergen. Ein Kuriosum ist dem Sander Wein zu eigen, denn die größte Rebfläche von den 15 ha Weinbergen, nämlich 11 ha, sind nicht in der Markung Sand gelegen, sondern gehören zum „Forstbezirk Zell a. Ebersberg".

Der Bericht der Sander Winzer schließt mit den Worten: „Die Weinberge sind ein Vermächtnis unserer Vorfahren und wir sind bestrebt, sie unserer Nachwelt zu erhalten!"

Einzellagen: Himmelsbühl, Kronberg
Früher: Kronberg, Fischersberg, Himmelsbühl, Theilberg, Hügel, Sommerleite

Großlage: für Kronenberg = Kapellenberg

Gesamtrebfläche: 12 ha

Haupthimmelsrichtungen der Lagen:
Süd, Süd-West, West

Höhe über dem Meeresspiegel: 270 bis 320 m

Haupthangneigung der Lagen in Prozent: 20 bis 50

Boden: Keuper, Lehm, Sand

Rebsorten: Müller-Thurgau, Bacchus, Silvaner, Kerner u. a.

Wein:
fruchtiges Bukett, guter Körper, rassige Säure, nachhaltig.

So wie hier in Oberschwappach gibt es im Bereich des nördlichen Steigerwaldes viele Ortschaften, die noch Weinbau betreiben.

Oberschwappach

Die Zisterzienserabtei Ebrach hatte schon im 13. Jahrhundert hier in Oberschwappach ihre Güter am Nordrand des Steigerwaldes, am Fuß des Scherenberges. Über dem Dorf dominiert das Schloß. Es ist als Ebracher Amtshof und Sommersitz unter Abt Wilhelm Selner (1714–1741) erbaut worden. Der Baumeister dieser mächtigen Anlage ist wahrscheinlich Johann Leonhard Dientzenhofer gewesen.

Ein Hoftor neben dem Schulgebäude ist mit einem steinernen Traubenengel gekrönt. Man erzählt sich, daß der Gesichtsausdruck dieses Engels mit der Qualität des Weins etwas zu tun haben könnte.

Zwei Kilometer südlich von Oberschwappach lag die Burg Scherenberg auf einem Ausläufer des Steigerwaldes. Es war die Stammburg des fränkischen Rittergeschlechts derer von Scherenberg, das 1495 ausstarb. Die Burg selbst ist bereits 1436 verwüstet worden.

Im Zuge der Säkularisation ist das Kloster an privat verkauft worden. Bis in die 20er Jahre gehörten zum Schloßbesitz auch noch zwei große Weinberge. Ein Großteil der Wengert wurde gerodet, weil Schädlinge übermächtig wurden und Spritzen kaum bekannt gewesen ist. Erst in den Jahren 1933–1939 sind größere Flächen mit Reben neu bestockt worden. Nun besitzen etwa 40 Oberschwappacher Winzer 7,75 ha Weinfläche. Zum größten Teil sind sie Selbstversorger. Für jede Familie ist die Weinlese ein kleines Fest. In den neu gegründeten Weinbauverband Haßberge e. V. haben sich auch 10 Winzer aus Oberschwappach eingetragen. Die Fortbildungsveranstaltungen werden gerne besucht.

Zu den alten Weinlagenamen zählen der Eichelberg, das Sommertal und der Rebenhügel, in der Mundart Ramhügel genannt. Die Mitglieder der Gebietswinzergenossenschaft Franken in Repperndorf liefern ihren Most unter der Bezeichnung „Sommertal“ ab.

Einzellage:
Sommertal

Großlage:
Kapellenberg

Gesamtrebfläche:
11 ha

Haupthimmelsrichtungen der Lagen:
Süd, Süd-West

Höhe über dem Meeresspiegel:
290 bis 320 m

Haupthangneigung der Lagen in Prozent:
20 bis 35

Boden:
Keuper, Lehm

Rebsorten:
Silvaner, Müller-Thurgau, Kerner u. a

Wein:
artiges Bukett, fruchtig, pikant, gehaltvoll.

Dürrfeld

Dürrfeld gehört zur Gemeinde Grettstadt und liegt in einem nach Untereuerheim ziehenden Seitental des Mains. Die Dürrfelder Weinberge befinden sich in der Gemarkung von Donnersdorf. Bis vor dem Ersten Weltkrieg war diese Weinbergsanlage geschlossen und mitten drin stand ein gemeinsam erbautes Steinhaus. Dieses Weinbergshäuschen wurde später abgerissen und die Steine zum Wegebau verwendet. Bei einer Flurbereinigung im Jahre 1948 wurden viele Obstbäume gerodet und neue Weinberge angelegt; denn ältere Einwohner konnten sich noch genau daran erinnern, daß schon früher hier Weinbergsanlagen bestanden hatten und durch starken Reblausbefall beseitigt werden mußten. Mehrere Landwirte beteiligten sich bei der Neubestockung. Zum Schluß der Aktion wurde um 1950 ein Weinbergskreuz aufgestellt. Der holzgeschnitzte Kruzifixus ist in der Rhön angefertigt worden. Bei der Einweihung des Kreuzes am 3. Mai 1950, am Feste Kreuzauffindung, wurde versprochen, alle Jahre an diesem Tag eine Prozession zu diesem Kreuze abzuhalten. Inzwischen ist der fromme Brauch wieder abgeschafft worden.
Zum Großteil wird die Bearbeitung dieser Weinberge mit der Hand ausgeführt, es wird auch noch mit Rückenspritzen gearbeitet. Bereits im zeitigen Frühjahr beginnt man mit dem Rebschnitt und nach dem Abklingen der frostigen Nächte wird aufgebunden. Man muß sich nicht an bestimmte Termine halten, schließlich führt ein neuer Weg in die Weinbergsanlagen, so daß man die Wengert mit dem Auto in ein paar Minuten leicht erreichen kann. Man hält es nicht für nötig, Wengertshüter aufzustellen, man braucht den Weinberg auch nicht zu schließen. Bei der Lese werden die vorhandenen Nachbarn eingeladen, meist ist man an einem Tage fertig. Am Abend wird für alle Beteiligten ein festliches Mahl zubereitet. In einen zweiten Eimer legt man die schönsten Trauben, die man beim Abschneiden findet, um sie abends mit nach Hause nehmen zu können.
Zur Bearbeitung der Weinberge wird hier noch der „Korscht“ verwendet. Es ist eine Haue mit drei Zinken.

Was die Sage von den fünf Musikanten erzählt:

Die fünf Kreuzsteine und Steinkreuze bei Falkenstein an der Donnersdorfer Landstraße nennt man die „Fünf Musikanten“. Einst sollen auf der Falkensteiner Kirchweih sieben Musikanten zum Tanz gespielt haben. Sie tranken sehr viel Most und gerieten auf dem Heimweg in einen bösen Streit. Fünf von ihnen sollen erschlagen und von fremden Leuten hier an Ort und Stelle eingescharrt worden sein.

Eine schöne alte Gliederung haben sich die Weinberge am Falkenberg erhalten.

Donnersdorf/Falkenstein

Wenn hier zwei Weinbauorte gemeinsam vorgestellt werden, dann hat dies seine Begründung nicht nur darin zu suchen, daß es der Bürgermeister so wünscht, sondern auch darin, daß die Rebflächen der Donnersdorfer Winzer fast nur in der Markung des Ortsteiles Falkenstein liegen. Alle Weinberge sind heute als „Falkenberg" in die Weinbergsrolle eingetragen. Der Name dürfte auf die Burgherren „von Falkenstein", die bis 1200 auf Burg Zabelstein lebten, zurückzuführen sein.
Es wird auch von einer Burg „Falkenberg" berichtet, die auf dem Weinbergshang stand und 1202 nach dem Mordanschlag auf Bischof Konrad von Würzburg zerstört wurde.
Falkenstein und Donnersdorf führen ihre Weinbautradition bis in die Gründungszeit des Klosters Fulda (744) zurück.
Ein „Weingärtlein" am Falkenberg bzw. am Dürrfelder Wengert besaß jeder Mitnachbar. 1303 erfahren wir, daß auch die Beamten einen Teil ihres Gehaltes in Form eines anschaulichen Deputats an Falkenberger Wein erhielten. Es gab sogar ein eigenes Donnersdorfer Maß (1 Maß = 1,4 Liter). Der Fürstbischof von Würzburg bezog den Weinzehnten am Falkenberg. Der Falkenberg war bis zum heutigen Tag ununterbrochen mit Weinstöcken bepflanzt, insoweit unterscheidet er sich von vielen anderen fränkischen Weinlagen, die in den letzten 50 bis 100 Jahren anderweitig genutzt waren oder brachlagen. Dieser Tradition verhaftet, gründeten die Winzer der Gemeinde Donnersdorf einen Weinbauverein, der insbesondere die Erwachsenenfortbildung in Sachen Weinbau betreiben will.
Der Gipskeuper des Falkenberges gibt dem Wein eine besondere Note. Auf dem Südwesthang des Berges, der noch ein ganz ursprüngliches Reblandschaftsbild zeigt, wachsen gute Weine. Sie heben sich durch Fülle und starken Ausdruck hervor.

Einzellage:
Falkenberg
Früher: Ober dem Schloßberg

Gesamtrebfläche:
25 ha

Haupthimmelsrichtung der Lage:
Süd-West

Höhe über dem Meeresspiegel:
320 bis 360 m

Haupthangneigung der Lage in Prozent:
10 bis 30

Boden:
Keuper

Rebsorten:
Silvaner, Müller-Thurgau, Bacchus u.a.

Wein:
fruchtig, pikant, gehaltvoll.

Traustadt

Nur wenige fränkische Weindörfer haben, wie Traustadt, ihre Kirche dem heiligen Kilian geweiht. Von weitem erkennt man den Julius-Echter-Turm als Wahrzeichen. Fränkische Mentalität drückt sich auch im barocken Hochaltar aus, in überwältigender Schönheit erstrahlen die Engel und Heiligen. Die Säulen der Seitenaltäre sind weinumrankt. Nordwestlich an der Straße steht die im Jahre 1723 erbaute Dreifaltigkeitskapelle, von der die Sage umgeht, daß Philipp Carl Manfred Voit Graf von Rieneck dieses Kirchlein aus Dankbarkeit errichtet hätte, weil er sein Kind wiedergefunden hat, das drei Tage lang in den Wäldern umherirrte.
Der Ort ist seit 1316 ein befestigter Sitz und vom Geschlecht Schaumberg bewohnt gewesen. Das alte Schloß wurde 1963 eingeebnet.

Zell am Ebersberg

Unterhalb des ehemaligen bambergischen Schlosses Ebersberg liegt mit 7,5 ha Rebfläche Zell linksmainisch am Nordabhang des Steigerwaldes. Wie ein Dreipaß fügen sich die Burg Ebersberg, das Dorf Zell und der Wein harmonisch zusammen. Aus einer Urkunde vom Jahre 1275 hören wir zum ersten Mal vom Weinbau in Zell: Der Ritter Hermann von Leibesperch (mit seinen Söhnen Hermann und Eberhard) gibt dem Kloster Marburghausen seinen alten und neuen Weinberg in Ebersberg zu Lehen, jedoch nur unter der Bedingung, daß am grünen Donnerstag den Nonnen ein schönes Brot und Wein ausgeteilt werden sollen. Diese Schenkung wird durch eine Urkunde bestätigt: „Bertholdus, Bischof von Bamberg, schenkte der Kirche in Marburghausen

Obstbäume, Wengertshäuschen, Raine und Feldwege bringen Abwechslung in die Weinbergslandschaft.

ein gewisses Lehen in Celle in der Nähe von Ebersberg, beim Volke Rudigeruslehen genannt, und zwei Weinberge ebendort, Gotansberge genannt, auf die von Ritter Hermann verzichtet worden ist." Unter den zum Hochstift Bamberg zählenden Weinbergen, die in einer Handschrift vom Jahre 1340 genannt werden, befindet sich auch der Besitz in Zell am Ebersberg; hierzu zählen Weinberge Am Marschalch, Im Marspach, Am Leidenmannsperg, An der Kalben, Am Honauz (heute Hornessel), An der Underhalben. Im reichlichen Maße floß um 1410 der Weinzehnt von Zell nach Bamberg: Es wird bestätigt, daß der Bischof Albrecht von Bamberg u.a. auch 6 Fuder Ebersberger Wein erhalten hat (1 Fuder = 900–1500 l). Allein an den Abgaben läßt sich ermessen, wie groß zur damaligen Zeit die Weinanbaufläche um Zell gewesen sein mag. Erst die verheerenden Auswirkungen des 30jährigen Krieges brachten dem Rebstock großen Schaden. 1634 ist die Burg Ebersberg zerstört worden.

Man erzählt sich noch hie und da, daß man früher am Sommerrangen, dem Südhang des kleinen Knetzberges im Böhlgrund, ab und zu einen verwilderten Weinstock im Wald gefunden habe.

Das Aufstellen von Wengertshütern in der Zeit der Traubenreife ist schon immer notwendig gewesen. Im Jahre 1794 wird im Protokollbuch des Zeller Dorfgerichts ein gewisser Josef Ziegler von Zell mit 12 Batzen (= 144 Pfennige) bestraft, „hat er alßo in Weinperg Trauben gehol nachts um 9 Uhr".

Wie in ganz Franken üblich, hatte nach dem Gemeindeprotokoll vom 3. Mai 1871 jeder Zeller Winzer das Recht, „sein Gewächs verzapfen zu dürfen, wie dieses Recht beinahe auch in ganz Unterfranken besteht". Krankheiten und Schädlinge, vor allem jedoch die Peronospora, brachten in den Jahren

Es gibt nur wenige Orte in Franken, wo die Rebzeilen so unmittelbar und so steil hinter den Häusern aufsteigen wie in Zell am Ebersberg.

1900–1908 auch den Zeller Weinbau nahezu zum Erliegen. Von dieser Zeit an ließen viele Winzer ihre Weinberge brachliegen. Als erster pflanzte im Jahre 1921 der Zeller Winzer Hermann Ullrich Silvanerreben an. Gutes Gedeihen und reiche Ernten spornten auch andere Winzer an. Es entstanden viele Neuanlagen. Der 1935 wiederentdeckte alte Eselsbrunnen ist als Hochbehälter für eine Wasserleitung ausgebaut worden, um sämtliche Weinberge um den Schloßberg zu bewässern.
Bis in die 50er Jahre arbeitete im Dorf der Büttner Hans Gehring, der in seiner eigenen Werkstatt ausgezeichnete Holzfässer herstellte. Zu den Persönlichkeiten, die sich um den Zeller Wein sorgten, zählen Hermann Ullrich, Kilian Endres und Paul Maier. In den Unterlagen von Paul Maier wird u. a. der 1930er Wein beschrieben: Man erntete den 1. Ertrag aus den Silvanerselektionswurzelreben von 900 Stöcken: 850 l Most mit Gehalt von 86° Öchsle. Im Jahre 1936 notiert Maier: Ein hundsmiserables Jahr! Peronospora- und Frostschäden! Das nächste Jahr jedoch war für den Wein ausgezeichnet. Spitzenqualitäten von 90° Öchsle, 10‰ Säure. Der Wein war bereits im Mai 1938 ausverkauft.
In dieser nördlichen Gegend ist das Klima für den Weinanbau nicht immer günstig, an den Tagen der Eisheiligen bilden sich vielfach Kälteseen. So ist dieser Steigerwaldwein meist herb und kräftig, trocken und würzig. Er ist von eigener, ganz besonderer Art.

Einzellage:
Schloßberg
Früher: Kalben, Hornessel, Marsbach, Lisberger, Klingwiese, Schloßberg, Heinlein, Fatschenbrunner, Griesranger, Geiersberg

Gesamtrebfläche: 8 ha

Haupthimmelsrichtungen der Lage:
Süd, Süd-West

Höhe über dem Meeresspiegel: 250 m

Hauptbangneigung der Lage in Prozent: 35 bis 45

Boden: Keuper

Rebsorten:
Silvaner, Müller-Thurgau u. a.

Wein:
fruchtiges Bukett, pikante Säure, stoffig, nachhaltig.

„Mein Fleiß den will ich lassen spührn
Im schneiden, hefften, hacken, rührn;
Will meines Weinbergs pflegen
Mitt Gottes Hülff und Segen.
Ich will mich plagen, daß ich schwitz,
Außstehn des Tages Last und Hitz;
Damit ich auf dem Abend
Mein Groschen auch mög haben.“

Eltmann

„Ich bin der Weinstock, ihr seid die Reben!“

Nahe dem linken Mainufer am Fuß der alten „Wallburg“ liegt an den Ausläufern des Steigerwaldes die fränkische Stadt Eltmann in einer reizvollen Landschaft. Kaiser Ludwig der Bayer hat diesen alten Weinort an der Grenze zwischen Unter- und Oberfranken zur Stadt erhoben. Viele Jahrhunderte hindurch war Eltmann im Besitz des Hochstiftes Würzburg mit eigenem Hochstiftszehnt und Sitz einer fürstbischöflichen Kellerei. Ein Zehntgraf wird bereits für das Jahr 1346 genannt.
Wie überall sah man auch in Eltmann in früheren Zeiten weitaus mehr Weinberge an den Hängen des Maintals. So taucht noch die Flurabteilung „Weingärten“ auf, Mauerreste erzählen von ehemaligen Weinbergen.
Seit den 60er Jahren wird wieder etwas Wein angebaut, ein Malermeister hat sich nebenberuflich darangewagt, seit 1963 am Südhang des Wallburg-Geländes 1,65 ha neu anzulegen. Der Wein an der Schloßleite ist recht beliebt und bekömmlich. Man findet in Eltmann auch eine Straße, die „Weingartenstraße“, bzw. Flur- und Straßennamen „In den Weingärten“.
In der Chronik von Eltmann, von Pfarrer Gregor Göpfert verfaßt, werden einige Hinweise zum früheren Weinbau angeführt. Im Jahre 1186 soll ein solch milder Winter gewesen sein, daß der Wein schon im August geerntet werden konnte. Diese Bemerkung ist jedoch kein Beweis dafür, daß bereits um diese Zeit in Eltmann Wein angebaut worden ist. Am Ende des 15. Jahrhunderts jedoch hat man in Eltmann nach verschiedenen Rodungen neue Weingärten angelegt und alte Wengert erweitert.
Um die Jahrhundertwende vom 18. zum 19. Jahrhundert sollen aufgrund von Krankheiten die Weinstöcke in Eltmann zum Großteil eingegangen bzw. erfroren sein.
Auch in Roßstadt, heute ein Stadtteil von Eltmann, wurde in früheren Zeiten an einigen Südhängen Wein angebaut. Bei den Landwirten in Eltmann, die nebenbei einen Weinberg besitzen, helfen alljährlich Freiwillige beim Weinbergshacken und vor allem bei der Weinlese. Im Herbst trifft man sich dann nach getaner Arbeit zu einer schmackhaften Brotzeit in der Bauernstube, und nach der Weinlese erhält jeder Helfer zusätzlich einen Eimer Weintrauben.

Einzellage:
Schloßleite

Gesamtrebfläche: 2 ha

Haupthimmelsrichtung der Lage:
Süd-West

Höhe über dem Meeresspiegel: 300 m

Haupthangneigung der Lage in Prozent: 25 bis 30

Boden: Keuper

Rebsorten:
Perle, Müller-Thurgau u. a.

Wein:
kräftig duftend, gehaltvoll.

Mönchstockheim

Fünf Kilometer nördlich von Gerolzhofen liegt an einem von Traustadt kommenden und nach Sulzbach fließenden Bach der Winzerort Mönchstockheim mit 9,24 ha Rebfläche. Die prächtige Mariensäule auf dem Dorfplatz, 1861 von einer Bauernfamilie gestiftet, weist auf die hohe Marienverehrung des Ortes hin. Die katholische Pfarrkirche aus dem Ende des 16. Jahrhunderts, 1738 erweitert, steht unter dem Patronat Mariä Himmelfahrt. Besonders sehenswert in der Kirche sind alte Prozessionsstangen und eine Monstranz, um deren Lunula (kleiner Mond – halbmondförmiger Halskragen) sich ein bunter Steinkranz rankt. Zu beiden Seiten schmücken die Monstranz Trauben aus bunten Steinen – sie könnten auf Mönchstockheim als Weinort hinweisen. Das kostbarste Kunstdenkmal in der Kirche jedoch ist ein spätgotisches Vesperbild aus der Zeit um 1500. Kein anderes Kulturdenkmal im fränkischen Raum weist so eindringlich auf die mühselige Arbeit der fränkischen Winzer und ihre Volksfrömmigkeit hin.

Das Vesperbild ist ein großes fränkisches Anliegen. Die Patronin Frankens ist zugleich die Schmerzensmutter. Es ist die Trauer der Gottesmutter um den schmerzlichen Tod ihres Sohnes. Die Pieta ist ja auch Mittelpunkt und Gnadenbild vieler fränkischer Wallfahrtsorte. Es zieht die Hilfesuchenden, Kranken, Betrübten und Bedrängten hin zu der Schmerzensmutter. Wie viele Kerzen brennen täglich vor den Vesperbildern, auch hier vor dem Gnadenbild in der Kirche von Mönchstockheim. Was ist der tiefere Grund für die Verehrung? Im großen Leid und Schmerz suchen trauernde Menschen die leidende Mutter auf, die ihren Sohn auf ihrem Schoß hält. Wie oft erklingt das alte Marienlied aus der Kirche: Mutter Christi stand in Schmerzen unterm Kreuz und weint von Herzen, weil ihr lieber Sohn dahin.

Neben Mönchstockheim ist auch Vögnitz (0,56 ha Rebfläche) ein Weindorf in der Gemeinde Sulzheim. In dieser Gegend wurden die letzten alten Reben um die Jahrhundertwende ausgehauen. Seit 1947 wird wieder Wein, vor allem zum Selbstverbrauch, angebaut.

Einzellage:
Köhler

Gesamtrebfläche: 6 ha

Haupthimmelsrichtungen der Lage:
Süd-Ost, Ost

Höhe über dem Meeresspiegel:
280 bis 360 m

Haupthangneigung der Lage in Prozent:
10 bis 30

Boden:
Keuper

Rebsorten:
Müller-Thurgau, Rotweinsorten u. a.

Wein:
fruchtig, kräftig, pikante Säure.

Altmannsdorf

Altmannsdorf liegt an der Nordwestecke des Steigerwaldes vor dessen Westabdachung unterhalb des Zabelsteins. Auf der Südseite der sich an den Steigerwaldabfall anschmiegenden Berghänge gedeiht seit vielen Jahrhunderten ein würziger Wein. Selbst heute bewaldete Teile des früheren Gemeindegebietes, wie Teile des Geierberges und des „Gemeindewaldes", wurden für den Weinbau genutzt. Noch um die Jahrhundertwende waren Reste von Weinbergsmauern sichtbar.

Sehr frühzeitig ist der Weinbau am Geierberg, der im südwestlichen Teil der Markung liegt, bezeugt. So gab Konrad III. von Zabelstein der Zisterze Ebrach 1240 den Zehnt von seinen Weingärten am Beierberg (Geierberg), unterhalb der Burg Zabelstein. 1432 wird im Lehenbuch eine Lage „Sonnenbühel" aufgeführt, von dieser leitet sich die heutige Lage „Sonnenwinkel" ab, die 1971 in die Weinbergsrolle bei der Regierung von Unterfranken eingetragen wurde. 1457 werden im Lehenbuch die Lagen Die Kelein, Das Hölzlein, Die Saltzleiten, Die Anlaß, Die Offenheit genannt.

Die Spuren des alten Weinbaus waren noch bis in die vergangenen Jahrzehnte überall anzutreffen. Vor allem große Weinkeller deuteten auf ertragreiche frühere Ernten hin. Ein Teil eines solchen Kellers ist noch unter dem nun innen stilvoll gestalteten Dorfgasthaus „Zum Zabelstein" von Karl Josef Dösch erhalten. Der größte Weinkeller lag hinter dem Wohnhaus, in dem sich der ehemalige Vogteihof des Zisterzienserklosters Ebrach befand. 1976 erfolgte der Abbruch. Bei dem Wohnhaus handelte es sich um eines der schönsten Fachwerkgebäude in der Umgebung.

Viele brachliegende Weinbergsflächen wurden in den letzten zwanzig Jahren neu bestockt.

Bautechnisch war dieses Haus aber nicht mehr zu halten. In dem Keller war noch eine alte Weinkelter (allerdings ohne Spindel), die nun im Heimatmuseum in Gerolzhofen zu bestaunen ist. Eine weitere vorhandene alte Weinkelter wurde während des Zweiten Weltkrieges abgebrochen. In der Zwischenzeit sind die Teile verlorengegangen.
Im vergangenen Jahrhundert ging der Weinbau aus den uns bekannten Gründen zurück. Erst in den 30er Jahren erfolgte dann eine Wiederanlegung mit einer ständigen Erweiterung der Rebfläche.
Noch 1972 gab sich Altmannsdorf ein eigenes Gemeindewappen, in dem eine pralle Traube zu sehen ist.

Einzellage:
Sonnenwinkel
Früher: Weinbergäcker, Sonnenwinkel, Alter Berg, Neuer Berg, Oberer Zug

Gesamtrebfläche:
12 ha

Haupthimmelsrichtungen der Lage:
Süd, Süd-West

Höhe über dem Meeresspiegel:
325 bis 360 m

Haupthangneigung der Lage in Prozent:
10 bis 20

Boden:
Keuper

Rebsorten:
Müller-Thurgau, Bacchus, Silvaner, Kerner u. a.

Wein:
Müller-Thurgau und Bacchus bringen sehr fruchtige und stark duftige bis würzige Weine mit Pikanz.
Silvaner wird in guten Jahren voll und schmalzig; in geringeren sollte man den kernigen, rustikalen Schoppen – wie im gesamten Steigerwald, insbesondere aber dem nördlichen – viel Entwicklungszeit gönnen.

Gerolzhofen

Aus den Stadtbüchern vom 15., 16. und 17. Jahrhundert, die sich im Archiv der Stadt Gerolzhofen befinden, erhalten wir aus verschiedenen Ratsverordnungen und anderen Aufzeichnungen Aufschluß über den damaligen Weinbau.
Im Mittelalter war der Weinbau hier im Ort noch von viel größerer Bedeutung als heute und gab vielen Menschen Gelegenheit zum Broterwerb. Von der Qualität her, so scheint aus den Aufzeichnungen hervorzugehen, konnte man den Gerolzhöfer Wein wohl nicht zu den besten Weinen Frankens zählen (dies hat sich durch unsere heutigen Rebsorten entscheidend geändert).
Eine „Ordnung vom Weinschenken, Weinschreyen und Buß fremden Weins" vom Jahre 1477/78 bestimmt, daß hier in Gerolzhofen,

- man keinen fremden, von auswärts stammenden Wein in der Zeit von Herbstanfang bis Sankt Regiswindistag, das ist der 15. Juli (die hl. Regiswindis ist neben der Muttergottes die Schutzpatronin von Gerolzhofen) ausschenken soll;
- ein Wirt nicht zweierlei Wein ausschenken soll, sondern wenn er ein Faß aufmacht und das ausrufen läßt, soll er nur aus diesem Faß ausschenken;
- jeder Bürger, der Wein ausschenken will, genagelte (= geeichte) Kandeln (= Kannen) haben soll.

Eine „Weinschenkordnung" von 1481 verbot bei Androhung von 10 Gulden Strafe das Mischen von altem Wein, sog. Firnwein, mit neuem, saurem Wein.
In der „Stadtordnung von Gerolzhofen" von 1546 wird aufgeführt, daß niemand Wein abzapfen sollte, bevor nicht die Ungelter oder Umgelder (Einnehmer des Umgelds, einer Art Verbrauchssteuer) das Faß, aus dem man ausschenken wollte, „visiert oder geeicht, und wieviel es enthält, eigenhändig verzeichnet (aufgeschrieben), auch verspundet und darüber verpetschiert (versiegelt)" hatten, erst dann durfte der Weinschreier den Wein ausrufen. Und sobald dieses Faß leergetrunken war, mußte das entsprechende Umgeld gezahlt werden, früher durfte kein neues Faß visiert, geeicht, bezeichnet und verpetschiert werden. Für einen eventuellen Rest, den er für sich und sein Gesinde zum Eigenverbrauch zurückbehielt, mußte dieser Wirt jedoch kein Ungelt oder Umgeld entrichten.
In einer „Weinverordnung" aus dem Jahre 1565 wurde zum Schutze der einheimischen Weinbauern angeordnet, daß man zwar von auswärts Wein einführen, diesen aber erst im Keller einlagern durfte, nachdem er von den Umgeldern begutachtet und aufgeschrieben worden war. Außerdem waren pro Eimer dieses Weines zwei neue Pfennig „Einleggeld" zu bezahlen.
Ferner durfte dieser auswärtige Wein nicht mit Gerolzhöfer Wein vermischt werden und mußte bis Jakobi (25. Juli) danach liegen bleiben. Ausnahmen von dieser Ordnung waren nur für den Fall einer Mißernte vorgesehen.
Wenn Bürger, die selbst keinen Wein anbauten, von auswärts für den Eigenverbrauch eine bestimmte Menge kaufen wollten, mußten sie vorher beim Vogt und dem Rat die Erlaubnis einholen.
Diese Weinordnung ist in der Folge jährlich, meist am Sonntag nach Burkhardi (14. Oktober), den Bürgern vorgelesen und verkündigt worden. Mehrmals wurde sie auch erneuert und verändert, ohne daß sich aber an ihrer Aussage viel änderte.
Mehrmals finden wir Aufzeichnungen über den jedes Jahr vom Rat festgesetzten Anschlag (Preisfestsetzung) des Weines:

Anschlag des Weins 1564: 1 Fuder Wein für 20 fl.
Anschlag des Weins 1571: 1 Fuder Wein für 20 fl.
Anschlag des Weins 1572: 1 Fuder Wein für 18 fl.
1573 wurde kein Anschlag gemacht, weil der Wein ganz sauer war.
Anschlag des Weins 1574: 1 Fuder Wein für 42 fl.
Anschlag des Weins 1575: 1 Fuder Wein für 20 fl.
Anschlag des Weins 1578: 1 Fuder Wein für 15 fl.
1579 kein Anschlag, denn der Wein war zu sauer.
Anschlag des Weins 1583: 1 Fuder Wein für 14 fl.
Anschlag des Weins 1584: 1 Fuder Wein galt nicht mehr als 8–9 fl.;

denn die Ernte und der Wein waren so gut gewesen, daß es an Fässern mangelte. Deshalb waren in diesem Jahr die Fässer teuer und die Büttner geschätzt. Ein einfudriges Faß hatte den Wert von einem Fuder Wein. („Kuffen und Faß wurden zu wenig", heißt es in manchen Aufschrieben dieser Zeit).
Wie genau alles, was den Weinbau betraf, reglementiert war, ist auch daraus ersichtlich, daß der Vogt, Bürgermeister und Rat den Lohn für alle im Weinberg verrichteten Arbeiten festsetzten.
Den Arbeitern sollte man auch während der Arbeit keinen Wein hinausbringen, außer beim Hacken, Brachen und Mist-Untergraben, und auch da nur zu Mittag. (Vielleicht hatte vorher die Arbeitsausführung unter zu reichlichem Weingenuß gelitten?)

Bei Zuwiderhandlungen gegen diese Ordnung war eine Buße von 5 fl. fällig.
Noch präziser wird die Weinbergsarbeit im Jahre 1584 aufgegliedert:

„24 Pfennig	für einen Acker Pfähle zu spitzen
6 Pfennig	auszulassen (die mit Erde gedeckten Reben wurden ‚ausgelassen')
2 lb (Pfund)	für einen Acker Weinberg überhaupt (‚überhätt', im Ganzen) zu räumen. (Die Erde mußte rund um den Kopf (Haupt) entfernt werden)
5 lb	für einen Acker Weinberg zu schneiden
1 lb	für einen Acker Weinberg die Buschpfähle zu stecken und aufzubuschen
6 ß (Schilling)	um in einem Acker die Pfähle zum Niederziehen (Einschlagen) aufzustellen.
9 ß	für einen Acker Weinberg niederzuziehen
12 ß	für einen Acker Weinberg das erste Mal und somit zur Raue zu brachen (hacken)
2 lb	für einen Acker zu brachen
12 ß	für einen Acker Weinberg anzuschlagen und zu heften
1 lb	um auf einem Acker Weinberg nach dem Herbst (Weinlese) die Pfähle herauszuziehen und auf Haufen zu legen
9 ß	für einen Acker Weinberg zu dekken"

Es sind auch verschiedene Tagelöhne angegeben:

„2 ß mitsamt geziemender Kost sollen jedem gemeinen Weinbergarbeiter als Tagelohn gegeben werden

16 Pfennig mitsamt der Kost als Tagelohn für Hakken

2 lb 2 Pf erhält ein Häcker als Tagelohn, ohne die Kost"

(Das Feldmaß 1 Acker entspricht wohl dem Fränkischen Morgen: ⅕ Hektar = 20 Ar.)

Zwei sogenannte „Herbstordnungen" aus dem Jahre 1575 bestimmen die Entlohnung bei der Weinlese:
6 Pfennig Lohn erhielt ein Leser als Tagelohn, dazu morgens eine Suppe, mittags einen Zwailings (Zwillings)-Weck, aber abends nichts, auch keine Weinbeeren.
Diese „Herbstordnungen" erwähnen viele Lagen, auf denen z.T. schon lange kein Weinbau mehr betrieben wird.
Genannt sind:
- Arlesgarten (mhd. arl = Pflug)
- Am Kapellberg, Lindelach und Nützelbach, An den Tor-Weinbergen
- Am Siechhaus, Wallesberg (oder Walschberg)
- Am Rottenbühl
- Unter den Bergen

Auch der Schröter (1. Fuhrmann, 2. jemand, der Bier und Weinfässer auf- und ablädt und befördert), der vom Rat aufgenommen und ernannt wurde, hatte durch den Weinbau sein Einkommen.
Jeder, der Wein auswärts oder in der Stadt kaufte, durfte den nicht selbst verladen, sondern mußte, laut Ratsverordnung von 1484, den Schröter verständigen. Dieser kassierte pro Fuder Wein fürs Aufladen 8 Pfennig und für das Abladen und im Keller einlagern ebenfalls 8 Pfennig. Nur wer Wein anbaute, durfte den im Herbst selber im Keller einlagern. Wollte er ihn aber später verkaufen, so sollte er den Schröter laden lassen.
Ein Fremder mußte für das Laden pro Fuder Wein sogar 12 Pfennig bezahlen.
Überhaupt scheint im Mittelalter der Weinkonsum in der Stadt quantitativ recht groß gewesen zu sein. Wiederholt mußten deshalb „Weinglockenordnungen" erlassen werden, um die Bürger zum rechtzeitigen Nachhausegehen zu veranlassen.
In der „Weinglockenordnung" von 1480 wurde festgesetzt, daß die Wirte an allen „gebanten Feyerabenden" (am Vorabend von Festtagen) um 9 Uhr die Gäste schlafen weisen und die Bürger nach Hause schicken sollten, bei 2 Pfund Strafe.
Weitere „Weinglockenordnungen" von 1545 und 1564 verschärften diese Bestimmungen sogar, weil „aus dem unordentlichen langen Sitzen und Zechen bei der Nacht in den Wirtshäusern und auf den Gassen viel Fluchens und Gotteslästerung, auch Zank und Schlägerei sich begeben und zugetragen" hatten.
Die Weinglocke mußte zwischen Burkhardi und Ostern immer um 7 Uhr und zwischen Ostern und Burkhardi um 8 Uhr läuten und jeder aus dem Wirtshaus heimgehen, bei 5 Pfund Strafe für den Gast und 10 Pfund für den Wirt. Ausnahmen gab es bei Hochzeiten und anderen Festen.

Rechts: Dieses romantische Motiv – Weinberg, Weinbergshäuschen und ein alles überragender Baum – fällt in der weiten Hochebene um Gerolzhofen auf.

Weinherbst 1983: Reif, durchsichtig und braungesprenkelt sind die Trauben nach einem „Bilderbuchsommer". Letzte Süße dringt in den schweren Wein.

Wein- und Strauß-Wirtschaftsordnung für die Stadt Gerolzhofen aus dem Jahre 1835

§ 1 Niemanden, außer den concessionierten Gastwirten, solle in Zukunft erlaubt sein, in hiesiger Stadt Wein zu verzapfen, es sei denn, dass er hierzu besondere Concession erhält, oder ein wirklicher Bürger und zugleich mit wenigstens 2 Morgen Weinberg ansässig ist; in welchem Falle er aber an nachstehende Beschränkungen gebunden bleibt.

§ 2 Der so begüterte Bürger darf kein anderes, als sein selbst erzeugtes Gewächs auszapfen! Damit aber dieses Recht nicht in eine beständige Weinschenke ausarte, so dürfen nicht mehr als sechs Eimer auf jeden im Besitze habenden und im Herbste abzulesenden Morgen jährlich verzapft werden.

§ 3 Die Dauer dieses Rechtes beschränkt sich auf ein Viertel Jahr ununterbrochene Zeit in der Art, dass wenn sich nach Verlauf dieser in derselben Gasse, in welcher der Ausschenkende wohnt, oder in der Nähe sich ein anderer Bürger befindet, welcher von diesem Rechte Gebrauch machen will, der Erste seinen Strauss einziehen muss und nur erst nach geendigter Wirtschaft des zweiten, dritten seine Weinschenke wieder eröffnen kann.

§ 4 Es sollen aber nicht mehr als höchstens Vier dergleichen Strausswirte zum gleichzeitigen Verzapfen ihres Jahres-Gewächses berechtigt werden, und zwar in den beiden inneren Stadtvierteln, einer in der Vorstadt gegen das Dingolshäuser und Schallfelder Tor, und einer in jener gegen das Rügshöfer und Frankenwinheimer Tor.

§ 5 Wer Strausswirtschaft treiben will, bleibt verbunden, drei Tage vor auszuhängendem Strauss dem Magistrat, als Lokal-Polizei-Behörde, hierüber Anzeige zu erstatten, und von daher zu vernehmen, ob er der Ordnung und der Reihe gemäss sein Ausschenken beginnen kann oder nicht.

§ 6 Jeder Bürger, welcher ohne Besitz gedachter Morgenzahl Weinberge eine Strausswirtschaft sich anmasset, und jeder, der hierzu das Recht hat, aber ohne Anzeige ihrer zeitlichen Eröffnung bei dem Magistrate beginnt, oder über den oben festgesetzten Zeitraum ausdehnt, verfällt das erstemal in eine Geldstrafe von fünf – das zweite Mal von 10 fl. und im 3. Falle von 20 fl., so dass diese Strafe in weiteren Fällen immer um das zweifache der vorhergehenden gesteigert wird.

§ 7 Es versteht sich hierbei von selbst, dass die Erlaubnis zum Verzapfen des Selbsterzeugnisses und Jahresgewächses nur an Bürger von gutem Leumund erteilt werden, welche hierbei den für jeden anderen Wirt bestehenden polizeilichen Vorschriften genau nachzukommen haben.

§ 8 Wer die erhaltene Erlaubnis zur Mostwirtschaft missbraucht und von anderen das Jahresgewächs oder Wein zum Verzapfen öffentlich oder heimlich ankauft, verfällt, dessen überwiesen, in eine Strafe von 10 Rthlr. für den ersten und in den gänzlichen Verlust des Schankrechtes für den 2. Fall.

§ 9 Dergleichen Straussenwirten ist endlich die Anmassung anderer, den Gastwirten zustehender Befugnisse, wie das Beherbergen der Fremden, Auskochen von Speisen, Tanzmusikhalten u. dergl. bei Vermeidung der oben § 6 festgesetzten Strafen ernstlich untersagt.

Also entworfen, von dem kgl. Landgericht revidiert und von kgl. Kreisregierung durch höchste Entschliessung vom 20. März 1835 genehmigt.

Archiv-Unterlagen weisen nach, daß die vorstehende Anordnung über einen Zeitraum von mindestens 100 Jahren ihre Gültigkeit behielt.

Daß auch vor einhundert Jahren schon die Behörden neugierige Fragen stellten, zeigt nachfolgender Bericht:

Betreff: *Anfertigung einer Statistik über den Weinbau*

In folge jenseitigem Auftrages vom 12. d. M. beehren wir uns zu berichten, daß in hiesiger Flurmarkung eine Fläche von 101 Morgen = 20 Hektar 44 a als Weinberg angelegt ist. Was die Produktionskosten anlangt, die eigentlich nicht genau erhoben werden können, weil die Besitzer ausnahmslos ohne besondere Beihilfe sämtliche Arbeiten leisten, sind wir der Ansicht, daß unter Zugrundelage eines 10jährigen Durchschnittes bei nur mäßigem Anschlage der persönlichen Leistungen der Besitzer, die Einnahmen den Leistungsanschlägen die Waage halten. Von dem erzielt werdenden Weine, der nur als ein mittelmäßiger bezeichnet werden kann, weil solcher zum eigenen Bedarf verwendet, wird wenig oder gar keiner veräußert.

Weinqualität von 1872 bis 1887

Jahr	*Qualität*	*Jahr*	*Qualität*
1872	schlecht	1880	gering
1873	schlecht	1881	gut
1874	gut	1882	schlecht
1875	mittelgut	1883	mittel
1876	gering	1884	halbgut
1877	schlecht	1885	mittel
1878	halbschlecht	1886	mittel
1879	schlecht	1887	mittel

Da Gerolzhofen bis vor wenigen Jahren als Sitz der Kreisverwaltungsbehörde eine wichtige Bedeutung für den fränkischen Weinbau hatte und dazu die umliegenden kleinen Weinorte sich früher sicherlich auch nach dem guten Brauch in Gerolzhofen gerichtet haben dürften, im übrigen aber die Aufschriebe gesamtfränkisch von größtem Interesse sind, wurde der Bericht vom Gerolzhöfer Weinbau etwas ausführlicher.

Einzellagen:
Arlesgarten, Köhler

Gesamtrebfläche:
7 ha

Haupthimmelsrichtungen der Lagen:
Süd, Süd-West

Höhe über dem Meeresspiegel:
250 bis 270 m

Haupthangneigung der Lagen in Prozent:
10 bis 15

Boden:
Keuper

Rebsorten:
Silvaner, Müller-Thurgau u. a.

Wein:
fruchtig, pikant, gehaltvoll.

Zeilitzheim liegt in der fruchtbaren Hochebene bei Gerolzhofen.
Seit den siebziger Jahren hat Zeilitzheim als Weinort wieder einen guten Klang.

Zeilitzheim

Die Ritter von Zeilitzheim (Zulichsheim) wurden schon bald von anderen Herren verdrängt. Das mächtige barocke Schloß ließ Graf Philipp von Wolfsthal in den Jahren 1677 bis 1683 erbauen, einige Jahrzehnte später übernahmen die Grafen von Schönborn den Bau. Während sich die Herrschaften bei Kriegswirren und in gefährlichen Zeiten hinter die Schloßmauern zurückziehen konnten, suchten die Einwohner von Zeilitzheim Schutz und Rettung in den noch heute sehenswerten Kirchengaden, welche die protestantische Dorfkirche burgartig umschließen.
Um die Jahrhundertwende ging der Weinanbau in Zeilitzheim sehr stark zurück. Wenn man jedoch die Turmurkunden aufschlägt, wird man auch an andere, bessere Zeiten erinnert. So wird das Weinjahr 1605 erwähnt, „in welchem ein ausbündiger guter und viel Weins erwachsen, wo das Fuder-Maß für den Kaltherbeth pro 18 fl. (= Gulden) und ein Malter Korn pro 2 fl. ist verkauft worden. Aber nächsten Herbst darauf als anno 1606 ein saurer unzeitiger Wein erwachsen, also der fertige gute Wein das Fudermaß auf 80 fl., auch das Malter Korn auf 3 fl. gestiegen. Auch der vergangene Winter (= 1607) ist so warm gewesen, daß auch bis dato kein Bach zugefroren, auch kein Schnee über einen Tag zum längsten gelegen, dergleichen bei Manns gedenken nicht geschehen sein mag".

Wie überall im deutschen Land hat der 30jährige Krieg seine tiefen Spuren hinterlassen. In den Zeilitzheimer Quellen heißt es z. B. vom Jahre 1631, „als der Schwed das Land eingenommen, ist ein guter Wein gewachsen, hat aber wegen der Kriegsvölker bis auf Weihnachten die Lese gedauert". Private Aufzeichnungen lassen oft auch auf die gesamte Situation schließen. Wenn der Zeilitzheimer Lehrer Sandner am 9. Oktober 1677 notiert, daß an diesem Tage die Weinlese begonnen hätte, so ist vor allem interessant zu erfahren, daß die Zehnter allein über 2000 Butten Beeren als ihr Eigentum aufgezeichnet hätten. Es muß ein überaus reicher Herbst gewesen sein, wenn allein in den Weinbergen von Zeilitzheim etwa 20 000 Butten geerntet worden sind. Durch genaue Aufstellung im Jahre 1796 wissen wir, daß zu dieser Zeit in Zeilitzheim 114 Häuser standen, daß im Ort 614 Seelen lebten, darunter 77 Juden. An Grundstücken waren vorhanden u. a. 317⅔ Morgen Weinberge. An Vieh wurde damals gezählt: 36 Pferde, 36 Ochsen, 43 Kühe, 50 Stück kleines Rindvieh, 200 Schafe und 228 Schweine. Auch im Jahre 1929 gab es in Zeilitzheim noch 32 Pferde, 333 Rinder, 243 Schweine, 47 Ziegen, 153 Gänse, 61 Enten und über 1200 Hühner. Wie haben sich doch die Zeiten bis heute rasch geändert!
Merkenswert war das Jahr 1811. Bereits im April blühten die Bäume, schon am 21. Mai sah man blühende Trauben. Der Wein dieses Jahrgangs wurde lange gerühmt, in 100 Jahren soll kein solch edler

Zwischen Krautheim und Frankenwinheim liegen die leichtgeneigten Weinberge. Im Hintergrund von Frankenwinheim zieht sich der Steigerwald entlang.

Tropfen gewachsen sein. Im Jahre 1815 erfroren alle Weinstöcke, und es mangelte an Mehl, weil die Müller kein Wasser zum Mahlen hatten.
Der Tiefstand im Zeilitzheimer Weinanbau wurde 1902 erreicht. In diesem Jahr besaß lediglich Bürgermeister Friedlein noch einen kleinen Weinberg. 1906 war die letzte Traubenernte. Die Rebstöcke gingen ein und wurden schließlich gerodet. Erste Neuanpflanzungen wurden wieder im Jahre 1972 genehmigt. Unter dem Lagenamen „Heiligenberg" gedeiht nun wieder auf 27 ha Fläche ein recht guter Wein. Das erste Zeilitzheimer Weinfest wurde im Jahre 1979 im Schloßgarten veranstaltet.

Einzellage:
Heiligenberg
Früher: Am Eichelberg, Am Röttersberg, Am Eulenberg, Flößer

Großlage: Kirchberg

Gesamtrebfläche: 24 ha

Hauptbimmelsrichtungen der Lagen:
Süd, Süd-West

Höhe über dem Meeresspiegel: 260 m

Haupthangneigung der Lagen in Prozent: 15 bis 35

Boden: Muschelkalk

Rebsorten:
Müller-Thurgau, Bacchus u. a.

Wein:
artiges Bukett, markant, stoffig, nachhaltig.

Frankenwinheim

Auf einer Anhöhe am Beginn eines nach Volkach ausmündenden Seitentales gelegen, reiht sich Frankenwinheim mit seinen Weinbergen am Rosenberg in den Kranz der Winzerorte in Franken mit ein. Auf etwa 30 ha Rebfläche gedeihen Müller-Thurgau, Kerner, Bacchus und Silvaner. Seit den 70er Jahren wird hier wieder Wein angebaut, der seit der Jahrhundertwende erloschen war. Seit etlichen Jahren kann man das Frankenwinheimer Weinfest besuchen.
Zwei Priester, Sebastian Pfriem und Franz Donat Jäger, haben sich um die Chronik von Frankenwinheim bemüht. Aus der Sicht eines Ortspfarrers kann man einiges aus der Geschichte des Weinbaues erfahren. So gehörten um 1480 zum Pfarrgut 2 Weinberge, einer zu 5/4 und der andere zu 3/4 Acker. Die Pfarrgüter, das heißt auch die Weinberge, waren an die Bauern von Frankenwinheim, Gerolzhofen, Brünnstadt und Lülsfeld verpachtet. An Zins fielen u. a. auch 1 Eimer und 23 Maß Wein ab, in guten Jahren auch 2 Eimer Most. Man kann annehmen, daß im Pfarrhaus schon mehr Wein zusammenkam; denn der Pfarrer erhielt für ein Seelenamt u. a. auch 1 Maß Wein, wie geschrieben steht: „So oft man einen Verstorbenen begehet, müssen die Verwandten 1 Maß Wein und 1 Weck dem Pfarrer auf den Altar bringen ..." Zu Beginn des 30jährigen Krieges

Frühzeitige Beregnung der skelettreichen Muschelkalkhänge dient der Qualitätssteigerung in Trockenjahren, wie z. B. 1983.

erhielt der Pfarrer aus verpachteten Grundstücken 19 Malter, 6½ Metzen Getreide; 4 Eimer Weinzehnt aus 9¾ Morgen Weinbergen. Im Jahre 1633 trägt der Pfarrer in seine Chronik: „Kein Wein, kein Getreide, kein Brot, kein Vieh mehr im Stall. Draußen sind die Felder verwahrlost, alles entweder aufgezehrt oder vernichtet. Was nun beginnen? Not bricht Eisen. Die Leute spannten sich zu 7 und 8, auch 10 Personen an einen Pflug und halfen sich gegenseitig die Äcker bestellen ..." Nach dem furchtbaren Krieg wurden die Zeiten wieder besser: 1660 erhielt ein Schieferdecker für die Reparaturen am Turmdach neben seinem ausgemachten Lohn u. a. auch eine „Kandel Wein". Der Dachdecker soll sie frei auf dem Turmkopf stehend leergetrunken und die leere Kanne auf den Kirchhof hinabgeworfen haben. In den Jahren vor 1683 waren auch die Äcker hinter dem Dorf beim „Dürren Hügel" als Weinberge angelegt worden. Als 1700 Schallfeld von Frankenwinheim abgetrennt wurde, übergab der Fürstbischof als Ersatz für die Schallfelder Pfarreigefälle jährlich 1 Fuder Wein aus dem Volkacher Juliusspital. Um 1800 wurde an den Frankenwinheimer Weinhängen viel Wein angebaut; er hatte zwar nicht viel Feuer, aber er ist lieblich und rein gewesen, wie in der Chronik zu lesen ist. Um 1898 waren von der 857 ha großen Gemeindeflur 24 ha Wein am Berg am Mörach entlang nach Krautheim hin.

Da Pfarrer Pfriem aufgrund seiner Nachforschungen feststellen mußte, daß viele seiner Amtsbrüder frühzeitig starben, schrieb er ins Pfarrbuch: „Also müssen in Frankenwinheim, wo doch der viele und gute Wein wächst, auch die Pfarrer frühzeitig sterben." 1798 hatte der Ort noch 181¼ Morgen Weinberge.

Um die Wende vom 18. zum 19. Jahrhundert meint Kaplan Franz Donat Jäger in seiner Dorfbeschreibung: „Der Frankenwinheimer hält sehr viel auf einen guten Trunk, die Wirtschaften sind täglich stark besucht, und nicht selten verrät heftiger Streit hinter den Fenstern der Wirtstube die Kraft des Weins in den erhitzten Köpfen."

Einzellage:
Rosenberg

Großlage:
Kirchberg

Gesamtrebfläche: 30 ha

Hauptbimmelsrichtung der Lagen:
Süd

Höhe über dem Meeresspiegel:
230 bis 250 m

Hauptbangneigung der Lagen in Prozent:
15 bis 20

Boden:
lehmiger Ton

Rebsorten:
Müller-Thurgau, Riesling, Morio Muskat, Bacchus u. a.

Wein:
kräftiges und artiges Bukett, stoffig, nachhaltig.

In Frankens Steilhängen wird der Hubschrauber für den Pflanzenschutz mit Erfolg eingesetzt.

Krautheim

Seit über 300 Jahren ist die protestantische Pfarrei Krautheim weit mehr durch das Bier bekannt als durch seinen Wein. In der Fuldaischen Schenkungsurkunde von 888 wird es als Chrutheim bezeichnet. Die Grafen von Castell übergaben im 15. Jahrhundert einen Teil der Ortschaft an die Zollner von der Hallburg. Sie erwarben später im 18. Jahrhundert wieder alle Teile zurück, auch Anteile der Freiherren von Buttlar, die 1736 ein Schloß in Krautheim erbaut hatten. Weil sich der Ort zur evangelischen Lehre bekannte, litt er sehr unter den Glaubenswirren. Immer wieder wurden Gottesdienste, Flurprozessionen, Predigten, ja sogar das Betreten der Krautheimer Flur durch Fremde verboten.
An Sehenswürdigkeiten ist neben der evangelischen Pfarrkirche aus dem 14. Jahrhundert, mit einem Taufstein aus dem Jahre 1610, vor allem das Krautheimer Schloß zu bestaunen.
Der Weinanbau von Krautheim geht bis in die fränkische Zeit zurück, wird jedoch 1340 erstmals belegt. Um die Wende zum 19. Jahrhundert muß es hier noch „ziemlich Wein" gegeben haben. Das fruchtbare Land wird zum Großteil für den Ackerbau genutzt. Einige Flurnamen jedoch deuten auf die frühere größere Nutzung als Rebengelände hin. Ein Sommeracher Selbstvermarkter hat vor einigen Jahren die Neuanlage „Krautheimer Sonnenleite" geschaffen. Die Weinberge wurden in den 70er Jahren neu angelegt. Sie gehören zur Großlage „Volkacher Kirchberg". Auf 6 ha Rebfläche wächst der Krautheimer Wein an einem Muschelkalkhang mit 30 Prozent Neigung. In der Hauptsache werden Müller-Thurgau und Silvaner angepflanzt, aber auch Scheurebe.

Einzellage:
Sonnenleite

Großlage:
Kirchberg

Gesamtrebfläche:
9 ha

Haupthimmelsrichtung der Lagen:
Süd

Höhe über dem Meeresspiegel:
220 bis 250 m

Haupthangneigung der Lagen in Prozent:
30

Boden:
Muschelkalk, Lettenkeuper

Rebsorten:
Müller-Thurgau, Silvaner, Scheurebe u. a.

Wein:
bodengeprägtes Bukett, markant, nachhaltig.

Obervolkach hat durch die Weinbergsneuordnung ab 1966 wieder einen beachtlichen Rebbau zu verzeichnen.

Obervolkach

Unter fränkischer Königsherrschaft hieß Obervolkach „Folcaha superior", in hügeliger, fruchtbarer Markung in einem bei Volkach ausmündendem Tal des gleichnamigen Flüßchens gelegen.
Das Dorfbild von Obervolkach hat sich nach dem Zweiten Weltkrieg einschneidend gewandelt. Von der alten Bausubstanz ist nicht mehr viel erhalten, von den zahlreichen Handwerksbetrieben sind nur noch einige Namen bekannt, wie z. B. der „Woochnersch Valtin", der frühere Wagenbauer und Kirchner.
Die Erwähnung des Weinbaus in Obervolkach hängt mit dem Jahre 906 zusammen, als der Ort an das Kloster Fulda kam. Um 1100 wurden dann die Grafen von Castell Grundherren von Obervolkach. Später teilten sich das Hochstift Würzburg und das Kloster Ebrach die Ortschaft.
Am 14. Juli 1954 schloß sich Obervolkach mit Astheim, Fahr, Untereisenheim und Volkach zur Winzergenossenschaft „Mainschleife" zusammen, bis sie im Febraur 1959 der Gebietswinzergenossenschaft Franken in Repperndorf beitraten. Neben dem Gesangverein „Frohsinn", der Landjugend, dem Karnevalverein und der Feuerwehr gibt es in Obervolkach seit 1976 auch einen Winzerverein.
Das alljährliche Weinfest wird bereits seit 1969 abgehalten.
Wenn im Herbst der Obervolkacher Landsknecht zur Reife gelangt, wird auch heute noch von den Winzern selbst die „Wengershuat" ausgeführt. Von Sonnenaufgang bis Sonnenuntergang laufen die Wengertshüter in den drei bis vier Wochen durch ihre Weinbergsanlagen, um vor allem die einfallenden Starenschwärme zu vertreiben. Während man früher mit Ratschen die Vögel verscheuchen wollte, verwendet man heutzutage zum Großteil Schreckschußpistolen. Die Weinberge von Obervolkach gehören zur Großlage „Volkacher Kirchberg". Auf den Muschelkalkböden gedeihen auf einer Fläche von etwa 55 ha vor allem Müller-Thurgau und Silvaner.

Von der alten Weinkultur kündet in der Pfarrkirche eine Figur des hl. Urban, des Schutzpatrons der Winzer; es ist eine Holzskulptur, die etwa um 1500 entstanden ist. Auch heute noch kommt die Volksfrömmigkeit der Obervolkacher zum Ausdruck: Im Zuge der Flurbereinigung wurde 1968 in der Weinbergslage Landsknecht eine Muschelkalkstatue errichtet, die den Kreuzschlepper darstellt.
Bei der Wahl der örtlichen Weinprinzessin und bei den alle Jahre stattfindenden Wein- und Bremserfesten wird versucht, das Brauchtum der Winzer lebendig zu erhalten; denn wie überall ist auch hier das Brauchtum zum Großteil in Vergessenheit geraten. Nur die ältere Generation erzählt ab und zu noch davon, wie stark früher die dörfliche Gemeinschaft zusammengehalten hat. Am Kirchweihsonntag z.B. traf man sich bereits früh um 6.00 Uhr. Man zog von Haus zu Haus und spielte die „Standerli". Aus jedem Haus wurde ein Schnaps gereicht und zeitweise mußten einige Musikanten mit dem Schubkarren weiter gefahren werden. Dem Wein wurde sehr zugesprochen, von Freitag bis Montag war Tanz, Montag nachmittag spielte man den traditionellen Schafkopf. Auch heute noch nehmen sich viele Obervolkacher Männer am „Kerbemontag" einen halben Tag frei, um sich zum Kartenspiel zusammenzusetzen.

Einzellage:
Landsknecht
Früher: Au, Geißberg, Am Gries, Kellerweinberg, Nußacker, Pelz, Rimbach, Am Steig, Schulzen, Schreiber, Sonnenblicklein

Großlage:
Kirchberg

Gesamtrebfläche:
53 ha

Haupthimmelsrichtung der Lagen:
Süd-West

Höhe über dem Meeresspiegel:
210 bis 270 m

Haupthangneigung der Lagen in Prozent:
15 bis 40

Boden:
oberer Muschelkalk und Lettenkeuper

Rebsorten:
Silvaner, Müller-Thurgau

Wein:
artig duftend, markig, nachhaltig.

Rimbach

Das katholische Pfarrdorf, in einem von sanft ansteigenden Höhen begrenzten Tal gelegen, zählt mit zu den Ortschaften im Volkfeldgau, die im Jahre 906 durch den fränkischen König Ludwig das Kind an das Kloster Fulda kamen. Bei all diesen Ortschaften spielt auch der Weinanbau von Anbeginn eine Rolle. Rimbach, ein fränkisches Haufendorf, liegt fünf Kilometer von Volkach entfernt; in früheren Zeiten mußten die Rimbacher zweieinhalb Kilometer nach Lülsfeld zum Bahnhof gehen. Die auf den Muschelkalkböden gedeihenden Rimbacher Reben gehören heute zum „Obervolkacher Landsknecht", ein Weinanbaugebiet von 56 ha.
Bereits im Jahre 1134 ist die Burg in Rimbach Sitz eines Würzburger Ministerialen Dietrich von Rimbach. Ab 1355 leben hier die Zollner von der Hallburg als Besitzer dieses Edelhofes, der im Bauernkrieg 1525 nahezu völlig zerstört worden ist. Als Wasserburg wieder aufgebaut, verfällt das Gebäude nach 1700 wieder.
Die mitten im Ort sich befindliche Kirche ist um 1669/1670 als Filialkirche der Pfarrei Volkach erbaut, 1791 zur Pfarrkirche erhoben worden. Sie steht unter dem Patrozinium des hl. Georg (23. April). Sehenswert ist das Sakramentshäuschen vom Jahre 1502, eine gute spätgotische Arbeit. Bei den Bittprozessionen wallte man durch die Weinberge auf den Kirchberg bei Volkach.

Einzellage: Landsknecht

Großlage: Kirchberg (bestimmte Rebflächen)

Gesamtrebfläche: 10 ha

Haupthimmelsrichtungen der Lagen: Süd, Süd-West

Höhe über dem Meeresspiegel: 230 bis 280 m

Haupthangneigung der Lagen in Prozent: 15 bis 40

Boden: lehmiger Tonboden

Rebsorten: Müller-Thurgau, Faber, Bacchus, Perle, Optima

Wein: fruchtiger, fester Wein mit Körper und pikanter Säure.

Der Rebstock hat auch in Rimbach wieder Bedeutung erlangt.

Volkach

Die festesfreudige, fremdenfreundliche Weinstadt ist der Mittelpunkt der Mainschleife. Spätgotik und Renaissance haben dieser fränkischen Kleinstadt das Gepräge aufgedrückt. Über tiefen Weinkellern sitzen behäbig ansehnliche Bürger- und Winzerhäuser. Eine majestätische Freitreppe führt hinauf zum Rathaus, dem Mittelpunkt auf dem Marktplatz. Die Stadt ist umgeben von fruchtbaren Böden, auf denen Wein und Spargel, Mirabellen und Zwetschgen hervorragend gedeihen. Volkach und das ganze Land hier könnten neben der Traube als weiteres Symbol den fruchtschweren Obstbaum haben.

„Folchaha" wird als Schenkung für das Kloster Fulda im Jahre 906 urkundlich erwähnt, ein Ort im Volkfeldgau, der sich bis nach Bamberg hinaufzog. Für das Hochstift Würzburg war Volkach der Sitz eines eigenen Kellers (1356), später ab 1544 herrschte hier ein Würzburger Amtmann; denn 1520 ging die Stadt an das Hochstift Würzburg über, unter dessen Herrschaft sie eine jahrhundertelange Blütezeit erleben konnte. Im Bauernkrieg 1525 waren auch Volkacher dabei, als die Hallburg, die Vogelsburg und die Kartause Astheim geplündert worden sind.

In den ersten urkundlichen Erwähnungen der Stadt um 1258 wird auch bereits der Wein genannt, der bis zum heutigen Tag eine ganz wichtige Rolle spielt. Um den Wein zu lagern, werden die Castell'schen und fürstbischöflichen Amtshäuser, später auch das Schelfenhaus und viele Bürgerhäuser mit geräumigen Weinkellern ausgestattet.

Seit der Stadterhebung im 13. Jahrhundert erhielt Volkach auch das Recht Märkte abzuhalten; dazu gehörten auch Weinmärkte, die bis 1901 auf dem Marktplatz für ein reges Leben und guten Umsatz sorgten. Zu Beginn des 19. Jahrhunderts lebte der größte Teil der 2100 Einwohner Volkachs vom Weinbau. Mit über 230 ha erreichte die Rebfläche in dieser Zeit einen Höhepunkt. Weithin war der Volkacher Weinmarkt bekannt, es kamen Händler aus ganz Süddeutschland, Thüringen und Sachsen. Gegen Ende des 19. Jahrhunderts jedoch ging der Weinbau rasch zurück, an seine Stelle traten Obst- und Gemüseanbau. Der Weinanbau wurde unrentabel, die Anlagen waren überaltert, es gab riesige Absatzschwierigkeiten, auch verschuldete Winzer, die allen Neuerungen mißtrauisch gegenüberstanden, bis dann das Auftreten der Reblaus und der Peronospora zum Zusammenbruch der Weinwirtschaft im fränkischen Raum sorgten. Die Anbauflächen der Reben gingen auf weniger als ein Fünftel der ehemaligen Flächen zurück, 1957 standen nur noch 42 ha im Ertrag. Aufgrund einer Flurbereinigung und umfangreicher Neuanlagen außerhalb des planmäßigen Aufbaus der Weinberge konnte die Rebfläche auf 150 ha anwachsen. Heute ist Volkach wieder ein wichtiger Handelsort für Wein, Obst und Gartenbauerzeugnisse. In einem der eindrucksvollsten Barockhäuser Volkachs, dem Schelfenhaus, fin-

den alljährlich die weit über die Grenzen hin bekannten Volkacher „Bocksbeutelseminare“ statt.
Neben alten Weinbergslagenamen, wie Berg und Kirchberg, waren bekannt: Model, Volkacher Berg, Wacholderberg, Steinberg, Schloßberg (Hallburg), Gaibacher Pfad, Zeil, Hecke und viele andere mehr.
Der Ratsherr – eine Namensfindung aus den 50er Jahren – erscheint in der Weinbergsrolle als Lagename (auch für die Weinberge des Ortsteiles Fahr), während der „Kirchberg“ als Großlage im Gebiet der ganzen Mainschleife gilt. Die Winzergenossenschaft Mainschleife wurde im Jahre 1954 gegründet, später schloß man sich der GWF Repperndorf an.
Hier sind auch Weingüter und Selbstmarkter mit klangvollen Namen heimisch.
Volkach ist ein gern und vielbesuchter Fremdenverkehrsort. Vor allem zur Blüte-, Spargel- und Bremserzeit werden viele Besucher in die Weinstadt gelockt. Das „Fränkische Weinfest“ wird alljährlich seit 1948 gefeiert. Diese festlichen Tage knüpfen an eine alte Tradition an; denn schon vor vielen Jahrhunderten waren Weinmärkte und Weinfeste in Volkach gang und gäbe. Diese Feste wurden in früherer Zeit jedoch auf dem Marktplatz abgehalten, rings um den Marienbrunnen waren Weinstände aufgebaut. Tausende von Freunden des fränkischen Weins besuchen alle Jahre im August das Weinfest, der Festplatz liegt in den ausgedehnten Grünanlagen zwischen dem Mainufer und der alten Stadtmauer. Das Volkacher Weinfest ist ein Heimatfest an der Mainschleife geworden. In seiner historischen Tracht symbolisiert der „Volkacher Ratsherr“ seine bekannte Lage. Schließlich zieht im Oktober noch ein Bremserfest die Unentwegten an, bei dem in vielen Volkacher Gaststätten und Weinstuben der Federweiße ausgeschenkt wird. Die Landschaft um Volkach wird beherrscht von Main, Vogelsburg, Hallburg und Kirchberg. Von der Vogelsburg aus kann

Hier am Volkacher Marktplatz kann man die Ruhe und Behaglichkeit einer fränkischen Kleinstadt genießen.

man weit ins fränkische Land schauen, bis hinüber zum graublauen Kamm des Steigerwalds. Bei schönem Wetter grüßt das Schloß vom sagenumwobenen Schwanberg herüber. Weit in der Ferne kann man die Krümmungen des Mains verfolgen, der sich wie ein silbernes Band durch das fränkische Land schlängelt.
Bei einem Besuch in Volkach darf eine Wallfahrt auf den Kirchberg zu „Maria in den Weingärten" nicht fehlen. Neugierige, Beter und Hilfesuchende kommen zu Hauf in diesen beliebten Wallfahrtsort. An der Eingangstür wird man an die Sage aus dem Dreißigjährigen Krieg erinnert, als ein Schwedentrupp die Kirche plündern und brandschatzen wollte. Man erzählt sich, daß plötzlich die vielen Weinbergspfähle um die Kirche herum wie eine Mauer sich aufgetürmt und die Kriegshorden nicht eingelassen hätten.

Einzellage:
Ratsherr
Früher: Berg, Kirchberg, Model, Wacholderberg, Steinberg, Am Sambühl, In der Röthe, Zeilhecke, Gaibacher Pfad, Im Gebäum, In den Klingen, Am Seeberg, Im Eschenbach, Zapfenleite

Großlage:
Kirchberg

Gesamtrebfläche:
168 ha
1921 Gründung einer Winzergenossenschaft
1954 wird daraus die WG Mainschleife
und 1959 Übertritt zur GWF

Haupthimmelsrichtung der Lagen:
Süd

Höhe über dem Meeresspiegel:
195 bis 260 m

Haupthangneigung der Lagen in Prozent:
15 bis 60

Boden:
oberer Muschelkalk, Lettenkeuper, Löß

Rebsorten:
Silvaner, Müller-Thurgau, Bacchus, Traminer, Riesling u.a.

Wein:
ausgeprägtes, vom Boden besonders beeinflußtes Bukett, wuchtig, nachhaltig.
Der Silvaner der Lage Ratsherr ist sehr typisch.

Hallburg

Zwei Kilometer südlich von Volkach erhebt sich über dem Main die Hallburg. Schon von weitem sieht man den spätromanischen Burgturm, den Bergfried und einen Teil der mittelalterlichen Ringmauerreste. Die ehemalige Höhenburg hat auch im letzten Jahrhundert viele Modernisierungsmaßnahmen über sich ergehen lassen. Die Grafen von Schönborn, die seit 1806 im Besitze der Burg sind, sind darauf bedacht, daß der Wein am Schloßberg gerne getrunken wird.
Auf meist schwerem Keuperverwitterungsboden wird seit ca. 300 Jahren am Schloßberg Wein angebaut. Daneben wurden in den letzten 15 Jahren große Flächen ehemals Hallburger Äcker von Winzern aus der Umgebung mit Reben bepflanzt.
Ein alter Brauch ist lebendig geblieben: Der Hallburger Niederfall. Die letzte Fuhre mit Träubeln wird geschmückt. Am Abend werden Leserinnen, Buttenträger und das gesamte landwirtschaftliche Personal zum Essen und Tanz eingeladen. Neben Federweißem oder Bremser ist auf dem reichlich gedeckten Tisch all das zu finden, was im eigenen Betrieb der Graf von Schönbornschen Gutsverwaltung erzeugt wird.
Im Jahre 1230 war Graf Rupert von Castell gezwungen worden, die Hallburg, die bislang sein Allod, d.h. sein Familienerbgut gewesen ist, vom Bischof von Würzburg als Lehen zu nehmen. Von Anfang an werden an den Hängen der Burg Reben angepflanzt. 1311 wird die Hallburg als „Halleberch die veste" bezeichnet, d.h. bereits als Festung erweitert. 1314 wird der gesamte Besitz an die Hohenlohe verpfändet und ab 1356 tauchen die Herren von Zollner auf, welche die Burg vom Bischof von Würzburg als Pfand erhielten. Seit 1356 hatte der Bischof seine Amtleute auf der Hallburg sitzen, die erst im Jahre 1540 ihren Wohnsitz wechseln und seit dieser Zeit in der Stadt Volkach residieren. Genauso wie die Kartause in Astheim oder die Vogelsburg wird im Bauernkrieg auch die Hallburg geplündert.
Bei einer Beurteilung der Weinlagen im Landkreis Kitzingen wird im Jahre 1830 neben Volkach auch die Hallburg als ausgezeichnetes Weinbaugebiet gelobt.
Als Ausflugsziel sehr beliebt ist auf der Hallburg besonders die Schloßkapelle aus dem 14./15. Jahrhundert sehenswert. Die alljährlichen Konzerte zur Sommerszeit haben einen guten Ruf: Die musika-

lische Tradition ist seit 1925 begründet, als die bekannten Kammerkonzerte mit Professor Lamping und Elly Ney hier auf der Hallburg durchgeführt wurden.

Riesige Kastanienbäume begrenzen die Auffahrt zur Hallburg. Im schattigen Schloßhof schmeckt der körperreiche „Schloßberg" besonders gut.

Einzellage: Schloßberg

Gesamtrebfläche: 15 ha

Haupthimmelsrichtung der Lage: Süd

Höhe über dem Meeresspiegel: 225 bis 255 m

Haupthangneigung der Lage in Prozent: 20 bis 40

Boden:
Lettenkeuper, teilweise mit Sandauflage

Rebsorten:
Silvaner, Müller-Thurgau, Perle, Riesling, Traminer u. a.

Wein:
artiges Bukett, je nach Sorte auch kräftig duftend, kernig, nachhaltig.

Auch eine Sage ist überliefert:

Junker Stoffel soll einer der letzten Zöllner von der Hallburg gewesen sein. Man weiß von ihm, daß er in Saus und Braus lebte und sein Vermögen verjubelte. Auf Jagden ritt er mit seinen Gesellen ohne Rücksicht über die Felder und durch die Weinberge und verursachte bei den Bauern großen Schaden. Als dies dem Fürstbischof von Würzburg zu Ohren kam, schickte er einen Reitertrupp, um den Junker zu überfallen und als Gefangenen nach Würzburg zu bringen. Dort wurde er wegen Landfriedensbruchs verurteilt und enthauptet. Als Reiter ohne Kopf soll der Gerichtete des öfteren um Mitternacht in der Gegend der Hallburg gesehen worden sein.

Bischwind

Mit 6 ha Rebfläche reiht sich Bischwind in die Palette der fränkischen Weinorte ein. Der Ort und seine Wengert liegen an der westlichen Abdachung des Steigerwaldes, südwestlich vom Zabelstein auf einem wellenförmigen Terrain. Der reichliche Obstbau macht den Ort vor allem zur Blütezeit im Frühling sehenswert. Die Landwirte und Winzer verehren ihren Ortspatron, den heiligen Wendelin.
Bekannt ist Bischwind vor allem durch seine Wallfahrtskirche, die, auf einer kleinen Anhöhe liegend, am 12. September 1875 konsekriert wurde. Als Maria-Hilf-Kirche wurde vor den Steigerwaldhöhen diese neugotische Wallfahrtskirche gebaut. An der gleichen Stelle hat im Jahre 1708 der Bischwinder Bauer Johann Georg Mitnacht die erste Kapelle erbaut, zum Dank für seine Befreiung aus der Gefangenschaft. Ein zweites Kirchlein wurde in den Jahren 1760–1770 errichtet. Wenn man die Wallfahrtskirche besucht, wird man auf dem linken Nebenaltar eine Abbildung des Gnadenbildes der berühmten Wallfahrt auf dem Bogenberg an der Donau wiedererkennen. Verschiedene Votivbilder weisen auf Heilungen hin.

Einzellage:
Köhler

Gesamtrebfläche: 2 ha

Haupthimmelsrichtungen der Lage:
Süd, Süd-West

Höhe über dem Meeresspiegel: 270 bis 287 m

Haupthangneigung der Lage in Prozent: 10 bis 30

Boden: Keuper

Rebsorten:
Silvaner, Müller-Thurgau u. a.

Wein:
fruchtig, pikant, körperreich.

Michelau im Steigerwald

Bereits in der Zeit zwischen 1200 bis 1250 mußte der Ort Michelau (Michelawa) jährlich 6 Fuder Wein an das Bistum Fulda liefern.
In der Ortschronik sind ebenfalls Hinweise auf den Weinbau enthalten.
Die Urbarmachung des „Sudrachgebietes" südöstlich von Michelau durch die Zisterzienser-Mönche aus Ebrach, um das Jahr 1250, brachte es mit sich, daß da, wo jetzt das Feriendorf mit über 100 Wohn- und Ferienhäusern und derzeit über 40 000 Übernachtungen steht, auch Wein angebaut wurde. Den schlüssigen Beweis dafür liefert die Katasterbezeichnung „Weinsteig". Die Hügel und Hänge des Steigerwaldes – also auch die um Michelau – eignen sich ob ihrer frostgeschützten Lage besonders gut für den Weinanbau. Die Weinberge um Michelau sind im Halbkreis eingebettet und geschützt vor Nord- und

Vor der malerischen Kulisse des Steigerwaldes mit seinen Weinbergen liegt Hundelshausen. Auch hier sind Winzer zu Hause, die mit Liebe ihren Wengert pflegen.

Von den Weinbergen bei Michelau kann man weit in das fränkische Land schauen.

Ostwinden. Dazu kommt noch, daß der Keuperboden am Steigerwald dem Wein sein besonderes Gepräge gibt. Nicht von ungefähr hat das Würzburger Traditionsweingut, das Bürgerspital zum Hl. Geist, im vorletzten Jahrzehnt sich hier angekauft und Weinberge in der Lage „Vollburg" angelegt.
Wie begehrt der Wein hier immer wieder war, sagt eine alte Volkserzählung:
Einmal soll der Wein hier sehr rar geworden sein und damit um so begehrenswerter. Zwei Diebe schlichen sich daher um Mitternacht in den Keller eines Bauern, um sich am Wein zu laben. Auf der Kellertreppe fanden sie auch einige Flaschen, die zugekorkt waren. Eiligst nahmen sie die Flaschen, um sie an einem sicheren Ort in Ruhe verkosten zu können. Doch ihre Gesichter wurden dabei immer länger und länger. Sie hatten nämlich in der Eile Flaschen erwischt, die von der Bäuerin mit „Weihwasser" gefüllt waren, das einem christlichen Brauch zufolge jeweils an den Ostertagen in der Kirche geweiht und für das Jahr über für den Gebrauch in Haus, Stall und Hof aufgehoben wird.
Michelau hat seinen Weinbau in unsere Zeit herübergerettet. Michelauer Wein wird selbst in den Bürgerspital-Weinstuben zu Würzburg ausgeschenkt. Wer den kräftigen Michelauer Wein kennt, der sollte auch Altbürgermeister Sepp Böhm kennen, der als Kapellmeister nicht nur dem Musikzug der Bayerischen Bereitschaftspolizei vorstand. Von ihm stammt das Steigerwaldlied, und in der 4. Strophe heißt es:

„Dort, wo steile Hänge über Tälern steh'n,
wo der Rebstock blüht, die Häcker bergwärts geh'n,
wo im Glase perlt der Wein so goldig schön,
liegt der Steigerwald und seine Höh'n ..."

Einzellage:
Vollburg (der Name kommt von einer keltischen Fliehburg, deren Umrisse noch erkennbar sind)
Früher: Hochwengert, Rotkehlein, Teufel, Sauerleite, Kennetknecht, Seelenberg, Simmelein, Kühsteig, Huttershügel, Eulenberg

Gesamtrebfläche: 30 ha

Haupthimmelsrichtungen der Lage:
Süd, Süd-West

Höhe über dem Meeresspiegel: 300 bis 360 m

Haupthangneigung der Lage in Prozent: 15 bis 30

Boden:
unterer Gipskeuper

Rebsorten:
Müller-Thurgau, Silvaner u. a.

Wein:
kräftig duftend, fruchtig, pikant, gehaltvoll.

Dingolshausen

Dingolshausen breitet sich in einem am Fuß des Stollbergs beginnenden und bei Volkach ausmündenden Seitental aus. Wie in vielen anderen fränkischen Weinbaugebieten wurde in Dingolshausen bis um die Jahrhundertwende recht viel Wein angebaut. Alte Flurkarten beweisen, daß weite Flächen der Gemeindeflur mit Reben bestockt gewesen sind. Neben den in die Weinbergsrolle eingetragenen Weinbergslagenamen Köhler weisen andere Flurlagen wie Wilder Berg, Fuchsranken, An den Bergen, Angersloch oder Seeberg darauf hin, daß früher nicht nur die steilen Hanglagen weinbaulich bewirtschaftet worden sind.

Nach dem Ausbruch gefährlicher Krankheiten rodete man einen Großteil der Flächen bis auf die steileren Hanglagen. Seit Ende des Zweiten Weltkrieges widmet man sich wieder mehr dem Weinanbau, nun bearbeiten etwa 30 Winzer eine Rebfläche von 26 ha. Jetzt kann man wieder stolz auf das Gemeindesiegel sein, das im Jahre 1561 durch Bischof Friedrich von Wirsberg verliehen wurde und einen üppigen, grünen Rebstock zeigt.

Seit 1983 kann man hier in Dingolshausen auf einem Weinfest die verschiedenen Sorten ausprobieren und eine Weinprinzessin bewundern. Unter der Einzellage „Köhler“ verbergen sich Weinberge, die mit Müller-Thurgau, Silvaner, Bacchus und Kerner bepflanzt sind. Die Rentabilität des Weinbaues hat man erst in den 60er Jahren wieder entdeckt, als Winzer aus der Mainschleife hier im Steigerwald-Vorland Rebflächen erworben und den Ertragsweinbau in größerem Umfang wieder betrieben haben. Der ursprüngliche Charakter der Weinberge blieb erhalten, weil bei der 1960–1963 erfolgten Flurbereinigung die Weinberge nicht mit einbezogen worden sind.

Mit der maschinellen Bearbeitung hat man nun zwar seine Mühe und Last, es werden jedoch bei Zusammenlegungen und Begradigungen, auch bei Neu- und Wiederanpflanzungen, solche Nachteile zum Großteil behoben.

Auch eine Symbolfigur, als Köhler dargestellt, soll für die Werbung Sorge tragen. Angeblich hatten in früheren Zeiten Köhler in Meilern Holzkohle gewonnen, die für die Brennöfen zur Kalk- und Gipsgewinnung gebraucht wurden.

Alljährlich wird am Fest des heiligen Laurentius (10. August) eine Statue des Heiligen in der Kirche mit frischem Reblaub und Träubeln geschmückt. Neben dem heiligen Sebastian ist der heilige Laurentius der Kirchenpatron von Dingolshausen.

Man kann sich noch daran erinnern, daß im Ort mehrere Heckenwirtschaften bestanden haben sollen. Jeder Heckenwirt hatte seine ganz spezielle Besonderheit angeboten. Nicht nur der selbst ausgebaute Wein und die eigens zubereiteten Speisen, auch die Ausstattung der Stube, die einzelnen Zugaben und die Unterhaltung selbst waren einen fröhlichen Abend wert. Wenn ein Kranz oder Buschen vor einem Winzerhaus hing, wußte jeder, daß hier an langen Abenden der selbst ausgebaute Wein ausgeschenkt wird. Man sollte einmal solch einen Abend miterleben, wenn der feine Duft des jungen Mostes in die Nase steigt, auch der Geruch seiner Hefe, Säure und Süße. Da kann man nach ein paar Schoppen die Hände spüren, die ihn ausgebaut haben, die Augen sehen, die ihn wachsen sahen. Mag anfangs die Stube oder die Kammer noch eng und das nahe Zusammenhocken neben den Bauern und Winzern etwas beklemmend sein, so wird man sich später in der fröhlichen Gemeinschaft wohlfühlen. Dann kann man plötzlich alte Geschichten und uralte Lieder hören.

Einzellage:
Köhler
Früher: Wilder Berg, Fuchsranken, An den Bergen, Angersloch, Seeberg

Gesamtrebfläche:
26 ha

Haupthimmelsrichtungen der Lage:
Süd, Süd-West

Höhe über dem Meeresspiegel:
270 bis 300 m

Haupthangneigung der Lage in Prozent:
10 bis 20

Boden:
Keuper

Rebsorten:
Silvaner, Müller-Thurgau, Bacchus, Kerner u. a.

Wein:
würzig, kräftig, pikante Säure.

Farbenprächtiger Herbst am Handthaler Stollberg.

Handthal

In Handthal klettert die Rebe bis auf 410 m über NN den Hang hinauf, und dennoch hat gerade von hier aus der Müller-Thurgau im Jahre 1948 den Siegeszug als Qualitätssorte angetreten. Stolze 105 Grad Oechsle wurden damals gemessen, und als auch in anderen deutschen Weinbaugebieten Spitzenweine von dieser frühreifenden Sorte erzeugt wurden, war das Negativ-Image der Müller-Thurgau-Rebe als „Massenträger“ gebrochen.
Man muß einmal an einem September-Tag auf der Terrasse des Gutsausschanks der Bayerischen Landesanstalt für Weinbau und Gartenbau bei einem goldgelben Schoppen gesessen und das Panorama der dunklen Waldhänge, der herbstfarbenen Weinberge, die den Ort in einem Halbrund umgeben, in sich aufgenommen haben. Man muß einmal mit Altbürgermeister Kraiß geplaudert haben, um zu erkennen, was Handthal für Franken bedeutet. Wenn dann zum würzigen Duft des kräftigen Weines noch der Rauch der Kartoffelkrautfeuer, die im Tal einen bläulichen Schleier auf Felder und Wiesen legen, hinzukommt, und die Wirtin einen deftigen „Gerupften“ serviert, dann kommt eine behagliche Stimmung auf, und Dankbarkeit, in diesem Weinland leben zu dürfen, wird wach. Hier in dieser Ruhe fühlen sich auch die Greifvögel wohl, die am Himmel ihre lautlosen Kreise ziehen. Und es wird berichtet, daß sie sich in den letzten Jahren so vermehrt haben, daß die Starenabwehr in den Weinbergen überflüssig wurde.
Es läßt sich kein Star mehr sehen; jedenfalls keiner mit Flügeln.
Der Handthaler Wein liefert den Beweis dafür, daß in Franken das Kleinklima eine ganz besondere Bedeutung für die Weinbaufähigkeit eines Grundstükkes hat.
Handthal hat eine bewegte Geschichte hinter sich. Die Burgruine Stollberg aus dem 13. Jahrhundert gibt Zeugnis von Macht und Vergänglichkeit.

Oberschwarzacher Bauern brandschatzten 1525 die Burg, seitdem wurde sie nicht mehr aufgebaut. Der Handthaler Wein trägt seit Jahrzehnten den Namen „Stollberg“. 1836 hatte Handthal 18 Morgen Weinberge. Das große Rebensterben in Franken brachte es mit sich, daß vor dem 1. Weltkrieg die Weinberge aufgelassen wurden. 1941 begann die Staatliche Lehranstalt für Wein-, Obst- und Gartenbau mit der Anlage des Weingutes Handthal.
Der Erfolg und das Beispiel animierten immer mehr Landwirte, auch wieder Weinberge anzulegen, bis dann im Jahre 1981 18,6 ha Rebfläche planmäßig aufgebaut wurden. Die Jungfern-Erträge im Jahre 1983 bestätigten die Erfahrungen, die seit 1944 gesammelt wurden. Seit 1977 ist Handthal ein Ortsteil von Oberschwarzach und seit vielen Jahren in seiner Abgeschiedenheit ein bekanntes Ausflugsziel im Steigerwald.
Der kleine Ort hat sechs Gaststätten und ist somit für den großen Ansturm erholungsuchender Menschen bestens gerüstet.

Einzellage: Stollberg

Gesamtrebfläche: 25 ha

Haupthimmelsrichtungen der Lage: Süd bis West

Höhe über dem Meeresspiegel: 300 bis 410 m

Haupthangneigung der Lage in Prozent: 15 bis 50

Boden: unterer Gipskeuper

Rebsorten:
Müller-Thurgau, Silvaner, Kerner, Bacchus u. a.

Wein:
Der Müller-Thurgau hat ein sehr kräftiges Muskatbukett, er ist fruchtig, pikant und gehaltvoll. Wegen der großen Höhe (höchster Weinberg Frankens) hat der Silvaner in manchen Jahren eine etwas kräftige Säure. Handthal hat das Verdienst, nach dem Krieg den Müller-Thurgau als Qualitätssorte bekanntgemacht zu haben.

Oberschwarzach

Seit Jahrhunderten ist Oberschwarzach ein zentraler, wenn auch nicht großer Marktflecken gewesen und bis heute geblieben. Fährt man auf der B 22 in Richtung Bamberg, so sieht man linker Hand dieses anmutige Dorf mit seinem Echter-Kirchturm zwischen Westausläufern des Steigerwaldes liegen. Durch die Gemeindereform wurden die Weinbauorte Kammerforst, Handthal, Wiebelsberg, Mutzenroth und Breitbach eingemeindet. Rund 100 ha Weinland wurden neu geordnet und in den Jahren 1978 bis 1982 mit Bacchus, Müller-Thurgau, Silvaner, Kerner, Ortega und Scheurebe sowie einigen Rotweinsorten bepflanzt. Die Winzergenossenschaft Sommerach am Main hat sich hier ihr zweites Standbein geschaffen. Etwa ein Drittel der hier geernteten Trauben werden in Sommerach gekeltert, ausgebaut und vermarktet. Die Jungfernerträge 1982 und 1983 zeigen, daß standortbewußt gepflanzt wurde.

Kirche und Schloß überragen das Dächergeschachtel von Oberschwarzach. Dahinter die vor wenigen Jahren flurbereinigten Weinberge.

Doch betrachten wir zunächst die weinbauliche Entwicklung von Oberschwarzach. Sie ist stark verquickt mit dem Schicksal der Stollburg. Nach deren Zerstörung kaufte Julius Echter 1575 das Schloßgut der Truchsesse von Henneberg in Oberschwarzach. Im Kaufvertrag werden auch acht Morgen Weinberge in den Lagen Hopfengrund, Grundberg, Schreibersberg und am Handthalerberg genannt. 1604 läßt der Fürstbischof das heute noch guterhaltene und bewohnte stattliche Renaissanceschloß erbauen. Oberschwarzach wird Sitz des Amtmannes. Die Dorfordnung, die der Regent 1610 für Oberschwarzach erläßt, umfaßt 56 handgeschriebene Doppelseiten.
Tanz und Spiel werden genehmigungspflichtig; unnütz Geschwätz auf Straßen und vor der Kirche wird strafbewehrt; aufwendige Hochzeiten und Tauffeiern verboten; selbst das Wirtshaushocken und die Spinnstuben werden untersagt.
Den 158 armen Schluckern, die 1611 an der Pest starben, hat diese strenge Verordnung auch nichts geholfen.
In der oben erwähnten Dorf- und Gerichtsordnung wird den Einwohnern von Oberschwarzach gestattet, selbstgebauten Wein auszuschenken, wenn sie das entsprechende Umgeld (Marktsteuer) bezahlt hatten. Vor Jakobi (25. Juli) durfte allerdings kein Wirt auswärtigen Wein anbieten.
Der Markt Oberschwarzach ist seit Jahrhunderten nicht nur Einkaufszentrum (vier Jahrmärkte), sondern auch kirchlicher Mittelpunkt für viele Steigerwaldgemeinden. Friedrich Albert, ein ehemaliger Kaplan, wurde 1905 sogar Erzbischof von Bamberg. Die 1968 eingeweihte Georg-Häfner-Verbandsschule soll das Gedächtnis an den tapferen Ortspfarrer Häfner erhalten, der 1942 im KZ Dachau für seinen Glauben sein Leben hingab.

Einzellage:
Herrenberg
Früher: Brommersklinge, Herrlein, Mühlenwengert, Roter Berg, Schellenberg, An der Steige, Vögelein, Hörnleinsberg, Auhengrund, Winterleite

Gesamtrebfläche:
35 ha, ohne Ortsteile

Haupthimmelsrichtungen der Lage:
Süd-West, West, Nord-Ost

Höhe über dem Meeresspiegel:
290 bis 370 m

Haupthangneigung der Lage in Prozent:
15 bis 35

Boden: unterer Gipskeuper

Rebsorten: Silvaner, Müller-Thurgau, Bacchus, Kerner, u. a.

Wein: kräftiges Bukett, pikant, gehaltvoll.
Der fruchtige Müller-Thurgau ist gleichermaßen gut wie der saftige Silvaner. Der Bacchus wird sehr würzig.

Kammerforst

Mit etwa 50 Einwohnern gehört dieser kleine fränkische Ort zur Gemeinde Breitbach. Der zum Ratsstein und zum Geiersberg hinaufziehende Wald hatte dem Dorf, das seit 1237 zur Kammer des Hochstifts Würzburg gehörte, den Namen gegeben. Am Westrand des Steigerwaldes gelegen, gedeiht hier auf etwa 10 ha Keuperboden ein pikanter und gehaltvoller, vom Keuper her im Bukett geprägt artiger Wein, vorwiegend der Sorten Müller-Thurgau und Silvaner.
Im Jahre 1412 erhielt ein Heinz von Thunfeld u. a. 3 Morgen Weingarten in Kammerforst, und 1435 setzten die Weinbergsbesitzer Jörg und Hans Fuchs zu Schweinshaupten ihren Vetter Jörgen Fuchs für die Lehen ein, um u. a. den Getreide- und Weinzehnt zu Kammerforst einzutreiben.
Neben den früheren Weinlagen Am Küstner, Unter der Steige, Mönchberg und Mostgraben ist die Flurlage „Teufel", die bereits in der Dorfordnung von 1705 als „Daüffel" eingetragen ist, als Einzellage ausgewählt worden. Eine Symbolfigur tritt mit einem Dreizack auf. Seit 1976 wird in Kammerforst alle Jahre anfangs Mai mehrere Tage hindurch ein Weinfest abgehalten, eine örtliche Weinprinzessin vertritt den Weinort in der Öffentlichkeit.
Seit kurzem ist die Gründung eines Weinbauvereins geplant, dem sich die Ortschaften Oberschwarzach, Wiebelsberg, Handthal und Kammerforst anschließen sollen.

Einzellage: Teufel

Gesamtrebfläche: 29 ha

Haupthimmelsrichtungen der Lage: Süd, Süd-West

Höhe über dem Meeresspiegel: 290 bis 370 m

Haupthangneigung der Lage in Prozent: 10 bis 30

Boden: Keuper

Rebsorten: Müller-Thurgau, Bacchus, Kerner u. a.

Wein: fruchtig, kräftig, rassig.

Weit den Hang hinab erstrecken sich die Weinberge von Kammerforst. Auf den Keuperböden des Steigerwalds wächst ein gehaltvoller Frankenwein.

Wiebelsberg

Mit etwa 150 Einwohnern umgibt den Ort Wiebelsberg ein Gürtel von Obstbäumen und Gärten, dahinter ziehen sich auf einer Fläche von 25 Hektar die Weinberge am Hang hinauf.
Mitten im Ort steht das Kirchlein St. Bartholomäus, 1924 neu erbaut, obwohl der Altar in seiner Rokokoform bereits in die Zeit um 1760 zurückreicht. Der heilige Bartholomäus ist ein beliebter fränkischer Weinheiliger, in einem ovalen Ölbild kann man ihn als Altarkrönung betrachten.
Schon im 12. Jahrhundert wird der Ort als Wibilsberc bezeichnet; ältere Bezeichnungen sind Weiberberg, Weibsberg (vergleiche mhd. wibelin = Weibchen). Wiebelsberg gehörte zur alten Herrschaft Stollberg.

Einzellage: Dachs

Gesamtrebfläche: 25 ha

Haupthimmelsrichtungen der Lage: Süd-West, Süd

Höhe über dem Meeresspiegel: 290 bis 380 m

Haupthangneigung der Lage in Prozent: 15 bis 35

Boden: Keuper

Rebsorten: Müller-Thurgau, Bacchus, Kerner u. a.

Wein: Es wächst hier seit der Neuordnung der Weinberge im Jahre 1980 ein sehr fruchtiger, gehaltvoller, mineralischer, typischer Keuperwein.

Prichsenstadt

Wie die Chronik berichtet, hat der Weinbau in früheren Jahrhunderten in Prichsenstadt eine bedeutende Rolle gespielt. Schon um 1400 legten die damaligen Herren der Stadt großen Wert darauf, daß der Zehnt von dem in Prichsenstadt gebauten Wein auch pünktlich an die Hofhaltung geliefert wurde.
In den alten Aufzeichnungen sind auch Güte und Menge des geernteten Weines vermerkt.
Noch um das 18. Jahrhundert übten sieben Büttner in der Stadt das Handwerk aus. Der schon oft beschriebene Niedergang des Weinbaues blieb auch Prichsenstadt nicht erspart. Und um die Jahrhundertwende kam er zum völligen Erliegen.
Erst 1950 legte der damalige Bürgermeister Friedrich Keßler wieder einen Weinberg an. Heute baut man auf rund 18 Hektar Reben.
Obwohl die Gemarkung Prichsenstadt zum Bereich Steigerwald gehört, ist hier nicht der typische Gipskeuperboden anzutreffen, sondern eher die Formationen des Muschelkalks (vgl. Bodenkarte Seite 362). Dementsprechend hebt sich der Wein artmäßig auch geschmacklich von den Nachbargemeinden Abtswind und Castell ab.

Rechts: Mustergültiger Weinbau in Wiebelsberg. Mist und Häckerschweiß sind wichtige Voraussetzungen für das Gedeihen eines Weinbergs. Ganz im Hintergrund die lange Bergkette des Schwanbergs (vgl. Text S. 361).

Prichsenstadt, eine der kleinsten Städte in Franken, verkörpert noch heute die altfränkische Welt.

Prichsenstadt richtet jährlich ein gutorganisiertes Straßenweinfest aus. Man muß einmal die Vorprobe zu diesem Weinfest erlebt haben, um bewußt zu erfahren, was fränkische Gastlichkeit ist. Noch besser präsentiert sich das altfränkische Kleinstädtchen (es wurde bereits 1367 durch Kaiser Karl IV. zur Stadt

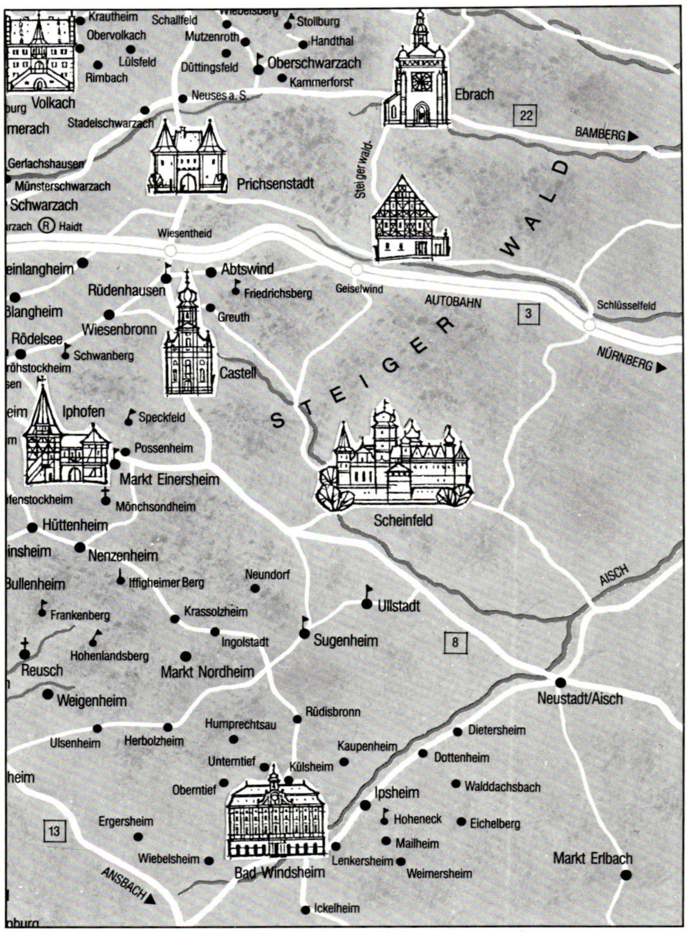

erhoben), wenn der ehrenamtliche Fremdenführer Christoph Wolf in der Montur eines Nachtwächters die Mitternachtsstunde ausruft: „Hört, ihr Leut, und laßt euch sagen, unsere Uhr hat 12 geschlagen, 12 Uhr ist das Ziel der Zeit, Mensch, gedenk der Ewigkeit."

Es ist in der Tat schwer, sich nach Hause zu begeben, wenn man erst einmal all die Spezialitäten vom Weinberg, von der Gastronomie, aus den Bäckerstuben und den Metzgereien, die Prichsenstadt zu bieten vermag, beim Straßenweinfest oder auch sonst verkostet hat.

Einzellage:
Krone

Gesamtrebfläche:
18 ha

Hauptbimmelsrichtung der Lage:
Süd

Höhe über dem Meeresspiegel:
250 bis 270 m

Haupthangneigung der Lage in Prozent:
15 bis 20

Boden:
Lettenkeuper und Kalkgestein

Rebsorten:
Müller-Thurgau, Ortega, Perle, Albalonga u. a.

Wein:
gutes Aroma, pikant, gehaltvoll.
Die Weine schwanken in ihrer Art zwischen rassigem Keuperwein und herzhaftem Muschelkalkwein.

Hinter dem altehrwürdigen Rathaus von Kleinlangheim aus dem Jahre 1487 mit einem eigenartigen Laubengang ragt der Turm der evangelischen Pfarrkirche heraus.

Kleinlangheim

Der protestantische Markt Kleinlangheim war vom Beginn seiner geschichtlichen Ereignisse an im Besitz der Grafen von Castell. Mehr als durch ihren Weinbau waren die Bauern von Kleinlangheim bekannt durch ihre Viehmärkte. So sollen allein in den Jahren von 1841 bis 1843 12000 Rinder ihre Besitzer auf diesen Märkten gewechselt haben. Auch durch seinen Zwetschgenanbau machte sich Kleinlangheim einen Namen, so daß noch heute im Wappen der Baum zu finden ist.

In Fachkreisen der Frühgeschichtler ist erst in letzter Zeit der Ort durch die Entdeckung des germanischen Gräberfeldes bekannt, wenn nicht berühmt geworden. Sehenswert ist die Kirchenburg aus dem 14. Jahrhundert, der untere Teil des Turmes der Pfarrkirche mag schon um 1300 gestanden sein. Das im Landkreis Kitzingen älteste Rathaus wurde im Jahre 1487 erbaut. Kleinlangheim kann also bald auf eine 500jährige Geschichte seines Rathauses zurückblikken. In einer Art Laubengang sitzt die Längsseite des Baues auf sieben Säulen; gerne wird den Besuchern der eiserne Ofen von 1717 im Gemeindesaal gezeigt.

Durch die Neuordnung der Weinberge mit planmäßigem Wiederaufbau ist der Kleinlangheimer Wein im Jahre 1970 aus seinem seit der Jahrhundertwende währenden Dornröschenschlaf wieder aufgeweckt worden. Über 5 ha wurden neu mit Reben bepflanzt.

Über den Weinanbau von früher weiß man kaum etwas zu erzählen, obwohl die Urkunden und Quellen beweisen, daß auch im vorigen Jahrhundert der Wein eine große Rolle spielte. Friedrich Grosch hat im Jahrbuch des Landkreises Kitzingen (Jahrgang 1964, Seiten 206–208) alles Wissenswerte zusammengetragen. Die Gemeinde Kleinlangheim feiert seit 1974 alljährlich eine Weinwoche, liefern doch die Reben vom „Wutschenberg“ (Wutsch bedeutet mittelhochdeutsch die Ohreule, sie ist ein Symbol der Weisheit; hoffentlich ist dies allen Kleinlangheimern bewußt!) einen recht guten Wein.

Von der alten Weinbergsarbeit ist eine Anekdote überliefert: Der frühere Sternwirt Krämer pflegte von seinem Dachfenster aus mit einem Fernglas seine Weinbergsarbeiter im Damm-Weinberg bei der Arbeit genau zu beobachten. Sein Beobachtungsergebnis soll er lakonisch ausgedrückt haben: „Droben liegen sie und hacken!“

Noch in den zwanziger Jahren gab es in Kleinlangheim zwei ausgesprochene Weinwirtschaften, sogenannte „Beckenstuben“.

Neben dem Eingang zur Kirchenburg ist in die Mauer ein altes Halseisen eingelassen, es sind die Reste eines Prangers. Wie oft mögen hier Gerichte stattgefunden haben! In einem der zahlreichen Gaden soll auch ein sogenanntes Narrenhäuschen gewesen sein, und eines der Torhäuser diente als Strafturm. Für Sitte und Ordnung war in früheren Zeiten wohlweislich gesorgt.

Einzellage: Wutschenberg
Früher: Am Gansacker, Am Eigelsee, Am Flachsweg, Bei der Kalkmühle, Am Pintzen oder Bütschberg, An der Thamspitzen, Am Wiesenbronner Weg, Am Wortbaum, In der Bettelhecke, Am Damm, Eulenberg, Am hinteren Damm, Am Dammholz, Am Eulenberg, In der Jetz, An der kalten Elsen, Im Kessel, In der Leithen, Im Leithenbuck oder Hetz, An der Lötschen, Am Wutschenberg, Im Wutschenberg, Specken, Steingraben, Breiter Rain

Großlage: Schloßberg

Gesamtrebfläche: 5 ha

Haupthimmelsrichtung der Lagen: Süd

Höhe über dem Meeresspiegel: etwa 300 m

Haupthangneigung der Lagen in Prozent: 10 bis 15

Boden:
Keuper (unterer und mittlerer Keuper) tonige Sande, Keuper mit Sandbeimengung

Rebsorten: Silvaner, Müller-Thurgau u. a.

Wein: artiges Bukett, pikant, stoffig.

Er weiß, aus welchem Faß er mit dem Bartel den Most holen muß.

Die winterliche Landschaft hat auch für den Winzer seine Reize und seine Bedeutung, wenn der Frost den Reben nicht allzusehr Schaden zufügt.

Abtswind, Weindorf am Steigerwald zu Füßen des Friedrichsberges.

Abtswind

Das emsige Bemühen um das Wohl der Fremden, die hautnahe Lage an der Autobahn, der gepflegte fränkische Marktflecken selbst und nicht zuletzt der bekömmliche, kräftige Keuperwein haben Abtswind, das Weindorf am Steigerwald am Fuße des Friedrichsberges, in den Blickpunkt gezogen. Die bislang älteste nachweisbare Urkunde über Abtswind vom Jahre 1270 bestätigt gleichzeitig auch den Weinanbau. 70 Jahre später wird im ältesten Ebracher Urbarium Abtswind im Jahre 1340 als Weinort bestätigt. Bis zu Beginn des 17. Jahrhunderts wurde an allen Hängen Wein angebaut. Im Dreißigjährigen Krieg mußten auch die Abtswinder Bauern und Winzer viel Schlimmes erdulden. Das Leid kommt in einem Schreiben eines Casteller Untertanen an seine Herrschaft zum Ausdruck, wenn er am 6. März 1631 über die Plünderungen in seinem Ort klagt: „Zum theuersten auch die Weinfässer angesteckt und mit weggetragen, das übrige was sie nicht fortbringen können verwüstet, zerschlagen und zerbrochen liegen lassen ...". Um 1846 betrug die Weinanbaufläche in Abtswind ca. 300 Tagwerk, das sind etwa 100 ha. Bereits einige Jahre später verspürt man einen gewaltigen Rückgang. Im Jahre 1906 tritt dann die Peronospora auf, diese Krankheit wütet 5 Jahre hindurch, die Bekämpfungsmittel sind zur damaligen Zeit noch recht mangelhaft, und so müssen viele Weinbergsbesitzer aufgeben.
Nach dem Ersten Weltkrieg begann wieder allmählich ein Aufschwung. Das Staatsweingut, welches seit 1921 neue Weinberge anlegte, wirkte hier vorbildlich. Das Interesse am Weinbau ist auch durch die Gründung einer örtlichen Winzergenossenschaft

Erziehung und Unterstützung sind bei der Traube nicht weniger wichtig als beim Menschen.

geweckt worden, die jedoch leider im Jahre 1927 nach vielerlei Rückschlägen wieder einging.
Strenger als heutzutage war früher der Handel mit dem Wein geregelt. Aus Gerichtsprotokollen erfahren wir z. B., daß es Abtswinder Winzern und Wirten verboten war, Wein aus benachbarten Orten einzuführen. Man kann sich noch daran erinnern, daß der größte Teil einer Weinernte von Händlern und Wirten aufgekauft worden ist. Deshalb verzichtete man auf den Ausbau der eigenen Keller und gab den frischen Most direkt an Händler ab. Die Händler und Aufkäufer kamen aus Würzburg, Kitzingen, Sommerhausen, Scheinfeld und Markt Bibart. Selbst in Abtswind waren Weinhändler ansässig. Der bekannteste unter ihnen war der „Zehgruber", der vor der Jahrhundertwende auf seinen Fuhrwerken den Abtswinder Wein bis nach Regensburg verkaufte. Die Weinhändler waren mächtige Leute, sie bestimmten die Preise. Ab 1933 ist ein Mindestweinpreis von 40 Reichsmark pro Hektoliter festgesetzt worden.

Es ist alte Sitte, daß man wichtige Urkunden und besondere Aufzeichnungen in der Kugel des Kirchturmes aufbewahrt. Über die Qualität verschiedener Abtswinder Weinjahrgänge aus der Zeit von 1811–1861 ist in solch einer Urkunde vieles festgehalten. Da heißt es vom Weinjahr 1811: Ein Segensjahr, sehr viel und sehr guter Most. Auch die Jahre 1822 und 1834 brachten einen guten Wein.
Über den Umfang der früheren Weinanbaugebiete in Abtswind geben vor allem Zins- und Lehensbücher, auch Grundstücksverzeichnisse und Steuerkataster ein recht genaues Bild. Einige angeführte Weinbergslagen sollen dies verdeutlichen: An der Beunt (heute: Untere Straßäcker), Am Binzenberg, Am Riesenberg, Krainleite (a. d. Straße nach Wiesentheid), Am Kirchweg, Am Säuerling (westlich vom Friedhof), Altenberg, Schild, Hasenberg, Leingrund, Finkenhöhe, Bühl, Urtel, Wachtel, Gottsberg, Alter See, Loh. Es sind zum Großteil Gipskeuperböden, lediglich am Schildberg ragt als oberer Abschluß Schilfsandstein heraus.
Bräuche sind bei den fränkischen Winzern spärlich gesät. Das mag wohl in erster Linie damit zusammenhängen, daß vor zuviel Arbeit zu wenig Raum und Zeit für den Brauch übrigbleibt. Daneben haben strenge Verordnungen und Bestimmungen, die immer wieder von neuem erlassen wurden, alles Spielerische eingegrenzt. Trotz allem spielt der Wein im Brauchtum eine wichtige Rolle. So wurde z. B. in einer Abtswinder Gemeinderatssitzung am 4. Mai 1837, zu der auch der Ortspfarrer geladen war, zur Sprache gebracht, daß trotz mehrerer Verbote der verderbliche Gebrauch vorkomme, nach einem Begräbnis „die Leichenschmäuse respektiv Leichentrünke" stattfinden. Der Gemeindediener mußte von Haus zu Haus laufen, um jedem Gemeindemitglied und allen Familien bei Strafe diese Leichentrünke zu untersagen (nach Intelligenzblatt 1835 Nr. 78). Aber Leichenschmaus und Umtrunk sind bis heute geblieben. In einer anderen Urkunde vom Jahre 1838 beschwert sich die königliche Kreisregierung über die überschwenglichen Schmausereien und Bewirtungen bei Kindstaufen, verbunden mit Belästigungen und Vernachlässigung der Wöchnerin und der Neugeborenen. Da werden längst bestehende Gesetze und Verordnungen wieder in Erinnerung gebracht, die alle Kindbettmahlzeiten und Umtrünke verbieten; denn es sei allzuoft zu regelrechten Trinkgelagen gekommen.
Vor allem die Weinlese wurde alle Jahre zu einem kleinen Volksfest ausgestaltet. Neben der Arbeit

wurde gesungen und geschossen, und vor allem bei jungen Leuten war eine frohe Stimmung. Zum Mittagessen gab es für die vielen Verwandten, Bekannten und Freunde aus der Nachbarschaft eine gute Brotzeit. In einem Brotzeitbündel, im Graskorb oder im Huckelkorb wurde die Brotzeit in den Wengert gebracht. Da lag neben der Hausmacherwurst ein gekochter Käse (aus „Pippeleskäs, Rahmbutter, Backsteekäs und Gewürzen zusammengemischt), auch echtes Bauernbrot, Kümmerli und natürlich ein paar Krüge Most. Als abschließendes festliches Essen wurden fast bei allen Abtswindern Kraut, Klöße und Fleisch aufgetischt.

An Wirtshäusern und trinkfesten Zechern hat es in Abtswind nie gemangelt. Im vorigen Jahrhundert schrieb ein Abtswinder Pfarrer: „Sie sind arbeitsam, halten aber auch viel auf einen guten Trunk. Sie bauen Wein und schreiben dem Wein besondere Kraft zu, starke Knochen zu erzeugen.“ Noch deutlicher drückt sich Ludwig Reinhold aus: „Auf das Wasser hält der Abtswinder nicht viel, es scheint ihm wohl dienlich und nützlich zum Waschen und Kochen, aber als Getränk hat es in seinen Augen nur geringen Wert. Er zieht unter allen Umständen den Wein entschieden vor. Von der Mutterbrust weg muß sich der junge Weltbürger an den Wein gewöhnen.“ Hinter diesen Zeilen steckt natürlich auch ein wenig dichterische Freiheit.

Bei den früher üblichen Heckenwirtschaften hing man als äußeres Zeichen ein Fichtenbäumchen an eine Stange vor das Haus. Zum Hausschoppen gab es Hausmacher Wurst und selbstgemachte Knackwürste, eine besondere Spezialität in Abtswind.

Seit der Neuordnung durch die Weinbergsbereinigung hat sich ein Großteil der Abtswinder Teilnehmer zu einer Kellergenossenschaft zusammengeschlossen. Im September 1964 ist der Beitritt zur Gebietswinzergenossenschaft Franken beschlossen worden. Die Kelterhalle ist 1965 eingerichtet und umgebaut worden. Das Staatsweingut am Altenberg besitzt seit 1921 Weinberge, der heutige Gesamtbesitz umfaßt nahezu 7 ha.

Es lohnt sich, einmal ein Steigerwald-Herbstweinfest zu besuchen oder eines der vielen Freundschaftsfeste. Der erste fränkische Weinlehrpfad in Bayern zieht durch die Abtswinder Weinbergsflur. Wanderwege und das Haus des Gastes locken viele Fremde und Freunde des fränkischen Weins hierher.

Einzellage: Altenberg
Früher: Altenberg, Hasenberg, Schild, Leitengrund, Wachtel, Seebühl, Gottesberg, Urtal, Wacholdertal, Leingrund

Großlage: Schild

Gesamtrebfläche: 39 ha

Haupthimmelsrichtungen der Lagen: Süd-West, Nord-West

Höhe über dem Meeresspiegel: 310 bis 400 m

Haupthangneigung der Lagen in Prozent: 15 bis 50

Boden: Keuper mit Gipseinschaltungen

Rebsorten: Müller-Thurgau, Silvaner, Scheurebe u. a.

Wein: fruchtiges Aroma, würzig, pikant, Geschmack lang anhaltend, sämtlichen Weinen ist eine besondere Art zu eigen; die Scheurebe und der Silvaner ragen besonders heraus.

Einen solchen Austrieb wie hier in Sulzfeld am Main wünscht sich der fränkische Winzer jedes Jahr.

Rüdenhausen

Zwischen Castell und Abtswind breitet sich in ruhiger Lage, schon etwas vom Steigerwaldabhang entfernt, Rüdenhausen mit etwa 750 Einwohnern aus. Von der nur knapp 7 Quadratkilometer großen Fläche – allein 23 ha verlor Rüdenhausen beim Bau der Autobahn – sind nur etwa 2 ha von Weinreben bepflanzt. Noch im Jahre 1845 wohnten hier 835 Einwohner, allein 76 Handwerker mit einer Gewerbekonzession lebten in Rüdenhausen.

Hier sitzen schon im 13. Jahrhundert die Ministerialien der Grafen von Castell, seit 1577 ist hier der Stammsitz der Linie Castell-Rüdenhausen.

Alle Jahre ziehen Ende August am Kirchweihsonntag die Schloßtänzer mit ihrem „Barteltträger" von Haus zu Haus, holen ihre Bräute ab und ziehen dann zum Schloß, um dort im Schloßhof den Plantanz aufzuführen. Natürlich lassen sie sich dabei den Rüdenhäuser Wein gut schmecken.

In der Dorf- und Gerichtsordnung zu Rüdenhausen, wohl aus der Zeit der Mitte des 16. Jahrhunderts, wird ein besonderes Kapitel der Weinglocke gewidmet. Dieser Text allein weist darauf hin, welche Bedeutung der Wein in Rüdenhausen in früheren Zeiten hatte:

„Von der Weinglocken

Es soll forthin, alle Tage, es seien Feier- oder Werktage / auf den Abend, so die Nacht herzugeht / im Sommer uff den Sonntag Mitfasten / wenn die Glocke acht / im Winter uff Michaeli / wenn die Glocke sieben schlecht (= schlägt) / der Schulmeister oder Mesner von Stund an nach der Glocke Schlag / die größere Glocke zu läuten anfangen / und wenn er ungefähr eine Viertelstund geläutet hat / mag er uffhören / bey Vermeidung einer Leibesstrafe. Zu Beginn dieses Läutens / soll ein jeglicher Innwohner dieses Dorfs / oder Fremder ... / mit dem Wirt zu reden und zu bezahlen anfangen / also daß sie zu Ausgang des Läutens aus dem Wirtshaus (sind) / ihrer Wege und Straßen heim / oder wo es einem jeden gelegen, gehen / und soll sich keiner über die Zeit des Läutens (hinaus) / im Wirtshaus begreifen lassen bey 5 lb Buß ...

Es sollen auch Schultheißen und die Gerichtsschöpfen die Weinglocke als wohl halten / als andere schlechte gemeine Männer / Fielen aber, wenn sie beieinander wären / der Geschäfte, es wäre mit Rechnungen / oder sonstige Gerichtssachen soviel vor / daß sie dieselben vor der Weinglocke nit verrichten möchten / sollen sie voneinander, ein jeder in seine Behausung gehen / und den andern Tag früh die überbliebene Arbeit zu gebührender Endschaft bringen ..."

„Der edlen Frankenreben Saft
gibt guthen Muet und newe Kraft
Drumb / willstu Dein Gesundheit meren
Sollstu die Frankenreben eren
Nymalen andern Wein begehren"

Wiesenbronn

Wiesenbronn am grünen Steigerwald, der mit seinen bewaldeten Höhen wie eine Pelzkappe die Reben an den Nordwesthängen schützt, ist ein Winzerdorf von hohem Renommee, obwohl die Wiesen und das Wasser ihm seinen Namen gaben. In einer Talsenke liegend, kuschelt sich dieses ansehnliche Winzer- und Bauerndorf an den alles überragenden Schwanberg. Seine Weinberge ziehen sich wie ein grüner Saum unterhalb des steilen Schwanberghangs entlang. Von 1966 bis 1970 wurden 55 ha Rebfläche neu geordnet und planmäßig wieder aufgebaut. Für die gelungene Maßnahme wurde der Weinbergsbereinigung um den Schwanberg der 2. Staatspreis des Bayerischen. Staatsministeriums für Ernährung, Landwirtschaft und Forsten verliehen.

Heute beträgt die Gesamtrebfläche ca. 70 ha. 45 Prozent sind mit Silvaner, 30 Prozent mit Müller-Thurgau bepflanzt. Den Rest der Fläche teilen sich die Sondersorten Bacchus, Scheurebe, Kerner, Traminer, Perle und die Spezialsorten für Rotwein: Portugieser, Domina, Spätburgunder, Lemberger und Schwarzriesling.

Wiesenbronn ist stolz auf seinen Rotwein und natürlich auch mit Recht auf seinen Weißwein. Es ist ein geschichtsträchtiges Winzerdorf. Schon 816 wird es in der Gründungsurkunde des Klosters Megingaudeshausen, das am Südostrand des Dorfes lag, erwähnt. Dabei ist auch ein Weinberg benannt. (Nach einem Brand wurde das Kloster nach Münsterschwarzach verlegt.)

Man erzählt sich, daß der Flurname „An der Mek-

ken“ noch heute an das ehemalige Kloster erinnern würde.
Auf der ältesten Landkarte des Gebietes, einer sogenannten Wildbannkarte der Grafen Castell aus dem Jahre 1497, ist gut zu erkennen, daß damals ein großer Teil der Wiesenbronner Markung mit Reben bepflanzt war. Vier verschiedene Dorfherrschaften und noch weitere acht weltliche und geistliche Herren hatten Grundbesitz in Wiesenbronn.
Von einem regen Weinbau mit Weinhandel zeugen noch die jahrhundertealten großräumigen Amtskeller und Kelterhäuser der Grafen von Castell, der Markgrafen von Ansbach und der Fürstbischöfe von Würzburg.
1461 stürmten feindliche Truppen die Wiesenbronner Kirchenburg und vernichteten die gesamten Ernte- und Weinvorräte. 1525 wurde das Wasserschloß von den Bauern geplündert und zerstört. 1631 erfolgte eine Plünderung des Ansbacher Amtshauses, wobei auch sämtliche Weinvorräte weggeführt oder an Ort und Stelle vernichtet wurden.
Viele mit dem Weinbau verbundene Handwerker, wie Büttner, Schröter, Eicher und Küfer, waren im Ort ansässig. An das Eichamt erinnert bis heute der Eichplatz mit der „Eich“ und dem darin befindlichen Brunnen. An diesem Platz wurden die Gefäße für den Weintransport und die Weinlagerung mit Wasser aus dem Eichbrunnen geeicht.
Wie groß die Not nach dem Dreißigjährigen Kriege war, wird durch eine Überlieferung erklärlich, die berichtet, daß man einen Weinberg gegen eine Gans eintauschte; noch heute heißt dieses Stück Land „An der Gans“ (wohl eine volksetymologische Erklärung).
Um 1700 bekamen Wiesenbronn und Großlangheim die Markung der Wüstung Dürrbach zugesprochen. Bis 1800 wurde das gesamte Gebiet Zug um Zug bestockt. Während heute die meisten Weinberge in Richtung Rödelsee liegen, dehnte sich in alter Zeit die Rebfläche mehr in Richtung Castell aus. Noch zu Beginn des 19. Jahrhunderts bewirtschafteten die Wiesenbronner Winzer stattliche 160 ha Reben.
Wiesenbronn hat durch die Neuordnung der Weinberge wieder einen rentablen Weinbau. Der über 50 Jahre alte Weinbauverein feiert jährlich ein gernbesuchtes Straßenweinfest. An drei Ortseingängen stellte man werbewirksame riesige Bocksbeutel aus Schmiedeeisen auf, die auch die Feste im Dorf ankündigen. Auf zwei Grafiken, die am Seegarten und am Rastplatz Schillen aufgestellt sind, stellt der Verein die Weinbergslagen von Wiesenbronn vor, mit

Wiesenbronn, ein Winzerdorf von hohem Renommee.

seinen ca. 70 ha Reben, die von fast 100 Winzerfamilien bewirtschaftet werden.
Wiesenbronn hat aber eine ganz besondere Attraktion. Am Dache des Rathauses befindet sich ein Glockenspiel. Ein Häcker mit Karst und ein Bauer mit Mistgabel schlagen über der Uhr stündlich aufeinander ein. Darunter steht geschrieben: „Stumm und mit stillem Mund / Schlagen wir uns jede Stund.“ Nicht allein die uralte innige Verbindung Wiesenbronns mit dem Weinbau wird hier anschaulich. Der Kampf der beiden Figuren drückt auch den sozialen Gegensatz zweier landwirtschaftlicher Gruppen aus, deren gesellschaftliche Stellung im Dorf lange Zeit von der Besitzgröße her bestimmt war. Da waren auf der einen Seite die Kleinlandwirte, die Häcker und auf der anderen die größeren Besitzer, die Bauern.
Der krasse unterschiedliche Besitzstand und das von vielen Mißjahren geprägte Einkommen der Häcker mußte in einem solchen Ort zu Spannungen führen. Noch bis in diese Nachkriegszeit war allüberall die

Der Weinstock will fast jeden Tag seinen Herrn sehen.

verschiedenartige Haltung der ländlichen Bevölkerung zu spüren. Hier war der verschmitzte, lebhafte, aber arme Häcker, und dort der behäbige, ein wenig protzende Bauer.
Wie schnell sich die Dinge ändern können, zeigt der Ausspruch eines Betriebswirtschaftlers von der staatlichen landwirtschaftlichen Beratung: „Mir fällt nichts mehr ein, außer Wein und Schwein." Mancher Bauer hat sich zum Leidwesen der angestammten Winzer in den letzten 15 Jahren einen Weinberg als weitere Einkommensquelle und ein zweites oder drittes Standbein zugelegt, um krisensicherer leben zu können.
Möge der Weinbau seine Winzerfamilien ernähren, über Höhen, Tiefen, Mißernten und Weinschwemmen hinweg. Dann werden auch Wiesenbronns Weingüter, Selbstmarkter und die der GWF sowie der EG Steigerwald angeschlossenen Winzer bestehen können; denn Wiesenbronns Weinbergsgemarkung gehört zu den lagen- und bodenmäßig begünstigten Rebflächen Frankens.
Nachfolgend sind noch Wiesenbronner Flurnamen aufgeführt, wobei die mit „x" bezeichneten auch heute noch größtenteils mit Reben bedeckt sind. Die Deutungen und Erklärungen stammen von Gewährsleuten aus dem Ort.

	Name	*Erklärung:*
	Am Kobold	der Kobgott oder Kobold
x	An der Lötschen	Letzer = Schlinge, Hinweis auf heidnischen Kultkreis (mhd. „letze" = Ende, Grenzbefestigung)
x	Am Reuter	von Rodung
	Am Knorren	vorstehende, hinderliche Erhebung, kleiner Berg
	Rosenbühl	von Roßbühl = Weideplatz der Pferde
	Am Casteller Weg	der Weg führte nach Castell
	Am Iphöfer Weg	der Weg führte nach Iphofen
	Am Rödelseer Weg	der Weg führte nach Rödelsee
	Am Großlangheimer Weg	der Weg führte nach Großlangheim
	An der Mecken	von Megingaud, Gründer des Klosters Megingaudeshausen, welches hier stand (mhd. „mecke" = Ziegenbock)
x	Am Schiller	hier soll eine Einsiedelei der Mönche gestanden haben. Seit Menschengedenken wird hier Wein angebaut
x	Am Tesen	Erinnerung an den Missionar Witiza, der hier wirkte
x	Geisberg	dieser Name wird ebenfalls mit den Mönchen in Verbindung gebracht

	Am Hölzlein	ehemals bewaldetes Gemeindeland, jetzt Weinberge
	Im Stümpflein	ehemals bewaldetes Land
x	Am Hegel	von hegen = einfrieden, Hinweis auf eine Befestigung an der Markungsgrenze (mhd. zu „hac“ = Gebüsch, Einfriedung)
	Auf der Haardt	ehemals bewaldetes Weidegebiet, das Wiesenbronner von Großlangheimer Markung trennte
x	Kiliansberg, Kilchesberg	Hinweis auf den Frankenapostel (alemannisch, „kilche“ = Kirche)
	Böhmerweg	hier zogen einst die geschlagenen Truppen des „Winterkönigs“ herauf
	In der Hölle	= Schlucht, tiefer Hohlweg – kein christlicher Begriff
	Im Wurm	von Schlange (nach der Form benannt)
	Am Damholz	ehemals großes Waldstück zwischen Kleinlangheim und Wiesenbronn
x	Am Kirchbühl	dies ist der östliche Abfall des Kirchberges
	In der Dietrichsau	Erinnerung an den ersten Abt des Klosters Megingaudeshausen
	Am Höhfeld	das „hoch gelegene Feld“
x	Im Dürrbach	Markung eines untergegangenen Weilers, seit ca. 200 Jahren zu Wiesenbronn gehörig
x	Am Kugelspiel	
x	Am Königlein	
	Im Bernbuch	

Einzellagen:
Wachhügel, Geißberg
Früher: Wachhügel, Dürrbach, Kiliansberg, Hasenberg, Rödelseer Weg, Sändlein, Kirchbühl, Schiller, Desen, Geisberg, Höhfeld, Casteller Weg, Roßbach, Lötschen, Knorren, Herrschaft, Saubuck, Hallerberg, Rosenbühl, Wurm, Bernbuck, Hägel, Kirchberg, Mecken

Großlage: Schloßberg

Gesamtrebfläche: 70 ha

Haupthimmelsrichtungen der Lagen:
Nord-West und Lage Geißberg Süd

Höhe über dem Meeresspiegel: 255 bis 330 m

Haupthangneigung der Lagen in Prozent: 10 bis 25

Boden: unterer Gipskeuper, Schilf- und Blasensandsteinverwitterungsmaterial

Rebsorten:
Silvaner, Müller-Thurgau, Protugieser, Domina, Spätburgunder, Bacchus, Kerner, Scheurebe, u. a.

Wein:
Der Silvaner ist sehr typisch, kernig, fest und nachhaltig;
der Müller-Thurgau gedeiht hier vortrefflich;
einen Seltenheitswert genießt der Portugieser, der einen sehr fülligen, etwas säuregeprägten, lichtroten Rotwein hervorbringt.

Der „Pflanzapöibl“ deutet an, daß bald der Herbst kommen wird.

In Wiesenbronn ist das Weinfest alljährlich ein besonderes Ereignis. Zum Empfang der Gäste am 20. August 1982 wurden die folgenden, von Bürgermeister Hans Hüßner verfaßten Verse vorgetragen:

„Am Brunna sinst in Wiesebrunn"

In Wiesebrunn ich soch des heit
war sinst wos las zu jeder Zeit
im ganz'n Därf wu war'n die Brunna
senn friah scha ball die Leut zamm kumma

Oft nu verschlaff'n, mer war schnall
mit kalt'n Wasser frisch und hall
derzua en Schluck auf nichtern Mong
vom Kie'wl raus, mer hats vertrong

Mer gärg'lt, schpätzt und pfludert rum
fillt voll sei Butt und nimmt des Trumm
vorsichti auf'n Buck'l nauf
gäht schtati zua, es Viah will sauf

Am Brunna, its aus mit der Ruah
es Wasserholn gäht immer zuah
und Leut wie kanns denn anerscht sei
vom Toch fengt ou die Ratscherei

Die Bawet red vom Kaffeekoch'n
der Mich'l klä'icht „ich spier mei Knoch'n
es Watter ganz g'wiß anerscht wätt"
peckt schnall sein Ki'wl und gäht fätt

Der Hannes jammert, ach mei Kreuz
der Mich'l gafft und tut sich schneutz
die Rett'l g'schickt die Zeit da nutzt
und fleißi ihr'n Nachthof'n putzt

Mer redt vo Moudi, Politik
Vo Arwert, Archer und vo Glick
und sou wäs jeder wos mer treibt
wos g'schafft wät, wos die Zeitung schreibt

Und wie mer da schtäht, lacht und papp'lt
kummt scho a Schpretzwong ou gerapp'lt
g'fillt wätt des Foß na mit Bedacht
die Schpretzbriah richti zamm gemacht

Denn jeder Winzer wäs und kennt
daß zuviel Kalch die Wengert brennt
und daß es schpretz'n mit Vitrol
derwischt sei muß, des wäs mer wohl

Kärz drauf it na die Anna da
und tripp'lt fest ihr Kupp'lschtrah
wächt Weidli ei zum niederzi'eng
daß sie niet brach'n sich guet bi'eng

Säicht unner Pfahl, senn all vertrong
die mästa a scha einig'schlong
als nächsta Arwert sou wätt's sei
its Ram oubind'n an der Reih

Doch dann im Nu am Brunna schtähnn
die Kinner wu zur Schuel nei gähnn
es wänn die Schuah ganz uscheniert
in alla Pfitz'n ausprowiert

Derbei geits oft, des wäs a jeder
um denna Pfitz'n a Gezeder
der Frachst, der tritt zu gueter Letzt
mitt'n nei, daß ändli schpretzt

Die Leut sie sang's, mer gäht und wattert
im Grawela kummt aufi g'schnattert
a Ziechert Ant'n, junga Gens
sen na am Brunna ganz alens

Na bod'n Taum, a Gä'iger schreit
es zwitschern Schwalm, sou gäht die Zeit
die Schmetterling fl'ing in der Sunna
und da kummt däschti an die Brunna

Es Viah, die Bauern, draus vom Fald
und sauf'n, trink'n ohna Gald
des Brunnawasser mit Genuß
daß schwer fellt, wenn mer aufhär muß

Doch na its mit der Ruah vorbei
die Schuel it aus, mer härts am G'schrei
im Grawela kummt ou getripp'lt
die ganz Raß und scha wät gekipp'lt

Am Brunna na, da gähts oft rasch
auf Seit'n flicht die Bechertasch
mer panscht und emsi wätt hantiert
a Schtemm gebaut, mit Drack verschmiert

Its Säla fati, Wasser drin
na läßt mer schä a Schiffla schwimm
mer it tzfried'n und vergass'n
ke Bua denkt da ans Mittochass'n

Es Jahr gäht weiter, es it Summer
its Watter guet, na geits ken Kummer
wätt Klä gemäht und Hei gemacht
sen warm die Toch bis in die Nacht

Wenn da der Feiera'wert lockt
um Brunna friedli alles hockt
mer unterhellt sich und mer singt
langt rum en Kruech und alles trinkt

Sou war des sinst, die Alta song
und hats na elfa, zwölfa g'schlong
da hat der Mond scha g'schpitzt, geguckt
auf denna wu sen zamm geruckt

Und wie mer härt, nigs iwertrie'm
senn viel fer immer zamm geblim
niet sou wie heit, daß oft die Ähr
genumma wät und gilt nigs mähr.

Etz kummt die A'n, da wätt naus G'fohrn
und g'schniet'n wät zuäscht es Korn
bei Gascht'n, Hower und beim Wäß
braucht mer Schtrahsäl, sie wän im Schträß

Zum Brunna friah ball nou gebracht
guet eigewächt und naß gemacht
es Säl aufbrät'n war sinst immer
die Arearwert vo der Kinner

Und hinterhar es Ächerlas'n
it bei Gott nu niet vergass'n
sou gäht die A'n, ich sogs zu End
mir dann der Wengert uns zu wend

Es schpier'n die Winzerschleut a Lust
wenn kocht die Sunna im August
wenn im September richti brat'n
die Träu'wl, daß sie guet gerat'n

Na gähn die Leut gan nei der Wengert
mer rach'nt aus wos alles brengert
wenn alles it, als Moust in Foß
und sicht en Bramser scha im Glos

Es gäht der Summer, sä'icht ade
die Mädli kring na weißa Be
der Harbst der kummt, die Schnack'n tanz'n
und untern Lab die Träu'wl glanz'n

Der Moust wät guet, mer hat ken Kummer
denn fein mecht der Altweiwersummer
die Träu'wl all, a wahra Kunst
ganz wäch, schä braun, hosegebrunst

Die Schtorn dia fli'ng wie narrisch rum
am Gäßbarch droum, um Wieserbrunn
der Wengertshieter rennt und schwitzt
wals schäß'n einfach nigs mähr nitzt

Um dera Zeit da wätt hantiert
beim Bittner g'schafft und reperiert
die Gelt'n Fesser und die Koff'n
wu oug'schtockt senn, senn ausgeloff'n

Und neua Fesser wärn gemacht
wärn all zum Brunna nou gebracht
wänn eigelitert, senn geeicht
wenns Wasser bis zum Schpundlouch steicht

Die Räf wärn G'schtrich'n und mer nutzt
die Zeit, die Fesser wärn geputzt
vorm Haus aufg'satt'lt, schä gericht
sou, daß a jeder Winzer sicht

Wu käft, sie senn, mer härts mit Schtolz
aus Wiesebrinner Ächeholz
a gueta Qualität vom Fach
kann halt bei uns a Bittner mach

Na kummt der Harbst, und alles schpricht
am Brunna vo der Las und richt
des G'scherr har, wie die Las na war
des soch i euch im nächsten Jahr

Zum Brunna song mer etz adee
denn trauert nach heit graß und klee
ganz anerscht war sinst die Moral
drum Leut es war, es war einmal

Zum Fest ihr Leut, auf Bri'ef und Sieg'l
a Proub vom Wiesebrinner Rieg'l
des it a Grueß, des it a G'schenk
vom Hagott droum, mir welln drou denk

A jeder Tropf'n, jeder Schluck
tut goldi aus die Glasli guck
drum Leut langt zua, ganz uscheniert
schtaßt mit uns ou, etz wätt prowiert *Prost*

Ein stimmungsvoller Herbsttag liegt über Greuth, einem ehemaligen Rodungsdorf am Steigerwaldhang.

Greuth

Der Ortsname ist bezeichnend für Rodungen des 11./12. Jahrhunderts am Steigerwaldhang. Im Jahre 1265 ist Greuth bereits vollständig castellisch, es zählt zu den umfangreichen Besitzungen dieser Herrschaft. Im Bauernkrieg 1525 lassen auch Greuther Bauern ihren aufgestauten Zorn los, wenn sie sich bei der Zerstörung der Burgen ihrer Herrschaft beteiligen. Ab 1810 gehört der Ort zum Landgerichtsbezirk Marktsteft und zum Rentamtsbezirk Mainbernheim; ab Mitte des 19. Jahrhunderts ist es dem Landgericht Wiesentheid zugeordnet.
In einer großangelegten Flurbereinigung in der Zeit von 1964 bis 1981 werden die 351 ha neu geordnet; seit dieser Zeit kann Greuth wieder auf 17 ha Rebfläche blicken. Neben Wüstenfelden zählt Greuth zur Gemeinde Castell, diese wiederum gehört zur Verwaltungsgemeinschaft Wiesentheid. Besonders sehenswert ist der Betsaal der evangelischen Kirche im Gemeindehaus. Mit knapp 200 Einwohnern führt Greuth ein recht bescheidenes Dasein.
Die erste erwähnte Schreibweise des Ortes stammt vom Jahre 1265; hier wird Greuth als „geruthe" bezeichnet. Später tauchen Namen auf wie „geruit", „grodet", „gereuth".
Greuth, vom Wald umgeben, ist also eine Rodungssiedlung. Hier entstanden immer wieder Sagen und Geschichten von Gespenstern, Hohmännern, Aufsetzern und schwarzen Katzen.
Die Weinbergslage in Greuth läuft unter dem Namen „Bastel". Unter dem Großlagenamen „Schild" sind die Wengert von Abtswind, Greuth und teilweise auch von Castell zusammengeschlossen. Der Most, der dort geerntet wird, geht zum größten Teil an die GWF über die Kelterstation Abtswind. Nur ein Teil wird selbst ausgebaut bzw. an Weinhändler verkauft. Der Greuther Bastel kann sich auf jeden Fall mit anderen Weinen leicht messen.

Einzellage: Bastel

Großlage: Schild

Gesamtrebfläche: 17 ha

Haupthimmelsrichtung der Lagen: Süd

Höhe über dem Meeresspiegel: 270 bis 340 m

Haupthangneigung der Lagen in Prozent: 15 bis 25

Boden: Keuper mit Gipseinlagerungen

Rebsorten: Müller-Thurgau, Bacchus u. a.

Wein:
aromatisches, ausdrucksstarkes Bukett, mild, füllig.
Der Keuperboden in den wiederaufgebauten Weinbergen von Greuth verleiht den Müller-Thurgau-Weinen eine unverwechselbare Note.

Rechts: Castell, Stammsitz der Fürsten von Castell, hat durch seine blumigen Keuperweine einen guten Ruf.

Moderne Pressen sorgen heute für eine schonende Kelterung des Traubenmostes.

Die Tracht des Ochsenfurter Gaues wird auch in Würzburger Gasthöfen präsentiert, wie hier von Frau Anneliese Schwarzmann in der „Stadt Mainz".

Der Einsatz von Klärschleudern, Hitze und Kälte ermöglichen den Ausbau von gesundem, sortentypischem, bekömmlichem Wein.

Fränkischer Wein in fränkischen Bocksbeuteln

Jeder Volksstamm sollte mit Stolz und Eindringlichkeit darauf achten, daß seine Eigentümlichkeiten und Besonderheiten bestehen bleiben. Form und Inhalt eines Bocksbeutels lassen sich nicht vom fränkischen Land und von den Franken trennen und wegdenken. Wieviel wurde bereits über die Herkunft, die Form und das Aussehen nachgegrübelt! Die flache, bauchige, grünlich oder bräunlich schimmernde Weinflasche gehört zum Weinland Franken wie die Fachwerkhäuser, die Bauerntracht oder die Maintallandschaft selbst. Solange der Inhalt markant und beliebt, ausgesucht und auserlesen bleibt, sollte es den Franken nicht so nahe an den Nerv gehen, wenn andere Landschaften sich auch um diese oder eine ähnliche Form bemühen. Diese gedrungene, spielerische, zwiebelförmige Gestalt eines Glases reizt zum Nachbilden. Badische oder Südtiroler Weinbauern fühlen sich vielleicht auch mehr als andere Winzer zur fränkischen Region hingezogen. Auch über die Schreibweise ist schon viel gerätselt worden. Noch vor 80

Jahren zum Beispiel schrieb man Bocksbeutel mit „x" in den Preislisten. Weshalb wohl?
Wichtiger als Gezanke und zum Teil berechtigte Streitgespräche sind und bleiben der Inhalt, der Schoppen im Becher und der Tropfen auf der Zunge. Es wäre mehr daran gelegen, daß die Franken nicht allzu rasch und recht oft andere Merkzeichen annehmen, wie artfremde Hausformen, breit angelegte Balkone, fremdwirkende Zäune oder ganze Bauernhofanlagen.
Wenn die fränkischen Winzer mit Eindringlichkeit auf ihren Bocksbeutel als ihr Eigenes pochen, hängt es auf das engste mit den Häckern, den Weinbauern und Weintrinkern zusammen. Eine schwielige Winzerhand wird zur Symbiose mit einem Bocksbeutel, wenn der hart erarbeitete Wein umgriffen, umklammert wird. Es wird zur Zeremonie, wenn ein Wirt seinen Stammgästen einen Bocksbeutel vorzeigt, ihn ans Licht hebt, zwischen die Knie klemmt, ihn gewichtig öffnet, hinschnuppert, am Kork riecht; hinzu kommen oft noch kurze Selbstgespräche, oder es erfolgt alles Gehabe stillschweigend. Dann bleibt der Bocksbeutel am Tisch stehen zwischen den Gläsern, er nimmt einen wichtigen Platz ein. Nach mehreren Schoppen kann man durch den Bocksbeutel verschwommen seinen Nachbarn betrachten, man sieht ihn ins Grünliche hin verzerrt, verschoben, der Wein fügt das Seinige hinzu.
Besser als auf einer Flasche kann man auf der breiten Fläche eines Bocksbeutels vieles aufkleben: Etikettli, Papperli, Auszeichnungen, ganze Spruchbänder... Man kann zeigen, was man geleistet, geerntet hat.
Der leere Bocksbeutel muß nicht weggeworfen werden, bemalt, wird er manchmal zum Schmuckstück, als Kerzenhalter findet er häufig noch einen festen Standpunkt, ja sogar als Beetumrandung und mancherlei Spielerei hat er seine Verwendung gefunden.
Der Bocksbeutel auf dem Tisch ist das Zeichen der Feierstunde, des hohen Festes, der Lebensfreunde. Es ist eine besondere Zeit, eine gehobene Zeit angebrochen, wenn ein Bocksbeutel auf dem Festtisch steht. Freunde sind eingeladen, der Alltag erhebt sich zur Festzeit. Der Wein im Bocksbeutel umgibt alles Tun mit einem festlichen Kleid. Der gesondert ausgezeichnete Wein im Bocksbeutel verfeinert die Speise und verklärt das Gespräch.
Die älteste fränkische Bocksbeutelflasche wurde bereits um 1400 v. Chr. bei Wenigumstadt gefunden. Dieses keltische Tongefäß ist nun ca. 3400 Jahre alt. Bis heute ist der Bocksbeutel deutliche Sichtmarke für Franken geblieben.

Am Bocksbeutel darf man nichts ausprobieren. Er ist vollendet, man kann nicht mehr oder weniger aus ihm machen wollen. Kleine Bocksbeutel sind mickrig, zurückgeblieben, schwächlich; Schraubverschlüsse wären eine blamable Zumutung, der Kork gehört zum Ganzen. Bocksbeutel mit Griff sind „Krämpf und Pförz“!

Am Bocksbeutel tritt das Geniale im Detail zutage. Wie ein Tropfen aus weiter Ferne fiel der fränkische Wein im Bocksbeutel auf die Erde. Das Gefäß ist zum Tropfen gewordener Wein, aus dem Boden gewachsen. Wein im Bocksbeutel ist das Blut der Erde, das Gefäß ist der Blutstropfen. Letzte Wahrheit verbirgt sich hinter dem Glas. Mit beiden Händen kann man sich daran festhalten, man kann seinen Bocksbeutel liebevoll, auch sorgevoll umschließen, umklammern.

Vor dem dritten Schoppen erhält dieses bauchige Gefäß seine vollkommene Form, das Auge umfaßt ihn plötzlich völlig, der Bocksbeutel wird zum Freund, zum Vertrauten; er wird zum Eingeweihten. Nun ist der Bocksbeutel zur Endform geworden. Mit drei Schoppen haben viele Trinker ihr Maß gewahrt. Sie fallen nicht aus der Rolle. Sie trumpfen kaum einmal auf, sie geben nicht an, drei Schoppen kann man vertragen. Leere Flaschen muß man wegräumen, wieder sauber einordnen. Einen Bocksbeutel kann man auch einmal ruhig stehenlassen, er paßt noch zur geordneten Schlamperei, die im fränkischen Raum in früheren Zeiten ihr Zuhause hatte, mehr als heute. Aber davon darf man nicht mehr viel reden, das will man nicht gerne hören. Leider.

Wie viele Weingenießer vertragen diese drei Schoppen als volles Quantum? Vier wären fast zuviel. Als Geschenk ist der Bocksbeutel geradezu ideal – Franken hat ja nicht allzuviel Präsentierfähiges und als Geschenk parat. Die äußere Form ist der Ausdruck innerer eingeschlossener Mächtigkeit. Der Bocksbeutel ist eines der fränkischen Merkzeichen.

Am Tisch stehend, kann der Bocksbeutel zum verbindenden Zeichen beim Plaudern werden, griffig und gedrungen fügt er sich in den Dialog ein, als stilles Zeichen kann er Schweigende innig verknüpfen und wie eine Brücke die Gedanken zusammenführen. Er kann auch Breite, Behäbigkeit, Güte und Wohlklang andeuten; das Barocke hat sich in ihm festgehalten. Die Flasche trägt mehr nach oben fort und läßt das Gemeinschaftliche verflüchtigen. Beim Bocksbeutel kann man bedächtig bleiben, die Zeit breitet sich über alles, Ruhe tritt ein, der Bocksbeutel wird dann zum Wahrzeichen für Treue und enge Freundschaft. Alles bleibt nahe beieinander, die Liebe hält an. Weintrinken wird zum Kult, zur Hingabe.

Alte fränkische gewölbte Keller und gefüllte Bocksbeutel gehören zusammen, sie sind eine Einheit. Diese kühlen, betörend riechenden Keller mit ihren eingemauerten Schlöten sind Bocksbeutel im Großen. Ihr Flaschenhals reicht hinauf ins Wohnzimmer, in die Küche, bis hinauf auf den Boden, alles ist zusammengerafft.

Wie kaum ein anderer Gegenstand hat der Bocksbeutel zur Berühmtheit des fränkischen Weines beigetragen. Er ist eine abgerundete Sache. Hol emal e Bocksbeutele aus'm Keller! Versüch ma nu es. Was ist das für ein mächtiges Gefühl, wenn man die ausgetretenen Kellertreppen hinabsteigen und einen Bocksbeutel heraufholen darf. An den Höhepunkten des Lebens darf man zum Schluß eine Besonderheit herausholen, eine Auslese, eine Kostbarkeit – einen Bocksbeutel.

R. W.

Links: So sah der Bocksbeutel aus, der im Jahre 1953 auf der englischen Königstafel stand.

Auszüge über Güte und Preis der Weine

aus den Chronologischen Bemerkungen von Johann Adam Messerschmitt (geb. 25. 2. 1799 – gest. 11. 6. 1868) durch K. H. Artmann, Bamberg (älteste Weinhandlung Oberfrankens).

1807 ist ein guter Wein gewachsen.

1811 Am 1. Mai kam der allerhöchste Befehl, daß im ganzen Königreiche, Maß Ellen und Gewicht gleich sein soll. Es wurd demnach die ehemalige Elle um ein Drittel größer, das Nürnberger Gewicht um 10 Pfund schwerer – und die Maaß um einen Schoppen geringer eingerichtet. – Wuchs viel und ein guter Wein.

1813 31. Oktober. Ist ein sehr schlechter Wein gewachsen.

1814 Wurde wenig Wein und aber auch kein guter gebaut.

1816 Ist kein Wein gewachsen.

1817 Wurde kein Wein gebaut.

1818 Alles – sogar Wein wurde im Überfluß und gut gebaut.

1819 Gab es Wein im Überfluß von mittelmäßiger Qualität.

1822 Korn und Wein machte nur einen halben Herbst – aber von bester Qualität.

1823 Dieses Jahr war fruchtbar in allen Landesprodukten mit Ausnahme des Weines.

1824 Wurde Wein zwar gebaut, aber sehr schlecht. Man kaufte den Eimer um 2 Fl.

1825 Nachts erfroren alle Weinstöcke, welche der Nordluft ausgesetzt waren. – Es ist dennoch das alte Sprichwort, wenn es am Karfreitag friert, so erfriert nichts mehr – als erlogen zu betrachten. – Obwohl kein Wein gebaut wurde, so hat es an allen Übrigen doch genug gegeben.

1826 29. Juli. In dieser Woche fand man in Wildensorg schon weiche Trauben. Die Hitze stand bei 26 bis 27 Grad.

5. September. Heut früh tat es einen Gewitterregen. Seit Wochen war immerwährend eine brennende Hitze, sodaß 26–27 Grad tags das Thermometer stand und es weder bei Tag noch bei Nacht etwas regnete. Nächtlicher Tau erquickten den Weinstock während dieser großen Hitze, der die schönsten Aussichten für den Gäcken gewährt.

12. Dezember. Wein im Überfluß, aber der Qualität nach unter der mittleren Güte zu rechnen. Der Eimer Most wurde in unserer Gegend um 4 Fl. verkauft. In Franken kostete dieser 6 Fl. In Rheinbayern wurde allda 150 000 Stückfass gebaut. – Ebenso in den übrigen Rheingegenden. Man brachte sehr schwer die Fass auf.

1827 Wein gab es bei uns und in Franken im Überfluß und der Güte nach konnte er unter den ordinären Tischweinen – eine gute Lage aber sehr gut gerecht werden. Der Preis war bei uns der bayr. Eimer anfangs 4 Fl., fiel auf 3 Fl. und stieg 14 Tage nach der Lese wieder auf 4 Fl. Zu 3 Fl. wurde aber viel aufgekauft. – In Franken war der Preis p. Eimer 5 Fl. Die Qualität gut. – In Rheinbayern und am Rhein überhaupt war in betreff des Weines ein Mißjahr.

1828 Wein genug und viel – Preis 3 Fl. per Eimer.

1829 14. November. Da jetzt Martini vorbei ist, so will ich für dieses Jahr die Jahresergiebigkei-

ten der Feldfrüchte bemerken, nämlich: An Getreid gab es ein vollständiges Jahr in Allem, nur an Obst finden wir mit den Trauben einen Mangel, die übrigen Arten gerieten aber auch alle.

1832 Seine im Jahre 1783 selbst eingekauften Frankenweine, die noch bis an sein Ende bedeutend waren sind dermalen hier die einzigen, die als rein erhalten, da sind. Der Genuß von 2 weichen Eiern und etwas wenig Brot gegen 7 Uhr abends und um 9 Uhr ein Gläschen sehr blumigen 1783er hatte er aber auch so sein langes Leben zu verdanken. (Nachruf auf Hochw. Pfarrer Augustin, Andreas Schellenberg der Ob. Pfarre.) – Alle Früchte mit Ausnahme des Weines gaben doppelten Herbst.

1833 Per 3–4 Fl. für den Wein, gab es viel, aber schlecht.

1834 16. Oktober. Heute wurde der Anfang mit der Traubenles gemacht. Jeder Weinbergsbesitzer ging freudig ans Werk. Man will einen besseren Wein bauen als 1811. Die Zeit wird es lehren, jedoch merkwürdig bleibt es immer, daß am 7. September die zweite Blüte am Traubenstock der Rabatten im Domprobst Lerchenfeld'schem Garten dahier die vollkommenen Trauben blau wurden, und heute habe ich von dessen Garten ganz schmackhafte schwarze Trauben erhalten, die ich dem Redakteur der hiesigen Zeitung, Herrn Pfr. Hohn sogleich zeigte, um davon öffentliche Anzeige zu machen. Auch meine Gäste im Wirtszimmer überzeugten sich, von denen mancher Zweifel geäußert, von mir aber, der diese blühen sah, widerlegt wurde. Diese mir gebrachten Trauben haben aber noch 14 Tage Zeit nötig, um die feine Zeitigung überzugehen, so wie die heute in den freien Weinbergen gelesenen schon sind. Wie aber auch die Lage dieses Garten, geschützt von aller schädlichen Nordluft liegt, gibt es aber auch hier keine bessere Lage.

22. November. Die Trauben im Lerchenfeld'schen oder sogenannten Domprobstengarten wurden meistens als genießbar abgenommen.

1834 Alles was zu Nahrung und Handel gehört ist jetzt im Überfluß da, aber niemand getraut ein Geschäft zu unternehmen. Deswegen fallen aber auch Preise (?) obgleich halbe Getreideernte vom vorigen Jahr, immer mehr. In Franken und am Rhein sind Orte genug, die 2–3 Tausend Fuder Brühe gebaut haben, aber noch nichts verkaufen konnten. Man überzeugt sich jetzt im Januar 1835, daß dieser Wein an Regen zu wenig erhielt, daher viel Süße aber keine Säure zur Haltbarkeit hatte. So geht es mit allen Früchten.

1835 Wein im Überfluß aber nicht zum Besten, den ich zu Hallstadt, den 60 Pfd.-Eimer um 2 Fl. 30 Kr. gekauft, und frei ins Haus geliefert, bezahlt habe.

1836 Was die Fruchtbarkeit anbelangt ist dasselbe als ein vollständiges Jahr zu benennen, nur ist der Wein schlecht ausgefallen. Alles übrige aber war gut und gab hinlänglich genug.

1841 Für das Frühjahr aber sind noch ungeheuere Wasser bestellt, sodaß man annehmen darf, daß England noch bis zu seiner Ernte noch wenigstens für 12 Millionen Getreide nur aus Deutschland zu beziehen, Bestellung gemacht hat. In dieser Beziehung haben wir aber auch ein sehr gesegnetes Jahr mit Ausnahme vom Wein gemacht. Wein nur in guten Lagen sehr wenig mit 12 bis 16 Fl. per Eimer, – geringe Lagen garnichts.

1842 Wein ist sehr verschieden gewachsen. Auf vorzüglichen Lagen gut – auf geringen mittelmäßig. Preis per Eimer 16–18 Fl. und eine halbe Ernte.

1843 Wein gab es wohl, aber er wurde ein saueres Getränke. – Der Wein vom Jahre 1842, da er sich jetzt aus seiner Wolle gearbeitet hat, einer der Besten, die bis daher in diesem Jahrhundert gewachsen ist. Gleich nach dem ersten Abstich wurde er ganz hell und entfaltet eine solche Spirituosität, daß er das weintrinkende Publikum gewiß befriedigen wird.

1844 In Fruchtbarkeit ist dieses Jahr im allgemeinen als ein sehr fruchtbares zu nennen, in dem von allen Früchten mit Ausnahme des Weines so ziemlich eine volle Ernte gemacht wurde.

1845 Es ist kein ordentliches Reglement in der Witterung – und ebenso auch keine Ordnung im Erzeugen und Gewinnen aller Feldfrüchte. Die mit der Tag- und Nacht-Gleichheit eintretenden Mitternachts- oder Equitial(?)stürme, welche 14 Tage, drey oder vier Wochen andauern sollen, sind gewöhnlich von kurzer Dauer, daher kammen solche später in einer Zeit, wo die Blüten der Feldfrüchte gewöhnlich eintreten. Die Folgen davon sind, daß nur Drittheile und halbe Ernten durch alle Gattungen der Feldfrüchte eintreten. So war es auch in diesem Jahr wieder. Ebenso war es mit Wein, der nur ein Drittheil des Herbstes von geringer Qualität gab.

1846 Obst hat es nicht viel gegeben. Dahingegen ist der Wein vollständig, ja über viel und gut gerathen und wird besser als der 1842er, sodaß man denselben allgemein nach dem 1834er probiert. Heu und Obst ebenfalls sehr viel. Gemüse im Überfluß.

1846 Wein sehr schlecht und viel.

1848 Das Jahr 1848 kann man in jeder Beziehung der Fruchtbarkeit als ein ausgezeichnetes nennen. – Wein eine ganze Ernte, wurde im Herbst mit 5–14 Fl. per Franken-Eimer verkauft. Ebenso ist es auch mit allen übrigen Feldfrüchten, die es in Mengen gab, und billiger verkauft wurden.

1849 Welcher Umschwung!! – Voriges Jahr Königs-Umsturz – heuer Königs-Erhebung. Die ganze Gärtnerei ist seit 8 Tagen in einem Taumel von Freude, und Männer wie Weiber saufen wie die Löcher auf das Wohl der Königsfamilie. – Wein gab es ebenfalls sehr viel aber nicht gut. Zu bemerken ist nun, daß der 1848er und 49er gänzlich verbraucht, sodaß gar kein Wein vorhanden ist.

1851 Der Weinbau war so schlecht, daß er nicht einmal geerntet wurde.

1854 Obst gab es im Überfluß, und dies thut doch so manches Stückchen Brot ersparen. Wein fiel durchgehend sehr schlecht aus.
22. July. Friedr. Keilholz, Kaufmann, Bankier und Landesprodukten-Händler, dermalen wohnhaft Karolinenstr. 118b hat auf der Höhe seines Weinberges am vorderen Abtsberg im vorigen Jahr ein kleines Häußchen nach Art, wie im Schweizer Oberland, gebaut. Das Frühjahr März und April hätten sich so ziemlich gut angelassen, wenn nicht zwei Tage in der letzten Aprilwoche mit 6 Grad Kälte aufgetreten wären, an denen die Blüten der Obstbäume so wie die Triebe des Weinstocks erfroren sind. Der Weinstock gab noch einen Nachwuchs, der im Durchschnitt auf drei Morgen zwischen 8 und sechszehntel(?) gab, am Rhein aber mitunter sehr gut und sehr theuer war. Dahingegen hatten wir in Ganz Deutschland eine volle Ernte.

1855 Wein, der nicht viel, aber brauchbar gewachsen, war nicht zu kaufen.

1857 Wein gab es wenig, aber theuer.

„Jedermann wünschet, von seinen Weinbergen guten und vielen Most zu erhalten; aber wenige wenden die Mittel dazu an, beide Wünsche zu erreichen.“
Joh. Christian Fischer, Marktbreit 1792

Die Aufnahme aus dem Jahre 1926 zeigt den Silvanerstock „Pranger“, der nach der Blüte alle Gescheine abgeworfen hatte. Die Selektion hat in den letzten 80 Jahren diese „Blender“ ausgemerzt. Es ist nicht alles Gold, was glänzt. – Auch diesem Rebstock sieht man es im Winter nicht an, daß er ein „Faulenzer“ ist.

DEN 14. SEPTEMBR 1626 JAHRS IST UFGERICHT WORDEN
DIS MARTERBLT ZWAR EBEN IN DISEM JAR HAT GENOME SCHADEN BERG
UND TAL AN WEIN UND KORN IM FRANCKENLAND UBERAL DURCH FROST UND
KELT IN DER PFINGSTWOCHEN MERCK MICH EBEN UND HAT DER ARM 12 R UMP
DAS MALTER KORN MUSEN GEPEN DIE GROSE THEURUNG UND HUNGERSNOT
SO GEWESEN IST DIE HAT ERFAHREN EIN IEDER FROMER CHRIST

Von fränkischer Art

Während über die Landschaft am Main und das Frankenland überhaupt vieles geschrieben wurde, liest man recht selten etwas über den Menschen selbst, der in diesem Gebiet lebt und diese Landschaft gestaltet.
Franken ist eine Übergangslandschaft, ein Land der Mitte, und vielerlei mannigfaltige Wesenszüge verknüpfen sich. Neben oberdeutschen Merkmalen, hier sei das *Beharrliche* hervorgehoben, aber auch das Heitere und das ausgeprägte Daseinsgefühl, haften dem Franken auch Eigenheiten aus dem Mitteldeutschen an: Er ist für alles Neue aufgeschlossen, eine geschichtliche Unruhe macht ihn sehr beweglich. Aber man sucht vergeblich nach der Einsinnigkeit eines auffallenden Grundgepräges, das sich bei anderen Volksstämmen herausschälen läßt.
Wie aus lauter Gegensätzen und Spannungen aufgebaut, die jedoch ein reichhaltiges, vielfältiges Bild abgeben, ist der Franke vergleichbar mit einer reichgegliederten Fachwerkwand – klar in der Architektur, mit prachtvollen Stützen und Streben; so glaubt sich der hervorragende Frankenkenner Josef Dünninger nicht des Eindrucks erwehren zu können, als spüre man, wie sich alle gegensätzlichen Kräfte zu einer großartigen Einheit zusammenfügen würden. Das Heitere und Schwere, rückhaltende Vorsicht und Sichkümmern um Modisches verknüpfen sich so zu einer eigentümlichen Herbheit und Aufgeschlossenheit und zugleich zu einer elastischen Haltung, die das Eigene und Typische zu wahren sucht. Dieses Sichhinwenden zum Neuen und Fortschrittlichen steht nur scheinbar im Widerspruch zum zähen Festklammern am Althergebrachten. Auch hier ist eine klassische Ausgewogenheit der bestimmende Wesenszug des Fränkischen und stärker als alle Gegensätzlichkeiten; „sei zufriede, 's könnt nu viel schlimmer sei", hört man oft.
Es wäre an dieser Stelle notwendig und wichtig, einen Abriß der fränkischen Geschichte darzulegen, um dieses Phänomen deutlich zu machen. Aber es sei nur angeführt, daß nun bereits 175 Jahre vergangen sind, seitdem der Freistaat Bayern die fränkischen Fürstbistümer von der Donau bis zum Main als Entschädigung für linksrheinisch verlorene Gebiete zugesprochen erhielt. Im Jahre 1802 drangen bayerische Truppen ein und besetzten Würzburg. Seit dieser Zeit war die Selbständigkeit der fränkischen Länder und Ländchen dahin, sie waren nördliche, weitabgelegene Provinzen des Staates Bayern geworden. Und seither versucht man, trotz aller Einheit, Bayern und Franken in ihren Wesenheiten zu vergleichen und in besonderen Merkmalen zu unterscheiden. Gerade jetzt, im Zuge großräumiger Reformen, scheint der rechte Augenblick gekommen zu sein, daß sich die Franken insgesamt ihres Raumes und ihres Stammes mehr bewußt werden müßten; denn mit berechtigtem Stolz kann dieser Volksstamm auf eine bewegte Vergangenheit zurückblikken. Es wäre schade, wenn die Franken ihr markantes Gesicht verlören, wenn sich wesenseigene Merkmale verwischen würden, wenn abbröckelnder Stein nur noch von herrschaftlichen, vergangenen Zeiten erzählen würde. Es wären törichte Bemühungen, die Wesenseigenschaften des fränkischen Volkstums in einem groben Überblick aufzeigen zu wollen oder durch Aufzählen einer Reihe von Eigenarten das typisch „Fränkische" auf einen großen, überschaubaren Nenner bringen zu wollen. Man würde sich in unlösbare Widersprüche verheddern; ja, es ist sogar ein gefährliches Wagnis, einige charakteristische Leitmotive des Fränkischen zusammenstellen zu wollen. Aber jede Stammeslandschaft hat ihr eigenes Gepräge. Während z. B. für die altbairische Landschaft der Gesang in der kleinen Gruppe oder das Volksschauspiel kennzeichnend sind, kann das in Franken so reichlich ausgebildete Dorf- und Kleinstadtwesen woanders vergeblich gesucht werden.
Eine Fahrt durch diese herrliche Landschaft wird den Beweis erbringen, wie stark das Dörfliche und Kleinstädtische ausgeformt sind, so daß man es als einmalig und einzigartig bezeichnen kann, weil man von diesem Schwerpunkt aus eigentlich das ganze Wesen entwickeln könnte.
Die enggescharten Ortschaften und die fränkische Kleinstadt sind das Primäre.

Während im oberbayerischen Raum der Bauernhof eine intensive Ausbildung ausweist, tritt hier in dieser Landschaft das Gehöft, das einzelne Anwesen nur im Gesamtgefüge eines Ortes in Erscheinung.
Dicht aneinandergereihte Siedlungen, schmuckhafte Ausgestaltungen der dörflichen Mittelpunkte mit Rathaus, Dorflinde, Dorfbrunnen u. v. a. m., alles zusammen ergibt ein reiches Bild des fränkischen Wesens.
Noch heute hat in der Nachbarschaft die Sitte ihre volle Geltung; es ist wichtig, wie sich jeder einzelne in seiner Gemeinschaft bewegt, wie er den anderen grüßt, wie er mit ihm redet und wie er ihm Hilfe und

Anteilnahme zuteil werden läßt! Alles steht im Rampenlicht der öffentlichen Meinung.
Man achtet noch sehr auf das Urteil des Nachbarn und auf das ganze Dorf. So sagt man, daß der Franke mehr eine dialogische Art habe. „Was werden die Leute sagen?" hört man so oft!
Nicht hintanzustellen beim Aufzählen von Leitmotiven ist die starke geschichtliche Farbe, welche die fränkische Volkskultur kennzeichnet.
Franken ist überreich an geschichtlichen Denkmälern, es ist gleichsam wie eine Ausstellung aller Geschichtsepochen. Jede Kleinstadt, gar manches Dorf haben ihr geschichtliches Gepräge!
Somit ist die gesamte Volkskultur Frankens von den

Bildstock in der Lage Maustal bei Sulzfeld.
Inschrift: „Ich bin alß wie ein Rebstockh mid früchten undt süssem geruch lieblich auffgewachsen."

Einwirkungen all der geschichtlichen Stile gekennzeichnet.
Wie bereits erwähnt, besteht im Fränkischen die Neigung, bei allem Beharrenden doch mit der Zeit zu gehen, neue Formen werden häufig angenommen, gerne möchte man sich anpassen. Die Tatsache wird z. B. darin erkenntlich, daß die Kunststile, jene großen Formen der Jahrhunderte, bis in die abgelegensten Dörfer dringen. Das Vergängliche bleibt als bunte und dauerhafte Farbe im Bild. Geschichtlicher Geist wird volkstümlich, die Geschichte drückt dem Menschen ihren Stempel auf.
Elemente der Spätgotik und des Barocks vor allem sind in die fränkische Volksart eingeflosssen.
Aus der großen Vielzahl sei als Exempel der Bildstock angeführt, eines der bedeutendsten Wahrzeichen des fränkischen Frömmigkeits- und Kulturlebens. Mit der Vielfalt seiner Formen und Bilder belebt er die Landschaft und prägt sie. Ebenso exempelhaft wäre der Hinweis auf den barocken Glanz der Tracht, die sich immer wieder passende Motive der Mode anzueignen wußte. Neben dem künstlerischen Sinn, der Neigung zum Schmuckhaften, erkennen wir wieder den starken Hang zum Repräsentativen.
Auch im religiösen Sinn, diese Eigenart klingt immer wieder an, treffen wir auf ein wichtiges Motiv im Fränkischen. Die vielen Denkmäler der Frömmigkeit, Flurumgänge, Prozessionen und Wallfahrten beweisen diesen religiösen Sinn.
Und was bewegt die vielen Fremden, ins Land der Franken zu fahren, vor allem zu schöner Sommerzeit? Was lockt all die Reiselustigen? Ist es nur die Landschaft, sind es die reizenden Dörfer, die vielen Städtchen, die noch immer das stille, liebliche und romantische Franken versinnbildlichen? Ist es aber nicht auch der Main mit seinen unzähligen Nebenflüssen, der mit dem Wort Franken aufs engste verbunden ist? Der Main nimmt seinen Weg nicht geradenwegs zum Rhein, er läßt in zahlreichen Windungen und Schleifen die Landschaft hervortreten und leichter einprägen.
Es darf aber auch nicht vergessen werden, daß das Fröhliche und Heitere, das Freisinnige und Weltläufige, aber genauso der Hang zum Zänkischen, da fällt einem der Leitsatz ein: „Mei Racht will i ho", nicht so sehr zum Ausdruck kämen, wenn nicht der herbe, schwere Wein das Seinige hinzusteuern würde. Weinbau und Winzersein bedeuten Hingabe, schweres Arbeiten und Mühsal. Weintrunk schafft Lebhaftigkeit und Moustgoiker. *R. W.*

Wie ein Märchenschloß erhebt sich Schloß Frankenberg aus den Wipfeln der Wälder.

Die Ruine Homburg bei Gössenheim (um 1926).

Dia ham guat lachen!

Castell

Das Dorf zieht magisch an – nicht nur allein des Adels und des Weines wegen. Hier drängt sich alles fränkisch Markante dicht zusammen.
Weit reicht der Blick in die Geschichte zurück, auch in die Geschichte des Weinbaus. Bereits in der Stiftungsurkunde vom Jahre 816 werden Weinberge in Richtung Scheinfeld genannt. Von altersher gedeihen am Hang des Schloßbergs fruchtige, vollmundige Weine. Wie eng hängt der Casteller Wein mit den Grafen von Castell zusammen, die sich seit 1228 „von Gottes Gnaden" nennen dürfen und rodungsfreien Besitz als ihr eigen zählen, der sich seither fortan ausdehnte. Es gehört zur kulturellen Verpflichtung des fürstlichen Hauses, sich intensiv um den Wein zu kümmern und durch das kluge Wirken des Domänenamts aufgeschlossen und modern für die Zukunft zu arbeiten.
Es ist interessant, einmal zu erfahren, wie lange sich Namen halten, wenn sie nicht durch Reformen gewaltsam abgeändert werden. In einer Teilungsurkunde werden verschiedene Lagen bereits 1258 aufgezählt; diese Namen haben sich bis 1972 kaum geändert.
So finden wir in dieser Urkunde die Lagenamen
Heinhart (Hardt, Haard, Haardt bedeutet Wald, Bergwald, aber auch eine sandige, nicht besonders fruchtbare Fläche; vgl. dazu Haar = Höhe, Berg, u. a. der Harz).
Grubere (zu graben gehörig; Grube = Vertiefung im Erdboden, Abgrund, Schlund, Schlucht, Talsenke, Kessel, Mulde. In älterer Sprache versteht man unter Grube eine natürliche Vertiefung in der Erdfläche).
Stieg (eine Steige),
Trucberg – Trautbert / traut = lieblich, geliebt, vertraut, es meint das Heimische, Angestammte, aber auch das kleine, enge und all das, was uns anheimelt).
Geruteberc = Greuther Berg.
Vom 14. bis zum 18. Jahrhundert tauchen auch andere Weinbergslagenamen auf wie z. B. „Im Sonnenberg", im Mahler, hinter dem Gottesacker, im Bausch (mhd. busch; ein ausgestopfter Wulst, ein weiches und nachgiebiges, flauschiges Kissen. Bausch nannte man ein zusammengelegtes Stückchen Leinwand auf Wunden, bzw. einen Ballen Stroh oder den Schopf, d. h. die Krone des Baumes, einer Blume, eines Gewächses. Bausch ist schließlich ein nach auswärts gezogener Bogen). Andere Namen kamen hinzu, so „im Feuerbach", „im Rödelsez", „im Loch", „im Sonnenberg", „im Ebelein", „in den Tränktrögen", „vom Heiden-Weinberg", „im finsteren Tal". Das Fürstlich Castell'sche Archiv ist eine wahre Fundgrube über den Weinbau aus fernen Zeiten.
Nicht jede Ortschaft am Steigerwaldhang verfügt über eine Wildbannkarte (vom Jahre 1497), auf der ersichtlich wird, daß zur damaligen Zeit mehr Wein („wain") angebaut worden ist als heute. Allein die Casteller Winzer besaßen über 100 Morgen Wengert. Ein Tiefstand wurde zum Ende des Dreißigjährigen Krieges erreicht: Nur 28 Morgen waren mit Weinreben bepflanzt. Aber hier im idyllischen Grafenwinkel wuchs unterhalb der ehemaligen verfallenen oberen Burg zu allen Zeiten am Casteller Schloßberg auf fränkischem Keuperboden ein fruchtiger, kerniger Wein. Der Keuper und auch der Letten sind mit dem fränkischen Winzer vergleichbar: Zäh, festhaltend und ausharrend.
Das Fürstlich Castell'sche Domänenamt kann sich mit Stolz das größte Privatweingut Frankens nennen. Von den 60 ha Rebfläche scharen sich 47 ha um das Dorf herum. Klangvolle Namen liest man auf den Etiketten: Casteller Bausch (bogenartig an der Grenze hingezogen und hingekuschelt wie a Wattebäuschla); Casteller Feuerbach und Reitsteig mit gehaltvollen Rotweinen; genauso bekannt Casteller Hohnart, Kirchberg, Kugelspiel und Trautberg.
Für den Wanderer und Freund des Steigerwaldes und seines Vorlandes ist es natürlich betrüblich und bedauerlich, daß Namen wie Kugelspiel nur noch illusorisch sind, da Buckel und kleiner Hügel, Hohlwege und Mulden wegbereinigt wurden.
Die Großlage Herrenberg beherrscht alles Vielfältige und Besondere.

Nah bei Castell, da wachsen Reben
im tiefen Keller braust ihr Wein!
Komm, laß dich nieder, ruh ein wenig,
sein goldnes Funkeln lädt dich ein!

Einzellagen:
Bausch, Feuerbach, Hohnart, Kirchberg, Kugelspiel, Reitsteig, Schloßberg, Trautberg.
Frühere Lage bzw. Volksmundbezeichnungen für einzelne Flurgrundstücke: Loch, Finstertal, Schloßberg, Grübert, Hohnart, Bausch, Kirchberg, Tränktröge, Kugelspiel, Trautberg, Feuerbach, Reitsteig.

Großlagen:
Herrenberg für die Besitzungen des Fürstl. Castellschen Domänenamtes und Schild für die Weinberge der übrigen Winzer.

Im Jahre 1399 werden genannt:
Unter dem Berg, Am Beuß, Am Bühel, Am Dienartsklingen, Neben dem Ewigen Lichts Weingarten, genannt der Fürst, Am Gereuther Weg, Am Geslein, Hinter den Höfen, Am Leitlein, An der Lehmgrube, Bei dem Kreuz, Bei der Marter, Am Melm, Am Meußbrunnen, Am Nesselbaum, An den Reinhartsbäumen, Am Reinhardsbühel, In der Sattelklinge, In der Sedelklinge, Hinter dem See, An der Seemühle, Unter dem Schloß, Ob der Steig, An der oberen Tasche, Vor dem Tiergarten.
Im Jahre 1609 werden genannt: Am Achtacker, Am Flueger, An der Geno, Am Galgenberg, Im Kob, Am Mahler, An der oberen Mühle, Am Neuenberg, Am Ottenbrunnen, An der Rodelswiesen, Am Rottelsberg, Am Seeacker, Am Übelein.

Gesamtrebfläche:
65 ha

Haupthimmelsrichtungen der Lagen:
Süd, Süd-West, Nord-West, Nord

Höhe über dem Meeresspiegel:
290 bis 380 m

Hauptbangneigung der Lagen in Prozent:
10 bis 60

Boden:
Unterer Gipskeuper

Rebsorten:
Müller-Thurgau, Silvaner, Kerner, Scheurebe, Rieslauer, Burgundersorten, Bacchus, Perle u. a.

Wein:
Artiges Bukett, fruchtig, stoffig, kernig, ausdrucksstark, pikante Säure.
Die Silvanerweine des Hohnart zählen zu den besten Frankens. Casteller Müller-Thurgau ist besonders typisch und der Rieslaner aus guten Jahren ein Weinerlebnis besonderer Art.

Markt Einersheim

Wohl liegen keine Urkunden über den Beginn des Weinbaues in Markt Einersheim vor, doch weisen verschiedene Quellen auf einen sehr frühen Weinbau hin.
1248: „Das Hochstift Bamberg hat einen Weinberg in Speckeveld", damit kann man aus dem Zusammenhang mit Weingärten erstmals sicher auf die Burg und heutige Ruine Speckfeld schließen.
1340: Kloster Ebrach hat Einkünfte von Weinbergen aus Ernsheim.
1383: Salbuch des Egidienklosters Nürnberg: In Erneßheym gülten 10 Bauern (9 von Weingärten). Der Legende nach soll Weinbau schon seit der Zeit von Hadeloga, der Gründerin des Klosters in Kitzingen, hier betrieben worden sein.
Was über Mostpreis, Weinzehnt, Umgeld, Gült und Pfründe in Markt Einersheim noch der Nachwelt erhalten ist, ist großartig und von hohem Interesse, würde aber den Rahmen dieser Aufzeichnung sprengen. Unser Chronist formulierte das treffend: „Wein war stets eine begehrte Gabe!"
1682 sind im Salbuch folgende Zehntherren aufgeführt: Dompropstei, Stift Haug und Juliusspital Würzburg, Frankenstein in Ullstadt, das Kellereiamt Iphofen; nicht erwähnt ist die gräfliche Herrschaft Limpurg zu Markt Einersheim. Dagegen gehörte das Umgeld vom Ausschankwein der Herrschaft

Majestätisch steht die 1887 angepflanzte Dorflinde vor dem prachtvollen Fachwerkrathaus aus dem Jahre 1568. Dahinter streckt die St.-Matthäus-Kirche, einst Kirchenburg und Wehrkirche, ihren mächtigen Turm in den Himmel von Markt Einersheim.

Die kleinräumig gegliederte Flur um Markt Einersheim hat noch viele Merkmale der einstigen fränkischen Ursprünglichkeit erhalten.

Limpurg „einig und allein". Für die herrschaftlichen Weinberge mußte Frondienst geleistet werden. Wein gehörte zur Besoldung der Pfarrer und Lehrer. Der Lehrer bekam an Martini ca. 240 Liter Wein, „so er trinkbar geworden".

Bei Hochzeiten, Beerdigungen, Taufen bekamen Pfarrer und Lehrer unterschiedliche Natural-Abfindungen und auch Wein. In Markt Einersheim konnten Lehrer und Pfarrer offensichtlich gut leben.

Heute läutet noch um 20 Uhr die Weinglocke und zwar von dem Beginn der Hauptlese bis zur Stuhlerhöhung Petris, das ist der 22. Februar. Dieser Brauch geht zurück auf die gräfliche Polizeiordnung vom Jahre 1626, wo es heißt: „Auch dem schrecklichen und hochschädlichen Laster des ganz übermäßigen Zu- und Volltrinkens mit all seinen häuslichen Folgen soll gewehrt werden... Welcher unserer Untertanen zur Sommerszeit, wann es neun geschlagen, desgleichen im Winter nachts um 8 Uhr und jedesmal geläuteter Weinglocken sich in Gast- oder Heckenwirtshäusern beim Abendzechen antreffen lassen wird, der soll um 2 fl. verfallen sein. Der betreffende Wirt aber soll 5 fl. zahlen."

Eigene vom Amtmann aufgestellte Männer kontrollierten das Einhalten der Ordnung. Wer unter Vernachlässigung seiner Familie auswärts oder in Schlupfwinkeln umherzog, wurde bei Wasser und Brot in den Turm gesperrt. Von der bestimmten Abendstunde ausgenommen waren Durchreisende und solche, die von diesen aus Freund- oder Kundschaft ins Wirtshaus eingeladen waren.

Auch die heute geübte Leseordnung mit dem vorherigen Schließen der Weinberge hat eine lange Tradition.

Als im Jahre 1558 das Schloß Speckfeld brannte, löschte man auch mit Wein, doch muß der Wein sehr alkoholreich gewesen sein, denn angeblich brannte das Feuer „desto greulicher".

Wein war so wichtig, daß man auch hier von seiten der Gemeinde dem Finder der ersten weichen Beeren eine Erkenntlichkeit erwies (zwischen 2 und 4 Maß Wein, Brot und 4 Weck).

Bei einer Hochzeit gibt man den Neuvermählten nach Rückkehr von der kirchlichen Trauung je ein Glas Wein, dabei wird das Glas der Frau meist nicht ganz gefüllt. Wer zuerst ausgetrunken hat, so sagt der Volksmund, hat in der Ehe „die Hosen an", ist Herr im Hause und gibt den Ton an.

Bei einem Todesfall in einem Winzerhaus soll man an die Weinfässer klopfen, damit der Wein nicht stichig wird.

Markt Einersheim war noch um die Jahrhundertwende Umschlagplatz für die Weinbergspfähle. Markt Einersheim hat heute fast noch die gleiche Rebfläche wie im Jahre 1853, nämlich runde 30 Hektar. Etwa 60 Betriebe betreiben meist im Nebenerwerb den Weinbau. Drei Betriebe vermarkten mit Erfolg ihren Wein selbst.

Der Sortenspiegel sieht mit 14 ha die Sorte Müller-Thurgau an der Spitze, dann folgt der Silvaner mit 6 ha.

Junger Weinberg bei Neundorf. Zur Verbesserung der Bodenstruktur und der wasserhaltenden Kraft sind hier Begrünungspflanzen eingesät.

Neundorf

Einzellage:
Vogelsang
Früher: Schloßberg, Pfahlberg, Sonnenberg, Aschenberg, Fehlberg, In Haag, In den Löchern, Am Seeleinsrangen und Seeleinsweg, Am Schloßrangen, Am Weingartenpfad

Großlage:
Burgweg

Gesamtrebfläche:
28 ha

Haupthimmelsrichtungen der Lage:
Süd, West

Höhe über dem Meeresspiegel:
310 bis 340 m

Haupthangneigung der Lage in Prozent:
20 bis 30

Boden:
Gipskeuper

Rebsorten:
Silvaner, Müller-Thurgau, Bacchus u. a.

Wein:
artiges, vom Keuperboden geprägtes Bukett, pikant, voller Körper. Ein typischer Steigerwaldwein voller Kraft und Ursprünglichkeit.

Nur wenige Kenner fränkischer Weinbauverhältnisse werden mit dem Ortsnamen Neundorf etwas anzufangen wissen; denn erst seit wenigen Jahren erscheint Wein aus diesem Ort auf Preislisten und Getränkekarten.

Nach dem Rückgang des Weinbaues – zum Schluß waren es noch 20 ar – wurden durch das Fürstl. Castell'sche Domänenamt Castell und durch den Rödelseer Winzer Heß im größeren Maße wieder Weinberge angelegt.

Die Weinbergsflächen waren im vorigen Jahrhundert mit Hopfenbau genutzt worden. Dieser wurde in den 30er Jahren dieses Jahrhunderts staatlicherseits verboten.

Da Neundorf zur Grafschaft Rechteren-Limpurg gehörte, dürfen wir davon ausgehen, daß hier Weinbau und Weinkultur in früheren Zeiten einen hohen Stand einnahmen.

Neundorf im Ehegrund ist Ortsteil des Marktes Sugenheim. Die Weinberge liegen an einem Südhang der südlichen Ausläufer des Steigerwaldes. Der kleine Ort hat ein schlichtes, kapellenartiges Kirchlein mit Kanzelaltar und darüberliegender Orgel aus dem Jahre 1750.

Da im Ort sich eine große Brauerei mit Mälzerei im vorigen Jahrhundert niedergelassen hatte und die steilen Südhänge mit Hopfen bepflanzt wurden, ging der Weinbau – wie schon erwähnt – zurück.

Sugenheim im Ehegrund hat mit seinen weinbautreibenden Ortsteilen Ingolstadt, Krassolzheim und Neundorf wieder über 25 Hektar Reben. Der kreuzförmige Grundriß der evangelischen Markgrafenkirche St. Gerhard ist auf dem Bild erkennbar.

In der Neundorfer Lage Hüßberg hat ein Privatwinzer aus Rödelsee in den letzten Jahren Weinberge angelegt (insgesamt über 5 ha). Zwei kleinere Flächen sind noch von einheimischen Winzern bewirtschaftet.

Das Fürstl. Castell'sche Domänenamt bepflanzte mittlerweile 12 ha mit 51 000 Reben. Die Sortenpalette umfaßt: Müller-Thurgau, Bacchus, Silvaner, Kerner, Müllerrebe (Rotwein) und die sehr anspruchsvollen Sorten: Scheurebe, Riesling und Rieslaner. Diese qualifizieren die Vorzüglichkeit der Lage.

Das Castell'sche Domänenamt hatte sich bei der Planung zur Aufgabe gemacht, eine Weinbergsanlage zu erstellen, die

- pflanzenbaulich beste Erträge und Qualitäten erwarten läßt (das geht nur, wenn die Pflanze sich wohlfühlt!);
- nach den neuesten Erkenntnissen rationell mit Maschinen bewirtschaftet werden kann;
- landschaftlich belebend sich einbettet in die reizvolle Gegend; den für den Weinbau am Steigerwald so typischen Dreiklang: Wald, Weinberg, Feld hervorhebt;
- und nicht zuletzt die Belange des Naturschutzes berücksichtigt.

Der Fachwerkturm der evangelischen Chorturmkirche St. Nikolaus, die ehemalige Zehntscheune und einige stilvolle Fachwerkhäuser geben dem von Berghöhen nahezu eingerahmten Ort Krassolzheim eine interessante Note.

Der schützende Waldbestand wurde bei der Rodung und Neuanlage erhalten. Windschutzstreifen werden angelegt.
Ein Wegenetz erschließt in 55 Meter Abständen die Weinberge, so daß
- der Pflanzenschutz vom Wege aus durchgeführt werden kann;
- die Erntearbeit im Herbst nicht durch lange Gänge erschwert und
- die Wasserführung erleichtert wird.

Die Breite der Rebzeilen wurde auf 2 Meter und der Stockabstand auf 1,20 Meter festgelegt.
Vor der Rodung wurde nach Bodenuntersuchung eine genau abgestimmte Düngung gegeben. Die Rebanlage wurde eingezäunt und für Fußgänger sind gesonderte Türchen angebracht worden. Mittlerweile konnte der Neundorfer Wein durch seine gute Fülle, gepaart mit der typischen Frucht und pikanter Säure des Steigerwald-Weines, überzeugend gefallen.

Einzellagen:
Hüßberg, Mönchsbuck, Sonneberg, Wonne
Früher war noch neben den obengenannten Lagen die Lage Mönchsholz bepflanzt.

Gesamtrebfläche:
18 ha

Hauptbimmelsrichtung der Lagen:
Süd

Höhe über dem Meeresspiegel:
350 m

Haupthangneigung der Lagen in Prozent:
20 bis 40

Boden:
Keuper (mundartlich: „Kipper“)

Rebsorten:
Müller-Thurgau, Bacchus, Kerner, Silvaner, Riesling, Scheurebe, Rieslaner, Müllerrebe

Wein:
fruchtig, füllig, pikant.
(Wobei noch nicht zuviel Erfahrung mit den Neuanlagen vorhanden ist.)

„Das ist der Weiseste der Weisen,
Der jeden Weines Heimat kennt
Und Traube, Lage, Jahrgang nennt!
Laßt uns ihn fromm willkommen heißen!“

Ado Kraemer

Ipsheim

Im Jahre 1984 ist auch für den Ipsheimer Weinbau die große Stunde gekommen: 27 ha bereinigte Rebfläche können bepflanzt werden. Es ist eine Musteranlage, die hier – umfriedet und mit Toren versehen – erstellt wurde.
Die Wege und Straßen sind für jeden Pkw befahrbar. Das Tagwasser kann in geordneten Gräben zu Tale fließen. Der schwere Keuperboden bedarf nun der besonderen Pflege, damit er wieder richtig „tätig“ wird. Hoffentlich sind im Winter 1984/85 die einjährigen Reben nicht erfroren, damit die Winzer baldmöglichst eine Ernte bekommen; denn die Auslagen und der Ertragsausfall drücken. Mit dieser großartigen Neuanlage unterhalb der Burg Hoheneck, von der man einen weiten Blick in die buntgefelderte Landweite hat, wird Ipsheim in den nächsten Jahrzehnten als Weinbauort von besonderer Bedeutung den Ruf des mittelfränkischen Weinbaues entscheidend beeinflussen. Welche Qualitäten in dieser Sonnennische wachsen können, haben einzelne Selbstmarkter mit Neuanlagen und guter Kellerwirtschaft schon vor der Bereinigung bewiesen. Nicht von ungefähr sind im Ipsheimer Gemeindewappen zwei Rebblätter enthalten.
Ipsheim („Ipsa“) liegt im breiten Aischgrund, unterhalb der hoch über dem Marktflecken thronenden Burg Hoheneck. Urkundlich wird die Burg im Jahre 1132 und der Ort 1197 erwähnt.
Arnold von Hoheneck bekleidete beim Kaiser Rudolf das Amt eines Truchsesses. Er folgte ihm mit seinen Ipsheimer Mannen in die siegreiche Schlacht auf dem Marchfeld 1278 und bekam das Marktrecht für seine Gemeinde Ipsheim zum Lehen.
Unter diesem Kaiser Rudolf, der die „kaiserlose und schreckliche Zeit“ beendete, wurde auch die Pfarrei Ipsheim fundiert. 1381 kam Ipsheim zu den Hohenzollern und wurde markgräfliches Oberamt mit Sitz auf Hoheneck.
Im 30jährigen Krieg kam fast die gesamte Bevölkerung ums Leben (1632 sind 277 Tote und 1634 noch einmal 247 Tote im Register aufgeschrieben). Wer den Soldaten entkam, fiel dem Hunger oder der Pest zum Opfer. Ipsheim, Kirche und Burg wurden ein Raub der Flammen.
Während der napoleonischen Zeit hatte Ipsheim viel unter französischer Einquartierung zu leiden, dabei wurden auch drei Ipsheimer Bürger erschossen. 1866 wäre beinahe die Hälfte der Burg auf Abbruch ver-

Ipsheim, an der Aisch und am Rande des Naturparks Frankenhöhe gelegen, ist Gemeindezentrum der Weinbauorte Eichelberg, Kaubenheim, Mailheim und Weimersheim.

kauft worden. Als nach dem letzten Kriege auf der Burg und an anderen Orten Gefangenenlager eingerichtet wurden, sammelte der Ipsheimer Ortsgeistliche von Mai bis Oktober Lebensmittel im Wert von 22000 RM. Diese guten Werke haben in Deutschland im Sommer 1945 manchen Menschen am Leben erhalten. Keine Gedenktafel erinnert daran!
Der Weinbau in Ipsheim reicht bis in das Mittelalter zurück. Die ausgesprochenen Südhanglagen, der Hohenecker Rangen, die Höll und der Sonnenberg, ducken sich hinter dem westlich vorgelagerten Kesselberg. Roter Lehmboden und dunkler Keuper sind dominierend.

Der Tiefstand des Weinbaus war schon um die Jahrhundertwende. 1898 werden noch sieben Weinberge gezählt.
Erst mit der Einführung neuer Pflanzenschutzmaßnahmen wurden wieder mehr und mehr Weinberge angelegt, die meistens mit Silvaner bepflanzt waren. 1950 schloß man sich zu einem Weinbauverein zusammen. Alljährlich nach der Lese findet ein Winzerball statt mit Wahl und Krönung der Weinkönigin. Durch Eingemeindung der Weinorte Eichelberg, Kaubenheim und Mailheim-Weimersheim ist Ipsheim heute mit 42 ha eine beachtliche Weinbaugemeinde geworden.

Die Ipsheimer Weinberge werden überragt von der Burg Hoheneck. Nach einer bewegten Vergangenheit ist diese Burg seit dem Jahre 1947 im Besitz der Stadt Nürnberg.

Ipsheim ist eine Reise wert. Nicht nur wegen seines guten Weines, sondern auch wegen des behäbigen Ortsbildes, das mit seinen breiten Straßen und großen, doppelstöckigen Bauernhäusern Wohlhabenheit, aber auch Gemütlichkeit ausstrahlt. Man muß einmal dies alles in Verbindung mit der ruhigen, bunten Landschaft in sich aufnehmen, um befriedigt zu erkennen, daß es gut ist, noch Oasen der Ruhe in unserem Lande zu haben. Und wenn man noch das Zutrauen der bescheidenen Menschen dieser Region gewonnen hat, dann erst weiß man, was fränkisches Wesen ist. Unser Gewährsmann schließt im „Heimatbuch Markt Ipsheim" seinen Bericht mit dem Wunsch: „Möge es der Herrgott allzeit gut mit den Winzern meinen, daß wir einen guten Tropfen ‚Ipsheimer' ernten und genießen dürfen."
Diesen frommen Wunsch darf man im Sinne aller fränkischen Winzer aussprechen. Geht es den Winzern gut, geht es dem ganzen Lande gut.

Einzellage:
Burg Hoheneck
Früher: Schloßberg, Weiße Leite, In der Höll, Sonnenberg

Gesamtrebfläche:
27 ha

Haupthimmelsrichtungen der Lagen:
Süd, Süd-West

Höhe über dem Meeresspiegel:
330 bis 400 m

Haupthangneigung der Lagen in Prozent:
10 bis 40

Boden:
Gipskeuper, Lehm

Rebsorten:
Müller-Thurgau, Silvaner, Bacchus, Kerner u. a.

Wein:
würzig, pikant, gehaltvoll. Die rassige Keupernote macht diese Weine sehr liebenswert. Sie wirken im Geschmack lange nach.

„Ich achte meine Hasser
gleich wie das Regenwasser
so von den Dächern läuft.
Und ob sie mich gleich meiden,
so müssen sie doch leiden,
daß Gott mein Helfer heißt."

(Hausinschrift am Löwenhaus in Poppenhausen)

Sechseckiger Säulenbrunnen (17. bis 18. Jh.) auf dem Dorfplatz von Gollhofen.

Markt Nordheim mit Ortsteil Ulsenheim

Die amtliche Statistik gibt für den Markt Nordheim eine Rebfläche von 30 ha an. Doch unser Gewährsmann, Bürgermeister Endreß, berichtet uns, daß im Markt Nordheim 17 Winzer eine Ertragsrebfläche von 2,34 ha und im Ortsteil Ulsenheim 36 Winzer eine Ertragsrebfläche von 4,11 ha bewirtschaften; in beiden Gemarkungen befinden sich jeweils etwa 1 ha in Rodung und Wiederanpflanzung. Im Ortsteil Herbolzheim ist offensichtlich kein nennenswerter Weinbau mehr vorhanden.
Markt Nordheim ist eine vorwiegend landwirtschaftlich geprägte Gemeinde im Südteil des Steigerwaldes. In den sechs Ortsteilen leben rund 1150 Einwohner. Jährlich werden ein Frühjahrs- und ein Herbstmarkt in Markt Nordheim abgehalten. Das kulturelle Leben

Uffenheim ist ein historisches Markgrafenstädtchen, das heute als Schulstadt besondere Bedeutung hat. Durch die Verwaltungsreformen der vergangenen Jahre verlor es zwar einige Ämter, aber nicht seinen Reiz.

wird hauptsächlich von den Vereinen in den Ortsteilen geprägt. Sehenswert ist u. a. in Herbolzheim die evang.-luth. Pfarrkirche St. Michael mit spätgotischem Chor, die nach schwerer Kriegszerstörung 1949 in alter Form wieder aufgebaut wurde.
Markt Nordheim gehörte zur Herrschaft Scheinfeld und wurde 1730 mit Marktrechten ausgestattet.
Weinbaulich hat Markt Nordheim mit seinen weinbautreibenden Ortsteilen das gleiche Schicksal durchlebt wie die meisten fränkischen Dörfer, die ländlichen Nebenerwerbsweinbau betrieben haben.
Man pflanzte zwischen den Rebstöcken Beerensträucher an, um zusammen mit den veralteten Rebbeständen doch noch einen bescheidenen Ertrag zu haben.
Ab 1924 wurden wieder verstärkt Neuanpflanzungen vorgenommen. Ab 1931 bahnte sich mit der Einführung der Sorte Müller-Thurgau ein größerer Anbaueifer an, der sich bis zum Beginn des Zweiten Weltkrieges fortsetzte. Infolge der Mechanisierung im Weinbau wurde in den letzten 30 Jahren auch hier der Weinbau wieder interessant.
Unser Gewährsmann bedauert den EG-Anbaustopp für Reben, sonst würden sicherlich noch weitere Flächen angepflanzt werden.

Einzellagen:
keine (in Markt Nordheim)
Früher: Hintere Weinberge, Vordere Weinberge, Hohenkottenheim, Reichelsheim
In Ulsenheim: Nonnenleite, In der Pfanne, Unterm Weinberg, Hüttenberg, Unterm Hüttenberg, Jaudisgarten, Im Gescheider

Gesamtrebfläche: 8 ha

Haupthimmelsrichtungen der Lagen:
Süd-West bis Süd-Ost

Höhe über dem Meeresspiegel:
300 bis 360 m

Hauptneigung der Lagen in Prozent:
10 bis 40

Boden:
Keuper

Rebsorten:
Müller-Thurgau u. a.

Wein:
fruchtig, herzhaft.

Ergersheim

Nach der mündlichen Überlieferung wird in Ergersheim seit etwa 1860 Weinanbau betrieben. Es darf aber angenommen werden, daß schon wesentlich früher die Rebe hier heimisch war. Wie vor 100 Jahren baut man auf der gleichen Fläche von etwa 5 ha einen fruchtigen Müller-Thurgau an. Die zum Großteil vorhandenen Südhänge wären für einen erweiterten Anbau gut geeignet.
Während sich heutzutage wie überall die Winzer mit Weinbergsfräsen ihre Arbeit erleichtern und Spanndrahtanlagen zum Anbinden der Rebstöcke ziehen, wurden die Weinberge früher mit der Haue und dem Karst mühselig bearbeitet. Jeder Rebstock wurde im Frühjahr an einem Holzpfahl angebunden.

Markt Nordheim ist eine vorwiegend landwirtschaftlich geprägte Gemeinde an den südlichen Ausläufern des Steigerwalds. Der Turm der evangelisch-lutherischen Pfarrkirche aus dem 14. Jahrhundert überragt den liebenswerten Ort.

Man hat sich hier auch in früheren Zeiten seine Stecklinge noch selbst als Blindholz gezogen oder aus einer Rebschule besorgt. Von allem sind die Gebräuche bei der Weinlese lebendig geblieben. Da wird wie immer die Nachbarschaftshilfe ausgenützt, Bekannte, Verwandte und Freunde sind zur Stelle. Jeder Leser freut sich auf das Mittagessen und ein gutes Vesper. Der Abschluß wird in festlicher Weise begangen bei Kaffee und Kuchen, jeder darf einige Träubel mit heimnehmen, damit auch die Daheimgebliebenen probieren können, wie gut der Herbst ausgefallen ist.
Das Lesegut wird zum Großteil bei größeren Händlern gekeltert, nur noch hie und da sind eigene Keltern vorhanden. Oft bringen noch heute die Weinkäufer ihre geeichten Gefäße mit. Direktverkauf oder Verkauf durch Händler sind notwendig, da in Ergersheim keine eigene Genossenschaft besteht. Am liebsten wird der eigene Wein beim Vespern getrunken. Besonders feierliche Anlässe sind Kindstaufen, ein Hochzeitsschmaus, auch ab und zu ein Leichentrunk. Alle Jahre feiert man in Ergersheim ein Weingartenfest.
Kaum mehr in Erinnerung sind die mageren Zeiten, als während des Ersten Weltkrieges (1914–1918) viele Rebstöcke durch Schädlinge und Krankheiten

Ulsenheim, Ortsteil von Markt Nordheim, liegt unweit der ehemaligen Kreisstadt Uffenheim.

Ergersheim mit der evangelischen Pfarrkirche St. Ursula. Das weitgehend landwirtschaftlich strukturierte Dorf fand in den letzten Jahren wieder mehr Freude am Weinbau.

eingegangen sind. Erst um 1934 begannen wieder einige Winzer, neue Weinberge anzulegen, und erst in den Jahren 1947/48 wagte man sich wieder verstärkt daran, die ehemaligen Weinberge neu zu bestocken. Gefürchtete Schädlinge waren die Kräuselmilbe, der Heu- und Sauerwurm und vor allem die Peronospora. Krankheiten und Schädlinge muß man durch mehrfache Spritzungen vom Leibe halten, auch wenn die Spritzmittel sehr kostspielig und aufwendig sind.

Einzellage:
Altenberg
Früher: Altenberg, Eißberg, Mittelberg, Fichtenberg
Großlage: Schloßstück

Gesamtrebfläche:
6 ha

Hauptbimmelsrichtung der Lage:
Süd

Höhe über dem Meeresspiegel:
360 bis 380 m

Haupthangneigung der Lage in Prozent:
20 bis 35

Boden:
Keuper

Rebsorten:
Müller-Thurgau, Silvaner u.a.

Wein:
kräftiges Aroma, fruchtig, gehaltvoll.

Weimersheim

Weimersheim war bis zur Eingemeindung zum Markt Ipsheim ein Ortsteil von der Gemeinde Mailheim. Interessanterweise gab Mailheim den Gemeindenamen, obwohl es nur zwölf Hausnummern, Weimersheim hingegen 20 Hausnummern hat. Zur Gemeinde Mailheim gehörte auch noch die Ödung Mäusberg.
Fährt man auf der Bundesstraße 470 von Neustadt/Aisch nach Bad Windsheim, dann darf man nach Oberndorf (Ortsteil von Ipsheim) die Abfahrt nach links in Richtung Mailheim nicht verpassen, von Mailheim geht es dann direkt nach Weimersheim. Kommt man jedoch von Bad Windsheim angefahren, dann führt die Straße über Lenkersheim nach Weimersheim.
In einem gewöhnlichen Reiseatlas ist dieser sympathische Ort, der sich mit seinen Weinbergen in einer Falte der 400 Meter hohen Frankenhöhen versteckt, nicht zu finden. Auch die Karte der Informationsbroschüre über die Weinbergsrolle der Regierung von Unterfranken von 1984 weist diesen kleinen, aber feinen Weinort nicht aus, obwohl die Weinberge Weimersheims und die der Besitzer aus Mailheim als Lage „Roter Berg" in die Weinbergsrolle seit 1971 eingetragen sind. Auch auf manchem gebietlichen Weinwerbeprospekt hatte man Weimersheim in früheren Jahren vergessen.
Ebenso ist das Flurbereinigungsverfahren immer un-

Weimersheim mit seinem „Roten Berg" muß man einmal besucht haben, um über Frankens Schönheit reden zu können.

ter dem Gemeindenamen Mailheim gelaufen. Allerdings hatten die Bürger aus dem Ortsteil Mailheim schon immer Besitz am „Roten Berg".
Im Jahre 1968 wurde die Weinbergsbereinigung durch die Flurbereinigungsdirektion Würzburg durchgeführt. 1969 wurden 50 000 Müller-Thurgau-Reben gepflanzt. Die Fläche ist rund 11 ha groß, und darin teilen sich 35 Besitzer aus Mailheim und Weimersheim, davon sind 33 bei der Gebietswinzergenossenschaft Franken. Bis zur Kelterstation Iphofen fahren die Winzer am Lesetag ihre Trauben. Mit dem Ertrag von 1971 machte Weimersheim auf sich aufmerksam. Der von der GWF ausgebaute Wein erhielt mehrere Goldmedaillen der Fränkischen Weinprämierung und wurde bei der Prämierungsfeier in der Kelterhalle der Festung Marienberg in Würzburg einem begeisterten Publikum vorgestellt. Ein neuer Stern war am fränkischen Weinhimmel aufgegangen.
Der Weimersheimer „Roter Berg" hat wegen seiner geschützten Lage ein besonderes Kleinklima. Die schwach bewindeten Weinberge können daraus ihren Vorteil ziehen. Allerdings ist diese Lage auch besonders anfällig gegen die seit der Jahrhundertwende teilweise kalamitätenhaft auftretenden Pilzkrankheiten. Ist das Jahr aber besonders günstig für den Edelfäulepilz Botrytis cinerea, dann kommt es hier zur Saftkonzentrierung in der Beere, und dann sind solche Weine wie 1971 möglich.
Weimersheim, das vor 15 Jahren nur ein einziges Telefon besaß, hat mittlerweile einen großen Schritt nach vorne getan. Es ist ein blitzsauberer Ort mit einer gutgeführten Gastwirtschaft. Im Hause von Altbürgermeister Ernst Hülf, der einen maßgeblichen Anteil am wirtschaftlichen Erfolg seines Heimatortes für sich buchen kann, wurde sogar bis vor einigen Jahren an den Sonntagen noch Weimersheimer Eigenbau nach Art einer Heckenwirtschaft ausgeschenkt. Heute kann man bei ihm noch Flaschenweine mitnehmen.
Der Taleinschnitt, in dem Weinberge und Ort liegen, wirkt so, als ob mit einem stumpfen Riesenkeil in den Berg hineingedrückt worden wäre. Die neugeordneten Weinberge am recht steilen Südhang mit ihrem roten Lehm- und Keuperboden (daher „Roter Berg"), auch ihrer eleganten Weinbergswegeführung, geben ein wunderschönes Bild. Von der Höhe hat man eine gute Fernsicht in die Windsheimer Bucht, in den Gau („Ga") und weiter. Dieser Ort mit seiner waldreichen Umgebung ist eine Oase der Ruhe.
Weimersheimer Weinbau war aber auch früher für den Ort nicht unbedeutend. Den Beweis liefert der Bau eines Weinbergshäuschens für den Weinbergshüter im Jahre 1843. Damals waren praktisch ebensoviel Weinbergsbesitzer wie heute, nämlich 35, zu Hand- und Spanndiensten verpflichtet. Auch die Zahl der Rebstöcke ist aufgeschrieben; es waren 50 000.
Da 1969 ebenfalls bei der Neuordnung 50 000 Reben gepflanzt wurden, braucht sich Weimersheim nicht schimpfen zu lassen, es hätte an der Auswei-

Ruhig und beschaulich, aber gepflegt und der Entwicklung angepaßt, wirken die Ortschaften zwischen den Frankenbergen und den Frankenhöhen. Die Gemeinde Dietersheim (im Bild) hat in den Ortsteilen Dottenheim und Walddachsbach wieder gut gepflegte neue Weinberge aufzuweisen.

tung der Rebfläche mitgewirkt. Im übrigen wird schon aus dem Jahre 1460 ein Transport mit Weimersheimer Wein von Bad Windsheim nach Nürnberg in der Chronik nachgewiesen.
Da jetzt auch das Gemeindezentrum Ipsheim, wo sich Kirche, Friedhof und Schule für Weimersheim befinden, unterhalb der Burg Hoheneck eine beeindruckende Weinbersflurbereinigung durchgeführt hat, dürfte die Erhaltung des Weinbaus in diesem herrlichen Landstrich von Mittelfranken für die nächsten Generationen gesichert sein.

Einzellage:
Roter Berg
Früher: ebenfalls Roter Berg

Großlage: Schloßstück

Gesamtrebfläche: 11 ha

Haupthimmelsrichtung der Lagen: Süd

Höhe über dem Meeresspiegel: ab 320 m

Haupthangneigung der Lagen in Prozent:
20 bis 40

Boden:
roter Keuper, roter Lehm

Rebsorte:
Müller-Thurgau

Wein:
kräftiges Aroma, fruchtig, pikant, gehaltvoll.
Der rote, fette Lehm und der schwere rote Keuper bringen einen besonderen Geschmackstyp hervor. Außerdem prägt das windarme Kleinklima in vielen Jahren die Art des Weines.

Dottenheim

Seit der Jahrhundertwende wird hier Wein angebaut, zur Zeit, d.h. im Jahre 1985, auf etwa 3 ha Fläche.
Mit Neuanpflanzungen hat man bald nach dem Zweiten Weltkrieg begonnen. Die neuen Weinberge sind in mühseliger Weise in Handarbeit umgelegt worden.
Ein Großteil des selbst angebauten Weines wird als Haustrunk verwendet. Er gedeiht am Südhang des Helmbergs. Alle Jahre von neuem bangt man darum, daß die Reben bei kalten Nachtfrösten nicht erfrieren. Oftmals verspätet sich auch die Blüte, und nur selten einmal werden Oechslegrade über 80 gemessen. Neben dem Silvaner wächst ein fruchtiger Müller-Thurgau.
Gerne besingt der Gesangverein von Dottenheim seine Heimat und seinen Wein.

In *Walddachsbach* – einem weiteren romantisch gelegenen Ortsteil von Dietersheim – sind in den letzten Jahren ebenfalls über zwei Hektar mit Edelreben bepflanzt worden. An den steilen, windgeschützten Lagen wachsen sehr beachtliche Weine mit großer Fruchtigkeit.

Der Bezirk Mittelfranken kann seit einigen Jahren mit Stolz sein hervorragend ausgestattetes Fränkisches Freilandmuseum vor den Toren von Bad Windsheim vorzeigen.
Von einem Hügel aus hat man einen großartigen Blick auf das Museumsgelände und auf die ehemalige Reichs- und jetzige Badestadt Bad Windsheim mit der Stadtkirche St. Kilian.

Bad Windsheim

Um die alte Reichsstadt ranken sich die Weinbauorte:

Humprechtsau,	Rüdisbronn,
Ickelheim,	Unterntief,
Külsheim,	Wiebelsheim,
Lenkersheim,	Erkenbrechtshofen
Oberntief,	Berolzheim.

Man spricht hier auch von der Windsheimer Bucht. Die Weinberge liegen links und rechts des Aischgrundes und reichen bis an das schmale Flüßchen mit Namen „Ehe“ heran.
Sind auch nur 14 ha in diesen Fluren angebaut, so weiß man doch, daß jeder Winzer hier seinen Weinberg mit der gleichen Liebe pflegt, wie es seine Berufskollegen in den großen Weinbauorten tun. Im Gegenteil, er muß noch mehr Aufwand betreiben; denn die kleinen Rebflächen haben viele Feinde, und süße Trauben mögen die gefiederten und ungefiederten Stare.
Hier in der Bad Windsheimer Bucht wird der Weinbau seit Generationen vornehmlich für den Eigenverbrauch betrieben. Am Weinturmshang in Bad Windsheim ist die Rebe schon seit 1430 bezeugt. Das Großklima in diesem Raum zeigt zwar etwas niedrige Temperaturen und weniger Sonnentage gegenüber dem engeren Maintal, doch wiegt das günstige Kleinklima am Stufenhang mit dem schützenden Wald, der Ostwinde weitgehend mildert, den scheinbaren Nachteil auf. Die Kaltluft kann von den Hängen in das weite Vorland abfließen. Auf den „Weinbergsbuckeln“ steht man wie auf Balkonen, darunter sich weites Ackerland ausbreitet. Der schwere Boden des oberen Gipskeupers und der Lehrbergschichten gibt dem Wein hier sein besonderes Gepräge; der Kenner spricht von dem urtümlichen Geschmack des Mutterbodens. Die mineralische Vielfalt der Weine des Keuperbodens darf auch hier gerühmt werden; denn liegen diese Weinberge auch ein wenig abseitig, ihre Weine sind es nicht!
Bad Windsheim ist das einzige Heilbad Mittelfrankens, und die Kurgäste werden es sicherlich als angenehme Abwechslung zu würdigen wissen, wenn sie bei einem Spaziergang oder einer Spazierfahrt bei einem heimischen Schoppen eine kräftige Brotzeit zu sich nehmen können. In den Speiselokalen Bad Windsheims ißt der Gast vorzüglichen Aischgründer Karpfen und trinkt dazu den Wein des Landes, der wie kein anderer zu dieser Spezialität schmeckt.
Mittelfranken ist ein wasserarmes Gebiet und trotzdem hat es eine blühende Teichwirtschaft. Allein im Raume Neustadt a.d. Aisch – Scheinfeld – Uffenheim beträgt die Teichfläche 1000 bis 1200 ha.
Mit Ausnahme des Ortes Tauberzell liegen alle mittelfränkischen Weinorte im Landkreis Neustadt a.d. Aisch – Bad Windsheim.
Da dieser Landkreis direkt an Unterfranken angrenzt, ist ein lückenloser weinbaulicher Übergang

Rüdisbronn hält mit weiteren neun Ortsteilen von Bad Windsheim die Weinbautradition in der „Windsheimer Bucht" aufrecht.

zwischen Unterfranken und Mittelfranken vorhanden.
Mittelfrankens Winzer sind in den Berufsorganisationen des fränkischen Weinbaus voll vertreten. Auch die Beratung durch den Bezirk und die staatlichen Dienststellen ist nicht eingeschränkt.
Die Landschaft und ihre Menschen wurden schon an anderer Stelle beschrieben. Die Ursprünglichkeit und ruhige Gelassenheit ist hier auf Schritt und Tritt zu spüren. In jedem Tal, auf jedem Höhenrücken möchte man aussteigen aus seinem fahrbaren Untersatz und schauen und die würzige Luft einsaugen. Kein Dorf möchte man durchfahren, ohne in einem der Landgasthäuser Brotzeit gemacht zu haben. Wie für das Land, so braucht man allerdings auch für die Menschen Zeit. Ein flüchtiger Plausch ist nicht die Art der Landbevölkerung. Man muß langsam und bedächtig das Gespräch beginnen, um nicht als Blender abgetan zu werden. Trotz der dünnen Besiedelung ist das Schulangebot sehr gut. Wer heute einen Bauernhof besucht, wird staunen, welche Art Schulbildung die Nachkriegsgenerationen vorweisen können. Bad Windsheim hat zwei Grundschulen, eine Hauptschule, zwei Sonderschulen, eine Staatliche Wirtschaftsschule, eine türkische Volksschule, eine Berufsfachschule und ein Gymnasium.
Das zentral gelegene palastartige Rathaus bestimmt zusammen mit der Pfarrkirche St. Kilian das Stadtbild. Aus der Zeit der Stadtbefestigung stammend, umschließt noch ein breiter Graben fast die gesamte Altstadt, in der sich zahleiche historische Bauwerke befinden, die durch eine spezielle Baugestaltungsverordnung heute geschützt werden. Der „Schöne Brunnen" von 1542 fügt sich gut in das Altstadtensemble ein.
Auch die durch Eingemeindung zu Bad Windsheim zählenden Ortsteile haben Sehenswürdigkeiten, wie hübsche Fachwerkhäuser, Burgställe und Kirchen mit wertvoller Innenausstattung, aufzuweisen. In Ikkelheim prägen zwei Torhäuser zusammen mit Kirche und ehemaligen Amtshaus des Deutschen Ordens das Bild des Stadtteiles.

Einzellagen: keine

Großlage: Zur Zeit noch Schloßstück für die Lagen der Ortsteile: Humprechtsau, Ickelheim, Oberntief, Külsheim, Rüdisbronn

Gesamtrebfläche: etwa 15 ha

Haupthimmelsrichtungen der Lage: Süd, Süd-West, West, Ost

Höhe über dem Meeresspiegel: 330 m (darunter und darüber)

Haupthangneigung der Lage in Prozent: 10 bis 30

Boden: oberer Gipskeuper, Lehrbergschichten (Schiefertone und Steinmergel)

Rebsorte: Müller-Thurgau

Weine: Es wächst hier ein kräftiger, ursprünglicher Wein mit viel Frucht, pikanter Art und guter Stoffigkeit.

Der Weinbau in Oberfranken

Viktor von Scheffel besingt in seinem Frankenlied insbesondere die Landschaft um Staffelstein in Oberfranken, und in der zweiten Strophe heißt es: „... Bald hebt sich auch das Herbsten an, die Kelter harrt des Weines: Der Winzer Schutzherr Kilian beschert uns etwas Feines."

Das Weinland Franken endete also im vorigen Jahrhundert ebensowenig an der Grenze von Unterfranken oder Mittelfranken wie heute. Wenn auch am Staffelberg bei Staffelstein nur noch wenige Reben stehen, so sind doch in Bamberg („Alter Graben") und Viereth („Weiherer Weinberge") Rebflächen in die Weinbergsrolle eingetragen.

Weitere Weinberge werden derzeit wieder in Oberhaid bei Trunstadt angelegt. Das Schloßgut Robert Laufer aus Bimbach pflanzte neben den Sorten Silvaner, Müller-Thurgau auch Schwarzriesling und Kerner. Sicherlich werden auf den Südwest-, Süd- und Südosthängen des Obermains keine geringen Weine wachsen, denn der Weinbau hat auch hier eine alte Tradition. Selbst die Bischöfe von Bamberg hatten hier Besitz. Die Reben wachsen in einer Höhe zwischen 280 und 300 Meter über dem Meeresspiegel. Derzeit sind etwa 4 Hektar Rebfläche im Bau.

In einem Bamberger Bericht aus dem Jahre 1883 kann man lesen, daß Oberfranken im Jahre 1878 noch 59,93 Hektar bestockte Rebfläche nachweisen konnte. Der Durchschnittsertrag lag in diesem Jahr bei 13,21 Hektoliter/Hektar. Der Gesamtertrag betrug 743 Hektoliter; die bayerische Rheinpfalz erntete 162058 Hektoliter und Unterfranken 269683 Hektoliter (!).

Die Weinernte 1879 wurde für das Königreich Bayern als schlecht bezeichnet. Für Oberfranken wurden als Durchschnittsertrag pro Hektar 9,82 Hektoliter, für die Oberpfalz 0,88 Hektoliter, für Mittelfranken 7,84 Hektoliter, für die Rheinpfalz 8,78 Hektoliter, für Unterfranken 11,27 Hektoliter und für Schwaben 17,61 Hektoliter angegeben.

Leider unterscheiden die statistischen Berichte in diesem Jahrhundert nur noch nach den Gebieten Pfalz, Unterfranken, Mittelfranken, Schwaben und „übrige Gebiete", so daß eine exakte Entwicklung des oberfränkischen Weinbaues nicht wiedergegeben werden kann.

Die Weinbauerhebung 1979/80 des Bayerischen Statistischen Landesamtes nennt zwar die Gemeinden bzw. Ortsteile: Oberhaid, Unterhaid, Burgkunstadt, Neuses am Main, Staffelstein und Hersdorf, gibt aber als Rebfläche die Zahl Null an.

Bin ich schon nit am Main
In Würzburg an dem Stein,
Seyn dennoch andre Reben,
Die auch gut Säftlein geben:
Lieblich und edle Wein.

Wie erholsam kann ein Spaziergang durch die winterlichen Weinberge sein. Hier eine Aufnahme aus Mühlbach bei Karlstadt.
Die Erde muß ihr Bettuch haben – soll sie der Winterschlummer laben.

Klingenberg, die vielgerühmte Rotweinstadt am Untermain – eine Aufnahme nach dem Ersten Weltkrieg.

*Volle Lesekübel,
strahlende Gesichter –
da strahlt auch die Sonne.*

Schloß Saaleck bei Hammelburg, heute Sitz des Städtischen Weingutes (Aufnahme aus dem Jahre 1926).

Ochsenfurt, die alte Kreisstadt im Maindreieck, verbindet die Weinorte mit den Bauerndörfern des fruchtreichen Ochsenfurter Gaues.

Nahe der Autobahnanschlußstelle Würzburg-West liegt Helmstadt, ein Dorf, in dem früher auch Weinbau betrieben wurde.

Viele Jahrzehnte schon ist es her, seit in Theilheim bei Schweinfurt der letzte Wein reifte.

Zwischen Schweinfurt und Schonungen liegt Schloß Mainberg, ein beliebtes Ausflugsziel der Schweinfurter.

Alzenau ist das Gemeindezentrum der bekannten Weinorte im Freigericht Hörstein, Michelbach und Wasserlos.

„Kein andrer Stand
im deutschen Land
werkt härter als der Winzerstand.
Drum, trinkst du edlen
Frankenwein,
schließ in den Trunk
den Häcker ein,
dem Arbeit, Müh' und Sorge war,
was man dir beut im Glase dar."

Ado Kraemer

Kreuz und quer durchs Weinland Franken

Zur Gemeinde Waigolshausen bei Schweinfurt gehört der Weinort Hergolshausen.

Der Betriebshof (Château) des Fürstlich-Löwenstein-Wertheim-Rosenberg'schen Weingutes in Kreuzwertheim mit Sitz der Verwaltung und der (Hof-)Kellerei.

Unten: Eingebettet zwischen Main und Weinbergen liegt eines der berühmtesten Weindörfer Frankens: Escherndorf.

Kreuz und quer durchs Weinland Franken

In Frankens Weinbergen werden oft die letzten Sonnenstrahlen zur Vollendung der Traubenreife genutzt. Dann kommt es nicht selten vor, daß der Winter schneller ist als der Leser. Das Bild wurde am 6. November 1980 in einem Silvanerweinberg in Randersacker aufgenommen.

Kreuz und quer durchs Weinland Franken

Das weinbaufähige Gelände wurde in den letzten Jahren sehr knapp. Immer mehr Weinbergsbuckel wurden deshalb neu erschlossen.

Inhaltsübersicht

Bildnachweis

August Althaus 179, 184/85, 377, 379
Archiv 116, 144, 170, 253, 276, 282, 385, 402, 403, 407
Weingut Bickel-Stumpf, Frickenhausen 61
Bildarchiv Preußischer Kulturbesitz 230
Eulobius Böhler/Flößerzunft 56
Peter Böhler/Flößerzunft 308
Flurbereinigungsdirektion Würzburg 9, 79, 80, 144, 218, 226, 233, 248, 251, 254, 264, 334
Frankenwein-Frankenland e.V. Würzburg 2, 55/Althaus, 81/Galvagni, 124/Heussner, 176/Althaus, 177/Althaus, 181/Hahn, 182/Althaus, 258/Heussner, 269/Heussner, 376/Galvagni
Fürstlich-Löwenstein-Wertheim-Rosenberg'sches Weingut Kreuzwertheim 97, 406
Gemeindeverwaltung Randersacker 218
Gemeindeverwaltung Sommerach 194
Emil Griebel 13
Erika Groth-Schmachtenberger 213, 284, 297
Hans Heer 45, 59, 127, 172, 220, 262, 371, 378, 382, 385
Ulrike Hein 16, 28, 50, 83, 88, 106, 140, 151, 165, 186, 227, 240, 270, 271, 316, 317, 318, 319, 325, 327, 329, 331, 335, 353, 354, 355, 369, 397
Andreas Knappe 121
Wolfgang Kraemer 346, 347
Ossi Krapf 10, 34, 52, 98, 113, 168, 313, 362
Nachlaß Josef Laudenbach 53, 117, 118, 128, 158, 159, 162, 169, 170, 174, 236, 264, 305, 326, 381
Dieter Moser 11, 31, 35, 36, 37, 39, 41, 44, 46, 47, 49, 57, 66, 72, 73, 76, 78, 83, 85, 100, 107, 108, 111, 119, 120, 125, 126, 137, 139, 142, 144, 147, 148, 149, 152, 153, 154, 155, 156, 157, 160, 166, 171, 173, 175, 187, 188, 189, 190, 193, 195, 197, 198, 199, 202, 205, 206, 209, 210, 211, 212, 214, 215, 219, 223, 225, 228, 229, 231, 234, 235, 237, 238, 239, 241, 242, 243, 244, 249, 250, 251, 252, 255, 256, 257, 259, 260, 261, 263, 272, 273, 274, 275, 278, 279, 280, 294, 299, 301, 302, 304, 306, 314, 320, 321, 332, 336, 338, 341, 342, 344, 345, 348, 350, 351, 357, 358, 360, 361, 362, 363, 364, 365, 367, 370, 374, 375, 376, 384, 385, 387, 388, 389, 390, 392, 393, 394, 395, 396, 398, 399, 400, 403, 404, 405, 407
Foto Mühlbauer, Breisach 33
Günther Reinwarth 7, 29, 63, 64, 67, 69, 70, 71, 74, 75, 77, 84, 87, 99, 101, 103, 104, 130, 131, 132, 133, 277, 401
Richard Rother 8, 17, 18, 20, 32, 89, 90, 91, 92, 93, 94, 95, 96, 135, 161, 162, 163, 164, 246, 247, 265, 266, 267, 268, 285, 286, 287, 288, 291, 312, 364, 404
Hans Schmelz 366
Harald Schreiber 15, 25, 26
Valentin Schwab 43, 51, 115, 134, 183, 201, 281
Peter Sperling 406
Universitätsbibliothek Würzburg 112
Bernhard Weisensee 164
Josef Weiß 167
Reinhard Worschech 109, 293
Stadt Zeil 322/23

Literaturverzeichnis

Ambrosi Hans, Breuer Bernhard: Franken. Vinothek der deutschen Weinberg-Lagen, Stuttgart 1981.
Anderl, Rudolf: Mainland-Weinland, in: Bayernland 68, 1966, 9, S. 22ff.
Andres, Stefan: Die großen Weine Deutschlands.
Babo und Mach: Handbuch des Weinbaus und der Kellerwirtschaft, 3 Bde., Berlin 1924.
Bary, Herbert de: Die Eigenarten der europäischen Weine, Mainz 1970.
Bassermann-Jordan, Friedrich von: Geschichte des Weinbaus, 2. Auflage, Bd. 1–3, Frankfurt 1923.
Bersch, Josef: Die Krankheiten des Weines, Wien 1873.
Bilm, Peter: Das Weinbuch. Der gepflegte Weinkeller des kultivierten Gastgebers, München 1969.
Bocksbeutelkunde: Information der Gebietsweinwerbung „Frankenwein-Frankenland" e.V., Würzburg 1954 ff.
Borst, Alfons M.: Ehemaliger Weinbau in unserer Heimat, in: Bad Neustädter Heimatblätter, Jg. 24, 1976, S. 8ff.
Breider, Hans: Der Weinbau in Franken. Sonderdruck „Geographische Rundschau", Braunschweig 1957.
Der Weinstock am Haus, München 1967.
Ein Mundvoll Frankenwein, Würzburg, 1972.
Sebastian Englerth. Ein Beitrag zur Geschichte des fränkischen Weinbaus, Wiesbaden 1980.
Bürgerspital Würzburg: 650 Jahre Bürgerspital zum Hl. Geist, Würzburg 1970.
Christoffel, Karl: Trost und Weisheit des Weines, Heidelberg 1949.
Cornelssen, Friedrich August: Das Buch vom deutschen Wein, Mainz 1954.
Die deutschen Weine, München 1964.
Dettelbacher, Werner: Einkehr in Weinfranken, Würzburg 1980.
1200 Jahre Weinbau in Würzburg, Würzburg 1979.
Diemer, Eduard: Deutschlands Weinbauorte und Weinbergslagen, Mainz 1937.
Diriet, H.: Reben und Wein, Zürich 1945.
Eckhart, J. G.: Comment de rebus Franciae Orient II. Vol. Wirceb. 1729.
Eiffer, Ewald: Das äralische Weingut in Unterfranken (1805–1905), diss. 1908, Naumburg 1909.
Fenzl, Alois: Wein-Nester in Franken, Würzburg 1931.
Fischer, Johann Christian: Der fränkische Weinbau auf dem Felde und in dem Keller (Marktbreit 1782), Würzburg 1791.
Das Frankenwein-Jahrbuch 1954/55. 1956/57, Würzburg 1954–57.
Freihold, Jochen: Zur Geschichte des Weinbaus in Franken, in: „Bayerland", München, Heft 10, 1973.
Full: Weinbau in: Die unterfränkische Landwirtschaft, Würzburg 1893, S. 116ff.
Geist, Johann: Über die Verbesserung des Weinbaus ..., Würzburg 1814.
Glaab, Richard u. Gräter, Carlheinz: Frankenwein, ein Wein mit Herz, Würzburg 1967.
Göbel, Sebastian: Aus der Geschichte des fränkischen Weinbaus, in: Festschrift zum 18. Dt. Weinbaukongreß in Würzburg 1899.
Aus der Geschichte des Weinbaus und Weinhandels in Franken, Würzburg 1896.
Gräter, Carlheinz: Unterwegs am Maindreieck, Würzburg 1974.
Unterwegs am Steigerwald, Würzburg 1972.
Gutkind, C. S. u. Wolfkehl, K.: Das Buch vom Wein, München 1927.
Hahn, Helmut: Die deutschen Weinbaugebiete, Bonn 1959.
Hänlein, Conr. Casp.: Jahrbuch alter und neuer Nachrichten über die Weinjahre in Franken, Onalzbach (Ansbach), 1743.
Hamm, W.: Das Weinbuch, Leipzig 1874.
Hart, Joh. Valentin: Main und Wein – Thüngersheim, Würzburg, 1933.
Heeger, Fritz: Es rühret sich der Wein im Faß, in: Frankenland 21, 1969, S. 205ff.
„Herbsteinleuchten" und „letzte Fuhre", in: Frankenland 19, 1967, S. 234ff.
Wein in der eigenen Haut. Sagenhafte Weinschätze in verschütteten Kellern, in: Frankenland 1973, S. 229.
Vorzeichen für den Ausfall der Weinlese im alten Häckerglauben, in: Mainlande, Jg. 20, 1969, S. 11ff.
Hegi, Gustav: Rebstock und Wein, München 1925.
Hergenröther, Joh.: Der fränkische Häcker und das neue Weingesetz, Würzburg 1901.
Heß, Karl: Der Weinbau Frankens in den letzten 50 Jahren, Leipzig–Erlangen 1927.
Herold, Alfred: Sonderkulturen und Trinkgewohnheiten zwischen Maindreieck und Steigerwald, in: Im Bannkreis des Schwanbergs, 1966, S. 152ff.
Hillebrand, Walter: Taschenbuch der Rebsorten, Wiesbaden 1978.
Hilpert, Marianne: Beiträge zur mainfränkischen Winzersprache, diss. Erlangen, 1954.
Von Häckern und Winzern am Maindreieck, Würzburg 1957.
Hoffmann, Kurt: Weinkunde in Stichworten, München 1970.
Jäger, Martin: Am Schwanberg. Ein Kapitel vom Keuperwein, in: Unbekanntes Bayern, 7. 1962, S. 107–115.
Jung, Hans Hermann: Aus der Geschichte des fränkischen und bayerischen Weinbaus, in: Bayerland, 61. Jg., München 1959, S. 315ff.
3000 Jahre Bocksbeutel, Würzburg 1970.
Traubenmadonnen und Weinheilige, Neustadt 1971.
Johnson, Hugh: Der große Weinatlas, Stuttgart 1972.
Kahlert, Helmut: Verbreitung und Rückgang des Weinbaus am Untermain, in: Aschaffenburger Jahrbuch f. Geschichte, Landeskunde und Kunst des Untermaingebietes, 3. Bd., Aschaffenburg 1956, S. 157ff.
Kittel, Josef-Balduin: Das Buch vom Frankenwein von Hans Breider, Würzburg 1974.
Kraemer, Ado: Im Lande des Bocksbeutels, Würzburg 1961.
Frag den Wein, Würzburg 1971.
Escherndorf und seine Weine, Würzburg 1964.
Glas für Glas, Würzburg 1970.
Greif zum Glas, Würzburg 1972.
Das Bocksbeutelbuch, Würzburg 1964.
Im Lande des Bocksbeutels, hrg. Ado Kraemer, Würzburg 1957.
Link, Otto: Der Weinberg als Lebensraum, Berlin 1939.

Linsemayer-Dank: Weinbau-Lexikon, Berlin 1939.
Lutz, Werner: Die Geschichte des Weinbaus in Würzburg im Mittelalter und in der Neuzeit bis 1800, Würzburg 1965.
Mägerlein, Fritz: Als die Reblaus nach Franken kam, in: Im Bannkreis des Schwanbergs, 11, 1969, S. 274ff.
Weinbau im Kitzinger Land, in: Im Bannkreis des Schwanbergs 12, 1970, S. 257ff. (vgl. auch 10, 1698, 119ff; 11, 1969, 274ff).
Meisner, Michael: Mit Weinverstand durchs Frankenland, Würzburg 1977.
Meyer, Otto: Volle Becher, frohe Zecher, Würzburg 1971.
Müller, Karl: Weinbau-Lexikon, Berlin 1930.
Oppmann, Max: Der königliche Hofkeller zur Würzburg, Würzburg 1849.
Pickel, Georg: Über die Räucherungsanstalten zur Schützung der Weinberge gegen den Frost, 1816.
Reitzenstein, Alexander von: Der Main, München–Berlin 1960.
Riedinger, Hans: Winzer und Weinbau, Frankfurt 1966.
Ruthe, Wilhelm: Der deutsche Wein, München 1926.
Seybold, A.: Vinum – der Wein. Ein Wein-Lese-Buch, Heidelberg 1955.
Schenk, Heribert: Das Frankenweinbrevier, Würzburg 1959.
Schnack, Anton: Weinfahrt durch Franken, München 1964.
Schnack, Friedrich: Der Wein ist des Menschen stiller Geist, Neustadt/Weinstraße o. J.
Schoene, Renate: Bibliographie zur Geschichte des Weins, Mannheim, Wiesbaden 1976–78.
Schoonmaker: Das Wein-Lexikon. Die Weine der Welt, München 1967.
Schreiber, Georg: Der Wein und das mittelalterliche Hospital, in: Rheinisches Jahrbuch für Volkskunde, 12/13, 1962/63, S. 7–23.
Schwappach, Edgar: Die Sortenfrage in der Winzergenossenschaft, in: Rebe und Wein, 27. Jg., 1974, S. 4ff.
Sterzl, A.: Burgen, Bier, Barock, Bocksbeutel, in: Frankenland, 18, 1966, S. 31–34.
Tisowsky, Karl: Häcker und Bauern in den Weinbaugemeinden am Schwanberg, Frankfurt 1957.
Ussermann, Aem.: Episcopatus Wirceburgensis S. Blas. 1794.
Voith, Joh. Ph.: Die Rettung der Weinberge in Franken. Unternommen im May 1803 und durch Räuchern glücklich ausgeführt ..., Würzburg 1804.
Wahl, Klaus: Rebsorten in Franken, Würzburg 1980.
Weber, Heinrich: Bamberger Weinbuch, Bamberg 1884.
Weise, Rudolf; Wittmann, Otto: Boden und Klima fränkischer Weinberge, Würzburg 1971.
Weisensee, Bernhard: Winzers Freud – Winzers Leid.
Der fränkische Weinbau und seine Ernten in 1200 Weinjahren, Würzburg 1982.
Der fränkische Weinbau, Würzburg 1983.
Mit dem Wein auf du und du, Würzburg 1984.
Weiß, J.: Gedanken über den fränkischen Weinbau. Das Franken-Weinjahrbuch 1954/55.
Welte, Adolf: Der Weinbau des mittleren Mainlandes in seiner ehemaligen Verbreitung, Stuttgart 1934.
Wiesler, Ludwig: Alte Weinmaße, in: Mainlande, Jg. 10, 1959, S. 95.
Wittmann, Otto: Die Weinbergböden Frankens, München–Basel–Wien 1966.
Worschech, Reinhard: Von Bräuchen der fränkischen Winzer, in: Bocksbeutelkunde, Heft 63, 1981, S. 38ff.
Mainfähren verbinden die Weinorte am Main, in: Bocksbeutelkunde, Heft 62, 1980/81, S. 42ff.
Woschek, Heinz Gert: Der deutsche Weinführer, München 1970.
Der Wein. Geschichte und Geschichten über Jahrtausende, München 1971.
Zeuner, Heinrich: Vom edlen Frankenwein, München 1935.
Zobeltitz, Hanns von: Der Wein, Bielefeld 1901.

Gemeinden, Märkte und Städte, die Material zur Verfügung stellten

Gewährspersonen

einschlägige Literatur

Michelbach (S. 11)
Stadtverwaltung Alzenau
Erich Amberg, Emil Böhl, Josef Hee, Fritz Huth
Lit.: Friedrich Schmück: Der Weinort an der Grenze Frankens, in: Unser Kahlgrund, 1965, S. 64ff.

Wasserlos (S. 12)
Stadtverwaltung Alzenau
Kreisheimatpfleger Emil Griebel, Hermann Sengfelder, Walter Scharwies
Lit.: Walter Scharwies: Weinberge in Wasserlos vor 700 Jahren, in: Unser Kahlgrund, 1985.

Hörstein (S. 14)
Stadtverwaltung Alzenau
Wilhelm Bechold, Anton Gießübel, Eberhard Grebner
Lit.: August Eichelsbacher: Hörstein im Freigericht, Kaufbeuren 1910.

Rottenberg (S. 16)
Gemeinde Hösbach

Aschaffenburg (S. 25)
Stadtverwaltung
Carsten Pollnick
Lit.: Franz Lothar Weber: Weinlese in Aschaffenburg. Alte Protokolle berichten vom einstigen Weinbau unserer Gegend (Unterlagen im Stadt- und Stiftsarchiv), Weinbau am Untermain, in: Beobachter am Main, Nr. 134 v. 13. Juni 1930, auch Nr. 20 vom 24. Januar 1941; Nr. 190 vom 20. August 1957; Nr. 68 vom 23. März 1934.
Heimat und Geschichte. Sonderdruck der AZ, Weinlese in Aschaffenburg, 1938.

Großostheim, Pflaumheim (S. 27ff)
Gemeinde Großostheim
Kreisheimatpfleger Peter Glaab, Toni Kapraun, Ewald Lang
Lit.: Ortschronik von Großostheim (Kap.: Die Wiedereinführung des Weinbaus) Josef Schuck: Heimatbuch von Pflaumheim, 1937. Ahnenbuch der Familie Kehrer, begonnen 1692.

Großwallstadt (S. 29)
Gemeindeverwaltung
Alois Kroth

Rück (S. 31)
Markt Elsenfeld
Leo Hefner

Erlenbach/Main (S. 34)
Stadt Erlenbach/Main

Klingenberg (S. 36)
Stadt Klingenberg
Gudrun Berninger

Großheubach (S. 42)
Markt Großheubach

Kleinheubach (S. 44)
Verwaltungsgem. Kleinheubach

Bürgstadt (S. 45)
Markt Bürgstadt
Ludwig Berberich, Paul Fürst
Lit.: H. Kahlert: Verbreitung und Rückgang des Weinbaus am Untermain, in: Aschaffenburger Jahrbuch, Bd. 3, 1956.

Miltenberg (S. 47)
Stadt Miltenberg
Kreisheimatpfleger Heinz Höck

Eichenbühl (S. 49)
Gemeinde Eichenbühl
Lit.: Julius Keppner: Eichenbühl ist meine Heimat, Eichenbühl 1953.

Weilbach (S. 49)
Markt Weilbach
Lit.: L. Graber: Weilbach in der Geschichte seiner Umgebung, Amorbach 1915.

Hammelburg (S. 58)
Stadt Hammelburg
Lit.: Hans Breider: Blick in die Hammelburger Chronik, 1200 Jahre Weinbau in Hammelburg, in: Rhönwacht, 1977, Heft 2.
Heinrich Ullrich: Hammelburg, Bilder aus der Geschichte einer uralten Frankensiedlung, Hammelburg o.J.

Rieneck (S. 62)
Stadt Rieneck
Kreisheimatpfleger Richard Elzenbeck
Lit.: Otto Schecher: Die Grafen von Rieneck, Lohr 1969.

Gemünden (S. 63)
Lit.: Karl Richter: Gemünden, München, 1963 (Historischer Atlas von Bayern, Franken I, Heft 11).

Gössenheim (S. 64)
Verwaltungsgemeinschaft Gemünden

Eußenheim (S. 67)
Gemeinde Eußenheim
Wilhelm Binner, Maria Lang
Lit.: Maria Lang: Eußenheimer Weinbau in der Vergangenheit (Manuskript bei der Gemeinde).

Wiesenfeld (S. 67)
Stadt Karlstadt

Karlstadt (S. 68)
Stadt Karlstadt
Kreisheimatpfleger Peter Wehner
Werner Zapotetzky

Stetten (S. 70)
Stadt Karlstadt

Lit.: E. B. – L. J.: Stetten im Wandel der Zeiten, o. J. (Manuskript in der Stadtverwaltung Karlstadt).
Thüngen (S. 72)
Verwaltungsgemeinschaft Zellingen
Johann Lippert
Himmelstadt (S. 73)
Gemeinde Himmelstadt
Retzbach (S. 75)
Verwaltungsgemeinschaft Zellingen
Zellingen (S. 77)
Verwaltungsgemeinschaft Zellingen
Andreas Heßdörfer, Georg Lutz
Lit.: Valentin Rosel: Chronik von Zellingen, 1955.
Thüngersheim (S. 77)
Gemeinde Thüngersheim
Lit.: Richard Glaab: Thüngersheim, Gegenwart und Vergangenheit einer mainfränkischen Winzergemeinde, Thüngersheim, 1982.
Ortschronik von Thüngersheim: Main, Wein-Thüngersheim, o. J.
Leinach (S. 82)
Gemeinde Leinach
Lit.: 1200 Jahre Leinach. Gemeinde Unterleinach, 1976.
Erlabrunn (S. 85)
Gemeinde Erlabrunn
Albin Lorenz
Marktheidenfeld (S. 87)
Stadt Marktheidenfeld
Leonhard Scherg, Frau Sorg, Herr Väth
Erlenbach b. Marktheidenfeld (S. 98)
Verwaltungsgemeinschaft Marktheidenfeld
Gregor Wirsching
Lit.: Josef Hasenfuß: Erlenbach und Tiefenthal im Wandel der Zeiten, o. J.
Lengfurt (S. 100)
Markt Triefenstein
Lit.: Chronik Lengfurt, Band I, 1978.
Homburg (S. 101)
Markt Triefenstein
Bernhard Dornbusch, Hauptlehrer Iff, Oswald Thoma, Karl Wiegand
Lit.: Lothar Huller: Homburger Geschichte 1800–1850 (Zulassungsarbeit als Manuskript, 1975).
Dgl.: 1200 Jahre Homburg, Würzburg 1981/82 (2 Bände).
Remlingen (S. 105)
Markt Remlingen
Holzkirchen (S. 105)
Gemeinde Holzkirchen
Uettingen (S. 106)
Gemeinde Uettingen
Michael Heußlein
Greußenheim (S. 108)
Gemeinde Greußenheim
Alfred Tschiharsch
Böttigheim (S. 109)
Markt Neubrunn
Edwin Schäfer
Kreuzwertheim (S. 110)
Verwaltungsgemeinschaft Kreuzwertheim
Philipp Günzelmann, Paul Schauber (Fürstlich Löwenstein-Wertheim-Rosenberg'sches Weingut Kreuzwertheim).
Bad Kissingen (S. 112)
Stadt Bad Kissingen
Kreisheimatpfleger Edmund Seller, Franz Warmuth
Lit.: K. Lübeck: Die Weinberge des Klosters Fulda, in: Fuldaer Geschichtsblätter, 22. Jg., Nr. 6, 1929.
Das schöne Franken, Nr. 11, 1931.
Elfershausen (S. 114)
Verwaltungsgemeinschaft Elfershausen
(auch für Trimberg, Engenthal, Machtilshausen).
Euerdorf, Wirmsthal, Ramsthal (S. 116 ff)
Verwaltungsgemeinschaft Euerdorf
Alfred Sixt
Schweinfurt (S. 124)
Stadtverwaltung Schweinfurt
Stadtarchiv und Stadtbibliothek
Garten- und Friedhofsamt
Dr. Erich Saffert
Lit.: Michael May: Ehemaliger Weinbau an den Uferhängen des Euerbachs, in: Schweinfurter Mainleite Bd. 1, Folge 5, 1979, S. 131 ff.
Schweinf. Heimatblätter: 1924, 1934, 1951, 1957, 1964.
Erich Saffert: Vom Most und von Heckenwirtschaften, in: Schweinfurter Tagblatt, 1952, 17. Oktober.
Dgl.: Schweinfurt und der Wein, in: Schweinfurter Mainleite, Folge 7, 1980, Bd. 1, S. 3 ff.
Mainberg (S. 128)
Leo Gräf
Arnstein (S. 129)
Stadt Arnstein
Lit.: Max Balles: Arnstein in Gegenwart und Vergangenheit, 1911 (bes. Kap. über Heckenwirtschaften).
Binsfeld, Halsheim, Gänheim, Heugrumbach, Müdesheim (S. 129 ff)
Stadt Arnstein
Reuchelheim (S. 133)
Eugen Schmitt
Hergolshausen (S. 134)
Gemeinde Waigolshausen
Lindach (S. 136)
Gemeinde Kolitzheim
Fridolin Friedrich
Schwanfeld (S. 136)
Gemeinde Schwanfeld
Armin Römmelt
Lit.: Armin Römmelt: 1200 Jahre Schwanfeld, Schwanfeld 1972.
Wipfeld (S. 138)
Verwaltungsgemeinschaft Schwanfeld
Stammheim (S. 141)
Gemeinde Kolitzheim
Güntersleben (S. 145)
Gemeinde Güntersleben
Franz Issing
Bergtheim (S. 146)
Verwaltungsgemeinschaft Bergtheim
Ober- und Untereisenheim (S. 147 f)
Markt Eisenheim
Georg Riegler

Astheim, Escherndorf, Gaibach (S. 152 ff)
Stadt Volkach
Kreisheimatpfleger Rudolf Hörning
Rimpar (S. 165)
Markt Rimpar
Veitshöchheim (S. 168)
Gemeinde Veitshöchheim
Dr. Irmgard Benda
Lit.: Irmgard Benda: Die Entwicklung der Rebenzüchtung Würzburg 1912–1977, in: Bayer. Landwirtschaftliches Jahrbuch, 54. Jg., SH 3/1977, S. 26 ff.
Würzburg (S. 174)
Stadt Würzburg, Amt für öffentliche Ordnung
Dr. Klaus Zeitler, Dr. Hanswernfried Muth
Gerbrunn (S. 181)
Gemeinde Gerbrunn
Kreisheimatpfleger Hans Beier
Lit.: Gerbrunn. 850 Jahre Gemeinde, 500 Jahre Pfarrei, 1957.
Nordheim (S. 190)
Gemeinde Nordheim
Roman Christ, Theo Zang
Lit.: Rudolf Hörning: Der ehemalige Münsterschwarzacher Zehnthof in Nordheim am Main, o. J.
Sommerach (S. 192)
Gemeinde Sommerach
Winfried Kraus, Paul Streng
Dettelbach (auch Neusetz, Schnepfenbach, Brück, Neuses a. B., S. 186 ff)
Stadt Dettelbach
Kreisheimatpfleger Dr. Hans Bauer
Lit.: Hans Bauer: Die Kulturlandschaftliche Etwicklung des alten Amts Dettelbach seit dem 16. Jh., Schwarzach a. M., 1977.
Jahrbücher „Im Bannkreis des Schwanbergs“, 1959–1972.
Archivalien des Stadtarchivs Dettelbach.
Mainstockheim (S. 199)
Gemeinde Mainstockheim
Wilhelmine Spiegel
Lit.: Walter Kuhn: Alte und neue Weinlagenamen in Mainstockheim, ZA. 1973 (Würzburg).
Großlangheim (S. 203)
Gemeinde Großlangheim
Alois Hümmer
Lit.: Hannes Grebner: Mundartliches aus Großlangheim, o. J. (erhältlich bei der Gemeinde).
Buchbrunn (S. 206)
Gemeinde Buchbrunn, Verwaltungsgemeinschaft Kitzingen
Kitzingen (S. 208)
Stadt Kitzingen
Dr. E. Kemmeter, Dr. Helga Walter
Lit.: Kitzinger Chronik des Friedrich Bernbeck (745–1565).
Repperndorf (S. 210)
Stadt Kitzingen, Schulverwaltungsabteilung
Theilheim b. Würzburg (S. 211)
Gemeinde Theilheim
Siegfried Faulhaber
Randersacker, Lindelbach (S. 212 f)
Gemeinde Randersacker
Fritz Lippe

Heidingsfeld (S. 218)
Lit.: Winzerverein Würzburg-Heidingsfeld, 125 Jahre 1859–1984.
Eibelstadt (S. 221)
Stadt Eibelstadt
Lit.: Chronik von Pfarrer Manger um 1900 (befindet sich als Handschrift in der Stadtverwaltung).
Sommerhausen (S. 224)
Markt Sommerhausen
Firma Ernst Gebhardt
Winterhausen (S. 226)
Markt Winterhausen
Bürgermeister Fuchs
Lit.: Ortsgeschichte von Winterhausen (Handschrift in der Gemeindeverwaltung).
Kleinochsenfurt (S. 228)
Stadt Ochsenfurt
Kreisheimatpfleger Martin Ahlbach, Dr. Marianne Beer, Bernhard Borst
Lit.: Marianne Hilpert: Von Häckern und Winzern am Maindreieck, Würzburg 1957.
Frickenhausen a. Main (S. 229)
Gemeinde Frickenhausen
Josef Bätz, Heinrich Grieb
Lit.: Heinrich Grieb: Der Weinbau in Frickenhausen (Druckschrift, Gemeinde Frickenhausen).
Marktbreit (S. 233)
Stadt Marktbreit
Christian Grötsch
Sulzfeld a. Main (S. 235)
Gemeinde Sulzfeld, Bgm. Büchold
Verwaltungsgem. Kitzingen
Berthold Metzger
Lit.: Christine Zoller: Flurnamen im fränk. Weinbau vor und nach der Umlegung (ZA).
Marktsteft (S. 237)
Verwaltungsgemeinschaft Marktbreit
Segnitz (S. 240)
Verwaltungsgemeinschaft Marktbreit
Harald Frank, Peter Kreglinger, Fritz Schlegelmilch
Lit.: H. Ruf: Segnitz im Spiegel der Geschichte, 1959.
Harald Frank: Segnitz im 16. Jahrhundert: Recht und Gesetz in einem fränkischen Dorf, 1982.
Mainbernheim (S. 242)
Stadt Mainbernheim
Rödelsee (S. 250)
Gemeinde Rödelsee
Friedrich Amberger, Ferdinand Heß, Fritz Heß, Fritz Mägerlein, Hans Zwosta
Iphofen (S. 253)
Stadt Iphofen
Dr. Fritz Sturm
Lit.: Valentin Oertel: Flurpläne, Kataster, Aufzeichnungen, 1907.
Chronik der Stadt Iphofen (B 118 im Stadtarchiv Iph.).
Sickershausen (S. 257)
Stadt Kitzingen
Lit.: Adolf Röß: Weinbau und Weinhandel zu Sickershausen in früherer Zeit, in: Am fränkischen Herd, Jg. 1926, Nr. 39, S. 1–3.

Willanzheim (OT Hüttenheim, S. 259f)
Markt Willanzheim
Lit.: „Die Dorfordnung von Willanzheim vom Jahre 1587", in: Archiv des historischen Vereins, Band 5, 1839, S. 102ff.
Obernbreit (S. 270)
Gemeinde Obernbreit, Verwaltungsgem. Marktbreit
Eduard Krammer
Lit.: Heinrich Hoffmann: Geschichte und Beschreibung der protestantischen Pfarrei Obernbreit, o. J.
Hüttenheim (S. 270)
Gemeinde Willanzheim, Verwaltungsgemeinschaft Iphofen
Albrecht Seemann, Wilhelm Sturm
Seinsheim (S. 274)
Markt Seinsheim
Michael Schilling
Martinsheim (S. 275)
Gemeinde Martinsheim
Fritz Kost
Bullenheim (S. 278)
Werner Kistner
Ippesheim (S. 280)
Marktgemeinde Ippesheim
Richard Schmitt, Ludwig Reizlein
Lit.: Heimatbuch für den Landkreis Neustadt a. d. Aisch, Bad Windsheim, 1982.
Schloß Frankenberg (S. 294)
Baron Carl Freiherr von Lerchenfeld, Adolf Steinmann, Richard Schmitt, Heinrich Weidt
Lit.: Richard Schmitt: Moderner Weinbau vor 250 Jahren, 1985.
Frankenberger Chronik, Auszug über den Weinbau, 1985.
Bieberehren (S. 301)
Gemeinde Bieberehren
Josef Weidt
Röttingen (S. 302)
Verwaltungsgemeinschaft Röttingen
Bürgermeister Rudolf, Familie Poth
Lit.: Stadt Röttingen. 700 Jahre, 1975.
Tauberrettersheim (S. 303)
Verwaltungsgem. Röttingen
Andreas Fries
Tauberzell (S. 306)
Gemeinde Adelshofen
Fritz Mägerlein
Unfinden (S. 316)
Stadt Königsberg i. B.
Schonungen (S. 316)
Gemeinde Schonungen
Adam Schonunger
Königsberg i. B. (S. 318)
Stadt Königsberg
Karl Eisentraut
Lit.: Rudolf Mett: Der Königsberg im Haßgau, 1980.
Haßfurt (S. 319)
Stadt Haßfurt
Josef Bendel
Lit.: Das Bayerland, Jg. 18, 1907, S. 258ff.
Zeil am Main (S. 321)
Stadt Zeil
Hermann Mauer, Anton Nüßlein
Lit.: Mauer, Marquardt, Winkler: Chronik der Stadt Zeil a. M., Band 1–3, 1971–1981.
Schmachtenberg (S. 326)
Stadt Zeil a. Main
Anton Nüßlein
Lit.: Armin Lang: Der Weinbau um Zeil unter besonderer Berücksichtigung der Gegenwartsprobleme, ZA 1971.
Ziegelanger (S. 327)
Stadt Zeil
Anton Nüßlein, Weinhandlung Heß (Bamberg)
Steinbach b. Ebelsbach (S. 329)
Gemeinde Ebelsbach
Sand am Main (S. 329)
Gemeinde Sand am Main
Hildegard Ruß, Konrad Ruß, Franz Ruß, Albert Göppner, Alois Schroll, Artur Hofmann
Oberschwappach (S. 331)
Gemeinde Knetzgau
Richard Schierling
Grettstadt, OT Dürrfeld (S. 332)
Gemeinde Grettstadt
Albert Loder
Donnersdorf/Falkenstein (S. 333)
Gemeinde Donnersdorf
Kreisheimatpfleger Longin Mößlein, Willi Seuffert
Zell a. Ebersberg (S. 333)
Gemeinde Knetzgau
Kreisheimatpfleger Paul Hinz, Gisela Winter
Eltmann (S. 336)
Stadt Eltmann
Bürgermeister Krönert
Lit.: Georg Goepfert: Amt Wallburg und Stadt Eltmann, o. J.
Mönchstockheim (S. 337)
Gemeinde Sulzheim
Adelbert Heim
Altmannsdorf (S. 337)
Gemeinde Michelau
Rudolf Kram
Gerolzhofen (S. 339)
Stadt Gerolzhofen
Lit.: Wein- und Strauss-Wirtschaftsordnung für die Stadt Gerolzhofen aus dem Jahre 1835 (im Stadtarchiv Gerolzh.).
Zeilitzheim (S. 344)
Lit.: J. B.: Ernten und Mißernten in Zeilitzheim, in: Sonntag ist's. Sonntagsbeilage zum „Bote vom Steigerwald", 8. Jg., Nr. 24, vom 14. Juni 1931.
Frankenwinheim (S. 345)
Gemeinde Frankenwinheim
Elfriede Kunzmann
Lit.: Sebastian Pfriem: Das Dorf Frankenwinheim, o. J. Franz Donat Jäger: Beschreibung des Dorfes Frankenwinheim, o. J.
Krautheim, Obervolkach, Volkach (S. 347ff)
Stadt Volkach
Kreisheimatpfleger Rudolf Hörning
Michelau (Gemeindeteile Altmannsdorf und Prüßberg, S. 354)
Gemeinde Michelau
Dr. Erich Meidel, Sepp Böhm, Irene Gräf-Böhm

Dingolshausen (S. 356)
Gemeinde Dingolshausen
Erwin Loos
Handthal (S. 357)
Adolf Engert, Irmgard Engert, Ursula Schreiber
Oberschwarzach (S. 358)
Gemeinde Oberschwarzach
Johannes Schreiber
Lit.: Johannes Schreiber: Bilder aus der Vergangenheit von Oberschwarzach (Broschüre bei der Gemeinde). Höfling: Geschichte und Beschreibung des Marktfleckens Oberschwarzach und der Ruine Stollberg am Steigerwald, Würzburg, 1836.
Prichsenstadt (S. 360)
Stadt Prichsenstadt
Friedrich Keßler
Kleinlangheim (S. 363)
Markt Kleinlangheim
Friedrich Grosch
Lit.: Friedrich Grosch: Rund um den Weinbau in Kleinlangheim, in: Im Bannkreis des Schwanberg, Jg. 1964, S. 206 ff.
Abtswind (S. 365)
Markt Abtswind
Martha Fink, Walter Mix
Wiesenbronn (S. 368)
Gemeinde Wiesenbronn
Hans Hüßner, Reinhard Hüßner, Gerhard Roth
Greuth (S. 374)
Gemeinde Castell
Castell (S. 386)
Gemeinde Castell
Fürstlich Castell'sches Domänenamt, Fürstl. Castell'sches Archiv

Markt Einersheim (S. 387)
Gemeinde Markt Einersheim
Fritz Ortner
Lit.: Pfarrchronik von Markt Einersheim; Saalbuch von Markt Einersheim (im Gemeindearchiv von Markt Einersheim).
Sugenheim (OT Neundorf, Krassolzheim, S. 389)
Markt Sugenheim
Fürstlich Castell'sches Domänenamt
Prinz Michael zu Salm-Salm, Castell
Lit.: Heimatbuch für den Landkreis Neustadt a. d. Aisch, Bad Windsheim, 1982.
Ipsheim (S. 391)
Markt Ipsheim
Herbert Düll, Familie Hans Düll, August Eckart
Lit.: Heimatbuch Markt Ipsheim, 1973.
Markt Nordheim (S. 393)
Gemeinde Markt Nordheim
Heinrich Endreß
Weigenheim
Gemeinde Weigenheim
Fritz Saemann, Heinrich Müller, Heinrich Weidt
Lit.: Weigenheim unter den Bergen, 1982.
Ergersheim (S. 394)
Gemeinde Ergersheim
Karl Gärtlein
Weimersheim (S. 396)
Gemeinde Markt Ipsheim
Ernst Hülf
Dietersheim
Gemeinde Dietersheim
Bad Windsheim (S. 399)
Stadt Bad Windsheim
Herbert Schöfer

Besonderer Dank gilt den Herren Wolfgang Endres, Würzburg, Josef Günther, Würzburg und Heinz Otremba.

Register

(Kursiv gedruckte Seitenangaben weisen auf Abbildungen hin, halbfett gedruckte Seitenangaben führen zum Hauptbericht.)

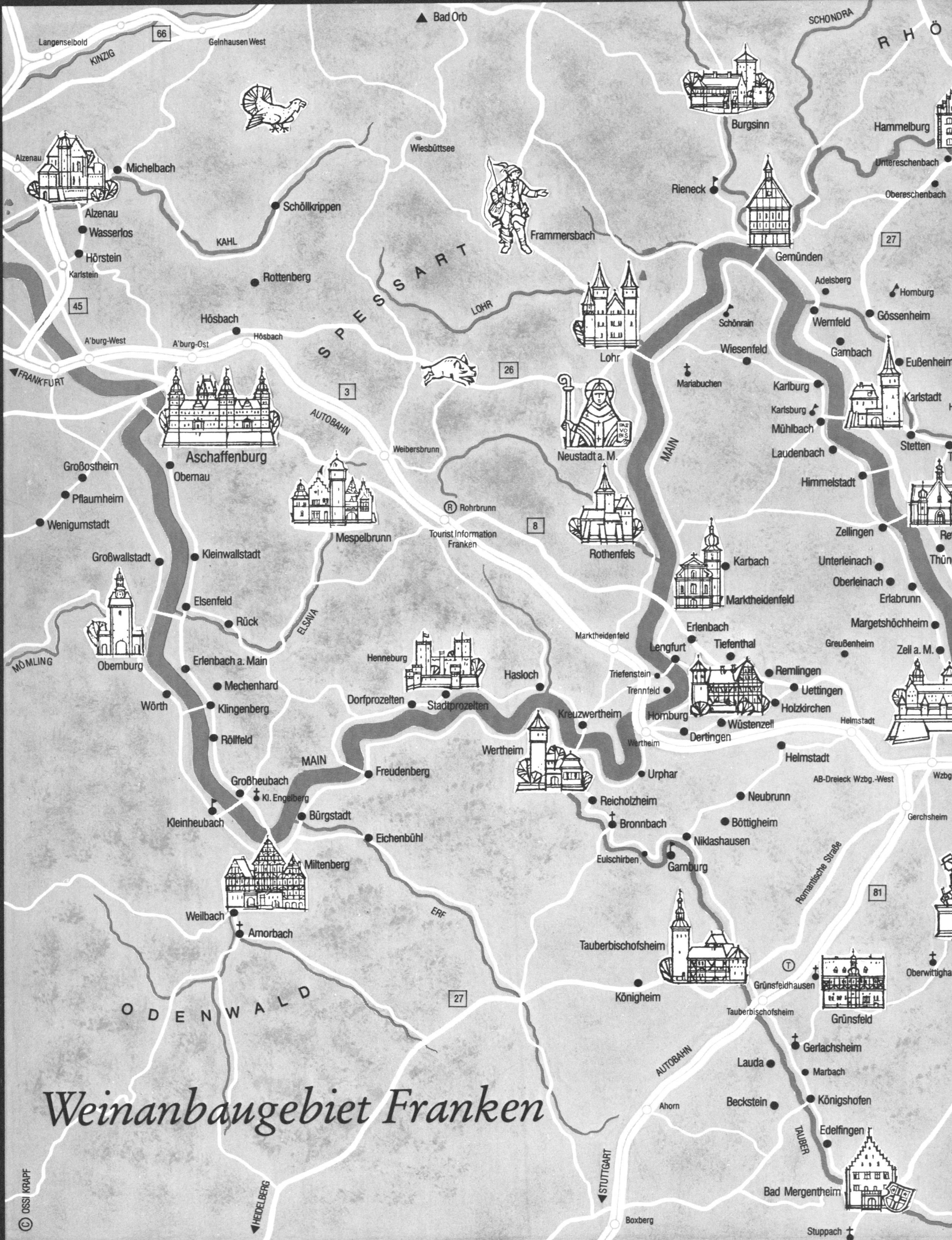
Weinanbaugebiet Franken
Bad Orb
Langenselbold
66
Gelnhausen West
KINZIG
SCHONDRA
RHÖ
Burgsinn
Hammelburg
Untereschenbach
Obereschenbach
Alzenau
Michelbach
Alzenau
Wasserlos
Hörstein
Karlstein
Schöllkrippen
KAHL
Wiesbüttsee
Frammersbach
Rieneck
Gemünden
27
Rottenberg
45
Hösbach
A'burg-West
A'burg-Ost
Hösbach
SPESSART
LOHR
Lohr
Schönrain
Adelsberg
Homburg
Wernfeld
Gössenheim
Gambach
Wiesenfeld
Mariabuchen
Eußenheim
Karlburg
Karlsburg
Karlstadt
Mühlbach
FRANKFURT
26
3
AUTOBAHN
Aschaffenburg
Obernau
Großostheim
Pflaumheim
Wenigumstadt
Weibersbrunn
Neustadt a. M.
MAIN
Laudenbach
Stetten
Himmelstadt
Rohrbrunn
Tourist Information Franken
8
Mespelbrunn
Rothenfels
Zellingen
Großwallstadt
Kleinwallstadt
Karbach
Unterleinach
Oberleinach
Erlabrunn
Elsenfeld
Rück
ELSAVA
Marktheidenfeld
Margetshöchheim
Erlenbach
Marktheidenfeld
Lengfurt
Tiefenthal
Greußenheim
Zell a. M.
MÖMLING
Obernburg
Erlenbach a. Main
Henneburg
Hasloch
Triefenstein
Remlingen
Mechenhard
Trennfeld
Uettingen
Wörth
Klingenberg
Dorfprozelten
Stadtprozelten
Kreuzwertheim
Homburg
Holzkirchen
Wüstenzell
Helmstadt
Dertingen
Wertheim
Röllfeld
Wertheim
Helmstadt
MAIN
Freudenberg
Urphar
AB-Dreieck Wzbg.-West
Großheubach
Kl. Engelberg
Reicholzheim
Neubrunn
Kleinheubach
Bürgstadt
Bronnbach
Böttigheim
Gerchsheim
Eichenbühl
Niklashausen
Miltenberg
Eulschirben
Gamburg
Romantische Straße
81
ERF
Weilbach
Amorbach
Tauberbischofsheim
Grünsfeldhausen
Oberwittighau
ODENWALD
27
Königheim
Tauberbischofsheim
Grünsfeld
Gerlachsheim
AUTOBAHN
Lauda
Marbach
Beckstein
Königshofen
Ahorn
Edelfingen
TAUBER
STUTTGART
HEIDELBERG
Bad Mergentheim
Boxberg
Stuppach
© OSSI KRAPF